資産家資本主義の生成
近代日本の資本市場と金融

中西 聡
Satoru Nakanishi

慶應義塾大学出版会

目　次

凡例　vi
地図　vii

序章　近代日本の資本主義 …………………………………………… 1
　1　問題の所在と研究史——資産家資本主義の視点　1
　2　有力資産家の有価証券投資概観　5
　（1）検討事例の選択と留意点　5
　（2）秩禄処分と華族資産家の株式投資　11
　（3）企業勃興と商業資産家・土地資産家　12
　（4）醸造資産家の家業の会社化　31
　（5）第一次世界大戦期の土地資産家の株式投資　36
　（6）1920年代の資産家のポートフォリオ選択　45
　（7）昭和恐慌と資産家の株式投資　55
　3　本書の構成——段階的変化と業種による差異　60

第Ⅰ部　関西地域の会社設立と地方資産家
　序　大阪府の工業化と会社設立の特徴 ………………………………… 67

第1章　近代大阪金融市場と銀行資産家
　　　　　——逸身佐兵衛・佐一郎家を事例として ……………………… 77
　はじめに——両替商から銀行資産家へ　77
　1　逸身銀行設立前後の逸身家　79
　2　尼崎紡績会社の創立と逸身銀行　88
　（1）尼崎紡績会社の創立と逸身家　88
　（2）1890年代の逸身銀行の特徴　91

3　20世紀初頭の恐慌と逸身銀行の破綻　98
　　（1）大阪での金融恐慌　98
　　（2）逸身銀行の整理　104
　おわりに　108

第2章　奈良県林業資産家と産地銀行
　　　　──永田藤兵衛家を事例として ……………………………… 111
　はじめに──林業金融と産地銀行　111
　1　吉野銀行の概観　115
　2　吉野銀行と永田家　123
　　（1）永田家の概要　123
　　（2）永田家の会社経営と有価証券投資　130
　3　20世紀初頭の吉野銀行の経営展開　137
　　（1）吉野銀行本店の動向　137
　　（2）吉野銀行各支店の動向　144
　おわりに──永田家の多角経営と吉野銀行　151

第3章　大阪府商業資産家の銀行借入と株式投資
　　　　──廣海惣太郎家を事例として ……………………………… 157
　はじめに──株式担保金融の歴史的意義　157
　1　廣海家の概要と銀行借入動向　158
　　（1）廣海家の概要　158
　　（2）産地直接買付期の銀行借入金　159
　　（3）両大戦間期の銀行借入金　163
　2　三十四銀行と廣海家　186
　　（1）三十四銀行と尼崎紡績（後に大日本紡績）の概観　186
　　（2）銀行借入金の株式担保の動向　191
　3　貝塚銀行と廣海家　201
　おわりに　205

第Ⅱ部　東海地域の会社設立と地方資産家

　序　愛知県の工業化と会社設立の特徴 …………………………………………… 209

第4章　近代名古屋における会社設立と有力資産家
　　　　　──鈴木摠兵衛家を事例として ……………………………………… 219

　はじめに──会社設立と家業志向性　219
　1　鈴木摠兵衛家と名古屋の会社設立　223
　　（1）1907年恐慌までの動向　223
　　（2）1907年恐慌とその後の動向　228
　　（3）1910年代後半〜20年代の動向　232
　2　名古屋の資産家と会社設立　236
　　（1）奥田正香と神野・富田家　236
　　（2）伊藤次郎左衛門家と岡谷惣助家　245
　　（3）瀧兵右衛門家と瀧定助家　253
　　（4）服部小十郎家と長谷川糾七家　257
　3　小栗冨治郎家の名古屋進出　260
　おわりに──名古屋の資産家と会社設立　265

第5章　近代名古屋における肥料商の事業展開
　　　　　──高松定一家を事例として ………………………………………… 269

　はじめに──近代名古屋をめぐる物流　269
　1　川筋肥料商の概観　273
　2　師定商店高松家の経営展開　278
　3　川筋肥料商と名古屋経済　282
　　（1）川筋肥料商と名古屋における会社設立　282
　　（2）熊田喜平治家と名古屋における会社設立　288
　　（3）井口半兵衛家の名古屋進出　289
　おわりに──名古屋の肥料商と会社設立　294

第6章　愛知県知多郡における会社設立と地方事業家
　　　　　──小栗三郎家を事例として ………………………………………… 297

　はじめに──2つの工業化と会社設立　297
　1　知多郡の地域経済　299

（1）知多郡の会社設立　299
　　（2）小栗三郎家の有価証券投資概観　304
　2　亀崎銀行・知多紡績と小栗三郎家　308
　　（1）亀崎銀行の設立と小栗三郎家　308
　　（2）知多紡績の設立と小栗三郎家　314
　3　1907年恐慌と知多郡の地方事業家　317
　　（1）1907年恐慌と半田・亀崎地域経済　317
　　（2）中埜一族と小栗三郎家　321
　おわりに――日露戦後期における地域経済と中央資本　325

第Ⅲ部　関東・東北地域の会社設立と地方資産家

　序　東京府・東北地域の工業化と会社設立の特徴 …………………………… 331

第7章　近代東京醬油市場の展開と醸造家
　　　　　――髙梨仁三郎店を事例として ……………………………………… 347

　はじめに――東京醬油市場の近代化　347
　1　髙梨（近江屋）仁三郎店の経営展開　350
　　（1）髙梨仁三郎店の経営概観　350
　　（2）髙梨仁三郎店の取引動向　354
　　（3）髙梨家東京出店としての髙梨仁三郎店　361
　2　東京醬油会社と野田醬油醸造家　371
　3　東京における醸造家の企業家活動　380
　　（1）濱口吉右衛門家・濱口吉兵衛家の事例　380
　　（2）岩崎清七家の事例　385
　おわりに――東京の醸造関係者と会社設立　389

第8章　千葉県醸造資産家と産地銀行
　　　　　――髙梨兵左衛門家を事例として ……………………………………… 393

　はじめに――醸造資産家の資産運用と地域の工業化　393
　1　髙梨家の有価証券投資概観　394
　　（1）1900年代〜20年代の有価証券投資　394
　　（2）1930年代の有価証券投資　406

    2　野田商誘銀行の概観　409
    （1）野田商誘銀行と野田醬油醸造業　409
    （2）野田商誘銀行の経営動向　413
    3　髙梨家と野田商誘銀行　418
    （1）髙梨家奥勘定と野田商誘銀行　418
    （2）野田醬油株式会社設立後の髙梨家と野田商誘銀行　423
  おわりに――野田醬油醸造産地の競争力と産地銀行　426

第9章　青森県銀行資産家と地域金融市場
　　　　　――野村治三郎家を事例として…………………………………… 429
  はじめに――銀行業と個人金融業　429
    1　野村治三郎家の概観　434
    2　上北銀行の経営展開　438
    3　野村治三郎家の金融業　444
    （1）野村銀行の経営展開　444
    （2）個人金融業の展開　451
  おわりに　459

終章　総括と展望 ……………………………………………………………… 463
    1　近代日本の資本市場と金融　463
    2　資産家資本主義と地方事業家　469
    3　地方資産家と地域の工業化　476

あとがき　493
初出等一覧　497
参照文献一覧　499
図表一覧　511
索引　517

凡　　例

1　原史料の表題は形態の如何にかかわらず「　」で示し、活字資料の引用は原文のままに、原史料の引用では基本的に原文に即しつつ必要に応じて句読点を補って記したが、難しい旧字体は、新かな遣いや新字体に改めた。
2　出所の表記は括弧書きで編著者・刊行年等を示し、巻末に対応する参照文献一覧を付した。その際、公刊書と雑誌の書名・誌名は『　』で、これらに収録された論文・史料等の表題は「　」で示し、いずれも適宜新字体に改めた。また編者・著者が不明の場合は、発行所名で項目をとった場合がある。
3　商家の表記は、近世期は屋号のあったものは屋号で示し、適宜姓を付し、近代期は原則として姓で示した。なお、屋号・姓名は、現在も人名でよく用いられる旧字体を除き、新字体に改め、会社名も創業者などの屋号・姓名を冠した場合を除き、新字体に改めた。
4　年代の表記は、西暦で行い、原則として元号ごとに各節・項で初出の場合のみ和暦を括弧書で付した。なお旧暦が使用されていた1872（明治5）年までの西暦は、和暦の年期間にそのままあてはめて変換したため、月によっては西暦年表示が実際より前後にずれたままの場合がある。また旧暦使用期の月日は、和暦の月日をそのまま示した。
5　地域区分は、基本的に近世期は旧国名、近代期は府県名で本文中は統一し、府県区分の変化が激しかった明治前期は適宜その両方を使い分けた。大阪は、近世期は大坂、近代期は大阪で、東京は、近世期は江戸、近代期は東京でそれぞれ表記を統一し、中国東北地方を「満洲」と表記する。その他の地名については、原則として現在使われている字体表記に改め、適宜当時の地名を注記した。会社・銀行の所在地で、1930年代までに東京市に編入された地域は東京、20年代までに大阪市に編入された地域は大阪、21年までに名古屋市に編入された地域は特記しない限り名古屋とした。
6　表の数値は原則として、表示した最小の桁の1つ下位の桁を四捨五入した。
7　表に挙げた会社・銀行の所在地は、特記しない限り本社・本店所在地を示し、欄の途中の会社・銀行名の後ろの（　）内は、所在地・創業年を示した。所在地・創業年・会社役員は、近代期の『日本全国諸会社役員録』商業興信所・『銀行会社要録』東京興信所・『帝国銀行会社要録』帝国興信所などを参照。

地図1　20世紀初頭の大阪湾岸地域地図

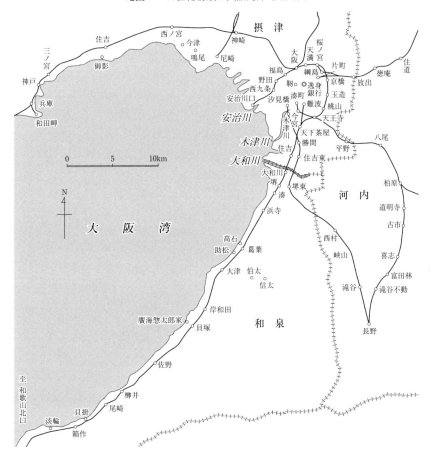

(出所)石井・中西編［2006］巻頭地図2に逸身銀行と廣海惣太郎家の所在を加筆して作成。
(注)────は鉄道線、┝┥┝┥┝┥は旧国境、─○─は鉄道駅、鉄道線と駅は1903年初頭時点。
　　鉄道線と駅は、今尾監修［2008～2009］8・9号、関西1・2を参照した。

地図2　1910年代の奈良県地図

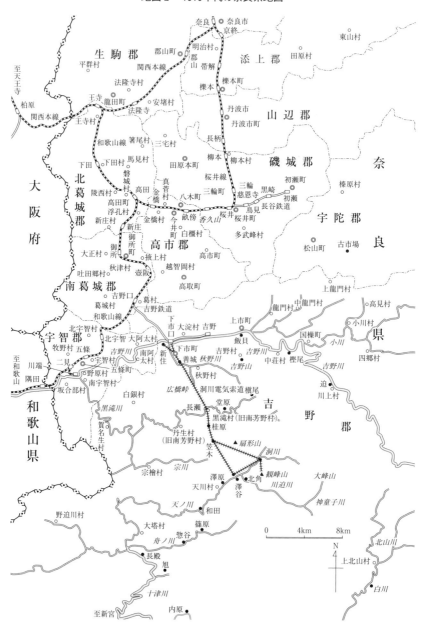

(出所)中西［2017a］5頁に和歌山線貨物支線を加筆して作成。
(注)鉄道線は1915年3月時点。索道線は洞川電気索道のみ。下市町史編纂委員会編［1958］36頁より示した。
　　◇◇◇は県境、----は郡境、▬▬は官営鉄道線、━━は民営鉄道線、┼┼┼┼は索道。◎は市・町、○は村、
　　□は鉄道駅、•はその他の地名。鉄道線と駅は今尾監修［2008〜2009］8号、関西1を参照した。

地図 ix

地図3　1896年頃の名古屋市街・熱田地図

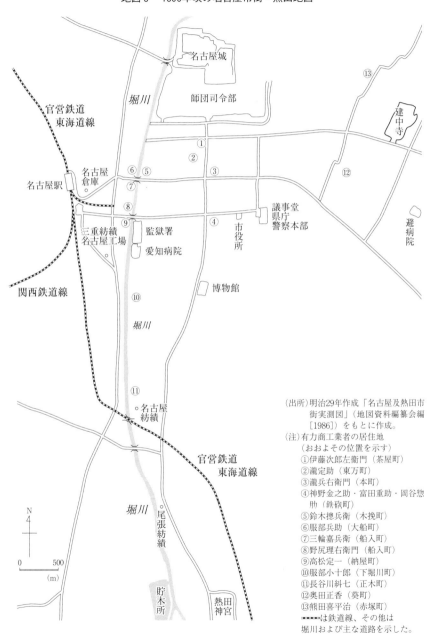

地図4 1920年頃の愛知県西部地図

(出所)守屋［1920］第7図をもとに作成。
(注)╪╪╪╪は鉄道院線、╫╫╫╫は民間鉄道線、
------は旧国境、鉄道線は今尾監修
［2008～2009］7号、東海を参照した。
○は市街地・町場とその地名を示した。

地図 5 1916年頃の千葉県北部地図

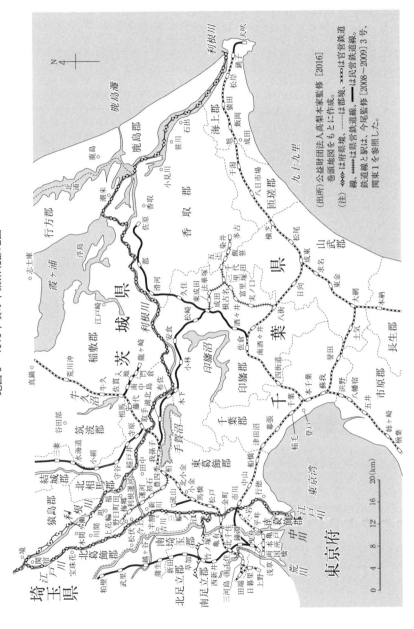

(出所)公益財団法人髙梨本家監修［2016］
巻頭地図をもとに作成。
(注) ━━ は県境、------は郡境。
━━━は官営鉄道線と駅域、━━━は民営鉄道線。
鉄道線と駅は、今尾監修［2008〜2009］3号、
関東Ⅰを参照した。

地図6 1915年頃の青森県東部地図

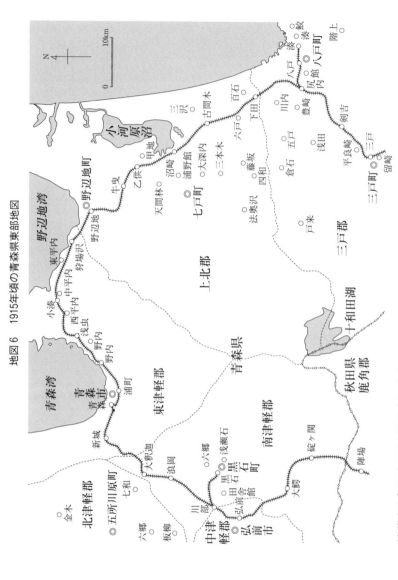

(出所)中西[2017b] 93頁の地図をもとに作成。
(注) ┼┼┼┼ は鉄道線、◎は市、○は町、○はその他の地名・駅、━━━━━━は県境、━━━━━━は郡境。鉄道線と駅は今尾監修[2008〜2009] 2号、東北を参照した。

序章
近代日本の資本主義

1　問題の所在と研究史——資産家資本主義の視点

　イギリスで産業革命が始まった時代に本格的に誕生した経済学は、その当時新しく登場した資本主義社会の仕組みを解明することを主要な課題としたと言えるが（内田［1994］）、資本主義社会の特質は、その後、多様な側面から捉えられてきた。近代日本に関しても、国家資本の比重の多さや、独占資本のあり方など「資本」の存在形態から捉える見方もあれば、「出稼ぎ」型労働や「家計補充」型労働のように、労働者の存在形態から捉える見方もある[1]。経営学からも、所有と経営の分離による経営者資本主義、あるいは銀行による企業統治を重視するメインバンク論など多様な論点が提示された[2]。その場合、「資本」の性格の理解には、資本を提供する出資者の属性を考える必要があり、「資本」ではなく「資本家（投資家）」の存在形態から近代日本資本主義の特徴を解明することを本書の課題とする。そして、成立した資本主義の特徴を静態的に捉えるのではなく、波状的に登場する「投資家」の存在形態を解明することで、資本主義の成立過程を動態的に捉えることを目指す。

　その場合、近代日本を「投資家社会」と特徴付けた寺西重郎の見方が重要である。寺西は、近代日本における近代的産業の資源配分に関して、数万人の中間層・富裕層の選好が大きな影響力を持っており、これら中間層以上の資産家たちからなる少人数の投資家集団が、投資対象に関する情報を集団内部で占有しつつ投資行動を行い、それらに依拠して明治・大正期の証券市場と投資家社会が成立したことを示した[3]。ただし、出資者層が社会の一部の階層に限られ、

---
1)　近年の近代日本経済史学の動向は、石井［2015a］第Ⅰ・Ⅱ部を参照。
2)　近年の近代日本経営史学の動向は、経営史学会編［2015］第1～3部を参照。

起業の際や、大規模な増資をした際に、十分な出資を集められるかの不安定要因は残った。近代日本では金融機関がそれを支え、株式担保金融が、投資家の資金的制約のハードルを下げて、投資家が自己資金ではなく、金融機関からの融資を受けて投資をする資金循環を作り出した（伊牟田［1976］）。その意味では、大衆の零細な資金が、金融機関への預貯金を媒介として投資資金へ転換する経路も近代日本では用意されていた。

　こうした視点に加えて、近代日本では営業資金のみでなく、大規模な設備投資を行う際の資金調達も、銀行からの借入金で賄われたことがあったことから、近代日本資本主義の資金面の性格について、銀行中心の間接金融型か、株式市場による企業金融を中心とする資本市場型かの論争が行われてきた（石井［2006a］、岡崎［2006］）。この論争を整理して再検討した寺西重郎によれば、量的な側面では、株式を中心とする資本市場は大企業の資金調達において大きな役割を果たした一方で、銀行などの仲介型の金融システムは在来小生産者の資金調達および製造業を中心とする大企業の運転資金調達に大きな役割を演じたこと、質的な側面では、株主ないし個人投資家は第二次世界大戦前の日本におけるリスク・マネーの供給において重要な役割を演じたことを指摘した（寺西［2006］）。もっとも寺西も、論争の当事者である石井寛治の株式担保金融の重要性の指摘の視点は入れて、株式担保金融による仲介型サブ・システムから市場型サブ・システムに向けて大量の重複金融仲介の流れが存在していたため、資金配分の側から見て大企業への資金供給は市場型サブ・システムが、農業と中小企業に対しては仲介型サブ・システムが担当したと総括することはできないとしている（寺西［2011］902頁）。そして、こうした個人投資家の役割がいつまで続くかという視点についても、寺西と石井では見解が異なり、1930（昭和5）年を境に個人株主のシェアが大幅に低下するとともに、個人投資家の資産規模の縮小が顕著であり、昭和恐慌を契機とする商工業者や地主層からなる富裕層・中間層が大株主から脱落したことを指摘した寺西に対し、石井は昭和恐慌が富裕層の一部や旧中間層の上層部分を含む個人投資家層の没落の大きな画期となったが、その没落の度合いは、寺西が想定したよりも軽微なもので

3）　寺西［2011］第3-6章。1919年時点の株主層で個人投資家が圧倒的比重を占めたことが、武田［1986］でも示された。

あったとした（寺西［2011］、石井［2015a］第8章）。

このように、近代日本資本主義において個人投資家の役割が重要であったことは共通認識とされているものの、業種間の差異、時期による性格変化などまだ詰められる論点は多い。本書では、個人投資家の個別の事例研究の積み上げにより、こうした諸点に一定の回答を示し、地方の富裕層（資産家）の視点から近代日本資本主義の形成過程を分析する[4]。

その意味で、本書のタイトルに掲げた「資産家資本主義」の含意について触れておきたい。冒頭で述べたように、「資本家」の存在形態から資本主義を考える場合、国家が出資の中心的な担い手となっている「国家資本主義」と、民間が出資の中心的担い手となっている「民間資本主義」に大きく分けられるが、「民間資本主義」のなかでも、資本市場が発達して個人投資家が広範に存在しているような「大衆資本主義」には日本はなかなかならず、第二次世界大戦前の日本は、限定された富裕層が個人投資家となった。また第二次世界大戦後の日本は、研究史で指摘されているように株式持ち合いなどで、法人が主要な株主となる「法人資本主義」が成立したとされてきた（奥村［2005］）。

本書では、個人投資家が株主として企業を監視できるメリットと、その株主が限定された富裕層で経営にも関与するものが多かった点で、「法人株主」のように安定株主になりやすいメリットの両面を備えた「資産家資本主義」を「民間資本主義」の1つのあり方として位置付けたい。もっともその場合、出資者たる資産家が、株主としての権利を十分に発揮できたかについては留保が必要である。本書第3章で論ずるように、近代期の日本で広く行われた株式担保金融は、資産家の出資を容易にする代わりに、融資を受けて購入した株式を、追加融資を受ける際に担保に入れる必要があり、株式売買の権限を融資した銀行が間接的に握ることになった。その意味では、銀行が、融資先が担保に入れた株の企業に対し、株主としての権利を間接的に行使し得ることとなった。銀行が間接的に企業統治の担い手になっている点では、「法人資本主義」やメイ

---

[4] 本書では、「地方」を「中央」に対置する概念として用いるが、支配権力や国家との距離感が近いものを「中央」、遠いものを「地方」と考え、政府所在地との単純な空間的距離を意味しているわけではない。本書が地方の富裕層の視点から検討するのは、資本主義社会が広範に定着したことを論ずるためであり、「地域」はこうした支配権力や政府との距離感とは無関係に、一定の地理的範囲を示す用語として用いる。

ンバンクで特徴付けられてきた第二次世界大戦後の日本と類似性はあるが、間接的に企業統治の担い手になった銀行も限られた資産家が出資の中心になっていた点が、第二次世界大戦前の日本の特徴であった。

　このように企業統治の面も含めて第二次世界大戦前の日本の資本主義の特徴を、「資産家資本主義」と考えたい。そうすると出資者となった資産家が、結果的に出資先会社の経営戦略にどのような影響を与えたかが議論の焦点になるが、主要出資者が同時に経営者であることや株式担保金融で出資者の所有株を売買する際にかなり制約があったことなど複合的な要因が重なって、全体として有力株主が長期的にその会社の株式を所有し続け、安定株主化する方向性を「資産家資本主義」はもたらした。本書で示すように、第二次世界大戦前の有力資産家は、第一次世界大戦期の例外的な株式投資ブームの時代を除き、比較的同じ銘柄の株式を長期に持ち続け、特に自ら経営に関与した場合は、積極的にその株式を買い進めて株主の安定化に寄与した。しかも、有力資産家で家業意識の強い家は、家業を会社化して発展させようとする傾向が強く、本書では、このようにして設立された会社・銀行を「家業会社」・「家業銀行」と位置付けるが、当初は合資・合名会社形態が多かった家業会社・家業銀行が、その後大会社・大銀行となる場合も少なくなかった。こうした資本市場の安定性が「資産家資本主義」を特徴付けることになった。

　なお家業会社の視点は、国際的な研究潮流であるファミリービジネス研究とも関連する。ファミリー企業についての学術研究は、1950年代から始まったとされるが、90年代に Three-Circle モデルが提示されたことで理論的にも深まった（Gersick et al.［1997］p.6）。そこでは Family・Ownership・Business の３つの相互に影響し合うサブ・システムから構成されたシステムとしてファミリービジネスが想定されたが、家業会社ではこれら３つはかなり密接に重なっているものの、その事業継承のためには、家族の継承と経営者の継承と株主（所有者）の継承の調整をうまく進められるかがポイントとなる（Kenyon-Rouvinez and Ward［2005］など）。こうした点から欧米のファミリービジネスの事例研究が進み（Miller and Breton-Miller［2005］など）、ファミリービジネスの国際的な比較研究も行われた（星野・末廣編［2006］）。それらの事例研究を通して、資源ベース理論・エージェンシー理論・社会情緒資産理論などファミリービジネ

ス研究の理論的基礎が構築されてきたが（奥村［2016］）、日本でのファミリービジネス研究は、主に老舗企業研究として進められてきた（横澤編著［2012］、ファミリービジネス白書企画編集委員会編［2016］など）。

　本書で取り上げる家業会社の多くが第二次世界大戦後まで継承されており、老舗企業になったが、その際に当主の世代交代で経営志向性が変化することはあり得た（本書第6章）。そうした変化を見通すには第二次世界大戦後まで分析対象を広げる必要があるが、本書では分析を資本主義成立期に限定したこともあり、永続性の視点よりもむしろ家業会社設立の背景に着目したい。その点で、本書終章で地方事業家の要素と位置付けた家業志向性と地域志向性の強さが重要と考えられ、地域志向性の視点はソーシャル・キャピタル（社会関係資本）論とも関連する。ソーシャル・キャピタルが物的インフラとは異なる概念として用いられるのは、20世紀前半に遡るとされるが（稲葉［2011］）、比較的包括的な定義を示したパットナムに従えば、「協調的行動を活発にすることによって社会の効率性を改善し得るような信頼・規範・ネットワークなどの社会的仕組み」がソーシャル・キャピタルとなろう（Putnam［1993］p.167）。地方資産家は、家業会社を設立する際は同族単位で経済行動をとるが、家業が地域社会と関わりが深いゆえに、寄付や納税、地域向けの行事などで地域社会へ多大の貢献を行った（中西・二谷［2018］）。その際、同族のみでなく同じ地縁の地方資産家が互いを信頼して協調的行動をとりつつ、社会基盤（物的インフラ）の改善に努め、彼らがソーシャル・キャピタルの担い手になった[5]。家業志向性から導かれるファミリービジネスと地域志向性から導かれるソーシャル・キャピタルの2つの要素に多くの地方資産家は彩られていた。

2　有力資産家の有価証券投資概観

（1）検討事例の選択と留意点

　本論に入る前に、序章では長期間にわたって有価証券投資動向が判明する資産家を選び、それらの家がそれぞれの経済環境に対してどのような投資行動を

---

5) この点で、ソーシャル・キャピタルの要素のなかでネットワークに焦点を合わせたLin［2001］の議論は興味深い。

とったかを概観する。まず検討事例の選択を行い、検討の際の留意点を述べる。

　寺西は、1925（大正14）年の所得階層で、5,000円以上階層の約15万人が証券税制ないし企業統治に関与するインセンティブを持っており、その関与が有効であったと推定しており、大企業の支配した近代的産業の資源配分に関しては、そのうち年間所得1万円以上層に相当する数万人の中間層・富裕層の選好が大きな影響力を持っていたと考えられるとした（寺西［2011］659頁）。ただし、長期間にわたって有価証券投資を行い続け、その史料が残されている家は、もう少し所得・資産階層が上のレベルであり、資産規模の分布を資産家番付で見ると（渋谷・加藤・岡田編［1989］17頁）、1916年時点の資産家番付で、資産額1,000万円以上が55家、500万～1,000万円が74家、100万～500万円が639家であり、33（昭和8）年時点の資産家番付では、資産額1,000万円以上が151家、500万～1,000万円が179家、100万～500万円が2,024家であった。資産額上位2,000～3,000家程度に焦点を絞ると、1910年代で数十万円以上、30年代に100万円以上の資産規模であった資産家が、有力投資家階層として考えられ、そのあたりを目安に、有価証券投資動向が長期間判る資産家を50家抽出した。その資産額の動向と主要投資銘柄を表序－1に一覧した。その主な職業は、華族（爵位を受けた旧大名層）、土地所有家、商家（呉服商、肥料商など）、醸造家などであった。なお、本書では社会としての資本主義の性格を論ずるために、投資家層の地方での広範な成立を捉えることを主目的として、三井家・岩崎家などの巨大財閥家族に関しては正面からは取り上げないが、岩崎家の有価証券投資について第Ⅲ部序で触れた。

　これらの資産家の業種には、土地経営と商業、土地経営と醸造業などの兼業も多いため、基盤となる資産や収益によって、それらを華族資産家（近代初頭の資産の基盤が金禄公債）、土地資産家（収入の基盤が土地収益）、商業資産家（収入の基盤が商業収益）、醸造資産家（収入の基盤が醸造収益）と位置付け、有価証券・銀行定期預金の配当収入・利子収入がその家の中心的収益基盤となったものを金融資産家と位置付ける[6]。つまり、華族資産家・土地資産家・商業資産家・醸造資産家などが、有価証券投資や銀行定期預金への資産運用を進めたり、家業を会社化することで、配当収入・利子収入が中心的収益基盤になった場合、それを各資産家の金融資産家への転換と考える。その意味で、近代日本資本主

義の成立は、華族資産家・土地資産家・商業資産家・醸造資産家などの金融資産家への転換の過程とも考えられる。

　その場合、各家の投資行動の相違をもたらした要因として、地域性、職種間の差異、経営主体の志向性の３点に留意する。地域性では資産運用に影響を与える株価情報・利子情報へのアクセスのあり方が、大都市・地方都市・農村部などで異なったことに着目する必要がある。また職種間の差異も重要であり、家業に関連する会社への投資が初発の段階では多く見られ、それがその後の投資行動の展開に大きな影響を与えたり、また醸造業のように家業そのものに設備投資資金など大きな資金需要が存在した場合は、それが投資資金への制約にもなった。そして、同地域・同業種でもその家の経営志向性により、投資行動に大きな差が生じていたことにも着目する必要がある。この点が、個別事例の一般化を難しくしている要因であるが、逆にこの側面があるからこそ個別事例研究に意味があるとも言え、こうした個別事例研究の積み上げから、より具体的な全体像の構築を目指したい。

　また、今一つの留意点は、株式投資の性格の違いである。一般に、工業化には、多数の出資を得て大資本で株式会社を設立し、大規模な設備投資を行って機械制大工業を目指す形もあれば、家業の機械化・近代化を図るために、合資・合名会社などを設立して一族の資本を糾合したり、産地の同業者が工場の機械化・近代化を図るために、合資会社や小規模な株式会社を設立して、同業者の資本を糾合する形もある。前者は、資産運用としての株式投資の側面が強いが、後者は家業の経営維持・発展のための株式投資であり、資産運用の側面は弱い。家業の会社化により、家と経営の分離が図られ、家業会社（銀行）株からの配当金が家の収入基盤となれば、これも金融資産家への転換と言える。

　こうした視点に着目すれば、資本主義社会を考える場合、株式会社のみでなく、合資・合名会社にも目を向けて考察する必要があると考えられ、実際、近代日本ではほとんどの時期において会社数の過半数を合資・合名会社が占め

---

6)　金融資産家について、岡田［1989］が、銀行専業者、他業種を兼業する銀行業者、銀行役員として銀行業と関連する資産家と位置付けているが、その範囲が広すぎるため、本書では本文のように金融資産家を位置付けるとともに、家業の両替商や貸金業をもとに個人銀行を設立した資産家を銀行資産家とする。

表序－1　資産家有価証券投資事例一覧

氏名	居住地	業種	資産額 1902年	1916年	1928年	1930年	1933年
正野玄三	滋賀県日野	売薬製造					
池田章政（禎政・宣政）	東京府大崎	華族	[80]	[300]	[600]	[700]	[600]
阿部市太郎	滋賀県能登川	麻布商	[32] (1901年)	[200]	[400]	[400]	[500]
田中市兵衛（市蔵）	大阪	肥料商	[67] (1901年)	[380]	[500]	[400]	[500]
廣海惣太郎	大阪府貝塚	肥料商		[35]	[160]	[200]	[200]
野村治三郎	青森県野辺地	船持商人	[60]	[100]	[100] (26年)		
奥山源蔵	山梨県春日居	土地	20 (1904年)	44	84 (22年)		[60]
棚橋五郎	岐阜県楡俣	土地			[70]		[50]
細川護成（護立）	東京	華族	[100]	[500]	[1,000]	[1,000]	[5,000]
風間幸右衛門	山形県鶴岡	土地	78	[300]	[2,000]	[800]	[800]
酒谷長一郎（長作）	石川県橋立	船持商人	39 (1900年)	128	229 (26年)	265	
白木海蔵	愛知県奥	買継問屋	19 (1897年)				
服部和一郎	岡山県牛窓	土地	29	107	268	296	340
島津忠重	東京府大崎	華族	[80]	[1,500]	[2,000]	[2,000]	[2,500]
鈴木摠兵衛	名古屋	材木商	[50]	[150]	[590]	[500]	[300]
広瀬和育	山梨県藤田	土地					
星島謹一郎（義兵衛）	岡山県藤戸	土地	[90]	[150]	[80]	[150]	[250]
石井猪之助	広島県沼隈	土地					
逸身家→福本元之助	大阪	両替商	[50]	[100]	[400]	[350]	
伊藤次郎左衛門	名古屋	呉服商	[500]	[500]	[3,500]	[3,000]	[4,000]
渡辺与三郎	福岡	呉服商		[100]	[500]	[500]	[400]
野崎武吉郎（甲斐太郎）	岡山県味野	塩業	[60]	[600]	[1,000]	[1,000]	[1,000]
書上文左衛門	群馬県桐生	買継問屋	40	80 (14年)			
吉川経健（元光）	山口県岩国	華族	161	273	531	555	
小栗三郎	愛知県半田	肥料・醸造業	24	50	[200]	[200]	[300]
辰馬吉左衛門	兵庫県西宮	酒造業	77 (1901年)	447 (14年)	[3,000]	8,429 (29年)	[10,000]
濱口儀兵衛	千葉県銚子	醸造業	46		[700]	[700]	[600]
桜井良之助	宮城県登米	金貸業	3 (1900年)		76 (26年)		78 (34年)
高松定一	名古屋	肥料商	[22] (1905年)		[330]	[350]	[250]
福井弥平	滋賀県大溝	酒造業					
宮林彦九郎	富山県新湊	土地			37 (22年)	[25] (25年)	
伊東要蔵	静岡県中川	土地		[60]		[70]	[100]
永田藤兵衛	奈良県吉野	林業		[100]		[500]	[500]
本間金之助	秋田	小間物商		[80]	[300]	[400]	[550]
水谷卓爾	岐阜県福東	土地					
猪田岩蔵	滋賀県北五個荘	土地			[200]	[200]	[230]
安川敬一郎（清三郎）	福岡県戸畑	石炭業	427 (1905年)	1,173 (14年)	[1,300]	[1,400]1)	[1,300]1)
斎藤彦太郎（徳太郎）	新潟県安田	土地	[100]		[1,000]	[1,000]	[1,000]
山中兵右衛門（安太郎）	滋賀県日野	呉服商	25	55 (15年)	[200]	[200]	[250]
前田利為	東京	華族	[600]	[2,000]	[7,000]	[6,000]	[6,000]
徳川家達（家正）	東京府千駄谷	華族		[150]		[2,000]	[4,000]
大原孝四郎（孫三郎）	岡山県倉敷	土地	[90]		[1,000]	[1,000]	[1,000]
髙梨兵左衛門	千葉県野田	醸造業		[100]	[600]	[400]	[500]
溝手保太郎	岡山県早島	土地		[70]	[250]	[200]	[300]
中埜又左衛門	愛知県半田	醸造業	[80]	116 (18年)	[540]	[500]	[450]
高良宗七	山口県宇部	石炭業			[150]	[170]	[150]
若尾民造（謹之助）	甲府	土地	[80]	[1,000]	[1,000]		
野村徳七	大阪	両替商		[350]	[4,000]	[3,000]	[3,500]
鈴木和蔵	宮城県吉田	土地				[100]	[700]
神野金之助	名古屋	農業	[100]	[400]	[1,000]	[1,000]	[700]

(出所)資産額・土地所有額は、本書表終-1、渋谷編［1984］第4巻、渋谷編［1985］第1巻、石井［2018］附録を参照。 所有有価証券主要銘柄は、正野玄三家：本村［2005］21頁、池田章政家：森田［2004］、田中市兵衛家：中西［2009］421頁、奥山源蔵家：中村［1972a］208-209頁、細川護成家：千田［1987］、広瀬和育家：中村［1972b］374-375頁、星島謹一郎家：太田［1981］434-435頁、石井猪之助家：勝部［1980］、渡辺与三郎家：岡本［2007］196-203頁、野崎武吉郎家：ナイカイ塩業株式会社社史編纂委員会編［1987］608-610頁、書上文左衛門家：林［1974］438-439頁、濱口儀兵衛家：谷本［1990］290-291頁、桜井良之助家：澁谷［2000］160・195-197頁、福井弥平家：上野山［2002］39頁、本間金之助家：伊藤［1977］171頁、猪田岩蔵家：森［2005］325-326、335-336頁、安川敬一郎家：中村［2010］213・224・236頁、斎藤彦太郎家：中村［1979］51頁、山中兵右衛門家：筒井

序章　近代日本の資本主義　9

資産額の単位：万円、土地所有の単位：町歩

土地所有（山林除く）1901～24年	有価証券所有内訳判明期間	所有有価証券主要銘柄
	1874～1893年	公債、日本銀行、大阪紡績、八幡銀行、伊予紡績
	1877・83・97年	第十五国立銀行、日本鉄道
	1877～1925年	表序－4を参照
	1879～1887年	第四十二国立銀行、大阪商船、阪堺鉄道、日本銀行、東京馬車鉄道
14　(20年)	1880～1939年	本書第3章表3－4を参照
[483]　(24年)	1881～1919年	本書第9章を参照
45　(19年)	1881～1921年	第十国立銀行、有信銀行、甲府電力、日本勧業銀行、山梨県農工銀行、日本郵船
57　(07年)	1881～1922年	表序－8を参照
3,582　(19年)	1881～1925年	第十五国立銀行、日本鉄道、第九国立銀行、九州鉄道、肥後銀行、熊本電気、台湾製糖
487　(17年)	1882～1929年	表序－6を参照
	1883～1930年	表序－15を参照
14　(10年)	1883～1912年	表序－5を参照
180　(12年)	1884～1944年	表序－9・11を参照
[507]　(24年)	1885～1942年	表序－2を参照
	1885～1929年	本書第4章表4－2・4を参照
[128]　(24年)	1887～1924年	釜右、東京電灯、第十国立銀行、有信銀行、軍事公債、山梨県農工銀行、富士銀行
225　(06年)	1887～1906年	南海鉄道、山陽鉄道、備前紡績、岡山県農工銀行、九州鉄道、大阪商船、豊州鉄道
52　(1889年)	1887～1920年	第六十六銀行、松永銀行、広島県農工銀行、久原鉱業、尼崎紡績、大阪窯業
	1889～1901年	本書第1章を参照
[260]　(24年)	1889～1909年	本書第4章表4－12を参照
20　(06年頃)	1889～1908年	鐘淵紡績、博多絹綿紡績、九州鉄道、大阪株式取引所、博多湾鉄道、博多築港、東京鉄道
613　(17年)	1889～1896年	公債、山陽鉄道、第二十二国立銀行、日本郵船
7　(03年)	1890～1905年	第四十国立銀行、第一銀行、日本勧業銀行、日本織物、佐野鉄道、桐生織物
381　(09年)	1891～1930年	表序－3を参照
36　(19年)	1891～1936年	本書第6章表6－4を参照
	1892～1930年	表序－10を参照
約14,000円[2]	1894～1905年	武総銀行、日本鉄道、有田起業銀行、銚子銀行、富士紡績、硫酸製造、大東汽船
82　(16年)	1894～1921年	京釜鉄道、仙北鉄道、日本郵船、大日本人造肥料、七十銀行、宮城県農工銀行
33　(01年)	1895～	本書第5章を参照
11,509円[2]	1895～1912年	有燐生命保険、近江貯金銀行、滋賀県農工銀行、太湖汽船、横浜正金銀行
46　(22年)	1895～1940年	表序－12を参照
	1895～1930年	表序－7を参照
	1895～1924年	本書第2章表2－8を参照
334　(17年)	1896～1917年	秋田県農工銀行債、秋田銀行、四十八銀行、旭川電気債、福島県農工銀行債、東洋拓殖債
32　(13年頃)	1896～1933年	表序－13を参照
112　(14年)	1897～1940年	近江銀行、関西鉄道、南満洲鉄道、尼崎紡績→大日本紡績、横浜正金銀行、京都電灯
	1897・1905・14年	明治鉱業、筑豊鉄道→九州鉄道、山陽鉄道、若松築港、鐘淵紡績、大阪電灯、富士紡績
[1,103]　(24年)	1897～1908年	公債、新潟商業銀行、新潟商業銀行、北越鉄道、北越鉄道
34　(14年)	1897～1908年	日野平安紡績、京都平安紡績、日野製糸、第百三十国立銀行、近江鉄道、北海道拓殖銀行
[432]　(24年)	1898～1942年	表序－14を参照
	1898～1942年	日本鉄道、第一銀行、浅野セメント、十五銀行、東京湾埋立
550　(09年)	1901～1909年	公債、倉敷紡績、倉敷銀行、山陽鉄道、岡山県農工銀行、京釜鉄道、備前紡績
	1903～1927年	本書第8章8－2～7を参照
248　(15年)	1903～1933年	倉敷紡績、川崎造船所、倉敷絹織、倉敷電灯、阪神電気鉄道、中備銀行
104　(14年)	1912～1935年	本書第6章表6－12を参照
約52,000円[3]	1914・32・40・45年	沖ノ山炭鉱、宇部セメント、宇部紡績、宇部窒素工業、東見初炭鉱
約600　(20年)	1914・19・25年	東京電灯、東京瓦斯、信越電力、横浜正金銀行、日本興業銀行、台東製糖、東洋モスリン
	1916・19・25年	福島紡績、王子製紙、日本舎密、東亜興業、宇治川電気、大阪商船、日本郵船
83　(15年)	1917～1927年	東北実業銀行、東北電気、宮城電気鉄道、松島電車、仙台信託、遠田電気
[1,343]　(24年)	1919～1940年	本書第4章表4－9を参照

［2010］252-253頁、徳川家達家：伊牟田［1989］545頁、大原孫三郎家：東京大学社会科学研究所［1970］164頁、溝手保太郎家：森元［2007］93頁、高良宗七家：三浦［2015a］、若尾民造家：齋藤［2002］288-289頁、野村徳七家：露見［1989］513・514・519頁、鈴木和蔵家：須永編［1966］130頁（菅野俊作執筆）より作成。

（注）氏名欄の（　）内は代替わり。資産額・土地所有欄の［　］内は資産家番付などの数値で（　）内はその年代。銘柄欄の→は会社名の変更。上記以外の出所は主要銘柄欄記載の各表を参照。逸身家は1901年の逸身銀行破綻で資産を失ったが、一族の福本元之助が資産を再建したため、逸身家欄の1916年以降は福本元之助として。

1) 清三郎と敬一郎の合計。2) 1898年の所有地価。3) 1914年の不動産所有額。

いた（本書第Ⅱ部序の表Ⅱ-序-4を参照）。そして、財閥系など独占的大企業では第二次世界大戦後の財閥解体で、出資者や経営者が大きく転換したが、家業会社として設立された中規模会社は、第二次世界大戦後のインフレで実質資産価値は激減したものの、創業家がその株式を所有し続けたことで、出資者・経営者ともに第二次世界大戦前から戦後にかけて連続したことが多かった。戦前と戦後の断絶と連続の両面を再評価するためにも、家業の機械化・近代化を図るための会社化という工業化の経路は重要である。これらを念頭に置きつつ、有価証券投資に影響を与えた経済環境の変化に対応させて有力資産家の有価証券投資を検討する。

　ここで、近代日本の有価証券市場の動向に簡単に触れておく[7]。明治期の株式市場は、株式取引所では一部の株式のみを売買の対象とした差金決済取引が主に行われ、現物株式の受け渡しと取引所で売買されなかった株式の株価形成は場外で行われた。差金決済取引は転売・買戻しが自由な先物取引であり、実物証券と現金の受け渡しが行われる現物取引は、株式取引所の周辺に展開していた場外の「市場」で行われた。株式の流通市場であった場外市場で現物取引を担ったのが現物商で、取引はその店頭で行われた。現物商はそれぞれの地場企業の株式を主に取り扱い、そのなかの一部の代表的な株式のみが取引所で売買された。本書では、東京・大阪など大都市の株式取引所に上場され、そこで相応の売買が行われた株式を中央株と呼び、それ以外の地場企業の株式を地元株と呼ぶ。株式取引所は1890年代後半までに全国の主要都市で設置され、1900年代になると上場された株式の種類が増加し、特に鉄道会社株はかなりの銘柄が取引所で取引されるに至ったが、場外で取り扱われた銘柄はそれ以上に増加し、紡績会社株・電灯会社株・銀行株などは主に場外市場で取引された。ただし、新株募集・分割払込制度による株金の追加払込など企業の資金調達を円滑に行うためには全国的に平準化された株価の形成が必要で、その際に情報伝達・取引手続きなどの点で整備された株式取引所の機構が重要であった。そして、取引所で形成された株価が現物商に仲介された場外市場に引き継がれ、その価格で現物株式の取引が行われた。

---

7)　以下は、片岡［2006］第2章、および小林［2012］第2部を参照。近代日本の中央株の銘柄は、平賀編［1928］巻末の第5表および塩川編［1928］巻末の銘柄別相場高低表を参照。

（2）秩禄処分と華族資産家の株式投資

　1868（明治元）年の明治維新により政権を獲得した新政府（明治政府）は、旧大名層の支持を得るために、旧大名層の年貢収取権を廃止する代わりに、それに相当する家禄を支給していたが、それが明治政府の重い財政負担となったため、76年に金禄公債証書発行条例を発布し、金禄（定額化されて家禄が金禄に変更されていた）の支給廃止と金禄公債交付を決めた。この金禄公債は、5～14年分の金禄を額面とした公債を交付して、据え置き期間後に順次償還するものであった（丹羽［1962］）。金禄公債の償還期限がくれば、明治政府はそれに対応する金額を支払う必要があるが、それは5～30年後の予定で、明治政府の財政負担は長期間にわたりかなり軽減された。一方、金禄公債の利率があまり高くなく、それを受け取った旧大名・士族層が、金禄公債を運用する必要に迫られ、そのための銀行設立が行われた。その背景には、1876年の国立銀行条例の改正があり（靎見［2002］）、73年に国立銀行条例を発布しても国立銀行（国立銀行条例に基づいて設立された民間銀行）の設立が進まなかったため、銀行設立資本金の8割を金禄公債で準備可能になるよう、76年の改正で変更された。そのため、金禄公債を利用した国立銀行の設立が急速に進んだ。特に第十五国立銀行は、旧大名層の金禄公債を運用する目的で作られ、多数の旧大名層が金禄公債を提供してその株式を取得した（星野［1970～72］）。

　また、銀行と並ぶインフラ整備として鉄道建設も重要であり、1881年に日本鉄道会社が当時としては異例の巨大資本金である2,000万円で設立された（野田［1980］50-56頁）。興味深いのは、建設工事の進展に合わせて必要額の株式を順次発行することで資金調達が図られた点で、1881年に第1回の株式募集596万余円、85年に第2回の株式募集596万余円、88年に第3回の株式募集417万余円が行われた（星野［1970～72］）。分割して払い込むことで、多くの旧大名層が日本鉄道会社の株主となり得、第十五国立銀行と日本鉄道が旧大名層の有力な金禄公債投資先となった[8]。例えば、旧岡山藩主池田家の場合は、第十五国立

---

[8]　華族資産家の有価証券投資の全体像は、伊牟田［1989］を参照。東京に居住した旧大名層の華族資産家は、基本的には中央の資産家と考えられるが、旧領地域に資産を所有して人脈を活かして旧領地域の産業振興に関与した場合も多く、地方資産家的性格も持っていたと言える（表序-1所収の華族資産家の出所文献を参照）。

銀行株と日本鉄道株取得のために主に金禄公債が売却され（森田［2004］）、旧熊本藩主細川家は、金禄公債を売却して得た資金で、第十五国立銀行株、日本鉄道株、第九国立銀行株、九州鉄道株などを取得した（千田［1987］）。旧鹿児島藩主島津家は、表序 - 2 に示したように配当収入から見て第十五国立銀行株をかなり所有し、第五国立銀行株と日本鉄道株も取得するとともに、1890年代以降に各地の鉄道会社株や第五国立銀行を吸収して設立された浪速銀行株そして川崎造船所株など多くの株式を所有した（寺尾［2015］）。旧岩国藩主吉川家も、表序 - 3 に示したように、当初は公債所有が中心であったが、公債売却益で、総武鉄道、横浜正金銀行などへ投資した（三浦［2015b］）。

全体として、1880年代は旧大名層（華族）資産家の金融資産家への転換が進んだと言え、市民革命を経なかった日本では、旧領主層の資本家層への転換がまず生じたのであった。

（3）企業勃興と商業資産家・土地資産家

領主層以外に近世期に資金蓄積を進めた主体として、三都（江戸・京・大坂）の株仲間商人や幕府・諸藩の御用商人などが考えられる[9]。確かに、これらの商人は支配権力から与えられた特権を利用して18世紀から19世紀前半に資金蓄積を進めたが、幕末期には重い御用金負担と最幕末期の急激なインフレで、実質資産はかなり減少しており、有力資産家としてそのまま近代に資産が連続したわけではなかった。そこに、幕末開港後に開港場に進出した開港場商人や、明治初年に明治政府と結び付いて御用を引き受けた政商がつけ入る余地があったが、近世来の旧特権商人も、その取引網が近代期にも引き継がれ、経済環境が変われば、再び資金蓄積し得る余力は残していた。

その機会が1870年代後半に訪れ、77（明治10）年の西南戦争などを契機に生じたインフレが80年まで継続し、この時期に新旧の遠隔地間商人が急激に資金蓄積を進めた（中西［2002a、2009］）。インフレ期は定額金納となった実質地租が軽減したため自作農にとっても有利な状況が生じ、農村市場の拡大が見られ

---

9) 以下の記述は、中西［2002a］を参照。近世屈指の豪商であった三井家も、近世期の蓄積は幕末維新期にかなり喪失していた（粕谷［2002］）。

序章　近代日本の資本主義　13

表序-2　島津忠重家配当収入・株式所有数の動向

単位：円・株

銘柄	所在地	1885年	1892年	1899年	1909年	1912年	1916年	1916下～17上	1919年	1922年	1924年	1925年	1926下～27上	1927年	1932年	1937年	1942年
第十五国立銀行	東京	88,240	92,076	40,000	72,000	72,000	[13,500]	67,500	[13,500]	[31,053]	172,778	[31,053]	164,550	[31,053]			
第五十国立銀行	大阪	9,406	17,940	(浪速銀行に継承)					薩摩興業 (鹿児島)	34,601		98,013				[84,400]
日本鉄道	東京	2,625		20,978	51,999				早川電力 (東京)	17,238					[4,900]	
横浜正金銀行	横浜		11,200	7,875	14,400	17,700	[2,400]	18,000	[2,400]		57,600	[4,800]	57,600	[4,800]			
日本銀行	東京		3,585	18,252	16,848	21,060	[1,404]	21,060	[1,404]		21,060	[1,404]	21,060	[1,254]			
北海道炭礦鉄道	札幌		3,400	47,700	31,070				東洋製糖 (南靖)	1,500		2,999				
日本郵船	東京		2,492		2,400	2,000	[800]	4,271	[1,800]		5,250		4,200				
九州鉄道	門司			32,071	44,571				熱帯産業 (東京)	825		3,719				
浪速銀行	大阪			23,616	29,520	34,501	[18,840]	51,528	[16,178]	(十五銀行に合併)							
川崎造船所	神戸			13,200	43,500	34,800	[20,000]	104,063	[40,000]	[60,000]	312,500	[30,000]	273,138	[30,000]	[5,000]		
関西鉄道	四日市			6,300			北海道製糖 (帯広)		玉川水道 (東京)								
参宮鉄道	宇治山田			1,499					[5,000]	406		1,250	[5,000]	[1,250]	[1,250]	
第百四十七銀行	鹿児島			300			千代田火災保険 (東京)		[2,000]		東京電力 (東京)		14,799				
日本勧業銀行	東京			250	1,000	2,563	[400]	5,000	[400]		9,000		9,000				
博多湾鉄道	志賀島				6,050	9,579		11,720	[4,000]				3,000				
帝国製糖	台中					17,500		31,500			薩摩製糸 (鹿児島)						
日英水電	東京					2,833		9,675			33,750	[11,800]	37,500	[11,800]			
株式配当計		100,271	130,693	212,041	313,358	214,536		324,317			666,508		690,828				
公債利子		378	8,774			44,573	金融債	1,593									
総計		100,649	139,467	212,041	313,358	259,109		325,910			666,508		690,828				

(出所) 寺尾 [1994・2015]、伊牟田 [1987] より作成。
(注) 1916下・17上は「年鑑」などに記載された主要株主として判明した島津家の所有株数を [ ] で示した。それ以外は、島津家の配当・利子収入。1916下・17上は、1916年下半期と17年上半期の意味。前後の時期と期間を揃えるため、便則的であるが上半期から下半期の1年分を示した。第十五国立銀行は、1898年より十五銀行 (表序-3も同じ)。

表序－3　吉川経健家有価証券投資の動向

銘柄	所在地	1891年	1894年	1897年	1900年	1903年	1906年
第十五国立銀行	東京	142,607	142,607	40,300	30,300	40,275	40,275
大阪鉄道	大阪	31,500	41,250	46,688			
山陽鉄道	神戸	7,020	7,800	14,400	33,260	46,007	63,150
大阪商船	大阪	7,000	10,050	21,315	23,496	23,496	58,746
東京電灯	東京	6,240	21,221	37,620	51,832	73,150	95,800
日本鉄道	東京	2,250	2,825	25,607	27,125	29,595	37,540
総武鉄道	東京		35,000	80,500	119,000	117,875	117,875
日本郵船	東京		9,444	12,750	15,000	19,161	17,500
関西鉄道	四日市		4,700	7,150	60,160	59,634	59,634
横浜正金銀行	横浜			77,500	124,000	124,000	139,500
日本銀行	東京			29,000	49,350	53,200	53,200
富士瓦斯紡績	東京			16,250	25,000	25,000	24,463
小野田セメント	須恵			15,000	19,500	19,500	11,700
西成鉄道	大阪			13,800			
日本勧業銀行	東京			350	350	455	455
九州鉄道	門司				37,920	53,754	56,375
北海道炭礦鉄道	札幌				29,959	46,929	54,550
東武鉄道	東京				21,555	39,291	49,791
台湾製糖	興隆				12,500	27,500	40,000
周防銀行	柳井				5,000	5,000	5,000
東京電気	東京					7,300	12,300
第一銀行	東京					5,707	7,000
横浜共同電灯	横浜					3,846	2,813
北海道鉄道	東京					2,500	4,000
第百銀行	東京						
岩国電気軌道	岩国						
東京鉄道	東京						
台南製糖	台南						
北海道拓殖銀行	札幌						
鐘淵紡績	東京						
東京瓦斯	東京						
日本醬油醸造	東京						
芝浦製作所	東京						
第三銀行	東京						
横浜電気	横浜						
名古屋電灯	名古屋						
伯剌西爾拓殖							
株式合計		196,617	274,897	438,230	685,307	823,174	951,666
公債合計		345,256	400,120	368,940	334,543	311,654	345,525
社債合計							
有価証券合計		541,873	675,017	807,170	1,019,850	1,134,828	1,297,191

(出所) 三浦 [2015b] 第3・9表、三浦 [2017] 第2・5表より作成。
(注) 各年度末時点の所有有価証券の取得価額を示した。北海道炭礦鉄道欄の1909年以降は北海道炭礦汽船。岩国電気軌道欄の1921年は中外電気。名古屋電灯欄の1921年は関西電気で24年以降は東邦電力。全北電気欄の1927年以降は南朝鮮電気、東亜電話機製造欄の1927年以降は戸畑鋳物。

序章　近代日本の資本主義　15

単位：円

1909年	1912年	1915年	1918年	1921年	1924年	1927年	1930年
42,975	40,275	50,350	50,350	55,375	55,375	55,375	98,218
		義済堂（岩国）	100,000	500,000	500,000	200,000	
		小瀬川水力電気（東京）	50,000	全北電気	40,000	40,000	45,530
70,496	70,496	79,308	132,171	194,270	194,270	194,270	194,270
214,220	225,680	277,660	317,400	455,085	586,170	651,300	651,300
		南国産業（東京）	1,600	3,200	3,200	1,600	1,600
		周東産業銀行（岩国）	1,250	3,750	7,500		
17,500	17,500	25,792	45,938	45,938	45,938	45,938	45,938
		木曽電気興業（名古屋）	1,250	木曽川電力	450	450	450
155,000	186,000	186,000	248,000	496,000	496,000	496,000	496,000
47,000	59,750	59,750	59,750	59,750	59,750	59,750	59,750
16,063	17,990	19,275	19,275	32,125	38,550	38,550	38,550
13,500	16,860	17,980	30,330	57,290	87,620	124,690	188,720
		電気製鋼所（東京）	300	450		東京発電（東京）	63,450
875	19,355	29,255	23,100	31,920	37,800	37,800	37,800
		岩国信用組合（岩国）	50	100	100	200	200
56,850	61,860	62,575	71,343	93,875	93,875	93,875	101,385
33,194	33,194	40,184	44,844	68,154	76,899	97,304	132,284
116,500	181,813	161,538	178,763	341,875	341,875	341,875	272,900
8,750	8,750	17,500	17,500	富士電力（東京）		4,813	9,625
23,925	35,550	97,550	229,300	345,550	481,175	578,050	771,800
10,000	10,000	12,500	18,000	30,000	40,000	40,000	40,000
2,620		信越電力（東京）	15,863	63,450	63,450		
		東亜電話機製造		6,250	750	750	750
30,000	40,000	38,000	30,000	75,000	75,000	24,950	24,950
21,000	46,000	46,000	56,000	456,610	南満洲鉄道（大連）		60,000
15,000		大同電力（東京）		5,000	10,000	11,250	11,250
11,213		三吉商会		2,500	南朝鮮水力電気		13,488
10,000		海外興業（東京）		825	413	488	488
4,640	9,640	7,500	7,500	7,500	11,250	11,250	11,250
4,276	11,276	15,625	16,500	16,500	20,000	20,000	20,000
2,800			百十銀行（下関）		1,250	1,250	1,250
	15,000	20,625	37,500	64,213	90,925	144,350	144,350
	8,750	8,750	7,500	13,750	17,500	17,500	17,500
	4,340	4,650	7,750	山口県海外移住組合		400	1,000
	2,500	3,500	7,000	16,625	19,950	23,275	26,600
		600	825			三菱銀行（東京）	5,000
928,396	1,122,579	1,282,466	1,811,087	3,495,342	3,497,034	3,420,752	3,587,645
896,335	656,262	571,262	320,362	356,562	1,001,272	881,372	416,651
		113,863	132,563	112,042	92,132	53,190	53,190	20,886
1,824,731	1,892,704	1,986,291	2,243,491	3,944,036	4,551,496	4,353,314	4,025,182

たが、1880年代前半の松方財政による緊縮政策でデフレ状況になり、自作農のなかで耕地を手放すものが増大し、それらを近世来の有力自作農や商家が取得することで、80年代前半に日本全国で多くの土地資産家が登場した[10]。そして資金蓄積を進めた商家と土地資産家が、松方デフレ後の1880年代後半～90年代の会社設立ブーム（企業勃興）における中心的な出資の担い手となった[11]。会社設立は日露戦争後の1905～07年も盛んであり、本書では07年までを企業勃興期とする。その際、商家・土地資産家層の出資パターンは、銀行設立への投資では共通性があったが、それに加えてどの分野に投資するかで、大きく2つに分かれた。1つは、商家層の取扱商品の関連分野への投資で、呉服商・布商・綿糸商による綿紡績会社・織物会社への投資が見られた。

　例えば、滋賀県能登川の麻布商阿部市太郎家は、能登川に本拠を置きつつ大阪に支店を構え、市太郎家とその本家阿部市郎兵衛家、本家から分家した彦太郎家、市太郎家の娘婿の房次郎家が協力して大阪と滋賀県の会社設立に貢献した（中西・二谷［2018］第8章）。すなわち、市太郎家と市郎兵衛家が協力して金巾製織会社を設立し、滋賀県で設立された織物関係の諸会社の経営に携わり、大阪紡績会社の有力な出資者となるとともに房次郎が大阪紡績の経営者となった。表序-4から見て、阿部市太郎家の出資先は、1880年代前半までは主に第一国立銀行・日本銀行などの銀行であったが、80年代後半に大阪紡績に急激に投資し、90年代前半には阿部家一族で設立した金巾製織や阿部製紙所合資などへの出資が多く見られた。さらに同家は、摂津紡績・平野紡績など大阪の綿紡績会社、近江麻糸紡織など滋賀県の織物会社など、家業の商業で扱った繊維製品に関連する製造会社に主に出資した。近江商人による綿紡績会社への出資は、表序-1にある滋賀県日野の正野玄三家にも見られ、同家は1870年代後半～80年代前半は金禄公債などを買い入れて運用していたが、86年から大阪紡績への投資を始め、92年に伊予紡績に32,000円を投資した（本村［2005］）。

　愛知県尾西綿織物産地の買継問屋であった白木海蔵家は、1870年代後半の好

---

10) 安良城［1990］は1890年前後に実態として大土地所有が広範に成立したとした。
11) 石井［1999］第11章。企業勃興の研究史整理は、中村［2010］序章、石井［2013］序章などを参照。片岡［1983］は、企業勃興期の紡績株と鉄道株の投資収益率を土地利回りや預金金利と比較し、大資本家の資産運用を検討した。

況時に原料綿糸と製品綿布の買継問屋業を拡大し、その資金蓄積をもとに80年代に土地所有を拡大させ、90年代に問屋業が再び拡大に向かうとともに同時期に株式投資も拡大した（塩澤［1985］444-446頁）。表序−5を見よう。その銘柄は、地元の津島紡績会社、一宮銀行への出資が多く、1900年代になると、自ら役員を務める尾州銀行や尾州織染会社への投資が多くなった。尾州銀行は大阪に本店を置いたが、設立主体は尾西織物関係者で、白木家は大阪の内外綿会社など貿易商社にも出資した。全体として、地元尾西地域の織物に関連する会社への出資が大部分で、大阪での投資も尾西織物業の関連会社・銀行であった。

　名古屋の伊藤次郎左衛門家は、呉服（絹製品）と太物（綿・麻製品）の大規模小売商を家業とし、近世来の尾張藩の最有力の御用商人であった。1910年に家業を百貨店に展開し、その成功から資産額が急増し、表序−1では33（昭和8）年時点の資産家番付での推定資産額が4,000万円と小売商としては最大級の資産蓄積を示した。また、近世期から京都に仕入店、江戸に小売店を開設し、百貨店も東京・名古屋・大阪の3大都市に展開した（林［1966］、中西［2012］）。伊藤家の株式投資は、1881年に伊藤銀行を自ら設立したため、その株式を中心として銀行・綿紡績業へと拡大した（本書第4章表4−12）。1890年前後は、伊藤銀行と日本銀行、そして設立に関与した第十一国立銀行など銀行への出資が多かったが、発起人として設立に関わった名古屋紡績会社が85年から開業し、設備拡大のために87年に大幅に増資をするとともに伊藤家の名古屋紡績への出資は拡大し、1901年には伊藤銀行への出資金を名古屋紡績への出資金が上回った。ただし1900年代に入ると名古屋紡績の株式所有額は減少し、05年に名古屋紡績は三重紡績に合併され、名古屋紡績株は三重紡績株に転換した。また第十一国立銀行の業務を引き継いで愛知銀行が設立されると愛知銀行への投資が進展し、伊藤銀行と三重紡績と愛知銀行が、伊藤家の出資株式の中心的銘柄となった。同家の株式投資では、経営に関与した特定の銘柄の比重が大きく、家業との関連で棉花・綿糸布の販売を行う伊藤三綿合資会社を1905年に設立すると、そこへの出資金が有価証券所有合計額のなかで半分近くを占めた。

　群馬県桐生の絹織物産地の買継問屋の書上文左衛門家は、1890年代後半以降は桐生・足利地域で最大規模の買継問屋で、90年代〜1900年代は銀行から多額の融資を受けて都市問屋へ信用を与えつつ経営規模を拡大した。その有価証券

表序－4　阿部市太郎家有価証券投資の動向

銘柄	所在地	役員	1877年	1882年	1885年	1888年
第一国立銀行	東京		3,450	5,006	5,006	10,439
日本銀行	東京			3,000	7,500	1,875
大阪株式取引所	大阪			2,500	2,500	
大阪紡績→東洋紡績	大阪	監査役			5,250	41,204
横浜正金銀行	横浜				2,800	2,800
共同運輸	東京				2,500	
近江麻糸紡織	大津	取締役			1,000	5,320
神戸桟橋	神戸				500	500
関西鉄道	四日市					2,500
大阪製麻	大阪	取締役				2,500
金巾製織→大阪紡績	大阪	社長				2,400
阿部製紙所合資	大阪	社員				
九州鉄道	門司					
摂津紡績→大日本紡績	大阪					
平野紡績	大阪					
泉州紡績	北掃守					
内外綿	大阪					
近江銀行	大阪	取締役				
南満洲鉄道	大連					
和泉紡績	北掃守					
大阪瓦斯	大阪					
帝国製麻	東京					
大阪合同紡績	大阪					
尼崎紡績→大日本紡績	尼崎					
日本興業銀行	東京					
神戸電気	神戸					
塩水港製糖	太子宮					
泉尾土地	大阪					
百三十銀行	大阪					
北海道炭礦汽船	東京					
モスリン紡織	大阪					
山陽紡績	味野	取締役				
江商	大阪	社長				
富士製紙	東京					
日本絹糸紡績	大阪					
樺太汽船	泊居					
近江帆布	八幡	取締役				
日本勧業銀行	東京					
樺太工業	泊居					
岸和田紡績	岸和田					
大日本麦酒	東京					
日本生命保険	大阪					
その他とも株式計			3,450	10,506	27,056	69,538
公債計			1,786	47,400[1]	96,542	55,590
有価証券計			5,236	57,906	123,598	125,128

(出所)明治17年「公債・株式書上帳」(阿部市太郎家文書、東近江市能登川博物館蔵)、「又一阿部家家史」(阿部市太郎家文書、阿部家蔵、滋賀大学経済学部附属史料館保管)、渋谷編[1985]第5～7巻、昭和5年版『銀行会社要録』東京興信所・昭和9年版『帝国銀行会社要録』帝国興信所より作成。

(注)1877～92年は「公債・株式書上帳」より各年末時点の株式所有残額、94年は「又一阿部家家史」より8月時点の株式所有残額を示し、表の期間のなかで2,500円以上の銘柄および1916年以降の欄で挙げられた銘柄を、表の期間全体について示した。1916年以降は、「株式年鑑」などで判明した所有株式数。銘柄欄の矢印は会社名の変更を示す。公債は、他の家の分を預かったものを除き、主要銘柄の旧公債・中山道鉄道公債・起業公

単位：1892年まで円、1916年以降は株数

1890年	1892年	1894年	1916年	1919年	1925年	1929年	1933年
10,439	10,439	11,376	888	888			
	大阪硫曹（大阪）	15,255		三菱鉱業（東京）	1,000		
	大阪アルカリ（大阪）	11,804		北海道電灯（東京）	500		
65,442	58,215	25,000	3,000	3,100	12,008	12,008	6,280
	山陽鉄道（神戸）	2,800					
	北海道製麻（札幌）	2,640					
14,720	16,220	12,900					
625	625	625	320	1,280	1,280		
8,000	3,420	1,222					
5,000	10,670						
29,700	33,133	68,607					
13,800	34,091	36,000					
	30,710	31,540					
	10,305	31,518	600	1,386[4]	1,108		
	9,329	17,550					
	5,150	8,960					
	944	1,080	900	800	730		
		3,000	1,600	6,100			
			1,000	1,333			
			775	187			
			640	100			
			600		690		
			400	252	200		
			310				
			300	725			
			280				
			200	100			
			150	100			
			125				
			100				
			100				
				7,740			
				3,200		71,526	39,026
				1,500			
				1,029			
				1,000			
				790			
				510	1,380		
				500			
				300	1,360		
				100	970		
				10			
147,726	229,705	289,119					
3,100	5,750[2]	7,106[3]					
150,826	235,455	296,225					

債などを合計した。役員欄は、阿部市太郎家家族がその会社の役員を務めた役職。大阪紡績欄は1914年より東洋紡績、摂津紡績欄は18年より大日本紡績、25・29年の東洋紡績株は阿部市商店（株）の所有株数。金巾製織は1906年に大阪紡績に合併されたためその株式は大阪紡績株として引き継がれる。
1）8月時点の改め額。2）平野紡績社債5,750円を所有。公債所有は0円。3）平野紡績社債5,415円と浪華紡績社債1,691円を所有。公債所有は0円。4）1918年に摂津紡績と尼崎紡績が合併して大日本紡績となったため、旧尼崎紡績株を含む。

表序－5　白木海蔵家有価証券投資の動向

単位：円

銘柄	所在地	1883年	1888年	1892年	1896年	1900年	1904年	1906年	1908年	1910年	1912年
一宮銀行	一宮	1,000	1,000	1,000	2,030	3,665	6,000	4,150	3,000	2,625	2,625
大垣職工	大垣		375					日本製布（朱雀野）		500	230
内外綿	大阪		138	1,040	1,040	1,000	2,810	6,842	4,664	6,224	7,004
津島紡績	津島				2,850	2,640	2,280	1,750			2,300
一宮取引	一宮				774			千代田（東京）	東洋拓殖（東京）		2,220
丹葉銀行	布袋				180			名古屋取引所（名古屋）			1,870
東京商業銀行	東京				150	150	140	147	122	120	105
日光川木材	藤浪				50	100		大阪商船（大阪）			250
尾州銀行	大阪					8,230	9,300	9,610	18,400	20,500	22,960
尾州織染	奥					3,492	3,815	6,800	10,000	5,088	5,406
尾三農工銀行	名古屋					220	380	495	506		
尾西鉄道	津島					210	95	100	一宮電灯（一宮）		170
日本勧業銀行	東京					100	210	250	280	540	1,100
近江鉄道	青波						750	650	575	600	1,350
京釜鉄道	東京						90	326	341		
韓国銀行	京城									1,550	5,700
名古屋電力	名古屋									1,450	
株式所有合計		1,000	1,513	2,040	7,074	19,807	25,870	31,120	37,888	39,197	53,290
軍事公債					450				四分利公債		443
国庫債券								1,550	1,550	1,450	
京釜鉄道公債	東京									400	300
耕地整理公債											1,200
公債所有合計		0	0	0	450	0	0	1,550	1,550	1,850	1,943
有価証券所有合計		1,000	1,513	2,040	7,524	19,807	25,870	32,670	39,438	41,047	55,233

(出所) 塩澤［1985］444-445頁折り込み別表より作成。
(注) 各年末時点の有価証券所有額を示した。東京商業銀行は、1902年より帝国商業銀行に改称。

投資を見ると、第四十国立銀行への投資が一貫して多く、それに続いて第一銀行への投資が大きかった（林［1974］384-452頁）。第一銀行株などは銀行からの融資の際にすぐに担保に入れられる場合もあり、配当や売買差益の入手よりは安定した担保物件の役割を果たさせるためであったとされる。書上家の活動場所は絹織物産地で、綿紡績会社の設立は見られなかったが、商業経営で銀行からの融資が必要であったために、銀行株への投資が中心であった。

　肥料商であったが綿織物産地の愛知県知多郡に立地し、綿糸も若干扱っていた愛知県半田の小栗三郎家も、半田で知多紡績会社が設立された際に、その設立に関わり、知多紡績株への投資を積極的に行った。1890年代前半の小栗家は、経営に関与した合資会社への投資を主に行うのみであったが、96年に半田で丸三麦酒・知多紡績と近代的製造会社が設立されると両社にかなりの投資をして、特に知多紡績にはその取締役となり経営にも関わり、半田地域の企業勃興に積極的に関与した（本書第6章表6－4・10）。表序－1に登場した福岡の呉服商

渡辺与三郎家も1890年代に鐘淵紡績会社、博多絹綿紡績会社に積極的に投資しており、80年代〜90年代に各地で設立された綿紡績会社には、呉服商・布商・綿糸商など繊維関係の商家が積極的に投資を行った様子が窺われる（岡本［2007］）。

　一方で、肥料商や土地所有家は、銀行のほかに主にインフラ分野の諸会社への投資を積極的に進めた。例えば、表序－1にある大阪の肥料商田中市兵衛家は、第四十二国立銀行の頭取となり、多くの出資をするとともに、大阪商船、阪堺鉄道、日本鉄道など海運・鉄道会社に積極的に投資し、大阪商船の社長、阪堺鉄道の後身である南海鉄道の社長などを歴任した。田中市兵衛は、日本綿花や浪華紡績など繊維関係の諸会社にもその後投資をしてそれらの社長となり、大阪の多くの有力会社の社長を兼任する大阪財界の大立者となったが、当初の投資志向性は繊維関係会社ではなく、銀行とインフラ分野の諸会社にあった（中西［2009］419-423頁）。大阪府貝塚の肥料商廣海惣太郎家も、かなり早くから株式投資を積極的に行ったが、第五十一国立銀行（五十一銀行）、岸和田銀行、岸和田煉瓦会社、南海鉄道会社に主に投資し、1896年に地元貝塚銀行が設立されてからは、貝塚銀行に積極的に投資してその頭取となった。大阪府貝塚は和泉国南部の綿織物産地に位置したが、そこで設立された岸和田紡績会社への投資に対して同家は当初は慎重な対応をとり、第一次世界大戦期の好況期からようやく本格的に岸和田紡績へ投資した（本書第3章表3－4）。なお、南海鉄道株は、1900年代に有力都市銀行の担保として用いられたため、前述の書上家と同様に廣海家も安定した担保物件の役割を果たさせるために南海鉄道株を積極的に購入したと考えられる。実際、1900年代の廣海家は銀行からの借入金で肥料の産地直接買付を行うなど積極的な商業経営を展開しており、そのためにも南海鉄道株は重要であった。

　土地資産家の事例として、山形県鶴岡の風間幸右衛門家を取り上げる。風間家の居住地である庄内地方には、本間家を初め巨大土地資産家が複数存在していたが、風間家もその一軒で、1884年時点に55町歩余であった土地所有規模が、89年には約390町歩に急拡大した（渋谷・森・長谷部［2000］）。この時期に土地所有規模を急拡大し得た理由は、松方デフレ期以降の米価低落のなかで、農家経営が逼迫し、土地が大量に売り出されたことがあり、貸金業における抵当流

表序－6　風間幸右衛門家有価証券投資の動向

銘柄	所在地	役員	1882年	1888年	1894年	1899年	1903年
日本鉄道	東京		1,000	2,650	9,900	36,280	49,280
開明社			100	100	104	温海電灯	（鶴岡）
第六十七国立銀行	鶴岡	取締役		5,816	6,125	60,456	68,450
日本郵船	東京			50	50		
横浜正金銀行	横浜					37,258	44,758
北海道炭礦鉄道	札幌					33,257	69,087
両羽農工銀行	山形					3,075	
荘内羽二重	鶴岡	取締役				2,976	4,852
第三銀行	東京					1,813	25,638
鶴岡銀行	鶴岡					1,278	3,078
鶴岡水力電気	鶴岡	取締役				800	2,504
第一銀行	東京						13,199
羽二重合資	鶴岡	社員					6,500
羽越林業	中俣	専務					2,850
鶴岡米穀取引所	鶴岡						2,300
荘内物産	鶴岡						225
台湾銀行	台北						
東京鉄道	東京						
京釜鉄道	東京						
羽前織物	鶴岡	社長					
日本興業銀行	東京						
村上銀行	村上						
羽前絹糸	鶴岡	相談役					
羽前絹練	鶴岡	取締役					
大日本水産	東京						
帝国製麻	東京						
東京瓦斯	東京						
風間銀行	鶴岡	頭取					
明治製糖	東京						
その他とも株式所有合計			1,100	8,616	16,179	177,818	293,221
内地元株			100	5,916	6,229	69,060	91,259
金禄公債				25		臨時事件公債	
整理公債					1,200	1,700	1,700
軍事公債					11,000	12,196	14,196
国庫証券							
公債所有合計			0	25	12,200	13,896	15,896
有価証券所有合計			1,100	8,641	28,379	191,714	309,117

(出所) 渋谷・森・長谷部 [2000] 129・190-191・227-231頁（長谷部執筆）より作成。
(注) 各年の有価証券所有額を示した。株式銘柄は、1880年代は全て、1890年代・1900年代は所有額が1,000円以上、1910年代・1920年代は所有額が5,000円以上になったものを表の年次について示した。第六十七国立銀行は1898年より六十七銀行。出所文献の表では、1912～19年の村上銀行への株式投資額が751,025円とあるが、出所文献の本文に基づくと当該期の村上銀行への株式投資額は75,103円と考えられるため、本書では75,103円として表を作成した。村上銀行・日本絹撚株は地元株に含めた。

単位：円

1907年	1911年	1915年	1917年	1919年	1921年	1925年	1929年
54,580			三星物産	7,500	10,000	10,000	10,000
1,026				富士製紙（東京）		49,638	
68,141	65,456	72,426	72,426	73,110	89,116		
30,671	60,731					7,655	
52,258	59,758	59,758	67,258	97,258	荘内電気鉄道（山形）		20,000
	北海道炭礦汽船に改称			11,734	共済信託	12,500	
	大日本精糖（東京）		56,323	56,323	王子製紙	11,905	
			日本絹撚商会（横浜）	7,500	10,000		
25,638	66,489	72,739	91,489	128,989	203,989		
10,862	28,381	35,881	50,881	73,881	103,818		
11,662	19,940	49,940	56,540	94,040	206,540	206,540	
19,709	31,895	38,145	41,895	56,895	81,895		
			鶴岡鉄工所（鶴岡）		6,250	6,250	6,250
11,750	18,250	31,625	33,193	35,045	日清紡績	11,700	12,450
350	350	1,175	305	305	1,555	4,055	
1,500			日蘭興業（東京）	2,500	4,000	5,000	7,000
62,213	72,213	122,213	182,213	250,000	300,000	350,000	220,000
29,103	32,153		日本絹撚（桐生）	40,000			
24,562			荘内貯蓄銀行（鶴岡）		6,250		
18,080	24,074	24,078	34,203	182,203			
17,322	41,192	41,192	20,477	14,625			
10,015	11,265	75,103	75,103	75,103			
2,500	7,100	10,100	10,100	10,100	10,100	10,100	10,428
2,500	2,029	5,794	11,253	11,253	22,628	22,628	22,628
2,400			加茂機業（加茂）	6,250			
	53,601	59,851	41,239	44,989	76,239	76,239	8,125
	38,205	38,205	38,205	38,205	38,205	38,205	64,455
				250,000	250,000	250,000	250,000
				115,355	115,355	131,605	159,305	170,372
457,818	634,832	739,755	1,248,858	1,690,013	1,561,890	1,238,895	804,408
139,362	178,595	307,352	594,404	858,140	704,707	504,248	312,006
2,100	2,100						
その他	107,450	117,090					
25							
28,100	6,900	4,900	50,000				
30,225	116,450	121,990	50,000	0	0	0	0
488,043	751,282	861,745	1,298,858	1,690,013	1,561,890	1,238,895	804,408

れや利子収入と小作米の販売代金を可能な限り土地購入資金に向けたと言える。そのため、表序－6のように、1880年代には風間家の株式所有額はあまり増えず、90年代後半以降にそれが増大した。風間家の株式投資額で最も多かったのは、取締役を務めていた第六十七国立銀行への投資であったが、日本鉄道株・横浜正金銀行株・北海道炭礦鉄道株・第三銀行株など、中央株もかなり購入しており、それらの合計は第六十七国立銀行株など地元株の合計金額をかなり上回った。1900年代までの風間家の株式投資は、中央株中心であったと言え、その銘柄は、銀行株・鉄道株・海運株であり、綿紡績会社ではなく、インフラ分野の諸会社であった。山梨県藤田の広瀬和育家の事例を表序－1で見ると、広瀬和育が社長を務めた貸金会社の釜右への出資がまずは多く、第十国立銀行・富士銀行など地元の銀行株を購入し、中央株も綿紡績会社ではなくインフラ分野の東京電灯株を購入した。広瀬家も1872年に約19町歩の土地しか所有していなかったものの、88年に約68町歩、97年に約92町歩と松方デフレ期に土地所有規模を増大させたと考えられ、本格的株式投資は土地所有規模の増大が一段落した1890年代後半以降であった（中村［1972a］）。

東海地方の土地資産家の事例を静岡県中川の伊東要蔵家で見ると、表序－7のように、1890年代～1900年代の株式投資の中心は、銀行業・鉄道業・電力業・紡績業であった。伊東要蔵は1900年代前半に三十五銀行・浜松信用銀行・浜松委託の頭取もしくは取締役を務め、1900年代後半以降も23年まで浜松委託社長を務めた（三科［2018］）。1890年代の伊東家は経営に参画した銀行の株式を主に所有したと言え、1900年代に入ると上記の銀行・金融会社に加えて九州鉄道など主要鉄道会社への投資を強めるが、1900年代後半にそれらの株式を売却し、浜松信用銀行の合併先である東京の豊国銀行と、伊東要蔵が監査役を務めた東京の富士瓦斯紡績の株式をかなり所有するに至った。豊国銀行の経営者の濱口吉右衛門と富士瓦斯紡績の経営者の和田豊治は、伊東要蔵と同じく慶應義塾の同窓生で、伊東要蔵の投資活動の背景に慶應義塾同窓生のネットワークが指摘されている（三科［2018］）。また、岐阜県楡俣の棚橋五郎家は、20世紀初頭に約57町歩の土地を所有した有力資産家であったが（岐阜県歴史資料館編［1991］215頁）、1890年代の同家の有価証券投資は、地元の大垣や岐阜の銀行への出資が中心で、1900年代に日本銀行・台湾銀行・横浜正金銀行など中央株へ

の投資が急増した（表序－8）。そのため同家は1900年代に株式所有額（時価評価額）がかなり増大し、11年末時点では、日本銀行・日本勧業銀行・台湾銀行・横浜正金銀行・日本興業銀行など政府系金融機関の株式所有が全体の約7割を占めた。それに対して地元の美濃商業銀行が1906年に破綻したこともあり（坂井［1978］214頁）、1900年代後半に地元の銀行株を手放し、所有株式の地元株から中央株への転換が急激に進んだ。1890年代末～1900年代初頭の棚橋五郎は、大垣共立銀行取締役・美濃実業銀行取締役・大垣貯蓄銀行取締役・美濃商業銀行監査役を務め、積極的に地元銀行を支えたが、04年時点ではそれらの銀行の役員を全て退いていた（由井・浅野編［1988～89］）。また地元に近い大都市の名古屋の諸会社との関係はほとんどなく、東京・大阪の諸会社への出資がかなりの比重を占めた。

　西日本の土地資産家の事例を岡山県牛窓の服部和一郎家で見ると、表序－9のように、1880年代まではほとんど有価証券投資は行われておらず、90年代に株式投資が増大したものの、その中心は第二十二国立銀行と山陽鉄道会社への投資であった。岡山県は大土地所有家を比較的多く輩出し、服部和一郎家も1880年の土地所有規模約20町歩が、90年に約96町歩、1900年に約147町歩と拡大し、風間家と同様に1880年代に土地所有規模が急拡大しており（大石編著［1985a］）、その間の余裕資金は有価証券投資ではなく、土地取得へ向けられたと考えられる。庄内地方と異なり岡山県では、綿紡績会社が岡山・倉敷などの地方都市や町場で設立され、服部家の株式投資でも岡山紡績会社への投資が見られたが、あまり拡大せずに株式投資の中心は山陽鉄道株となった。岡山県藤戸の大土地所有家の星島謹一郎家も、1887～1906年にかけて約34万円の株式を購入し、地元の備前紡績株も約34,000円購入したものの、南海鉄道株を約13万円、山陽鉄道株を約7万円など、大都市の株式市場で上場された鉄道株を主に購入した（太田［1981］）。もっとも岡山県の土地資産家には、表序－1に見られる倉敷の大原孫三郎家のように、倉敷紡績に積極的に投資してその経営を担う家も存在していた。ただし、大原家はもともと商家であり、商業的蓄積をもとに土地集積を進めて大資産家となっており、孫三郎の父孝四郎が1888年の倉敷紡績創業の際に社長になった時期は、大原家はまだ商家としての性格を残していたと思われる（東京大学社会科学研究所［1970］、大津寄［2004］）。そして岡

表序－7　伊東要藏家有価証券投資の動向

単位：円

銘柄	所在地	1895年	1898年	1899～1901年	1902～04年	1905～07年	1908～10年	1911～13年	1919年初	1924年初	1930年
三十五銀行	静岡	66枚	412株	240	8,826	114	△8,534	東洋製鉄（東京）		5,500	5,500
浜松信用組合	浜松	216枚	286枚					浜松織物（浜松）		6,100	
浜松信用銀行	浜松		258株	3,750	3,051	1,336	△13,739	東京護謨工業（東京）	27,015	8,250	12,000
資産銀行	浜松	83枚	200株	2,138	2,895		日本麦酒鉱泉（東京）			370	4,896
浜松委託	浜松	152枚	185株		5,095	1,875	3,125	1,875		15,000	32,000
静岡県農工銀行	静岡		183株	5,258	△2,150		日本薬器製造（浜松）		10,350	23,600	21,975
第一銀行	東京	20枚	40株		1,676	780	△3,870	25	342	2,552	2,440
浜松貯蓄銀行	浜松		30株			5,000	日華紡織（上海）		10,000	15,000	20,000
西遠銀行	浜松	16枚	24株		日韓共益公社		大分セメント（大分）		4,375	11,000	13,750
日本勧業銀行	東京		10株	185	△757	△4,125		5,047	7,530	6,483
帝国商業銀行	東京			△2,397			第一火災海上再保険（東京）		4,355	5,430	13,575
富士（瓦斯）紡績	東京			1,900	△6,439	39,801	△16,596	△1,026	112,180	166,232	178,832
北海道炭礦鉄道（汽船）	札幌			△1,555	△17,025	△1,612	16,940	15,403	75	100	125
九州鉄道	門司			780	21,032	90	△48	△5			40,032
横浜正金銀行	横浜				4,507	△4,850		浜松商業銀行（東京）	安田銀行（東京）	60,710	
日本精糖	東京				1,466		京王電気軌道		3,650	10,900	9,100
山陽鉄道	神戸				1,170	228	△2,371				
東京市街鉄道	東京				△417		浜松保険代弁（浜松）		2,300	5,000	4,100
鐘淵紡績	東京				△13		4,000	2,000	600	750	
日本鉄道	東京				6		八子代生命保険（東京）				
横浜委託運送							△7,706		250	1,500	1,250
東京瓦斯	東京					15,050	△14,543			丸糸合資（大阪）	44,600
日本興業銀行	東京					10,986	△6,560		安田信託（大阪）		25,000
帝国鉱泉	東京					10,100	4,000	2,000	3,125		
日本殖民合資	東京					10,059	△7,706		富士電力（東京）		18,038
大阪商船	大阪					6,025		玉川電気鉄道（東京）		49,500	26,250
王子製紙	東京					4,480	2,360	△3,678			
東亜公司	東京					3,000	△1,000		三菱信託（東京）		3,750
東京信託	東京					2,000	500	3,178			
東洋印刷	東京					1,575	425	500		250	450

序章　近代日本の資本主義　27

会社名	所在地										
京浜電気鉄道	川崎						6,250				2,610
富士製紙	東京	△1,459	△1,362				1,250				225
日本製紙	東京		1,200	△200			△200				
共同火災海上運送保険	東京		600	△2,000							
南満洲鉄道	東京		△324								
金谷水力	大連		200			相模水電	2,610		2,610		
						四国瓦斯					
						地蔵峠水力					
						東邦電力（東京）	2,700				
豊国銀行	東京					16,087	6,870	16,589	65,354		112,915
高砂製糖	三貂					13,515	9,837				
浜松電灯	浜松					7,765					
台東拓殖製糖	花蓮					4,500	5,100				
箱根水力電気	東京					2,944				850	850
							日本屋呉服店（東京）				
浜松瓦斯	浜松					2,500	2,590	88,139	96,000		19,211
								日本無線電信（東京）			
韓国銀行	京城					△746		500			450
横浜電気	横浜					675	△10,260				
							中川村産業組合				
九州水力電気	東京						27,505	88,480		79,000	
塩水港製糖	太子宮						27,382				
浜松鉄道	浜松						5,625	8,577	54,756		62,545
猪苗代水力電気	東京						3,500	4,000			
京成電気軌道	東京						2,225				
千代田火災保険	東京						1,250				
日英水電	東京						△461				
その他とも株式計		10,507		15,057	102,183	2,052	49,926	343,899	695,574		761,950
公債		800	800								
社債				803	3,162	△3,669	△350	54,013	69,300	9,600	27,375
有価証券計		10,507		15,860	105,345	△1,617	50,276	397,912	774,474	132,393	921,718

(出所) 三科［2018］表6・7・9より作成。
(注) 1895・98年は所有株(株)数、1899〜1913年は各期間の売買差引額（無印は支出額、△は収入額）、1919・24・30年は所有額を示す。1919年初時点は、24年初時点の数値より19〜23年の有価証券売買額を逆算して推計。1895年の三十五銀行と三十五国立銀行とそれぞれ第三十五銀行と第一国立銀行。1895・98年の浜松信用銀行は（浜松）信用組合。富士紡績は1906年に東京瓦斯紡績と合併して、富士瓦斯紡績と会社名を変更。北海道炭礦鉄道は1906年に鉄道部門を国に売却し、北海道炭礦汽船（本社：室蘭、12年以降は東京）となる。

表序-8　棚橋五郎家有価証券投資の動向

株式銘柄	所在地	1880年代～90年代	1900・12	1902・6	1904・3	1906・8	1911・12	1913・2
日本銀行	東京	6,000（93年）	8,120	11,580	11,685	19,950	21,025	24,660
大垣共立銀行	大垣	5,000（96年）	7,040	6,710	6,600	5,390		
美濃商業銀行	大垣	1,800（94・96年）	2,160	2,226	2,340	（1906年破産）		
日本勧業銀行	東京	1,350（97年）	1,674	1,769	2,749	4,020	13,875	18,898
尼崎紡績	尼崎	750（99年）	1,485	1,530	1,515			
台湾銀行	台北	1,000（99年）	1,340	1,080	3,614	6,208	14,850	17,128
竹ケ鼻銀行	竹ケ鼻	1,200（96年）	1,320	1,320	1,800	1,620		
横浜正金銀行	横浜	1,750（99年）	1,268	4,073	3,868	11,195	12,520	18,378
大垣貯蓄銀行	大垣	640（94年）	1,024	1,280	2,666	2,914		
関西鉄道	大阪	1,300（98・99年）	992	1,066	993			
丸三麦酒→加富登麦酒	半田→東京	1,000（99年）	700	400	180	270		343
兵庫運河	神戸		608			日本車輛製造（名古屋）		700
濃飛農工銀行	岐阜	520（97年）	452	572	1,560	1,469		
岐阜銀行→十六銀行	岐阜	250（82年）	363	410	361	370		
帝国商業銀行	東京		333	1,375	1,190	東洋拓殖（東京）		4,025
本田銀行	本田	125（89年）				愛知信託（名古屋）		1,000
日本紡績	大阪			1,590	1,400			
日本興業銀行	東京			1,250	1,365	12,850	14,025	15,940
北海道拓殖銀行	札幌			416	468			
日本精製糖→大日本製糖	東京			400	1,120	8,792	6,860	9,438
久瀬川銀行	大垣			250	400	240		
大阪株式取引所	大阪				3,060		2,570	
日本郵船	東京				1,450	4,680	3,315	
京釜鉄道	東京				816	1,932		
共営銀行	大垣				169	110		
東京市街鉄道	東京				145	2,106	5,960	
大阪硫曹	大阪					11,435		
大阪商船	大阪					1,989	1,830	2,508
大日本人造肥料	東京						6,407	9,675
名古屋株式取引所	名古屋						4,690	455
東京株式取引所	東京						2,310	
南満洲鉄道	大連							7,340
朝鮮銀行	京城							7,250
株式合計			28,877	39,296	51,513	97,720	110,236	138,146
公債・金融債合計		2,710		2,466	2,235	3,082	3,820	2,724
有価証券合計			41,762	53,748	100,802	114,056	140,870	

(出所)「諸株式取調書」、「（有価証券所有一覧）」、「所有株式公債一覧」、明治44年「有価証券一覧表」（以上、棚橋健二家文書 B20-647-1～11、棚橋家蔵、岐阜県歴史資料館寄託）より作成。
(注)1880年代～90年代は1900年時点の所有銘柄について新規投資額とその年を示した。1900年以降は時価所有額で年欄に年月

山県を代表する大土地所有家の野崎武吉郎家も、1889～96年に山陽鉄道会社、第二十二国立銀行、日本郵船会社など、主にインフラ分野の諸会社に投資をしていた（表序-1、ナイカイ塩業株式会社社史編纂委員会編［1987］）。

　企業勃興期の商家と土地所有家の有価証券投資動向をまとめると、そのいずれもが銀行に株式投資をしていたものの、銀行以外の部門への株式投資は、地域や業種によりかなり異なっていた。そのなかで繊維関係品を扱った大阪・名

単位：円

1915·8	1916·8	1917·7	1918·9	1919·8	1920·3	1920·9	1921·2	1922·4	1922·12
19,600	30,000	35,950	32,000	65,750	58,000	31,730	42,000	32,250	30,225
	朝鮮製糖（大同江）	625	600		泉尾土地（大阪）	10,800			
23,550	37,600	37,375	24,950	35,475	35,200	[16,725]	18,775	18,700	20,750
		日清生命保険（東京）	12,978	21,000	20,370	12,180	14,070	14,280	14,280
		朝日木管（名古屋）	3,750	3,750	6,000	1,800	3,000	3,000	3,000
23,155	31,075	45,650	48,235	90,530	92,400	69,795	74,250	59,895	56,760
		朝鮮殖産銀行（京城）	3,500	27,625	32,500	18,625	24,250	18,425	17,950
14,985	18,525	25,475	25,250	38,500	35,200	32,900	40,000	35,000	34,200
		利根川水力（東京）	450		大東土地（大阪）		10,200	101,660	[56,238]
		日本絹布（京都）	150	230					
200	221	304	413	950	1,600	500	650	533	525
740	968	1,025	1,750	4,110	5,150	[3,600]	3,675	3,850	4,000
							1,920	1,800	1,920
		鐘淵紡績（東京）		13,960	21,400	7,680	12,160		
3,275	3,375	4,125	4,675	9,550	20,250	7,325	8,955	7,485	8,550
1,000	1,900	3,000	4,000	8,000	24,000	22,000	24,000	24,000	18,000
		満蒙毛織（奉天）		8,200					
9,486	9,741	12,546	13,620	25,380	22,950	18,563	21,938	24,503	21,870
		東洋紡績（大阪）		5,100					
10,848	15,680	20,760	16,752	31,960	42,295	22,420	27,340	19,267	20,553
			証券交換所（東京）		9,200	3,200	5,600		
				11,520	18,680	5,640	50,544		
				40,025	36,875	14,250	14,520	9,770	7,546
			日本信託銀行（東京）		1,800	680	920	688	528
					中華企業（東京）	8,125	10,250		
					筑豊炭礦（東京）	6,000	7,500		
					東京瓦斯（東京）	4,950	6,225		
2,739	7,000	17,804	6,267	11,777	12,493	[1,551]	1,484	1,068	920
6,955	12,285	17,810	15,639	17,810					
534	1,180	1,147	740	1,450	1,730	665	740		
				4,200	78,000	90,721	116,050		
14,945	25,410	32,250	33,434	58,810	72,181	33,831	40,230	35,235	37,881
6,775	8,200	10,560	19,350	46,500	49,000	29,800	36,600	24,600	21,800
138,787	193,558	256,930	268,502	591,349	697,274	475,255	628,646	437,809	377,196
1,860	2,048	1,995	1,995	1,995	1,848	1,785	1,785	1,785	1,785
140,647	195,606	258,925	270,497	593,344	699,122	477,040	630,431	439,594	378,981

を示した。［　］は、1920年3月の恐慌後に、所有株数を減らして所有額が減少した場合を示す。1922年4月には不明分1,800円を含む。

古屋・福岡などの都市商家が比較的早くから綿紡績会社に積極的に関与して都市での綿紡績業の定着に寄与し、尾西・知多など織物産地の商家がそれに少し遅れて1890年代後半から綿紡績会社設立に積極的に関与して綿紡績会社の地方での広範な設立に寄与した。その一方、大阪府貝塚の廣海家のように、織物産地に所在しつつも、地元の岸和田紡績への投資には比較的慎重で、銀行・南海鉄道などに主に投資した商家も存在した。ただしこれは、廣海家が株式投資に

30

表序－9　服部和一郎家有価証券投資の動向（その１）

単位：円

銘柄	所在地	1886年	1890年	1894年	1898年	1902年	1906年	1908年	1910年	1912年	1914年
第二十二国立銀行	岡山		3,742	5,467	9,075	9,075	6,647	6,647	6,647	6,647	6,647
山陽鉄道	神戸		2,714	5,091	8,933	32,336	41,954	45,400	阪神電気鉄道（尼崎）	9,831
岡山紡績	岡山			2,583	4,890	2,614			5,526	11,505
牛窓銀行	牛窓			2,012	5,138	6,132	5,747	5,783	6,660	6,660	6,660
土荘紡績	土荘			300			日本鉄道（東京）	8,330	宇治川電気（大阪）	17,726
絹糸紡績	京都				2,560	575	663	750	750		
日本勧業銀行	東京				888	1,158	1,223	1,853	3,653	5,903	9,053
岡山県農工銀行	岡山				688	2,510	2,510	2,510	2,510	2,510	2,510
京釜鉄道	東京					400	1,200	1,200			
服部合資	牛窓						70,000	70,000	130,000	220,000	220,000
中国鉄道	岡山							2,618	2,930	2,930	2,930
西大寺軌道	西大寺								375	750	750
鏡淵紡績	東京									8,407	8,907
株式所有合計		0	6,456	15,453	32,172	54,800	129,944	145,091	153,525	259,333	296,519
集整社社債		1,094	1,194						宇治川電気社債（大阪）	9,831
日本勧業銀行債券	東京				500	540	440	420	420	400	310
岡山県農工銀行債券	岡山									20,495	20,495
社債所有合計		1,094	1,194	0	500	540	440	420	420	20,895	30,636
中山道公債		2,600	2,600				甲種登録国債	1,200	4,668	4,668	
金禄公債		1,950	1,000				政府五分利公債	63,350	45,870	26,520
軍事公債				3,615	3,615	3,848	3,848	3,848	3,215		
整理公債				2,600	2,600	2,600	2,600	2,600	2,116		
国庫証券						国庫証券	20,426	7,102	4,532		
臨時事件公債						臨時事件公債	5,982	4,710			
公債所有合計		4,550	3,600	6,215	6,215	6,448	32,856	19,460	77,881	50,538	26,520
有価証券所有合計		5,644	11,250	21,668	38,887	61,788	163,240	164,971	231,826	330,766	353,675

（出所）中村［1985］505・507・510頁より作成。
（注）各年末時点の有価証券所有額を示した。第二十二国立銀行欄は、1898年より二十二銀行。1915年以降（その2）は後掲表序－11。

消極的であったことを意味するわけではない。廣海家は株式投資をかなり早くから積極的に進め、1890年代後半には配当収入で株式の追加投資が行える状況になっていた（中村［2006］）。これが可能になったのは、廣海家が慎重に銘柄を選択し、期待収益率の高い銘柄を選んで株式投資をしていた表れでもあり、それゆえ、この段階ではリスクが大きいと判断された岸和田紡績株を過剰に購入することを廣海家は避けたと思われる。とは言え、この段階で廣海家が金融資産家に転換を遂げたとも言えない。廣海家は、1890年代後半〜1910年代前半まで肥料の産地直接買付を行い、商業的収益を上げるための積極経営を展開し、その資金は主に銀行借入金で賄われた（中西［2006a］）。前述の小栗家も同様に、1890年代〜1900年代前半は、知多紡績などへ積極的に投資する一方で商業経営も拡大しており、商業資金は主に銀行借入金で賄われた（本書第6章）。その意味で、1890年代〜1900年代前半に商業資産家の株式投資が全国的に進展したが、彼らは商業活動も積極的に継続していた。それに対し、土地資産家は、1880年代〜90年代前半に土地集積を積極的に進めたため、有価証券投資は商業資産家に比べて若干遅れ、1890年代末から進展する。その場合、地元会社への投資は、主に銀行やインフラ部門に限られ、地元会社よりもむしろ銀行や鉄道会社を中心として中央株への投資がかなり見られた。日本有数の土地資産家地域であった新潟県の大土地所有家がかなり多くの中央株を所有していたことが指摘されているが（守田［1963］）、全体的にこの時期の土地資産家の地域経済への貢献は銀行を介した間接的なものが主であった。

（4）醸造資産家の家業の会社化

　前項で述べた商業資産家の積極的な株式投資は、1907（明治40）年恐慌を契機に大きく後退した。1907年から第一次世界大戦開始までの間、不況状況に日本経済は陥り、会社設立ブームの終了とともに、業績の悪化した地方資本の中央資本への合併や競争力強化のための地方資本と中央資本の合同が生じた。特にそれが綿紡績業で進展し、各地の商業資産家の積極的な株式投資により、広く定着した地方の綿紡績会社が中央の大綿紡績会社に合併された（高村［1971］）。例えば、表序－5で示した白木家の場合、1907年に津島紡績が三重紡績に合併されたためにその株式を手放し（橋口［2009］）、自ら役員となった尾州銀行と

尾州織染への株式投資を増やした。前述の小栗家の場合、1907年に知多紡績が三重紡績に合併されたためにその株式のかなりの部分を手放し（花井［2015］）、株式投資額はその後10年代まで低迷し、逆に公債投資を急増させた。このように株式投資が停滞したことで、商業資産家は金融資産家にはなりきれず、1910年代に再び商業活動に力を入れた。

　また1907年恐慌と同時期の06〜07年に政府が主要民間鉄道の国有化を行ったため、主に鉄道会社へ投資してきた華族資産家の株式所有額が一時的に減少し、代わりに公債所有額が増大した[12]。表序－2に戻ろう。島津家は企業勃興期に日本鉄道・北海道炭礦鉄道・九州鉄道・関西鉄道など主要民間鉄道株の取得を進めたが、それらがいずれも国有化され、北海道炭礦鉄道会社の鉄道部門以外が北海道炭礦汽船会社となり、他の鉄道会社はいずれも消滅してその株式は政府が買い上げて公債を交付した。その結果、島津家の株式所有はかなり減少したと考えられ、配当収入が1909年の約31万円から12（大正元）年の約21万円に減少し、代わりに12年には公債利子収入が44,573円あった。表序－3の吉川家の場合も、山陽鉄道・日本鉄道・総武鉄道・関西鉄道・九州鉄道などこの時に国有化された鉄道会社の株式が公債に切り替わったため、吉川家の株式所有額は1907年の約117万円から09年の約93万円へ急減し、公債所有額が約33万円から約90万円に増大した（三浦［2015b］）。ただし、吉川家は北海道炭礦鉄道が名称変更した北海道炭礦汽船の株をそのまま持ち続け、鉄道株の代わりに、東京電灯株・台湾製糖株・岩国電気軌道株などを買い進め、島津家も手放した鉄道株の代わりに帝国製糖株・日英水電株などを購入しており、鉄道株中心から電力株・植民地会社株などへの株式所有の転換がこの時期に見られた。

　一方、国家は会社制度を定着させるべく、税制度において法人所得や配当所得への課税を優遇したため、法人化した方が節税になる状況が生じ[13]、醸造資産家が、別の分野に株式投資をするよりは、家業の醸造業に投資して、家業を合資・合名会社化して節税すると同時に、一族の資本を糾合して機械化・近代化を進める方向性が1900年代〜10年代に採られた。例えば、兵庫県灘の酒造家

---

12) 鉄道国有化が有価証券市場に与えた影響については、野田［1980］第6章を参照。
13) 税制については、大蔵省編［1937］を参照。この点は、武田［1985］でも論じられた。

辰馬吉左衛門家は、家業の海運業を1909年に辰馬汽船合資会社として会社化し、大連の酒販売部門も12年に合資会社辰馬商会として会社化したことで、表序－10のように、12年時点で辰馬汽船株から83,100円、辰馬商会株から4,350円という巨額の配当収入を得た。その後も辰馬家の家業の会社化は続き、辰馬汽船合資会社は1916年に辰馬汽船株式会社となり、家業の酒造業も17年に辰馬本家酒造株式会社を設立して会社化したことで、辰馬家は家と経営の分離を完成させ、辰馬家自身は、家業会社の株式を所有してそこから配当収入を得る形の金融資産家に転換した（池上［1989］、大島［2010］）。

　前述の小栗三郎家も、肥料商業と並行して醬油醸造経営を行っており、1909年に家業の萬三商店を本家と分家の内輪合資として家と経営の分離を図り、支店の扱いであった醬油醸造部門を本店に組み入れ、10年には大豆粕肥料製造工場を設立して肥料製造に乗り出して、萬三商店を、肥料部・豆粕部・醬油部の三本立てにした（中西・井奥編著［2015］序章）。小栗家が家業を会社化したのは、1926（昭和元）年の株式会社萬三商店設立であったが、本家と分家の資本を糾合して、工場設立やその機械化・近代化を図る体制は、09年に形成された。醬油醸造業では日本最大の産地であった千葉県野田でも産地同業者が合同して家業を会社化する動きが見られた。野田の醬油醸造業の中心は髙梨兵左衛門家と茂木一族の七郎右衛門家・佐平治家であったが、野田産地の企業勃興として1900年に野田の醬油醸造家が中心となって野田商誘銀行を設立したのに始まり、彼らが朝鮮に朝鮮醬油会社を設立し、そして野田の主要醬油醸造家が合同して17年に野田醬油株式会社を設立した。それによって、野田の主要醬油醸造家は家と経営の分離を完全に行い、彼らは野田醬油株式会社の出資者としてそこから配当収入を得る金融資産家になった（野田醬油株式会社社史編纂室編［1955］）。髙梨家の株式投資は、1900年代は主に野田商誘銀行・野田人車鉄道・成田鉄道で、12年から東京の綿紡績会社・製粉会社への出資が見られ始めた（本書第8章表8－2〜5）。その一方、野田商誘銀行、朝鮮醬油、野田電気など野田の醸造家関係の会社への出資も多く、1917年に野田醬油株式会社が設立され、醬油醸造設備を現物出資して株式を取得し、19年からその株式に対する巨額の配当収入が入った。そのため髙梨家は、その配当収入の運用として株式投資を積極的に進め、特に野田商誘銀行が野田醬油の設立後に経営規模拡大を図って増資

表序-10 辰馬吉左衛門家有価証券投資の動向

単位：配当・利子は円、1930年の時価は千円

銘柄	所在地	1892年 配当金	1897年 配当・利子	1912年 配当・利子	1916年 株数	1919年 株数	1925年 株数	1930年 株数	1930年 時価	1933年 株数	1937年 株数
日本銀行	東京	3,000	20,850	9,000	600	600	330	600	235		
盛航	神戸	1,853	8,160					80,730	2,350		
山陽鉄道	神戸	1,585	3,850				辰馬本家酒造 (西宮)	133,890	3,802	132,290[5]	196,520[6]
惠美酒銀行	西宮	1,400	1,390	1,420			安治川土地 (大阪)	710	29		
摂美醸興業	御影		3,473					46,350	1,152		
東京海上火災保険	東京		1,230				夙川土地 (西宮)	24,558	4,801	48,650[3]	48,650[3]
日本郵船	東京		1,031	1,050	420	1,954		995	23		
辰馬汽船合資→(株)	西宮			83,100		945		89,247	2,231		
辰馬商会 (合資)	大連			4,350				8,000	300		
神戸海上保険	神戸			2,836	2,336	2,336	13,338	13,868	258	13,388	13,388
日清火災合同紡績	大阪			1,500		2,000					
大阪株式取引所	大阪			1,272		444		1,464	84		
第一銀行	東京			1,110	444	300		2,000	150		
台湾銀行	台北			1,000	200			212	9		
南満洲鉄道	大連				498	1,264	3,256	8,740	356		
阪神電気鉄道	尼崎				214	135	1,400	30,675	1,175	13,237[2]	18,260[6]
大阪合同紡績	大阪				150	240	1,112	1,304[1]	163		
帝国海上火災保険	東京					161		960	15		
兵庫倉庫	神戸							161	3		
三十四銀行	大阪						8,110	21,220	1,164	19,570	35,350[7]
大日本麦酒	東京						5,720	8,600	470	8,600	
三菱鉱業	東京						3,000	3,000	71		
神戸瓦斯	神戸						2,560	20,430	663	20,430[4]	14,430
九州電気軌道	小倉						1,810	1,000	34		
日本毛織	神戸						1,740	3,480	206		
東洋拓殖	東京						1,250	1,250	14		
大日本紡績	大阪						1,050	1,050	70		
日本窒素肥料	大阪							12,000	1,008	24,000[2]	24,000[3]
その他とも株式合計		8,338	44,435	108,935					23,451		
公債利子合計			286	33,004							

(出所)大島 [2010] 30・39-40頁、池上 [1989] 245頁、ダイヤモンド社編 [1934]、山一証券株式会社調査部編 [1937] より作成。
(注)1892・1912年はその年の配当及び1,000円以上の銘柄を示した。1916・19・25年は、『株式要覧』などの資料より、100株以上所有したことが判明したものを示した。1930年は、それまでに挙げられた銘柄に加えて、時価所有額が50万円以上の銘柄を示した。1933・37年は30年以降の「年鑑」などでの所有株数が判明したものを示した。1933年以降の三十四銀行は三和銀行。
1) 東洋紡績として。2) 吉男分。3) 辰馬汽船所有分。4) 吉左衛門＋任男子分。5) 吉左衛門＋任男子＋吉男分。6) 辰馬合資会社分。7) 吉左衛門＋吉男分。

を繰り返したため[14]、髙梨家も野田商誘銀行への追加出資に応じ、野田商誘銀行株の配当も急増した。それらの配当収入は、内部循環的に新たな株式投資や社債投資に向けられ、1920年代後半の髙梨家は、社債利子収入もかなり得た。

　そして、酒造家・醬油醸造家のみでなく日本最大規模の酢醸造家であった愛知県半田の中埜又左衛門家も家業の醸造業を多角化してそれぞれを会社化することで、同族企業グループを創り上げた（村上［1985］）。中埜家が醸造業を多角化する契機は、同じ半田の酒造・醬油醸造家で名古屋に小栗銀行を開設して広域展開を遂げていた小栗冨治郎が、1907年恐慌で小栗銀行が破綻し、酒造・醬油醸造部門を手放したことであった。もともと、中埜家の醸造多角化の始まりは、前述の1896年の丸三麦酒会社設立に遡れるが、丸三麦酒は1906年に関東の資本に買収されて本社が東京に移り、中埜家の麦酒醸造業への展開は失敗に終わった。ただしその後、小栗冨治郎の酒造蔵と醬油醸造蔵を引き継いだ中埜一族は、酒造蔵をもとに丸中酒造会社、醬油醸造蔵をもとに亀甲富醬油会社を設立した。また、丸三麦酒の販売などを目指して設立した酒類の販売会社も、半田に本店を置く合資会社中埜酒店として会社化し、家業の酢醸造部門を合資会社中埜酢店として会社化するとともに、1901年に設立した中埜銀行や、資産運用会社の中埜産業などを合わせて、愛知県半田に一大企業グループを形成した（本書第6章表6-12を参照）。そのため中埜又左衛門家の有価証券所有は、その大部分が家業会社の株式や出資金となり、その規模は1920年代に350万円前後に上った。中埜又左衛門家は家業・家産のほぼ全てを会社化し、そこからの配当・利子収入に依拠する金融資産家になったと言える。

　このように、1900年代後半〜1910年代前半に醸造資産家による家業の会社化が進展し、彼らが金融資産家に転換する契機となるとともに、醸造資産家のみでなく、前述の阿部市太郎家が18年に株式会社阿部市商店を設立したり、前述の伊藤次郎左衛門家が05年に伊藤三綿合資会社、10年に株式会社いとう呉服店を設立するなど（中西［2012］）、商業資産家の家業の会社化も進展した。かくして、多数の出資による大規模な会社設立が進展した1890年代〜1900年代前半と異なり、1900年代後半〜10年代は、醸造資産家・商業資産家による家業の会

14）1920年代の野田商誘銀行の営業報告書より。

社化が進展し、合資・合名会社中心の質の異なる会社設立ブームが生じた。

(5) 第一次世界大戦期の土地資産家の株式投資

　1914（大正3）年のヨーロッパでの第一次世界大戦開始とともに、ヨーロッパ商品の対アジア輸出が減少し、ヨーロッパ諸国から日本への対外競争圧力が弱まった。それにより日本製品の対アジア輸出が拡大し、ヨーロッパの軍需拡大に応じたアメリカの好景気により、日本からアメリカへの生糸輸出も増大し、日本も非常な好況を迎えた（大石編［1985b］）。そのため株価が上昇して株式投資ブームが生じ、商業資産家は、商業収益の増加から、商業に力を入れる一方、それらの商業収益を相対的にリスクの小さい銀行定期預金や公債投資に向けた。それに対し、明治農法による土地生産性上昇が限界に来ていた土地資産家は（勝部［2002］）、新規の土地投資をやめて、代わりに第一次世界大戦期（1914～19）に積極的に株式投資を進めた（西田［1985］）。

　例えば、山梨県春日居の奥山源蔵家の事例を見ると、1915年の株式資産約17万円が19年には約41万円に急増した。この時期に奥山家が最も投資額を増大させた銘柄は甲府電力株であり、甲府の有信銀行株や第十銀行株も合わせて地元株への投資が急増した。奥山家も1880年代前半の松方デフレ期を契機として急速に土地集積を始め、1904（明治37）年に約42町歩、13年に約73町歩の土地所有面積に至ったが、これ以降土地面積の増加はあまりなく、代わりに株式投資が急増した（中村［1972b］）。第一次世界大戦期に、奥山家の投資の方向性が土地から株式へ明確に転換した。前述の山形県鶴岡の風間家も、表序－6に戻ると第一次世界大戦期に株式所有額が1915年の約74万円から19年の約169万円へ急増した。この時期に所有額が急増した銘柄として、台湾銀行株、羽前織物株、風間銀行株、明治製糖株が目に付く。台湾銀行は第一次世界大戦期に鈴木商店と結んでそこへの融資で規模を拡大しており（波形［1985］）、それへの評価から風間家は台湾銀行株を買い進めたと考えられ、それと連動して台湾製糖業の関連で明治製糖株も新たに購入したと思われる。羽前織物は、もともと風間家が経営に関与した羽二重合資会社を改組して規模を拡大して株式会社としたもので、風間家が社長を務めていた。そして同社が風間家の家業会社の色彩を強めるとともに、その機関銀行として風間家の貸金業を母体に1917年に風間銀行

が設立された（渋谷・森・長谷部［2000］）。

　また1900年代に多くの東京の会社に出資した静岡県中川の伊東要蔵家は、1900年代末から浜松電灯・浜松瓦斯・浜松鉄道など出身地元でインフラ関連企業の設立が進み、それらへの出資と経営参加を進めた。その後、第一次世界大戦期に同家の株式所有規模は増大したと考えられるが、その銘柄が次第に絞り込まれ（表序 – 7）、1919年当初の所有株式銘柄は20社前後にすぎず、監査役となった富士瓦斯紡績、社長となった浜松瓦斯・浜松鉄道、取締役となった豊国銀行など経営に参画した会社への出資の比重が高まった。前述の岐阜県楡俣の棚橋家も、日本銀行・日本勧業銀行・台湾銀行・横浜正金銀行・大日本人造肥料・南満洲鉄道などに銘柄を絞り込んで1910年代に株式所有額を急増させた（表序 – 8）。同家は、台湾銀行や南満洲鉄道に加えて朝鮮銀行・東洋拓殖など台湾・満洲・朝鮮の会社への出資も増大させたが、その一方、1919年以降東京株式取引所と大阪株式取引所の株式への出資を増大させ、日本郵船・鐘淵紡績・日清生命保険など銀行以外の東京の中央株への投資も進め、多様な銘柄の株式を所有して20年代初頭には60万円以上の有価証券所有額を示した。その結果、1910年代後半以降は同家の収益の中心が有価証券となった[15]。ただし1920年3月からの恐慌の影響で、棚橋家所有株式の株価は急落した（表序 – 8）。同表の株式所有額は時価評価額であり、1920年の棚橋家は所有株式をほとんど売却していないので、同年に主要銘柄の株価が軒並み下落したことが窺える。ただし、株価は1910年代末に急騰したので、21年初頭にそれらの株価がある程度回復したことで10年代中葉の水準に戻ったと考えられる。それゆえ棚橋家は、1920年恐慌後も10年代前半から所有していた株式の多くはそのまま所有し続けた。とは言え、第一次世界大戦末期の高株価の時期に購入した鐘淵紡績株・日本郵船株・大阪商船株などについては、1920年恐慌による株価下落の打撃は大きかったと考えられ、21～22年にかけて棚橋家は、東京株式取引所株・大阪株式取引所株なども含めて第一次世界大戦末期や戦後直後のブーム期に購入した株式の多くを売却して株式所有額を減らした。

　そして、前述の岡山県牛窓の服部家は表序 – 11を見ると、1915年の株式投資

15）「家政緊要」（棚橋健二家文書 B20-574-1～3、棚橋家蔵、岐阜県歴史資料館寄託）。

表序-11 服部和一郎家有価証券投資の動向（その2）

金額の単位：千円

年次	株式投資分野別内訳 (%)									株式総額	社債総額	公債総額	合計	主要銘柄
	金融	鉄道	紡績	電力	化学	海運	貨品	機械等	鉱業	鉄鋼	その他						

年次	金融	鉄道	紡績	電力	化学	海運	貨品	機械等	鉱業	鉄鋼	その他	株式総額	社債総額	公債総額	合計	主要銘柄
1915	38.6	29.8	20.2	11.4								114	21	56	191	1915～1919年
1916	28.0	23.0	28.6	18.6	1.8							161	14	75	250	牛窓銀行、二十三銀行
1917	23.0	22.4	35.2	13.8	2.5	3.1						196	16	112	324	宇治川電気、京阪電気鉄道
1918	17.4	17.0	25.4	9.8	2.2	27.5						276	15	118	409	鐘淵紡績、尼崎紡績
1919	14.2	13.0	29.0	7.8	1.6	27.6					6.8	438	47	80	565	日本郵船、大阪商船
1920	10.2	10.0	35.2	9.0	1.4	25.8					8.4	500	45	59	604	1920～1928年
1921	11.0	12.1	30.0	11.8	1.3	24.5					9.3	527	44	71	642	鐘淵紡績、東洋紡績
1922	10.5	12.1	27.9	13.8	1.3	23.6					10.8	552	78	71	701	日本郵船、大阪商船
1923	8.4	14.0	27.4	13.8	1.3	23.3					11.8	558	95	73	727	日本電力、安田銀行
1924	9.3	14.3	26.9	13.8	1.2	23.1					11.4	581	110	70	762	朝鮮銀行、朝鮮殖産銀行
1925	16.5	13.2	24.4	12.4	1.2	20.8					11.5	660	133	69	862	電力債（東邦電力、
1926	16.9	14.9	23.7	12.5	1.3	20.5	5.7				4.5	679	188	67	935	日本電力、京浜電力、
1927	17.5	15.5	24.5	13.0	1.4	20.1	2.6				5.4	656	290	70	1,016	中国合同電気）
1928	17.1	15.2	23.7	15.5	1.8	19.4	2.9				4.4	679	361	61	1,101	
1929	21.8	16.0	23.2	10.0	2.0	17.6	3.2				6.2	500	560	61	1,121	1929～1936年
1930	23.1	16.3	21.8	13.5	2.4	14.3	2.1				6.5	467	651	45	1,164	東邦電力、東京電灯
1931	23.6	13.1	22.5	14.2	2.4	14.7	2.4				7.1	457	708	57	1,222	大同電力、窒素セメント
1932	21.4	10.1	19.8	12.5	6.7	12.9	9.3	0.8			6.5	505	691	98	1,294	大阪機械製作、三菱鉱業
1933	19.0	7.6	14.0	18.1	5.9	7.9	8.1	3.3	5.0	3.3	7.8	642	671	43	1,356	日本鋼管、日東электる
1934	13.8	8.3	8.6	15.9	14.4	5.7	5.9	13.4	3.6	7.2	3.2	883	578	73	1,534	日本窒素肥料、日本曹達
1935	13.8	8.0	9.5	24.3	12.3	5.5	5.9	11.5	2.3	3.6	3.3	886	658	36	1,579	電力債（日本電力など）
1936	12.4	9.7	10.7	26.1	9.5	5.2	5.3	9.1	1.3	7.2	3.5	982	643	36	1,661	鉄道債（小田急電鉄など）
1937	11.4	7.4	11.0	19.9	13.5	5.0	4.4	14.3	2.2	8.3	2.6	1,074	583	46	1,704	1937～1944年
1938	10.8	7.4	10.0	18.4	13.4	4.8	4.2	17.1	2.3	7.1	4.5	1,130	535	65	1,720	三菱重工業、三菱電機
1939	8.4	5.9	9.7	15.1	8.8	3.2	3.0	26.3	1.9	8.3	9.4	1,586	306	58	1,950	満洲重工業、日本精工所
1940	8.3	4.1	10.6	9.1	7.2	2.3	2.9	29.8	3.2	9.2	13.3	1,621	224	63	1,908	昭和電工、東京芝浦電気
1941	8.5	4.4	9.9	9.7	7.0	2.4	3.0	27.1	4.3	9.5	14.2	1,562	152	75	1,789	古河電工、朝鮮重工
1942	8.2	5.7	8.4	7.3	6.2	2.4	3.3	28.7	3.9	9.7	16.2	1,642	136	89	1,867	東京兵機、日本電池
1943	6.0	6.4	6.4	6.6	8.7	2.6	3.1	35.0	2.9	13.1	9.2	1,832	81	120	2,033	東洋ベアリング
1944	6.0	6.5	5.6	6.5	8.7	2.6	3.6	34.3	3.5	9.5	13.2	1,833	82	125	2,040	

（出所）中村 [1985] 512-524頁より作成。
（注）主要銘柄は、出所資料の記述による。

総額約11万円から19年には約44万円に増大し、その主な銘柄は、地元銀行の牛窓銀行・二十二銀行株以外は、宇治川電気・京阪電気鉄道・鐘淵紡績・尼崎紡績・日本郵船・大阪商船などいずれも中央株であった。なお、前述の山梨県藤田の広瀬家を見ると（中村［1972b］第4章）、有価証券投資総額は1911年の約9万円から16年の約14万円に増加したが、その後の増加はゆるやかで20年時点でも約17万円であった。広瀬家は中央株の所有比率が少なく、地元株所有も第十銀行株と有信銀行株にかなり限定されており、同じ山梨県の奥山家が第一次世界大戦期に甲府電力への投資を急速に進めたのとは対照的であった。

　また、第一次世界大戦期は企業勃興期に有価証券投資をあまりしてこなかった土地資産家も株式投資を積極的に行うようになる。それを富山県新湊の宮林彦九郎家の事例で見たい（中西［2009］第6章）。宮林家は、近世期は北前船主で金沢藩の御用商人でもあった。海運経営から上がった収益で幕末期から土地取得を進め、1873年時点で約26町歩の土地を所有したが、土地所有規模がさらに拡大したのが松方デフレ期であり、86年には約99町歩を所有するに至った。金沢藩の御用商人であった宮林家は、明治初年から旧金沢藩領域の会社設立に関わることを期待され、1869年に設立された金沢為替会社と77年に金沢で設立された第十二国立銀行の両方の取締役となり、81年に富山県で設立された北陸通船会社の主要株主ともなった。しかし、これら宮林家が関与した銀行・海運会社は、1880年代前半の松方デフレのなかで次第に経営が苦しくなり、金沢為替会社は、主要預金層の士族の衰退が顕著になり、経営が悪化したため、83年に宮林家を含む役員らが私財を提供して増資し、北陸銀行（現在の北陸銀行とは別の銀行）と改称したものの84年に休業し、86年に解散した。その結果、宮林家も含めて北陸銀行の役員らは、同行の経営悪化を回避するために投入した私財を失った。第十二国立銀行もその役員層が金沢為替会社の役員層とかなり重なっており、北陸銀行の経営維持の努力に手いっぱいで、第十二国立銀行の経営意欲が減退したため、1884年に金沢第十二国立銀行は富山第百二十三国立銀行と合併して富山第十二国立銀行となった。そして本店が富山に置かれるとともに1885年に宮林彦九郎も含めて旧金沢第十二国立銀行の役員は全て退陣した。また北陸通船会社も、松方デフレのなかで1885年に解散した。

　その結果、宮林家の土地所有規模もいったんかなり減少し、1898年には約48

表序－12　宮林彦九郎家有価証券投資の動向

銘柄	所在地	役員	投資残額								
			1895年	1900年	1905年	1906年	1907年	1908年	1909年	1910年	1911～13年
軍事公債			400	400	400	400	400	400	400	0	
国庫債券					6,375	6,375	6,375	5,100	1,425	425	△1,400
五分利公債						900	2,050	4,100	3,050	1,400	△257
勧業債券				120	380	380	420	420	420	400	
貯蓄債券					10	25	25	25	25	25	
公社債所有・利子収入合計			400	520	7,165	8,080	9,270	10,045	5,220	2,250	
南満洲鉄道	大連						20	20	20	20	40
高岡銀行	高岡	取締役					2,000	2,500	2,500	2,500	
新湊銀行	新湊	取締役					250	300	1,380	1,500	489
岩脇銀行	新湊	取締役							10,000	10,000	△2,115
高岡電灯	高岡	取締役								1,125	563
新湊貯蓄銀行	新湊									200	587
高岡打綿	高岡										2,120
温泉電軌	金沢										625
帝国水産	函館										320
東洋海上保険	東京										69
高岡化学工業	高岡										
南海鉄道	大阪										
東洋汽船	東京										
南国産業	東京										
日本海電気	富山										
新湊運送	新湊	取締役									
横浜正金銀行	横浜										
北一	高岡	取締役									
越中製軸	新湊	取締役									
株式所有・配当収入合計			0	0	0	20	2,270	2,820	13,900	15,345	
有価証券所有合計			400	520	7,165	8,100	11,540	12,865	19,120	17,595	

(出所)「会計原簿」、明治44・大正2・4・7年「金銭出納帳」、「累年出納簿」、昭和13年「金銭出納簿」(以上、宮林家文書、宮林家蔵)より作成。
(注)1911～19年は、その間の増減額(無印は増加、△印は減少)を判る範囲で示した。それ以外はその年末(1922年は1月)

町歩になった。そのため1890年代～1900年代前半の企業勃興期に宮林家は株式投資を行わず、会社経営にも関与しなかった。宮林家が株式投資を再開するのは、1907年恐慌以降で、07年に高岡銀行株を購入し、09年に地元新湊の岩脇銀行に1万円の出資をして当主彦九郎が岩脇銀行の取締役となった。その後、第一次世界大戦期に宮林家の株式投資は中央株も含めて急速に拡大した。表序－12を見よう。1907～15年の株式投資は高岡や新湊など主に地元の銀行や電灯会社に対してであったが、16年から様相が異なる。1916年に大阪の南海鉄道株を購入したのに続き、17年には東京の東洋汽船株を、19年には横浜正金銀行株や東京電灯株を購入した。第一次世界大戦期の重化学工業化のなかで、富山県で電気化学工業の発達が見られ(中西[2009]第Ⅱ部補論)、宮林家は地元の高岡

単位：円

						配当・利子収入					
1914~15年	1916年	1917年	1918年	1919年	1922年	1928年	1929年	1930年	1938年	1939年	1940年
					帝国鉱業債利子		22				
△990			500								
					290						
△7					20						
					310		22				
△278		東京電灯（東京）		600	750	40	40	25	40		
		6,970	2,250		27,120	2,250	(1,125)	(1,063)	(1,013)		
653	81	1,443	2,923		20,571	1,833	(1,161)	2,185			
				250	△1,677		23				
					横浜生命保険（横浜）						
					4,680	2,977	2,016	(1,161)	4,966	2,444	2,293
				北陸信託（高岡）	3,000	128	(64)		76	38	38
		△9,499			2,295	74	(21)		35	22	
625		金沢市街鉄道（金沢）			2,555						
△144		高岡合板（高岡）			1,925						
	△179	日本興業銀行（東京）			1,522						
	2,500	6,015	2,375		11,550						
	2,255	△2,170	戸出物産（戸出）		1,660						
		5,115			2,245						
		476	135	135	799						
		375	大阪電灯（大阪）		1,290						
		275	585		3,230	149	(108)	(108)			
				3,022	4,272						
					8,000	66	63				
					5,400						
					102,893	6,556			6,130	2,504	2,331
					103,203						

時点の所有額。1922年の株式所有合計額には、その他 8 社株式所有額合計1,732円を含む。1928～40年は配当収入で、（ ）内は半期分と考えられる。役員欄はその会社で宮林家家族が役員を務めた役職を示した。

　化学工業株を買い進め、1922年時点では高岡銀行・新湊銀行に続く主要所有株となった。ただし、第一次世界大戦期に購入した中央株は、その後はそれほど増えずに、1920年代初頭に高岡銀行・新湊銀行・北一・越中製軸・北陸信託などへの出資を行い、結果的に22年時点では、株式所有の大部分は地元株となった。そして、1920年代末の配当収入は、取締役として経営に参加したこれら地元株に限定されたため、20年代に中央株はほとんど手放したと思われる。

　それに対して岐阜県福束の30町歩所有家の水谷卓爾家は、第一次世界大戦期に中央株を買い進めると、1920年代の地元株所有はほとんどなくなった（坂井［1978］199-206、262-270頁）。表序－13を見よう。この表では、水谷家居住地域の大垣周辺と比較的近くに所在した大都市の名古屋の会社株を地元株としたが、

表序－13 水谷卓爾家有価証券配当・利子収入の動向

単位：円

年	名古屋株式取引所	共営銀行	大垣米穀取引所	大垣共立・貯蓄銀行	名古屋鉄道	大垣活版	真利銀行		日本製麻
1896			11	3					
1899	25		13	20	26	6			
1903	15	2	名古屋瓦斯	118	70	7	19		
1906	6	5		108	83				
1909		6		73	23	468			
1912		7		250					
1915	56	7		437					
1916	77			500	九州炭礦汽船	東京株式取引所	日本信販	帝国製麻	
1917	93	15		375					
1918	89		電気化学工業	大日本人造肥料	60	17			
1919	71	大同電力			95	21			
1920	101		176	188	63	52	36	195	128
1921	52	47	324	75	33	58	153	241	158
1923	65	259	285	98	21	84	108	199	117
1925	71	387	325	144	18	76	75	199	138
1927	74	500	363	201		98	74		
1929	58	562	295	162	45	64	73	83	
1931	46	450			56	58	63		
1933	93	113	148	52	41	89	63		

年	大阪化学肥料	茂木無煙炭礦	東京石川島造船所	東洋海上保険	関西鉄道	山陽鉄道	大阪株式取引所	日本紡績	公債利子	合計
1896									43	58
1899					25				32	147
1903					175	89	28	90	32	645
1906					176	151	82	116		727
1909					89	71	68	163		961
1912							70	195		521
1915							104	180		784
1916					北浜信託	大正汽船	124	120		820
1917			90	47			183	420		1,222
1918	60	110	270	日本絹毛紡績	98	47	116	502		1,368
1919	120	127	381		50	83	61	624		1,632
1920	253	150	378	7	50	44	173	678		2,671
1921	48	80	295				139	612		2,312
1923	37		67	32			165	612		2,147
1925				日本レーヨン			108	450		1,990
1927			33				183	405		1,930
1929			33	11			126	360		1,872
1931							114	224		1,010
1933				20			170	224		1,012

(出所)坂井[1978]218・264-265頁より作成。
(注)1906年以降の公債利子収入は不明。上表は二重線で区切った左上が地元株、右下が非地元株。下表は非地元株。日本紡績は1916年より尼崎紡績、18年より大日本紡績。大阪化学肥料は1921年より日本化学肥料で、24年に大日本人造肥料に合併。日本絹糸紡績は1924年に大日本紡績に合併。日本製麻は1927年に帝国製麻に合併。大垣共立銀行と大垣貯蓄銀行の配当金は、年によって合算していたので、表では合算値を示した。地元株として水谷家居所地域の大垣周辺と名古屋の会社株を選んだ。

1900年代は大垣共立銀行・名古屋鉄道株など地元株と、山陽鉄道・関西鉄道・日本紡績株などの中央株からの配当収入が中心で、10年代前半は、山陽鉄道・関西鉄道が鉄道国有化により官営鉄道となったため、地元株の名古屋瓦斯株と、中央株の日本紡績株が配当収入の中心となった。ところが、1917年から日本紡績株の配当が急増し、東京石川島造船所・大阪化学肥料株など多様な中央株の配当収入が見られ始め、逆に名古屋瓦斯株の配当は18年から見られなくなった。この年に名古屋瓦斯株を売却したと思われ、1920年代には電気化学工業・大同電力株など、都市化とともに成長した電力業・電力関連産業の株の配当が中心となり、名古屋株式取引所株を除き、地元株の所有はほとんど見られなくなった。また宮城県登米の大土地所有家の桜井良之助家は、1900年の3万円から26（昭和元）年の76万円に資産が急増したが（表序－1）、第一次世界大戦期に有価証券所有額がかなり増加し、14年時点の5,267円から、21年時点で100,474円になった。投資銘柄は、地元株は仙北鉄道・七十七銀行などで、中央株は日本郵船・大日本人造肥料などであった（澁谷［2000］第1章）。

このように、山梨県・山形県・静岡県・岐阜県・岡山県・富山県・宮城県の土地資産家の有価証券投資を検討すると、第一次世界大戦期に中央株を中心として急速に株式投資が進んだことが見て取れる。土地資産家に限らず華族資産家も第一次世界大戦期に株式投資を進め、表序－2に戻ると島津家がこの時期に川崎造船所への投資を急増させ、千代田火災保険株・北海道製糖株を新たに購入した。旧岩国藩主吉川家も表序－3に戻ると、1910年代に東京電灯・横浜正金銀行・台湾製糖・東京電気などへの投資を急増させた。そして旧金沢藩主前田家の株式所有を表序－14で見ると、第一次世界大戦期に華族資産家の中心的所有銘柄であった十五銀行株の所有株数を減らす一方で、多数の新しい銘柄株を購入し、所有株数は急増した（伊牟田［1989］）。中央株に加えて、前田家は旧領地の金沢の会社にも新たに投資しており、これらの土地資産家・華族資産家が、その後1920年代にその中央株を持ち続けるか、あるいは再び地元株所有を強めるかはそれぞれの事例で異なったが、いずれにしても第一次世界大戦期に土地資産家・華族資産家の株式投資が急速に進んだ。

表序－14 前田利為家所有主要株式の動向

単位：株

銘柄	所在地	1898年	1916年	1919年	1922年	1925年	1927年	1932年	1934年	1937年	1942年
日本鉄道	東京	13,360									
明治商業銀行	東京	10,000	9,200	15,700	10,200		三井銀行（東京）				
大阪商船	大阪	4,800	1,500	1,975							
十五銀行	東京	4,100	11,900	6,100		7,750	5,700			1,140	
七尾鉄道	矢田郷	3,000					15,270				
日本郵船	東京	2,075	2,020	1,675		安田銀行（東京）					
岩越鉄道	東京	1,300						帝都電鉄（東京）	2,360	2,000	
東洋汽船	東京	1,200	100	250							
北海道炭礦鉄道（汽船）	東京	1,020	1,537	3,222		3,222					
日本銀行	東京	1,000	2,190	2,240	2,240	2,240	2,240	2,240	2,240	2,240	3,360
横浜正金銀行	横浜	700	4,550	4,580	9,160	7,160	9,160	9,500	9,500	9,500	9,500
東京火災保険	東京	500	1,000	1,000		1,000					
総武鉄道	東京	450						明治製菓（東京）	500		
第一銀行	東京	275	1,234	1,244						7,000	7,300
第三銀行	東京	208	312	624					満洲化学（大連）		
帝国海上（運送火災）保険	東京	200	200	600		600					
日本勧業銀行	東京	184	1,033	1,044		6,240	8,200		2,400	2,400	2,400
東京海上保険	東京		3,915	3,500					東海電極（東京）	5,600	
日本興業銀行	東京		2,000	4,500		4,500	4,550				
東京瓦斯	東京		1,900	2,000		2,000					
金沢電気	金沢			11,100							
汽車製造	大阪			4,439				8,478	8,478	14,133	23,760
金沢紡績	金沢			3,000			3,000	4,500	4,500		
三共	東京			1,250			1,875	1,875			
東亜製粉	東京			1,000	1,000				高崎板紙（高崎）		11,700
千代田火災保険	東京			500							

(出所) 伊牟田 [1989] 529・548頁より作成。
(注)『全国株主要覧』などの資料を利用して所有株数を示した。金沢紡績の1927年以降は銷華紡績として。

（6）1920年代の資産家のポートフォリオ選択

　第一次世界大戦が終了し、戦後の復興需要で一時的に戦後好景気のブームを迎えたものの、その反動で1920（大正9）年恐慌が生じ、その後の20年代の日本経済は、復興したヨーロッパからの輸入品の競争圧力があり、主に重工業では不況の時代を迎えた[16]。その一方、国内で独占体制を成立させた綿紡績業界では、新たな設備投資があまり進まず、過剰資本が在華紡の設立など海外に向けられたため、中国の反日感情も次第に強まった。また、第一次世界大戦期に高まった都市化の動きが継続し、都市人口の増大に伴う電灯需要の増大から電力業が成長し、遠距離高圧送電の技術開発もあって大規模な電源開発が行われ、電力料金が安くなったことを受けて電気化学工業・電気鉄道など電力関連産業の発達も見られた。このように、1920年代は産業ごとに景気動向がかなり異なり、全体として景況が読みにくい時代となり、そのなかで、20年恐慌で打撃を受けた商業資産家は商業を縮小して金融資産家の側面を強め、第一次世界大戦期に金融資産家の側面を強めた土地資産家や、家業の会社化によって金融資産家の側面を強めた醸造資産家など、さまざまな金融資産家が登場し、彼らの資産運用が日本資本主義の動向に大きな影響を与えた。その際、資産運用の手段として、企業勃興期は株式投資や土地投資が中心であったが、1920年代は社債もかなり発行されるようになり、それ以前から投資対象となった公債・金融債に加えて、社債、銀行定期預金、株式など多様な資産運用手段が登場した。1920年代後半には、こうした資産運用を代行して行う信託会社も定着し、特に27（昭和2）年の金融恐慌以後は、銀行定期預金への不安から信託会社への金銭信託が普及した[17]。いわゆる、金融資産家のポートフォリオ選択が、1920年代の資本市場・金融市場において重要な要素となった。

　まず、前述の大阪府貝塚の肥料商廣海家のポートフォリオ選択を検討する。廣海家は、1910年代前半まで肥料の産地直接買付を行い、積極的な商業経営を試みたものの、そのコストが高く、十分な収益を上げられなかったため、14年に産地直接買付を停止し、それ以後の商業活動は主に大阪・兵庫の肥料商から肥料を仕入れてそれを後背地の肥料商や農家に直接販売する経営を行った（中

16）1920年代の日本経済の評価は、林・山崎・柴垣［1973］、中村・尾高編［1989］を参照。
17）1920年代の社債市場については、橘川［2002］を、金銭信託は麻島［2001］を参照。

西［2006a］）。そのため、商業活動からの期待収益率は小さくなり、第一次世界大戦期以降は、株式投資に全力を挙げて金融資産家の性格を強めた。実際、廣海家は第一次世界大戦期に尼崎紡績（1918年から大日本紡績）株を急速に買い進め、21年にはその投資残額は約25万円に上った（本書第3章表3－4）。大日本紡績は1920年恐慌で打撃を受け、株価が下落したため、廣海家は高い株価で購入した大日本紡績株の含み損を抱えたまま20年代のポートフォリオ選択を行う必要があった。ただし、廣海家は大日本紡績株を大幅に売却するのではなく、岸和田紡績・岸和田煉瓦・貝塚織物株など地元株を買い進めつつ、少しずつ大日本紡績株の含み損を償却することに努めた。大日本紡績株を一気に手放せなかったのは、第一次世界大戦期の廣海家の株式投資が銀行借入金に依存したため、その借入金の担保に大日本紡績株が入っており、その処分権が廣海家にはなく、銀行に委ねられていたからである。そして大日本紡績株の株価下落に伴い、その担保価値が下がった結果、銀行が借入金の追加担保を要求し、廣海家はそれに応じるための追加株式を、岸和田紡績株などで賄う必要があった（本書第3章）。このように廣海家の1920年代のポートフォリオ選択は銀行の意向に制約されており、銀行の側から見れば、廣海家の所有株式の20年代の配当率が、銀行貸付金利よりも上回っていたため、貸付金利息は安定して回収できる状況にあり、貸付金はそのまま貸し替えて継続させ、貸付金利息を取得し続ける選択をとった。それゆえ、銀行は追加担保を要求するのみで、貸付金の返済は求めなかった。しかも、1925年の大日本麦酒の大増資の際には、その購入資金を貝塚銀行が前貸をする形で、廣海家の株式投資をさらに促進させた。廣海家はこのような銀行の支援により、経営内容が悪化して減資した朝鮮銀行の株式の減価分を大日本麦酒株の購入で補い、1920年代にも株式投資残額を増加し続けた。ただし、そのため、大日本紡績株の含み損を廣海家は償却しきることはできず、それが廣海家の株式資産の弱点となっていた。

　株式投資に集中した廣海家に対して、多様な資産分散を行って順調に資産価値を高めたのが石川県橋立の酒谷長一郎家であった。酒谷家は、近世期は北前船主として海運経営で資金蓄積し、近代期も1910年代前半まで海運経営を継続していた。酒谷家の海運経営は、遠隔地間の価格差を活かして、自ら買い付けた積荷を別の港に運んで販売する買積経営であり、北海道・畿内間の価格差が

かなり残されていた1890年代までは商業経営でかなりの収益を得られ、そのため、商業的蓄積は商業活動に回して株式投資・土地投資はあまり行わなかった。1900年代に地域間価格差が縮小したため、北洋漁業などに進出したが、十分な収益を上げられず、次第に海運経営を縮小して、それまでの商業的蓄積の資産運用に力を入れるに至った（中西［2009］第2章）。表序–15を見よう。酒谷家は商業的蓄積の大部分を銀行への定期預金としており、1915年度末には、株式所有額約4万円、公債・金融債所有額約2万円に対し、銀行定期預金残高は約59万円を占めた。酒谷家が銀行定期預金を重視した背景には、当時の銀行定期預金利率の地域による違いがあった。大阪など大都市の銀行は、破綻リスクは少ないものの預金金利も安く、逆に地元石川県の銀行は、預金金利は高いものの破綻リスクは高く、函館など地方都市はその中間と、地域ごとの銀行のリスクと預金金利の関係を利用しつつ、銀行定期預金を分散して預けることで、リスク分散をしながら安定した預金金利を得られる見込みがあった。

　株式投資ブームが生じた第一次世界大戦期も酒谷家は、銀行定期預金を増大させた。その際、函館の銀行、大阪の銀行、石川県の銀行にそれぞれ預ける定期預金の比重を変え、大阪の銀行の定期預金金利が1915年時点に年利5％未満で、同年の函館の銀行の定期預金金利が年利6％前後であったため、15年時点では大阪の銀行への定期預金額を函館の銀行への定期預金額が上回った。その後第一次世界大戦期に大阪の銀行の定期預金金利が年利6％に上昇したのに対し、函館の銀行の定期預金金利が年利6〜6.3％とあまり変わらず、破綻リスクを考慮すると大阪の銀行に預けた方が有利との判断が働き、19年度末時点では、函館の銀行への定期預金額を大阪の銀行への定期預金額が上回った。ただし、全ての定期預金を大阪の銀行に預けることはせず、大阪の銀行が預金金利協定を結んで定期預金金利6％で1920年代前半に足並みを揃えたのに対し、函館の銀行が金利競争を継続し、22年に函館の百十三銀行の定期預金金利が年利6.55％に上昇したことを受けて、23年度末には再び、函館の銀行への定期預金額が大阪の銀行への定期預金額を上回った。そして、全国的な大銀行の安田銀行が石川県金沢に支店を開設すると、安田銀行大阪支店が預金金利協定の影響で年利6％に抑えられたのに対し、金沢支店は他の石川県の銀行の高金利の影響を受けて、預金を集めるために年利6.8％を付けざるを得ず、酒谷家は安田

表序-15　酒谷長一郎家有価証券投資の動向

単位：円

銘柄	所在地	1892年度	1896年度	1900年度	1915年度	1919年度	1923年度	1926年度	1930年度
第百十三国立銀行	函館	1,200	1,200	3,125	5,000	5,000	11,782	11,782	北海道銀行へ
函館汽船	函館	1,000	2,510	3,810			京都電灯(京都)	11,580	29,600
加能汽船	上金石	25	25				1,250	1,250	昭和銀行へ
函館船具合資	函館		2,000	2,000	4,000		15,500	21,500	22,500
日本海上保険	大阪		1,875	2,601	4,426	12,000			
函館海道	函館		4	150		13,176	13,176	13,176	13,176
函館銀行	函館			3,282	4,157	6,782	百十三銀行へ	北海道銀行(小樽)	8,400
函館馬車鉄道	函館			1,211					
大阪電灯	大阪			967[1]	5,625	6,750	大阪市電気事業公債へ		
石川県農工銀行	金沢			45					
伊予鉄道	松山				9,750	13,470	24,570	36,045	38,490
大聖寺川水電	大聖寺				7,600	10,000	14,500	15,500	
大阪製綿	大阪				1,461	1,025			
函館水電	函館				750	960	7,315	13,200	19,300
朝鮮銀行	京城				300	1,200	1,500	750	375
酒谷商店合資	函館					15,000	45,000	45,000	45,000
大同電力	東京					1,125[2]	6,187	7,312	6,019
株式所有合計		2,225	7,614	17,191	43,659	87,423	141,101	177,416	183,656
起業(整理)公債		400	400	400		大阪市電気事業公債	14,304	44,586	36,629
軍事公債			1,858	1,957					
五分利公債					9,733	13,348	15,028	15,291	15,291
国庫証券(通常)						8,748	52,325	90,511	112,747
国庫証券(臨時)						195,000	290,446	10,072	
公債所有合計		400	2,258	2,357	13,918	231,281	375,288	163,644	176,089
金融機所有合計					7,551	7,521	7,441	37,068	55,579
一般社債所有合計		2,625	9,872	19,548	65,128	326,225	36,259	561,726	496,635
有価証券所有合計							560,089	939,854	911,959
金銭信託合計								194,495	801,763
銀行預金合計		8,500	11,876	27,385	636,378	923,918	1,140,169	914,673	730,534
内定期預金				25千円	589千円	865千円	990千円	832千円	614千円
大阪の銀行				25千円	239千円	390千円	375千円	177千円	122千円
函館の銀行					273千円	310千円	415千円	410千円	145千円
石川県の銀行					78千円	165千円	200千円	245千円	347千円

(出所) 各年度「大福帳・有価調・調帳・原帳・資産簿・原簿」(酒谷長蔵家文書、加賀市教育委員会蔵、昭和5年度「原簿」は蔵六園蔵)より作成。

(注) 各年度末時点の有価証券所有額を示した。1900年度末までは全ての所有有価証券の内訳を示したが、1915年度以降は、表の年度末の株式投資額が1,000円以上、公債資産額が15,000円以上の銘柄につき、表の年度末の資産額を示した。第百十三銀行は、1898年から百十三銀行、1916年から伊予電気鉄道、函館水電は1915年度末は渡島水電、函館銀行は1922年に百十三銀行と対等合併。
1) 大阪製綿と合わせて。2) 日本水力として。

銀行大阪支店の定期預金を解約して安田銀行金沢支店に預け替えた（中西［2009］115-121頁）。このように、酒谷家は同一銀行の支店間の金利差も利用して、定期預金の預け替えをしつつ、リスクと金利のバランスで最適な預金ポジションを考え、1926年度末時点では、石川県の銀行への定期預金額が大阪の銀行への定期預金額を上回り、27年の金融恐慌で函館と大阪の銀行の定期預金金利が低落すると、かなりの定期預金を解約し、石川県の銀行のなかでは地方銀行ではあるものの比較的大きな銀行でリスクが少なくて定期預金金利が函館や大阪の銀行よりも高い十二銀行を選択し、酒谷家の地元の同行大聖寺支店に集中して定期預金を預けた。

　銀行定期預金の預け先で預金金利に敏感に反応して預け替えを行った酒谷家は、さらにリスク分散を図るために、第一次世界大戦期は公債所有も増やした。それは、これまでの五分利公債（年利5％）ではなく、第一次世界大戦期により償還率のよい臨時国庫証券が発行されたからであり、臨時国庫証券は、銀行を通して割引率6.6％で運用され、銀行定期預金の利回りよりも有利であった（中西［2009］121-132頁）。そのため酒谷家は1920年代前半も引き続き臨時国庫証券を購入し、23年度末のその所有額は約29万円に上った。もっとも、臨時国庫証券の起債は一時的なもので、1920年代中葉にその償還期限がくると、酒谷家は償還金を社債投資に向けた。前述のように1920年代は電力業・電力関連産業は好調であり、電力会社の社債がかなり発行され、酒谷家は京都電灯・大阪電灯・伊予鉄道（電気）・大聖寺川水電・函館水電・大同電力など電力会社株を購入したが、それ以上に電力会社の社債を購入した。その結果、1926年度末には一般社債所有合計額は約56万円に上った。ここでも、酒谷家はリスクを考慮して、株式ほどの期待収益率はないものの、リスクは少なくてある程度の期待収益率のある社債を選好しており、1927年の金融恐慌後は銀行定期預金を減らして金銭信託に回し、金銭信託の合計額も30年度末に約80万円に上った。

　酒谷家は、公債が最もリスクが少なく、都市銀行定期預金、地方銀行定期預金、社債、株式の順でそれが大きくなると認識したと考えられ、これらを全て組み合わせて資産運用した1920年代中葉は、それぞれ年利回りが5〜6％の国庫証券、6％強の都市銀行定期預金、6.5〜7.3％の地方銀行定期預金、7〜8.5％の社債、10％以上の株式になっていた（中西［2009］138頁）。そのなかで

酒谷家は、年利6.2〜6.7％の銀行定期預金に預金を比較的集中し、株式よりも年利7〜8％の社債を選好しており、年6〜8％の利回りを目標に置いたと考えられる。実際、同家の総資産は1884（明治17）〜1930年まで一度も減少することなく、その増加率（複利）は、1900〜15年度は年平均約8％、15〜29年度は年平均約6％であり、酒谷家のポートフォリオ選択はその意味で、目標通りの成果を収めたと言える。

　商業資産家であった廣海家・酒谷家に対し、醸造資産家のポートフォリオ選択を確認する。前述の愛知県半田の肥料商兼醬油醸造家の小栗三郎家は、1910年代は肥料商経営が順調に拡大したため株式投資はあまり行わず、商業収益を肥料製造業や醬油醸造業の生産設備拡大に向けたが、20年代になると肥料商経営の拡大にやや限界が見られ、商業収益を有価証券投資に向けるに至った（花井［2015］）。小栗家の有価証券所有額は1919年から急増し、特に20年代初頭に社債・金融債の所有が急増した（本書第6章表6－4を参照）。その主な銘柄は、日本興業銀行債券・東洋拓殖株式会社債券・朝鮮殖産銀行債券などで、植民地関連銀行・会社の社債・金融債が多かった。そして、1926年に家業を株式会社萬三商店として会社化した際に、これらの社債・金融債の償還金が、株式会社萬三商店への出資に振り替えられた。株式会社萬三商店の役員は、いずれも小栗三郎家家族と支配人に限定されており、株主も小栗三郎家家族と店員にほぼ限定されていたので、実態は合資会社であったが、それ以降小栗家の家業は会社に移され、同家は家業会社から配当を受けた。ただし、その配当は年によって増減が激しく、1928年9月〜30年8月の2ケ年度で10万円以上の配当を受けたが、その前後4ケ年度はいずれも無配当であった。小栗家の同社への払込額が約73万〜75万円なので、萬三商店株の期待収益率は決して高くなく、小栗家はそれ以外の有価証券で資産運用する必要に迫られた。

　その際、小栗家は、知多瓦斯（知多電気）が合併された相手である東邦電力や半田臨港線、そして知多鉄道など、地元半田に関わるインフラ会社を重視した。酒谷家と同様に小栗家も株式投資にリスクがあると認識しており、それをどのように管理するかが重要となる。小栗家の有価証券投資を分析した花井俊介は、小栗家は1890年代〜1900年代前半の知多紡績・丸三麦酒株への投資は、リスク管理が甘く、結果的に損失を計上したため、それ以降小栗家は公社債投

資を進めて、公社債投資収益で株式投資のリスクに備えるリスク管理システムを構築したとした（花井［2015］）。実際1920年代の小栗家は、20年代初頭に公社債投資を増大させる一方で、東邦電力株・半田臨港線株・共同運輸株・東洋紡績株なども買い進め、リスク管理システムがうまく機能しつつ有価証券投資は拡大した。ただし、1928年の設立とともに購入が始められた知多鉄道株は、その誘致に小栗四郎（後に小栗家当主）が大きな役割を果たした小栗家にとって特別な会社で（中村［2015］）、花井が指摘したように、それへの過大な追加投資資金が、公社債の売却資金で賄われたため、30年代に公社債所有額が急減し、リスク管理システムは30年代に弱体化するに至った（花井［2015］）。

　一方、前述の千葉県野田の髙梨兵左衛門家は、小栗家の場合と異なり、髙梨家も含めた野田の醬油醸造家が、各家の醸造設備を現物出資して設立した野田醬油株式会社の配当が極めて多額であり、1920年代に純然たる金融資産家となった（野田醬油株式会社社史編纂室編［1955］）。髙梨家は、野田醬油株を取得する際に、自家の醸造設備を現物出資したため金銭的な負担はせず、そのため銀行からの借入金も少なく、1920年代に野田醬油から得た配当収入は、そのまま資産運用に回すことができた。その運用は主に株式投資で行われ、富士瓦斯紡績・鐘淵紡績・日清製粉・日本製粉など東京の綿紡績会社・製粉会社株への投資が中心であった（本書第8章表8－2～5）。また、前述のように野田商誘銀行が野田醬油設立後に経営規模を急拡大するため増資を繰り返し、そこへの追加投資も髙梨家は行い、それとともに野田商誘銀行株の配当収入も急増した。このように野田醬油と野田商誘銀行が互いに連関して、野田の旧醸造家の金融資産家への転換を促した。ただし、1923年の関東大震災後は東京の綿紡績会社株の配当収入が減少傾向になり、そのなかで髙梨家は、東京電灯や王子製紙の社債を購入して、株式のみから社債を含めた資産運用へと修正した。

　続いて土地資産家の1920年代のポートフォリオ選択の検討へ移る。岡山県牛窓の服部和一郎家は、前述のように第一次世界大戦期に株式投資を拡大し、有価証券総額は1919年時点で約57万円に達したが、20年代も株式投資を漸増させ、20年代後半には社債投資も増大させた。表序－11に戻ろう。株式投資の分野別比率で、第一次世界大戦期に海運会社への株式投資を急増させた服部家は、20年代には海運部門への投資の比重は少しずつ減少させ、金融と鉄道と電力部門

の株式投資の比重を高めた。金融は、朝鮮銀行や朝鮮殖産銀行など植民地銀行の株を購入するようになり、鉄道は、1920年代に大都市近郊で経営を拡大した都市近郊電気鉄道会社の株と思われる。そして電力部門は宇治川電気・日本電力など大電力会社株と考えられるが、株式投資のみでなく、1920年代後半には、東邦電力・日本電力・京浜電力・中国合同電気など、各地の電力会社社債も購入して、電力会社の成長を支えた。こうして服部家は、1927年以降100万円以上の有価証券を所有した。このような有価証券投資の増大により、第一次世界大戦期は服部和一郎家の収入内訳で、土地・建物収益と有価証券配当・利子収益はまだ拮抗していたが、1920年代になると有価証券配当・利子収益が土地・建物収益をかなり上回るようになり（清水・伊藤［1985］154・168頁）、服部和一郎家は20年代に金融資産家となったと考えてよい。もっとも服部家は1906年に貸金業部門を会社化して服部合資会社を設立し、そこからの配当金もかなりの額に上ったが、20年代はその配当金の分を除いても、有価証券配当・利子収益が土地・建物収益を上回っていた。静岡県中川の伊東要藏家も当主が役員を務めた富士瓦斯紡績・浜松商業銀行・豊国銀行・浜松瓦斯・浜松鉄道を中心に1920年代に株式所有額を増加させた（表序－7）。伊東家は、玉川電気鉄道や九州水力電気にもかなりの出資をしたが、両社のいずれも和田豊治が関係しており、和田との関連での出資と評価されている（三科［2018］）。

その一方、1920年代に株式投資を減少させた土地資産家も存在した。例えば、山形県鶴岡の前述の風間家は、第一次世界大戦期に株式所有を急速に増加させたが、1920年恐慌後は急速に減少し、表序－6に戻ると、19年の株式投資残額約169万円が、21年には約156万円、25年には約124万円、そして昭和恐慌期の29年には約80万円にまで減少した。1920年代前半の株式投資の減少は、村上銀行・第三銀行・鶴岡銀行・第一銀行などの銀行株を手放したことが大きく、20年代後半の株式投資の減少は、27年の金融恐慌で風間銀行が打撃を受けるとともに、破綻が明確になった台湾銀行株の価値が下落しており、この時に鶴岡水力電気株も手放した。前述のように岐阜県楡俣の棚橋家は1920年代初頭に、第一次世界大戦末期や戦後直後のブーム期に購入した株式の多くを売却したが、同じ岐阜県福束の水谷家も20年代に株式配当収入を減少させた。表序－13に戻ろう。水谷家は第一次世界大戦末期に多くの銘柄の株式を所有したが、1920年

代はその配当収入が、大同電力株と電気化学工業株を除いて全体的に減少傾向にあり、大阪化学肥料・茂木無煙炭礦株などは20年代に売却したと考えられる。特に、1920年代の造船業が不況のため、第一次世界大戦期に高配当を得た東京石川島造船所株の配当の減少が急激で、水谷家の株式配当収入は、20年の2,671円をピークにその後減少し、29年に1,872円となり、昭和恐慌を経た31年に1,010円に落ち込んだ。結果的に同家の株式投資は、大阪・東京・名古屋などの株式取引所や大同電力・電気化学工業の電力業・電力関連産業など、限られた分野への株式投資に限定されるに至った。

　また愛知県名古屋の有力資産家であった神野金之助家と富田重助家の1920年代の有価証券投資は、20年代前半に株式投資額が減少し、20年代後半に内容を変えつつ再び増大した。神野家と富田家は互いに姻戚関係にある名古屋の資産家で、神野家は三重県や三河地方で大規模な新田開発を行って巨大土地所有家となり、富田家は洋物商売で得た蓄積をもとに有力な資産家となった（西村[2004]）。神野・富田両家はともに名古屋の企業勃興に関わり、多くの会社の経営者を兼任し、両家の資産を共同管理する神富殖産株式会社が1919年に設立された。その点で、神富殖産の有価証券所有は、厳密には有価証券の法人所有となるが、実態としては神野・富田両家の有価証券所有の動向を示すと言える[18]。1920年度の神富殖産の有価証券所有額は約62万円でその内訳は、両家が経営者として名を連ねた福壽生命保険・明治銀行・名古屋電気鉄道の株式が中心であった（本書第4章表4－9を参照）。ところが、1920年代にこれらの会社が苦境に陥る。例えば明治銀行は神野金之助と富田重助が交代で頭取を務めたが、1923年の尾三農工銀行の預金取り付けに始まる名古屋金融界の動揺時に預金減少に見舞われ、最終的に31〜32年の昭和恐慌下に預金取り付けに遭って休業した（西村[2002]）。神富殖産は、明治銀行株の所有を1923年度に減らした後、30年度に買い増したものの、32年の休業でその資産価値を失った。また福壽生命保険も、神野金之助が社長、富田重助が専務取締役を務めていたが、神富殖産は、福壽生命保険株の所有を1923年度にかなり減らし、20年代後半に買

18）粕谷・武田[1990]は、両大戦間期に同族の所有する有価証券などの保管管理を目的として同族の共同出資によって設立された持株会社が簇生し、法人資本家の比重が高まったことを指摘した。

い増したものの、32年度の明治銀行休業の際に再び福壽生命保険株の投資額を少し減らした（西村［2004］）。そして名古屋電気鉄道は、1921年に市内線を名古屋市に譲渡するとともに、郊外線を分離独立して名古屋鉄道を立ち上げ（名古屋鉄道（株）広報宣伝部編［1994］102-118頁）、その結果神富殖産は、21年時点の名古屋電気鉄道株134,000円の所有から24年時点の名古屋鉄道株43,400円の所有へとその額を減らした。これらの要因により、神富殖産の有価証券所有規模は、1920年度の約62万円から24年度の約43万円へと減少したが、その後神富殖産は新たな銘柄の株式を購入することで株式投資額を再び増大させる。例えば、日本無線電信株を1925年度から購入し始め、30年度には約11万円に増大した。また、前述の伊藤次郎左衛門家が1910年に開業した百貨店「松坂屋」の株式も、28年度から新たに購入し、第二次世界大戦期まで所有し続けた。そして公債部門では、1922年度から名古屋市公債の所有を始め、32年度の明治銀行休業の際に手放した（本書第4章表4－9を参照）。

　華族資産家について表序－3に戻って吉川家を見ると、1920年代初頭に出身地元の旧士族救済のための工業会社である義済堂への出資と、地元の小瀬川水力電気や岩国電気軌道が合併して設立された岩国電気（後に中外電気）への出資、そして横浜正金銀行や台湾製糖への出資が急増したため、株式所有額は巨額となったが、中外電気の電気事業が県営化されたことでその株式が公債に転換して公債所有額が急増した（三浦［2017］）。1920年代後半には、吉川家の義済堂への出資額の減少で全体の株式所有額がやや減少したものの、公債を売却してその資金で東京電灯・小野田セメント・東武鉄道・東京電気・芝浦製作所などの中央株を買い進めることで株式所有額は再び増大した。これらの中央株の中心をなす東京電灯株と東京電気株は創業期から吉川家が株式を所有しており、東京電灯の創立に吉川家の本家毛利公爵家が関わったことや、東京電気の創業・経営に旧岩国藩士が関わったことから、「非匿名的」関係が吉川家の両社への出資の背景にあったとされる（三浦［2017］）。

　全体として1920年代は、資産家の有価証券投資が進んだと言えるが、その内容では、株式投資に限らず、公社債投資が増大した側面もあった。つまり、1920年代は20年恐慌の負の遺産を引きずっており、重工業部門が不況状況にあり、その意味で、地方資産家の金融資産家への転換が進んだとは言え、安定し

た株式配当収入が期待できたわけではなく、それゆえ慎重なポートフォリオ選択が行われたと言えよう。

（7）昭和恐慌と資産家の株式投資

　1920年代の不安定な経済状態は、27（昭和2）年の金融恐慌と29年の昭和恐慌でよい意味でも悪い意味でも解消された。昭和恐慌が個人投資家に与えた影響として、寺西重郎は、昭和恐慌により富裕層・中間層の個人投資家が没落し、最上層は残ったものの全体として資本市場における個人投資家の比重が減少し、法人の株式所有が増えたことを主張し、資本主義の性格が変化する最初の転換点になったとした（寺西［2011］第4－2・4章）。それに対して石井寛治は、昭和恐慌で個人投資家は打撃を受けたものの、没落するほどではなく、1930年代はまだ健在であったと主張して寺西説を批判した（石井［2015a］第8章）。もっとも、昭和恐慌の打撃は一様ではなく、業種間・地域間でその受けた度合いもかなり異なったため、個別事例を比較しつつ業種間・地域間の差異を検討する必要がある。そこで今回取り上げた個別事例のなかから、昭和恐慌期の有価証券投資の動向が判る事例を比較する。

　華族資産家では、前田家の動向を表序－14に戻って見ると、十五銀行の株式所有を第一次世界大戦期と1920年代後半に減少させ、30年代にさらに減少させた。その一方で、横浜正金銀行株は、昭和恐慌を挟む1927年と32年で所有株数は減らずに若干増えており、日本銀行株も2,240株のまま変化なく、37年から42年にかけてむしろ所有株数は増大した。また、日本勧業銀行株・安田銀行株など、1920年代に所有した株式で30年代に手放したと思われる株式がある一方で、汽車製造株は19（大正8）年時点よりも30年代の方が所有株数が多く、帝国海上運送火災保険株・錦華紡績株など、20年代〜30年代にかけて所有株数を増大させた銘柄もあった。表序－1に戻って資産家番付での前田家の評価を見ると、1928年の資産額7,000万円に対し、30・33年はいずれも6,000万円で、評価を少し下げたものの、大きく資産を失ったとは思えない評価であった。

　前述の島津家を表序－2で見ると、十五銀行と川崎造船所の株式をかなり手放しており、1927年の金融恐慌と29年からの昭和恐慌で十五銀行と川崎造船所がかなり打撃を受けたことが窺われる（伊牟田［1987］）。ただし、この期間の

出所資料では「年鑑」などに記載された主要株主の所有株式数しか判明しなかったので、島津家の地元株（鹿児島関係）の所有動向は不明である。1942年時点で、島津家が薩摩興業株を84,400株所有していたので、昭和恐慌下に中央株を手放した島津家は、その後鹿児島で家産として経営していた炭礦業を会社化した薩摩興業に集中的に株式投資するに至ったと思われる。表序－1に戻ると、資産家番付の評価額では島津家は1928・30年の2,000万円に対し、33年が2,500万円と増えており、この時期に大きく資産を減らしたとは言えない。

　前田家・島津家以外の華族資産家として、表序－1で旧岡山藩主の池田章政家を見ると、1928年の資産額600万円の評価に対して、30年が700万円、33年が600万円で、旧熊本藩主の細川護成家を見ると、1928年の資産額1,000万円の評価に対して、30年が1,000万円、33年が5,000万円であった。旧岩国藩主の吉川元光家の資産額も1928年の約531万円から30年の約555万円へと恐慌の影響はあまり感じられず、徳川家達家も、1928年が1,000万円、30年が2,000万円、33年が4,000万円と昭和恐慌に関係なく資産評価額は急増しており（表序－1）、所有株式の内容では、第一銀行株を25〜42年まで一貫して22,400株所有し続け、東京湾埋立会社株も27〜42年まで9,160株所有し続け、30年代に新たに沖電気株を所有した（伊牟田［1989］）。資産家番付の評価であるので、正確さは保証できないが、全体として華族資産家にはあまり昭和恐慌の影響はなかったと言える。この点は、前述のように寺西も認めており、最上層では個人投資家社会が継続していた。

　商業資産家で当該期の詳しい有価証券投資内容が判明する事例は少ないが、大阪府貝塚の肥料商廣海家の事例を見ると、1920年代に大日本紡績株の含み損を抱えて資産運用に苦しんだ同家は、昭和恐慌下で銀行がそれを担保から外して売却することを認めたと思われ、大日本紡績株を売却し、廣海家の株式所有額は急減した（本書第3章）。そしてこの時に、1920年代に業績が悪化していた朝鮮銀行・台湾銀行の株も完全に手放した。また、中央株では大日本麦酒株や日本生命保険株、地元株では岸和田紡績株・貝塚織物株・和泉紡績株などこの時期に所有額を減らした銘柄がかなり見られた。その意味で、昭和恐慌期に廣海家の株式投資が減少したことは否定できない。ただし、廣海家は昭和恐慌期にも貝塚銀行株・岸和田煉瓦株・南海鉄道株などは所有額を減らさずに所有を

続け、南海鉄道株のように、1930年代の行楽ブームのなかで業績が好調なため、33年に所有額を増やした株式もあった。さらに日本染料製造・台湾製糖・住友金属工業など、同家が1933年以降に新たに株式所有するようになった銘柄もあり、有価証券投資合計額として30年代は増加傾向にあった。表序－1で廣海家の資産家番付での評価を見ても、1928年時点の160万円が、30・33年はいずれも200万円と評価され、廣海家の資産額の評価が減少したわけではない。

同様に、滋賀県能登川の阿部市太郎家の主要所有株式の東洋紡績と江商の所有株数を見ると（表序－4）、1929年から33年にかけて江商の所有株数が急減し、東洋紡績の所有株数もかなり減少しており、阿部市太郎家の資産がかなり失われたかに見えるが、表序－1で阿部家の資産家番付での資産額の評価を見ると、1928・30年がそれぞれ400万円、33年が500万円で、むしろ資産額の評価は上がっていた。商業資産家として上位に位置した名古屋の伊藤次郎左衛門家も、1928年の評価額が3,500万円で、30年は3,000万円とやや下がったが、33年は4,000万円と再び上がり、商業資産家が昭和恐慌期の打撃を、30年代もそのまま引きずったわけではなかった。

土地資産家について確認すると、前述の岡山県牛窓の服部和一郎家は、表序－11から判断する限り、昭和恐慌期に株式投資を減少させた形跡は見られず、1930年代を通して順調に株式投資を増大させ、これまで服部家があまり投資しなかった重化学工業部門にも積極的に投資するようになった。化学工業会社への投資の拡大は、電力会社への投資の拡大と連動していたので、日本窒素肥料・日本曹達など電気化学工業部門への出資が多かったと思われ、大阪機械製作など機械工業部門への出資も進められた。そして、1937年以降になると、戦時統制経済の進展に合わせて、戦略的産業部門の会社である三菱重工業・三菱電機・満洲重工業などへの出資が拡大し、30年代の本格的重化学工業化を資産家の積極的な投資が支えたことが読み取れる。それを裏付ける服部家の資産額も表序－1で示したように、1928年の268万円から30年の296万円、33年の340万円と増大しており、資産額でも昭和恐慌の打撃は見られなかった。滋賀県北五個荘の100町歩地主猪田岩蔵家の事例でも、配当・利子収入合計で1928年の52,366円が、30年に35,511円、33年に31,945円まで減少したが、その後増加に向かい、37年に40,219円、40年に43,557円となり、所有株式銘柄も30年代前半

はほぼ全て継続していた（森[2005]補論）。猪田家の資産評価額も表序-1のように、1928・30年が200万円、33年が230万円であり、昭和恐慌期に所有していた株式の配当が減少したものの、株式を処分せずにすんだ結果、その後の景気回復とともに配当収入が回復したと考えられ、日本レイヨン株・阪神電気鉄道株・近江信託株など30年代に新たに猪田家が購入した株式もあった。

一方、名古屋の有力資産家である前述の神野家と富田家は、昭和恐慌期に一時的にかなり株式投資額を減少させており、その大きな要因は前述した1932年の明治銀行の破綻であった。そのため、日本無線電信株と東邦瓦斯株を1933年度に手放すなど、神野家と富田家にとって苦しい時期が訪れたが、36年度から再び株式投資を増大させる。その中心は神野新田土地会社の株で、土地資産の運用会社であったが、日中戦争期に入ると北支那開発や中支那振興など国策会社と考えられる会社の株も購入した（本書第4章表4-9）。1930年代の日本の植民地進出は、こうした本土の有力資産家の株式投資に後押しされていた[19]。

とは言え、前述の水谷家のように昭和恐慌期に配当収入が急減した土地資産家もあり、表序-12に戻ると、宮林彦九郎家の配当収入は、1920年代よりも多いとは言えず、土地資産家のなかにも金融資産家になりきれずに、配当収入が低位に止まったものも存在した。実際、表序-1で前述の風間幸右衛門家の資産評価額を確認すると、1928年時点で2,000万円であったのに対し、30・33年はそれぞれ800万円と大幅に資産評価額を減らしていた。

つまり、1930年代の土地資産家は、有価証券投資を積極的に進めて配当・利子収入を増大させ、金融資産家的性格をさらに強めた家と、配当・利子収入が低位に止まり、土地収入に基盤を置き続け、土地資産家に止まった家に大きく分かれ、30年代の収入内訳が判明する土地資産家について見ると、前者が岡山県の服部和一郎家、山梨県の根津家、新潟県の二宮家などで、後者が秋田県の土田家、山形県の秋野家・渡辺家、新潟県の市島家・渡辺家などであった（西田[1985]）。ここには地域性が見られ、関東・山陽地域のように工業化が進展

---

19) ただし最有力の植民地企業であった南満洲鉄道株式会社の場合は、1930年代の同社の増資に既存の有力株主はあまり応じなかったとされ、むしろそれまで同社に投資する機会に恵まれなかった地方の投資家が主に購入し、同社株主のなかで地方株主の比重が高まったことが明らかにされている（平山[2009]）。

した地域の土地所有家が1930年代も積極的に株式投資を進める傾向にあったのに対し、東北地域など工業化があまり進展しなかった地域の土地所有家は土地資産家に止まり続け、新潟県はその中間として両方の方向性が見られた。もっとも岐阜県の水谷家や滋賀県の猪田家のように工業化が進展した東海・畿内地域に居住したため、昭和恐慌による工業への打撃の影響から配当・利子収入を減少させた家はあり、1920年代に金融資産家的性格を強めた猪田家は、30年代は逆に小作料への依存を強めて、土地収入を増やした（森［2005］補論）。

　最後に醸造資産家について確認する。兵庫県灘の酒造家の辰馬家は、1910年代に家業の会社化を果たし、金融資産家となっていたが、表序-10を見ると、30年から33年にかけて阪神電気鉄道株の所有数はかなり減らしたが、それ以外の主要株式の所有数はそれほど減らしていない。1933・37年は「年鑑」などに記載された主要株式しか判明しなかったため、記載された銘柄に着目すると、安治川土地株や三十四銀行株の所有数は33年から37年に増え、阪神電気鉄道株も33年にいったん所有数を減らしたが、37年にはある程度増大させた。辰馬本家商店の資産額は、1919年3月時点が約5,477万円、24年3月時点が約7,921万円、29年3月時点が約8,429万円、34年3月時点が約9,482万円と、昭和恐慌下でも順調に資産額を増大させており（大島［2010］37頁の表10）、辰馬家が昭和恐慌で打撃を受けた様相は見られなかった。

　そして、愛知県半田の醬油醸造家の小栗家の株式投資は、昭和恐慌下でも順調に増大していた（本書第6章表6-4）。もっともそれは、社債・金融債の売却資金で賄われており、有価証券全体の所有額としては微増に止まった。その際の株式投資の中心は知多鉄道・東邦電力株であり、それ以外では小栗家が経営に関与した共同運輸・半田合同運送・半田臨港線の株を主に所有した。同じく半田の酢醸造家の中埜家の場合を確認すると、1926年の約368万円から35年の約410万円へ有価証券投資総額が増え、株式投資はその間に約148万円から約170万円に増大した（本書第6章表6-12）。ただし投資された分野は、金融・食品部門が多く、家業会社・家業銀行への出資が中心であり、それ以外に知多鉄道・日本窒素肥料・東邦電力などへの出資が増大した。表序-1で、小栗家と中埜家の資産評価額を見ると、中埜又左衛門家は、家業銀行の中埜銀行が1927年の金融恐慌で打撃を受けたと思われ、28年が540万円、30年が500万円、

33年が450万円と資産評価額が若干減少したが、小栗三郎家は、1928年が200万円、30・33年が300万円とむしろ昭和恐慌期に資産評価額が増大していた。

表序 - 1では関東の醬油醸造資産家として千葉県銚子の濱口儀兵衛家と（林編［1990］）、前述の千葉県野田の髙梨家を挙げたが、濱口家の資産評価額は、1928年が700万円、30年が700万円、33年が600万円で、髙梨家の資産評価額は、28年が600万円、30年が400万円、33年が500万円とされた。濱口家の若干の資産減少の評価に対し、髙梨家は昭和恐慌期に下がった資産評価額を1933年に再び上昇させており、全体として醸造資産家は昭和恐慌による打撃はあまり大きくなかったと言える。実際、髙梨家の1930年代の有価証券投資を見ると（本書第8章表8 - 6・7）、昭和恐慌期に配当収入は減少したものの、所有株式を売却することは全くなく、1930年代中葉になり景気が回復すると、37～38年に、日清製粉・鐘淵紡績・麒麟麦酒・王子製紙などに多額の出資をするとともに、家業に関連した小網商店にもかなりの出資をした。

このように昭和恐慌が資産家に与えた影響は、一時的な場合が多く、多くの資産家は、1930年代に株式投資を増大させることになったと言えよう。

3　本書の構成——段階的変化と業種による差異

序章では、近代日本資本主義を多様な資産家が金融資産家へ転換する過程として捉え、経済環境の変化のもとで、彼らが資本家になった過程を押さえた。近代日本では資本家になり得た階層は一部の富裕層・中間層に限られており、広く大衆の社会的資金を資本市場が吸収しきれていない点で、資産家資本主義となっていた。それら資本家登場の過程の段階的変化とそこでの資本家層の業種間・地域間の差異を考察することが本書の主題となる。

近代初頭の日本では、秩禄処分により大規模金禄公債所有者となった旧大名層が、資本家予備軍として重要であった。彼らは自ら直接に経営を担うのは難しかったが、生活のために金禄公債を運用して運用益を上げることが必要で、第十五国立銀行など金禄公債を運用するための民間銀行が各地に設立された。さらに彼らは、日本鉄道会社などインフラ部門の会社への投資も進め、近代日本ではまず華族資産家の金融資産家への転換が進んだと言える。1898（明治

31）年時点の高額所得者上位20家のうち（三井家・三菱（岩崎家）は一族でそれぞれ一家とする）、華族（旧大名層）が10家を占めており（石井［1991］147頁の表24）、近代前期の資産家のなかで華族資産家は重要な位置を占めた。

　その後、1870年代後半のインフレ期と80年代前半のデフレ期のなかで資金蓄積を進めた商家と土地所有家が、80年代後半から各地で生じた会社設立ブーム（企業勃興）の際に、出資者の主要な担い手になったが、会社設立状況は地域によりかなり異なった。まず各地に銀行が設立され、都市部では商業資産家が、農村部では土地資産家がそれらに出資した点は共通であったが、銀行以外にも大阪では近代的綿紡績会社の設立が進み、繊維関係品を扱う商業資産家が積極的に出資した。大阪での綿紡績会社の成功に刺激を受けて、東京に加えて名古屋・岡山・福岡などの地方都市で近代的綿紡績会社の設立が続き、やはり繊維関係品を扱う商業資産家が積極的に出資し、その動きは大阪府・愛知県の郡部の織物産地での綿紡績会社設立に広がった[20]。しかし日本海沿岸地域では、都市部でも綿紡績会社の設立があまり見られず、それらの地域の商業資産家は家業の商業に関連する輸送部門の会社設立に主に向かい（中西［2006b］）、土地資産家は地元の会社設立より、むしろ大都市の株式取引所に上場されている中央株の購入へ向かった。商業資産家・土地資産家の投資性向に影響されて、近代産業の展開にかなりの地域差が生じた（石井［2018］第3章）。

　そこで本書は、全体を大きく関西地域、東海地域、関東・東北地域の3つの地域ごとに編を構成した。それぞれの地域では三大都市部である大阪・名古屋・東京を中核とした経済圏を形成したが、東海地域は、名古屋への意識とともに、大阪・東京にも意識を向けており、これらの経済圏は棲み分けているわけではなく、東海地域の資産家が東京の取引相手と大阪の取引相手を使い分ける側面も見られた。また愛知県の資産家の視野は、愛知県の綿紡績会社の三重紡績への合併や、静岡県・岐阜県でのガス事業など東海4県（愛知・三重・静岡・岐阜）にも及んでいた（本書第4章）。その一方で、東北地域は商品市場では関西地域と結ぶ側面も見られたが、本書が対象とする資本市場や金融の面ではやはり関東地域の影響が大きかったため、関東地域と組み合わせて1つの編

20）大阪府では、堺紡績・岸和田紡績など、愛知県では、津島紡績・一宮紡績・知多紡績などが挙げられる。

とした。

　社会的資金を集中して株式会社を設立し、機械制大工場での生産を目指す工業化に対して、近世来の産業の生産の担い手は別の対応をとった。近代前期の製造業の中心は、醸造業と織物業であり、織物生産は家内副業などの小経営で主に行われたが、醸造業では幕末期から比較的規模の大きい作業場で十数名の蔵人によって醸造が行われ、その経営主は、地域の有力土地所有家でもある資産家が多かった[21]。これら醸造資産家は、産地にまとまって存在し、一族で醸造経営を行っている場合が多く、経営規模拡大のために一族で合資・合名会社を設立し、その資金力を糾合して工場の機械化・大規模化を進める動きを見せた。それを促進したのが、政府による法人課税の優遇措置で、醸造資産家や商業資産家が家業を会社化したり、織物産地で同業者が機械化・大規模化のために共同で合資・合名会社を設立する方向で、もう1つの企業勃興が進展した。この動きは、銀行・綿紡績会社・運輸会社を中心とする1880年代後半～90年代の会社設立ブームより少し遅れて1900年代～10年代に進み、特に1900年代の綿紡績業界の競争激化のなかで、地方の綿紡績会社が大都市の有力綿紡績会社に合併される動きが進み、地方資産家が、中央との競争を目指すのではなく、家業や地元経済へより強い関心を示し始めると、1900年代後半～10年代前半に、地方において家業会社・同業者会社の時代を迎えた（本書第6章）。

　一方、地方の土地資産家は、地元銀行や中央株への投資は行っていたが、1900年代までは明治農法による土地生産性の上昇から土地収益も魅力的であり（勝部［2002］）、有価証券投資だけでなく土地投資もかなり積極的に進めた[22]。ところが、第一次世界大戦による好況が、有価証券投資の期待収益率を大幅に高めて、土地資産家の有価証券投資が1910年代後半に急速に進んだ。もっとも第一次世界大戦期の好況で、農産物も高く売れたため、直ちに配当収入が土地

---

21) 明治7年「府県物産表」に記載された日本全国の加工品を生産額の比重で見ると、酒（16.6%）、綿織物（9.7%）、醬油（5.7%）、生糸類（5.5%）、味噌（5.5%）の順であった（井奥［2006］）。織物業は谷本［1998］を、醬油醸造業は林・天野編［1999］を参照。

22) 表序-1で取り上げた土地資産家の土地所有規模（朝鮮を除く）のおおよそのピーク時点（頃）をまとめると、奥山家が1916年、棚橋家が07年、風間家が22年、服部家が12年、広瀬家が24年、星島家が1892年、野崎家が1917年、水谷家が14年、猪田家が08年、大原家が09年、溝手家が03年、若尾家が17年であり、その多くが1900年代も土地所有を拡大していた（表序-1出所資料より）。

収益を上回ることはなかった。しかし、第一次世界大戦期の米価高騰による米騒動に危機感を抱いた政府は、その後植民地で米の増産政策をとり、植民地米の移入を進めたため、1920年代は米価が低迷し（大豆生田［1993］）、土地資産家の土地収益は低迷した。そのなかで配当収入が恒常的に土地収益を上回るようになり、土地資産家の金融資産家への転換が1920年代に進展した。岡山県牛窓の服部和一郎家の配当・利子収入が土地・建物収入を恒常的に上回る時期と、岡山県早島の溝手保太郎家の配当・利子収入が販売米収入を上回るようになる時期は、いずれも1920年代以降であった（西田［1985］）。

　1920年代は商業資産家にとっても20（大正9）年恐慌の影響で苦しい時期となり、株式投資のみでなく、銀行定期預金・公債・社債・金銭信託など多様な手段を利用して資産の維持に努めた。その意味で、商業資産家の金融資産家への転換が目指された時期でもあったが、醸造家と異なり、家業が製造業ではないため、家業を会社化しても資本規模を大きくするのが難しく、そこからの安定した配当収入を得る形にはなかなかならなかった。そのため昭和恐慌期に打撃を受けて一時的に配当収入を減らす商業資産家が多かった。

　それに対して家業の会社化により金融資産家となった醸造資産家は、家業会社からの安定した配当収入により、昭和恐慌期の打撃もあまりなく1930年代に醸造業以外の分野に多角的に株式投資を行い、工業化を下支えした。商業資産家と醸造資産家の両方の性格を備えた愛知県半田の萬三商店小栗家は、1926（昭和元）年に家業の会社化を図って金融資産家となったものの、株式会社萬三商店からの配当収入は安定しなかった。同社の商業部門と醸造部門の収益を比較すると（中西・井奥編著［2015］42-43頁の表序-14）、醸造部門は安定して高収益を上げ続けたが、商業部門の収益が乱高下しており、株式会社萬三商店の配当の不安定性は商業部門に規定されていた。その点では、1920年代以降は醸造資産家の方が資本主義の成熟により安定的に貢献したと言える。

　本書では、こうした業種による相違を明確にするため、銀行資産家と商業資産家と醸造資産家と林業資産家との比較を行った。銀行資産家として、第1章で近世来の大阪の両替商で近代前期に銀行を設立した逸身家を、第9章で近世来の青森県野辺地の海運業者兼廻船問屋で近代期に銀行を設立した野村家を取り上げた。近代日本の資産家のタイプとして商家や土地所有家が家業の両替商

や貸金業をもとに個人銀行を設立するパターンがある。逸身家や野村家以外にも、大阪では、鴻池銀行を設立した鴻池家、加島銀行を設立した廣岡家などが挙げられ（石井［2007］）、地方では森田銀行を設立した福井県三国の森田家などがある（中西［2009］378-379頁）。銀行資産家は、設立した銀行の株も含めて有価証券投資を行い、投資家社会の一翼を担っていたが、昭和恐慌に先立つ1927年の金融恐慌により大きな打撃を受け、そこで家業銀行が破綻したり、他行に合併されたりして、大きく資産額を減らした家が多かった。逸身家は逸身銀行が1901年恐慌で破綻したため、金融恐慌時にはすでに有力資産家ではなかったが、廣岡家や野村家は、金融恐慌でそれぞれ家業銀行の加島銀行・立五一銀行が破綻して大打撃を受けた（石井［2010］、本書第9章）。森田家も、昭和恐慌下の1930年に森田銀行が福井銀行に合併され、資産家番付などに見られる同家の25年時点の資産評価額450万円が30年時点には200万円に減少した（渋谷編［1985］第3巻142頁、第1巻50頁）。家業の貸金業をもとに風間銀行・中埜銀行を設立した山形県鶴岡の風間家と愛知県半田の中埜家は、銀行がそれぞれ金融恐慌で打撃を受け、風間家の資産評価額は1928年時点の2,000万円から30年の800万円に、中埜家の資産評価額も28年時点の540万円から33年の450万円に減少した（表序－1）。その点で、前述の寺西の主張である昭和恐慌期における個人投資家の有価証券市場からの撤退を、それに先立つ金融恐慌まで含めて考えれば、銀行資産家の株式市場からの撤退はある程度見られたと言ってよいだろう。

　また商業資産家として本書では、第3章で大阪府貝塚の肥料商の廣海家、第5章で名古屋の肥料商の高松家、第6章で愛知県半田の肥料商の小栗家、第7章で東京の醤油問屋を取り上げた。このうち、廣海家と高松家は肥料商が家業の中心であったが、小栗家は醸造業を兼業しており、肥料商売でも自ら肥料を製造販売する側面が強かった。そして東京の醤油問屋は、醤油産地の野田や銚子の醸造家とのつながりが深く、その出店であったり、一族であったりした。そのため、東京の醤油問屋の会社設立や株式投資活動は、醸造家と共同での活動が多く、廣海家や高松家とは異なる志向性が見られた。

　醸造資産家として本書では、先ほどの小栗家を第6章で、日本最大の醤油醸造産地であった千葉県野田の醤油醸造家である髙梨家を第8章で取り上げた。

髙梨家は東京に出店を持ち、それを第7章で取り上げたが、東京の醬油問屋の会社設立や株式投資にも協力することで、東京での会社設立にある程度関与することとなった。

また、本書の特徴の1つに、これまで地方資産家研究であまり触れられていない林業資産家を取り上げたことがある。第2章では、近世期から商品経済化がかなり進展していた奈良県吉野林業地域で、近世期から林業を営み、近代期に地元吉野銀行の頭取となるなど有力な林業資産家となった永田家を、第4章では、名古屋の近世来の代表的材木問屋で近代期は山方へも出資して経営規模を拡大し、名古屋財界で大きな役割を果たした鈴木家を取り上げた。林業家の資産規模は、山林台帳面積と実測面積がかなり異なる上に、山林を共有することも多いため、把握するのが難しいが、本書では、彼らの資産蓄積が地域の産業化にどのように向けられたかを検討した。第二次世界大戦後の農地改革で山林は対象外とされたため、戦前の林業資産家は戦後もある程度その資産規模を維持しており、第二次世界大戦前後の断絶面と連続面を考える上で林業資産家の存在意義は大きい。

序章の最後に、この点は終章末尾で再度触れるが、第二次世界大戦前後の日本の資本主義の断絶面と連続面について地方資産家の観点から見通しを述べておく。近代日本では各地の有力資産家が会社設立の担い手となり、資本家として資本主義の生成に関与してきたが、これらの有力資産家は第二次世界大戦後のインフレで所有有価証券の実質価値が急減した上に、多額の財産税や相続税が課せられたため、実質資産は激減し、農地改革で土地資産家は耕地の大部分を失った[23]。しかし農地改革で有力資産家が失った資産は耕地であり、宅地と山林は残された。1920～30年代の都市化の進展のなかで地方資産家は所有耕地の宅地化をある程度進めており（橘川・粕谷編［2007］第2・3章）、彼らは旧家として家屋敷が残るとともにある程度の不動産を手元に残すことができ、それらの不動産経営で第二次世界大戦後も資産をそれなりに維持し続けることができた。しかも、家業を会社化した資産家は、家業会社の株式を所有し続けることで、会社の所有権を確保し得た。実際、本書で取り上げた醸造資産家や商

---

23) 第二次世界大戦後の税制については佐藤・宮島［1990］第1章、戦後改革全般については原［2007］などを参照。

業資産家の多くは、家業会社の形態で第二次世界大戦後も事業を継続した[24]。

　むろん同じ家業会社でも、三井家や岩崎家（三菱）のような巨大財閥は、財閥解体により財閥家族が財閥系会社の経営や資本所有から排除され、経営と資本所有の両面で大転換が生じ、資本所有の面で外部からの乗っ取りを防ぐためにグループ会社が相互に株式を持ち合うことでグループ企業や金融機関が主な資本家になる法人資本主義が成立したが（宮島［1992］）、それ以外の中規模な所有経営者会社では、経営者が比較的継続する側面が強く、第二次世界大戦前と戦後の連続面が見られた。その点では近代から現代への日本資本主義のなかには、資産家資本主義から法人資本主義へ転換した大企業の世界とは異なり、資産家資本主義が近代から現代までつながる世界も存在しており[25]、第二次世界大戦後の20世紀後半の日本資本主義には、法人資本主義と資産家資本主義の2つの世界があったと考えられる。ただし、資産家層の実質資産が戦後にかなり目減りしたため、所有経営者会社であっても戦後の再建のために銀行から多額の融資を受けるに至ったと考えられ[26]、経営の自主性は銀行のモニタリングによる制約を受けることになったであろう。その点で、第二次世界大戦前と戦後の資産家資本主義には断絶面も見られたと言えよう。

---

24) 表序－1に挙げた地方資産家のうち、少なくとも阿部家・風間家・鈴木家・伊藤次郎左衛門家・野崎家・小栗家・辰馬家・濱口家・高松家・永田家・山中家・髙梨家・中埜家は、家業会社が第二次世界大戦後も事業を継続した。

25) ここでは、本書で取り上げた醸造家の家業会社（辰馬本家酒造、野田醬油（後のキッコーマン）、ヤマサ醬油（濱口家）、萬三商店）のほかに、愛知県の資産家豊田家が設立した諸会社（豊田紡織、豊田自動織機製作所、トヨタ自動車工業など）や、大阪の松下幸之助が設立した松下電器製作所なども念頭に置いている。なお豊田家は、家業を会社化して1918年に豊田紡織株式会社を設立したが、その時点ですでに名古屋における有力な高額所得者となっており（山崎［2015］）、松下幸之助も家業を会社化して36年に松下電器産業株式会社を設立するが、33年時点ですでに資産評価額80万円の有力資産家となっていた（下谷［1998］、渋谷編［1985］第1巻、122頁）。

26) 例えば野田醬油会社は、第二次世界大戦前は自己金融的性格が強かったが、戦後復興期に三菱銀行から多額の融資を受け、同行がそのメインバンクになった（土屋［1968］）。

第Ⅰ部
関西地域の会社設立と地方資産家

序　大阪府の工業化と会社設立の特徴

　近世後期に物資の集散地としての大阪の地位は低下したが、研究史でも指摘されているように、金融市場としての大坂の地位は幕末期でも高く[1]、近代に入ると大阪では、その金融力が活かされて多数の会社が設立された。表Ⅰ-序-1を見よう。1889（明治22）年には大阪府が日本のなかで飛び抜けた工業道府県であり、その後東京府が急速に工業化を進めて大阪府に近づいたが、1920（大正9）年時点でも大阪府の工業生産額は東京府を上回り、日本最大の工業道府県であった。分野別では大阪府は機械工業の比重が高く、1889年時点で他の有力工業道府県が、食品・繊維産業が工業生産分野で最も大きかったのに対し、大阪府のみが機械工業が最大の工業生産分野であった。そして1920年時点では、農業生産額は工業生産額に対して比重が10分の1以下に下がり、「工業特化型」の産業化を遂げた[2]。

　ただし工業会社数は1889年でも東京府より少なく、1社当たりの資本金額も89年時点では東京府に比べてかなり少なく、他府県とそれほどの違いはなかった。ところが1909年時点では、工業会社数は1889年からそれほど増えなかったものの、資本金額は急増し、1社当たりの資本金額も急増した。そして1920年にかけて大阪府の工業会社数が急増し、それ以上に資本金額が増大したため、1社当たりの資本金額も急増した。当初はそれほどでもなかった大阪府の工業会社の経営規模が急拡大して、大経営中心の工業化となった。

---

1) 近世後期の大坂市場停滞に関する論争は、本城［2002］を参照。
2) 中西［2009］は、北陸地域と大阪府の産業化を比較して、前者を「農工連関型」産業化、後者を「工業特化型」産業化と位置付けた。

表Ⅰ-序-1　主要道府県農工業生産額・工業会社数の推移

生産額・資本金の単位：千円

道府県名	1889年 工業	1889年 主な内訳			1909年 工業	1920年 農業	1920年 工業
大阪	29,394	機械	(11,106)	繊維 (5,295)	161,976	87,419	1,006,502
兵庫	14,087	食品	(8,470)	化学 (2,073)	116,406	150,403	704,320
京都	13,353	繊維	(7,791)	食品 (2,574)	91,693	40,925	174,235
群馬	11,861	繊維	(10,827)	食品 (907)	35,396	55,862	112,174
愛知	11,360	食品	(3,574)	繊維 (3,558)	97,716	120,666	375,795
長野	10,050	繊維	(6,799)	食品 (2,343)	53,562	80,448	150,337
東京	8,714	食品	(2,472)	機械 (1,637)	110,087	33,827	842,856
北海道	7,734	食品	(4,201)	化学 (3,381)	22,651	98,126	159,398
福島	7,667	繊維	(4,118)	食品 (2,412)	22,276	62,303	38,293
神奈川	6,937	繊維	(3,676)	食品 (1,926)	40,875	49,551	316,785
岡山	6,594	食品	(3,467)	繊維 (1,404)	39,080	93,270	133,609
福岡	5,911	食品	(3,220)	繊維 (1,968)	53,636	151,027	216,370
新潟	5,419	食品	(2,654)	繊維 (1,720)	50,591	105,481	57,532
静岡	4,550	食品	(3,840)	繊維 (401)	34,571	74,111	176,539

道府県名	1889年工業会社 数	1889年工業会社 資本金	1909年工業会社 数	1909年工業会社 資本金	1920年工業会社 数	1920年工業会社 資本金
大阪	210	9,327	320	75,566	1,212	501,038
兵庫	152	3,701	202	26,276	698	187,059
京都	93	2,358	101	20,122	376	80,735
群馬	13	693	23	1,192	233	41,466
愛知	96	1,962	270	13,771	864	138,356
長野	139	1,745	180	3,052	357	22,407
東京	235	27,568	479	240,130	1,430	1,125,849
北海道	69	3,726	103	46,925	480	37,559
福島	36	570	86	2,246	148	30,907
神奈川	27	856	66	13,239	305	148,342
岡山	41	984	86	3,964	348	40,967
福岡	101	3,994	59	11,234	230	106,535
新潟	29	460	107	30,093	166	23,828
静岡	27	289	105	3,827	449	35,546

（出所）愛知県史編さん委員会編〔2017〕369頁の表5-1-1より作成。
（注）1889・1909・20年工業生産額でそれぞれ上位10道府県に入っていた道府県についてその他の年の数値も併せて示した。1920年工業生産額は、官営工場を含まず、また職工5人以上の工場生産額のため、過少推計となっている。

表Ⅰ-序-2　大阪府と全国の会社数と資本金額の推移

会社数・資本金額の単位：社、万円

		1881年	1882年	1890年	1900年	1911年	1921年	1932年
大阪府								
商業	会社数	44		60	187	294	1,462	4,100
	資本金額	151		278	572	2,479	59,991	107,019
工業	会社数	5		272	217	344	1,384	3,048
	資本金額	33		1,244	2,608	7,129	59,295	98,472
運輸	会社数		32	10	40	56	157	333
	資本金額		42	359	1,314	3,809	17,502	35,488
銀行	会社数		31	31[1]	106	58	61	32
	資本金額		401	444[1]	2,651	3,419	22,866	19,640
全国								
商業	会社数	669[2]		1,201	2,927	5,645	13,612	34,671
	資本金額	1,200[2]		3,609	4,842	21,970	241,796	436,925
工業	会社数	78[2]		2,284	2,554	3,921	12,951	22,575
	資本金額	143[2]		7,753	15,885	62,954	355,121	558,406
運輸	会社数		814	346	627	905	2,227	5,083
	資本金額		514	10,363	22,873	16,666	82,649	152,706
銀行	会社数		758	1,066[1]	2,270	2,138	2,008	644
	資本金額		7,235	9,683[1]	34,063	51,605	167,125	162,485

(出所)各年度『日本帝国統計年鑑』より作成。
(注)主に出所資料の会社種類別表より作成したが、銀行は別記されており、銀行が1896年から商業会社に編入されたため、1900年欄以降は出所資料の商業会社数から銀行数を引いたものを商業欄に示し、銀行は別に示した。1882年には諸金融の分類があり、大阪府は会社数29社・資本金額172万円、全国は会社数1,215社・資本金額2,918万円であった。1881年は6月時点でそれ以外の年は12月時点。1893年の旧商法の施行以前の会社数には、会社形態の個人企業を含むと思われる。1911年までの工業会社は、鉱業会社を含む。1900年以降は全ての会社の資本金額を払込資本金額で集計。1890年までの全国計欄からは沖縄県分が不明のため除き、1900年以降は沖縄県は含むが、植民地は含まず。1932年の農工銀行の払込資本金額は、昭和8年版『銀行会社要録』東京興信所で補った。
1) 1891年時点。2) 開拓使分は不明のため除く。

　工業会社以外の諸会社の設立状況を表Ⅰ-序-2で検討する。全国平均と比べて大阪の会社規模が拡大したのは1890年代であった。大阪府の会社の1社当たり平均資本金額を全国平均と比較すると、1890・91年では、商業・銀行部門ともに、それほどの違いがなかったのに対し、1900年以降は、商業・銀行部門ともに前者が後者の2倍以上を示すようになった。また工業部門でも、1880年代初頭から早くも前者が後者の2倍程度を示した。

　このように大阪の会社設立は全国的に見てまず工業部門で先行し、1890年代

に商業・銀行などの流通部門でも会社・銀行数が増えて1900年代にそれらの資本規模が急増した。1870年代後半から80年代初頭に、地方からの移転を含めて大阪で国立銀行が14行、私立銀行が十数行設立されたが、松方デフレの影響で82～85年に国立銀行が２行、私立銀行も５行が閉店し、84～91年は大阪では銀行の新規設立はほとんど見られなかった[3]。一方、工業部門では官営工場の造幣局と砲兵工廠が大きかったが、民間でも1879年に硫酸製造所、81年に大阪鉄工所、82年に大阪紡績会社と、近代的技術の工場が設立され、その後会社組織となり、特に大阪紡績会社の成功に触発され、80年代後半に多くの紡績会社が大阪で設立された（新修大阪市史編纂委員会編［1991］第５巻、345-365頁）。

その後の大阪の主要会社の状況を表Ⅰ-序-３で確認すると、大阪商船・大阪鉄道などの運輸部門の大会社を別にすると、1895年時点では、大阪の大規模会社の多くを紡績会社が占め、それら紡績会社の主要経営者は、金澤仁兵衛・平野平兵衛・岡橋治助などの近世来の大阪商家の当主であり、近世来の大阪商家の商業的蓄積が80年代後半から90年代前半の会社設立に大きな役割を果たしたと考えられる。1905年になると、運輸部門の大会社に続いて、銀行が大阪の大規模会社を占めるようになったが、それらは専門経営者が担った株式会社形態の銀行と、近世来の両替商などの商家が設立した個人銀行から構成された（石井［2007］第４章）。銀行以外では、紡績・紡織など繊維関係の大会社がやはり多かったが、全体として個人銀行以外の大会社の経営者として近世来の大阪商家は退き、松本重太郎・阿部房次郎・野田吉兵衛など近代期に大阪に拠点を設けた商家が多くの会社の経営に関与した（由井・浅野編［1988～89］第５巻）。そして1913年時点では、全体的に会社規模の大規模化が進み、特に大阪市以外の大阪府下でも、鉄道会社や岸和田紡績・五十一銀行のように大規模化が進んだ会社が存在していた。また、後景に退いたかに見えた近世来の大阪商家の当主が、竹尾治右衛門・志方勢七など依然として大会社経営に携わっており、近世来の大阪商家や近代以降に拠点を設けた近代大阪商家・官僚出身などの専門経営者がバランスよく組み合わされて[4]、大阪の会社設立は進められた。

その後第一次世界大戦後には、大規模株式会社の払込資本金規模が一回りも

---

3) 1884～91年に大阪で新規設立された銀行は、大阪共立銀行・加島銀行・湖亀銀行の３行のみであった（新修大阪市史編纂委員会編［1991］第５巻、323-329頁）。

二回りも大きくなるとともに、商家の蓄積資産が家業の会社化により目に見えるようになり、大規模合資・合名会社が登場した。その際、近世来の大阪商家は、住友合資・鴻池合名など資産運用を行う合資・合名会社を設立したが、近代期に大阪へ進出した商家は、岸本汽船・伊藤忠商事・阿部市商店など一族共同で家業を行う会社を設立した。一方、大規模株式会社が多かった大阪市中の紡績会社は、東洋紡績・大阪合同紡績、そして兵庫県尼崎に本社を置く大日本紡績などに吸収されて数は少なくなり、逆に大阪市外の大阪府下で、岸和田紡績・和泉紡績などの中規模紡績会社が払込資本金額を増大させて存在感を高めた。なお1923年欄の大阪紡績は、1895・1905年欄の大阪紡績が三重紡績と合併して東洋紡績と社名を変更して以降に新たに設立された紡績会社で、1895・1905年欄の大阪紡績とは別会社である。

　このように大阪の会社設立を概観すると、新旧の大阪商家がバランスよくその担い手となっており、初期企業勃興期に銀行設立の担い手となった近世来の大阪商家（両替商を含む）が、松方デフレで会社設立に消極的になったなかで、近代期に大阪に拠点を設けた米穀・織物関係の商人が近世来の大阪商家に代わって会社設立の担い手となり、その成功を受けて再び近世来の大阪商家が銀行を設立したり、会社経営に参画することで、大阪では株式会社がスムーズに定着したと考えられる（中西［2009］412-413頁の表終－6）。こうした大阪市内の動向は、大阪近郊に広がり、和泉紡績・堺銀行・河南鉄道などに大阪市内の商家や会社経営者が経営参画する一方で、大阪府南部の岸和田では、岸和田紡績・五十一銀行など大阪市内の諸会社とそれほど遜色のない大規模会社が地元資本で経営されるようになった（岸和田市史編さん委員会編［2005］第4巻近代編、253-267頁）。このように大阪の会社設立は周辺に波及し、大阪湾岸地域の産業化が進展した。

　近代日本における会社設立の形態として、紡績会社や鉄道会社のように社会的資金を糾合して比較的多くの株主からなる大規模株式会社として設立する方向と、家業の会社化を主眼として比較的少数の株主で合資・合名会社（後には

---

4) 官僚出身の専門経営者として、大阪電灯・明治紡績社長の土居通夫、日本海陸保険社長の片岡直温、大阪商船社長の中橋徳五郎、三十四銀行頭取の小山健三、大阪瓦斯社長の片岡直輝らが挙げられる（臼井・高村・鳥海・由井編［2001］271、436、694-695、756頁）。

表I-序-3　大阪府の主要会社一覧

払込資本金の単位：万円

1895年時点 ①大阪市中および隣接部（西成・東成・住吉郡）			1905年時点 ①大阪市中および隣接部（西成・東成部）		
会社名	払込資本金	主要役員	会社名	払込資本金	主要役員
大阪鉄道	275	田部盛, [竹尾治右衛門]	大阪商船	688	中橋徳五郎, [田中市兵衛]
大阪商船	194	河原信司, [金澤仁兵衛]	南海鉄道	478	鳥井駒吉, 佐々木政又
大阪紡績	120	(松本重太夫), 山邊丈夫	北浜銀行	300	岩下青周, 原敬
金巾製織	81	阿部周吉, [阿部市太郎]	浪速銀行	268	野元駿, 山中譲之助
摂津紡績	75	[平野平兵衛], [金澤仁兵衛]	三十四銀行	253	小山健三, [竹尾治右衛門]
日本紡績	72	[金澤仁兵衛], [亀岡徳太郎]	百三十銀行	225	安田善三郎, [高尾長秋]
大阪アルカリ	70	(久原庄三郎), (松木重太郎)	大阪瓦斯	218	片岡直輝, カロール・ミラー
浪華水電	65	俣野賢孝, 大森叙寛	日本紡績	200	[竹尾治右衛門], [亀岡徳太郎]
藤田組（合名）	60	藤田伝三郎, 久原庄三郎	鴻池銀行（合名）	200	[鴻池善右衛門], [鴻池新十郎]
大阪電灯	52	土居通夫, [亀岡直太郎]	大阪電灯	188	土居通夫, 秋月清十郎
第十三国立銀行	50	[鴻池善右衛門], 永田彦作	西成鉄道	165	岩下清周, [今西林五郎]
井上銀行（合資）	50	井上保次郎, 内藤為三郎	大阪紡績	160	山邊丈夫, 廣瀬満正
天満紡績	45	岡橋治助, 中村利七郎	大阪合同紡績	160	谷口房蔵, 土居通夫
堺紡績	40	(松本重太郎), 鳥井駒吉	摂津紡績	140	[竹尾治右衛門], [平野平兵衛]
第三十四国立銀行	38	岡橋治助, [鳥井駒吉]	日本紡績	135	(松本重太郎), 不二樹熊太郎
第三十四国立銀行	36	[平賀亀之輔], 甲谷権兵衛	内外綿	125	小野大右衛門, 不二樹熊太郎
日本海陸保険	36	片岡直温, [田中市兵衛]	金巾製織	120	(阿部房次郎), 田村正
大阪保険	36	増田信之, 木谷伊助	大阪アルカリ	100	藤江章夫, 木村静幽
大阪製鋼	32	増田信之, 日野九右衛門	毛斯綸紡織	100	(松本重太郎), 瀧村竹男
第百四十八国立銀行	30	山口仁兵衛, 代田種蔵	住友銀行（個人）	100	[住吉左衛門]
中立銀行	30	[金澤仁兵衛], [田中市太郎]	山口銀行（個人）	100	[山口吉郎次衛]
中立銀行	30	木原忠兵衛, [岡橋治助]	汽車製造（合資）	89	井上勝, 平岡熈
平野紡績	30	[金澤仁兵衛], 末吉勘四郎	日本海上運送火災保険	75	(右近権左衛門), 岡崎藤吉
日本製鋼	[30]	廣瀬亘, 備仲傳助	泉尾土地	71	清水芳吉, 池田半兵衛
第四十二国立銀行	25	[田中市兵衛], [金澤仁兵衛]	日本綿花	70	[田中市太郎], [野用吉兵衛]
第五十八国立銀行	25	椿本庄助, [今西勢兵衛]	日本組（合名）	60	[藤田伝三郎], 久原庄三郎
第百二十国立銀行	25	[松本重太郎], 内藤信兵衛	藤島紡績	60	(藤本清兵衛), 渾大坊芳造
近江銀行	25	小泉新助, (伊藤忠兵衛)	近江銀行	50	瀬尾菩兵衛, 池田経三郎
福島紡績	25	鈴木勝夫, 藤本清兵衛	第五十八銀行	50	富士田九平, [今井勢兵衛]
内外綿	25	[阿部彦太郎], (松本重太郎)	日本火災保険	50	[田中市太郎], 藤山雷太

② 上記以外の大阪府下

会社名	金額	人名
日本酒造火災保険	50	川崎金十郎、嘉納治兵衛、[阿部三郎]、小鳥市兵衛
大阪硫曹	50	井上靜雄、太田景行
日本フランネル製造	50	藤本清兵衛
藤本銀行(合資)	49	七里清介、土肥五兵衛
大阪運河	48	[野田吉兵衛、戸田猪七]
天満織物	[47]	(大家七平)
大家商船(合資)	40	岩田惣三郎、小鳥太左衛門
尾州紡績	40	川井為巳、弘世正二郎
大阪農工銀行	38	[野田吉兵衛]、東清助
大阪電気分銅	36	外山修造、松方幸次郎
大阪舎密工業	35	[岸本兵衛]、北村正治郎
大阪実業銀行	30	大倉喜八郎、大倉粂馬
中央セメント	30	橋本孝貞、永井仙助
中立起業	30	北村鍛太郎、岡林秀亂
大阪セメント	30	[志方勢七]、柏尾五郎右衛門
摂津製油	30	[廣岡久右衛門]、[廣岡恵三]
加島銀行(合資)	30	石崎喜兵衛、小倉左文
石崎(合名)	30	富士田九平、富士田秀次郎
富士七、(合名)	[30]	

② 上記以外の大阪府下

会社名	金額	人名
高野鉄道	160	伊藤喜十郎、松山輿兵衛
大阪麦酒	100	鳥井駒吉、宅徳平
五十一銀行	56	川井為巳、寺田徳平
岸和田紡績	55	寺田甚与茂、寺田元吉
堺紡績	35	柴谷武次郎、尼崎熊吉
河南鉄道	30	[野田吉兵衛]、阪上新治郎
宅(合名)	30	宅徳平
堺銀行	25	太田平次、(藤本清七)
柴谷(合名)	20	柴谷五次郎、柴谷武次郎
硫酸磷酸製造	14	[野田吉兵衛]、山家新三郎
貝塚紡績	13	信實条次郎、廣海惣次郎
大阪繁業	12	磯部良吉、辻忠右衛門
大西銀行(合名)	10	大西五一郎、柴谷武次郎

会社名	金額	人名
浪速鉄道	25	福井精三、[鴻池新十郎]
九州炭礦	[25]	中村五平、片山兵太郎
堂島紡績所(個人)	25	(松本重太郎)、山邊丈夫
大阪時計製造	24	[野田吉兵衛]、土生正泰
朝日紡績	23	日野九右衛門、(今西林三郎)
大阪紡績	23	[浮田桂造]、[阿部市郎兵衛]
第七十九国立銀行	20	古畑寅造、安田保治郎
第百二十一国立銀行	20	竹田忠作、實田榮治郎
明治紡績	20	土居通夫、(今西林四郎)
日本綿花	20	[田中市兵衛]、[竹中吉右衛門]
大阪毛糸	20	門田猪三郎、(今西林三郎)
日本火災保険	[20]	[平瀬亀之輔]、[金澤仁兵衛]
稲西(合名)	20	[稲本利右衛門]、[西井重郎右兵衛]
第百三十六国立銀行	17	[井上保太郎]、松本松蔵
共栄汽船	17	宮崎新作、福田丈之進
天満織物	16	山本治兵衛、菱谷清兵衛
野田紡績	15	山本治兵衛、藤本二
大阪セメント	15	谷口黙次、藤本二
小西銀行(合資)	15	小西半兵衛、小西又助
日印貿易(合名)	[15]	川村利兵衛、[中野太右衛門]

② 上記以外の大阪府下

会社名	金額	人名
泉州紡績	50	河盛利兵衛、(藤本清兵衛)
大阪麦酒	25	鳥井駒吉、宅徳平
岸和田紡績	25	寺田甚与茂、岸本德平
堺紡績	18	太田平次、(藤本清七)
第五十一国立銀行	15	川端三郎平、辻本安七
堺酒造	15	川井為巳、寺田甚与茂
堺銀行	10	宅徳平、鳥井駒吉
岸野田銀行	10	宇野四一郎、金納源十郎
別途(合資)	8	大塚三郎平、大塚和三郎
堺電灯	5	南芙三郎、金田伊右衛門
富田林銀行(合資)	5	田守三郎平、杉山健三

表Ⅰ-序-3　続き

払込資本金の単位：万円

1913年時点			1923年時点		
①大阪市中および隣接部（西成・東成部）			①大阪市中および隣接部（西成・東成部）		
会社名	払込資本金	主要役員	会社名	払込資本金	主要役員
大阪商船	1,650	中橋徳五郎、堀啓次郎	住友（合資）	[15,000]	[住友吉左衛門]、[中田錦吉]
大阪電灯	1,440	土居通夫、菅沼達吉	大阪商船	6,250	堀啓次郎、加福力太郎
久原鉱業	1,000	久原房之助、鮎川義介	宇治川電気	5,227	木村清、林安繁
三十四銀行	875	小山健三、[竹尾治右衛門]	住友銀行	5,000	[住友吉左衛門]、湯川寛吉
北浜銀行	825	岩下清周、小塚正一郎	大阪電灯	4,320	宮崎敬介、木村駒吉
住友銀行	750	[住友吉左衛門]、中田錦吉	三十四銀行	3,750	小山健三、山口玄洞
南海鉄道	731	大塚惟明、村野山人	大阪北港	3,500	[中田錦吉]、草間丁卯次郎
大阪瓦斯	600	片岡直輝、C・B・クッシュマン	東洋紡績	3,125	斎藤恒三、[阿部房次郎]
藤田組（合名）	[600]	（藤田平太郎、山中譲之助）	南海鉄道	2,760	大塚惟明、佐々木勇太郎
浪速銀行	550	松方正雄、山中譲之助	日本信託銀行	2,500	林市蔵、横山昌太郎
大阪紡績	469	山邊丈夫、[阿部房次郎]	山口銀行	2,000	[山口吉郎兵衛]、坂野兼通
百三十銀行	381	安田善三郎、(高橋長秋)	日本綿花	2,000	喜多又蔵、山田後
内外綿	313	[中野太右衛門]、[阿部彦太郎]	江商	2,000	[阿部市太郎]、野瀬七郎平
鴻池銀行（合名）	[300]	[鴻池善右衛門]、原田二郎	岸本共同	2,000	岸本兼太郎、[岸本五兵衛]
大阪電気軌道	255	[竹尾治右衛門]、七里清介	伊藤忠（合名）	[2,000]	（伊藤忠兵衛）
近江銀行	250	池田経三郎、(前川善三郎)	野村（合名）	[2,000]	野村徳七
大阪合同紡績	240	谷口房蔵、秋山慶太	近江銀行	1,875	（下郷傳平）、須田徳造
摂津紡績	223	[竹尾治右衛門]、菊池恭三	安治川土地	1,750	藤田徳次郎、[田中市蔵]
阪堺電気軌道	210	片岡直輝、奥繁三郎	鴻池（合名）	[1,700]	[鴻池善右衛門]、金原奥吉
東洋捕鯨	210	岡十郎、原敬一	毛織輪紡織	1,625	稲畑時太郎、金原奥吉
日本窒素肥料	200	中橋徳五郎、野口遵	加島銀行	1,510	[廣岡惠三]、星野行則
日本綿花	200	[志方勢七]、喜多又蔵	東洋綿花	1,500	藤瀬政次郎、兒玉一造
毛斯綸紡織	188	（松本重太郎）、瀧村竹男	大阪湾土地	1,500	平林甚輔、平林光治
大阪農工銀行	150	川井為巳、弘世正二郎	藤田鉱業	1,500	（藤田徳次郎）、坂仲輔
岩井商店	150	岩井勝次郎、安野譲	大阪合同紡績	1,406	谷口房蔵、秋山慶次
福島紡績	136	八代祐太郎、野村徳七	日本窒素肥料	1,300	野口遵、市川誠次
電気銀行	125	岩下清周、速水太郎	百三十銀行	1,250	安田善次郎、小川為次郎
朝日紡織	125	藤野亀之助、赤羽克巳	日本電力	1,250	山岡順太郎、林安繁
汽車製造	124	長谷川正五、瓜生震	大阪アルカリ	1,229	長谷川桂五郎、山口啓太郎
			関西土地	1,063	竹ட友三郎、金谷賢三

74　第Ⅰ部　関西地域の会社設立と地方資産家

会社名	払込資本金	主要役員
大阪土地建物	120	宮崎敬介、(藤本清兵衛)
半田窯業(株式合資)	120	半田忠之助
大阪窯業	115	磯野良吉、[廣岡恵三]
大阪アルカリ	100	藤江章夫、長尾藤三
大同藍	100	(三木與吉郎)、柴田清之助
加島銀行(合資)	[100]	[廣岡恵三]、星野行則
山口銀行(個人)	[100]	[山口吉郎兵衛]
江商(合資)	96	北川與平
大阪電気分銅	95	松岡修造、吉田定七
天満織物	90	戸田猶七、岡幸次郎
日本海上運送火災保険	90	(右近権左衛門)、(右近和作)
明治製糖	90	長谷川雄五郎、(今西林三郎)
尾野銀行	75	岩田惣三郎、岩田常右衛門
豊国火災保険	75	鳥井徳蔵、大谷順作

②上記以外の大阪府下

会社名	払込資本金	主要役員
筑阪電気鉄道	910	土居通夫、太田光熙
箕有馬電気軌道	330	岩下清周、小林一三
堺セルロイド	200	三南義之助、森田茂生
岸和田紡績	154	寺田甚与茂、寺田元吉
五十一銀行(合資)	94	川井為巳、寺田甚与茂
[50]		
堺紡績	83	柴谷武次郎、尼崎熊吉
高野登山鉄道	70	根津嘉一郎、松山興右衛門
大阪織物	50	平賀義美、安川敬一郎
硫酸肥料	50	戸田猶七、菱谷清兵衛
帝国製糸	[50]	村井吉兵衛、坂田幸三郎
兒山銀行(合資)	42	兒山義守、寺田元吉
宅徳寺	[50]	
和泉水力電気	38	寺田元吉、岸村徳平
和泉紡績	35	谷口房蔵、宇野党一
浪速紡織	31	八木與三郎、鳥定治郎
河南鉄道		内藤為三郎、松木長三郎
泉州織物		藤井吉平、覚木住男

大阪鉄工所	1,050	山岡順太郎、下村彦太郎
大阪貯蓄銀行	1,000	野村元五郎、柴山鷲雄
鴻池銀行	1,000	[鴻池善右衛門]、加藤靖比古
岸本汽船	1,000	岸本兼太郎、(岸本五兵衛)
山口(合資)	[1,000]	[山口吉郎兵衛]
廣岡(各名)	[1,000]	[廣岡恵三]
大阪瓦斯	908	渡邊千代三郎、チャーレス・トーマス
住友製鋼所	900	[中田錦吉]、松本順吉
日本染料製造	875	[中田錦吉]、肥後八次
内外綿	800	中谷弘吉、大橋新太郎
武居織綿	775	磯野良吉、白鶴彦太郎
関西電力	750	山岡順太郎、池長芳蔵
大阪亜鉛鉱業	750	坂野鉄次郎、岡喜大郎
伊藤忠商事	700	(伊藤忠兵衛)、伊藤竹之助
岩井商店	700	岩井勝次郎、安野諸
大阪窯業	700	磯野良吉、白崎享文
大丸呉服店	660	[下村正太郎]、美川多三郎
阿部市商店	600	(阿部市太郎)、(阿部房次郎)
藤田組(合名)	[600]	(藤田平太郎)、(藤田徳次郎)
新田帯革製造所(合資)	[600]	新田長次郎

②上記以外の大阪府下

京阪電気鉄道	3,252	岡崎邦輔、太田光熙
阪神急行電鉄	1,800	平賀敏、小林一三
大阪電気軌道	1,146	大槻龍治、金森又一郎
大日本セルロイド	1,000	森田茂生、鳥村忠助
岸和田紡績	614	寺田甚与茂、宇野完一
和泉紡績	375	谷口房蔵、宇野完一
吉見紡績	325	谷口房蔵、土岐栄太郎
大阪紡績	300	寺田利吉、寺田慶雄
大阪織綿	300	平賀義美、楢豊雄
日本絹糸紡織	250	伊藤九兵衛、片倉三平
福知足役	250	辻悳三郎、竹木芳造
城東土地	250	細島安治郎、楠木歳蔵

(出所)由井・淺野編[1988~89]第1~9巻、大正2・12年度『日本全国銀行会社役員録』、『商業興信所』より作成。

(注)大阪市中および下隣接郡は、大正2・12年度『日本全国銀行会社役員録』『商業興信所』は、1895・1905・13・23年時点の大阪府下は、1895・1905・13・23年時点について、それぞれ、払込資本金額5万円、10万円、25万円、200万円以上の会社を示した（取り所を示ぺく）。は目資本全額、主要役員欄は、頭取、社長名が判明したものは、最初に記し、それを含めて主要役員2名を示した。[ ]内は、近代以降に大阪に拠点（支店含む）を設けた商家のものを含む。商家のそれは最下、近世以来の大阪商家のもの、( )内は、近代以降に大阪に拠点（支店含む）を設けた商家のものが判明したものについても、それを含めて主要役員2名を示した。[ ]内は、近代以降に大阪に拠点（支店含む）を設けた商家のものが判明したものを示した。日本経営史研究所 [1973]、日本団体センター[1987~88]などを参照し、特に、紡績会社関係のものは社史編纂委員会編[1966]を参照した。住吉郡は1896年に東成郡に合併。

株式会社）を設立する方向があるが、大阪府の場合は、前者のタイプとして大規模紡績会社が設立される一方で、近世来の両替商が家業銀行を設立するなど、後者のタイプとして主に銀行が設立された。ただし、工業化の側面では前者のタイプが中心であり、合資・合名会社形態の両替商系銀行では、払込資本金規模を大きくするのは難しく、逸身銀行のように破綻した両替商系銀行もあり（本書第1章）、両替商系ではなく、比較的多くの株主からなる大規模銀行となった三十四銀行が大阪の紡績会社を主に支えるに至った。その点で、大阪の会社設立の特徴は、社会的資金を糾合した大規模株式会社の形成にあったと言える。なお、銀行ではなく工業会社で合資・合名会社が設立される可能性もあるが、それは愛知県で主に見られたので本書第Ⅱ部の序で触れることとし、また合資・合名会社形態でも財閥本社のように大規模会社が存在するが、それは東京で主に見られたので、本書第Ⅲ部の序で触れたい。その意味で、大阪・愛知県・東京はそれぞれ異なる会社設立のパターンを特徴としていた。

第1章

近代大阪金融市場と銀行資産家
―― 逸身佐兵衛・佐一郎家を事例として

はじめに ―― 両替商から銀行資産家へ

　近代前期の両替商経営から銀行経営への転換については、通説的理解の見直しが石井寛治によって進められてきた。例えば石井は、幕末維新期の大坂両替商の没落に関して、1868（明治元）年の銀目廃止による打撃よりもむしろ高度に発達した信用のネットワークの頂点部分を官軍が暴力的に破壊した結果であるとし、その後の近代銀行設立主体に関しても、旧封建支配階級の華士族層の役割を強調する従来の説に対して、両替商に代表される商人資本が重要であったとした。そして両替商が銀行へ転換した要因に関して、従来の説が両替商による「預り手形」の発行が禁止されるなど両替商経営を困難にする政策があったことを強調したのに対し、石井は社会的資金を集中できるという銀行の「機能的優越性」が重要で、そこに両替商が銀行に転換する実質的な根拠があったとした（石井［2007］236-237、243-245、279頁）。本章は、こうした近代前期の大阪の両替商系統の銀行をめぐる議論に対して、両替商家に残された一次史料に基づく事例研究を加え、その深化を図ることを目的とする。事例として、近世来の大坂両替商であった銭屋逸身佐兵衛家と逸身佐一郎家を取り上げ、両家が1880年に設立した逸身銀行を主たる分析対象とする。

　銭屋佐兵衛家は、1745（延享2）年に大坂で両替店を開店し、後に石灰町に家屋敷を構え、19世紀に入って次第に大名貸に力を入れた（逸身［2014］、小林［2015］第1章）。同家は、1837（天保8）年に大坂備後町で両替店を開店して分家の佐一郎にそれを任せると、佐一郎店は商人為替を行い、佐兵衛店は主に大名貸を行った。1833年に家督を相続した4代佐兵衛には、後に5代佐兵衛と

なった長男、後に2代佐一郎となった次男、福本家の養子となった元之助の3人の男子がおり、さらに娘「慈」が河内国の平池昇一に嫁いだ。5代佐兵衛は、1871年に家督を相続したが、弟の2代佐一郎の息子を養子とし、彼に87年に家督を譲り、隠居後は佐九郎を名乗った。6代佐兵衛は、1887年に家督を相続したが、相続時には未成年であったため、実父2代佐一郎が後見人を務めた。2代佐一郎は、4代佐兵衛の次男であったが、1851（嘉永4）年に分家して佐一郎家に入り、88年に奈良県吉野下市の林業家永田藤平の娘「ます」と結婚した。この1888年には元之助も、永田藤平の娘「りき」と結婚しており、2代佐一郎と元之助は、本人同士も兄弟であったとともに、妻同士も姉妹であり、極めて強固な関係を結んだ。なお、逸身家も、番頭格を別家させており、1875年時点では、溝口丈助家、高木嘉兵衛家などが有力な別家であった。

　佐兵衛家と佐一郎家は、両家で1880年3月に資本金10万円の逸身銀行を設立した。逸身銀行の設立は大阪の両替商系銀行のなかでもかなり早く、1896年時点で大阪の本店銀行のなかでは年間預金額第4位を占める重要な銀行となったが[1]、同年の株価下落に伴う恐慌で、預金取り付けに見舞われた。この時の逸身銀行は日本銀行大阪支店の緊急融資で乗り切ったが、1900年恐慌に伴うその翌年4月の金融恐慌で激しい預金取り付けを受け、大阪の有力銀行の保証で、日本銀行から融資を受けていったん危機を乗り切ったものの結果的に経営破綻に陥り、銀行を整理するに至った（靎見［2000］74頁）。大阪の有力銀行が逸身銀行の救済に乗り出した理由として、靎見誠良は逸身家の個人資産を銀行の資産に加味すると預金の払い出しに耐え得ると考えられたことと、他の銀行への波及を恐れたことを指摘した（靎見［2000］80-82頁）。こうした逸身銀行の破綻に関して、両替商系の銀行が専門的な銀行経営者を欠く場合には経営上の大きな限界を持つことを露呈した事件と石井寛治は位置付けたが（石井［2007］242頁）、この評価は、再検討の余地がある。そこで本章では、①逸身銀行設立前後の逸身家の状況、②逸身銀行の特徴、③逸身銀行の破綻の経緯、を中心に考察を進める。

---

1) 明治29年度『大阪府統計書』310-317頁。

1 逸身銀行設立前後の逸身家

　1868（明治元）年5月の銀目廃止令で、丁銀・豆板銀を回収して代わりに金札が下付されることが決められ、金銀銭の両替業務は基本的に不要になった。この前後の逸身両店の名目資産額を表1－1と表1－2から確認する。近世後期には大名貸を中心として市中の両替業務をあまり行っていなかった佐兵衛店は、1868年を画期に名目資産額が減少したとは言えず、むしろ71年の廃藩置県と火事の打撃が大きかった。ただし、慶応期のインフレを考えると名目資産額が停滞していたことから見て、慶応期に資産がかなり目減りしたと推定できる。一方、19世紀中葉に商人為替の手形割引を積極的に行っていた佐一郎店は、1865（慶応元）年まで本家からの借入金を返済し続けており、それほど名目資産額は多くなかったが、67年より顕著に経営を拡大させ、68年の銀目廃止の打撃は見られず、むしろ70年代初頭に名目資産額が急増した。両店ともに銀目廃止の打撃はあまり見られなかったものの、その後の展開には大きな差異があった。表1－1の佐兵衛店の勘定は主に両替業部門を示しており、大名貸部門は含まれていないが、大名貸部門の資産を加味しても、佐兵衛店の廃藩置県後の資産額は停滞したのに対し（小林［2014］198頁の表8）、佐一郎店は商人為替主

表1－1　最幕末・維新期銭屋佐兵衛店勘定　　　　単位：銀貫目

年	利銀	金の利	銭の利	世帯	給料	行事入用	貸方損	その他	差引	残金
1864	88.0	10.3	7.4	△69.4	△16.1	△1.8	△40.8		△22.4	4,072.4
1865	99.6	30.4	△0.6	△85.4	△22.5	△2.9	△38.4		△19.9	4,052.5
1866	73.8	△35.5	6.1	△103.7	△21.0	△0.4	△29.6	△112.9[1)]	△223.2	3,829.3
1867	61.1	70.9	1.0	△160.2	△40.8	△1.8	△12.3	△0.9	△83.0	3,746.3
1868	93.7	742.6	12.8	△221.8	△55.4			△0.6	571.4	4,317.7
1869	123.2	616.3	△5.2	△284.0	△67.0	△50.6		△8.3[2)]	316.5	4,634.2
1870	162.0	523.1	6.4	△326.0	△89.4	△4.4	△67.8	△12.7[3)]	191.3	4,825.6
1871	259.0	118.4	8.7	△378.9	△111.0	△49.0		△565.5[4)]	△718.4	4,107.2
1872	338.3	2.2	△5.7	△216.8	△97.3	△107.2		△91.3[5)]	△177.8	4,589.4[6)]
1873	205.2	63.9	△0.1	△163.5	△91.5	△2.8		△1.1	△9.0	4,580.4
1874	104.8	395.0		△267.4	△95.4	△11.3		△1.4	124.3	4,704.6

（出所）元治元年「銀控帳」（逸身家文書8-7、逸身喜一郎氏蔵、大阪歴史博物館寄託。以下、逸身家文書はいずれも逸身家蔵、大阪歴史博物館寄託のため所蔵・寄託先を省略）より作成。
（注）無印は収入、△印は支出。行事入用は、仏事・葬式・婚礼・家督相続など。
　1)うち△111貫目は普請入用。2)うち△11貫目は常七元手銀。3)うち△11貫目は丈助手当。4)火事入用。5)丈助元手銀。6)1841年よりの積立銀660貫目を加算。

80　第Ⅰ部　関西地域の会社設立と地方資産家

表1-2　最幕末・維新期銭屋佐一郎店勘定

単位：1873年まで銀貫目、74年から円

年	利銀	金の利	銭の利	切賃	割済出越	家格入用	世帯	家格	その他	差引	残額
1864	179.8	108.7	2.8	△0.3	△20.2	△55.5[3]	△46.0	△9.9	△4.1[4]	155.3	1,129.9
1865	299.4	171.1	15.0	15.0	△181.4	△55.5[3]	△62.5	△17.7	△4.4[5]	179.0	1,308.9
1866	387.2	96.5	12.3	1.8	△325.8	△59.7	△84.7	△16.4	0.2	11.3	1,320.2
1867	644.8	436.2	5.4	1.8	△155.7	△69.7	△99.2	△17.7	0.1	746.1	2,066.3
1868	672.8	480.0	89.3	107.1	△136.6	△72.2	△98.2	△160.6	49.7[6]	931.3	2,997.6
1869	1,185.3	550.7	19.3	20.8	△188.1	△35.8	△162.1	△160.6	△17.1[7]	1,212.4	4,209.9
1870	1,496.4	986.1	△16.8	5.3	△183.2	△160.6	△153.6	△49.3	△190.6[8]	1,733.6	5,943.6
1871	2,497.4	812.1[1]	16.4		△538.1	△160.6	△138.2	△77.4	△102.5[9]	2,309.0	8,252.6
1872	352.4	931.5[2]	△5.1		△543.8	△160.6	△110.1	△111.1	14.9[10]	368.2	8,620.7
1873	1,158.3	249.6	1.1		△140.9	△160.6	△93.6	△67.0	△3.7[9]	943.3	9,564.0
	利金			手数料		前年入費分			前年家法分		
1874	7,440	1,292	△9		△1,369	△624	△657	△416	△45[11]	6,237	49,709
1875	6,469	2,681	8		△6	△803	△943	△266	△3,118	4,202	53,911
1876	7,665	3,767	20	134	△1,375	△902	△885	△309	△4,014	4,200	58,111
1877	6,663	2,612	22	146	△318	△755	△1,119	△336	△4,508	2,055	60,166
1878	10,144	2,297	11	176	△533	△1,759	△1,117	△378	△3,776	7,177	67,343
1879	5,658	2,112	12	145	△58		△1,636	△391	△5,862	△995	66,348

| | | | | | △205[12] | 1,111[13] | | | | | |
| | | | | | | 782[14] | | | | | |

（出所）（天保9年）「銀控帳」（逸身家文書2-54）より作成。

（注）無印は収入、△印は支出。家格入用は方々利払を含む。金の利銀欄の1873年は利金として。利銀欄の項目名は1878年から算用帳。1874年の残額は、前年からの繰越銀約9,564貫文を円に換算した約43,473円からその年の分を差引きしたもの。
1）うち649.8貫は金の利銀。2）うち619貫目は金の利銀。3）家賃・給料・仕法の合計。4）うち△42貫目は本家の利（本家へ渡し分）。5）うち△46貫目は本家の利。
6）うち49.6貫目は家屋敷売却。7）定助元手銀。8）うち△198貫目は稀村入用。9）普請入用。10）古銀類増益。11）△33円は普請入用、△12円は土地買入。12）△210円は土地買入。13）公債収入、貸金収入、153円株式売却収入、67円家売買損益。14）563円公債、4円は土地評価増入用。

体で近代初頭も活発な為替業務を継続し、資産額は急増した。むろん、最幕末・維新期は物価変動が激しく、それを加味して実質資産額を考える必要があるが、19世紀中葉は佐兵衛店が佐一郎店よりもかなり資産額が多かったのに対し、1870年を境に佐一郎店の資産額が佐兵衛店の両替業部門の資産額を上回るようになった。この背景には、佐一郎店の御用金負担の軽さがあったと考えられ、佐兵衛は1869年の通商司為替会社頭取並に選ばれ身元金として5,000両を提供したのに対し、佐一郎は選ばれず身元金の負担はなかった[2]。

1876年に国立銀行条例が改正され、銀行設立が容易になり、それ以後多数の国立銀行および私立銀行・銀行類似会社が設立された。大阪では、1877年の第十三国立銀行設立を初め、80年までに14行の国立銀行が設立された。ただし、1881年以降の松方デフレのなかで国立銀行の多くは経営難に陥り、14行のうち2行が閉店し、1行が減資を余儀なくされた（新修大阪市史編纂委員会編［1991］第5巻、326-328頁）。大阪での私立銀行の設立は、1880年3月の川上銀行（資本金5万円）が最初で、川上家も近世来の両替商であった。同月に大阪で2番目の私立銀行として逸身銀行が資本金10万円で設立され、谷村銀行（資本金2万円）がそれに続いた。逸身銀行は大阪の私立銀行のなかでかなり設立が早かったが、逆にそれゆえ松方デフレの打撃を受けることとなった。

当時の逸身家の資産状況を表1-2と表1-3で確認する。佐兵衛店の両替業部門の資産規模はあまり変わらなかったが、佐一郎店は商人為替を積極的に行った結果として資産は1874～79年まで順調に拡大した。それゆえ逸身家が銀行を設立する際に、佐一郎店が基盤となり、逸身銀行は大阪備後町の佐一郎店の敷地内に設立された。頭取は逸身佐兵衛（5代）がなり、1887年に5代佐兵衛が隠居した後は、2代佐一郎が頭取を務めたと考えられる[3]。銀行設立とともに佐一郎店の勘定帳が終了し、それまでと項目の異なる勘定帳（逸身家文書

---

2) 「通商司為替会社一件」（佐古文書、大阪商業大学商業史博物館蔵）。
3) 逸身銀行「仮規則書」（廣海家文書、廣海家蔵、貝塚市教育委員会寄託）では、1880年の創業時の頭取が逸身佐兵衛、副頭取が逸身佐一郎、監事が逸身元之助、支配人が高木嘉兵衛、副支配人が溝口安造であったことが判る。そして明治14年度『大阪府統計書』102頁では、1881年時点で逸身銀行の所在地が東区備後町2丁目21番地で、頭取が逸身佐兵衛であり、株主が5名とされたので、上述の逸身銀行役員が株主になった利益の配分を受けていたと考えられる。また、1894年時点の逸身銀行頭取は、逸身佐一郎となっている（由井・浅野編［1988～89］第1巻、139頁）。

表1-3 近代前期逸身佐兵衛店勘定

単位:円

年	利金	世帯	給料	前年家法	割済出越	家徳帳	前年納金	その他	差引	残額
1875	2,132	△1,392	△384	△252	△2,994				△2,891	18,494
1876	2,745	△1,700	△401		△177			△407[1]	61	18,554
1877	2,999	△1,295	△373		△677	35		△681[2]	8	18,562
1878	3,395	△1,697	△371		50	△4		△9	1,364	19,926
1879	3,569	△1,800	△407	△72	22	36	△241		1,108	21,034
1880	3,887	△2,086	△329	△213	△3	46	△711		590	21,624
1881	3,792	△2,031	△355	△151	32	328	△757		857	22,482
1882	3,752	△1,968	△357	△177	11	98	△883		476	22,958
1883	3,809	△2,075	△370	△154	△567	145	△768		20	22,978
1884	3,878	△1,918	△361	△94	18	68	△471	△100	1,020	23,998
1885	3,821	△1,659	△382	△158	△294	125	△792	△50	610	24,608
1886	3,729	△1,691	△367	△156	△55	175	△780	△2,415[3]	△1,560	23,048
1887	3,771	△1,805	△330		502	122		△3,057[4]	△797	22,250
1888	3,586	△2,183	△292	△220	21	120	△1,101		△111	22,139
1889	3,610	△2,349	△348	△121	△21	169	△605	△30	304	22,444
1890	3,607	△2,465	△417	△103	△24	210	△515		294	22,738
1891	3,568	△2,999	△432	△91	△74	254	△456	△30	△260	22,478
1892	3,528	△3,791	△459	△28	△21	△250	△142		△1,163	21,314
1893	3,454	△3,925	△457		△37	△215		△105	△1,285	20,030
1894	4,093	△4,793	△483		△103	△214		△124	△1,623	18,406
1895	4,836	△3,949	△534		△61	224		△90	425	18,831
1896	5,147	△5,683	△562	△43	△57	△3,238	△213	△1,251[5]	△5,899	12,932
1897	4,980	△5,980	△626		△57	309		△100	△1,473	11,459
1898	4,213	△6,755	△1,006		3	△599		300[6]	△3,845	7,614
1899	87,879	△6,456	△1,005		3	371		△1,828[7]	78,962	86,577

(出所)元治元年「銀控帳」(逸身家文書8-7)より作成。
(注)無印は収入、△印は支出。1875年の残額は前年からの繰越銀約4,704貫600匁を円に換算した約21,385円からその年の分を差し引きしたもの。1877年の家徳帳欄は、これまでの家徳帳出入差引をまとめた残額。
1)うち△403円は普請入用。2)うち614円は1840～77年の薬種売買損益合計、△1,287円はこれまでの道具代差引合計。3)うち△2,385円は土蔵営繕入用。4)うち△3,000円は海防費献金。5)うち△1,001円は赤十字社。6)薬種売買益。7)うち△1,718円は道具代。

7-39)がその年から新たに作成され、そこでの差引残額が、1899年時点で逸身銀行の営業報告書の貸借対照表の次期繰越額(前期繰越+当期損益)と同じであったため(後掲表1-10と表1-14、1900年も差引残金から賞与金を引くと同じになる)、これを逸身銀行の勘定帳とした。そして、そこでは純益・賞与・積立金などの利益金処分が行われた(表1-4)。佐兵衛店の勘定帳は銀行設立後も継続されたので、逸身銀行は佐一郎店を基盤に設立され、その利益の一部が佐兵衛店に配分されたと思われる。むろん表1-4の勘定は、利益の確定とその処分が主な内容で、後述の逸身銀行の営業報告書記載の貸借対照表とは項

目が異なり、銀行の経営内容までは示していない。

　この時期の逸身両店は、事業面で役割分担をしていたと考えられ、佐兵衛家が藩債の新旧公債への切り替えを進めるとともに佐兵衛店で不動産経営を継続したのに対し、佐一郎店は商業金融を積極的に進めた。佐兵衛店の不動産経営の概要を表1－5に示した。近世期に大坂市中で手広く貸家経営（掛屋敷経営）を行っていた佐兵衛店は、最幕末期に宅地・建物を売却して不動産経営を縮小したものの、1870年代後半から南綿屋町（旧石灰町）、竹屋町、南平野町に限定しつつ、貸家経営などに再投資するようになった。なお、宅地以外の不動産投資として奈良県楢村の土地を借用していたが、これは奈良県楢村で商業活動を佐兵衛店が行っていたことと関連したと考えられる[4]。ただしこの土地は1881年に整理され、投資額と売却益を比べると多額の損失を計上しており、逸身家の楢村での経営は失敗したと思われる。佐兵衛家の公債所有額を表1－6で確認すると、同家は1870年代半ばに藩債の新公債への切り替えを積極的に進めたと言え、それが不動産と並ぶ同家の主要な資産となった。ただし、前述のように1896年の恐慌の際に逸身銀行は預金取り付けに見舞われ、日本銀行の融資により救済されており、その時に佐兵衛家所有の新公債が逸身銀行に提供されたと考えられる（後掲表1－10を参照）。

　佐一郎店は、近代期に入り、近世期に取引していた和泉国貝塚の米穀肥料商廣海家との取引を再開し、逸身銀行設立前後の1870年代後半～80年代初頭に廣海家との取引を急拡大した。佐一郎店（逸身銀行）と廣海家との取引は、廣海家が逸身銀行宛ての振り手形で買入先に代金を支払い、その振り手形が逸身銀行に持ち込まれて逸身銀行にある廣海家の当座勘定から決済される形態であった（西向［2006］、石井［2006b］）。これは、佐一郎店が銀行設立以前から廣海家に対して行っていた形態で、佐一郎店時代の商人為替業務と逸身銀行設立後の商業金融に連続性があった。表1－7を見よう。廣海家が振り出した手形を逸身銀行に持ち込んだ商人は、北海道で魚肥を買い入れてそれを大阪府貝塚で売却した北前船や、大阪・兵庫の肥料商で、廣海家は彼らから肥料を購入した代

4）「楢村普請諸書物入」や楢村富士平吉と逸身佐兵衛店との往復書簡（逸身家文書3-45、3-40、逸身喜一郎氏蔵、大阪歴史博物館寄託、以下逸身家文書はいずれも逸身喜一郎氏蔵、大阪歴史博物館寄託のため所蔵・寄託先を省略）。

表1−4 1880〜93年逸身銀行勘定

単位：円

年	利金	算用帳	銅の利	手数料	諸証券	家屋数	給料	世帯	その他	差引残金	純益	内 利益金処分			臨時手当
												賞与	積立金		
1880	12,642	2,684	9	126			△1,159	△2,080		12,222	12,643	973	3,890		1,945
1881	19,240	3,664	10	235			△1,407	△2,290		19,451	15,645	1,203	4,814		2,407
1882	18,256	3,906	6	189			△1,524	△2,613		24,069	15,075	1,160	4,638		2,319
1883	13,922	1,889	8	163	5,915	1,537	△1,543	△2,689	5,849[1]	23,192	8,332	641	2,564		1,282
1884	8,804	708	18	101	7,254		△1,558	△2,456	△53	12,818	8,434	649	2,595		1,298
1885	9,574	661	7	86	7,940	830	△1,774	△3,368	△150	12,976	7,778	598	2,393		1,197
1886	5,176	380	3	79	9,719		△1,841	△2,381		11,966	6,761	520	2,080		1,040
1887	6,222	470	1	137	7,064	1,156	△1,914	△2,722	△15	10,401	6,874	529	2,115		1,058
1888	7,159	485		171	5,759	1,166	△2,030	△2,134		10,576	7,135	549	2,195		1,098
1889	10,549	468		193	3,156	1,608	△2,119	△2,763	△115	10,977	7,194	553	2,214		1,107
1890	10,441	635		266	3,782	1,206	△2,242	△3,020		11,068	6,728	518	2,070		1,035
1891	11,048	513		262	2,434	2,268	△2,305	△3,869		10,351	8,114	701	3,804		1,402
1892	15,745	677		288	851	2,701	△2,122	△4,118		14,021					
1893上	9,279	526		133	430	1,475	△1,132	△2,229		8,482	4,513	424	2,696		848

(出所)「銀控帳」(逸身家文書7-39)より作成。

(注) 無印は収入、△印は支出。各年の上半期と下半期を合算して1年間の金額を示した。利益金処分は、1892年上半期までは差引残金の20分の13が純益金、20分の1が賞与金、20分の4が積立金、20分の2が臨時手当金となっていた。上半期は6月、下半期は12月時点の決算。1893年は上半期のみの表を示した。諸証券・家屋敷欄は、それぞれ配当・利子・家賃・諸入費に加えて証券や家屋敷の売買収支も含む。
1) 金銀売買損益として。

表1−5 逸身佐兵衛家不動産収支の動向

単位：1874年までは銀貫目、75年からは円

年	石灰町→南綿屋町	北久宝寺町	下半町→竹屋町	京町堀	塩町	新平野町	奈良屋町	曽根崎町	靱	新戎町	紫合村・虫生村	その他	計
1864	△5	5	1	4	3	2	[26]	3	3	9	1	17	68
1865	△6	8		3	3	2	4	2	2	9	[20]	[59]	107
1866	△10	[△37]	△0	3	5	2	4	3	2	[254]		[192]	418
1867	△6	10	△0	3	4	2	4		[70]	0			128
1868	△14	14	1	9	[115]	[48]	[66]				△5		240
1869	△10	17	2	[222]									232
1870	△12	22	5			江戸堀南通							15
1871	△21	17	4			[△481]					13		0
1872	[45]	22	2			南平野町							△399

第1章　近代大阪金融市場と銀行資産家　85

1873	[56]	17	5		1		7	△15
1874	△9	25	8		△2			25
1875	△35	75	46	[△93]　△4	[1,829]　△3		48	1,950
1876	△37	141	△21	△13			稲村	22
1877	△23	80	△7	[△58]　[△1,193]			[△2,871]	△4,013
1878	△34	107	△2	△29			△47	△4
1879	△18	193	△5	△68			△66	36
1880	0	182	△18	△39			△80	46
1881	△38	196	△12	△36			[219]	328
1882	△45	181	△10	△29				98
1883	△28	202	△12	△16				145
1884	△33	174	△11	△62				68
1885	△52	213	△14	△21				125
1886	△40	248	△8	△25				175
1887	△57	203	△9	△15				122
1888	△46	209	△7	△35				120
1889	△62	217	△9	24				169
1890	△43	235	△5	23				210
1891	△27	258	△3	26				254
1892	△166	246	△7	[△323]　[△440]			地所買入手当	△250
1893	△45	275	△5	△5				△215
1894	△510	304	△3	△7				△214
1895	[△3,028]	264	△5	△5			3,000	224
1896	△188	331	[△361]	△21			△3,000	△3,238
1897	△60	397	△8	△20				309
1898	△331	[△233]	△10	△25			歌島村・西野上村	△599
1899	△276	661	△9	△40			[△13,232]	△12,896

(出所) 文政8年「家惣控」(逸身家文書8-4) より作成。

(注) 地名欄の矢印の後ろは1874年以降の地名。[ ] 内は、土地・建物売買もしくは普請入用を含んだ場合。無印は収入、△印は支出。その他欄は、備後町 (1864・65年)、今嶋2丁目・北堀江・塗師屋町・御池通・歌島町 (1864～66年) の合計。

1890年代の地名の位置関係は、以下の通り (『角川日本地名大辞典』[1991] および逸身家文書)。
大阪市南区：南綿屋町、塩町、杉屋町、大阪市東区：北久太寺町、備後町、今橋2丁目、南平野町
大阪市西区：京町堀、新町通、奈良屋町、靫、新兵町、江戸堀南通、北堀江、御池通、歌島町
大阪府西成郡：曽根崎、歌島村、大阪府堺市：塗師屋町、奈良県添上郡：稲村

表1-6　逸身佐兵衛家公債所有額の動向

単位：円

年末	新公債	旧公債	金禄公債	合計
1873	5,225	1,056		6,281
1874	44,375	7,896		52,271
1875	55,750	8,073		63,823
1876	55,750	7,898		63,648
1877	55,750	7,722		63,472
1878	55,750	7,547		63,297
1879	55,750	7,371		63,121
1880	55,750	7,356		63,106
1881	55,750	7,150		62,900
1882	54,249	6,945	1,501	62,695
1883	54,249	6,739	1,717	62,705
1884	54,013	6,534	1,737	62,284
1885	54,013	6,328	1,996	62,337
1886	54,013	6,123	2,273	62,409
1887	55,800	5,917	0	61,717
1888	55,800	5,712		61,512
1889	56,866	5,506		62,372
1890	56,866	5,301		62,167
1891	56,866	5,095		61,961
1892	56,866	4,890		61,756
1893	40,641	4,684	軍事公債	45,325
1894	40,341	4,479	7,700	52,520
1895	40,341	4,273	36,150	80,764
1896	539	4,068	36,150	40,757
1897	539	3,862	36,150	40,551
1898	539	3,657	36,150	40,346
1899	539	3,451	0	3,990
1900	0			

(出所)「諸家貸」(逸身家文書7-1) より作成。
(注)各年末時点の公債所有残額を示した。旧公債の1900年末時点の所有額は不明。

金を、現金で支払ったり、逸身銀行宛てなどの手形で支払った（大阪と貝塚の位置関係は、本書巻頭の地図1を参照）。こうした旧来の取引相手との逸身銀行の商業金融業務は、表1-4の利金欄から見て1880年代初頭に最も活発に行われたと考えられるが、80年代前半の松方デフレのなかで北前船主らの経営が苦しくなると、逸身銀行の商業金融業務も縮小に向かい、利金は減少した。表1-7に戻ると、廣海家の逸身佐一郎店（逸身銀行）口座から引き出された金額は、1877年の約49,000円から85年の約17,000円へと激減した。さらに、1890

第1章　近代大阪金融市場と銀行資産家　87

表1－7　廣海家の逸身佐一郎店（逸身銀行）口座より引き渡し額相手先別一覧

単位：円

相手	居住地・業種	金額	相手	居住地・業種	金額
①1877年			②1885年		
酒谷長一郎	北前船主	6,580	野村治三郎	北前船主	4,250
鹿野専次郎	野村家取次	5,884	伊藤助右衛門	北前船主	2,047
富村三郎吉	堺米穀商	4,351	内海作兵衛	大阪肥料商	1,370
辰馬半右衛門	鳴尾酒造家	3,928	廣海二三郎	北前船主	1,214
松浪弥兵衛	北前船主	3,900	大家七平	北前船主	823
辰馬与左衛門	西宮酒造家	3,156	風間三郎右衛門	北前船主	600
直江忠平		2,300	店治平	廣海家店員	500
野村治三郎	北前船主	2,007	金沢仁兵衛	大阪肥料商	389
白藤嘉助	大阪肥料商	1,930	小林与右衛門	北前船主	332
木谷七平	大阪肥料商	1,897	辰馬蘭蔵	大阪	300
藤井又兵衛		1,858	山本弥平		265
金沢仁兵衛	大阪肥料商	1,609	明瀬長次郎		30
藤野嘉市	北前船主	1,600	計（相手先不明分を含む）		17,170
岡本要助	兵庫肥料商	1,430	③1893年		
野坂勘左衛門	北前船主	900	秦幸	大阪肥料商	1,176
大家七平	北前船主	871	伊藤助右衛門	北前船主	1,160
山本伊佐	兵庫肥料商	617	大家七平	北前船主	936
秦新七	大阪肥料商	300	野坂勘左衛門	北前船主	918
植島嘉助	大阪	300	藤野嘉市	北前船主	784
真木甚		193	佐藤伊三右衛門	北前船主	500
藤井安		180	店治平	廣海家店員	349
西海重		179	杉本喜右衛門	北前船主	330
近勘		138	熊田源太郎	北前船主	150
和泉屋弥兵衛	兵庫肥料商	100	福田吉兵衛	大阪	150
計（相手先不明分を含む）		48,916	計（相手先不明分を含む）		6,453

(出所)明治10・18・26年「万覚帳」（廣海家文書、廣海家蔵、貝塚市教育委員会寄託）より作成。
(注)船名が挙げられた場合は船主名を示した。居住地・業種欄は、明治17年「諸国名前控」（廣海家文書、廣海家蔵、貝塚市教育委員会寄託）などを参照。貝塚の米穀肥料商の廣海家と北前船主の廣海二三郎は別の家。

年代になると北前船を介した北海道産魚肥流通が次第に減少し、廣海家は北海道産地商人との直接取引を試み始めた（伊藤［2006］）。その場合、逸身銀行のコルレス網（銀行間で一定の取決め（コルレス契約）を結んで相互に業務上の便宜を提供し合う場合、それらの取引先銀行のことをコレスポンデントと呼び、コルレス先と通称される（金森・荒・森口編［2013］）。以下コルレス先の広がりを本書ではコルレス網とする）は北海道へ展開しておらず、廣海家が逸身銀行宛ての振り手形で肥料を購入することが困難になったために、廣海家による逸身銀行宛

ての振り手形の利用は急速に減少し、廣海家と逸身銀行との取引関係は1890年代中葉が最後となった。

2 尼崎紡績会社の創立と逸身銀行

（1）尼崎紡績会社の創立と逸身家

　旧来の取引相手との商業金融業務の減少に直面した逸身銀行は、新たな金融業務を拡大した。その契機が、1889（明治22）年の尼崎紡績会社の設立で、近世来の大阪の両替商と並んで逸身家もその設立に参画した（社史編纂委員会編［1966］3-15頁）。周知のように大阪の企業勃興は綿紡績業が中心で、1882年設立の大阪紡績会社の成功により、80年代後半から多くの紡績会社が設立された。例えば、1887年に天満紡績会社・浪華紡績会社が設立され、89年に大阪近郊の尼崎で、尼崎の両替商らと大阪の両替商らが協力して尼崎紡績会社が設立された。尼崎紡績設立の際に、両替商の当主らの謡曲の趣味を通したネットワークが大きな役割を果たしたことが指摘され（絹川［1939］第4巻第4章）、趣味の世界での人的ネットワークを通して、逸身家からも福本元之助が発起人として尼崎紡績会社設立に関与し、福本は創立時に尼崎紡績の取締役、1893年より社長になった。その結果、逸身銀行が尼崎紡績の主要取引銀行の1つとなり、1889年より逸身銀行の利金が再び増大した（表1-4）。

　創業期の尼崎紡績は[5]、資本金50万円を予定していたが、1890年恐慌に直面して払込が難航したため、91年7月に約315,000円に減資した。開業は1891年2月で、大阪事務所を出張店と改称し、同店で綿糸販売を行うために洋糸商仲間に加入した。そして1892年より大阪の問屋への綿糸販売が一般化することになった。1893年1月に就任した福本元之助社長のもとで、32番手・42番手という中細糸を生産する本社第二工場の建設が進められ、その設備投資資金調達のため増資が行われた。1894年5月に福本社長は、32番手・42番手糸の販売のために大阪綿糸合資会社を設立し、95年から尼崎紡績第二工場での生産が開始され、その後生産の中心となった42番手糸は主に双子織・綿フランネル・久留米

5）　以下の記述は、社史編纂委員会編［1966］16-54頁、高村［1970］を参照。

絣などの経糸(たていと)として使用されたようである。原料棉花は主に三井物産から購入され、支払いは約束手形で行われ、それらは主に川上銀行・逸身銀行・三井銀行などで割り引かれたと考えられる。1890年代後半～1900年代の尼崎紡績は、国内向け42番手糸生産に主力を注ぎ、綿糸の輸出はあまり行わず、96年1月にも増資をして資本金額100万円となった。

　株式所有の面から尼崎紡績と逸身家の関係を見ると、社長の福本元之助に加えて逸身家の別家で逸身銀行支配人の高木嘉兵衛が尼崎紡績の主要株主となり、両人および逸身家が設立した共立（合資）会社名義の尼崎紡績株式所有比率の合計は、1890年1月の4％から93年12月の約11％、96年6月の約16％へと増大した（高村［1970］530-531頁）。福本元之助が設立した諸会社として、前述の大阪綿糸合資会社（業務担当社員は逸身家別家の溝口保蔵と逸身家親戚の荘保弥太郎、1898年時点の資本金5万円）、1895年7月設立の大阪米穀株式会社（社長福本元之助、98年時点の払込資本金7万円）があり（表1－8を参照）、これら両社が合併して1901年に大阪物産株式会社（払込資本金67,000円）が設立されて福本元之助が社長となった（高村［1970］544頁、由井・浅野編［1988～89］第3・5巻）。

　創業期の尼崎紡績への逸身銀行の融資は、当初は貸付金が中心であったと考えられ、表1－9より逸身銀行の貸付金額を見ると1891・92年に急増していた。その後尼崎紡績の生産が軌道に乗ると手形割引が中心になったと言え、表1－9でも1894年より手形割引額が急増した。なお1893年の商法の部分的施行と銀行条例の施行により（粕谷［2000］）、逸身銀行も合資会社形態になったと考えられ、表1－4と表1－10を比べると、逸身銀行では利益金処分として配当金が払われるようになった。合資会社以降の逸身銀行の役員は、頭取が逸身佐一郎、取締役が逸身佐兵衛と福本元之助、そして支配人が高木嘉兵衛であった（表1－8）。さらに1893年には貯蓄銀行条例も施行されたため、親銀行の預金吸収機関として貯蓄銀行が設立されるようになり、逸身家も株式会社貯金銀行を設立した。貯金銀行は逸身銀行と同様に佐一郎店の敷地内に設立されており、逸身銀行の預金吸収機関であったと言えるが、株式会社形態をとったため、逸身一族・別家以外にも経営に参画するメンバーが存在し、貯金銀行の役員として、頭取に逸身佐一郎、取締役に福本元之助・平池昇一・永田藤平・高木嘉兵衛、支配人に溝口保蔵、監査役に逸身佐兵衛・逸身佐九郎（先代佐兵衛）が就

表1-8　逸身家・福本元之助会社役員の推移

会社名	所在地	創業年	1895年	1898年	1901年	1904年	1908年	1912年	1917年	1922年	1926年	1931年
①逸身佐兵衛												
逸身銀行（合資）	大阪	1880	取締役	取締役	取締役							
貯金銀行（株式）	大阪	1893	監査役	監査役	監査役							
②逸身佐一郎												
逸身銀行（合資）	大阪	1880	頭取	頭取	頭取							
貯金銀行（株式）	大阪	1893	頭取	頭取	頭取							
③福本元之助												
逸身銀行（合資）	大阪	1880	取締役	取締役	取締役		日本絹毛紡績（大阪，1917）	福本会社（大阪，1917）	取締役	取締役		
貯金銀行（株式）	大阪	1893	取締役	取締役	取締役	取締役		取締役	取締役（大阪，1919）	取締役	取締役	取締役
尼崎紡績→大日本紡績	尼崎	1889	社長	社長	社長	取締役	監査役	監査役	取締役	副社長	副社長	副社長
堺煉瓦	堺	1893	社長	社長	社長					日本レイヨン（大阪，1926）		取締役
大阪飲業	大阪→下市	1895		社長	社長				石崎（大阪，1898）	監査役	監査役	監査役
関西コーク	大阪	1895		社長	社長					監事	監事	監事
吉野銀行（株式）	下市	1895		監査役	監査役		東洋拓殖（京城→東京，1908）	監事				
大阪米穀	大阪	1900			社長							
大阪物産	大阪	1893				業務社員						
共立合資												
④逸身豊之輔												
河内銀行（株式）	牧方	1895		監査役	監査役			取締役	取締役			
大阪鉱業	大阪→下市	1895										

（出所）由井・浅野編［1988〜89］第1・3・5・8・12・16巻，大正6・11・15・昭和6年度『日本全国諸会社役員録』［商業興信所］より作成。
（注）各年の1月現在の状況を示すと考えられる。隠居した5代佐兵衛（佐八郎）も貯金銀行の監査役であった。1898年の出所資料で福本元之助は，大阪米穀売買会社の社長とされたが，同社の役員は，大阪米穀会社の役員と同じで，前後資料の役員を含めて大阪米穀売買のまま大阪米穀会社の役員欄に誤記したと考えられ，それを除いた。1904年1月時点では，逸身銀行（合資）は福本元之助設立と考えられ，貯金銀行・逸身銀行は存在しない。また同年に尼崎紡績・関西コーク・吉野銀行は存在していたが福本元之助は役員から外れていた。大阪綿糸（合資）は福本元之助設立したと考えられるが，業務担当社員は溝口保蔵と茬保弥三郎であったため（1898年1月時点），この表には載せていないが，なお，1900年時点の逸身佐九郎であった（不二出版［1992］第16巻，356・357頁）。大阪鉱業の1912年欄の所在地は奈良県下市。尼崎紡績は1917年に摂津紡績と合同して大日本紡績に改称。東洋拓殖の1922年欄以降の所在地は東京。

表1－9　逸身銀行預金額・貸付金額・手形割引額の動向

単位：千円

年	預金	内定期	内当座	貸付金	内当座貸越	為替金 振出	為替金 受送	割引手形 貸出	割引手形 取立	荷為替手形 貸出	荷為替手形 取立	代金取立手形 貸出	代金取立手形 取立
1881	130[1]			132[1]		11[1]							
1883	10,997			11,022		—	630	—	—	45	—	—	—
1886	5,499			324		166	667	308	293	4	4	15	15
1887	6,593			882		692	926	324	307	8	8	48	48
1888	6,681			2,036		117	119	117	490	16	15	15	14
1889	7,074			2,829		637	857	831[2]		16[2]		24[2]	
1890	9,429			3,071		899	897	1,560[2]		26[2]		24[2]	
1891	13,287			4,876		875	—	2,673[2]		19[2]		—[2]	
1892	19,566			8,252		1,116	—	4,292[2]		58[2]		110[2]	
1893	25,726			5,261		366	757	4,725[2]		136[2]		537[2]	
1894	25,887			1,882		1,166	1,327	11,053[2]		176[2]		601[2]	
1895	29,317			7,313		1,531	1,657	10,370[2]		133[2]		799[2]	
1896	32,744			8,188		2,151	2,617	14,221[2]		285[2]		500[2]	
1897	16,164	90	15,020	2,652	2,401	1,645	1,536	7,230	482	118	54	45	118
1898	23,243	82	20,962	2,894	2,607	3,118	2,396	7,293	352	96	36	240	327
1899	29,720	439	27,110	3,479	3,046	2,145	2,214	5,924	264	330	88	530	525
1900	41,735	2,982	34,114	5,404	5,008	3,143	2,261	5,021	393	217	18	523	930
1901	16,250	775	14,300	2,095	1,734	982	907	5,274	275	43	25	235	309

(出所) 各年度『大阪府統計書』より作成。
(注) 年末残高ではなく、年間の金額を示した。為替金欄の受送は1897年から受込、割引手形・代金取立手形欄の貸出・取立は、1897年からそれぞれ当所・他所と出所資料では記載されていた。
1) 1881年末時点の残額で、為替金欄は振出と受送の合計。2) 貸出と取立の合計。

任した[6]。ここには、逸身家の姻戚関係を軸とした銀行のネットワークが見出せる。すなわち、貯金銀行取締役の平池昇一は、佐一郎の妹と結婚しており、地元河内銀行の頭取を務めていた。同じく貯金銀行取締役の永田藤平は佐一郎の妻および福本元之助の妻の実父であり、地元吉野銀行の頭取を務めていた。そして佐一郎の息子豊之輔が河内銀行監査役となり、福本元之助自身も吉野銀行監査役となっていた。また、逸身銀行と長年の取引があった前述の廣海家当主惣太郎も、永田藤平の娘と結婚したため、佐一郎・元之助と義理の兄弟となり、廣海惣太郎は地元貝塚銀行の頭取を務めていた（逸身［2014］、南都銀行行史編纂室編［1985］189-193頁、由井・浅野編［1988～89］第3・5巻）。

（2）1890年代の逸身銀行の特徴

こうした尼崎紡績との関係や姻戚関係を通じた銀行のネットワークを背景に、

---

6)「大阪銀行通信録」第33号（明治33年7月）（不二出版［1992］第19巻）。

表1-10　1893～1900年逸身銀行勘定

単位：円

年・期	前期繰越	利金	諸公債	家屋敷	給料	世帯	配当準備取出し	差引残金	利益金処分 配当金	利益金処分 賞与金	利益金処分 積立金	利益金処分 配当準備	次期繰越
1893・下		5,627	8,594	940	△1,122	△3,332		10,706	3,500	535	5,000	1,100	571
1894・上	571	8,389	6,588	1,391	△1,198	△3,580		12,161	3,500	570	5,314	1,400	1,376
1894・下	1,376	10,044	4,493	1,147	△1,375	△3,709	2,500	14,476	3,500	530	5,000	3,500	1,946
1895・上	1,946	12,657	2,622	1,297	△1,363	△3,496	3,500	17,163	3,500	585	7,000	3,500	2,578
1895・下	2,578	13,724	4,888	1,324	△1,344	△3,858	3,500	20,812	5,000	736	7,000	5,000	3,076
1896・上	3,076	13,907	5,242	1,578	△1,411	△3,295	5,000	24,097	5,000	800	8,000	7,000	3,297
1896・下	3,297	△3,020	23,047	1,925	△1,715	△4,632	7,000	25,902		780	20,000		5,122
1897・上	5,122	12,259	7,496	2,397	△1,806	△3,808		21,660	5,000	1,320	5,000		10,340
1897・下	10,340	14,109	4,843	2,117	△1,827	△4,372		25,210	5,000	1,180	5,000		14,030
1898・上	14,030	14,685	3,880	2,134	△2,270	△6,285		26,175	5,000	1,200	5,000		14,975
1898・下	14,975	15,749	1,129	1,718	△2,842	△4,157		26,572	5,000	1,150	5,000		15,422
1899・上	15,422	13,530	1,337	2,216	△2,872	△3,627		26,006	5,000	1,000	5,000		15,006
1899・下	15,006	14,857	1,139	2,186	△2,687	△4,881		25,620	5,000	1,000	5,000		14,620
1900・上	14,620	11,585	4,256	2,945	△3,054	△3,320		27,031	5,000	1,000	5,000		16,031
1900・下	16,031	18,970	502	2,490	△3,165	△4,583		30,245	5,000	1,400	5,000		18,845

(出所)「銀控帳」(逸身家文書7-39) より作成。

(注) 上半期は6月末、下半期は12月末時点の決算。無印は収入、△印は支出。家屋敷欄は、家賃・利子・家賃・諸入費に加えて、証券や家屋敷の売買収支も含む。1893年は下半期のみをこの表で示した。

1890年代前半の逸身銀行は比較的良好な業績を上げるに至った。表1－10を見よう。1893（明治26）〜96年の逸身銀行は、利益が順調に増大し、配当準備金の積み立ても行ったが、前述のように1896年の恐慌の際に利金がマイナスとなり、佐兵衛家所有の諸公債を逸身銀行へ繰り入れて売却し、それを積立金に回して補塡した。そしてそれ以降配当準備金の積み立てはやめた。資金運用状況を表1－9で確認すると、1890年代後半は割引手形の比重が高く、この割引手形の内容を推定する必要があり、表1－11より99年時点の逸身銀行のコルレス網を検討する。1899年に逸身銀行は57の銀行とコルレス契約を結んでいたが、その中心は奈良県・和歌山県・愛媛県の銀行で、ほぼ西日本に限られた。奈良県の銀行では、姻戚関係にあった永田藤平が頭取を務める吉野銀行を初め、大阪に本店を置きつつ、もともと奈良県への金融を主な目的として設立された大和銀行など、奈良県の林業に関係の深い銀行とコルレス網を形成していた。

　和歌山県の銀行では、和歌山に本店を持つ銀行が多く、特に注目すべきは和歌山銀行で、和歌山の紡績糸商の竹中源助が役員を務め、和歌山の綿ネル業への金融を積極的に行う銀行であった（高嶋［2004］307、340-342頁）。尼崎紡績の1894年4月27日の重役会議事録にも、「竹中源介ニ係ル製糸販売約定、向フ一ケ年間継続スベキ事」とあり[7]、竹中源助は尼崎紡績の重要な綿糸販売先であった。そのことから見て、逸身銀行と和歌山銀行のコルレス網を利用して、尼崎紡績から竹中源助への綿糸販売の決済が行われた可能性を指摘できる。愛媛県の銀行で注目すべきは今治銀行で、今治の代表的な綿ネル業者の阿部平助が取締役になっており（愛媛県史編さん委員会編［1986］225-233頁）、松山に本店のある五十二銀行に対しても、逸身銀行は松山本店ではなく、今治支店とコルレス契約を結んだことから推定すると、この背後には、尼崎紡績の今治綿ネル業産地への綿糸販売があったと考えられる。一般に、大阪の紡績会社をめぐる決済として、原料棉花購入は棉花商社への約束手形決済で行われ、綿糸販売は大阪の問屋への現金決済による販売であったとされる（杉山［1970］122-133頁、高村［1970］537-539頁）。尼崎紡績が原料棉花購入代金として棉花商社に振り出した約束手形を逸身銀行が割り引いていたことは、記述資料から確認でき

7）　明治25年「決議録」（尼崎紡績会社資料、ユニチカ記念館蔵）。

表1-11 1899年逸身銀行コルレス先銀行一覧

資本金の単位：千円

銀行名	本店所在地	資本金	コルレス先本支店	主要役員（職業）
第三銀行	東京	2,400	※横浜	安田善四郎
明治商業銀行	東京	1,200	本店、金沢	安田善助
安田銀行	東京	(1,000)	※本店	安田善之助
東都家寿多銀行	東京	(60)	※本店	家寿多豊次郎
片浜銀行	駿河沼津	55	本店	長倉實太郎
芳川銀行	遠江芳川	115	遠江浜松	太田清治郎（土地）
遠洋銀行	遠江篠原	25	本店	堀内萬吉
伊藤銀行	名古屋	100	※本店	伊藤治郎左衛門（呉服太物商）
豊島銀行	尾張一宮	(100)	本店	豊島半七（綿糸商）
美濃実業銀行	美濃大垣	124	本店	小寺成蔵、安田和助（米穀商）
才明銀行	金沢	113	本店	泉屋七郎（醤油醸造）
森田銀行	越前三国	(100)	本店	森田三郎右衛門（北前船主）
大和田銀行	越前敦賀	(100)	※本店	大和田荘七（北前船主）
甲賀銀行	近江水口	56	本店	瀧川昇、富田善作（米穀肥料商）
彦根商業銀行	近江彦根	50	本店	廣野織蔵、阿知波勘次郎（呉服太物商）
第四十九銀行	京都	640	※本店	下村忠兵衛（織物商）、山田定兵衛（織物商）
中京銀行	京都	300	本店	武村藤兵衛
山城起業銀行	山城田辺	32	本店	喜多川孝経
山城八幡銀行	山城八幡	13	本店	大森資仲、木村半平（油製造）
吉野銀行	大和下市	105	本店、野原、五条、吉野山	永田藤平（林業）
吉野小川銀行	大和小川		本店、大和古市場、鷲家口	船津弥八郎、森田徳兵衛（林業）
田原本銀行	大和田原本	90	※本店	志野清治、吉川彦平（土地）
紀北銀行	和歌山	200	本店、南部、田辺、箕島、塩津	渡邊鉄心（区長）、高松良右衛門（醤油醸造）
和歌山銀行	和歌山	150	本店	浦野吉五郎（酒造業）、竹中源助（紡績糸商）
山崎銀行	和歌山	(80)	※本店	山崎庄兵衛（金貸業）
川崎銀行	和歌山	(20)	※本店	川崎喜右衛門（両替商）
鼎立銀行	紀伊串本	118	紀伊古座	森島嘉兵衛
共同銀行	紀伊串本	74	本店	神田清右衛門（土地）
貝塚銀行	和泉貝塚	100	本店	廣海惣太郎（肥料商）、信貴孫次郎（両替商）
大西銀行	和泉堺	(30)	本店	大西五一郎、大西正三郎（清酒醸造）
河内銀行	河内枚方	25	本店、星田、私部、甲可	平池昇一（土地）
同栄銀行	河内寝屋川	19	本店	藤井健治郎（土地）
大和銀行	大阪	325	※大和（五条、松山、上市、御所）	松尾徳三郎（政治家）、森田徳兵衛（林業）
岸本銀行	神戸	(100)	本店	岸本豊太郎
日本商業銀行	兵庫	800	本店	安田善三郎、澤田清兵衛（米穀肥料商）
西宮銀行	摂津西宮	188	本店	八馬謙介（海運業）、紅野善三郎（清酒醸造）
尼崎銀行	摂津尼崎	30	※本店	本咲利一郎（両替商）、奥田吉右衛門（魚商）
三田同盟銀行	摂津三田	30	本店	福井与一右衛門
平野銀行	摂津平野	20	本店、河内八尾	末吉勘四郎
廣根銀行	摂津廣根	20	本店	下岡亀一
共同貯蓄銀行	丹波篠山	60	本店	中道作兵衛（土地）、樋口達兵衛（金物商）
洲本銀行	淡路洲本	75	本店	中村栄太郎、安居寅蔵（金物商）
赤穂銀行	播磨赤穂	85	本店	奥藤研造（醤油醸造）、柴原九郎（塩問屋）
御野銀行	備前石井	120	本店	亀山猪之助
六十六銀行	備後尾道	508	広島	天野嘉四郎（金融）、橋本吉兵衛（海運業）
五十二銀行	松山	450	※伊予今治	藤野漸
松山商業銀行	松山	244	本店	木村利武、仲田伝之丞（土地）
伊予農業銀行	松山	93	本店	村上半太郎（土地）、堀内胖治郎（清酒醸造）
大洲商業銀行	伊予大洲	172	本店	程野茂三郎、浅田千代吉（生魚商）

表1-11 続き

銀行名	本店所在地	資本金	コルレス先本支店	主要役員(職業)
今治銀行	伊予今治	148	※本店	阿部光之助、阿部平助(綿ネル製造)
郡中銀行	伊予郡中	100	本店	宮内治三郎(土地)、水野直次郎(呉服商)
八幡浜銀行	伊予八幡浜	60	※本店、大分	高橋伝吾(書籍商)、兵頭伊三郎(砂糖商)
東予銀行	伊予上分	35	本店	鈴木澤之助(土地)、石川辰造(土地)
中津共立銀行	豊前中津	219	本店	菊池安之丞(酢醬油醸造)、野依暦三(穀物商)
柳浦銀行	豊前柳ヶ浦	105	本店	川谷彦三郎(土地)
八屋銀行	豊前八屋	60	本店	田代亀三郎
三瀦銀行	筑後大川	144	本店	中村多平(土地)、中村利三郎(酒醸造)

(出所)第39・40期『営業報告書(逸身銀行)』(逸身家文書2-21、2-22)、由井・浅野編[1988〜89]第3・4巻より作成。
(注)本店所在地は、適宜旧国名を付記。資本金欄は払込資本金額で、合名・合資・個人銀行は名目資本金額を( )内で示した。本支店欄の吉野銀行の支店は全て大和国、紀州銀行の支店は全て紀伊国、河内銀行の支店は全て河内国、主要役員欄は、頭取・行主の氏名と職業のほかに、職業の判明した主要役員1名を記した(1899年1月頃)。職業は、明治31年版『日本全国商工人名録』(渋谷編[1984]第1〜3巻)、南都銀行行史編纂室編[1985]、愛媛県史編さん委員会編[1986]社会経済3、日本金融新聞編[2003]、高嶋[2004]、中西[2009]などを参照した。この表以外に、1899年上半期・下半期に樫根銀行(合資)(本店:大和高田)、1899年下半期に新宮尾崎銀行(本店:紀伊新宮)がコルレス先になっていたが、資本金・役員不明のため省略した。なお、表のうち、芳川銀行・山城起業銀行・山城八幡銀行・貝塚銀行は1899年上半期、川崎銀行は1899年下半期にそれぞれコルレス先になっていない。※印は1895年上半期のコルレス先(大和銀行は五条・松山・上市・御所のいずれも)で、表で示した以外に加島銀行神戸支店と第百二十七国立銀行高知本店も1895年上半期時点でコルレス先となる(第31期『営業報告書(逸身銀行)』(永田家文書68-81-50、永田家蔵、奈良県立図書情報館寄託))。

るが[8]、尼崎紡績が国内の綿ネル産地の綿糸商に販売した際の決済で用いられた手形も、逸身銀行が割り引いていた可能性が指摘でき、それは1900年代まで製品綿糸の販売を主に国内向けに行い、輸出をあまり行わなかった尼崎紡績の特徴とも関係する(高村[1970]552頁)。ただし現在のところ、綿糸取引に関して逸身銀行が割り引いた手形を史料として確認できてはいない。

また前述のように逸身銀行のコルレス網として奈良県との関係も深かったが、逸身家と姻戚関係にあった永田家の逸身銀行との取引関係を表1-12で検討する。永田藤平の娘姉妹と逸身佐一郎・福本元之助の婚姻はいずれも1888年に結ばれたが、永田家と逸身銀行の取引はそれから6年後の94年から始まった。永田家ら奈良県吉野の林業家は、兵庫県灘地域の酒造地帯向けの樽丸を製造していたが、その決済は、1893年に奈良県松山に本店を置き、吉野郡に隣接する奈良県御所と五条に支店を置く大和銀行が設立されると(南都銀行行史編纂室編[1985]215-217頁)、大和銀行を通して行われるようになったと考えられる。大和銀行は1894年8月に吉野郡上市に支店を置き、逸身銀行も95年上半期時点で

---

8) 1901年6月初頭に尼崎紡績は逸身銀行への預金をもとに日本綿花に小切手を渡している(日本銀行調査局編[1957]、504頁)。ただしこの時に1901年恐慌の打撃を受けていた逸身銀行は、これを支払えず、尼崎紡績が逸身銀行の破産申請をすることにつながった。

表1-12 永田家と逸身銀行の取引（1894～97年）

年月日	金額	内容	前後関係
1894・1・16	200円入	預り手形受け取り（樽丸代）	
1894・9・12	500円入	借入金	同日500円出、軍事公債応募保証金
1894・9・18	500円出	借入金返済	
1894・10・20	300円入	口座振替受け取り（樽丸代）	同日300円出、逸身銀行預金
1894・10・26	140円入	預金口座より引き出し	同日140円出、軍事公債払込
1894・11月	140円入	預金口座より引き出し	同日140円出、軍事公債払込
1894・12・11	400円出	預金（大和銀行送金手形）	
1894・12・15	170円入	預金口座より引き出し	同日170円出、軍事公債払込
1895・1・29	139円出	預金	同日139円入、樽丸代金残額受取
1895・1・31	170円入	預金口座より引き出し	同日170円出、軍事公債払込
1895・2・14	4円出	預金	同日4円入、軍事公債利子受取
1895・2・17	3円入	当座預金より引き出し	同日3円出、大阪田村呉服店支払い
1895・3・7	43円出	預金	同日100円入、逸身本店より受取
1895・3・15	300円出	預金	
1895・3・17	310円入	預金より引き出し	同日310円出、軍事公債払込
1895・3・29	450円入	借入金	同日450円出、軍事公債払込
1895・4・5	10,000円入	借入金（約束手形差入）	同日10,000円出、安田へ貸付（山林担保）
1895・4・5	500円出	借入金利子支払いと預金	
1895・4・16	1,000円出	預金	
1895・4・17	188円出	借入金利子支払い	同日188円入、逸身銀行預金引き出し
1895・4・23	480円入	預金より引き出し	同日480円出、軍事公債払込
1895・5・30	535円入	一時預金より引き出し	同日535円出、軍事公債払込
1895・6・5	10,000円出	借入金返済	同日10,500円入、安田より返済
1895・6・5	30円	預金	
1895・6・10	5円入	当座勘定利子入	同日5円出、逸身銀行当座勘定預け
1895・6・11	1,350円出	預金（大和銀行送金手形）	
1895・6・22	480円入	預金より引き出し	同日480円出、軍事公債払込
1895・6・30	63円入	特別当座預金より引き出し	
1895・7・4	66円入	特別当座預金より引き出し	
1895・8・12	35円出	特別当座預け	同日35円入、軍事公債利子
1895・10・4	8,000円入	借入金	同日6,236円出、山本より山林購入
1895・10・4	123円出	借入金利子支払い	
1895・10・16	30円入	特別当座預金より引き出し	
1895・10・28	70円入	特別当座預金より引き出し	
1895・12・29	36円出	特別当座預け	
1895・12・30	8,000円出	借入金返済	
1895・12・31	8,000円入	借入金（約束手形差入）	
1895・12・31	216円出	特別当座預金引出（逸身満壽名義）	同日216円入、逸身銀行へ割引料支払い
1895・12・31	78円入	特別当座預け	同日78円入、軍事公債利子
1896・2・22	106円入	特別当座預金引出（逸身満壽名義）	同日106円出、逸身満壽他へ渡す
1896・3・31	8,000円入	借入金返済（吉野銀行送金手形）	同日8,000円入、吉野銀行より借入
1896・6・14	78円出	特別当座預け	同日78円入、逸身銀行当座預金利子入
1896・6・14	35円出	特別当座預け	同日35円入、逸身銀行当座預金利子入
1896・6・18	48円入	特別当座預金引出（逸身満壽名義）	
1896・7・5	50円入	特別当座預金引出（逸身満壽名義）	
1896・7・20	149円入	特別当座預金引出（逸身満壽名義）	同日165円出、逸身満壽へ渡す（買物代）
1896・7・23	250円入	吉野銀行へ振替（山林代金）	同日250円出、吉野銀行へ預け

表1−12 続き

年月日	金額	内容	前後関係
1896・8・10	105円入	特別当座預金引出（逸身滿壽名義）	同日105円出、福本理喜へ渡す（買物代）
1896・10月	27円入	特別当座預金引出（逸身滿壽名義）	
1896・11・2	180円出	特別当座預金引出	同日205円出、福本元之助へ渡す（買物代）
1896・12・9	78円出	特別当座預け	同日78円入、軍事公債利子入
1896・12・9	23円入	特別当座勘定利子入	同日23円出、逸身銀行当座預け
1897・3・9	15,000円入	借入金（約束手形差入）	同日15,000円出、吉野銀行へ借入金返済
1897・3・16	15,000円出	借入金返済	同日15,000円入、吉野銀行より借入金
1897・7月	150円出	特別当座預金引出	
1897・8・3	30円入	特別当座預金引出	
1897・8・10	28円出	特別当座預け	同日28円入、大阪材木株式会社配当金
1897・10・29	1,000円出	逸身佐一郎へ送金（吉野銀行振出、逸身銀行渡し送金手形）	

(出所) 明治26・27・28・29・30年「諸出入日録」（永田家文書68-97-2-2、68-97-2-3、68-97-2-4、68-97-2-5、68-97-2-6、永田家蔵、奈良県立図書情報館寄託）より作成。
(注) 金額欄の出は永田家の支払、入は永田家の受取、前後関係欄で同日の永田家の金銭の動きより、逸身銀行との金銭出入の目的を示した。円未満は四捨五入した。1894年の樽丸代は西宮の辰馬與平への販売代金。大和銀行送金手形は同行上市支店からのもの。

大和銀行とコルレス契約を結んでいたので（表1−11）、永田家の事業でも銀行を積極的に利用する環境が整った。表1−12から見て、永田家による逸身銀行の利用は、西宮の酒造家への樽丸販売代金の手形を1894年1月に逸身銀行に割り引いてもらったことに始まり、その後永田家が軍事公債購入の応募を逸身銀行の仲介で行ったことで永田家の預金口座が逸身銀行に設定され、大阪での金銭出入を永田家は逸身銀行の預金口座を利用して行うようになった。特に1895年4月5日には、同業の安田家への1万円の貸付金を永田家は逸身銀行から調達しており、同年10月4日には山林購入代金などに充てるため、永田家は逸身銀行から8,000円を借り入れており、永田家の地元吉野郡下市に銀行本支店がない95年前半期には、逸身銀行は永田家の主要な取引先銀行であった。ただし、永田家らが中心となって吉野銀行が下市を本店として1895年8月に開業し、96年5月に大和銀行が大阪支店を開設して同年11月にその大阪支店を本店とすると、永田家は事業関連で逸身銀行を利用することはなくなり、それ以後永田家は、逸身佐一郎へ嫁いだ「ます（滿壽）」を名義とする特別当座預金口座を逸身銀行に開設し、小口の金銭出入としてそれを主に利用した。とは言え、短期間ではあれ、奈良県吉野郡と大阪の銀行間を利用した手形決済の定着に逸身銀行は一定の役割を果たしたと言える。

表1−13　大阪市本店両替商系銀行の動向　　　単位：千円

銀行名	創業年	①1897年12月時点				②1900年12月時点			
		資本金	貸付金	当座貸越	割引手形	資本金	貸付金	当座貸越	割引手形
鴻池銀行	1878	500	438	73	31	3,000	559	254	5,670
第三十二国立銀行(株式)	1878	360	353	339	525	2,532	903	734	4,024
川上銀行	1879	60	104	96	45	60	90	131	132
逸身銀行（合資）	1880	100	141	71	801	100	254	271	1,358
木原銀行	1880	100	415	32	157	100	396	37	761
谷村銀行	1880	50	68	99	119	50	43	87	352
虎屋銀行（合名）	1881	100	128	204	232	200	588	360	686
加島銀行（合資）	1888	300	395	92	158	300	126	585	1,754
住友銀行	1895	1,000	1,349	304	1,487	1,000	108	317	5,126
井上銀行（合資）	1895	500	277	9	163	500	241	199	1,016
泉町銀行（株式）	1895	130	93	71	98				
山口銀行	1898					1,000	310	384	2,373

(出所)不二出版［1992］第10巻、108頁の次の①、第18巻、22-23頁より作成。
(注)資本金は、払込資本金額と考えられる。鴻池銀行は1900年に合名銀行となる。第三十二国立銀行は、1898年に浪速銀行となる。銀行名欄の無印は個人銀行。なお逸身銀行系の貯金銀行は出所資料に掲載されていないため載せてないが、創業年は1893年で、払込資本金額は98年1月・1901年1月時点ともに12,500円であった（由井・浅野編［1988〜89］第3巻、63頁、第5巻、91頁）。両替商系銀行の範囲は、石井［2007］246頁による。

　逸身銀行の特徴を、大阪の他の両替商系統の銀行と比較すると、表1−13から見て大阪では、近世来の両替商系統の銀行の設立に1878〜80年と1895年の2つの波があったことが判る。後者は、1893年の商法と銀行条例の施行を契機としたと考えられるが、逸身銀行は前者に属し、大阪の両替商系統の銀行のなかではかなり早期から紡績金融を行ってきた。そのため、1897年時点でも、他の銀行に比して資産内容に占める割引手形の比重が極めて高く、割引手形の絶対額でも、資本金額が逸身銀行よりもかなり多い第三十二国立銀行・加島銀行・井上銀行を大きく上回っていた。第二次企業勃興後の1900年時点になると、鴻池銀行・浪速銀行（旧第三十二国立銀行）・加島銀行や1898年に新たに設立された山口銀行が急速に手形割引を行うようになったため、割引手形の絶対額では、逸身銀行はそれらの銀行の後塵を拝するようになったが、資本金額や貸付金と比較した場合の逸身銀行の割引手形の比重の高さは変わらなかった。

3　20世紀初頭の恐慌と逸身銀行の破綻

(1) 大阪での金融恐慌

　表1−9に戻ろう。冒頭で述べたように1896（明治29）〜97年の恐慌で逸身銀行は預金取り付けに見舞われ、97年に預金額が急減し、そのため貸付額・手

形割引額ともに急減した。ただし前述のように、この時は日本銀行から融資を受けて危機を乗り越え、1899～1900年に預金額は回復した。1896年下期は、表1－10のように利金もマイナスとなったが、諸公債を売却し、それを積立金に回して補塡した。1895・99・1900年は貸借対照表が判明したので、それを表1－14で示した。期末資産内訳で見て1890年代後半に割引手形が急増していたが、99～1900年にかけて割引手形は減少に向かい、それに比して貸付金および当座貸越が増えており、1898年設立の山口銀行が急速に手形割引を行うなかで、1901年の金融恐慌以前に逸身銀行の割引手形の扱いはこれ以上の拡大が見込めなくなっていた。その一方で、諸預金は着実に増大しており、1897年の経営危機の際に売却したことによって減少した国債など有価証券資産も、99～1900年にかけて買い進め、かなり回復していた。逸身銀行の預金吸収機関であった貯金銀行が、1901年12月時点で約125,000円を逸身銀行に預金していたと推定され、逸身銀行への預金額全体の1割弱は貯金銀行からの預金であった。なお1898年12月時点の貯金銀行の貯蓄預金約10万円を預金者職業別に見ると、商業者が約54,000円、雑業者は約39,000円であった[9]。

　大阪の他の両替商系統の銀行が手形割引業務を拡大して逸身銀行の独自性が薄まるなかで1901年に逸身銀行は預金の取り付けに遭った。表1－15をもとに逸身銀行の経営破綻のプロセスの要点をまとめる。1901年の大阪への金融恐慌の波及は、前年の恐慌で経営が不安定になっていた七十九銀行と難波銀行が1901年4月16日に休業したことに始まった。その余波が全国各地の銀行におよび、逸身銀行と貯金銀行も4月16・17日に預金の取り付けに遭った。これに対し、百三十銀行・住友銀行・帝国商業銀行・鴻池銀行・北浜銀行・三十四銀行・浪速銀行・山口銀行の8銀行が連帯保証をすることで、逸身銀行・貯金銀行は日本銀行より50万円を借り入れて、この時の預金の取り付けをしのぐことができた。8銀行のなかで、逸身銀行の救済に積極的に動いたのは百三十銀行の松本重太郎と考えられ、松本は4月20日に逸身佐兵衛家所有の不動産を担保として百三十銀行が逸身銀行に101,500円を融資する契約を逸身佐一郎と結んだ。その内容を、以下に示す。

---

9) 第12期「営業報告書（貯金銀行）」（永田家文書 B-3-3-14、永田家蔵）。

表1-14 逸身銀行・貯金銀行貸借対照表　　単位：円

期末年月	[逸身銀行]					[貯金銀行]		
	1895・6	1899・6	1899・12	1900・6	1900・12	1898・6	1900・6	1901・12
①負債								
資本金	100,000	100,000	100,000	100,000	100,000	50,000	50,000	50,000
積立金	58,000	120,000	125,000	130,000	135,000	6,900	6,900	10,000
諸預金	575,968	840,999	921,156	1,004,959	1,344,941	94,953	226,298[5]	3,694
借入金	191,000	374,500	397,500	391,000	328,000			156,500
預金手形	169,734	38,000	36,900					
再割引手形		193,406	267,607					
他店より借り	53,897	137,784	190,131	124,264	241,119			
支払送金手形	5,323	3,536	4,583	5,698	3,536			
未払利息		1,632	2,051	2,178	1,907			7,542[8]
行員保任積立金	2,690	2,885	2,812					
前期繰越・当期利益	17,163	26,006	25,620	26,031	28,845		1,839	90
計	1,173,774	1,838,749	2,073,359	1,784,130	2,183,348	151,853	285,037	227,826
②資産								
国債	68,132	31,579	25,938	21,767	42,520	31,020	47,975[6]	17,273
有価証券（諸株式）	88,348	10,425	10,425	92,875	92,875	3,652	28,062	31,765
貸付金及当座貸越	255,045	346,515	408,003	456,522	525,209		1,655	
割引手形	504,602	1,187,238	1,248,206	961,573	1,058,171	34,258	71,178	8,196[9]
銀行預ケ金	21,980	55,641	54,792	30,468	53,113	23,869	75,641	125,506
他店へ貸し	69,430	81,237	133,450	63,122	167,389			
所有地所建物	57,480	26,916	27,211	62,578	37,199	4,919	4,919	4,919
金銀有高	104,298	97,052	164,742	94,833	205,983	13,970	17,182	141
営業用什器		392	392	392	392	517	554	457
その他	4,459[1]	1,753[1]	200[2]		498[3]	39,647[4]	37,872[7]	39,569[7]
計	1,173,774	1,838,749	2,073,359	1,784,130	2,183,348	151,853	285,037	227,826

(出所)第31期「営業報告書（逸身銀行）」（永田家文書68-81-50、永田家蔵、奈良県立図書情報館寄託）、第39・40期「営業報告書（逸身銀行）」、「委任状」（逸身家文書2-19-2、2-21、2-22）、第11期「営業報告書（貯金銀行）」（永田家文書B-3-3-14、永田家蔵）、不二出版［1992］第16巻、356・357頁、第18巻、9頁より作成。
(注)1895・99年については、1900年のデータと接続させるため項目を集計し直した。逸身銀行の1900年の負債欄の預金手形・再割引手形欄は、資産の割引手形欄と一緒にされたと考えられる。
1)雑勘定。2)同盟銀行信認金。3)荷為替手形。4)うち37,500円は未払込資本金で1,993円は当期損失。5)借入金も含むと考えられる。6)地方債も含む。7)うち37,500円は未払込資本金。8)諸利息・公債利息を含む。9)割引料として。

史料：抵当権設定金銭貸借契約証書（逸身家文書2-19-15）

大阪府大阪市東区高麗橋参丁目弐拾番屋敷　債権者　株式会社百三十銀行
　同市北区堂島浜通弐丁目拾六番屋敷平民会社員　右取締役　松本重太郎
　　（中略）
同市東区備後町弐丁目百弐番屋敷　債務者　合資会社逸身銀行
　右同番屋敷平民会社員　右業務担当社員　逸身佐一郎
　　（中略、物件所有者として逸身佐兵衛の名前あり）

第1章　近代大阪金融市場と銀行資産家　101

表1－15　逸身家関連会社と破綻前後の逸身銀行・貯金銀行をめぐる動き

年・月・日	内容	資料
1880・3	逸身銀行設立（逸身家）	逸身家文書
1889年	尼崎紡績株式会社設立→1893年1月より社長福本元之助	尼崎紡績会社資料
1893・6	貯金銀行設立（逸身家）→本店の場所は逸身銀行本店と同じ	『銀行通信録』495頁
1893年頃	共立合資会社設立（逸身家）	逸身家文書
1894・5	大阪綿糸合資会社設立（福本元之助）→尼崎紡績の32番・42番手撚糸販売のため	高村「尼崎紡績会社」
1895・8	大阪米穀株式会社設立（福本元之助）	『銀行通信録』548頁
1900・11・1	大阪綿糸合資と大阪米穀が合併して大阪物産株式会社設立（社長：福本元之助）	『銀行通信録』548頁
1901・2・7	逸身銀行・貯金銀行南支店（大阪市南区清水町板屋橋）開業	『大阪銀行通信録』187頁
1901・4・16	七十九銀行・難波銀行休業（金融恐慌開始）、逸身銀行南支店取り付け	「大阪金融界動揺の顛末」
1901・4・17	逸身銀行本店・貯金銀行取り付け	『銀行通信録』495頁
1901・4・18	逸身・貯金銀行が日本銀行より50万円借り入れ（有志8銀行連帯責任）	『銀行通信録』498頁
1901・4・20	逸身佐兵衛所有土地建物（大阪市南区南綿屋町・竹屋町）を担保として逸身銀行が百三十銀行より101,500円の借り入れ	逸身家文書
1901・5・20	逸身銀行再度取り付け→1週間の臨時休業 有志8銀行の連帯責任で日本銀行が再度50万円を逸身家へ融資することを決める 貯金銀行は大阪貯蓄銀行へ譲渡し、貯金銀行の逸身銀行への預金12万円は、日本銀行から融資された50万円のうち12万円を充てて大阪貯蓄銀行へ支払う（有志8銀行の保証）	『銀行通信録』502-505頁
1901・5・26	貯金銀行が逸身佐一郎（逸身家）宛ての約束手形を振り出し 金額15,437円50銭を8枚（計123,500円、支払期日1901年8月25日） 裏書人：住友・帝国商業・鴻池・百三十・北浜・三十四・浪速・山口銀行	逸身家文書
1901・5・27	尼崎紡績臨時重役会で福本社長辞任（福本は取締役として残る）	尼崎紡績会社資料
1901年5月頃	この頃大阪物産会社解散か	
1901・5・28	逸身銀行再開業（ただし貯金銀行の預金残額12万円は大阪貯蓄銀行が引き継ぐことで貯金銀行の解散が決まる）	『銀行通信録』503頁
1901年6月初頭	尼崎紡績が逸身銀行への預金をもとに日本綿花宛で小切手を渡す →逸身銀行は小切手および尼崎紡績の預金を支払えず	『銀行通信録』504頁
1901・6・17	尼崎紡績が逸身銀行の破産申請を行う→有志8銀行が逸身銀行の債務を一時立て替え	尼崎紡績会社資料
1901・6・19	尼崎紡績の逸身銀行への預金を逸身銀行が全額払い出し→尼崎紡績は逸身銀行の破産申請取り下げ	尼崎紡績会社資料
1901・6・20	尼崎紡績臨時重役会で福本取締役辞任に伴い功労金として1万円を贈することを決定	尼崎紡績会社資料
1901・6・24	日本銀行が有志8銀行を通して1901年5月に逸身家へ融資した50万円の債務弁済の保証人に永田藤平らがなり、逸身家が債務不履行の時は永田藤平らが債務を代弁する	永田家文書 D-2-2-2
1901年6〜7月	逸身銀行が4月に日銀大阪支店より借りた50万円のうち14万円は返済済みで、残り36万円の処理を日銀大阪支店と有志8銀行が協議→6万円償却、残額30万円を10万円ずつ3回で分割返済させる 逸身銀行が5月に日銀大阪支店より借りた50万円のうち12万円を大阪貯蓄銀行に対する債務で残り38万円の処理を日銀大阪支店と有志8銀行が協議→満期（8月25日）後6ヵ月間の猶予を与えた上で、13万円・13万円・12万円の3回で分割返済させる	『銀行通信録』504-505頁
1901年7月中旬	逸身銀行整理委員会が逸身銀行の資産として25万円の約束手形を発見 うち53,650円：大阪物産会社が綿糸・綿花商の山本治兵衛の裏書きで逸身銀行へ差し入れたもの →整理委員会は帝国商業銀行で再割引した9,320円を除く43,300円分について山本治兵衛に返済を求める→紛糾したが山本は18,000円を支払う約束 うち46,000円：舞鶴の宅地開発を行った秋田鎖三郎が振り出したもの →整理委員会は秋田に返済を求める→秋田は27,000円を支払う約束	『銀行通信録』548-556頁、593-594頁

表1-15 続き

年・月・日	内容	資料
1901・8・26	貯金銀行が逸身佐一郎宛ての約束手形を振り出し（5月26日分の延長か） 金額15,437円50銭を8枚（計123,500円、支払期日1901年11月25日） 裏書人：住友・帝国商業・鴻池・百三十・北浜・三十四・浪速・山口銀行	逸身家文書
1901・11・25	貯金銀行が逸身佐一郎宛ての約束手形を振り出し 金額15,437円50銭（支払期日1901年12月24日） 裏書人：8銀行（上述の8つの銀行か）	逸身家文書
1901・11・25	貯金銀行が永田藤平宛ての約束手形を振り出し 金額33,000円（支払期日1901年12月24日） 裏書人：逸身佐一郎、福本元之助	逸身家文書
1902・1・5	有志8銀行が集会を開き、逸身銀行の債務を約80万円と推計し、そのうち日本銀行に対する債務残額は45万円、大阪貯蓄銀行に対する債務残額は123,500円と計算→日本銀行に対する債務45万円を有志8銀行で負担、大阪貯蓄銀行に対する債務123,500円は有志8銀行が等分に負担（各15,437円50銭）→2月2日償却済	『銀行通信録』593-594、601頁
1902・1・22	共立合資会社社員総会 ・営業所を大阪市東区備後町2丁目102番に移転 ・業務担当社員高木嘉兵衛・吉岡栄吉の辞任 （会長：福本元之助、社員：逸身佐兵衛・逸身佐一郎・高木嘉兵衛・溝口保蔵・吉岡栄吉・山田東助）	逸身家文書
1902・1・25	株式会社貯金銀行臨時株主総会→清算報告の承認 （逸身九郎、逸身佐兵衛・逸身佐一郎・福本元之助・溝口保蔵、山田東助） 合資会社逸身銀行臨時総会→本日限り任意解散決議 （業務担当社員：逸身佐一郎・逸身佐兵衛・福本元之助　社員：高木嘉兵衛・溝口保蔵・山田東助）	逸身家文書
1902・1・28	共立合資会社移転と高木・吉岡両社員抹消登記申請	逸身家文書
1902・1・31	合資会社逸身銀行任意解散登記申請	逸身家文書
1902・2・12	1901年5月28日に有志8銀行から逸身家が有志を受けた50万円に対して永田家所有山林を抵当に入れ、逸身家の財産で返済が完了しない時は、抵当に入れた永田家所有山林で残りを返済	永田家文書 D-2-2-8
1902年2月中旬	逸身家所有の摂津国三田の水田20町歩を32,000円で売却	『銀行通信録』601頁
1902年3月頃	逸身家所有の尼崎紡績6,000株を売却（1株49円、計294,000円）	『銀行通信録』606頁
1902・5・17	逸身佐兵衛から永田家に関西コークス社債24,720円分を預ける	永田家文書 D-2-2-6
1902・7	逸身銀行・貯金銀行清算営業所を大阪市東区備後町2丁目102番から大阪市東区今橋2丁目45番へ移転	逸身家文書
1904・6・14～15	有志8銀行は逸身家の財産で債務を弁済した後の永田家の負担額を4万円と定め、永田家は4万円のうちまず1万円を返済し、残りは1908年までに分割返済する　逸身佐兵衛・逸身佐一郎・福本元之助は、永田家に代弁してもらった4万円のうち36,000円を分割で永田家に返済することを約束	永田家文書 D-2-2-6 D-2-2-8
1904・7・20	逸身家が永田家に負った債務のうち、逸身佐一郎・逸身豊之輔分を20,650円として大阪市備後町2丁目21番の逸身佐一郎所有不動産を抵当に入れる	永田家文書 D-2-2-2
1905・3・30	逸身佐九郎（先代佐兵衛、住所：大阪市南区南綿屋町79番）が、大阪市東区上綿屋町の宅地・建家・畑を福井菊三郎へ16,000円で売却	逸身家文書
1906・2・16	尼崎紡績重役会→福本元之助を営業部長として再雇用→1911年に福本は再度取締役に	尼崎紡績会社資料
1907・9・6	逸身佐兵衛は永田家への債務返済を預けてあった関西コークス社債を引き渡すことで相殺、永田家は逸身佐兵衛の債務を以後免除	永田家文書 D-2-2-6

(出所)「抵当権設定金銭貸借契約証書」「委任状」「決議録」など（逸身家文書2-19）、「逸身事件書類」「逸身へ対する債権証書在中」「対八銀行保証債務済口一件書類」（永田家文書 D-2-2-2、D-2-2-6、D-2-2-8、永田家蔵）、1889～1911年の「重役会決議録」（尼崎紡績会社資料、ユニチカ記念館蔵）、東京銀行集会所編『銀行通信録（摘録）』（日本銀行調査局編 [1957] 第6巻）、「大阪金融界動揺の顛末」（『大阪銀行通信録』第43号付録、不二出版 [1992] 第18巻所収）、不二出版 [1992] 第18巻、187頁、高村 [1970] より作成。

(注)共立合資会社は、1903年版と1904年版の『全国諸会社役員録』に掲載され、業務担当社員は福本元之助で、資本金7万円、営業目的は、石炭採掘・販売とされた（由井・浅野編 [1988～89] 第8巻、106頁）。

第壱　債務者ハ逸身佐兵衛所有後記ノ物件ニ第壱番抵当権ヲ設定シ本日ヨリ明治参拾五年四月拾七日迄利息吉日百円ニ付金弐銭七厘ノ割合ニテ債権者ヨリ金拾万壱千五百円ヲ借受ケンコトヲ又債権者ハ前同断ヲ以テ右債務者ニ之レヲ貸渡スコトヲ互ヒニ約諾シ尚ホ金額ハ既ニ其授受ヲヘタル旨ヲ互ヒニ陳供ス

第弐　債務者ハ前項利息金ハ本契約期限ノ前後ニ拘ハラス債務完済之先迄毎月末日限リ支弁ス可キ事ヲ諾約ス

第参　債務者ハ前項利息金ノ支弁ヲ壱ケ度ニテモ遅滞シタルトキ又ハ他ノ債務ノ為メ財産ノ差押ヲ受ケタルトキハ此期限ノ利益ヲ失ヒ即時元利金返還ノ要求ニ応ス可キコトヲ諾約ス

第四　債務者ハ第壱項利息金ハ債権者ノ通知ニ依リ之レヲ増減セラルルモ異議ナキコトヲ諾約ス

第五　債務者ハ第壱項抵当物件ニ対シテハ是迄年期貸永代貸其他賃貸料ノ前収質権ノ設定等凡ソ其価格ヲ減少ス可キ契約ノ行為ヲ為セシコトナク又将来ニ於テモ之レヲ為サンコト及ヒ若シ之レニ違ヒタルトキ又ハ天災其他ノ原因ニ依リ此抵当物ヲ毀損若クハ滅失シタル場合ニ於テ直チニ之レヲ補充セサルトキハ此期限ノ利益ヲ失ヒ即時元利金返還ノ要求ニ応ス可キ事ヲ諾約ス

第六　債務者ハ此抵当物件ノ競売ニ先タチ他ノ財産ヲ差押ヘラルルモ更ニ異議ナキコトヲ諾約ス

第七　債務者ハ此抵当物ヲ競売セラルル場合ニ至リタルトキハ土地建物ヲ分割セス之レヲ一纏メニシテ競売ニ付セラル可キコトヲ諾約ス

第八　債務者ハ本証書ノ義務不履行ノトキハ直チニ強制執行ヲ受ク可キコトヲ認諾ス

第九　逸身佐兵衛ハ債務者カ第壱項債務ニ対シ第壱番抵当権ヲ設定スル為メ自分所有後記ノ不動産ヲ債務者ニ貸与ス可ク　若シ債務者ニ於テ義務ヲ履行セサルトキハ直チニ之レヲ競売ニ付セラルルモ更ニ異議ナキコトヲ諾約ス

債務者ハ第壱項債務ニ対スル弁済担保トシテ左ノ物件ニ第壱番抵当権ヲ設定ス

大阪市南区南綿屋町四番一市街宅地百参拾壱坪五合五夕
　　　右宅地上ニ在ル建物　（略記　土蔵1棟、家3棟）
　　右同町四拾五番一市街宅地百五拾弐坪四合八夕
　　　右宅地上ニ在ル建物　（略記　家6棟、土蔵1棟）
　　大阪市南区南綿屋町四拾六番一市街宅地四百八拾五坪四夕
　　　右宅地上ニ在ル建物　（略記　家4棟、倉庫11棟）
　　右同所五拾番一市街宅地百八拾参坪六合六夕
　　　右宅地上ニ在ル建物　（略記　家1棟、倉庫6棟、平納屋1棟）
　　同区竹屋町九番一市街宅地百七拾参坪八合八夕
　　　右宅地上ニ在ル建物　（略記　平納屋2棟）
　　（中略）
　　右契約ヲ為シタルコトヲ確証スル為メ左ニ署名捺印スルモノ也
　　明治参拾四年四月弐拾日　公証人兼松寛　役場ニ於テ
　　　大阪区裁判所管内大阪市南区九郎右衛門町第九拾番邸住居　公証人
　　兼松寛

　以上のように、百三十銀行が貸付金利率の変更を一方的に行える上に、逸身銀行が利息金の支払いを一度でも遅らせると即時に元利金返還の要求に応じないといけないなど、逸身銀行にとって厳しい条件であり、担保物件は、南綿屋町と竹屋町に所在する佐兵衛家の宅地と建物であった。

（2）逸身銀行の整理

　日本銀行や百三十銀行からの借入で危機を一時的に脱した逸身銀行であったが、全国に波及した金融恐慌はなかなか収まらず、1901（明治34）年5月20日には逸身銀行は再度の預金取り付けに遭った。逸身銀行は1週間の休業を余儀なくされ、前述の8銀行の連帯責任で日本銀行が再度50万円を逸身銀行に融資した。その際、貯金銀行は大阪貯蓄銀行に引き継がれることとなり、貯金銀行の逸身銀行への預金12万円を、日本銀行からの融資を利用して大阪貯蓄銀行へ支払うことが決められた。逸身銀行休業の責任をとって福本元之助は尼崎紡績社長を辞任したが、尼崎紡績が逸身銀行への預金をもとに日本綿花宛て小切手

を渡した分を逸身銀行が日本綿花に支払うことができず、尼崎紡績の逸身銀行への預金も逸身銀行は払い出せなかったため、尼崎紡績は逸身銀行の破産を申し立てた。前述の8銀行はこれに対して逸身銀行の債務を一時立て替えすることを決め、逸身銀行は尼崎紡績の預金を全額払い出したので、尼崎紡績は逸身銀行の破産申請を取り下げたが、ここで8銀行も逸身銀行を整理する方針を立て、結局逸身銀行は1902年1月25日付けで任意解散するに至った。

　問題は、逸身銀行整理の過程での債務の処理状況であり、1902年1月5日の8銀行の集会では、逸身銀行の債務は約80万円と推計された。そのうち逸身家所有不動産の売却で処理したと推定される分が、南綿屋町・竹屋町の土地・建物で約10万円、摂津国三田の水田20町歩で32,000円、上綿屋町の土地・建物で16,000円、そして逸身銀行のあった佐一郎店の敷地・建物をあわせると合計約20万円と言われた。そのほか逸身家所有尼崎紡績会社株6,000株が1株49円で売却されて294,000円、また逸身銀行整理委員会が逸身銀行の資産として発見した25万円分の約束手形があり、これらの一部が逸身銀行に戻った分もあるため、結局8銀行が最終的に明確に逸身家の負債を肩代わりしたのは、貯金銀行を引き継いだ大阪貯蓄銀行への債務123,500円で、これらは8銀行で等分に負担することになった。負担した約12万円分について8銀行は、貯金銀行の取締役4名のうち資産のある3名（おそらく平池昇一・永田藤平・福本元之助）にそれぞれ4万円ずつ弁済させることにしたようで[10]、永田家の負担額は4万円と1904年6月に定められた（表1－15）。

　永田家は4万円の負担額のうちまず1万円を弁済し、残りは分割で返済した。永田家の1907年の「金銭出入帳」には、1907年7月4日付けで5,000円の支払いがあり、その内容は「右ハ本年六月三十日支払契約金年賦償還金八行へ支払分、但シ三十四銀行へ納付」とあった[11]。ただし、8銀行への逸身家の返済額はかなり減額されていたと思われ、1905年9月に逸身佐一郎が住友銀行行主住友吉左衛門に送ったと考えられる感謝状には、「去明治三十四年合資会社逸身

10）「対八銀行保証債務済口一件書類」（永田家文書 D-2-2-8、永田家蔵）。
11）　明治40年「金銭出入帳」（永田家文書68-97-1-7、永田家蔵、奈良県立図書情報館寄託。永田家文書はいずれも永田家蔵であるが、永田家保管分と奈良県立図書情報館寄託分があり、以下は永田家保管分のみ所蔵先を示した。

銀行非運ニ際会シ将ニ破産ニ陥ラントセル時ニ方リ貴行［住友銀行］ノ御救済ニ依リ破産ヲ免レタルノミナラス今般又逸身一家ノ前途ノ為メ特別ノ恩恵ヲ以テ若干ノ財産ヲ還付セラレ且既往已ニ弁済ヲ了リ及逸身一家其他ノ者ヨリ提供シタル財産ノ売価ヲ以テ弁済シタルモノ幷ニ現在ノ抵当財産及舞鶴ノ不動産又ハ其売価ヲ以テ弁済ヲ了シタル残余ノ債務ヲモ免除セラル可キ事ニ相成候段重々ノ御洪恩謝スルニ辞ナク吾々ハ不及申子々孫ニ至ルマテ深ク銘肝シテ忘レサル所ニ御座候因テ一同連署感謝状呈出候也」と記されていた[12]。そして逸身佐兵衛・佐一郎・福本元之助は永田家が貯金銀行の債務を代弁した4万円のうち36,000円を分割で永田家に返済することとした（表1-15）。永田家の1907年の「金銭出入帳」の9月6日の項には、逸身佐兵衛より、8銀行保証債務負担金の弁済金として関西コーク会社社債などをもとにした約25,803円分が永田家に引き渡された記載があり、永田家はこれで逸身佐兵衛の債務を免除して、残額は逸身佐一郎と福本元之助へ請求することとした[13]。このように永田家ら逸身家の姻戚の協力を得て逸身銀行の破綻が処理され、福本元之助は1906年に尼崎紡績に復帰することとなった。

　その後の逸身家と福本元之助の動向について簡単に触れる。逸身銀行が解散した後、福本元之助家と逸身佐一郎家は吉野の永田家を頼った。実際に、佐一郎一家と元之助一家は、永田家の屋敷の近くに住んだと考えられ、永田家の家計帳簿に、「逸身内部」「福本内部」の項目で家計支出が別記されている[14]。福本元之助は尼崎紡績の社長は辞任したが、堺煉瓦と大阪鉱業については、社長は辞任したものの取締役を続けた（表1-8）。特に、大阪鉱業は前述の共立合資が採掘権を取得していた北海道釧路の炭山に期待していたと考えられ[15]、福本が大阪鉱業の取締役を退いて監査役になると同時に逸身佐一郎の息子で福本元之助の甥にあたる逸身豊之輔が大阪鉱業の取締役に就任した。それとともに共立合資の北海道釧路の炭山の採掘権は大阪鉱業に譲渡されて開坑に着手し

---

12)　明治38年「感謝状」（永田家文書68-112-22-1）。この史料は控えと思われる。
13)　明治40年「金銭出入帳」（永田家文書68-97-1-7）。
14)　1900年代の「金銭出入帳」（永田家文書）を参照。明治末年頃の吉野郡下市町の逸身家居宅は永田家居宅からかなり近かった（安田［1997］巻末地図）。
15)　「考課状綴（大阪鉱業株式会社）」（永田家文書68-19-5）および「太平洋炭礦株式会社沿革史　巻一」（三井文庫蔵）を参照。

た。その後、大阪鉱業は所在地を大阪から奈良県吉野郡下市に移し、永田家も大阪鉱業へ出資して、福本元之助の義父にあたる永田藤平は一時的に大阪鉱業の取締役に就任した(本書第2章表2－7)。大阪鉱業は、北海道釧路の炭山を中心に、滋賀県や奈良県にも鉱山を所有し、第一次世界大戦期まで経営を継続し、最終的に北海道釧路の主要炭鉱は三井鉱山株式会社に合併された。

　ところが福本は、主要鉱山の経営は三井鉱山に譲ったものの、石炭販売の事業は継続し、福本家と逸身家で福本会社(合名)を設立し、石炭販売業を続けたようである[16]。福本会社は福本家と逸身家の資産保全会社でもあったが、永田家の影響もあり、山の事業に強い関心を示し続けた。それは山林経営にも言え、永田家と福本家と逸身家(佐一郎・豊之輔)は、廣海家・小西家と共同で奈良県天川村澤原の山林経営を1910年頃から始めた(本書第2章)。廣海家は大阪府貝塚の肥料商で、当主惣太郎は逸身佐一郎と福本元之助の妻の妹を妻に迎えており、永田家当主藤兵衛と逸身佐一郎と福本元之助と廣海惣太郎は義兄弟(佐一郎と元之助は兄弟)の関係にあった。そして、永田藤兵衛は地元吉野銀行の頭取を、廣海惣太郎は地元貝塚銀行の頭取を務めており、逸身銀行が健在であった時期は、吉野銀行と逸身銀行、および貝塚銀行と逸身銀行はいずれもコルレス網を結んでおり、大阪市中とその周辺で銀行頭取家の血縁ネットワークと営業ネットワークが重なり合っていた[17]。

　そして廣海家は惣太郎が永田家から嫁をもらって以降に山林経営を開始し、福本家と逸身家も永田家を頼って、奈良県吉野郡下市に住むようになってから山林経営を共同で行うようになり、一方の永田家も福本元之助の影響で鉱山経営を始めるなど、互いの資産を組み合わせて山の事業を行うようになったのが、彼らのネットワークの特徴であった。なお、1906年に尼崎紡績に復帰した福本元之助は、11年から再度尼崎紡績取締役となり、14(大正3)年に尼崎紡績が東京紡績を吸収合併する際に力を尽くし、17年に尼崎紡績と摂津紡績が合併して大日本紡績となって以降も同社取締役を務めた。そして1924年に大日本紡績の副社長に就任し、31(昭和6)年に自ら退社するまで副社長であり続けた

---

16)　福本会社は1919年12月に設立され、礦物採取販売土地建物有価証券所有信託および代理を営業目的とした(大正11年版『日本全国諸会社役員録』商業興信所、上編533頁)。
17)　明治31年度上半期「営業報告書(吉野銀行)」(永田家文書68-81-34)および本書表1－11を参照。

(中西［2017c］)。福本は尼崎紡績に復帰すると再び尼崎紡績株を取得することで資産を蓄積し、1916年の資産家番付には100万円、28年の資産家番付には400万円の資産額で挙げられた（渋谷編［1985］第1巻、18頁、石井［2018］附録17頁）。福本の資産の多くは大日本紡績株であったと考えられ、1932年時点で福本株式会社が所有する大日本紡績株は13,980株に上り（山一証券株式会社調査部編［1933］233頁）、近代前期に尼崎紡績を支えた逸身家の志は福本に受け継がれ、福本は紡績業界有数の資産家となった。

おわりに

　本章で明らかになった点をまとめる。まず大名貸中心の両替商と商人為替中心の両替商では幕末維新の打撃の受け方が異なったことが指摘できる。そのなかで逸身家では、商人為替業務中心の佐一郎店が近代初頭に資産蓄積を進め、それが逸身銀行設立の主要な原資となった。そうであれば、近世来の両替商が近世来の蓄積でもって近代期に銀行を設立したとの見方には留保が必要と思われる。とは言え、逸身銀行整理の際には、逸身佐兵衛家が所有した不動産が大きな役割を果たしており、逸身家全体の資産蓄積としては不動産や有価証券も含めて考える必要があり、その点で佐兵衛家（店）と佐一郎店を合わせて検討する必要があろう。また、近代銀行の設立主体としての両替商は、大阪市内では重要であったと考えられるが、逸身家が銀行家のネットワークを形成した平池家・永田家・廣海家はいずれも両替商ではなく、大阪周辺部では、近代銀行設立主体としての両替商の役割は限定的であったと思われる。むろん逸身銀行の場合は、両替商時代の商人為替から商業金融への機能的連続性があり、石井寛治が指摘するように銀行の機能を積極的に利用して両替商が銀行に展開した側面が見られたが、コルレス網の展開が不十分であった逸身銀行は、流通構造の変容に伴って商業金融の内容を転換させざるを得ず、紡績金融に集中していく背景にもなった。その一方、加島屋廣岡家のように幕末期に大名貸を主に行った両替商が銀行を設立した場合には、1890年代は貸付銀行的性格が強くなる傾向もあった（石井［2007・2010］）。

　さらに、逸身銀行の紡績金融として、これまでの研究で強調された原料棉花

購入に対する紡績手形割引の側面のほかに、製糸販売面での金融も積極的に行われた可能性がある。逸身銀行は綿ネル産地の銀行とのコルレス網を充実させており、例えば、逸身銀行がコルレス契約を結んだ和歌山銀行の役員が、尼崎紡績の主要な綿糸販売先の竹中源助で、和歌山銀行の勘定内容では送金手形がかなり多く（高嶋［2004］308-309頁）、尼崎紡績の竹中への綿糸販売代金が、和歌山銀行と逸身銀行を介した送金手形で決済された可能性が考えられる。

　こうした逸身銀行の積極的な紡績金融は、金融市場未整備の時代に商業金融を先行して行った面で評価できる一方で、十分な自己資本蓄積がないままに商業金融の規模を拡大しすぎたことで破綻の要因ともなった。逸身銀行が大阪の両替商系統の銀行のなかではかなり早期に設立されたにもかかわらず、設立期の資本金10万円のままで、それ以降資本金が充実させられなかった背景として、逸身家が尼崎紡績の増資払込を優先させたことがあった。すなわち逸身家の資産規模から見て逸身家の尼崎紡績への1890年代末時点での6,000株（額面で15万円）の投資は過剰投資と言わざるを得ず、逸身銀行の健全経営のためには、銀行貸出・手形割引額の急増に伴い、逸身銀行の増資を行い、自己資本比率が下がらないようにしておく必要があったと考えられるものの、尼崎紡績への出資のために、逸身銀行の増資を行う資金的余裕が逸身家にはなくなってしまったと言える。とは言え石井説のように逸身銀行の経営の失敗を専門的な銀行経営者の不在に求めるのもやや一面的であろう。逸身銀行は1880年代までは近世来の商人為替による信用ネットワークを活かした銀行経営を展開してきたと思われるが、交通網の近代化とともに国内流通のあり方が遠隔地間の商人同士の直接取引へと転換するなかで、それにうまく対応できなかった。そうした逸身銀行を紡績金融という新たな事業分野へと転身させたのが福本元之助で、福本は進取の気質を持った新しいタイプの経営者であったと言える。

　実際、創業期の尼崎紡績会社の社長は、初代廣岡信五郎、２代木原忠兵衛といずれも両替商家出身で、それぞれ加島銀行・木原銀行と銀行を設立していた（社史編纂委員会編［1966］7頁）。しかし廣岡・木原ともに短期間で社長を退任し、特に木原は、尼崎紡績の主力工場となった第二工場の増設に反対して辞任しており、保守的な気質を強く持っていたと思われる（絹川［1939］第4巻、142頁）。それゆえ前述の表１-13でも明らかなように、木原銀行は1897（明治

30) 年末時点で貸付金よりも割引手形がかなり少なく、近世来の両替商経営の延長線上としての銀行経営と考えられる。それに対して第3代社長の福本は、積極的に第二工場の増設を進め、綿糸販売会社を設立するなど流通網の整備も進め、そして逸身銀行を紡績金融へ向けさせた。それによって逸身銀行の経営も1890年代には改善されており、福本は、尼崎紡績と逸身銀行を組み合わせた新たな事業形態を作り上げた。

　このような逸身銀行の経営展開は、両替商系統の銀行の場合は、当主やその兄弟はあまり経営に参画せず、官僚経験者などの専門的な経営者を外部から招いて、新たな状況に対応したとした石井の見方とはかなり異なっていた。そして、進取の気質を持ったと考えられる福本がいたからこそ逸身銀行は、解散に際しても尼崎紡績株の売却資金などで債権者にある程度納得させる返済を行うことができ、福本はその後も大阪財界で名誉ある地位を占めることができたと言えよう。

第2章

奈良県林業資産家と産地銀行
―― 永田藤兵衛家を事例として

はじめに ―― 林業金融と産地銀行

　本章の課題は、林業資産家の事業展開や有価証券投資において金融の果たした役割を考察することである。近代日本の林業経済の研究は、第二次世界大戦前からの林業地帯の類型論に始まり、戦後の農地改革のなかで林野制度論へ展開し、その後林産物の市場論へ発展して、林業経営の経営史的研究も登場するとともに、現在は環境問題と関連させて林野の利用論が盛んとなっている[1]。それと並行して林業技術史の研究蓄積はあるものの、林業金融の歴史的研究はあまり見られず、不動産金融史研究においても市街地金融と農業金融に大きく二分されて論じられている[2]。ところが、運転資金貸付の比重が高いという特徴を持つ林業金融には、農業金融とは異なる特殊な事情があり、山林という不動産を担保にした金融が中心であったとは言え、農業金融と同様に論ずるのは難しい（福岡［1973］35-37頁）。松村隆が指摘するように、木材業の経営の弱点として、植林から伐出までに長期間かかり、資本の回転期間が極めて長いことと、木材の価格が乱高下することが多く、価格変動リスクが大きいことがある（松村［1996］）。特に、近代日本の木材価格の場合、乱高下が多いばかりでなく、産地価格と集散地価格が連動しておらず、それが連動していた米価に比して価格変動リスクはより一層大きかった（中西［2002b］）。資本の回転期間と

---

1) 近代日本の林業史研究の整理は、加藤・成田・脇野［2006］を参照。その後、林産物の市場論として山口［2015］があり、林野の利用論として室田・三俣［2004］などがある。
2) 林業技術史研究として、脇野［2006］が、不動産金融史として、植田［2011］が挙げられる。第二次世界大戦後の日本の林業金融については、福岡［1973］が論じている。

価格変動リスクの面で、林業経営と農業経営はその前提条件が大きく異なっており、農業金融とは異なる論理で林業金融を論ずる必要があろう。そしてこうした弱点を克服するために、名古屋の材木商「材摠（材木屋摠兵衛）」は、伝統的な高級材の取り扱いを残しつつ、枕木の扱いから製函業に順次進出して多様な製材品を扱うようになり、また共同で「山方」出資を行い木材資源を確保するとともに、他者の木材情報を共有し、他の材木商と価格変動リスクを分かち合った（松村［1996］）。本章では、その点を踏まえて、近代日本において民間林業経営が最も進んだと考えられる奈良県吉野林業を素材として、そこでの製材業者らが、上述の木材業の課題をどのように克服したかを検討する。その際吉野では林業家が共同で林業家向けの銀行を設立したので、その点に着目して林業金融の実態を分析する。なお、本書では、産地において生産者向けの金融を主に担った銀行を産地銀行とする。

　奈良県吉野郡の産業は圧倒的に林業が中心であり、例えば1909（明治42）年時点の吉野郡の主要生産物の生産額を見ると、主要木材の杉が約106万円、林産加工物が約194万円に対して、米が約45万円、麦が約22万円、繭が約12万円で、工業製品では和紙と酒類がそれぞれ約14万円ずつにすぎなかった[3]。よって吉野郡の銀行も林業家向けの金融が中心となる。そこで本論に入る前に、先行研究での吉野林業の位置付けを確認しておきたい。前述のように近代日本の林業研究は、林業生産のあり方を類型化して地域比較をする視点でまずは進められた。例えば西川善介は、近世期の林産物の生産を、領主的育林生産と農民的育林生産に分類し、前者の代表例として飛騨・木曽・秋田・青森・南部・土佐など、林が天然更新された林産地を挙げ、そこでは領主が主導して行った領主的木材生産と領主から林産物の仕出しを請け負った商人による商人的木材生産、それに領主から小規模な生産を許された小商品生産的木材生産が組み合わされて行われたとした（西川［1959～61］）。そして、後者の代表例として吉野・熊野・天竜・西川・青梅・山国など、人工的に植林が行われた林産地を挙げ、そこでは近世期から小商品生産的木材生産が広く進展し、近世後期には大規模な木材生産への展開が見られたとした。一方、半田良一は、林業における生産

---

[3] 明治42年度『奈良県統計書』より。米麦の産額は、吉野郡収穫量と奈良県平均価額より推計。

技術の発展段階と流通部門を組み合わせて、日本林業の典型的な発展路線として地主林業型発展構造と農民林業型発展構造を抽出し、生産と流通を総合的に捉える構造的把握を提唱した（半田［1967］）。そして、吉野林業の特徴を借地林業制と位置付けたのが福本和夫で、福本は吉野林業では中小の山林所有者から不在村の大資本が大規模に山林を借地して資本家的小作林業を行ったとした（福本［1955］第9章）。同時期に京都大学人文科学研究所林業問題研究会が吉野林業地帯の調査と共同研究を進めており、そこでは、近世期の吉野ではもともと林野の所有関係は明確でなかったが、摂津国伊丹・灘などの清酒醸造地帯向けの清酒関係用杉材が商品化されるとともに、林野の所有関係が次第に明確となり、植林による育成林業が進められたこと、その後、産地で植林費用が不足したために外部資本が入るようになり、それと環境維持のために山林所有を守る動きのなかで、借地林制度および山林保護を目的とする山守制度が成立したことが示された（京都大学人文科学研究所林業問題研究会［1956］32頁）。

　近世期の吉野林業を借地林業制とする見方に対し、笠井恭悦は、近世期の吉野林業では、山林年季売買の形が多く、借地者もその後土地自体を購入して山林所有者へ移行したことがほとんどで、借地林業の実態はあまり備わっていなかったとした（笠井［1964］346-347頁）。さらに笠井は、吉野での村共有山が分割所有されて小農民的育林業が発生したものの、個人山林所有が村外所有者に移管して不在大山林所有者が形成されたことや、これらの不在山林所有者は、近世期には植林事業に消極的で、前期的商人または地主であったとみなせるが、近代に入ると育林事業を活発化させ、吉野地域の山林所有者の林地集積過程は近代期に激しくなったことを指摘した（笠井［1964］347-352頁）。吉野林業における大規模山林経営の実態を詳細に解明した野村勇らの研究でも、吉野林業に資本主義的性格が見出された（野村編著［1966］）。ただし、それら大規模林業家の林地集積時期には地域差があり、例えば吉野郡上市町の北村家は、1890年時点ですでに約3,466町歩の林地を所有しており、かなり早くから林地集積を進めたが、高市郡真菅村の岡橋家は、1910年時点の約443町歩所有から15（大正4）年時点の約786町歩所有へと10年代前半に林地集積を進めた[4]。

　こうした山林所有の視点からの吉野林業の研究に対し、大阪という大都市近郊の林業地帯として、市場論からの視点を強調したのが泉英二で、泉は吉野林

業において材木商人が木材生産を行うようになったことに着目し、山林所有関係よりもむしろ伐材・流通過程の研究を進め、吉野林業では多様な形態で材木生産が行われていたことを示した（泉［1986年度］）。さらに谷彌兵衛は、近世期の吉野林業の特徴を、完全なる民営林業で、小区画・密植・多間伐・長伐期の小農型林業であったことに求め、近世前期に林業に従事していた地元百姓が、村外の材木商人らに立木を年季売りして、林業から離れて材木の売代金から数％の歩口銭を受け取る存在となり、村外の担い手による借地林業が18世紀後半から普及した結果、地元百姓は次第に林業から離れ、最終的に山林を売却し、村外の所有者を中心とする大山林所有制へ移行したとまとめた（谷［2008]）。

また、近世期の吉野林業での山林年季売買を小農民的育林業の挫折と捉えた笠井に対して、藤田佳久は、そうした農民側の対応を、村外資本を誘致することで外部資本のもとで山守として自らの経済的基盤を確立すること自体に価値を見出した積極的な対応とした（藤田［1982］143頁）。実際、吉野郡全体では、1915年頃の部落所有林野面積として22,511町歩が残されており（笠井［1964］247頁）、部落所有林野面積率が高い集落として、吉野郡川上郷井光を分析した藤田は、井光では近世中期以降、村持山で杉檜の植栽が行われる際に、共同形態による植分けが行われたため、近代初頭の地租改正事業のなかで、村が所有権を持ち、植分け者が地上権を持つ形の共有山が現れ、結果的に近世期の村持山が近代以降も温存されたとした（藤田［1998］196-199頁）。

後述のように吉野林業地帯が広範囲にわたるため、そのなかでの地域差が大きく、また吉野林業では、古くから用材生産とともに、大阪周辺の醸造業との関係から、杉を主とする樽・桶などの材料を中心としたいわゆる樽丸の生産地としても有名であり（天川村史編集委員会編［1981］1059頁）、大阪地域の経済との関係性にも留意する必要がある。本章では、吉野郡下市に拠点を置き、吉野林業地域で最大規模の林業資産家となった永田藤兵衛家の史料を利用して19世紀末から20世紀初頭にかけての吉野林業の実態に迫りたい。

---

4) 京都大学人文科学研究所林業問題研究会［1956］97頁を参照。北村家は又左衛門家とその分家の所有分を合算。川上・上北山・小川・四郷の4ケ村内に所有する林地について、1954年の所有面積を基準とする指数を逆算して林地所有面積を求めた。

1 吉野銀行の概観

　永田藤兵衛家から吉野林業を検討する場合、同家が吉野銀行設立の中心となり、創業時から長期間にわたり同行頭取を務め続けたことに着目する必要がある。後述するように、吉野銀行の林業金融は、林業家の経営拡大を支えるとともに、不況の際に林業家が山林を手放す側面を強め、そのなかで永田藤兵衛家は山林を取得し、吉野郡で最有力の山林・製材業者へと成長した。そこでまず吉野銀行について概観する。表2－1を見よう。近代期の奈良県の銀行の存在を一覧にしたが、奈良県では、郡山に本店を置く第六十八国立銀行（後に六十八銀行）が銀行業の中心であった。1890年代後半に多くの銀行が奈良県で設立されたが、98（明治31）年1月時点では、六十八銀行が払込資本金規模で他の銀行から隔絶した位置を占めていた。吉野銀行は1895年に吉野郡下市を本店所在地として設立されたが、その前後年に設立された多くの銀行の払込資本金規模とほぼ同じであり、奈良県内の地域銀行の1つにすぎなかった。六十八銀行は1901年の金融恐慌で滞貸金の増加に苦しみ、減資により滞貸金を整理したため、10年1月時点では払込資本金額が半減し、それに対し、高市郡八木を本店所在地とする八木銀行が成長して、10年代前半には払込資本金額で奈良県下最大の銀行となった（南都銀行行史編纂室編［1985］197-242頁）。吉野銀行は、1917（大正6）年までは若干増資したものの、地域銀行の域を出なかったが、17～20年に吉野郡およびその周辺の諸銀行を合併して巨大化し、20年代初頭に払込資本金額で奈良県下最大の銀行となった。六十八銀行もこの時期積極的に銀行合併を進めて吉野銀行に次ぐ地位を占め、以後、奈良県の銀行合併は、六十八銀行と吉野銀行を中核として進展した。

　まず、吉野銀行の役員を表2－2から検討する。1895年の設立時から1920年代前半まで永田藤平・藤兵衛の父子が頭取を務め続け、永田藤兵衛が亡くなった後、阪本仙次が頭取を継いだ。吉野銀行の設立当初は大阪の資本も加わり[5]、

---

[5]　吉野銀行設立時から、永田家の姻戚であり大阪で逸身銀行を開業していた逸身家や、逸身家出身で尼崎紡績社長の福本元之助が吉野銀行に出資しており、福本元之助は吉野銀行監査役となった（明治28年下半期「実際考課状（吉野銀行）」（永田家文書68-81-58、永田家蔵、奈良県立図書情報館寄託、以下、永田家文書はいずれも永田家蔵であるが、永田家保管分と奈良県立図書情報館寄託分があり、区別をつけるために永田家保管分のみ所蔵先を示した））。

表2－1　近代期奈良県の銀行一覧　　資本金の単位：万円

銀行名	所在地	創業年	資本金	銀行名	所在地	創業年	資本金
①1898年1月時点				②1904年1月時点			
六十八銀行	郡山	1879	62.5	六十八銀行	郡山	1879	62.5
大和銀行	大阪	1893	25	奈良県農工銀行	奈良	1898	50
八木銀行	八木	1894	25	八木銀行	八木	1894	40
吉野銀行	下市	1895	10.5	畝傍銀行	今井	1896	20
奈良銀行	奈良	1894	10	大和銀行	松山	1893	17.8
高田銀行	高田	1894	10	吉野銀行	下市	1895	13.5
畝傍銀行	今井	1896	10	奈良銀行	奈良	1894	12
田原本銀行	田原本	1894	9	吉野材木銀行	上市	1898	12
大和興業銀行	五條	1897	[9]	御所銀行	御所	1897	10
丹波市銀行	丹波市	1895	5	山中銀行（個人）	郡山	1900	10
御所銀行	御所	1897	5	吉田銀行（個人）	高田	1901	10
樫根銀行合資	浮孔	1896	5	田原本銀行	田原本	1894	9
郡山銀行	郡山	1897	4.7	高田銀行	高田	1894	8
西和銀行	龍田	1897	3.8	丹波市銀行	丹波市	1895	6
吉野小川銀行	小川	1896	3.5	西和銀行	龍田	1897	6
中銀行	田原本	1897	3	郡山銀行	郡山	1897	5.8
奈良貯蓄銀行	奈良	1895	1.3	吉野小川銀行	小川	1896	5.3
榛原銀行	榛原	1897	1.3	樫根銀行合資	高田	1896	5
桜井銀行	桜井	1897	1.3	桜井銀行	桜井	1897	5
				松田銀行合名	東山	1898	5
				中銀行	田原本	1897	3
				田原銀行合資	田原	1898	3
				中西銀行（個人）	法隆寺	1901	[3]
				榛原銀行	榛原	1897	2.5

銀行名	所在地	資本金	銀行名	所在地	資本金	銀行名	所在地	資本金
③1910年1月時点			④1917年1月頃			⑤1922年1月頃		
奈良県農工銀行	奈良	50	八木銀行	八木	62.5	吉野銀行	下市	285.5
八木銀行	八木	40	六十八銀行	郡山	50	六十八銀行	郡山	250
六十八銀行	郡山	31.3	奈良県農工銀行	奈良	50	産業銀行	郡山	185
畝傍銀行	今井	27.5	畝傍銀行	今井	35	八木銀行	八木	125
吉野銀行	下市	13.5	産業貯蓄銀行	奈良	25	奈良県農工銀行	奈良	75
奈良銀行	奈良	12	奈良銀行	奈良	18	御所銀行	御所	50
吉野材木銀行	上市	12	御所銀行	御所	16.8	山口銀行	下北山	30
大和銀行	五條	11.5	丹波市銀行	丹波市	15	産業貯蓄銀行	奈良	25
御所銀行	御所	10	吉野銀行	下市	13.5	十津川銀行	十津川	15.8
山中銀行（個人）	郡山	10	山口銀行	下北山	12.5	山中銀行（個人）	郡山	10
高田銀行	高田	9.9	吉野材木銀行	上市	12	松田銀行合名	東山	5
郡山銀行	郡山	8.4	大和銀行	五條	11.5	⑥1926年1月時点		
丹波市銀行	丹波市	6	産業銀行	郡山	10.1	六十八銀行	郡山	525
西和銀行	龍田	6	高田銀行	高田	10	吉野銀行	下市	500
吉野小川銀行	小川	5.3	山中銀行（個人）	郡山	10	産業銀行	郡山	245
吉田銀行（個人）	高田	5	吉野小川銀行	小川	7	八木銀行	八木	150
松田銀行合名	東山	5	松田銀行合名	東山	5	御所銀行	御所	87.5
山口銀行	下北山	4.5				奈良県農工銀行	奈良	75
						十津川銀行	十津川	21.5
						産業貯蓄銀行		12.5

(出所)由井・浅野編［1988～89］第3・8・14巻、大正6年版『銀行会社要録』東京興信所、1917年、後藤解題［1989］第8巻、大正15年版『日本全国諸会社役員録』商業興信所より作成。
(注)資本金欄は払込資本金額で、不明の場合は名目資本金額を［　］で示した。合資・合名・(個人)の記載のない銀行はいずれも株式会社。1898年1月時点については、南都銀行行史編纂室編［1985］89-306頁より内容を補った。

第 2 章　奈良県林業資産家と産地銀行　117

表 2 − 2　吉野銀行役員・支店の推移

年	1898年	1904年	1910年	1917年	1922年	1926年
頭取	永田藤平（下市）	↑	永田藤兵衛（下市）	↑	↑	阪本仙次（龍門）
取締役	畠山壽太郎（下市） 橋本寛三（坂合部） ＜五條支店＞ 藤岡長三郎（北宇智） 津積恒三郎（北宇智） ＜野原支店＞ 岡本德永（白銀） 楠木助太郎（南宇智） 磯田清平（野原） ＜吉野山支店＞ 前坊常盤（吉野） 福住鑛（吉野）	藤岡長三郎（北宇智） 津積恒三郎（五條） 楠木勢太郎（南宇智） 森谷庄太郎（国樔） 米田台兵衛（下市） 前坊常盤（吉野） 福住鑛	↑ ↑ ↑ ↑ 木村熊治郎（下市） 堀内房次郎（下市） 紙谷重良（五條） 上西源一郎（国樔）	↑ ↑ ↑ ↑ ↑ ↑	阪本仙次（龍門） 北村宗四郎（上市） 林平造（五條） 豊田新一（白樫） 山中太兵衛（明治） 豊田秀次郎（今井）	↑ 栗山藤作（五條） ↑ ↑ ↑ ↑ 中野利三郎（吐田郷） 増井正夫（陵西） 安田行蔵（下市）
監査役	福本元之助（大阪） 辻村清七（吉野） 志野清治（三宅）	福峯泰一郎（吉野） 畠山壽太郎（下市） 清水栄次郎（大阪）	↑（南芳野）	↑（丹生） 辻村倉吉（黒龍）	津積恒三郎（五條） 富谷松造（川上） 松尾四郎（松山） 森木清治郎（金橋） 森谷庄太郎（国樔）	↑ ↑ ↑ ↑
支店	五條・野原・吉野山	五條・野原・吉野山 国樔	五條・野原・国樔	五條 野原 国樔	五條・野原・国樔・古市場 上市・松山・桜井・畝傍・小川 高田・桜井・畝傍・田原本・奈良 箸尾・高野山・郡山	五條・野原・国樔・古市場 上市・松山・榛原・田原本 小川・高田・桜井・高野山 畝傍・箸尾・郡山・丹波市 奈良・御所・川上・和歌山

（出所）表 2 − 1 と同じ。1917・22年は大正 6・11年版『日本全国諸会社役員録』商業興信所より。
（注）人名の後ろの（　）内は居住地で市町村名。1898年は居住地は前後関係より。橋本寛三の居住地の状況を示すと考えられる（表 2 − 7 も同じ）。

大阪出身者も役員に加わったが、設立当初は支店ごとに取締役が就任し、その後も各支店主任が常務取締役となり頭取が本店主任となった[6]。下市の本店のほかに、五條支店・野原支店・吉野山支店が設けられ、後に国樔支店が設けられた。それらの位置を本書巻頭の地図2に示した。本店の置かれた下市は、吉野川が川幅を広げ、流れが緩やかになった地点で、吉野川と合流する秋野川沿いに少し谷に入ったあたりに位置した。秋野川流域の延長線上に黒滝・丹生・宗檜・天川・大塔・十津川へ広がる吉野材産地の経路があったため、近世期から下市はこれらの地域の林産物の集散地となり、木材加工業も発達した（藤田［1998］第3章）。五條は、鉄道が開通していた大きな町場で、交通の要所でもあり、野原は、吉野川と黒滝川の合流点に位置し、吉野材を川で運ぶ際にその拠点となる場所で、吉野山は、金剛山寺の門前町として発達した。国樔は吉野川と小川の合流点に位置し、やはり吉野材を川で運ぶ際にその拠点となる場所であった。このように吉野銀行は、吉野川に沿って木材輸送の拠点となる箇所に本店と各支店を配置した。吉野山支店は、後に吉野郡上市に本店を置く吉野材木銀行が設立されたことで、そこと営業範囲が重なり、廃止されたが、五條・野原・国樔の3支店は、吉野材流通の拠点として最後まで残された。吉野銀行は1917年以降、吉野郡および周辺地域の諸銀行を次々に合併したが、それに伴い支店も急増し、他銀行との合併後は、他銀行の役員が新たに役員に加わり、役員の数も増えて、吉野郡の有力資産家を網羅する銀行となった。

　続いて、吉野銀行の経営内容を貸借対照表から検討する。表2-3を見よう。吉野銀行は、1895年に資本金9万円で設立され、すぐに30万円に増資されたが払込はなかなか進まず、1909年上半期でも払込資本金は135,000円にすぎなかった。その一方で、創業当初から積極的な貸付と手形形態の貸付を行っており、当初は小口当座預金が預金の中心であったが、1900年代に定期預金が増大した。全体として、広く集めた預金を積極的に貸すことで預金額を貸出金額が上回る状態が続いており、創業期の有価証券所有はほとんどなかった。ところが、1910年代後半の銀行合併で吉野銀行は大きく性格が転換した。それを主要勘定

---

6) 明治32年「日誌（吉野銀行）」第3号（永田家文書68-80-43）、明治36年「日誌（吉野銀行）」第4号（永田家文書、永田家蔵）。

の推移を示した表2-4から検討する。同表から判断して、吉野銀行には1904年と17年の2回の転換期があったと考えられる。すなわち1904年を境として、それまでの預金額を貸出金額を上回る状態から貸出金額が減少して預金額が貸出金額を上回るようになった。この背景には、1901年の金融恐慌後の混乱が継続して04年に大阪の百三十銀行が経営悪化したことがあったと考えられる（石井［1999］第6章）。特に、1903〜04年にかけて大阪の木材価格の低落で大阪の木材業は不景気で[7]、その影響を吉野林業も受けて貸出が鈍ったと思われる。その後も、預金額が貸出金額を上回る状況は継続し、銀行合併後もそれが基調となった。そして、1917年を境として周辺銀行の吸収合併で規模が急激に拡大、預金額と貸出金額がパラレルに増大し、資本金額の増加分は有価証券所有と積立金へ回された。資本金払込が鈍かった吉野銀行であったが、銀行合併後は資本金払込が1920年代前半に急速に進み（表2-3）、銀行合併と増資で資本金額が500万円に膨らんだものの、24年に全額払込が完了した。

　1917年を契機として吉野郡での銀行合併が進んだ背景には、六十八銀行が17年に吉野郡下市に支店を設置したことがあり、それへの対抗から吉野郡とその隣接郡の銀行の大合同が進んだ。すなわち、1917年に吉野材木銀行と大和銀行が、18年に吉野小川銀行が、20年に畝傍銀行と山中銀行が、それぞれ吉野銀行に吸収合併された（南都銀行行史編纂室編［1985］197-242頁）。その際、吉野銀行が存続銀行になったのは、吉野材木銀行の最大の株主が吉野銀行頭取の永田藤兵衛であったことが大きく（後述）、また大和銀行は創業年も早い老舗銀行であったが、大阪に本店を移して業績拡大を目指したところ1901年の金融恐慌に遭遇し、その後経営が悪化して大阪から撤退した経緯を持っていた。吉野小川銀行は、吉野林業地帯の奥地に存在した銀行であったが、吉野銀行に比べれば規模は小さく、下市の吉野銀行、上市の吉野材木銀行、五條の大和銀行、小川の吉野小川銀行が合併したことで、吉野川流域の銀行合併は一段落した。

　その後、1920年に吉野銀行に畝傍銀行と山中銀行が合併されるが、畝傍銀行は六十八銀行との合併話があった際に条件で折り合いがつかず、話が流れた後、吉野銀行との合併話が持ち上がって成立したものであり、山中銀行は郡山に本

---

7)　中西［2002b］308頁の図6によると、大阪市場における和歌山県新宮産杉材価格は、1899年以降低下傾向にあり、1903年にさらに低下し、04年に最も低い水準となった。

表2-3 吉野銀行貸借対照表

資産の部	1895・下	1896・上	1896・下	1897・上	1897・下	1898・上	1909・上
貸付金	29,505	64,364	90,462	62,486	93,135	97,467	292,484
当座預金貸越	1,469	9,258	20,170	55,385	79,815	85,764	184,573
割引手形	25,805	64,449	65,741	99,156	126,831	121,923	256,340
本支店創業費	765						
国債証券	1,243	4,213	4,495	4,495	4,088	4,182	15,892
払込滞納金	175						
新築仮出金							550
株式							21,012
他店貸	24,753	12,061	10,700	19,677	12,848	11,510	55,416
営業用地所							578
営業用建物							1,300
払込未済資本金	45,000	45,000	225,000	225,000	195,000	195,000	165,000
預ケ金							124,155
抵当質物流込							37,183
営業用什器	720	720	833	1,192	1,192	1,192	1,682
金銭有高	24,928	20,777	18,001	27,089	28,223	34,089	52,549
合計	154,363	220,841	435,403	494,480	541,133	551,128	1,208,713
負債の部							
資本金	90,000	90,000	300,000	300,000	300,000	300,000	300,000
積立金		100	600	1,100	1,600	2,100	20,700
別段積立金				720	1,720	3,220	
その他積立金				813	1,122	1,432	4,682
定期預金	12,229	24,150	33,827	36,391	47,906	52,376	460,735
当座預金	23,211	23,600	17,122	35,536	29,458	27,624	61,956
小口当座預金	26,860	58,106	55,388	85,132	77,702	78,814	216,287
別途預金		2,761	9,505	16,424	27,420	34,528	102,478
公金預金					579	1,092	4,240
支払送金手形					3,388	1,704	3,499
代金取立手形						38	3,000
他店より借	827	5,612	11,567	9,689	21,749	17,280	9,586
借入金		12,500			17,500	19,190	
未払配当金		41	145	244	19	125	470
未払利息		483	763	1,060	1,312	1,433	7,396
新株募集上端純益金			722				
前期繰越金		72	349	1,051	933	949	2,494
当期純益金	1,236	3,416	5,414	6,321	8,726	9,225	11,189
合計	154,363	220,841	435,403	494,480	541,133	551,128	1,208,713

(出所)明治28年度下半期～31年度上半期・明治42年度上半期「営業報告書(吉野銀行)」・「新聞切抜」(以上永田家文書68-81-58、68-106-1、68-106-2、68-106-4、68-106-5、68-81-34、68-106-6、68-112-12、永田家蔵、奈良県立図書情報館寄託)、大正10年上半期・大正11年上半期『営業報告書(吉野銀行)』より作成。なお永田家文書は永田家保管分と奈良県立図書情報館寄託分があり、以下は永田家保管分のみ所蔵先を示した。
(注)1922年度下半期～23年度下半期の営業報告は、新聞の切り抜き記事により、各期末繰越金を次期の前期繰越金とし、各項目のうち、諸貸金は、証書貸付欄から荷付為替手形欄までの合計、有価証券は、諸公債証券・社債・株式の合計、諸積立金は、法定準備金と別段積立金の合計、諸預り金は、通知預金欄から公金預金欄

第 2 章　奈良県林業資産家と産地銀行　121

単位：円

(→は左欄と同じ)	1921・上	1922・上	1922・下	1923・上	1923・下
証書貸付	895,493	1,113,345			
手形貸付	5,936,960	6,847,410	14,280,326	12,787,926	14,519,481
→	2,090,756	3,182,911	(諸貸金)	(諸貸金)	(諸貸金)
→	434,876	873,332			
荷付為替手形	15,314	10,970			
大蔵省証券	100,000				
諸公債証券	680,772	827,720	1,608,589	1,067,951	1,072,305
社債	175,680	164,060	(有価証券)	146,050	140,950
→	323,579	500,525		554,444	557,154
→	823,365	419,711	358,690	515,905	482,467
支店未達勘定	11,604	24,114	8,280		
仮出金	31,000	2,040	6,045	1,238	1,944
→	2,681,250	1,430,000	1,430,000	715,000	715,000
→	4,069,997	3,323,807	2,517,076	4,506,417	3,704,219
所有動産不動産	23,061	23,384	23,384	23,384	23,384
営業用土地建物什器	104,574	124,914	123,508	171,188	166,451
現金在高	621,159	740,204	953,538	1,118,026	1,071,308
→	19,019,439	19,608,449	21,309,434	21,607,488	22,454,661
→	5,000,000	5,000,000	5,000,000	5,000,000	5,000,000
法定準備金	580,000	620,000	1,150,000	660,000	680,000
→	275,000	430,000	(諸積立金)	590,000	670,000
通知預金	95,976	287,512			
→	5,295,678	5,749,097	13,957,193	14,164,027	14,753,247
→	1,281,802	1,075,980	(諸預り金)	(諸預り金)	(諸預り金)
特別当座預金	5,042,631	5,207,787			
→	212,133	164,626			
→	64,716	59,625			
受託支払基金	6,495	9,142	7,695	6,728	5,283
受託税金	1,084	987	1,810	3,583	6,110
→	671,863	425,096	540,492	514,937	598,742
仮入金	7,896	12,132	15,312	2,637	2,901
→	3,493	4,231	4,036	4,157	5,101
→	69,520	84,568	189,296	180,459	186,187
未経過割引料	82,823	86,003	(上段合算)	(上段合算)	(上段合算)
→	95,793	106,992	(下段合算)	158,100	177,587
→	232,537	284,670	443,600	322,862	369,204
→	19,019,439	19,608,449	21,309,434	21,607,488	22,454,661

までの合計と考えられる。なお、1922年度下半期～23年度下半期の未払利息と未経過割引料は出所資料では合計値が示されていた。その他積立金は、滞貸準備積立金と什器償却積立金の合計（1909年上半期は新築積立金と什器償却積立金の合計）。

表 2 − 4 吉野銀行主要勘定

金額の単位：円、配当率の単位：％

年末	払込資本金	諸積立金	預金	借入金	貸出金	有価証券	当期利益	配当率
1895	45,000	—	62,299	—	56,779	1,243	471	約3.0
1896	75,000	600	115,842	—	176,373	4,495	6,484	11.0
1897	105,000	4,441	183,065	17,500	299,782	4,088	9,358	12.0
1898	105,000	8,461	233,303	41,000	346,964	4,419	11,763	11.4
1899	105,000	17,611	423,609	10,000	405,825	4,542	9,997	約10.3
1900	105,000	24,611	558,383	6,000	596,254	4,865	11,499	約10.9
1901	135,000	31,811	455,191	89,120	663,353	7,052	11,126	約9.0
1902	135,000	37,994	552,258	10,000	669,879	7,145	9,438	約9.0
1903	135,000	41,002	474,462	44,200	622,150	17,681	7,597	約7.1
1904	135,000	42,002	389,389	—	473,842	20,911	6,179	約6.7
1905	135,000	18,282	479,201	—	441,709	37,222	5,878	約6.7
1906	135,000	19,282	596,239	—	463,556	34,437	6,293	約7.1
1907	135,000	20,282	852,406	—	643,412	40,235	7,985	約7.1
1908	135,000	22,882	847,947	—	691,823	54,809	12,594	約9.8
1909	135,000	28,382	952,660	—	852,556	41,942	14,205	約9.8
1910	135,000	34,643	971,487	—	925,086	33,765	15,265	約9.8
1911	135,000	40,643	993,654	—	960,322	35,709	19,364	約9.8
1912	135,000	48,643	1,103,297	—	1,032,835	44,210	22,936	約9.8
1913	135,000	42,700	1,065,745	—	1,054,363	43,201	36,771	約9.8
1914	135,000	51,900	1,095,243	—	1,035,460	51,498	39,483	約9.8
1915	135,000	65,900	1,286,166	—	1,160,995	62,921	35,535	約9.8
1916	135,000	73,900	1,525,995	—	1,342,542	120,487	37,431	約9.8
1917	400,400	104,150	3,531,624	—	3,015,724	211,442	120,664	10.0
1918	625,100	227,000	5,370,347	—	3,652,849	386,121	88,090	10.0
1919	925,000	280,000	7,539,238	—	6,633,338	446,321	142,684	10.0
1920	2,318,750	755,000	10,551,171	—	9,208,407	1,118,246	317,730	10.0
1921	2,855,000	955,000	12,402,456	—	11,119,893	1,494,769	337,335	10.0
1922	3,570,000	1,150,000	13,957,192	—	14,280,325	1,608,588	443,599	10.0
1923	4,285,000	1,350,000	14,753,247	—	14,519,481	1,770,408	546,790	10.0
1924	5,000,000	1,590,000	14,873,504	—	14,598,751	2,006,672	545,110	10.0
1925	5,000,000	1,800,000	17,830,771	—	15,407,081	2,065,085	485,939	10.0
1926	5,000,000	1,940,000	20,020,154	—	18,914,179	3,380,591	482,180	10.0
1927	5,000,000	2,110,000	17,049,276	—	15,906,553	4,056,791	448,946	8.0
1928	5,000,000	2,260,000	18,224,368	—	16,359,832	4,441,292	415,212	8.0
1929	5,000,000	2,360,000	16,602,508	—	15,151,693	3,934,012	401,483	8.0
1930	5,000,000	2,000,000	14,013,471	—	13,680,512	3,799,535	296,397	8.0
1931	5,000,000	1,930,000	10,804,177	700,000	11,540,696	3,592,004	281,478	7.0
1932	5,000,000	1,840,000	9,793,993	—	10,419,507	3,076,382	297,634	7.0
1933	5,000,000	1,904,825	10,651,616	—	9,941,605	3,731,656	306,205	7.0

(出所)南都銀行行史編纂室編［1985］196、214頁より作成。
(注)決算は6ケ月ごとに行われたので、当期利益・配当率はその年の下半期のものを示した。

店を置く個人銀行であったが、両行ともに吉野林業地域から離れており、吉野銀行の営業範囲が広域化したことで、これ以降吉野銀行の性格が変化することとなった。すなわち、畝傍銀行は綿業関係への融資が中心であったため、畝傍銀行を吸収合併して以降の吉野銀行は、木材業以外に多方面に融資する必要に迫られた。また郡山に本拠を置く山中銀行を合併したことで、支店網の範囲が奈良県北部へ広がり、それを契機に奈良支店を開設するなど、奈良県全域を範囲とする銀行となり、その後も規模のメリットを活かして着実に成長し、吉野銀行は六十八銀行と並んで奈良県を代表する銀行となった（南都銀行行史編纂室編［1985］232-242頁）。

2　吉野銀行と永田家

（1）永田家の概要

　吉野銀行と永田家の関係を考察する前に、永田家の歴史を概観する。永田家は近世期から奈良県吉野郡下市に拠点を置く林業家で、下市は吉野郡内では比較的吉野川の下流に近い地域にあり、木材を搬出するのに有利な産地であった。巻頭の地図2に戻ろう。吉野郡の林業は、郡内を流れる吉野川流域と北山川流域および十津川流域の三地域ごとにそれぞれ異なった林業が展開され、十津川流域はその上流の天ノ川流域（天川村・大塔村・野迫川村）と中流の十津川流域（十津川村）で異なった林業が展開されたので、流域ごとに大きく4つの林業地帯に区分できる（天川村史編集委員会編［1981］1058頁）。そのなかで吉野林業地帯は、吉野川中上流域・秋野川流域・高見川（旧小川）流域・丹生川（旧黒滝川）流域・宗川流域で営まれる林業を意味し、現在の行政区画で言えば、吉野郡川上村・東吉野村・吉野町・下市町・黒滝村・大淀町そして五條市を範囲とする（谷［2008］5頁）。前述のように下市は、秋野川下流で吉野川への合流地点に近い地域にあり、御所方面と五條方面への街道の分岐点でもあり交通の要所であった。地名のとおり、吉野の玄関口として古くから市場が開かれ、木材製品が商われた。そのため近世期の下市は幕府領とされ、飯貝・下市・加名生に番所が設置され、吉野川流域から移出される木材の検査と口役銀の徴収が行われた（谷［2008］38、460頁）。近世期の永田家は廣瀬屋を屋号とし、

1846（弘化3）年の黒滝郷堂原村の山林所有状況を示した史料に、山林所有価格30貫600目の山林所有者として下市の廣瀬屋藤兵衛が挙げられ（谷［2008］314頁）、19世紀中葉には永田家は有力な林業家となっていた。実際、1853（嘉永6）年に徳川幕府がペリー来航に際して、海岸警備費として大和国五條代官所支配下の町村の有力者から金を徴収したが、その時下市村（永田）藤兵衛は、名柄村（中野）利兵衛・同村（中野）利右衛門の両家で300両、上市村木屋（北村）又左衛門の150両に次いで100両を納めた（安田［1997］123-125頁）。

　その次代の当主12代藤平は[8]、1840（天保11）年生まれで、60（万延元）年には吉野郡四十八ケ村の総代に就いているので、永田家は最幕末期にさらに有力になったと言える。そして、永田藤平は1867（慶応3）年に下市村庄屋となり、明治維新後は72（明治5）年から下市村戸長に就任した。また藤平は、1869年に吉野郡産物材木総取締役に任命されて名字帯刀を許され、72年には、吉野郡秋野川流筏開川の総取締役に任じられ、73年に奈良県第十五区二小区副戸長に就任した。区割が変更されても、藤平は副戸長職をそのまま継続して務め、奈良県が1876年に堺県に、そして81年に大阪府に併合されると、82年に大阪府会議員に就任し、84年にそれを辞任するとともに下市村戸長に就任した。下市村戸長は、1887年に辞任したが、それは同年に奈良県が大阪府から分離して最初の奈良県会議員に藤平が選ばれたからであり、藤平はその後96年まで奈良県会議員を務め続けた。県会議員退任後は、1897年に吉野郡会議員に就任し、郡会議員を99年に退任すると同年再び奈良県会議員に就任するなど、常に地方政治の舞台で活動し続けた。

　藤平は、1895年に吉野銀行が設立された際に、中心的な発起人となって初代頭取を務め、1905年に息子の13代藤兵衛に頭取の座を譲るまで頭取であり続け、09年に死去した。13代藤兵衛は[9]、1871年生まれで、82年に泰蔵の名前で家督を相続した。おそらく父親の藤平が大阪府会議員に就任したことで下市を留守がちになるため、家督を息子に相続させたと考えられる。もっともその時の泰蔵は、12歳ほどにすぎず、実質的権限は藤平が握っていたと思われる。実際、

8）　以下の記述は、永田藤平「履歴書」（永田家文書68-112-27-3）を参照。当主の代は永田家に残されている同家系図より。
9）　以下の記述は、日本図書センター［1987］上巻、日本図書センター［1989］上巻を参照。

吉野銀行成立時の頭取は藤平がなっており、1901年に泰蔵は藤兵衛と改名したが、05年まで父親が吉野銀行頭取を務め続けた。ただし吉野銀行頭取となって以降の藤兵衛は、家業を積極的に拡大し、1910年代前半に製材業へも進出するとともに（後述）、24（大正13）年に亡くなるまで吉野銀行頭取を務め続けた。

　13代藤兵衛には兄弟・姉妹が多く、姉の「ます」は近世来の大阪の両替商で近代期に逸身銀行（合資）を設立した逸身家に嫁して、逸身銀行頭取の逸身佐一郎の妻となった（逸身・吉田編［2014］）。妹の「りき」も同じ逸身家の福本元之助（佐一郎の弟）に嫁ぎ、福本元之助はその後逸身家を代表して尼崎紡績会社設立発起人となり、1890年代には尼崎紡績社長となった（中西［2017c］）。もう一人の妹の「のぶ」は、大阪府貝塚の肥料商廣海家に嫁いで若当主4代惣太郎の妻となり、4代惣太郎はその後貝塚銀行の頭取となった（石井・中西編［2006］）。また、藤兵衛の弟の「郁三」も同じ廣海家から4代惣太郎の妹「千代」を嫁にもらい、永田家と逸身家、永田家と廣海家は、それぞれ二重の婚姻関係を結んで、強固な姻戚関係を築いた。実際、逸身銀行と吉野銀行、吉野銀行と貝塚銀行、逸身銀行と貝塚銀行はそれぞれコルレス契約を結び、銀行頭取家の姻戚ネットワークと銀行営業ネットワークが互いに重なり合っていた[10]。

　こうして、大阪湾岸地域とのつながりを深めた永田家は、近代期を通して奈良県でも最有力の資産家に成長した。表2－5を見よう。奈良県の主要資産家は、林業家が上位を占め、永田家は1904年頃の見積財産では奈良県で上位4番目、16年頃の財産見込では上位5番目、28（昭和3）年頃の推定資産でも上位5番目に位置した。吉野林業地帯に限れば、土倉庄三郎が吉野林業の近代化とその造林技術を全国的に広めた人物として著名であるが（土倉［1966］、田中［2012］）、1904年頃では資産額で永田家と肩を並べていた土倉家が10年代以降に事業を縮小したため、上市町の北村家、五條町の栗山家に次いで永田家は資産額では3番目の位置となった。なお永田家の1923年頃の所得税額はかなり多く、永田家は10年代後半から20年代前半に積極的に事業を展開して資産額を急増させたと思われる。同じ吉野郡でも下北山村の西村家は、吉野郡南部の三重県に近い地域に所在しており、河川流域が全く異なるため、吉野林業地帯には

10）　本書第1章表1－11および明治31年度上半期「営業報告書（吉野銀行）」（永田家文書68-81-34）より。

表2−5　奈良県主要資産家一覧

所得等級・山林所有以外の単位：円、山林所有の単位：町歩

氏名	居住地	業種	1904年頃見積財産	1910年頃所得等級	1916年頃財産見込	1923年頃所得税額	1928年頃推定資産	1933年頃推定資産	1949年山林所有
北村又左衛門	吉野郡上市町	農林業	2,000万	特2	800万	4,827	2,000万	2,000万	5,588
栗山藤作→耕作	宇智郡五條町	鉱業・林業	300万	特3	300万	6,308	1,000万	500万	508
中野利三郎→院司	南葛城郡吐田郷村	林業	300万	特5	250万	22,668	1,000万	1,000万	1,297
永田藤兵衛	吉野郡下市町	林業	200万	特6	100万	12,288	700万	300万	860
土倉庄三郎	吉野郡川上村	林業	200万	特3					
西村伊作→徳清→五郎兵衛	吉野郡下北山村	林業	100万	7	80万	15,347	70万	70万	540
竹原喜平→喜市郎	吉野郡大塔村	林業	70万	特4	100万	429	70万	80万	516
阪本仙次→千代	吉野郡龍門村	林業	70万	7	70万	4,657	400万	400万	181
北村宗四郎→清右衛門	吉野郡上市町	酒造業・林業	70万	特6	70万	7,774	70万		87
玉置良直→子朗	吉野郡十津川村	林業	70万	1	60万	3,662			401
安田多三郎	高市郡八木町	呉服商	70万	特7		4,404	100万		
山本七九郎→泰造	宇智郡五條町	酒造業・林業	50万	特7	70万	721	150万	100万	111
岩本武助→兵蔵	吉野郡上北山村	林業	50万	2	60万	53		80万	
北岡惣太郎	吉野郡下北山村	酒造業・林業	50万	6	50万	1,181		70万	
井上僧作朗	吉野郡川上村	林業	50万	2	50万	1,097			
中野利右衛門	南葛城郡吐田郷村	農林業	50万	特6		38		300万	103
船津弥八郎	吉野郡小川村	商業	50万	4		371			286
倉谷新重郎→晋三郎	吉野郡下北山村	(林業)	50万			210			
山口藤七	吉野郡下北山村	林業	40万	14	60万	688			
阪西新四郎→新太郎	吉野郡大淀村	農林業	30万	4	60万	2,209	70万	80万	122
的場稲太郎→太郎	宇智郡野原村	林業・薬種商	30万	特14		464	150万	100万	
河合庄九郎	高市郡八木町	土地	25万	特11		2,004	200万	200万	
平井安兵衛	高市郡八木町	呉服商	25万	6		2,215	100万	150万	158
石川春易→義男	高市郡高取町	土地・医業	20万	特14		1,933	100万	100万	62
好川忠一	高市郡八木町	銀行役員	20万	7		1,224	150万	100万	

第 2 章 奈良県林業資産家と産地銀行

氏名	住所	業種							
足達保治郎→隆之助→重右衛門	山辺郡丹波町	林業	18万	6	50万	2,412	80万	70万	267
谷甚四郎	北葛城郡王寺村	農林業・酒造業	16万	特6	60万	7,041	150万	70万	402
山中太兵衛	添上郡明治村	農業・銀行業	15万	特6	60万	3,907	80万	80万	
西川林一郎→寅太郎	北葛城郡磐城村	林業	15万	特9	50万	3,523	70万		
平井太郎	北葛城郡馬見村	商業	14万	1		4,728	100万	80万	895
木本孫次郎→源吉	奈良市	銀行役員	10〜15万	特4	60万	989			
関捷吉	奈良市	太物商	10〜15万	3	50万	3,220	80万		
関藤次郎	奈良市	呉服商	10〜15万	3	50万	265			
中山新治郎→正善→豊男	山辺郡丹波町	神職	10万	8	70万	378			
中本與重郎→與左衛門	生駒郡北條村	農業	10万	3	50万	2,126			
山田純精	高市郡越智岡村	林業	10万	特4	50万	488	80万		
木村熊治郎→利兵衛	吉野郡下市町	林業	7万	6	50万	541			
守道半四郎→半重郎	北葛城郡陵西村	商業	7万	特5	50万	140			
岡田太平治→太良治	生駒郡安堵村	農業	5万	4	50万	968			
岡篠清左衛門	高市郡貴曾村	林業		特1	400万	30,978	1,500万	1,500万	1,252
林平造	宇智郡五條町	鉱業・林業		5	50万	2,747	50万		
山本米三	宇智郡五條町	林業・酒造業				1,375	150万		
志賀直哉	奈良市	作家					150万		

(出所) 渋谷編 [1991a]、石井 [2018] 附録、渋谷編 [1985] 第 1 巻、昭和25年版『日本林業年鑑』日本林業資料刊行会、1950年、512-515頁より作成。

(注) 出所資料で、1904年頃の見込財産額が50万円以上、1916年頃の財産見込額が50万円以上、1928年頃の推定資産額が100万円以上、1933年頃の推定資産額が100万円以上のいずれかを満たす資産家について、表中の項目の全てを示した。氏名の→は襲名の代替わり。業種欄の（ ）内は推定。坂本仙次は、1904年頃の居住地は上市町で、その後龍門村へ転居した。中野村三郎、栃司家の1949年末時点の山林所有面積は中野林業部の分を含む。足達保治郎家の1949年欄は足達保信として上市町。1910年頃の所得種別の所得額目安は、特 1 : 60,000円、特 2 : 40,000円、特 3 : 30,000円、特 4 : 25,000円、特 5 : 20,000円、特 6 : 15,000円、特 7 : 10,000円、特 9 : 9,000円、特11 : 8,000円、特14 : 6,500円、1 級 : 5,000円、2 級 : 4,500円、3 級 : 4,000円、4 級 : 3,500円、5 級 : 3,000円、6 級 : 2,500円、7 級 : 2,000円、8 級 : 1,500円、14級 : 500円であった。

表2−6 吉野林業地帯西部有力資産家一覧

氏名	居住地	業種	1904年見積財産	1910年頃所得等級	1923年所得税	1933年推定資産
北村又左衛門	上市町	林業	2,000万	特2	4,827	2,000万
栗山藤作	五條町	林業・鉱業	300万	特3	6,308	500万
永田藤兵衛	下市町	林業・鉱業	200万	特6	12,288	300万
北村宗四郎	上市町	林業・酒造	70万	特6	7,774	70万[1]
阪本仙次	上市町[2]	林業	70万	7	4,657	400万
山本七九郎→泰造	五條町	林業・酒造	50万	特7	721	100万
北岡惣太郎	上市町	林業・酒造	50万	6	1,181	70万
岡本徳潤	白銀村	林業	40万			
的場楢太郎	原野村	金貸・薬種商	30万	特14	464	100万
阪西新四郎→新太郎	大淀村	林業	30万	4	2,209	80万
畠山栄三郎→政次郎	宗檜村	(農業)	30万	6	52	
大北源一郎→源作	大淀村	(農業)	30万	9		
西村儀平→伊吉	天川村	(農業)	25万	特7	82	
犬飼ルイ→福資	坂合部村	(農業)	20万	特5	878	
横谷佐兵衛	上市町	(農業)	20万	特5	39	
柏田久太郎→文四郎	五條町	製油業	20万	2	31	
阪本庄太郎→彌十郎	吉野村	(農業)	20万	4	707	
山本源三郎	中荘村	(農業)	20万	7	262	
福森政次郎→慶蔵	下市町	(農業)	20万	7	136	
樋口喜兵衛	上市町	(農業)	20万	13		
藤岡長二郎→長和	北宇智村	(農業)	15万	特6	1,202	80万
山本源十郎→源次郎	中荘村	(農業)	15万	特10		
古川治平	五條町	呉服商	15万	特15	636	
米田治兵衛	下市町	醤油醸造	15万	5	1,046	
上西源一郎	国樔村	酒造業	15万	14	1,497	
土居庄九郎	国樔村	酒造業	15万			
犬飼幾三→正策	坂合部村	林業	10万	特5	1,059	70万
山県松太郎→亮弘	坂合部村	(農業)	10万	5	594	
山田興市→藤太郎	南宇智村	(農業)	10万	5	136	
辻本藤一郎→豊太郎	南芳野村	商業	10万	7	5,335	
近藤喜三郎	吉野村	医業	10万	7		
久保久平	五條町	鉱業・茶商	10万	8	132	
植田善七郎→勝太郎	大淀村	(農業)	10万	12		
堀内房治郎	下市町	商業	8万	9		
辻村万治郎→倉吉	南芳野村	(農業)	7万	5	101	
木村熊治郎→利兵衛	下市町	林業	7万	6	541	80万
西垣テル	宗檜村	(農業)	7万	6	369	
阪本熊次郎→庄九郎	吉野村	(農業)	7万	7	146	
山本久五郎	大淀村	(農業)	7万	7		
杉中国太郎	白銀村	(農業)	7万	7		
桝田周蔵→文蔵	大淀村	(農業)	7万	8	216	
土居平治	中荘村	(農業)	7万	8	102	
下浦宇太郎	南芳野村	(農業)	7万			

(出所)渋谷編［1991a］、渋谷編［1985］第1巻より作成。
(注)出所資料で、1904年頃の資料に掲載された者に、1910年頃の所得等級が特16級以上の者および1923年頃の所得税額が1,000円以上の者を加えて示した。吉野林業地帯西部として、上市町、吉野村、大淀村、下市町、秋野村、南芳野村、白銀村、賀名生村、宗檜村、天川村、中荘村、国樔村、五條町、北宇智村、野原村、南宇智村、坂合部村の範囲を示した。南芳野村は1912年に黒滝村と丹生村に分離（下市町史編集委員会［1973］943頁）。氏名欄の→は推定の代替わりを示す。業種は、1904年頃の資料では、林業経営者も農業の分類になっていたため、（　）内で農業とした。1910年頃の所得等級別の所得額目安は、表2−1を参照。さらに特

第 2 章 奈良県林業資産家と産地銀行　129

金額の単位：円

氏名	居住地	業種	1904年見積財産	1910年頃所得等級	1923年所得税	1933年推定資産
花谷德平→宏太郎	天川村	（農業）	7万	13	662	
紀野奈良市	天川村	（農業）	7万	13	175	
楠田良三→治作	吉野村	（農業）	7万	14	89	
王隠堂政六	賀名生村	（農業）	7万	15		
山口房三郎	吉野村	商業	6万	7		
中元藤浩	白銀村[3]	（農業）	6万	8	91	
福本久治郎→熊三	白銀村	（農業）	6万	15	175	
東実蔵	賀名生村	（農業）	6万			
上辻利三郎	賀名生村	（農業）	5万	特12		
澤井駒太郎	上市町	米穀商	5万	4	379	
平尾宗治郎→作市郎	野原村	（農業）	5万	5	206	
堀兵七→廣石	秋野村	商業	5万	6	453	
友田彦次郎→亀治	下市町	呉服商	5万	6	164	
田村吉美→傳次	白銀村	（農業）	5万	7	445	
紙谷重良	五條町	金貸業	5万	7	138	
岡橋清太郎→清右衛門	五條町		5万	7	65	
植村徳治郎	下市町	商業	5万	8	180	
岩井政三	南芳野村	（農業）	5万	8	95	
喜多小三郎→良三	大淀村	（農業）	5万	8	86	
大橋鎌輔→清尚	吉野村	宮司	5万	8	34	
柿本定七	五條町	商業	5万	9	108	
福井良啓→良暢	吉野村	僧侶	5万	9	59	
土居庄右衛門	中荘村	（農業）	5万	11	116	
西村愛蔵→清五郎	天川村	（農業）	5万	11	47	
北岡房治郎	上市町	商業	5万	12	339	
田中林平→常蔵	白銀村	（農業）	5万	12	107	
堀内三席	上市町	商業	5万	12		
大北平三郎	大淀村		5万	12		
神末五兵衛	宗檜村	（農業）	5万	14	128	
舟知市郎右衛門	吉野村	（農業）	5万	14	49	
三宅亀次郎	下市町	商業	5万	15		
浦西幸太郎	白銀村			特3		
内仲勝太郎	国樔村			特16	108	
馬場大吉	宗檜村			特16		
林平造	五條町	林業		5	2,747	50万
森省庄太郎→泰治	国樔村	酒造業		5	1,163	
森栄蔵	大淀村	請負業		6	1,126	
峰彌太郎→平三郎	大淀村			8	1,232	
羽根増治郎	南芳野村			10	2,198	
濱田虎吉→与寿慶	上市町	旅館業		13	2,036	
山本米三	五條町	酒造業			1,375	150万
菊井増太郎	下市町				1,177	

10：8,500円、特12：7,500円、特15：6,000円、特16：5,500円、9級：1,000円、10級：900円、11級：800円、12級：700円、13級：600円、15級：400円であった。業種欄は、出所資料所収の大正2年版「日本全国商工人名録」奈良県の部も参照。
1) 1928年時点（石井［2018］附録）。2) 途中で龍門村に居住地移転。3) 途中で五條町へ居住地移転。

含まれていない。その意味でも、吉野林業地帯の産地としての展開に永田家は非常に重要な役割を果たしたと言えよう。永田家の山林所有規模は近代期については確定できないが、1949年末時点の政府調査では860町歩（台帳面積）とされ、同時点の奈良県では、村有林を除き、5,588町歩所有の北村又左衛門、1,819町歩所有の松岡勝次、1,702町歩所有の蛭子井正信、1,614町歩所有の土井靖夫、1,252町歩所有の岡橋清左衛門、1,120町歩所有の中野林業部、895町歩所有の平井太郎、890町歩（実測面積）所有の増田亀吉に次いで多かった[11]。

　そこで、吉野林業地帯の中心的位置を占めた西部に限定して、もう少し下のレベルまでの資産家を表2－6で一覧した。業種欄で農業となっているものが多いが、これは史料で林業経営者も農業に分類されていたからであり、1904年時点で資産額数万円～十数万円の中規模林業家が多数吉野林業地帯に存在していたことが判る。そのなかには、1900年代後半に急成長して、10年頃の所得等級では永田家と同レベルの特6級・特5級となった北宇智村の藤岡家や坂合部村の犬飼家があり、20年代に急成長して33年の番付での資産評価額が80万円になった下市町の木村家がいる一方で、23年時点で資産家名簿に名前が出てこない家や名前があっても所得税額が少ない家もあった。北村家・栗山家・永田家・阪本家などの大規模林業家の地位はあまり変わらないが、中規模林業家はこの間、順位が大きく入れ替わったと言える。安定した上位のなかで、唯一1900年代後半に没落したのが白銀村の岡本徳潤家で、この家は、次節で触れる。

（2）永田家の会社経営と有価証券投資

　前述のように、永田藤平・藤兵衛の父子は、吉野銀行の頭取を長年にわたり務めたが、それ以外の地元会社の設立にも関与した。表2－7を見よう。永田藤平が会社役員となるのは、1895（明治28）年の吉野銀行設立の際に頭取となったのが最初であり、娘の嫁ぎ先である大阪の逸身家が設立した逸身銀行の子銀行として貯蓄銀行の役割を果たした貯金銀行の取締役をその後務めるに至り、貯金銀行が逸身銀行とともに1901年の大阪での金融恐慌で打撃を受けて解散されるまで取締役を務め続けた（本書第1章）。地元吉野でも、同じ吉野林業

---

[11] 昭和25年版『日本林業年鑑』日本林業資料刊行会、1950年、512-513頁。増田亀吉以外の山林所有面積はいずれも台帳面積。

地帯の上市に設立された吉野材木銀行の最大の株主となるとともに設立時から取締役となり、1900年に葛（吉野口）から吉野（北六田）まで鉄道を通す計画の（旧）吉野鉄道会社の設立に際して取締役となった。（旧）吉野鉄道設立の際に、それまでの葛―六田間の輸送品の調査が行われ、葛から吉野方面への輸送としては米や雑貨が多く、吉野から葛方面へは木材が圧倒的な量を占めたので、（旧）吉野鉄道は木材輸送が念頭に置かれたと考えられるが、この時の（旧）吉野鉄道は、1900年恐慌の影響もあって資本金払込が進まず、建設される前に解散された[12]。その後1910年に軽便鉄道法が成立して、局地鉄道の設立が容易になると（三木［2009］）、11年に再び官営鉄道線の吉野口駅から吉野まで鉄道を通す計画の吉野軽便鉄道会社（13（大正2）年に吉野鉄道と改称）が設立され、その際も永田藤兵衛は取締役となった。この時の吉野鉄道は順調に鉄道建設が進み、開業にこぎつけた。

　また大阪鉱業会社[13]は、創業当初は福岡県の炭山、高知県の銅山、奈良県吉野郡賀名生村の銅山などで採掘していたが、1897年から逸身家の資本が入ると、98年から福本元之助が社長となり、1901年に福本元之助は逸身銀行破綻の責任をとって大阪鉱業社長を辞任した。ただし、逸身家が所有していた北海道釧路の鉱山開削権を大阪鉱業は受け継ぎ、実質的に福本元之助の甥の逸身豊之輔（佐一郎の息子）が大阪鉱業取締役として大阪鉱業の経営を担うとともに、永田家も1906年から大阪鉱業へ出資して、永田藤平も取締役として大阪鉱業の経営に携わった。逸身銀行破綻後に福本元之助や逸身豊之輔らは、一時期永田家に身を寄せていたと考えられ[14]、大阪鉱業も1908年に所在地を大阪から奈良県下市に移した。もっとも、永田藤平が大阪鉱業取締役を務めたのは短期間で、1909年に藤平が死去すると、後を継いだ13代藤兵衛は大阪鉱業取締役にならず、

---

12) 明治33年「登記ニ関スル書類（吉野鉄道株式会社）」（永田家文書68-100-4）、また明治34年度「鉄道局年報」（野田・原田・青木編［1980～81］第Ⅰ期第1集第6巻）30頁および明治35年度「鉄道局年報」（同前、第1集第7巻）22頁によると、（旧）吉野鉄道は、葛―北六田間の開業免許を1899年4月に受け、同月に株式会社として設立されたが、資本金50万円のうち1901年度末時点でも5万円しか払込がなく、02年11月をもって解散された。

13) 以下、大阪鉱業については、明治28年起「考課状綴（大阪鉱業株式会社）」（永田家文書68-19-5）および「太平洋炭礦株式会社沿革史　巻一」（三井文庫蔵）を参照。

14) 永田家の1900年代以降の家計帳簿（「金銭出入帳」（永田家文書））には、永田家の家計支出と合わせて、「福本内部」「逸身内部」の項目で家計支出が記されていた。

表 2-7 永田藤兵衛家会社役員の推移

会社名	所在地	創業年	1896年	1898年	1901年	1903年	1906年	1909年	1912年	1917年	1920年	1922年	1926年	1931年
吉野銀行	下市	1895年	頭取	頭取	頭取	頭取	頭取	頭取	頭取	頭取	頭取			
貯金銀行	大阪	1893年		取締役	取締役	取締役								
吉野材木銀行	上市	1898年			取締役	取締役	取締役	取締役	取締役	取締役		藤村信託(下市、1926)		取締役
(旧)吉野鉄道	御所	1900年							五十八銀行(大阪、1897)	監査役	監査役	奈良信託(奈良、1926)		監査役
大阪瓦斯	大阪→下市	1895年										水交会(1928)		
吉野軽便鉄道→吉野鉄道	大淀	1911年							取締役	取締役	取締役	取締役		取締役
大和電気	五條→大淀	1910年								取締役	取締役	取締役		
洞川電気索道	下市	1912年								社長	社長	社長		
吉野楠木	大淀	1914年												取締役

(出所) 由井・浅野編 [1988~89] 第2・3・5・7・10・13・16巻, 大正6年版『銀行会社要録』東京興信所, 後藤解題 [1989].
(注) 1910年以前は藤兵衛, 1910年以降は藤兵衛。ただし, 吉野銀行頭取は, 1906年より藤兵衛。五十八銀行は1878年設立, 1902年に解散。吉野軽便鉄道は, 1913年に吉野鉄道と改称し, 29年に大阪電気軌道に合併。吉野材木銀行は, 1917年に吉野銀行に合併。貯金銀行は1902年に設立。大和電気は, 1921年に宇治川電気に合併。なお, 1931年の吉野楠木では, その時の先代藤兵衛の弟の代藤三郎も取締役になっていた。

表 2-8 永田藤兵衛家有価証券投資の動向

単位:円

①株式・会社権売買	銘柄	所在地	1895年	1897年	1900年	1903年	1907年	1911年	1914年	1916年	1918年	1920年	1922年	1924年	1926年	1931年
	吉野銀行	下市	△3,819	△4,816							△17,752	△95,598	△73,138	△85,200		
	南海鉄道→関西鉄道	御所→四日市	△200	△450	△105		△2,520	△688					日本レーヨン(大阪)		△3,740	
	高座鉄道	向井	△30		△120								△1,200			
	酒造用品	堺		△1,250				日本絹毛紡績(大阪)		△2,000	△5,042		△3,920			
	日本勧業銀行	東京		△325					△125			三笠山エスケレーター(奈良)			△1,250	
	吉野材木銀行	上市		△320	△630	△1,260	△4,387			大阪製麻(大阪)	△1,250			△1,250		
	吉野材木	吉野		△80	△550				大阪製糸(今津)	1,000	△1,875		奈良県乾繭		△31,250	
	大和鉄道	奈良		△35	△406				木辰酒造	石崎			奈良信託(下市)		△25,000	△180
	奈良県農工銀行	御所		△20	△1,438	△22,771		△735		髙田倉庫	△625		藤村酒造(下市)		△2,480	
	(旧)吉野鉄道	大阪→下市				1,209(清算) △100			△150	日本製糸(米子)	△2,080		大和繭米販売購買利用組合			
	大阪瓦斯	東京					6,330	10,951		3,435	△500		△6,250			
	京釜鉄道	尼崎					89		△440		横浜生糸(横浜)		1,615(売却)			
	尼崎紡績→大日本紡績	尼崎								△72,079	大正水力電気(神戸)				△1,760	
	南満洲鉄道	大連							△440		△3,717	△9,558				
	吉野軽便鉄道→吉野鉄道	大淀					△10,500		△3,750	△2,385	△1,320	△1,320		△38,000	△13,628	11,550
	洞川電気索道	下市							△9,070		2,173				△180	△90
												下市信用組合				

吉野桶木	大淀							△1,531					2,750		
三十四銀行	大阪							△625		Δ7,225	△2,500				
大和電気→宇治川電気	大淀→大阪								Δ15,173		△144,480	△526,813	79,418		△71,520
軍事公債		△3,200				国庫債券	△207								
奈良県農工銀行債	奈良				10				貯蓄債券	24					
日本勧業銀行債	東京					20				40		89			
計		△7249	△7,296	△3,249	△22,912	△13,863	△444	△15,566	△88,967	△33,061	△263,578	△610,937	△41,032	△80,538	△60,240
②配当・利子収入															
吉野銀行	下市	26	424	1,328	1,133	1,805	2,629	2,244	2,244	7,545	13,373	27,144	41,963	35,460	24,608
南和鉄道→関西鉄道	御所→四日市		68	120	99	108				大正水力電気（神戸）	1,222	1,930		奈良信託（奈良）	1,563
大和物産	五條		36							吉野製糸（大淀）	909			呉羽紡績（大阪）	1,500
大阪材木	大阪		28	25						石崎（大阪）	305	750	938	431	300
吉野小川銀行	小川		18	8						日本絹毛紡績（大阪）	120	300		共同信託（大阪）	113
吉野材木銀行	上市			370	467	2,616	3,242	2,922	2,922					下市信用組合（下市）	50
奈良県農工銀行	奈良			121	122	139	70	139	139	139	157	285	317	353	
吉野材木	吉野			86							丸紅商店（大阪）	4,500	5,000	5,000	5,000
日本勧業銀行	東京			38											625
大阪鉱業	大阪→下市				2,120	1,784					日本製糸（米子）	100		100	
京釜鉄道	東京				4	18					高田倉庫（高田）	20	31		
尼崎紡績→大日本紡績	尼崎					313			350	20,157	17,722	27,833	18,710	18,710	9,395
南満洲鉄道	大連					12	13	162	242	391	811	1,038	1,144	1,226	1,408
三十四銀行	大阪							169	200	281	1,435	2,475	3,250	3,000	2,000
大和電気→宇治川電気	大淀→大阪								5,029	7,109	21,029	64,779	74,900	56,413	51,425
吉野鉄道	大淀								655	1,081	2,948	5,283	11,525	9,081	4,320
洞川電気索道	下市								452	2,736	3,880	3,880	4,180	970	
本辰酒造	今津									550	845	1,031	516	344	275
軍事公債利子		116			臨時事件公債利子	68			貯蓄債券利子	5					
奈良県農工銀行債利子	奈良				10										
日本勧業銀行債利子	東京					6	19			9					
計		142	574	2,096	3,955	6,859	5,973	5,636	12,233	40,003	64,756	141,348	162,474	131,088	102,583

(出所)明治28・30・33年「諸出入日録」、明治36・38・40・44年「金銭出入帳」、大正3年「金銭出納日記」、明治42年・大正5・7年「総勘定元帳」、大正9・11・12・13年「金銭出納帳」（以上、永田家文書68-97-2-4、68-97-1-3、68-97-1-2、68-97-1-7、68-97-1-6、68-108-6、68-113-2、68-113-6、68-89-4、68-89-7、68-108-8、68-89-8）、大正15・昭和6年「総勘定元帳」（永田家文書A-1-2、A-1-7、永田家蔵）より作成。

(注)各年とも帳簿に沿った1年間分を示したので、当年1～12月とは限らない。無印は収入、△印は支出。家族名義分の収支も合わせて示した。所在は、由井・浅野編［1988～89］、後藤解題［1989］より。南和鉄道は1904年に関西鉄道に合併。吉野軽便鉄道は1913年より吉野鉄道。吉野材木銀行は1917年に吉野銀行に合併。尼崎紡績は、1918年6月に摂津紡績と合併して大日本紡績。大和電気は1921年に、大正水力電気は22年にそれぞれ宇治川電気に合併。日本絹毛紡績は1924年に大日本紡績に合併。吉野鉄道は1929年に大阪電気軌道に合併されたため31年の吉野鉄道欄は大阪電気軌道。表に示した以外に、関西コーク社債利子として1905年に2,440円、07年に4,740円あったが、関西コーク社債は逸身家所有で逸身家への貸金の返済に利子が組み込まれたものであり省略した。

大阪鉱業の主要炭鉱も16年に三井鉱山に買収された。

ただし、13代藤兵衛は、藤平以上に地元会社設立に深く関与した。藤平から受け継いだ吉野銀行頭取と吉野材木銀行取締役に加え、1911年の吉野軽便鉄道（13年から吉野鉄道）設立の際に取締役となり、翌12年には、洞川電気索道会社を設立して社長となり、同社の索道は、下市から善城・広橋峠・長瀬・桂原・笠木・川合・洞川を結んだ（本書巻頭の地図2を参照）。そして下市からは、米・醬油・味噌および日常品などを送り、奥地からは永田家が開設した製材所などで加工された製材や木材などを1日何十トンと運ぶようになり、後に下市から吉野鉄道下市口駅まで延長された（下市町史編纂委員会編［1958］57-58頁）。また1914年には、吉野材を加工して醸造業用の桶などを製造する吉野桶木会社を設立して社長となった（南都銀行行史編纂室編［1985］193頁）。

そして、会社ではないが、永田家は1915年に神童子山地域の天川村澤谷に大規模な製材工場を設立して製材業へ進出し、さらに大阪の五十八銀行の監査役も務めるようになった。神童子山地域の製材業のために永田家は永田神童子山製材部を設立したが、その第1期事業報告書には、「当部ハ大正四年五月吉野郡天川村大字洞川及北角領字河迫谷及神童子ト称スル山林数千町歩ニ繁茂スル雑立木ヲ買収シ短期間ニ於テ伐採製材ノ目的ヲ立テ是ガ製材工場ヲ澤谷字千軒平ニ設ケ機械数台ヲ敷設シ大ニ地方工業ノ発達ヲ企図シ事務所ヲ字千軒平及ビ字モジキ谷ノ弐箇所ニ設ケ以テ事業ニ着手セリ」とされた[15]。同製材部は、1920年代には輸入材との競争が厳しくなったのに加え、13代藤兵衛が24年に死去したこともあり、後を継いだ14代藤兵衛は、25年末に製材工場を閉鎖し、吉野桶木取締役を除いて会社役員から離れた。その後14代藤兵衛は、洞川電気索道取締役に復帰するとともに地元下市の藤村酒造会社の取締役や、奈良市の奈良信託会社の監査役を務めたが、吉野銀行の役員にはならなかった。

さて吉野銀行における永田家の位置を株式所有比率で確認する[16]。設立時の1895年下半期では、総株数4,500株のうち永田藤平が300株、永田泰蔵（13代藤兵衛）が125株所有で永田家の株式所有比率は約9.4％であるが、逸身佐一郎が

---

15) 大正5年9月「事業報告書綴（永田神童子山製材部）」（永田家文書68-108-10）参照。
16) 以下の記述は、明治28年下半期「実際考課状（吉野銀行）」・明治42年上半期「営業報告書（吉野銀行）」（永田家文書68-81-58・68-106-6）および大正10年上半期『営業報告書（吉野銀行）』を参照。

150株、福本元之助が100株所有しており、永田家と逸身家と福本家を合わせると、株式所有比率は約15％となった。逸身銀行破綻の影響で逸身家と福本家の吉野銀行の所有株数は激減するが、永田家は吉野銀行株を買い進め、1909年上半期時点では、総株数6,000株のうち永田藤兵衛が1,308株、永田郁三（13代藤兵衛の弟）が50株、永田富之助（13代藤兵衛の息子、後の14代）が50株、永田千代（13代藤兵衛の娘）が50株を所有し、永田家の株式所有比率は約24.3％に上昇した。この時点で逸身満壽（13代藤兵衛の姉で逸身佐一郎の妻）が15株、福本元之助が50株を所有しており、永田家と逸身家と福本家を合わせると、株式所有比率は約25.4％を占めた。むろん、1917年以降吉野銀行へ吉野郡や隣接地域の銀行が合併されて資本金が急増するとともに、永田家の株式所有比率は減少するが、それでも永田家は吉野銀行の増資に積極的に応じて、21年上半期時点では、総株数10万株のうち永田藤兵衛が8,988株、永田郁三が251株、永田富之助が249株、逸身マスが320株を所有した。永田家の株式所有比率は約9.5％で、逸身家を合わせると約9.8％となり、吉野銀行が奈良県を代表する大規模銀行となった後も、永田家は吉野銀行の株式の約1割を所有していた。永田家は吉野銀行を銀行・会社への出資で最重視していたと言える。

　それ以外に永田家は、吉野鉄道や洞川電気索道など輸送インフラの整備に関連する会社設立に深く関わった。特に洞川電気索道は、下市から山を2つほど越えた奥地の洞川まで結び、吉野郡でもかなり険しい山岳地帯の大峰山系の麓にまでつながる大規模な索道であり（本書巻頭地図2）、広範囲の木材を下市へ集荷するのに大きな力を発揮した。しかも電気索道の名が示すように、途中の黒滝地域や洞川地域への送電も行ったと考えられ、産業・生活基盤の整備にもなった[17]。また、吉野鉄道は、吉野山への行楽客や参詣客の輸送を主に担っていたが、吉野口駅で官営鉄道と接続して大阪・奈良・和歌山方面と吉野を鉄道で結んだことで、木材輸送品の川の流送から鉄道を利用する輸送への転換にもある程度の役割を果たしたと考えられる。実際、吉野鉄道の輸送実績を見ると、1912年は旅客196,272人、貨物16,119トン、18年は旅客485,450人、貨物72,166ト

17）　大型索道は、架線を伐採現場から集材地点まで架設することで、木材搬出機能を持つ。近代日本では、特に尾鷲地方で明治中期から用いられ、伐採現場から山を越えて尾鷲の市街地に送られる運材の手段となった（小林［1981］44頁）。

ン、24年は旅客1,477,633人、貨物66,268トンと推移した[18]。

　こうした諸会社への永田家の出資状況を表2－8で検討する。第一次世界大戦期までは永田家の株式所有の中心は吉野銀行株と吉野材木銀行株と大阪鉱業株であったが、1916年に尼崎紡績への出資が急増した。これは当時福本元之助が尼崎紡績の取締役であったことと関連していたと思われ、1916年に尼崎紡績が大増資をした際に（社史編纂委員会編［1966］93-126頁）、それを引き受ける形で同社株の所有を急増させた。この時期は、永田家と姻戚関係にある廣海家も尼崎紡績株の所有を急増させており（本書第3章表3－4）、おそらく尼崎紡績株の購入と増資払込を福本元之助は、姻戚関係にある永田家と廣海家にそれぞれ依頼したものと思われる。尼崎紡績は1918年に摂津紡績と合併して大日本紡績となり、さらに増資を行い（社史編纂委員会編［1966］160-185頁）、永田家は20年代初頭まで大日本紡績株を買い進めたり増資払込に応じたが、18年以降に増資を進めた吉野銀行への出資を20年代初頭は急増させた。吉野銀行株の配当収入が、1922年よりも24年がかなり多かったことから見て、永田家は吉野銀行へ23年にも出資を進めたと考えられ、吉野銀行からの配当収入が、大日本紡績株からの配当収入よりも多くなった。

　さらに永田家は、五條町（1916年から本社は大淀村）で設立された大和電気会社へ積極的に出資し、また神戸市への電力供給を企図して吉野川沿いに吉野発電所と樫尾発電所を建設した上に十津川村の長殿にも発電所建設を企画した大正水力電気会社へも、19年以降に出資した（関西地方電気事業百年史編纂委員会編［1987］158、166-167頁、天川村史編集委員会編［1981］275頁）。大和電気は、川上村高原川の水力を利用して同村迫に発電所を設けて、1912年に上市・下市・大淀・吉野・国樔・川上の各町村を営業地として開業しており（大淀町史編集委員会編［1973］274-275頁）、吉野林業地帯にとって産業・生活基盤の両面で重要であった。大和電気はその後、十津川水系の水利権も獲得し、洞川（天川村）に天川発電所を建設して1915年に運転を開始し、天川発電所は洞川電気索道や永田神童子山製材部へ電力を供給した（天川村史編集委員会編［1981］273-275頁）。永田家は大和電気株で吉野銀行株を上回る配当収入を1920年代初

---

18)　大正元年度『鉄道院年報』鉄道院、大正7年度「鉄道院鉄道統計資料」（野田・原田・青木編［1984］第Ⅰ期第1集第17巻）、大正13年度『鉄道省鉄道統計資料』鉄道院より。

頭に得たが、大和電気と大正水力電気が宇治川電気に合併されたことで永田家は宇治川電気株を多数所有するに至り、24年に宇治川電気株の一部を売却し、吉野銀行・吉野鉄道の増資に応じたものの、宇治川電気株はその後も持ち続け、32（昭和7）年度の宇治川電気の有力株主のなかで永田家は6番目にあたる14,884株を所有していた[19]。その時の有力株主のなかで4番目の北村製材所（20,274株）と5番目の阪本林業会社（19,834株）はともに吉野林業地帯の林業家で、吉野地域における宇治川電気による電源開発が、吉野の有力林業家が宇治川電気株を大規模に所有することと関連していた。

　永田家は、第一次世界大戦期には紡績会社・電力会社に止まらず、南満洲鉄道会社や三十四銀行など全国的な大会社や銀行にもある程度出資したものの、一時的に止まり、1920年代中葉の株式投資の中心は宇治川電気株・吉野銀行株・吉野鉄道株であった。このように1910年代末から20年代初頭にかけて永田家は、大日本紡績株など全国的な大企業株を多く所有したが、全国的な大企業株の含み益や配当収入を得るよりは、自ら経営に関与した地元会社株を優先させた点で、永田家には地方事業家的性格が強かった[20]。実際、永田家は1926年に奈良信託や藤村酒造など奈良県や地元の会社に新たに出資して、31年時点ではそれらの会社の役員に就任していた（表2-7・8）。その一方、14代藤兵衛が吉野銀行の役員にならなかったため、吉野銀行での永田家の地位は1920年代後半以降は低下し、同行からの配当収入は減少した。

3　20世紀初頭の吉野銀行の経営展開

（1）吉野銀行本店の動向

　本節では、吉野銀行が吉野林業に果たした役割を融資の面から検討する。前述のように、林業経営には、資本の回転期間が極めて長いという弱点があり、これを補うために銀行からの融資が大きな意味を持った。創業後まもなくの

---

19)　山一証券株式会社調査部編［1932］162頁。
20)　永田家は、家業の山林事業を積極的に拡大しつつ、地元銀行・会社の経営にも積極的に関与していた点で、家業志向性と地域志向性を兼ね備えた地方事業家であったと考えられる（地方事業家の概念については、本書終章を参照）。

1900年代の吉野銀行は、下市の本店・五條支店・野原支店・国樔支店・吉野山支店という5つの店舗を有しており、それぞれの貸付先が判明する。まず、本店の主要貸付先を示した表2－9を見よう。本店では、林業家への山林担保の金融が中心で、吉野銀行の役員が林業家であり、彼らは吉野銀行本店から多額の融資を受けていた。例えば、頭取の永田藤平とその息子泰蔵は、1900（明治33）年6月に山林と田地を担保として5万円の融資を、取締役の畠山壽太郎は、02年4月に山林を担保として23,000円の融資を、同じく取締役の岡本徳永は、02年12月に山林を担保として3万円の融資を受けた。このうち岡本徳永（後継者は徳潤）は、1904年時点の見積財産が40万円の有力資産家であったが、前述した03～04年の木材業の不況の影響で経営に行き詰まったと考えられ、岡本徳潤は、山林を吉野銀行に引き渡し、その後資産家名簿から脱落した（表2－6）。表2－9では、1902年時点で43,859円あった岡本徳潤らの借入元金が、06年末時点で残金459円となっており、岡本はこの分を吉野銀行からの融資の際に担保となった山林を引き渡して返済したと言える[21]。そして岡本徳永は1903年12月に取締役を辞任しており、畠山壽太郎も吉野銀行への債務弁済のため吉野銀行に担保に入っていた山林を引き渡した。吉野銀行は畠山から引き渡された山林を9,100円で1903年11月に売却し、さらに04年7月に畠山壽太郎への貸付残額43,266円を、不動産・株券の引き渡しを受けて吉野銀行は清算した[22]。畠山壽太郎は1902年7月に取締役を退任して監査役となり、その監査役も04年7月に退いた。（南都銀行行史編纂室編［1985］192頁）。

同様に、1902年末時点で借入金が合計3万円程度に上っていた窪尾智照も、03～04年の木材業の不況の影響で山林経営が行き詰まったと考えられ、山林を売却して銀行債務を返済し、06年末時点の借入金残額は6,000円であった。このうち4,000円は1906年6月に借り換えた分であるが、これまでの窪尾の銀行借入の担保はいずれも山林であったのに、この時は担保に入れる山林を所持しておらず、無担保の信用借であった。吉野銀行は1904年に窪尾智照・智導より担保に入っていた山林の引き渡しを受けて貸付金を処理し、04年3月にも小西伝治への貸付金の担保に入っていた山林を競売にかけてその貸付金の返済を行

---

21) 「岡本徳永・徳潤貸付証書一括」（永田家文書68-80-1）より。
22) 前掲明治36年「日誌（吉野銀行）」第4号。

わせた[23]。このように1903～04年の吉野林業の不況を契機として、山林所有状況に大きな変化が生じ、その結果、吉野銀行本店は林業家以外にも田畑を担保として貸し付けるに至り、無担保での信用貸も次第に増大した。

　ただし、表2－3に戻ると、資産の部の抵当質物流込欄から見て、1900年代に吉野銀行は貸付金返済が滞った相手から抵当品を取得したが、その所有動産不動産金額は、20年代はそれほど多くなく、抵当品として取得した山林を売却したと思われ、それらを購入したのが、永田家など有力林業家であったと考えられる。表2－10を見よう。1900年代後半から永田家は積極的に遠方の山林の買入れを進めるが、07年には、天川村澤原、十津川村旭・篠原・内原など、天ノ川流域・十津川流域まで山林所有範囲を拡大した。もともと天ノ川流域では、近世期から峠越えにより、下市との関係を持ち続けた林業が行われ、近世後期には共有林を下市の商人も分割所持するようになった。とは言え、村による山林総有形態が近世期の天川村では中心であり、1889年の町村制の施行により、村の共有山をそれぞれの持分に応じて住民に分配してから、個人所有が広まることになった。特に1910年からの集落有林野統一整備事業が、村有林の私有化を促進し（天川村史編集委員会編［1981］1086-1087頁）、そのなかで永田家は、天ノ川流域・十津川流域へと山林所有を広げた。このなかには、1909年3月に買い入れた天川村澤原の山林のように、吉野銀行が抵当品の質物流込で取得した山林も含まれた。この天川村澤原では、永田家は姻戚関係にある廣海家・逸身家・福本家らと共同で植林事業を始め、1907年にこれらの家から拠出した植林費は、永田家の分を含めると約14,320円に上った[24]。

　その後1917（大正6）年3月時点の吉野銀行本店では[25]、貸付のうち手形貸付が約38万円とかなり増大し、その内訳は松尾四郎へ77,250円（株券担保）、永田藤兵衛へ36,400円（株券担保）、大和電気会社へ3万円，西川寅太郎へ25,500

---

23)　前掲明治36年「日誌（吉野銀行）」第4号。
24)　明治40年「金銭出入帳」（永田家文書68-97-1-7）より、各家が永田家に払った費用に永田家の持分比率より永田家の負担分を加えて推計。具体的には、全体の15分の5を永田家、15分の3を廣海惣太郎、15分の3を逸身佐一郎、15分の2を福本元之助、15分の1を逸身豊之輔、15分の1を大阪の小西又助が負担した。
25)　以下の記述は、「秘密書類」・大正2年「吉野銀行五万円抵当抹消一件書類」（永田家文書B-3-2・B-3-3-17、永田家蔵）を参照。

表 2 − 9 　吉野銀行本店主要貸付金内容一覧

①1902年末時点					②1906年末時点		
貸付年月	貸付先	居住地	残額	担保	貸付年月	貸付先	居住地
1898・1	北幾太郎	10南宇智村	2,500	山林	1900・12	窪尾智照	大塔村
1899・3	久保智照	大塔村	3,500	山林	1906・6	窪尾智照ほか	大塔村
1899・3	畠山壽太郎	15下市町	5,000	山林	1901～04	前田竜造ほか	
1899・3	北幾太郎	10南宇智村	6,000	山林	1902～06	岡本徳潤ほか	白銀村
1899・8	奥村宇登		10,600	山林	1901・8	藤村三次郎	10下市町
1899・12	窪尾智照	大塔村	10,100	山林	1903・2	松岡辰五郎	
1899・12	喜多勝太郎		1,000	田畑	1903・10	辻川萬次郎	5南芳野村
1900・6	永田藤平・泰蔵	特6下市町	50,000	山林・田地	1905・12	帯谷伝二郎	
1900・7	野原支店		1,700	家屋代	1905・12	竹原忠顕	
1900・8	末田富太郎ほか		2,000	宅地・建家	1905・12	辻川萬次郎	5南芳野村
1900・12	窪尾智導		8,700	山林	1905・12	�運送店	
1901・2	西村豊吉	十津川村	5,750	山林	1899・9～11	西村豊吉	十津川村
1901・2	森田己之吉		1,500	山林	1901～02	西村豊吉	十津川村
1901・8	藤村三次郎	10下市町	2,000	田畑・宅地	1902・11	三並茂重郎	
1901・9	前田亀蔵		2,700	山林	1898・4	喜多勝太郎	
1901・10	竹田勝次郎		1,000	山林	1902・3	永田藤平ほか	特6下市町
1901・11	北幾太郎	10南宇智村	5,000	山林	1903・12	香川ミツ	
1901・12	窪尾智導		7,000	山林	1905・12	平岡福蔵	
1901・12	小西伝次		11,400	山林	1906・3	堀内房次郎	9下市町
1902・4	畠山壽太郎	15下市町	23,000	山林	1906・11	友田精賢	
1902・5	堀宇吉		1,500	信用	1906・12	木下平三郎	
1902・5	吉井平蔵		1,200	信用	1906・12	町長・島田竜	
1902・9	窪尾智照・智導	大塔村	2,000	山林			
1902・9	北幾太郎	10南宇智村	6,000	山林			
1902・10	竹原忠顕		2,000	山林			
1902・12	竹原忠顕		2,000	山林			
1902・12	北幾太郎	10南宇智村	5,475	山林・株券			
1902・12	岡本徳永	白銀村	30,000	山林			
その他とも計	152件		234,799		その他とも計	138件	

(出所)明治35年度下半期・明治39年度下半期・明治43年度下半期「貸付金明細表（吉野銀行本店）」（永田家文書68-80-60-4、68-80-58-4、68-80-57）より作成。
(注)各時点で、貸付残額が1,000円以上もしくは元貸付金が1,000円以上の貸付を取り上げた。2名の連名の場合は、代表者を挙げて「ほか」とした。なお、1910年末時点の福智久継ほかは、同人ほか10名への貸付。居住地欄は、明治43年調査の「奈良県資産家一覧表」より所得等級（町村名の前）も合わせて示し（渋谷編［1991a］）、「吉野銀行株主明細簿」（永田家文書68-81-4-2）も参照（表2 −11～14も同じ）。また、1902・06年末時点の岡本徳永・徳潤は、1904年調査の「奈良県五万円以上の資産家」より居住地を示した（渋谷編［1991a］）。複数の貸付が併せて表記された場合は、その貸付時期を年もしくは月の範囲で示した。元金は元貸付金額、残額はその時点の貸付残額。所得等級の目安は、表2 − 5の注を参照し、それ以外に、特10級が所得額8,500円、特16級が5,500円、10級が900円、11級が800円、12級が700円、13級が600円、14級が500円、15級が400円とされた（表2 −11～14も同じ）。

第2章 奈良県林業資産家と産地銀行

金額の単位：円

元金	残額	担保	③1910年末時点 貸付年月	貸付先	居住地	元金	残額	担保
10,100	2,000	田地	1902・9	窪尾智照ほか	大塔村	2,000	2,000	地所
4,000	4,000	信用	1901〜04	前田竜造ほか		2,240	700	地所
4,240	2,200	山林	1901・8	藤村三次郎	10下市町	2,000	2,000	地所・建物
43,859	459	山林	1909・7	中内勇蔵	8南芳野村	2,000	2,000	地所
2,000	2,000	宅地・建家	1903・2	松岡辰五郎		1,750	1,750	地所・建物
1,750	1,750	山林・田畑	1903〜08	山本萬次郎	13南芳野村	1,800	1,800	地所・建物
10,000	10,000	山林	1906・3	堀内房次郎	9下市町	3,000	300	信用
1,200	1,200	公債・信用	1908〜10	福智久内ほか		16,600	15,950	地所
1,800	1,800	山林	1909・5	溝上増次郎ほか	14下市町	6,500	2,916	地所
7,000	7,000	山林	1907〜09	福智久継ほか		3,503	1,456	信用
1,600	1,150	信用	1905・3	喜多信太郎		1,600	600	建物
4,500	4,500	山林	1899〜1902	西村豊吉	十津川村	7,083	5,761	地所
1,733	1,483	山林	1898・5	喜多勝太郎		1,000	855	地所・建物
1,200	1,200	田畑・宅地	1905・12	平岡福蔵		4,200	4,200	信用
1,000	1,000	田畑	1902〜06	永田藤兵衛	特6下市町	50,300	46,425	地所
50,000	10,000	山林	1904・12	帯谷傳三郎		1,200	1,200	信用
1,200	1,200	信用	1906・4	香川ミツ		1,200	1,200	信用
4,200	4,200	信用	1909・8	辻本初太郎ほか		1,000	1,000	信用
3,000	1,000	山林	1909・9	山本清七		1,000	800	株券
1,400	1,400	山林	1910・12	赤田次郎吉	13下市町	3,000	3,000	地所・建物
1,100	500	株券	1910・12	上田太吉・伊三郎	15下市町	1,000	1,000	地所・建物
1,350	1,350	信用	1910・12	町長・畠山壽太郎	15下市町	1,000	1,000	信用
	82,133		その他とも計　130件				116,456	

表 2-10　1907～10年永田家山林買入動向

円未満の単位：銭

年月日	場所	金額	買入先	備考
1907・2・6	天川村澤原	285円（地上権）	辰巳萬治 (天川村)	廣海家・逸身家・福本家・小西家と共同植林
1907・3・28	十津川村旭	735円89	弓場マツヱ・木村仙治ほか	山林共有持ち分取得、弓場は十津川村居住
1907・3・30	土地川村篠原	600円（買入残金）	大塔村長	200町歩の村有林の買入
1907・6・10	十津川村旭	116円30	岡照蔵・森尾定昭・竹村宗十郎ほか	岡と森尾は十津川村、竹村は坂合部村居住
1907・6・25	十津川村旭	950円	岡文昇	完全所有の山林と共有の山林あり
1907・6・26	十津川村旭	60円	畔井一正	銀行所有の山林と交換のため代金は銀行へ
1907・7・1	十津川村旭	80円	岡文昇 (十津川村)、森尾孝憲	山林2反6畝6歩20歩、共有
1907・8・8	十津川村旭	150円70	森尾春荏 (十津川村)	50円は木村仙治、残りは沢部圓治へ支払い
1907・9・5	十津川村旭	15円	竹村宗十郎 (坂合部村)	山林共有持ち分取得
1907・11・16	十津川村旭	164円72	森尾定昭 (十津川村)	
1907・11・18	十津川村旭	300円	東周善 (十津川村)	合計山林57町歩の共有持ち分取得
1907・11・18	十津川村旭	100円（買入残金）	東周善 (十津川村)	山林280町歩の共有持ち分取得
1907・11・29	十津川村旭	55円	森尾春荏 (十津川村)	山林共有持ち分取得
1907・12・31	十津川村旭	10円（130円の内）	青木重恭 (大塔村)	山林共有持ち分取得
1908・1・8	十津川村旭	120円	青木重恭 (大塔村)	山林5反歩の共有持ち分取得
1908・1・9	十津川村内原	800円	弓場マツヱ (十津川村)	山林280町歩の共有持ち分取得
1908・1・10と1・31	十津川村内原	45円	坂本貞吉 (賀名生村)	山林共有持ち分取得
1908・2・27	十津川村旭	100円（買入残金）	東周善 (十津川村)	山林共有持ち分取得
1908・3・4	十津川村旭	20円	東周善 (十津川村)	山林共有持ち分取得
1908・3・13	十津川村旭	5円	杉本浅吉 (十津川村)	山林共有持ち分取得
1908・6・3と7・27	十津川村旭	1,250円	西村豊吉 (十津川村)	山林共有持ち分取得
1908・8・29	天川村和田	130円	西前文雄 (天川村)	山林共有持ち分取得
1908・9・10	十津川村原	200円	浦上嘉善 (十津川村)	山林共有持ち分取得
1909・1・4	大塔村惣谷	250円	坂本里人	山林有持ち分取得
1909・3・4	天川村澤原	666円67	吉野銀行	吉野銀行所有山林の買入れ、持分15分の5
1909・5・6	十津川村杉清	7,000円	稲田理太郎 (竹内)	買反契約付
1909・7・31	十津川村内原	150円	蒲生国吉	山林共有持ち分取得
1909・10・19	十津川村内原	5,600円	辻内辰治郎	山林共有持ち分取得

第2章　奈良県林業資産家と産地銀行　143

日付	場所	金額	相手	備考
1909・10・19	十津川村内原	400円	増田重太郎	山林共有持ち分取得
1909・11・2	十津川村内原	271円03	森崎房吉	山林共有持ち分取得
1909・11・8	十津川村	65円	岸尾千代吉	山林共有持ち分取得
1910・2・5	天川村洞川	2,000円	眞島襄一郎	立木買入、4,000円のうち木村熊次郎と折半
1910・3・12	十津川村杉清	△7,000円	植田理太郎	植田買戻しに付、返金受け取り
1910・3・18	天川村洞川	3,000円	眞島襄一郎	地上権取得、買戻し契約
1910・3・29と4・2	十津川村旭	50円45	坪井一正（十津川村）	山林共有持ち分取得
1910・4・16	十津川村内原	213円42	西村豊吉（十津川村）	山林共有持ち分取得
1910・6・24	十津川村旭	50円	中上正一（十津川村）	山林共有持ち分取得
1910・6・25	天川村洞川	△3,000円	眞島襄一郎	眞島地上権買戻しに付、返金受け取り
1910・6・28	黒滝村槇尾	2,055円	大阪大林区営林署	国有地払下げ代金
1910・7・18	十津川村内原	257円13	蒲生国吉	山林共有持ち分取得
1910・9・19	十津川村旭	13円	福井菊市	山林共有持ち分取得
1910・11・7	十津川村旭	128円88	弓場磯若	山林共有持ち分取得
1910・11・24	十津川村旭	25円	岸尾貞吉・杉浦順夫	山林共有持ち分取得、岸尾は20円、杉浦は5円
1910・12・30	十津川村旭	19円78	弓場マツヱ・西村豊吉・木村竹次郎	山林共有持ち分取得
1910・12・30	十津川村旭	36円	福井佐文・岸尾定吉・木村竹次郎	山林共有持ち分取得、岸尾は20円、木村は13円50
1910・12・31	十津川村洞川	105円123	木村仙治	山林共有持ち分取得
1910・12・31	天川村洞川	17,300円	眞島襄一郎	山林共有持ち分取得
1910・12・31	天川村神童子	300円	大谷庄次郎ほか2名	立木買入、洞川地区北角
1910・12・31	天川村神童子	775円	小西善助	立木買入、洞川地区
1910・12・31	天川村神童子	76円	笠松九兵衛	立木買入、洞川地区

（出所）明治40・41年度「金銭出入帳」・明治42・43年「総勘定元帳」（以上、永田家文書68-97-1-7、68-97-1-5、68-113-3、68-113-1）より作成。

（注）買入先と備考欄の村名は買入相手の居住村。天川村澤原の共同植林費として、1907年に廣海惣太郎は10月20日に2,863円93を、福本元之助は10月30日に1,909円285を、小西又助は10月30日に954円643を、逸身佐一郎は11月1日に2,863円929を、逸身堂之輔は11月27日に954円64を永田家にそれぞれ支払った。天川村洞川は、地区有林が存在したので、立木買入も示した。無印は支出、△印は受け取り。

円（地所担保）、清水製材部へ14,868円の順であった。清水製材部は永田家の主要材木販売先で、清水製材部への吉野銀行本店の手形貸付の連帯保証人に永田家はなっていた。また同時点の吉野銀行本店（証券）貸付額は約10万円で、そのうち永田神童子山製材部へが3万円（株券担保）と最も多く、福智久継への11,850円（山林・田・地所・建物担保）、島田芳太郎への11,000円（地所・建物担保）と続いた。表2-9に見られる永田家への吉野銀行本店の貸付金5万円（山林・地所担保）は、1913年に完済されており、その後の永田家への貸付は株券担保の手形貸付となった。

（2）吉野銀行各支店の動向

　本店に続いて五條支店を表2-11より検討する。五條は町場であり、五條支店の貸付先として林業家以外に商人への貸付も多く、蚕繭倉庫預り券を担保とした融資も行い、養蚕業との関連も見られた。本店に比して平均的な貸付金額は少なく、所得等級のリストに上がってこない林業家や耕地所有家への貸付が多かった。そのため返済は滞りがちで、1904（明治37）年以降は返済が滞っている様子が窺われる。1910年末時点を見ると、04～06年6月に融資したものの残額が残っているが、山林担保の金融が多く、それ以降は、山林担保金融は少なくなり、建物を担保としたり、無担保での信用貸が増えた。藤岡長二郎や津積恒三郎など吉野銀行役員への融資も見られたが、1902年6月に融資された1,000円に止まり、その後も増えなかった。その後五條支店の1917（大正6）年3月時点の貸付は、（証券）貸付が約8万円、手形貸付が約4万円で、（証券）貸付では梅田善一への8,000円（信用貸）、上田利太郎への7,500円（山林担保）が多く、手形貸付では宅合名会社への15,000円（株券担保）が多かった[26]。

　野原支店の融資状況は表2-12に示した。野原支店は五條支店と距離的に近かったが、野原は交通の要所で、商人への融資が多かったと思われ、担保をとる場合も山林ではなく田地や株券が多く、株券を担保とした場合の銘柄として、大阪株式取引所株や吉野銀行株が選ばれた[27]。平均的な融資金額は五條支店よりもさらに少なく、そのため延滞が続くことはあまりなかった。吉野銀行役員

---

26)　前掲「秘密書類」（永田家文書）。

への融資もあるが少額であり、創業期に野原支店付きの取締役であった岡本徳永（表2-2）への貸付は、主に本店が行っていた（表2-9）。ただし、1907年以降は後背地山村の特定の有力者に集中的に信用貸を行うに至り、吉野小川銀行の頭取となった小川村の船津家などにもかなりの融資を行った（南都銀行行史編纂室編［1985］228-229頁）。そこで野原支店の活動を特徴付ける当座貸越契約を表2-13で検討する。表2-12と表2-13を比べると、1902年9月15日時点では、定期貸付金残額が約12,000円に対して、当座貸越残高は約45,000円で、創業期の吉野銀行野原支店は、当座貸越契約を積極的に結んでいたと言える。その担保品も山林はあまり多くなく、田地や株券が中心であり、商取引の決済のために商工業者と当座貸越契約が結ばれたと考えられる。1902年9月17日時点では岡本㐂治に対して約16,000円の当座貸越残高があったが、それに対する担保として野原支店は南和鉄道株237株（14,010円分）、吉野銀行株20株（628円分）などを押さえていた[28]。ところが前述のように1903～04年の木材業の不況を契機として野原支店は当座貸越勘定を縮小する。1906年末時点の当座貸越勘定の相手は、北村宗四郎のような大規模林業家か、地元野原村の資産家層（所得等級リスト刊行物に掲載される階層）が中心となり、彼らには信用貸で当座貸越契約を結んだものの、所得等級リストに出てこない階層の相手からは地所を担保にとって当座貸越契約を結んだ。1910年末時点では再び当座貸越勘定を拡大しているが、野原村とその隣接村を中心として比較的限定された資産家層との当座貸越勘定に止めており、野原支店は賀名生村・宗檜村など後背地山村の特定の有力者への定期貸を主に進めた（表2-12）。

1917年3月時点の野原支店では、（証券）貸付が約10万円、手形貸付が約4万円、そして当座貸越勘定は約11万円であった[29]。（証券）貸付では福西保憲ほか1名への約2万円（土地・建物・山林担保）、手形貸付では森元英太郎・依輔への7,000円や島本芳之助への5,000円が多く、当座貸越残額では北村宗四郎への約19,000円、前田弥重郎への約14,000円、北田準次への約9,500円が多かった。なお表2-12に見られる野原支店の岡本徳永への貸付額4,000円は、1917

---

27) 明治36～43年度「貸付金明細表（吉野銀行野原支店）」（永田家文書）を参照。
28) 明治35年9月17日調「野原支店当座貸越明細書（吉野銀行）」（永田家文書68-80-63-10）より。
29) 以下の記述は、前掲「秘密書類」（永田家文書）を参照。

表2－11　吉野銀行五條支店主要貸付金内容一覧

①1902年末時点					②1906年末時点	
貸付年月	貸付先	居住地	金額	担保	貸付年月	貸付先
1896・11	笠松九兵衛		283	株券	1899・2	森伊十郎
1897・6	豊田廣作		5,000	山林	1900・12	(五條)町長保田
1897・10	森伊十郎		3,820	田畑・宅地・建家	1902・4	坂口政吉
1897・11	仲谷與十郎		950	地所	1902・4	小西太平ほか
1897・7	藤井定吉		500	田畑・宅地・建家	1902・6	藤岡（長）・津積（恒）
1898・12	山本岩二郎		300	信用	1903・5	古川定次郎
1900・4	山口善次郎		200	地所	1903・8	柿本重次郎
1900・5	河本彌四郎		300	株券	1904・1	河本彌三吉
1900・10	坂合部村長	坂合部村	5,000	年賦証書	1904・1	森伊十郎
1900・12	五條町長	五條町	2,666	年賦証書	1904・6	竹原忠顕
1901・2	松本長平	6 五條町	2,500	地所	1904・10	福塚萬次郎
1901・8	井田金平		230	信用	1904・11	林春亮
1901・9	松崎亀松		500	田畑・宅地・山林	1904・12	森脇鶴松
1901・10	宇恵準次		1,500	山林	1904・12	森脇楠松
1901・11	平井治良		2,200	田畑・山林・建家	1905・1	宮崎茂吉
1902・3	木村馬治郎		1,000	山林	1905・7	畠山清三郎
1902・4	宇恵準次		500	田畑・宅地	1905・12	宝田ナミ
1902・4	阪口政吉		350	地所	1905・12	林文一
1902・4	小西太平ほか		1,000	株券	1906・2	林ハナ
1902・6	藤岡（長）・津積（恒）	特6北宇智村	1,000	大五倉庫株	1906・4	(五條)町長柏田
1902・6	福岡豊太郎		280	種倉庫預り券	1906・5	苗代吉之丞
1902・8	大西佐太郎ほか		1,000	信用	1906・6	窪尾智照
1902・9	橋本（寛）・福塚（信）		600	信用	1906・6	喜多長右衛門
1902・10	津積音蔵		200	信用	1906・6	岩木儀平
1902・10	田中芳三郎ほか		600	信用	1906・6	薩摩常三郎
1902・11	上西才造・常松		200	信用	1906・6	奥田文吉
1902・11	横内静江		2,500	蚕繭倉庫預り券	1906・7	熊代郁三郎ほか
1902・11	沖田正一郎		250	信用	1906・10	岡松奈良雄
1902・11	森田熊市		2,180	蚕繭倉庫預り券	1906・10	乾喜代次
1902・11	平井クメノ・岩二郎		1,500	山林	1906・10	吉川由太郎
1902・12	鈴木徳平		250	株券	1906・9	松山孝憲
1902・12	福塚信四郎		400	信用	1906・11	富田利雄
					1906・12	植野亀太郎
					1906・12	中井久松ほか
					1906・12	吉川由太郎（後見）
					1906・12	谷口吉太郎
					1906・12	岡田末吉ほか
	その他とも計 54件		41,061			その他とも計　57件

(出所)明治35年度下半期・明治39年度下半期・明治43年度下半期「貸付金明細表（吉野銀行五条支店）」（永田家文書68-80-60-3、68-80-58-2、68-80-51）より作成。

(注)1902年末時点と06年末時点は貸付金額が200円以上の貸付先を、10年末時点は貸付元金が300円以上の貸付先を示した。氏名欄の「ほか」は複数への連帯貸付で、連名の貸付先の場合の所得等級は、大きい方を居住地と合わせて示した（表2－12・14も同じ）。1910年末時点欄で担保が無記載のは信用貸と考えられる。

第2章 奈良県林業資産家と産地銀行　147

金額の単位：円

居住地	金額	担保	貸付年月	貸付先	居住地	元金	残額	担保
			③1910年末時点					
	3,200	畑・宅地・建家	1903・5	古川定次郎		950	950	田地
五條町	1,001	年賦証書	1903・12	森脇楠松	13坂合部村	300	140	田地・宅地
	300	地所	1904・10	福塚萬次郎		1,500	1,500	山林
	700	株券	1904・12	森脇鶴松		900	550	山林
特6北宇智村	1,000	株券	1904・12	森脇楠松	13坂合部村	300	150	山林
	950	地所	1905・5	窪尾智照	大塔村	672	672	畑・山林
	350	宅地・建家	1905・12	林文一・林平造		300	300	
	1,400		1906・6	岩木儀平		400	400	山林
	800	畑・宅地・建家	1906・6	薩摩常三郎		2,000	2,000	山林
	1,060	山林	1906・6	奥田文吉ほか		500	500	山林
	1,500	山林	1906・6	松山孝憲・窪尾		300	300	
	500	地所・建家	1906・12	植野亀太郎・竹村		1,000	1,000	
	600	山林	1906・12	吉川由太郎	15五條町	1,700	1,700	建物
13坂合部村	300	山林	1906・12	谷口吉太郎	13南宇智村	600	417	
5南宇智村	2,200	信用	1907・10	宝田ナミ		1,100	700	田地
	200	山林	1908・1	畑イチ		1,000	500	畑地・建物
	620	宅地・建家	1908・12	西尾信吉		600	600	建物
	450	借用	1908・12	安井友楠		2,400	2,400	
	750	地所	1909・5	畠山寿江		350	350	畑地・山林
五條町	4,600	議決録付	1909・7	松山栄吉		900	600	田地
	1,000	山林	1909・10	山本安五郎・佐藤		300	300	
大塔村	672	年賦・山林	1910・3	五條町	五條町	4,920	4,920	
	600	山林	1910・4	吉川由太郎	15五條町	650	650	建物
	400	山林	1910・4	竹林嘉蔵ほか		400	400	
	2,000	山林	1910・5	津積恒三郎	7五條町	460	380	
	500	宅地・建家	1910・6	谷村市三・和田		2,000	2,000	
15坂合部村	400	信用	1910・6	津積音蔵		5,000	5,000	田畑・山林
	350	山林・畑	1910・6	柿木庫太郎		2,500	2,500	宅地・建物
	200	信用	1910・9	藤田国蔵		2,100	2,100	田畑・山林
15五條町	500	宅地・建物	1910・10	小西ヒサ		2,000	2,000	建物
	300	信用	1910・10	柏原老一		330	330	建物
	10,000	山林	1910・11	橋本三四郎ほか		300	300	
	1,000	信用	1910・12	玉置良直		1,500	1,500	
	200	信用	1910・12	上垣徳太郎ほか		500	500	
	1,700	地所・家屋	1910・12	吉川チヨ		6,000	6,000	山林
13南宇智村	600	山林	1910・12	柏田久太郎	2五條町	300	300	
	1,800	信用	1910・12	森伊十郎		3,000	3,000	田畑・建物
	45,838		1910・12	岩木儀平		800	800	山林
				その他とも計　67件			51,238	

表 2-12　吉野銀行野原支店主要貸付金内容一覧

①1902年9月15日時点						②1906年末時点	
貸付年月	貸付先	居住地	金額	担保		貸付年月	貸付先
1895・11	磯田和蔵		499	田地		1896・11	魚谷駒太郎
1896・9	魚谷駒太郎ほか		790			1901・3	大杉藤太郎
1896・11	魚谷駒太郎ほか		1,625			1902・5	黒瀧熊吉・富三郎
1896・11	磯田清平ほか	12野原村	249			1903・8	本間保次郎ほか
1898・11	西垣新一郎		180	山林		1903・11	乾利四郎ほか
1898・12	山本七九郎ほか	特7五條町	300	信用		1904・4	坂上九兵衛
1899・2	乾利四郎		3,000	地所・建物		1904・11	堀江楠太郎
1899・12	森源三郎		170	山林		1904・12	岡本徳永
1900・11	乾利四郎		260	畑地		1904・12	吉田安右衛門
1900・12	岡本徳永ほか	白銀村	620	信用		1905・5	野原リツ
1901・2	岡松実		320	地所・建物		1905・8	松場信蔵ほか
1901・3	大杉藤太郎		220	田地		1905・12	楠本スエ
	平井岩次郎		1,800	山林		1905・12	楠本助太郎
1902・4	瓦谷佐市		150	地所		1906・1	吉田竹二郎
1902・5	黒瀧熊吉ほか		256	信用		1906・1	山縣松太郎
1902・8	小松亀太郎		110	信用		1906・2	北幾太郎
1902・8	竹田キク		200	家屋		1906・2	谷口安吉
	田中カメ		100	田地		1906・4	木村熊吉
1902・8	東嘉平		460	株券・債券		1906・4	平井保太郎
						1906・8	吉田竹次郎
						1906・8	畠山清三郎ほか
						1906・8	竹原忠四郎ほか
						1906・10	阪井市平
						1906・11	辻本宇三郎
						1906・12	池口勝次郎ほか
						1906・12	福西保憲
						1906・12	公門清ほか
						1906・12	向井春蔵ほか
						1906・12	西前重造
						1906・12	磯村清次郎
						1906・12	松村七二郎
	その他とも計　30件		12,004				その他とも計　68件

(出所)明治35年9月・明治39年度下半期・明治43年度下半期「貸付金明細書（吉野銀行野原支店）」（永田家文書68-80-63-10、68-80-58-1、68-80-55）より作成。
(注)貸付残額が、1902年9月時点は100円、06年末時点は200円以上の貸付先を、10年末時点は06年末時点からの継続が200円以上の貸付先を、それ以降は貸付元金が1,000円以上の貸付先を示した。1903年6月末時点の坂上九平と中西兵二郎の担保株券は大阪株式取引所株と勧業債券。1910年末時点で元貸付金の記載がなくて現貸付金のみ記載された場合は、元貸付額と現貸付額が同じとみなして元貸付欄に記した（表2-14も同じ）。

年3月時点でも回収不能見込額として残されていた。

　吉野林業地帯のなかで吉野川上流域にある国樔支店も、吉野川と小川の合流地点の流通拠点に所在しており、野原支店と同様に信用貸が中心であった。表2-14を見よう。ただし野原支店との違いは、信用貸の相手先が返済を延滞すると、建物や株券ではなく、山林を担保にとるようになったことであり、国樔支店の貸付先の多くは、中規模の林業家であったと思われる。その貸付範囲も、

金額の単位：円

③1910年末時点

居住地	金額	担保	貸付年月	貸付先	居住地	元貸付	現貸付	担保
	249	信用	1896・11	魚谷駒太郎		249	249	信用
	220	地所	1902・5	黒瀧熊吉・富三郎		256	256	信用
	256	信用	1903・8	本間保次郎ほか		254	189	信用
	224	信用	1903・11	乾利四郎ほか		826	826	信用
	826	信用	1904・12	堀江楠太郎		688	688	信用
	300	公債	1904・12	岡本徳永	白銀村	4,000	4,000	信用
	688	信用	1904・12	吉田安右衛門		949	949	信用
白銀村	4,000	信用	1905・8	松場信蔵ほか		900	900	信用
	949	信用	1905・12	楠本助太郎	15南宇智村	500	500	大五倉庫出資
	250	地所	1906・4	木村熊吉		345	305	信用
	900	信用	1906・12	公門清ほか	14賀名生村	1,000	250	信用
	588	株券	1906・12	西前重蔵		600	600	信用
15南宇智村	500	大五倉庫出資	1906・12	松村七二郎		1,400	1,400	当行株券
	200	信用	1907・1	大塔村役場	大塔村	1,000	1,000	信用
5坂合部村	300	信用	1907・10	畠山米三郎	11宗檜村	1,000	1,000	信用
10南宇智村	2,500	地所・建物	1908・4	樺井鍋次郎ほか		3,000	3,000	山林
	800	地所・建物	1908・7	岡谷徳五郎ほか	8野原村	5,000	3,000	信用
	335	信用	1908・8	福西保憲ほか		1,300	1,300	信用
	320	信用	1908・9	畠山米三郎	11宗檜村	1,300	1,300	信用
	300	信用	1908・11	畠山米三郎ほか	11宗檜村	1,800	1,800	信用
	200	信用	1909・5	種川実太郎		3,000	3,000	地所・建物
	500	信用	1909・6	岡谷徳五郎ほか	8野原村	4,000	4,000	信用
9野原村	500	信用	1909・8	船津賢蔵	6小川村	9,500	9,500	山林
	200	信用	1909・11	福西タキエほか	14白銀村	6,000	6,000	信用
	990	信用	1909・12	松村奥裕		3,375	3,375	当行株券
	1,050	信用・公債	1910・3	佐野重太郎ほか	14賀名生村	2,000	2,000	信用
14賀名生村	750	信用	1910・5～6	八幡儀太郎ほか		3,000	2,700	信用
	474	信用	1910・5～10	楠本寛三		4,145	4,145	株券
	600	信用	1910・7	船津弥八郎	4小川村	7,500	7,500	信用
	273	信用	1910・8	八幡儀太郎		1,262	1,262	株券
	1,400	当行株券	1910・8	畠山林兵衛	12宗檜村	1,500	1,500	信用
			1910・10	畠山種次郎	15野原村	2,000	2,000	信用
			1910・12	金岡鶴松ほか	7野原村	1,000	1,000	信用
	23,596		その他とも計	143件			95,250	

国樔村とその隣接村に範囲を限定しており、1910年末時点の貸付先を見ると明らかなように、貸付先の多くは所得等級が判明する地域有力層であり、彼らへの融資に次第に絞った結果、延滞した貸付物件は非常に少なかった。なお国樔村出身の吉野銀行役員の森谷庄一郎・上西源一郎への融資も行っていたが、両者ともに酒造家で（表2－6）、無担保の信用貸であった。その後1917年3月時点の国樔支店の（証券）貸付額は約5万円、手形貸付額は4,500円、当座貸越勘定は約43,000円であり、（証券）貸付では上西源一郎への6,000円や内田道之

表2−13　吉野銀行野原支店当座貸越残額一覧

金額の単位：円

①1902年9月17日時点				②1906年末時点				③1910年末時点				
相手先	居住地	金額	担保	相手先	居住地	金額	担保	相手先	居住地	金額	担保	契約額
岡本禮治	白銀村	16,412	株券	北村宗四郎	特6上市町	3,635	信用	北村宗四郎	特6上市町	7,008	信用	2,500
岡本徳永	白銀村	4,450	信用	樽井鍋太郎		2,481	地所	樽井鍋太郎		2,852	預り証	3,000
優合豊蔵	15宗檜村	3,816	山林	西前重蔵		2,163	地所	森元依輔		2,809	信用	8,000
岡本徳潤	白銀村	2,748	信用	楠木助太郎	15南宇智村	1,735	地所	岡谷徳五郎	8野原村	2,758	山林	3,000
磯田清平	12野原村	2,192	溜池	山縣松太郎	5坂合部村	1,674	信用	前田瀾重郎	8野原村	2,208	信用	
西前重蔵		2,183	地所・建物	岡本徳潤	白銀村	1,240	地所	平尾宗治郎	5野原村	2,050	田地	2,000
浦辻房太郎		2,000	畑・山林	阪井市平	9野原村	679	信用	西前重蔵		1,900	家屋・地所	2,400
楠木助市	10南宇智村	1,735	山林	前田瀾重郎	8野原村	576	信用	公門清	14賀名生村	1,770	山林	2,000
平幾太郎		1,686	田地	御田徳治郎		558	地所	楠本助太郎	15南宇智村	1,735	山林	740
平井マス		1,030	田地	岡地野政吉	13野原村	545	信用	優家豊蔵	8野原村	1,353	信用	1,000
北川幾太郎	宗檜村	582	畑・田地	北田準次	8野原村	480	信用	北田準次		1,291	山林	3,000
公門要太郎		515	田地	城山遊楽園		448	田地	磯田六平	15宗檜村	1,180	田地	1,500
小松宗平		500	田地	久保松太郎		400	田地	米田六太郎		1,000	信用	3,000
磯田六平		499	畑・山林	馬場市太郎	14野原村	398	地所	山縣松太郎	5坂合部村	819	信用	5,000
御田徳次郎		469	畑・山林	浦平安則		398	地所	水谷清太郎			株券	1,700
辻内久吉		467	家屋・地所	優谷豊蔵		383	地所	岡本利七	8野原村	900	信用	1,000
城山遊楽園		448	信用	片岡サダ		300	地所	阪井市平	9野原村	782	信用	1,000
馬場德平		404	信用					馬場周治		850	信用	1,000
								馬場市太郎	14野原村	575	信用	1,000
その他とも計 34件		44,651		その他とも計 26件		20,329		その他とも計 35件		39,760		50,040

（出所）明治35年9月・明治39年度下半期・明治43年度下半期「当座貸越明細書（吉野銀行野原支店）」（永田家文書68-80-63-10、68-80-58-1、68-80-55）より作成。

（注）1902年9月時点と06年末時点は、それぞれ当座貸越残額が400円以上の相手先を示した。1910年末時点は、当座貸越残額が1,000円以上あるかまたは当座貸契約額が1,000円以上の相手先を示した。

輔への6,000円（山林担保）や森谷庄一郎への4,000円が多く、当座貸越勘定では上西源一郎への約2万円や森谷庄一郎への約8,000円が多く、1910年末時点と同様に吉野銀行役員の上西源一郎・森谷庄一郎への融資は多かった[30]。

　最後に吉野山支店の動向を検討する[31]。同支店の1件当たりの平均融資額は小さく、ほとんどが信用貸であり、支店としての収益が伸び悩んだと思われる。その背景として隣接した上市町で吉野材木銀行が1898年3月に設立されたことが大きく、吉野銀行吉野山支店は吉野材木銀行を補完する立場にあり、結局1905年に吉野山支店は廃止された。永田藤平は吉野材木銀行設立時にその取締役となり、最大の株主でもあった。実際、1917年時点の吉野材木銀行総株数6,000株のうち1,824株を永田藤兵衛が所有しており、その次に多かったのが同行頭取阪本仙次の374株所有で[32]、永田家は吉野材木銀行で突出した有力株主であった。ただし永田家が吉野材木銀行から融資を受けたことは少なく、1917年3月時点の吉野材木銀行の割引手形および手形貸付額約25万円のうち56,000円が大和電気会社、約39,000円が北村宗四郎、約22,000円が澤井駒太郎に対してであり、永田家に対してはなく、当座貸越勘定約32万円の内訳でも北村宗四郎へが約25万円を占め、永田家に対してはなかった[33]。

おわりに――永田家の多角経営と吉野銀行

　本章の冒頭で示した松村隆の指摘した木材業の経営上の弱点を、永田家がどのように克服したかをまとめる。第一の弱点である投資から収益が上がるまでに長期間必要であった点は、永田家・廣海家・逸身家らが共同で始めた山林経営から確認できる。彼らが行った吉野郡天川村澤原の共同山林経営では、1910～14（明治43～大正3）年に約62万本、15・17年に約5万本の植林が行われたが、23年時点でもまだ収益が上がらず、同様に、廣海家による大阪府山滝村大澤の

30）　前掲「秘密書類」（永田家文書）を参照。
31）　明治35年度下半期「貸付金内訳表（吉野銀行吉野山支店）」・明治38年3月「貸付金明細表（吉野銀行吉野山支店）」（永田家文書68-80-60-2、68-80-20）を参照。
32）　大正6年版『銀行会社要録』東京興信所、1917年、奈良県の項、1-2頁を参照。
33）　前掲「秘密書類」（永田家文書）より。

表2-14　吉野銀行国樔支店主要貸付金内容一覧

①1902年末時点					②1906年末時点		
貸付年月	貸付先	居住地	金額	担保	貸付年月	貸付先	居住地
1901・5	福田福松	国樔村	750	信用	1901・10	廣井市蔵	国樔村
1901・10	廣井市蔵	国樔村	330	地所	1902・12	辻田彌八郎	国樔村
1902・3	森内仙太郎	国樔村	200	信用	1902・12	田向恒吉	8中荘村
1902・12	岩井清三郎	中荘村	200	信用	1903・9	西村俵吉ほか	13四郷村
1902・8	横谷庄次	川上村	600	信用	1903・11	辻井楢太郎	15国樔村
1902・10	西本音治郎	小川村	200	信用	1904・4	福田福松・千蔵	11国樔村
1902・10	千谷伊之吉	国樔村	200	信用	1904・4	福田福松	国樔村
1902・11	松田亀吉	国樔村	300	信用	1904・10	芳村廣吉	
1902・12	芳村源三郎		1,100	信用	1904・12	山本嘉造	国樔村
1902・12	辻田彌八郎	国樔村	230	山林	1905・9	仲西（仙）・梅本（竹）	
1902・12	田向恒吉	8中荘村	211	信用	1906・3	阪本岩吉	15川上村
1902・12	杉本幸治郎	10高見村	320	信用	1906・4	山本総市ほか	
1902・12	山﨑豊太郎	川上村	250	信用	1906・8	山本源次郎ほか	特10中荘村
1902・12	内田道之輔	国樔村	350	信用	1906・8	木村政吉	8国樔村
1902・12	柳谷元七	中荘村	200	信用	1906・9	林亀吉	
1902・12	竹田新蔵	13中荘村	1,000	信用	1906・9	国樔村長福田福松	国樔村
1902・12	岩本源太郎	中荘村	550	信用	1906・9	飯田利助	15国樔村
1902・12	阪本岩吉	15川上村	500	信用	1906・10	小西文六	2中龍門村
1902・12	上村定重郎	国樔村	655	信用	1906・10	川上村長福本寅松	川上村
1902・12	関本実吉	国樔村	300	信用	1906・11	木村政吉	8国樔村
					1906・11	森谷庄一郎	
					1906・12	森谷庄太郎	5国樔村
					1906・12	中平留吉・政治郎	
					1906・12	前川松太郎	
					1906・12	中東（常）・新子（吉）	
					1906・12	梅本（竹）・仲西（仙）	
					1906・12	林常太郎・金谷（重）	
					1906・12	梅本（竹）・林常太郎	
					1906・12	東井兵次郎	
					1906・12	前仲秀吉	15国樔村
	その他とも計　127件		13,801			その他とも計　64件	

(出所)明治35年度下半期・明治39年度下半期・明治43年度下半期「貸付金明細表（吉野銀行国樔支店）」（永田家文書68-80-60-1、68-80-58-1、68-80-56）より作成。
(注)1902年末時点と06年末時点は貸付金額が200円以上の貸付先を、10年末時点は06年末時点からの継続が200円以上の貸付先を、それ以降は貸付元金が500円以上の貸付先を示した。

金額の単位:円

金額	担保	③1910年末時点					
		貸付年月	貸付先	居住地	元貸付	現貸付	担保
230	山林	1903・9	西村俵吉・芳野俵治郎	13四郷村	300	300	信用
211	信用	1904・12	山本嘉造	国樔村	1,370	1,370	山林
300	信用	1907・8	山本嘉造	国樔村	644	644	山林・地所
1,100	山林	1909・8	木村仙吉・政吉	8国樔村	3,500	3,500	信用
1,000	信用	1909・9	阪本岩吉・むめの	15川上村	1,000	1,000	信用
2,000	山林	1909・11	今西平左衛門	4中龍門村	2,000	2,000	信用
850	山林	1909・11	仲西(仙)・山本(源)	特10中荘村	2,000	2,000	信用
1,370	土地・山林	1910・1	土倉鶴松・中平留吉		3,000	3,000	信用
1,000	山林	1910・3	今西平左衛門・平五郎	4中龍門村	800	200	信用
300	信用	1910・4	飯田利助・常太郎	15国樔村	1,000	1,000	信用
300	信用	1910・4	伊藤丑松・桝田丑太郎		2,000	2,000	信用
1,000	信用	1910・4	林喜市・林繁		500	500	信用
3,000	信用	1910・5	辻井国太郎ほか		2,500	2,500	信用
300	信用	1910・5	桝常太郎・金谷愛次郎		2,000	1,000	信用
248	信用	1910・6	横谷荒吉・庄治	7川上村	10,000	10,000	信用
2,000	信用	1910・6	森谷庄一郎ほか		7,500	7,500	信用
270	信用	1910・6	上西源一郎	14国樔村	2,500	2,500	信用
3,000	信用	1910・7	横谷庄一郎・庄治	13川上村	5,900	5,900	信用
3,000	信用	1910・8	槻廣三郎・小林宗太郎	15国樔村	1,000	1,000	信用
200	信用	1910・8	横谷荒吉・庄治	7川上村	2,700	2,700	信用
2,500	小川銀行株	1910・8	飯田利助・常太郎	15国樔村	500	500	信用
250	信用	1910・9	松阪梅吉ほか		1,000	1,000	信用
500	信用	1910・10	助役染井源吾		1,200	1,200	信用
200	信用	1910・11	竹田平助・今井楢松	15中荘村	500	500	信用
1,000	信用	1910・11	竹垣(新)・大西(金)		1,000	1,000	信用
500	信用	1910・12	竹田平助・今井楢太郎	15中荘村	2,900	2,900	信用
2,000	信用	1910・12	内仲勝太郎	特16国樔村	1,600	1,600	信用
1,500	信用	1910・12	辻由松・好太郎	8中龍門村	500	500	信用
200	信用	1910・12	吉野材木川上組合		500	500	信用
		1910・12	上西源一郎	14国樔村	5,000	5,000	信用
32,954			その他とも計 85件			75,766	

山林経営でも、同家が1900年に買い入れた山林が、19年以降ようやく収益が上がるようになった（中西［2006a］）。このように、山林経営の場合、手掛けてから20年近く経ないと収益が恒常的に上がるようにならないと思われる。しかも、木材市場の場合は、価格変動が極めて大きく、産地価格と集散地価格が連動していなかったため、その経営リスクも大きかったと言えよう（中西［2002b］300頁の表6、308-309頁の図6・7）。

そのために永田家は、林業経営の収益を安定化させる努力と、林業経営以外の収益源を確保して家全体の収益を安定化させる努力の両方が必要であったと考えられる。その場合、林業経営の収益を安定させるために、長期にわたる投資期間を支える金融と、輸送コストを削減するために輸送過程の近代化が重要であり、永田家らは1890年代に吉野銀行設立と（旧）吉野鉄道設立を試みた。吉野銀行は山林担保の融資を行って経営は定着したが、（旧）吉野鉄道は、1900年恐慌にぶつかり、資本金払込がなかなか進まず挫折した。そして1900年恐慌の影響が残るなかで03～04年に大阪で木材価格が急落し、吉野林業は大きな打撃を受けて有力な林業家でも没落したものが生じた。永田家は、そうした林業家からこの時期に山林を取得して山林経営を拡大した。広範囲に拡大した山林経営を効率よく進めるには、輸送過程の近代化を図る必要があり、1910年代前半に再度、永田家は下市や上市の林業資産家とともに吉野鉄道と洞川電気索道の開設を試みた。この時期は、軽便鉄道法のもとで局地鉄道が開設しやすくなっており、吉野鉄道は開業でき、洞川電気索道が開設されたことで永田家の山林経営可能範囲は急激に拡大した。それと合わせて永田家は、洞川の近隣の天川村澤原で廣海家・逸身家らと共同山林経営を始め、永田家は天川村のみでなく、大塔村・十津川村にまで所有地域を広げ、吉野林業地帯の範囲を越えて天ノ川・十津川流域まで山林経営を拡大した（表2－10）。

そして永田家がさらに飛躍する契機となったのは、製材業への進出で、1914年に吉野桶木会社を設立して社長となり、もともと吉野林業地帯の有力産物であった醸造家向けの桶・樽の製造を始め、15年には永田家で神童子山製板事業を開始する。その結果、最終的に吉野林業を代表する林業家の1つへと成長した（表2－5）。一方、永田家は林業以外の収益源の確保にも努めた。その1つが大阪鉱業会社への出資・経営参加を通した鉱山経営である。前述のように

大阪鉱業は、大阪の資本家が中心となって設立され、福岡県の炭山や高知県の銅山、そして奈良県吉野郡賀名生村の黒石鉱山などで採掘していたが、その後逸身家の資本が入り、逸身家が得ていた北海道釧路の炭山の採掘権を事業化するとともに、逸身家との縁で永田家も1906年から大阪鉱業へ出資し、永田藤平は取締役として大阪鉱業の経営に参加した。大阪鉱業は1908年に吉野郡下市に所在地を移し、逸身豊之輔が鉱山経営の実質的責任者となったと考えられるが、1900年代後半以降はあまり利益を上げられず、大阪鉱業の主要炭鉱は16年に三井鉱山に買収され、永田家は鉱山経営から離れた[34]。

　林業以外の収益源に鉱山経営がならなかった永田家は、1910年代から有価証券投資を積極的に行った（表2-8を参照）。前述のように、1916年の尼崎紡績会社の増資に際して、永田家と廣海家は同社取締役の福本元之助との関係もあり、同社に多額の出資をした。尼崎紡績は摂津紡績と合併して1918年から大日本紡績となり、永田家と廣海家はその後も大日本紡績株を継続的に所有した（表2-8、本書第3章表3-4）。また吉野地域での電源開発に関連して地元電力会社に多額の投資をし、それが宇治川電気に合併された後も、宇治川電気が吉野地域での発電所建設を継続して進めたため、永田家は宇治川電気の増資にも応じて、同社の大株主となった。例えば永田家は、1922年に宇治川電気の増資に応じて約53万円を同社に払い込んだが（表2-8）、その際の資金調達は以下の方法で行われた。同年3月1日に宇治川電気新株の2回目の払込のため永田家は大阪の山口銀行から17万円を為替手形で借り入れ（返済期限5月29日、無担保）、5月1日に宇治川電気株を担保に入れて山口銀行からさらに17万円を借りて宇治川電気新株の3回目の払込を行う。5月29日に3月1日借入分の借換の際に、3月1日借入時点では無担保であったため、借換分に宇治川電気株を担保に入れた。そして11月1日に宇治川電気新株の払込をするために、今度は大日本紡績株を担保に入れて大阪の三十四銀行から15万円を借り入れて宇治川電気新株の払込を行った[35]。永田家にとって、宇治川電気株と大日本紡績株は、大阪の銀行から融資を受ける際の担保物件として重要であった。

---

34)　前掲「考課状綴（大阪鉱業株式会社）」、前掲「太平洋炭礦株式会社沿革史　巻一」。
35)　大正11年「金銭出納帳」（永田家文書68-89-7）より。

永田家は頭取として吉野銀行の大増資にも応ずる必要があり、吉野銀行への出資も強め、有価証券所有の中心は宇治川電気株と吉野銀行株となった。吉野銀行は、合併と増資により資本金は巨額となり、それとともに1920年代の永田家は吉野銀行株の配当収入が急増し、それをさらに有価証券投資で運用するに至った。税務署調査による永田藤兵衛家の1924年分の所得内訳を見ると、田畑692円、貸地・貸宅地1,906円、商工業1,189円、配当40,472円とされている[36]。商工業は製材業部門と考えられるが、この時点では配当収入が所得の大部分を占めていた。その前年の1923年分の永田家の所得は81,254円であり、24年は所得が急減した年であったが、配当収入が急激に減少するとは考えにくく、おそらく23年の関東大震災で木材需要が急増して、製材業部門の収益が急増したものの、24年にその反動で製材業部門の収益が急減したからと思われる。その点からも、山林経営の不安定性は見て取れるが、それを配当収入がカバーする収益構造になっていたと考えられる。

　最後に、冒頭の吉野林業の先行研究との関係で、吉野銀行の歴史的意義を考察する。吉野林業では、19世紀末までは中規模な林業家が多数存在し、彼らは吉野銀行を利用して経営の安定化を図ろうとしたが、1903〜04年の吉野林業の不況を契機として、林業家の分化が生じ、没落した中小林業家の山林を取得して、少数の大規模な林業資産家が登場した。そして大規模林業資産家は広範囲にわたる吉野郡の山林を共有してリスクを分散しつつ、広範に植林事業を行った（表2-10を参照）。それゆえそれに対応し得る産地銀行になるために、吉野銀行は吉野郡や隣接地域の銀行を合併して規模を急激に拡大し、吉野郡の大規模林業資産家も吉野銀行の増資に応じて、同行へ集中的に投資するようになる。そのことが大規模林業資産家に巨額の配当収入をもたらし、山林経営の不安定性を所有有価証券の配当収入でカバーすることが可能となった。このように吉野銀行は、吉野林業地帯に大規模山林経営を生じさせるとともにその経営の安定化にも融資と配当収入の両面で寄与することとなったと言えよう。

36）　大正13年分「第三種所得大納税者所得金額調」（渋谷編［1991b］）61頁。

第3章

大阪府商業資産家の銀行借入と株式投資
―― 廣海惣太郎家を事例として

はじめに――株式担保金融の歴史的意義

　本章では、商業資産家が商業活動を行ったり、有価証券投資で資産運用を行う際に、金融が果たした役割を解明することを課題とする。戦前期日本の金融システムについては、本書序章でも触れたように、銀行中心の間接金融型と、株式市場による企業金融を中心とする資本市場型のどちらが中心であったかが論争となってきた。その論争を整理した寺西重郎によれば（寺西[2006]）、その論争は単なる量的役割の比較のみでなく、銀行と証券の質的能力とその進化の相違にも及んでおり、寺西自身が再検討した結論では、量的な側面で、株式を中心とする資本市場は大企業の資金調達において大きな役割を果たした一方で、銀行など仲介型の金融システムは在来小生産者の資金調達および製造業を中心とする大企業の運転資金調達に大きな役割を演じたこと、質的な側面で、株主ないし個人投資家は戦前期経済のリスク・マネーの供給において重要な役割を演じたことが指摘された。

　寺西の主張に対して、間接金融の優位性を強調する石井寛治は、直接金融と間接金融は単純な二項対立として区別されるものではなく，株式担保金融などの面で、株式投資という直接金融の資金源泉が間接金融に支えられていた点に留意すべきとし、金融システムと企業統治の関係を重視する岡崎哲二は、寺西は戦前日本の金融システムが株式市場中心で、それに大株主主導の企業統治構造が対応していたと見る点で、岡崎らの見解を事実上サポートしているとした（石井[2006a]、岡崎[2006]）。なお、民間部門への資金供給において1920年代前半までは、1890年代前半の一時期を除き、株式による資金供給よりも借入に

よる資金供給が上回っていたこと、ただし、資金供給全体に占める借入の比重は、1910年代後半から低下して、株式と事業債を併せると、20年代には借入の構成比を上回ることが先行研究で示されている（岡崎・浜尾・星［2005］16-17頁）。こうした量的事実が背景にあって、前述のように、石井が主に1890年代〜1900年代の状況から間接金融の優位性を論ずる一方で、岡崎らが、段階的な変化を重視して、1920年代〜30年代において法人大株主による有効な企業統治が成立するに至ったことを強調することとなった。石井が指摘した間接金融と直接金融の関連の視点は、金融システムの特質を考える上では重要であるが、前述の量的事実を踏まえると、間接金融が直接金融を支えた側面を強調するためには、資金供給全体において量的に直接金融の重要性が高まった1910年代後半〜30年代前半において、間接金融がいかなる形で直接金融を支えていたかを解明する必要があるように思う。そこで本章では、個人投資家の株式投資のレベルで間接金融と直接金融の関連を検討し、資金供給全体において借入の比重が減少した時期において、直接金融と間接金融がいかなる関連を有したかを検討する。そしてそのことが、最終的には個人投資家が企業統治にどのように関わったかを解明することにもつながると思われる。

1　廣海家の概要と銀行借入動向

（1）廣海家の概要

　本章では、個人投資家の事例として、大阪府泉南郡貝塚の集散地問屋であり、地元貝塚銀行の頭取でもあり、地方資産家として積極的に株式投資を行った廣海惣太郎家を取り上げる。廣海家は大阪より30kmほど南西で岸和田に隣接した貝塚で、1835（天保6）年に廻船問屋を開業した[1]。なお、大阪・貝塚・岸和田の位置関係は、本書巻頭の地図1を参照されたい。廣海家は開業当初、遠隔地から和船により運ばれた米穀を主に扱ったが、近代期になると北海道産魚肥（鰊〆粕など）を主に扱うようになり、1890年代に和船の来航が減少したことで廻船問屋としての先行きが見込めなくなり、93（明治26）年以降産地から直接

1）廣海家の概略は、石井・中西編［2006］序章および中西・花井［2006］を参照。

魚肥を買い付け始めた。1893年に青森県、94年以降は北海道から魚肥を直接買い付け、1896～1902・04・05年は休止したが、14（大正3）年まで産地直接買付を継続した。一方、1896年に地元で貝塚銀行が設立されると、廣海家3代当主が同行の初代頭取となり、1901年まで務めた。その後廣海家の当主が交代し、1906年から廣海家4代当主が貝塚銀行頭取となり、40（昭和15）年の銀行合同まで同行頭取を務めた。廣海家は、商業収益が非常に不安定で損失も多かったにもかかわらず、家業の肥料商を1944年に廃業するまで継続した。

その一方で、廣海家は、公社債投資をほとんど行わず、株式投資を積極的に進め、1890年代後半には、配当収入が商業収入を上回った。同家の株式投資はリスク管理をしっかり行った経済合理的なものであったとされ（中村［2010］第5章）、廣海家の投資家的性格が強調されるが、その一方で、家業の肥料商を儲からなくても継続した側面に留意する必要がある。貝塚は後背地農村への肥料の流通拠点であり、後背地の農民にとって貝塚で最大の肥料商であった廣海家への肥料商継続の期待は高かったと考えられ、廣海家はそうした地域社会の期待に応えるべく、産地直接買付などさまざまな工夫をしつつ、家業の肥料商を継続した。逆に見れば、収益が安定しない肥料商を継続するために、肥料商以外に安定した収益源を確保する必要があり、それを廣海家は株式投資に求めたとも言える。それゆえ、その株式投資は収益性が重視され、リスク管理をしっかり行った経済合理的な投資行動となったのであろう。廣海家の投資行動は、期待収益に非常に敏感であったと言え、第一次世界大戦期以降は、地元会社株で安定した配当収入を得ており、それが非地元会社株の新規購入や追加払込の原資になっていた。その点で、地域の工業化に伴う収益が商業資産家を媒介として、中央での工業化資金に回される構造が、廣海家の場合は見られたと言える（花井［2006］）。

（2）産地直接買付期の銀行借入金

家業の肥料商で産地直接買付を行い始めた廣海家は、買付資金が前もって必要なため、それを契機に銀行から多額の商業資金を借り入れ始めた。そこでまず産地直接買付期（1893（明治26）～1914（大正3）年）の銀行借入金の動向を確認する。表3-1を見よう。本章では、この表の形態で廣海家の定期借入金

160　第Ⅰ部　関西地域の会社設立と地方資産家

表3-1　廣海家銀行定期借入金の動向（1893〜1903年）

借入金額・年利の単位：円、％

借入年月日	金額	目的	借入先銀行	年利	担保	返済期限	返済日	備考
1893.3.9	3,000	商業	第五十一国立	8.40		5月	6月1日	
1893.4.1	3,000	商業	第五十一国立	8.40		5月	6月1日	
1893.12.5	3,000	商業	第五十一国立	9.86		翌3月4日	翌3月5日	
1895.3.15	1,900		岸和田	11.13		5月15日	5月15日	割引手形
1895.3.20	5,000		第五十一国立	11.32		6月20日	5月1日	3,000円返済、残額6月20日完済
1895.7.25	2,500		岸和田	10.95	岸和田銀行株	11月1日	11月1日	割引手形
1895.7.25	2,500		岸和田	10.95		12月1日	12月2日	割引手形
1895.8.2	5,000		第五十一国立	10.95		10月8日	10月8日	割引手形
1895.8.29	1,500		岸和田	10.59	岸和田銀行株	翌1月15日	翌1月15日	
1895.9.9	3,500	商業	岸和田	10.59	阪堺鉄道・大阪鉄道株	翌2月15日	翌1月6日	
1895.11.1	3,500		岸和田	9.13	鯡粕	翌3月15日	翌1月6日	
1895.12.2	2,800	（借換）	岸和田	9.49	鯡粕756本	翌4月10日	翌4月10日	約束手形
1897.2.12	5,000		第五十一国立	10.22	阪堺鉄道株	3月	4月16日	3,000円返済、残額11月27日完済
1897.3.2	3,500	（借換）	貝塚	10.22		5月29日	5月29日	約束手形
1897.4.12	2,500	証券	貝塚	10.22		6月14日	6月15日	
1897.4.16	3,000	証券	住友	7.30		8月31日	4月27日	
1897.4.27	3,000	他行	住友	10.95		5月31日	翌1月27日	約束手形
1897.5.29	1,500		第五十一国立	14.60	岸和田銀行株	6月1日	6月1日	約束手形
1897.6.21	800		岸和田	12.41	岸和田銀行株	8月20日	8月20日	利息前払い
1897.12.11	1,990		貝塚			翌3月31日	翌3月3日	
1899.2.15	13,000	他行	貝塚	8.40	南海鉄道株	6月20日	6月20日	3,000円返済、残額9月9日完済
1899.3.1	4,000		第五十一国立	10.22	南海鉄道・日本海上保険株	5月10日	3月25日	約束手形
1899.3.10	3,000		岸和田	9.86	南海鉄道株	10月5日	5月10日	約束手形
1899.9.6	5,000		住友	6.39	南海鉄道株	11月10日	12月5日	12月5日に返済期限延長、約束手形
1899.10.10	7,000		貝塚	6.57	肥後米500俵	12月10日	翌1月10日	翌1月10日に返済期限延長、約束手形
1899.10.12	7,000		貝塚	6.94		翌1月19日	翌7月5日	翌7月5日に返済期限延長、約束手形
1899.10.20	6,000	商業	岸和田	7.12	肥後米500俵	翌1月25日	翌1月19日	
1899.11.7	1,700	商業	住友	8.40		11月15日	11月15日	翌1月25日に返済期限延長、約束手形
1899.11.8	1,500	商業	住友	7.30	備前米1,284俵	12月20日	翌1月25日	翌1月25日に返済期限延長、約束手形
1899.11.9	3,500	商業	住友	7.30	大和米1,000俵	12月20日	翌1月25日	翌1月25日に返済期限延長、約束手形
1899.11.11	3,000	商業	五十一	8.76	鯡粕1,100本	翌2月15日	翌2月14日	翌5月26日に返済期限延長、約束手形
1899.11.15	7,000	商業	五十一	9.49	岸和田銀行・南海鉄道株	翌2月26日	翌5月26日	翌5月26日に返済期限延長、約束手形
1899.11.29	3,900	借換	住友	9.86	南海鉄道株	翌2月10日	翌5月8日	翌5月8日に返済期限延長、約束手形
1899.12.5	4,500		住友	10.22	南海鉄道株	翌1月15日	翌5月8日	翌5月8日に返済期限延長、約束手形
1899.12.20	3,000	他行	住友		〆粕			
1901.1.19	2,000	借換	岸和田	12.05		3月19日	3月19日	約束手形
1901.1.22	7,600	（借換）	貝塚	10.95			4月26日	約束手形
1901.1.22	5,000	（借換）	貝塚	11.68		5月20日	5月20日	約束手形
1901.2.12	5,000	他行	住友	10.95			4月12日	

第3章　大阪府商業資産家の銀行借入と株式投資　161

年月日	金額	区分	種別	利率	担保	返済日	備考
1901.3.6	4,000		貝塚	10.95	南海鉄道株	5月4日	
1901.3.7	12,300	(借換)	住友	11.32		5月5日	
1901.3.19	4,000	(借換)	岸和田	11.68		5月17日	
1901.3.28	3,500	商業	第一(兵庫)	10.95	〆粕500本	4月11日	4月5日、1,200円返済、残額5月29日完済
1901.4.5	12,000	借換	住友	11.13	南海鉄道株	5月17日	
1901.4.26	5,000	借換	貝塚	11.32		6月1日	8月15日に返済期限延長
1901.5.20	2,500	借換	貝塚	11.68		6月15日	8月15日に返済期限延長
1901.5.20	2,500	借換	住友	11.68	南海鉄道株	6月4日	7月1日に返済期限延長
1901.6.1	11,500	借換	住友	11.32	南海鉄道株	6月20日	7月2日に返済期限延長
1901.7.5	9,500	借換	貝塚	10.77	南海鉄道株	7月5日	9月5日に返済期限延長
1901.7.22	1,000		貝塚	11.32		7月24日	
1901.9.5	9,500	他行	住友	11.32	南海鉄道株	11月5日	翌1月8日に返済期限延長、約束手形
1901.10.1	3,600		住友	10.22	南海鉄道株	12月2日	翌8月2日に返済期限延長、約束手形
1901.12.18	6,000		五十一	12.05	〆粕	翌3月5日	翌3月5日に返済期限延長、約束手形
1901.12.31	8,500	商業	貝塚	9.86	南海鉄道株	翌3月4日	約束手形
1903.2.4	3,000	借換	貝塚	7.67	岸和田紡績・岸和田貯蓄銀行・五十一銀行株	3月5日	約束手形
1903.2.4	3,000	借換	貝塚	7.67	岸和田紡績・岸和田貯蓄銀行・五十一銀行株	4月4日	7月2日に返済期限延長、約束手形
1903.2.21	7,000	借換	五十一	8.03	貝塚銀行・岸和田煉瓦株	4月11日	約束手形
1903.3.5	1,450	借換	貝塚	7.67	岸和田紡績・岸和田貯蓄銀行・五十一銀行株	5月2日	7月2日に返済期限延長、約束手形
1903.4.7	10,500	(借換)	住友	5.84		6月5日	6月5日に返済期限延長
1903.4.11	2,000		五十一	7.30	貝塚銀行株	5月11日	7月9日に返済期限延長、約束手形
1903.4.16	7,000	借換	住友	5.84		6月3日	11月10日に返済期限延長
1903.6.5	10,000	借換	住友		南海鉄道株	8月3日	
1903.7.25	11,000	商業	貝塚	8.03	〆粕1,620本	10月22日	翌2月8日に返済期限延長
1903.8.10	8,000	借換	住友	6.02	南海鉄道株	10月8日	翌6月2日に返済期限延長、約束手形
1903.8.18	12,000	商業	岸和田	6.94	岸和田紡績・五十一銀行・貝塚銀行株	10月13日	翌3月8日に返済期限延長、約束手形
1903.9.10	2,500		住友	6.02	南海鉄道株	11月10日	
1903.9.12	2,600	商業	五十一	6.02	南部粕369本	11月10日	翌1月8日に返済期限延長、約束手形
1903.9.29	10,000	借換	住友	7.30	〆粕1,835本	12月1日	翌5月5日に返済期限延長、約束手形
1903.11.10	9,500	借換	貝塚	5.66	南海鉄道株	翌1月8日	河内振出約束手形割引
1903.11.24	346		五十一			11月30日	翌5月1日に返済期限延長
1903.12.1	4,000	借換	五十一	7.30	〆粕	翌1月9日	翌8月2日に返済期限延長、約束手形
1903.12.1	5,000	借換	貝塚	7.30	〆粕	翌2月2日	翌4月2日に返済期限延長、約束手形

(出所)明治26～37年、各年度「万寳帳」(廣海家文書)より広海家が数回にわたって所蔵・寄託先を含む)より作成。

(注)日歩割合を365倍して年利を計算した。返済が複数回にわたった場合は、最初の返済日を返済日欄に示し、その返済金額を完済日欄に示した。返済期限が延長された場合はその旨を備考欄に示した。また、返済期日・返済日欄の「翌」は、翌年のこと。担保欄の( )内は支店名。借入先銀行欄の( )は推定された銀行名。目的欄の空欄は支店名で記される場合は廣海家所有株式の、担保記載が不明な借入が一部借換と推定されるもの、商業は商業資金の借入と推定されるもの、他行は他銀行からの借入と推定されるもの、借換は返済された借入が一部後関係から一部借換と推定されるものの、証券は有価証券関係資金の借入と推定されるもの、借換はその借入が後関係から全額借換と推定されるものの各々を示す。備考欄の割引手形・約束手形はそれぞれ手形割引・手形貸付での銀行からの借入を示す(以下の項目は、以下の各表をもとに同じ)。第五一一国立銀行は1898年より五十一銀行に改称、岸和田銀行は1902年に五十一銀行に合併。

の内容を概観するが、借入日とその日の前後の廣海家の金銭支出内容を突き合わせて、借入目的を推定して目的欄に区分した。そのうち商業は商業資金、他行は他の銀行からの借入金の返済、借換は借入金の借換、証券は有価証券の購入・払込にそれぞれ充てたと推定される。この表では定期借入金を示したが、このほかに廣海家は複数の銀行に当座勘定を持ち、当座借越で一定限度内を借り入れた。ただしそれは商取引の決済に必要な一時的な資金融通と考え、今回は省略した。

　表3－1の形式でほぼ毎年、廣海家の定期借入金の動向は把握できるが、本章の検討の中心は、1910年代後半～30年代前半なので、10年代前半までは表3－1・2で、隔年で定期借入金の内容を示した。1890年代中葉の廣海家は、第五十一国立銀行など岸和田の銀行から資金を借り入れたが、貝塚銀行設立後は貝塚銀行から借り入れ始めた。1897年より大阪の住友銀行からの借入が増大し、住友銀行は株式担保での貸付で、貝塚銀行は約束手形のみの貸付も行った。利息は手形割引などで借入時に廣海家が支払う場合が多く、返済時に支払う場合もあったが、借換や返済期限延長の場合は、その都度新たな期間の利息を廣海家が先に銀行に支払うことが一般的であった。廣海家は1890年代から積極的に株式投資を拡大したが（中村［2006］）、当時は地元の貝塚・岸和田地域の会社の株が中心で、所有株式の銘柄は少なく、南海鉄道・岸和田銀行株が主な担保株で、商品担保金融も若干残った。通常は担保を入れて約束手形で2～3ヶ月の期間で銀行から借り入れたが、1900年代より借換が増大した。

　廣海家の北海道での取引には、廣海家店員を北海道に派遣して店員が直接買い入れる北海道直買と、北海道商人へ荷為替金・運賃金を送金して買付を依頼する場合があり、北海道直買では、店員が貝塚を出発する際に一定金額を持参し、後日追加で大阪・兵庫の銀行と北海道の銀行を介して廣海家から現地の店員へと送金された（中西［2006a］）。北海道での買入資金の需要は7・8月であったが、買い入れた魚肥が貝塚地域の肥料商に販売されて廣海家に代金が還流するのは翌年2・3月になり、特に廣海家は20世紀に入ると農家への小売を拡大し、農家への肥料前貸販売を行った場合は、廣海家に代金が還流するのは翌年の秋になった。短期での商業金融が実質的には半年から1年以上の長期の金融になり、産地直接買付の増大とともに借換目的での銀行借入がかなりの部

分を占めるに至った。

なお住友銀行は貝塚銀行より低利で貸し付けたが、貝塚銀行設立後は、貝塚銀行が廣海家の借入先の中心となった。担保株式の制約がその背景にあったと考えられ、貝塚銀行は貝塚・岸和田の会社の株（地元株）を担保として認めたが、住友銀行は廣海家の所有株式のうち、南海鉄道株しか担保として認めなかったと思われる。そして約束手形のみの借入はなくなり、商品担保の借入は、1903年7月25日に11,000円を貝塚銀行から借り入れ、同日に10,200円を小樽に送金した事例など北海道への送金の際に若干残った[2]。

表3-2を見よう。1900年代後半になると、住友銀行が担保株として岸和田紡績株を認め始めたため、同行からの借入の比重が増大した。廣海家は1906年に北海道直買を急増させたため銀行借入金が急増し、その借換が継続してそれ以降高い水準で銀行借入残額が推移した。その結果、担保とする株式の不足からか、住友銀行も商品担保の貸付を若干行うに至り、また日本勧業銀行・日本興業銀行株など全国的に資本市場で流通する株（中央株）も担保株とした。その後、廣海家は1907年8月1日に三菱銀行（三菱合資会社銀行部、19年より三菱銀行）を一時的に利用したが、この時点で住友銀行よりも三菱銀行が一時的に借入金利を低くしたためと思われ、三菱銀行からの借入金は、同年12月2日の借換で18,000円、08年2月1日の借換で17,000円、同年6月1日の借換で16,000円と少しずつ返済され、最終的に廣海家は09年8月2日に住友銀行からの借入金で三菱銀行に全額返済したと考えられる[3]。その1907年の恐慌により08年から北海道産肥料価格が下落したため、北海道での買入時期と貝塚での販売時期の時間差から地域間価格差は縮小し、北海道直買の粗利益率が低下したことで銀行借入金の返済が滞り、10年から借換が急増した。その結果、銀行利息支払いが増大し、結局、1914年に北海道直買は終了した。

（3）両大戦間期の銀行借入金

北海道直買の終了とともに、廣海家の肥料買入先の中心は大阪・兵庫市場に

---

2) 明治36年「万覚帳」（廣海家文書L190、廣海家蔵、貝塚市教育委員会寄託。以下、廣海家文書はいずれも廣海家蔵、貝塚市教育委員会寄託のため、所蔵・寄託先を省略）。
3) 明治40・41・42年「万覚帳」（廣海家文書L138・L140・L150）。

164 第Ⅰ部 関西地域の会社設立と地方資産家

表3－2 廣海家銀行定期借入金の動向（1905～13年）

借入金額・年利の単位：円, %

借入年月日	金額	目的	借入先銀行	年利	担保	返済期限	返済日	備考
1905.2.25	10,000	(借換)	住友	6.94	南海鉄道株	4月25日	10月14日	10月14日に返済期限延長、約束手形
1905.3.7	3,500		貝塚	7.67	岸和田紡績・岸和田煉瓦株	4月5日	4月5日	
1905.3.17	4,000	証券	貝塚	7.67	日本勧業銀行株	5月15日	5月15日	
1905.5.11	5,000	借換	貝塚	7.67	南海鉄道株	7月10日	7月10日	
1905.5.15	2,000	借換	貝塚	8.40	日本勧業銀行株	6月13日	6月1日	
1905.8.16	20,000	商業	貝塚	9.86	岸和田煉瓦・岸和田紡績・貝塚銀行・日本興業銀行株他	11月13日	翌1月11日	翌1月11日に返済期限延長、約束手形
1905.9.20	5,600	商業	住友	9.49	南海鉄道株	10月14日	10月14日	
1905.10.14	14,000	借換	住友	8.94	南海鉄道株	12月2日	12月2日	
1905.10.20	15,000	商業	住友	8.76	鮮〆粕1,700本	12月12日	翌4月5日	翌4月5日に返済期限延長、約束手形
1905.12.2	5,000	借換	五十一	10.22	日本勧業銀行株	12月18日	12月18日	
1905.12.18	5,000	借換	五十一	8.67	〆粕	翌1月31日	翌1月16日	
1905.12.18	5,000	借換	五十一	9.86	〆粕	翌1月16日	翌1月16日	
				9.86	〆粕	翌2月15日	翌2月15日	
1907.1.14	25,000	(借換)	住友	6.57	南海鉄道・日本興業銀行株	3月18日	3月18日	
1907.3.7	10,000	借換	住友	6.57	岸和田紡績・岸和田煉瓦	5月4日	7月2日	7月2日に返済期限延長
1907.3.18	23,000	借換	住友	6.48	日本興業銀行株	5月16日	5月16日	
1907.4.1	13,000	借換	住友	6.75	南海鉄道株	6月3日	6月1日	
1907.4.25	10,000	借換	貝塚	8.03	岸和田煉瓦・日本興業銀行株	5月31日	5月31日	
1907.5.16	5,000	借換	住友	7.30	南海鉄道・日本興業銀行株	6月14日	6月14日	
1907.6.20	14,000	借換	貝塚	7.67	南海鉄道・日本興業銀行株	7月13日	7月13日	
1907.7.3	10,000	商業	五十一	9.86	南海鉄道・日本勧業銀行・日本興業銀行・岸和田紡績株	9月2日	9月2日	
1907.7.13	20,000	(借換)	住友	9.13	南海鉄道・岸和田紡績	10月10日	翌2月4日	翌2月4日に返済期限延長
1907.8.1	25,000	商業	三菱	7.67	南海鉄道株	10月14日	12月2日	12月2日に返済期限延長
1907.8.15	13,500	商業	住友	7.85	南海鉄道・岸和田紡績・大電株	10月14日	10月14日	
1907.8.21	10,000	商業	住友	9.13	岸和田煉瓦・貝塚銀行株	10月19日	12月2日	11月25日に返済期限延長
1907.9.2	19,000	他行	住友	7.67	南海鉄道		9月3日	
1907.9.3	22,500	商業	住友	7.85	雑粕1208本	11月1日	11月1日	
1907.9.3	1,700	借換	住友	7.12	岸和田紡績	11月1日	10月14日	
1907.10.14	12,500	借換	三菱	7.30	南海鉄道・岸和田紡績・日本勧業銀行・大電株	12月12日	12月12日	2,500円分は11月1日までに返済
1907.11.1	19,500	借換	住友	8.03	南海鉄道・岸和田紡績・日本興業銀行株	翌1月6日	翌2月1日	
1907.12.2	18,000	借換	住友	9.13	南海鉄道・貝塚銀行株	翌1月31日	翌3月31日	翌3月31日に返済期限延長
1907.12.12	9,500	借換	住友	8.76	岸和田煉瓦・岸和田紡績・大電株	翌2月10日	翌2月10日	2,000円分は翌1月21日に返済
1909.1.6	4,500	借換	住友	8.03	〆粕500本	3月6日	2月1日	
1909.7.13	40,000	商業	貝塚	6.57	日本興業銀行・岸和田紡績・岸和田煉瓦・南海鉄道株他	9月10日	11月8日	11月8日に返済期限延長
1909.7.24	9,500	商業	住友	5.48	南海鉄道株	9月22日	9月3日	
1909.8.2	12,600	他行	住友	5.48	〆粕1,400本	10月1日	10月9日	7,200円分は9月中に返済
1909.8.4	10,000		五十一	6.02	南海鉄道株	10月2日	翌2月28日	翌2月27日に返済期限延長

第 3 章　大阪府商業資産家の銀行借入と株式投資　165

日付	金額	種別	銀行	利率	担保	返済日	返済実行日	備考
1909.9.4	9,000	(借換)	住友	5.29	南海鉄道・岸和田紡績・日本興業銀行株	11月2日	翌3月7日	翌3月7日に返済期限延長
1909.9.6	10,000	証券	住友	5.29	南海鉄道株	10月5日	翌6月18日	翌6月10日に返済期限延長
1909.11.8	35,000	借換	貝塚	6.57	日本興業銀行・岸和田紡績・岸和田煉瓦・南海鉄道株	翌1月6日	翌3月6日	
1909.11.28	10,000	借換	貝塚	5.84	岸和田煉瓦株	翌1月28日	翌3月31日	翌3月28日に返済期限延長
1911.1.6	10,000	借換	貝塚	5.84	南海鉄道・岸和田煉瓦・日本興業銀行・岸和田紡績他	3月6日	3月6日	
1911.3.6	3,600	借換	貝塚		岸和田紡績株	5月1日	5月1日	秦新歳養費割引手形
1911.3.31	5,000	借換	貝塚	5.48	岸和田煉瓦・岸和田紡績・日本興業銀行・大電・韓国銀行株	5月29日	5月30日	
1911.5.30	25,000	借換	貝塚	5.84	岸和田紡績・岸和田煉瓦・日本興業銀行・岸和田紡績株	7月28日	2月28日	翌2月21日に返済期限延長
1911.5.31	9,000	借換	住友	4.56	南海鉄道	8月1日	8月3日	
1911.8.10	20,000	商業	貝塚	5.84	貝塚織物・日本興業銀行・岸和田煉瓦株	10月7日	8月9日	翌2月2日に返済期限延長
1911.8.12	20,000	商業	五十一		韓国銀行・日本興業銀行・岸和田鉄道・南海鉄道株	11月9日	1月11日	翌1月11日に返済期限延長
1911.8.18	24,000	商業	住友	5.11	南海鉄道株	10月16日	10月16日	
1911.8.22	20,000	商業	貝塚	6.21	貝塚織物・貝塚銀行・岸和田煉瓦株他	10月20日	2月17日	翌2月17日に返済期限延長
1911.9.23	8,500	商業	貝塚	5.11	南海鉄道株	11月21日	11月21日	
1911.9.23	10,000	商業	住友	5.29	鮮粕1,000本	11月21日	1月4日	翌1月19日に返済期限延長
1911.10.16	21,000	借換	住友	5.48	南海鉄道株	12月14日	2月13日	翌2月13日に返済期限延長
1911.11.21	7,800	借換	貝塚	6.21	南海鉄道株	翌1月19日	7月18日	翌7月18日に返済期限延長
1913.1.11	10,000	借換	五十一	9.49	南海鉄道・貝塚銀行・岸和田煉瓦株	2月10日	2月10日	
1913.1.11	18,000	借換	住友	9.49	南海鉄道・貝塚銀行・岸和田煉瓦株	3月5日	3月5日	
1913.3.5	8,000	借換	貝塚	8.58	南海鉄道株	5月3日	5月3日	
1913.4.10	15,000	借換	住友	8.03	摂津紡績・岸和田煉瓦株	6月10日	翌2月2日	翌2月2日に返済期限延長
1913.4.22	32,000	借換	住友	7.30	南海鉄道・南満洲鉄道・日本興業銀行・朝鮮銀行株	6月20日	6月20日	
1913.5.30	7,000	借換	住友	7.48	南海鉄道株	7月31日	7月31日	
1913.6.10	15,500	借換	住友	7.48	南海鉄道・南満洲鉄道・日本興業銀行・朝鮮銀行株	8月5日	8月9日	
1913.6.20	30,000	借換	住友	8.03	南海鉄道・南満洲鉄道・日本興業銀行・朝鮮銀行株	8月18日	8月18日	
1913.8.1	20,000	借換	五十一	9.49	尼崎紡績	10月1日	12月2日	12月2日に返済期限延長
1913.8.5	11,000	商業	住友	9.49	鮮粕1,024本	10月4日	12月2日	翌2月2日に返済期限延長
1913.8.9	15,000	借換	住友	8.40	南海鉄道株	10月7日	10月7日	
1913.8.11	29,000	借換	住友	8.21	南海鉄道・南満洲鉄道・日本興業銀行・朝鮮銀行株	10月16日	10月9日	
1913.8.18	8,600	借換	住友	8.21	〆粕824本	12月5日	10月16日	1,500円分は9月3日に返済6,200円分は11月中に返済
1913.10.7	14,500	借換	住友	8.03	南海鉄道株	12月7日	12月6日	翌5月4日に返済期限延長
1913.10.9	27,500	借換	住友	8.03	南海鉄道・南満洲鉄道・日本興業銀行・朝鮮銀行株	12月15日	翌6月3日	翌6月18日に返済期限延長
1913.12.2	10,000	借換	五十一	9.49	南海鉄道・岸和田煉瓦株	翌2月2日	翌2月2日	
1913.12.2		借換	五十一		南海鉄道・岸和田煉瓦株	12月26日	12月26日	翌6月15日に返済期限延長

(出所) 明治38～大正3年、各年度「万覚帳」(廣海家文書) より作成。
(注) 借入先銀行欄の三菱銀行部、1919年より三菱合資会社銀行部、1919年より三菱銀行 (以下の表とも同じ)。

表 3 － 3　廣海家銀行定期借入金の動向（1915～17年）

借入年月日	借入金額	目的	借入先銀行	年利	担保
1915.11	10,000		貝塚	7.30	岸和田煉瓦・貝塚織物株
1915.11.8	6,000		貝塚	6.21	北炭・台湾製糖・台北製糖株
1915.11.12	15,000		住友	4.75	岸和田紡績株
1915.11.25	6,000		貝塚	7.30	東洋汽船株
1915.12.1	43,500		住友	4.75	南海鉄道・朝鮮銀行・南満洲鉄道株
1915.12.6	10,000		五十一	7.12	貝塚銀行株
1915.12.13	17,500		貝塚	6.21	岸和田紡績・尼崎紡績・大阪農工銀行・台湾製糖株
1915.12.18	16,000		三十四（日本橋）	4.75	摂津紡績・岸和田紡績株
1915.12.20	13,000		貝塚	6.75	東洋汽船・勧業銀行・大阪農工銀行株
1915.12.27	8,000		貝塚	7.30	東洋汽船株
1915.12.27	5,000		三十四（日本橋）	5.84	岸和田紡績株
1916.1.18	24,000	借換	貝塚	7.30	東洋汽船・和泉紡績・岸和田煉瓦・貝塚織物株
1916.2.9	40,000	借換	住友	5.11	南海鉄道・朝鮮銀行株
1916.2.17	23,000	（借換）	三十四（日本橋）	4.93	岸和田紡績・摂津紡績株
1916.2.25	15,000	証券	三十四（日本橋）	5.11	尼崎紡績株
1916.3.24	10,000		五十一	6.94	岸和田煉瓦株
1916.7.21	15,000	証券	三十四（日本橋）	4.56	岸和田紡績株
1916.9.1	20,000		三十四（日本橋）	4.65	岸和田紡績株
1916.9.11	20,000	借換	貝塚	6.57	貝塚織物・岸和田煉瓦株
1916.9.25	20,000	証券	三十四（日本橋）	4.84	摂津紡績・岸和田紡績株
1916.10.2	20,000	証券	三十四（日本橋）	4.84	尼崎紡績・東洋紡績・東洋製糖株
1916.10.19	5,000	証券	三十四（日本橋）	4.84	岸和田紡績株
1916.10.30	15,000	証券	三十四（日本橋）	5.11	川崎造船所・摂津紡績株
1916.11.13	20,000		五十一	6.02	北炭・東洋汽船株
1916.11.17	35,000	借換	三十四（日本橋）	5.11	岸和田紡績・尼崎紡績株
1916.12.14	10,000		貝塚	6.94	尼崎紡績株
1917.1.8	30,000	借換	三十四（日本橋）	6.21	川崎造船所・摂津紡績・岸和田紡績株
1917.1.11	15,000	借換	五十一	6.75	北炭・東洋汽船株
1917.2.2	10,000	借換	三十四（日本橋）	5.75	尼崎紡績・摂津紡績・東洋汽船株
1917.2.12	20,000	（借換）	貝塚	6.57	尼崎紡績・塩水港製糖・日本勧業銀行・大阪農工銀行株
1917.3.12	7,500	借換	五十一	6.39	北炭株
1917.3.20	11,000		三十四（日本橋）	5.29	川崎造船所株
1917.4.12	15,000	借換	貝塚	6.57	尼崎紡績・塩水港製糖株
1917.5.7	35,000	（借換）	三十四（日本橋）	5.29	川崎造船所・岸和田紡績・東洋汽船・摂津紡績株
1917.6.5	20,000	借換	住友	5.66	南海鉄道・朝鮮銀行株
1917.7.5	45,000	証券	三十四（日本橋）	5.29	岸和田紡績・川崎造船所・摂津紡績・東洋汽船株
1917.7.9	10,000	証券	住友	5.84	尼崎紡績株
1917.7.16	25,000	借換	三十四（日本橋）	5.29	尼崎紡績株
1917.7.26	20,000	証券	三十四（日本橋）	5.48	南海鉄道株
1917.8.8	30,000	証券	三十四（日本橋）	5.48	尼崎紡績株
1917.8.14	25,000	（借換）	三十四（日本橋）	5.48	岸和田紡績・摂津紡績・東洋汽船株
1917.9.20	10,000	証券	三十四（日本橋）	5.66	（大阪商船株）
1917.10.4	20,000	他行	三菱	5.84	尼崎紡績・摂津紡績株
1917.10.9	55,000	借換	三十四（日本橋）	5.57	尼崎紡績・岸和田紡績・摂津紡績・北炭・東洋汽船株
1917.11.6	15,000	借換	住友	6.39	（大阪商船株）・尼崎紡績株

（出所）大正 5・6 年「万覚帳」（廣海家文書 L148・J009）より作成。
（注）借入年が1916・17年のものおよび借入年が15年で返済が16年のものを示した。三十四銀行は支店名が記載されていない場合があったが、前後の年の史料からいずれも日本橋支店と推定した。1917年から18年に繰り越した分の返済日は、18年の「万覚帳」が残されていないため不明。北炭は、北海道炭礦汽船の略。返済日・備考欄の「翌々」は

借入金額・年利の単位：円、％

返済期限	返済日	備考
翌1月18日	翌1月18日	
翌1月6日	翌1月6日	
翌1月9日	翌5月11日	翌5月11日に返済期限延長
翌1月18日	翌1月18日	
翌2月7日	翌2月9日	
翌2月5日	翌2月5日	
翌2月8日	翌6月5日	翌4月7日に返済期限延長
翌2月15日	翌2月17日	
翌2月17日	翌々2月13日	翌々2月9日に返済期限延長
翌1月18日	翌1月18日	
翌2月15日	翌2月17日	
3月17日	9月11日	
4月8日	翌6月5日	翌2月2日に返済期限延長
4月17日	翌8月14日	翌8月13日に返済期限延長
4月24日	10月19日	10月19日に返済期限延長
5月22日	9月19日	
9月18日	11月17日	11月17日に返済期限延長
11月4日	翌1月8日	
11月9日	翌5月7日	翌1月8日に返済期限延長
11月17日	11月17日	
12月5日	翌2月2日	翌2月2日に返済期限延長
12月16日	翌8月14日	翌8月13日に返済期限延長
翌1月8日	翌1月8日	
翌1月11日	翌1月11日	
翌1月15日	翌7月16日	
翌2月19日	翌2月12日	
3月8日	5月7日	
3月12日	3月12日	
4月2日	4月2日	
4月12日	4月12日	
5月10日	8月13日	
5月18日	7月16日	
6月11日	6月11日	
7月5日	7月5日	
8月3日	10月4日	
9月3日		
9月6日	11月6日	
9月13日		
9月24日		11月22日に返済期限延長
10月8日	10月8日	
10月8日	10月8日	
11月22日		
11月7日		
12月7日		
翌1月7日		

翌々年のこと（以下の表ともに同じ）。

なり、商業資金の需要は相対的に減少した。しかし表3－3に見られるように、1910年代後半に銀行からの新規借入が急増した。新規借入の大部分が大阪の三十四銀行からで、住友銀行よりも借入金利率が低いことがその背景にあったと思われるが、担保となった株式の大部分が紡績株で、新規の資金需要は株式購入資金と考えられる。

ここで廣海家の有価証券投資を概観する。廣海家は1870年代後半のインフレ期に年間5,000円前後の商業純益を上げ、剰余金の積立金勘定を設置し、その蓄積をもとに80年代から有価証券投資を開始した（中村［2006］）。表3－4を見よう。岸和田の寺田甚與茂の勧誘を受けて、廣海家は1880年代に岸和田の諸会社の設立に関わったが、株式投資の収益面では必ずしも成功したとは言えず、90（明治23）年恐慌の影響で岸和田煉瓦が減資したこともあった。その後、1890年代中葉から廣海家の株式投資は本格化し、94年の貝塚煉瓦、95年の貝塚織物、96年の貝塚銀行と地元貝塚の会社設立に関わり、南海鉄道株を中心として株式投資額が急増した。1893年時点で約

表3-4　廣海家株式投資の動向

年末	五十一銀行	岸和田煉瓦	岸和田紡績	岸和田銀行	南海鉄道	貝塚銀行	貝塚織物	和泉紡績	本辰酒造	その他とも地元株計
所在地	岸和田	岸和田	岸和田	岸和田	大阪	貝塚	貝塚	北掃守	今津	
役員		取締役				頭取		取締役		
1880	2,274									2,274
1885	2,555									2,555
1889	2,771	2,695								5,641
1893	3,406	1,660	2,365	1,875	30					9,409
1896	5,175	4,978	2,500	11,000	2,340	2,400				31,418
1899	900	5,183	2,700	7,547	17,543	7,954				42,701
1902	6,819	5,701	2,700	合併	20,271	7,954				44,969
1905	5,319	6,773	2,205		23,382	9,474				49,677
1908	4,041	16,723	2,205		28,117	13,161				79,021
1911	2,541	16,723	3,150		33,922	14,521				88,888
1912	4,677	16,723	1,440		34,322	16,341	10,700	625		91,338
1913	4,677	16,723	2,210		35,937	22,191	10,700	1,750		102,198
1914	4,677	16,723	8,284		29,062	22,191	10,700	1,750		101,397
1915	4,677	16,723	27,666		20,185	22,191	10,700	1,750	10,000	122,526
1916	4,677	16,723	30,541		20,185	25,701	10,700		10,000	124,046
1917	4,677	16,723	27,969		21,730	32,721	10,700		17,500	138,350
1918	6,052	16,720	13,681		25,555	49,491	10,700		20,000	161,253
1919	8,802	21,380	22,931		15,618	49,491	10,700		30,000	184,751
1920	8,802	32,970	29,931		15,618	59,241	39,750		30,000	239,796
1921	10,989	46,360	47,718	和泉貯蓄銀行（岸和田）	23,768	59,246	39,750	15,818	30,000	290,089
1922	10,989	46,360	70,614		30,418	59,246	51,700	15,818	30,000	335,560
1923	10,989	46,360	72,734		30,945	68,996	58,512	15,818	30,000	348,317
1924	10,989	46,360	72,734	11,466	35,813	68,996	64,280	19,138	30,000	377,989
1925	10,989	46,360	78,836	11,466	40,233	68,996	64,280	27,988	30,000	403,411
1926	10,989	57,950	78,836	11,466	45,688	67,641	64,280	27,988	30,000	423,181
1927	10,989	57,950	78,836	11,466	45,688	66,631	64,280	27,988	30,000	422,171
1928	3,750	57,950	78,836	11,466	45,688	66,631	64,280	27,988	30,000	408,541
1929	3,750	57,950	78,836	11,466	45,688	66,631	70,040	27,988	32,775	417,006
1930	3,750	57,950	78,836	11,466	45,688	66,631	31,820	27,988	32,775	371,861
1931	3,750	57,950	68,659	11,466	45,688	67,131	31,820	11,177	32,775	346,711
1932	3,750	57,950	68,659	11,466	45,688	67,131	31,820	11,177	32,775	346,711
1933	3,750	57,950	68,659	11,466	67,396	67,131	31,820	11,178	32,775	368,420
1934	3,750	57,950	76,304	17,870	67,396	67,651	31,820	11,178	32,775	388,177
1935	3,750	57,950	76,304	17,870	67,396	67,651	22,969	12,178	32,775	390,563
1936	3,750	57,950	76,304	17,870	67,396	67,651	16,719	5,008	32,775	377,643
1937	3,750	55,450	62,331	13,783	77,002	58,952	14,219		32,775	359,878
1938	3,750	55,450	62,331	13,783	77,002	58,952	8,609		32,775	344,373
1939	3,750	55,450	62,331	13,783	77,002	58,952	7,609		32,775	341,623

（出所）明治13・18・22年度「万覚帳」、昭和11・13年「株券帳」（以上、廣海家文書 A161・L144・L137・B008・B004））、中村［2006］186-187頁の表4-6、194-195頁の表4-7、花井［2006］207-208頁の表5-1、表5-2（日本絹靴下は地元株に入れて修正）より作成。

（注）金額はいずれも廣海家史料での各年末時点の株式評価額で、主要株式として1880年代に所有額が1,000円を超えた株式およびこの表の年代に所有額が10,000円を越えた株式を示した。役員欄はその会社で廣海家家族が務めた役職。欄の途中で会社名を入れた場合はその下段に本社・本店所在地を（　）内で示した。表以外に10,000円以上の所有額の銘柄を示すと、日本絹靴下（所在地：貝塚）、住友化学工業（所在地：大阪）、住友電線（所在地：大阪）、巽製線所があり、それぞれ1939年末時点で、14,000円・11,200円・10,333円・15,000円

第 3 章 大阪府商業資産家の銀行借入と株式投資 169

単位：円

阪堺鉄道	摂津紡績	朝鮮銀行	東洋汽船	川崎造船所	塩水港製糖	日本郵船	大阪商船	その他とも非地元株計	総計
大阪	大阪	京城	東京	神戸	台北	東京	大阪		
									2,274
750							750		3,305
1,333							2,351		7,992
2,784							3,551		12,960
2,784							8,572		39,990
合併							3,734		46,435
							2,355		47,324
							8,924		58,601
							2,971		81,992
尼崎紡績		5,440						8,786	97,674
（尼崎）		21,939						28,240	119,579
3,000		21,939						31,753	133,952
3,000		25,689						36,028	137,425
3,400		25,689	15,250					66,554	189,080
20,450	17,040	25,689	13,562	22,064	12,310	11,180		143,772	267,818
59,335	26,550	25,689	10,850	24,564	台湾銀行		44,415	205,621	343,971
94,585	合併	25,138	9,498	24,990	（台北）	11,560	10,470	195,212	356,465
197,983		36,388	2,500	大同電力	11,181	45,970	日本綿花	322,615	507,367
246,859		36,388	280	5,603	12,431		20,060	348,200	587,997
246,859		37,500		5,444	7,500		10,060	333,978	624,067
246,859	大日本麦酒	37,500		6,069	8,750			328,963	664,524
218,495		37,500		8,381	8,750			297,047	645,364
218,495	（東京）	37,500		10,000	8,750			298,727	676,716
218,495	32,976	18,750	日本窒素肥料	10,000	6,300	日本生命保険		308,619	712,030
206,175	32,976	18,750	（大阪）	10,000	6,103	（大阪）		298,707	721,888
181,086	32,976	18,750		18,275	4,003		三菱銀行	286,006	708,177
146,086	23,346	18,750	25,300	24,268	2,100	32,520	（東京）	302,292	710,834
138,086	23,346	18,750	25,300	24,268	2,100	32,520	10,000	307,265	724,272
16,920	13,201	日本染料製造（大阪）	31,425	24,268	台湾製糖（高雄）		10,000	124,959	496,820
16,920	13,201		50,845	24,268			5,800	139,509	486,220
16,920	13,201	9,249	47,625	24,268	7,010	住友金属工業（大阪）	5,800	152,698	499,409
16,920	13,201	5,499	37,133	24,268	16,995		5,800	164,230	532,650
16,920	13,201	9,641	33,295	24,268	16,995		5,800	178,033	566,209
16,920	13,201	10,644	33,295	24,268	16,995	11,700	5,800	105,567	586,130
20,445	13,201	18,669	33,295	25,483	16,995	11,700	5,800	205,537	583,180
7,625	10,145	20,919	34,375	4,410	9,985	13,575	5,800	156,488	516,366
7,625	10,145	26,919	34,375	3,660	9,985	17,325	5,800	175,785	520,158
7,625	10,145	26,919	38,750	3,660		22,950	5,800	200,838	542,461

の評価額の株式を所有。阪堺鉄道は1898年に南海鉄道と合併。岸和田銀行は1902年に五十一銀行と合併。貝塚織物は1910年まで合資会社で11年から株式会社。摂津紡績は1918年6月に尼崎紡績と合併して大日本紡績となり、18年末以降の尼崎紡績欄は大日本紡績のこと。岸和田煉瓦は1920年1月に岸和田煉瓦煉業に社名変更。貝塚織物は1920年3月に貝塚紡織に社名変更。和泉貯蓄銀行は1934年8月に和泉銀行に合併。大同電力は1939年に日本発送電に合併。 地元株は地元会社の株のことで、地元会社とは、泉南郡の企業および次の①から④に該当する企業を指す。①泉南郡と密接な関係を有する企業（南海鉄道）、②泉南郡に近接した非上場企業、③泉南郡内と推定されるが未確定の非上場企業、④廣海家と姻戚関係にある家の関連企業（本辰酒造・藤村酒造）。

13,000円であった廣海家の株式投資残額は、90年代末には5万円近くに増大し、この時期に廣海家の収益基盤が商業部門から配当収入に転換した。投資先は地元会社株が大部分で、1900年代は貝塚銀行・岸和田煉瓦・南海鉄道株が中心であった。しかし、第一次世界大戦末・戦後の株式投資ブームのもとで、廣海家の株式投資の傾向は大きく転換した。地元会社関係では、南海鉄道株の所有額が減少し、代わりに岸和田紡績・岸和田煉瓦綿業・貝塚織物など繊維関係の製造会社への株式投資が急増し、大阪湾岸地域への工業化の拡大を反映する株式所有構造となり、尼崎紡績・摂津紡績・朝鮮銀行・川崎造船所・大阪商船などいわゆる中央株も、廣海家は大量に購入した。そのなかには購入後に短期間の所有で売却し、キャピタルゲイン獲得目的と考えられる銘柄もあったものの、急激に買い進めた尼崎紡績(後に大日本紡績)株は、紡績株の収益性を見越し、配当収入を得るためと考えられ、銀行からの借入金で購入された(後述)。

　この時期、中央株の所有残額は地元会社株の所有残額を上回ったが、ブーム期に高い市場価格で購入した中央株の配当収益率が、第一次世界大戦後の1920(大正9)年恐慌で低下したため、20年代は再び廣海家の株式投資は地元会社株が中心となり、頭取として経営に携わった貝塚銀行と、岸和田紡績など地元の繊維関係の製造会社、そして南海鉄道への株式投資が拡大した。その後、1929(昭和4)年以降の昭和恐慌で、企業の収益性が低下したため、多くの所有株式が売却され、特に廣海家の中央株の所有残額は減少した。一方、廣海家は、地元会社には創立時から関わり、地元会社株の多くを払込額で取得し得たため、市場による株式購入に比べて取得価格が低く、中央株に比べて配当収益率は高かった(花井[2006])。それゆえ、地元会社株保有を根強く志向した廣海家は安定した配当収入を得られ、廣海家の資産家番付での資産額は、1915年時点の35万円から30年時点の200万円に急増した(渋谷編[1991c]315頁、渋谷編[1985]第1巻、50頁)。1920年代の廣海家の収益内訳では80％以上を株式配当収入が占め、同家の積極的な地元会社への投資は、岸和田・貝塚地域の工業化に大きな役割を果たした。廣海家の株式保有残額が急増したのは1910年代後半で、15年末時点の約19万円から20年末時点の約59万円へ急増した。表3-5を見よう。この時期の廣海家の購入株式の中心は尼崎紡績や摂津紡績などの紡績株や大阪商船株で、尼崎紡績と摂津紡績が1918年に合併して大日本紡績とな

第3章 大阪府商業資産家の銀行借入と株式投資　171

表3−5　廣海家有価証券関係主要支出の動向　　　　　　金額の単位：円

年月日	金額	内容	年月日	金額	内容
1896.2.18	3,750	岸和田銀行新株金払込	1917.5.7	5,509	和泉紡績株購入代金
1897.3.1	2,000	岸和田銀行新株金払込	1917.5.16	2,000	大阪商船株申込証拠金
1897.4.13	2,500	日本勧業銀行株申込証拠金	1917.5.25	15,175	尼崎紡績株購入代金
1897.4.16	5,000	日本勧業銀行株申込証拠金	1917.5.31	2,500	川崎造船所株金払込
1899.9.5	2,692	南海鉄道株金払込	1917.7.1	2,715	大阪商船株権利金・払込
1905.3.17	4,284	日本勧業銀行株購入代金	1917.7.2	7,020	貝塚銀行株金払込
1907.2.23	2,000	加田合資出資金払込	1917.7.5-9	22,860	大阪商船株購入代金
1907.3.1	4,180	岸和田煉瓦新株金払込	1917.7.13	12,500	日本商事信託株申込証拠金
1908.7.21	4,180	岸和田煉瓦新株金払込	1917.7.21	7,650	東洋紡績株金払込
1909.9.6	10,044	韓国銀行株申込証拠金	1917.7.25	7,515	大阪商船株金払込
1911.1.10	4,280	貝塚織物株金払込	1917.7.26	20,540	尼崎紡績株購入代金
1911.2.7	4,185	韓国銀行株購入代金	1917.8.10	14,850	大阪商船株購入代金
1911.6.5	2,140	貝塚織物株金払込	1917.8.24	4,000	久原礦業株申込証拠金
1911.9.1	3,210	貝塚織物株金払込	1917.9.7	2,000	久原礦業株確定証拠金
1911.10.2	2,570	南海鉄道株金払込	1917.9.7	15,520	摂津紡績株購入代金
1912.4.23-25	6,310	朝鮮銀行株購入代金	1917.9.20	3,250	岸和田紡績株金払込
1912.4.29	2,500	朝鮮銀行株購入代金	1917.9.21	12,450	大阪商船株購入代金
1912.5.1	2,000	泉醤油株払込	1917.11.1	7,500	本辰酒造株金払込
1912.6.4	3,074	朝鮮銀行株購入代金	1917.11.26	2,625	摂津紡績株金払込
1912.8	4,610	朝鮮銀行株購入代金	1917.11.30	2,000	摂津紡績株金払込
1913.4.30	2,750	尼崎紡績株金払込	1917.12.24	5,335	大阪商船株購入代金
1913.9.1	4,680	貝塚銀行株金払込	1919.2.19	4,350	南海鉄道株購入代金
1914.10.13-15	3,638	岸和田紡績株購入代金	1919.3.4	3,980	台湾銀行株購入代金
1914.10.22	2,430	岸和田紡績株購入代金	1919.3.5	12,025	大日本紡績株購入代金
1916.2.24	15,325	尼崎紡績株購入代金	1919.3.5	12,530	東洋紡績株購入代金
1916.4.15	2,760	久原礦業株証拠金・払込	1919.3.17	5,946	台湾銀行株購入代金
1916.5.1	2,500	毛斯倫紡績株金払込	1919.5.27	11,450	日本郵船株購入代金
1916.5.12	4,410	川崎造船所株購入代金	1919.6.7	13,663	大日本紡績株購入代金
1916.5.25	2,000	摂津紡績株申込確定証拠金	1919.6.7	3,750	朝鮮銀行株金払込
1916.7.18	6,650	新高製糖株購入代金	1919.6.9	12,000	日本郵船株購入代金
1916.7.21	15,320	摂津紡績株申込権利金・払込	1919.7.12	7,840	宇治川電気株購入代金
1916.8.19	4,625	北海道炭礦汽船株購入代金	1919.8.15	16,950	東洋紡績株購入代金
1916.8.21-23	13,950	横浜正金銀行株購入代金	1919.8.16	6,000	横浜正金銀行株申込証拠金
1916.9.1	7,340	倉敷紡績株申込権利金・払込	1919.8.20-25	77,650	大日本紡績株購入代金
1916.9.21	2,172	東洋汽船株購入代金	1919.8.20-26	13,090	日本郵船株購入代金
1916.9.20-25	9,930	東洋紡績株権利金・購入代金	1919.9.8	2,275	和泉帆布株金払込
1916.9.28	7,330	大阪商船株購入代金	1919.9.23	3,750	朝鮮銀行株金払込
1916.9.30-10.6	22,044	川崎造船所株購入代金	1919.10.1	7,360	岸和田煉瓦株金払込
1916.10.2	3,510	貝塚銀行株金払込	1919.10.6	5,000	岸和田紡績株金払込
1916.10.9-14	3,520	東洋汽船株購入代金	1919.11.1	4,250	岸和田紡績株金払込
1916.10.24-27	19,600	北海道炭礦汽船株購入代金	1919.11.12	25,325	東洋紡績株購入代金
1916.10.25-30	16,000	東洋汽船株購入代金・払込	1919.11.12	5,400	木曽川電気製鉄株購入代金
1916.11.4	13,550	大阪鉄工所株購入代金	1919.12.1	9,495	アルカリ株購入代金
1916.12.1	2,875	岸和田紡績株金払込	1919.12.4	3,750	朝鮮銀行株金払込
1916.12.4	12,300	塩水港製糖株購入代金	1919.12.17	27,020	日本郵船株購入代金
1916.12.4	11,175	日本郵船株購入代金	1919.12.25	10,000	本辰酒造株金払込
1917.1.12-13	9,647	東洋紡績株購入代金	1919.12.25	7,125	大連取引所株購入代金
1917.3.19	7,635	久原礦業株金払込	1920.1.10	4,636	岸和田煉瓦綿業株証拠金
1917.4.20	3,750	朝鮮銀行株金払込	1920.1.10	10,700	貝塚織物株金払込
1917.4.23	10,028	合同紡績株権利金・払込	1920.1.16-22	6,735	アルカリ株購入代金

表3－5　続き

金額の単位：円

年月日	金額	内容	年月日	金額	内容
1920.2.2	6,954	岸和田煉瓦綿業株金払込	1926.4.12	2,500	藤村酒造株金払込
1920.2.2	9,750	貝塚銀行株金払込	1926.5.25	4,305	共同信託株購入代金
1920.2.16	2,500	貝塚織物株申込確定拠金	1926.7.1	5,455	南海鉄道株金払込
1920.2.25	2,500	東洋汽船株払込	1926.10.6	5,775	京阪鉄道株購入代金
1920.2.25-3.1	48,898	大日本紡績株購入代金・払込	1928.2.1	5,760	貝塚紡織株金払込
1920.3.1	15,350	貝塚織物株金払込	1928.4.21	6,050	大日本麦酒株購入代金・払込
1920.3.3	5,000	日本綿花申込証拠金	1928.4.30	2,180	八千代生命保険株購入代金
1920.3.4	2,625	奉天取引所株購入代金	1928.5.22-25	19,180	日本生命保険株購入代金
1920.3.25	2,100	台湾電力株金払込	1928.6.5	13,332	日本生命保険株購入代金
1920.3.31	10,500	日本綿花株金払込	1928.6.29	2,200	大日本麦酒株金払込
1920.4.1	7,000	岸和田紡績株金払込	1928.7.12	6,200	大同電力株購入代金
1920.4.10	2,250	貝塚商事株金払込	1928.7.14-17	17,716	日本窒素肥料株購入代金
1920.4.20	7,500	朝鮮銀行株金払込	1928.7.25-26	7,564	日本窒素肥料株購入代金
1920.4.21	4,550	日本綿花株購入代金	1928.8.15	45,000	日本航空輸送株申込証拠金
1920.5.4	2,550	朝鮮殖産銀行株金払込	1929.5.6	2,550	朝鮮殖産銀行株金払込
1921.2.1-5	11,736	和泉紡績株購入代金	1929.6.1	10,000	三菱銀行株申込金
1921.4.1	3,913	南海鉄道株金払込	1929.9.20	2,775	本辰酒造株購入代金
1921.5.17-20	3,090	岸和田紡績株購入代金	1930.7.7	2,475	日本窒素肥料株購入代金
1921.6.4	3,403	岸和田紡績株購入代金	1930.7.16	2,390	日本窒素肥料株購入代金
1921.6.9-11	4,290	岸和田紡績株購入代金	1931.4.6	12,545	日本窒素肥料株購入代金
1921.6.17-18	6,380	岸和田紡績株購入代金	1931.10.1	3,500	日本窒素肥料株金払込
1921.7.4	2,040	貝塚銀行株金払込	1932.8.22	2,740	日本窒素肥料株購入代金
1921.7.8	3,690	岸和田紡績株金払込	1932.8.31	2,650	日本染料株購入代金
1921.10.1	4,075	南海鉄道株金払込	1932.11.21	3,375	日本染料株購入代金
1921.12.15	11,590	岸和田煉瓦綿業株金払込	1932.12.27	7,000	台湾製糖株購入代金
1922.4.1	4,075	南海鉄道株金払込	1933.1.9	7,000	台湾製糖株購入代金
1922.4.26-30	16,351	岸和田紡績株購入代金	1933.1.12	3,320	塩水港製糖株購入代金
1922.5.12	6,515	岸和田紡績株購入代金	1933.1.13	4,195	新高製糖株購入代金
1922.8.1	11,950	貝塚紡織株金払込	1933.2.15	3,310	日本電気化学工業株購入代金
1923.5.1	9,750	貝塚銀行株金払込	1933.5.17	2,970	台湾製糖株購入代金
1923.5.1	4,868	南海鉄道株金払込	1933.7.8	7,740	南海鉄道株購入代金
1923.8.1-2	6,812	貝塚紡織株購入代金・払込	1933.7.13	5,160	南海鉄道株購入代金
1923.8.24	2,115	岸和田紡績株購入代金	1933.7.21	5,270	南海鉄道株購入代金
1924.5.1	4,868	南海鉄道株金払込	1933.7.27	3,497	南海鉄道株購入代金
1924.5.7	3,300	和泉紡績株購入代金	1933.8.30	2,500	日本電気化学工業株金払込
1924.5.26	4,800	貝塚紡織株金払込	1933.9.1	2,365	塩水港製糖株購入代金
1924.7.7	11,466	和泉貯蓄銀行株購入代金	1933.9.5	2,235	新高製糖株購入代金
1925.3.2	8,750	和泉紡績株金払込	1933.10.26	2,365	塩水港製糖株購入代金
1925.8.10	2,806	大日本麦酒株購入代金	1934.1.29-30	4,145	日本染料株購入代金
1925.11.9	2,384	岸和田紡績株購入代金	1934.3.10	5,760	日本曹達株購入代金
1925.11.18	3,708	岸和田紡績株購入代金	1934.4.5	5,200	住友化学株購入代金
1925.12.1	2,210	南海鉄道株金払込	1934.5.16	4,550	和泉貯蓄銀行株金払込
1925.12.21	3,930	久原礦業株購入代金	1934.6.1	2,390	岸和田人絹株金払込
1925.12.26	30,150	大日本麦酒株購入代金	1934.7.2	7,645	岸和田紡績株金払込
1926.2.23	6,240	大同電力株購入代金	1934.7.28	7,500	三菱重工業株申込金
1926.3.21	9,540	岸和田煉瓦綿業株金払込	1934.12.5	5,000	日本絹靴下株金払込

(出所)明治26～大正14年、各年度「万覚帳」、大正15～昭和9年、各年度「株券帳」（以上、廣海家文書）より作成。
(注)内容が同じで日付の近いものは合算して1回とし、2,000円以上の支出の場合を示した。

り（社史編纂委員会編［1966］120-122頁）、19・20年の株式購入は大日本紡績株が中心となった。そして、購入した株式を担保にして銀行から借り入れた資金をさらに株式購入と払込に充てるという連鎖が続き、表3－6に見られるように、廣海家は1919年後半に三菱銀行から新規に大量の資金を借り入れ、大日本紡績株・東洋紡績株・日本郵船株を購入した。表3－5・6より、廣海家は、1919年8月25日の6万円の借入金を、8月20日から25日の大日本紡績株購入代金77,650円に充て、19年11月11日の3万円の借入金を、11月12日の東洋紡績株・木曽（川）電気製鉄株購入代金30,625円に充て、19年12月17日の3万円の借入金を、同日の日本郵船株購入代金27,020円に充てたと考えられる。

　ところが、第一次世界大戦後のブームが終わり、1920年3月からの恐慌により株価が大きく下落し、廣海家はかなりの含み損を残した。そして1920年の間は5月以降新規の株式購入はなく、20年の銀行借入はほぼ借換目的であった。特に、1919年後半に新規に借り入れた三菱銀行からの借入金が借換で残り、廣海家は21年に住友銀行から新規に借り入れて借換が続いた三菱銀行からの借入金を返済し、一方、貝塚銀行からの借入は19～23年はなくなった。その住友銀行からの借入金がやはり借換で残り、1923年以降再び三菱銀行から借り入れて住友銀行からの借入金を返済するなど、三菱銀行からの借入と住友銀行からの借入が交互に行われた。ただし三十四銀行からの借入は固定化し、例えば1920年11月15日の借入分は返済期限が延長され続けて23年5月11日にようやく借り換えられた。むろんこの間も廣海家は、岸和田紡績株を中心に新規の株式購入を進めたが（表3－5）、1910年代後半のような巨額ではなく、配当収入で十分に手当てでき、株式購入・払込のための銀行借入は、20年代前半はほとんど行われなかった。

　表3－6に戻ろう。その後廣海家は、1925年12月26日の大日本麦酒株購入の際に貝塚銀行から3万円を借り入れ、以後、貝塚銀行からの定期借入が再び増大した。三十四銀行からの借入金が完全に固定化し、1925年8月3日借換の11万円と同年11月6日借換の11万円の2本に集約され、それがその後少しずつ返済されつつも、30年代まで引き継がれ、廣海家には紡績株・中央株を追加担保で入れて三十四銀行から追加借入を受ける余裕はなかったと考えられる。そのため、1925年12月26日に貝塚銀行から廣海家が借りた資金は、大日本麦酒株

表3-6 廣海家銀行定期借入金の動向（1919〜26年）

借入金額・年利の単位：円，％

借入年月日	借入金額	目的	借入先銀行	年利	担保	返済期日	返済日	備考
1918.11.7	50,000		三十四（日本橋）	6.30	岸和田紡績・東洋汽船株	翌1月6日	翌1月6日	
1918.11.19	25,000		三十四（日本橋）	6.30	岸和田紡績株	翌1月17日	翌1月17日	
1918.12.6	50,000		三十四（日本橋）	6.39	南海鉄道・川崎造船所・朝鮮銀行株	翌2月5日	翌2月5日	
1918.12.12	20,000		三十四（日本橋）	6.48	大日本紡績株	翌2月7日	翌4月5日	翌4月5日に返済期限延長
1919.1.6	40,000	借換	三十四（日本橋）	6.57	岸和田紡績株	3月6日	5月6日	5月6日に返済期限延長
1919.1.17	15,000	借換	三十四（日本橋）	6.48	岸和田紡績株	3月17日	7月4日	5月16日に返済期限延長
1919.2.5	35,000	借換	三十四（日本橋）	6.48	南海鉄道・朝鮮銀行株	4月5日	4月5日	
1919.4.5	40,000	借換	三十四（日本橋）	6.48	朝鮮銀行・南海鉄道株	6月5日	6月9日	
1919.5.6	30,000	借換	三十四（日本橋）	6.48	岸和田紡績株	7月4日	7月4日	
1919.6.9	65,000	(借換)	三十四（日本橋）	6.57	朝鮮銀行・南海鉄道・大日本紡績株	8月7日	8月7日	
1919.7.4	45,000	(借換)	三十四（日本橋）	6.57	朝鮮銀行・南海鉄道・大日本紡績株	9月1日	9月2日	
1919.8.7	55,000	借換	三十四（日本橋）	6.75	朝鮮銀行・南海鉄道・大日本紡績株	10月5日	翌6月2日	翌4月2日に返済期限延長
1919.8.20	40,000	証券	三十四（日本橋）	6.75	岸和田紡績株	10月18日	翌7月17日	翌2月19日に返済期限延長
1919.8.25	60,000	証券	三菱（中之島）	6.75	大日本紡績株	10月23日	翌4月20日	翌2月19日に返済期限延長
1919.9.2	35,000	借換	三菱（中之島）	6.75	大日本紡績株	11月3日	翌7月17日	翌2月2日に返済期限延長
1919.10.6	30,000		三菱（中之島）	7.30	岸和田紡績株	12月4日	翌2月2日	
1919.11.11	30,000	証券	三菱（中之島）	7.85	岸和田紡績株	翌1月9日	翌7月14日	
1919.12.17	30,000	証券	三菱（中之島）	8.94	岸和田紡績株	翌2月14日	翌6月12日	
1919.12.30	20,000		三菱（中之島）	9.49	大日本紡績株	翌2月2日	翌2月2日	
1920.2.3	50,000	借換	三菱（中之島）	9.86	大日本紡績・岸和田紡績株	4月2日	12月6日	
1920.3.6	30,000	(借換)	三菱（中之島）	9.49	大日本紡績・岸和田紡績株	5月8日	翌1月7日	翌1月6日に返済期限延長
1920.4.20	80,000	(借換)	三菱（中之島）	10.95	大日本紡績・岸和田紡績株	5月19日	7月17日	
1920.6.2	40,000	(借換)	三菱（中之島）	10.95	南海鉄道・大日本紡績株	8月2日	8月2日	
1920.6.12	20,000	借換	三菱（中之島）	11.50	大日本紡績株	8月10日	翌1月13日	翌2月3日に返済期限延長
1920.7.14	20,000	借換	三菱（中之島）	11.32	岸和田紡績株	9月13日	翌1月13日	翌1月13日に返済期限延長
1920.7.17	60,000	借換	三菱（中之島）	11.32	大日本紡績・岸和田紡績株	9月14日	翌1月13日	翌1月13日に返済期限延長
1920.7.17	70,000	(借換)	三十四（日本橋）	11.13	朝鮮銀行・南海鉄道・大日本紡績株	9月14日	11月15日	
1920.8.2	30,000	(借換)	三十四（日本橋）	10.95	南海鉄道・大日本紡績株	10月2日	12月6日	
1920.11.15	80,000	(借換)	三十四（日本橋）	10.22	朝鮮銀行・南海鉄道・岸和田紡績・大日本紡績株	翌1月13日	1923年5月11日	1923年5月11日に返済期限延長
1920.12.6	80,000	(借換)	三十四（日本橋）	9.86	南海鉄道・岸和田紡績・大日本紡績株	翌2月3日	翌6月6日	

第3章　大阪府商業資産家の銀行借入と株式投資　175

日付	金額	種別	銀行	担保銘柄	比率	期日1	期日2	備考
1921.1.7	20,000	借換	三十四（日本橋）	大日本紡績・台湾銀行株	9.67	3月7日	7月4日	
1921.1.13	60,000	借換	三菱（中之島）	岸和田紡績・大日本紡績株	10.59	3月14日	3月14日	
1921.2.3	20,000	他行	住友	岸和田紡績株	9.49	4月4日	4月4日	
1921.3.14	60,000	他行	住友	大日本紡績・岸和田紡績株	8.76	5月12日	5月11日	翌々5月11日に返済期限延長
1921.4.4	30,000	（借換）	住友	岸和田紡績株	8.58	6月2日	8月3日	
1921.6.4	90,000	借換	三十四（五本橋）	大日本紡績・岸和田紡績・南海鉄道株	7.30	8月2日	2月2日	翌2月2日に返済期限延長
1921.8.3	10,000	借換	住友	岸和田紡績株	7.30	10月3日	10月4日	
1921.9.21	20,000	借換	住友	岸和田紡績株	6.94	11月8日	1月16日	翌1月16日に返済期限延長
1921.10.4	25,000	借換	住友	大日本紡績・大日本紡績株	7.30	12月2日	2月4日	翌2月2日に返済期限延長
1922.2.4	65,000	（借換）	住友	大日本紡績	8.76	4月4日	8月3日	8月3日に返済期限延長、割引手形
1922.2.4	50,000	借換	三十四（日本橋）	大日本紡績株	8.58	4月4日	8月3日	割引手形
1922.3.24	20,000	他行	住友	南海鉄道株	8.58	5月23日	7月25日	7月22日に返済期限延長、割引手形
1922.4.28	15,000	借換	三十四（日本橋）	岸和田紡績株	9.13	6月26日	6月27日	
1922.8.3	50,000	借換	住友	大日本紡績・岸和田紡績・南海鉄道株	8.76	10月2日	2月5日	
1922.8.3	80,000	（借換）	三十四（日本橋）	大日本紡績・岸和田紡績株	8.58	10月2日	6月6日	翌6月6日に返済期限延長
1922.10.26	25,000	借換	住友	和泉紡績株	8.58	12月23日	12月23日	
1922.12.23	10,000	借換	三十四（日本橋）	和泉紡績株	9.13	1月23日	1月27日	
1923.2.5	60,000	（借換）	住友	大日本紡績・岸和田紡績・南海鉄道・台湾銀行株	8.94	4月5日	10月5日	10月4日に返済期限延長
1923.3.24	20,000	（借換）	三十四（日本橋）	岸和田紡績株	8.58	5月23日	7月20日	7月20日に返済期限延長
1923.5.11	60,000	借換	住友	大日本紡績株	9.13	7月9日	11月5日	割引手形
1923.5.11	80,000	借換	三十四（日本橋）	大日本紡績・岸和田紡績・南海鉄道株	8.94	7月9日	11月7日	11月7日に返済期限延長、割引手形
1923.6.6	80,000	借換	三十四（日本橋）	大日本紡績・岸和田紡績・南海鉄道株	8.76	8月4日	10月4日	10月4日に返済期限延長
1923.10.5	70,000	借換	三十四（日本橋）	大日本紡績・岸和田紡績・南海鉄道株	9.13	12月3日	12月3日	
1923.11.5	40,000	借換	三菱（中之島）	大日本紡績・南海鉄道・台湾銀行株	9.86	12月3日	12月3日	
1923.11.5	35,000	他行	住友	岸和田紡績・大日本紡績・南海鉄道株	9.31	翌1月7日	翌1月7日	
1923.11.15	25,000	借換	住友	南海鉄道・大日本紡績・岸和田紡績株	10.22	翌1月7日	翌1月7日	
1923.11.7	80,000	借換	三菱（中之島）	朝鮮銀行・大日本紡績・岸和田紡績株	9.13	翌1月7日	3月7日	翌3月7日に返済期限延長
1923.12.3	35,000	他行	三菱（中之島）	南海鉄道・大日本紡績株	9.49	翌2月2日	10月3日	翌10月3日に返済期限延長
1923.12.3	85,000	（借換）	三十四（日本橋）	大日本紡績・岸和田紡績・岸和田紡績株	9.31	翌2月2日	2月5日	翌2月5日に返済期限延長
1924.1.7	45,000	（借換）	三重（中之島）	大日本紡績・南海鉄道株	9.49	3月6日	11月5日	
1924.2.6	75,000	借換	三十四（日本橋）	岸和田紡績・大日本紡績・岸和田紡績株	9.49	4月7日	4月7日	
1924.3.7	85,000	（借換）	三十四（日本橋）	朝鮮銀行・大日本紡績・岸和田紡績株	8.94	5月5日	7月4日	

表 3-6 続き

借入金額・年利の単位：円、%

借入年月日	借入金額	目的	借入先銀行	年利	担保	返済期日	返済日	備考
1924.4.7	90,000	（借換）	三十四（日本橋）	8.94	岸和田紡績・大日本紡績・南海鉄道株	6月5日	12月3日	
1924.4.29	20,000	（借換）	三十四（日本橋）	9.31	岸和田紡績・南海鉄道株	7月1日	7月7日	
1924.5.7	3,000	証券	貝塚	9.67	和泉紡績・岸和田煉瓦絹菜株	7月7日	9月10日	廣海家振出手形
1924.7.4	100,000	（借換）	三十四（日本橋）	9.13	朝鮮銀行・大日本紡績・岸和田紡績・南海鉄道株	9月3日	翌1月7日	12月3日に返済期限延長
1924.9.10	10,000	（借換）	貝塚	9.67	和泉紡績・岸和田煉瓦稲菜・和泉貯蓄銀行株	11月10日	12月4日	廣海家振出手形
1924.10.3	40,000	他行	住友	8.58	岸和田紡績・大日本紡績株	12月3日	翌8月3日	翌4月4日に返済期限延長
1924.11.5	40,000	他行	住友	8.58	岸和田紡績・南海鉄道株	翌1月6日	翌1月8日	
1924.12.3	110,000	（借換）	三十四（日本橋）	8.76	岸和田紡績・大日本紡績・南海鉄道・東洋紡績株	翌2月2日	翌2月3日	
1925.1.7	90,000	（借換）	三十四（日本橋）	8.76	朝鮮銀行・大日本紡績・岸和田紡績株	3月6日	11月6日	5月4日に返済期限延長
1925.1.8	50,000	（借換）	住友	8.58	岸和田紡績・南海鉄道株	3月6日	3月6日	
1925.2.3	90,000	（借換）	三十四（日本橋）	7.30	岸和田紡績・南海鉄道株	4月4日	8月3日	
1925.3.6	80,000	（借換）	住友	8.58	南海鉄道・南海鉄道・大日本紡績株	5月4日	9月7日	
1925.7.2	70,000	（借換）	住友	8.40	南海鉄道・岸和田紡績株	9月5日	翌9月6日	翌9月4日に返済期限延長
1925.8.3	110,000	（借換）	三十四（日本橋）	7.67	岸和田紡績・大日本紡績株	10月2日	翌2月4日	翌々2月4日に返済期限延長
1925.11.6	110,000	（借換）	三十四（日本橋）	7.67	大日本紡績・和泉紡績・南海鉄道・岸和田紡績株	翌1月6日	翌1月6日	翌々1月6日に返済期限延長
1925.12.26	30,000	証券	貝塚	8.76	大日本支酒・大同電力株	翌2月23日	翌4月1日	
1926.3.25	30,000		住友	7.67	大日本紡績株	5月25日	8月3日	返済期限延長
1926.4.1	20,000	借換	貝塚	8.58		5月1日	6月4日	
1926.6.4	10,000	借換	貝塚	7.67		8月4日	8月4日	約束手形
1926.8.3	20,000	他行	三菱（中之島）	7.85	南海鉄道・岸和田紡績株	10月4日	10月9日	
1926.9.6	35,000	借換	住友	7.67	大日本紡績株	11月4日	翌1月6日	翌1月6日に返済期限延長
1926.9.6	30,000	他行	三菱（中之島）	7.67	大日本支酒株	11月4日	翌1月6日	翌1月6日に返済期限延長
1926.10.9	30,000	（借換）	三菱（中之島）	7.67	南海鉄道株	12月7日	翌8月4日	翌8月4日に返済期限延長

（出所）大正8～15年、各年度「万覚帳」（廣海家文書）より作成。
（注）借入年が1919～1926年のものおよび借入が1918年で返済が1919年のものを示した。三菱銀行・三十四銀行は支店名が記載されていない場合があったが、前後の年の史料よりそれぞれ支店名を推定した。

200株の購入代金であったが、担保に同社株200株が入れられ[4]、廣海家がその借入前に所有していた同社株は20株なので、大日本麦酒株の購入資金として貝塚銀行がいったん無担保で廣海家に資金を貸し付け、購入後にその大日本麦酒株を担保に入れさせたと推定できる。こうした株式購入資金の前貸は、1916年の三十四銀行による廣海家への貸付でも見られた（後述）。

　前述の貝塚銀行からの借入の際に担保に初めて入れられた大日本麦酒株と大同電力株は、紡績株・南海鉄道株と並んでその後の担保株式の中心となったが、1920年代後半には、借換が常態化した結果、担保内容が史料に記されなくなった（表3－7）。もちろん銀行側が無担保にしたわけではなく、表3－7の担保欄が空欄でも各銀行は担保をとっていたと考えられる。なお、廣海家は1928年に日本生命保険や日本窒素肥料など新規の株式投資を拡大したため（表3－5）、貝塚銀行を中心として新規の銀行借入が見られたが、翌29年の恐慌の打撃が激しく、30年は銀行からの新規借入は全くなく、全てが借換のための銀行借入となった。そして1930年代前半は、貝塚銀行からの新規借入はあったものの、大部分は借換の際に借入金を一部返済して残りを借り換えることの連続で、廣海家は30年に大日本紡績株など価値が下落した株式を売却して整理し、表3－4のように廣海家の株式保有残額は、29年末時点の約72万円が30年末時点で約50万円に減少した。

　表3－8より、廣海家の銀行借入残額の推移をまとめる。廣海家の商業資金の需要は、魚肥の買入時期であった7月に多く、魚肥の販売先から代金が回収されるのが翌年の前半となったため、商業資金を銀行から借り入れていた時期は、6月末時点で銀行借入残額が少なく、12月末時点で多くなった。1910年代後半には、産地直接買付の停止により商業資金需要が減少したが、株式投資が急増したため株式投資資金を銀行から借り入れ、株式購入時期が7月から12月に比較的多く、その成果である配当金収入が翌年になったため、それまでと同様の資金循環がほぼ維持された。しかし1920年恐慌後は、銀行からの借入金が固定化し、6月末残額と12月末残額があまり変わらなくなり、全体の借入金額も横ばいになった。とは言え、廣海家はそのなかで銀行を使い分けており、特

---

[4]　大正13～14年「万覚帳」（廣海家文書B012）。

178　第Ⅰ部　関西地域の会社設立と地方資産家

表3-7　廣海家銀行定期借入金の動向（1927～34年）

借入金額・年利の単位：円、％

借入年月日	借入金額	目的	借入先銀行	年利	担保	返済期日	返済日	備考
1927.1.6	35,000	借換	住友（中之島）	7.67	岸和田紡績・南海鉄道株	3月7日	9月2日	9月2日に返済期限延長
1927.1.6	30,000	借換	三菱（中之島）	7.67	大日本鉄道株	3月7日	3月7日	
1927.1.6	110,000	借換	三十四（日本橋）	7.67	大日本紡績・岸和田紡績・和泉紡績・大同電力株	3月7日	3月5日	11月5日に返済期限延長
1927.2.4	100,000	借換	三十四（日本橋）	7.57		4月4日	1929年4月5日	12月6日に返済期限延長
1927.2.22	4,000	借換	貝塚	8.21		3月8日	3月23日	
1927.3.7	50,000	（借換）	三菱（中之島）		大日本紡績・岸和田紡績株	5月5日	1月7日	11月7日に返済期限延長
1927.3.23	10,000	借換	貝塚		南海鉄道・大同電力株	4月15日	6月3日	
1927.8.4	20,000	借換	三菱（大阪西）	7.48	南海鉄道	10月3日	10月4日	
1927.9.5	35,000	他行	三井（日本橋）	7.30	大日本麦酒株	11月5日	12月3日	翌1月6日に返済期限延長
1927.10.3	30,000	（借換）	三菱（中之島）	7.48		12月3日	12月3日	
1927.12.6	30,000		住友	6.75		翌2月3日	1930年2月4日	1930年2月4日に返済期限延長
1928.1.7	40,000	借換	三菱（中之島）	7.12	大日本紡績・岸和田紡績株	3月6日	3月7日	
1928.1.7	35,000	他行	住友	6.57		3月6日	3月7日	
1928.3.7	75,000	（借換）	三十四（日本橋）	6.21		5月5日	11月5日	7月3日に返済期限延長
1928.3.22	10,000	借換	三十四（日本橋）	6.21		5月5日	5月5日	
1928.5.5	120,000	借換	貝塚	5.84		7月3日	7月4日	
1928.5.23	3,000	証券	貝塚			5月25日	5月25日	約束手形
1928.5.25	10,000	（借換）	貝塚	8.03		7月23日	7月23日	約束手形
1928.6.8	5,000		貝塚			7月28日	7月28日	約束手形
1928.7.4	90,000	借換	三十四（日本橋）	5.66	大日本紡績・和泉紡績・南海鉄道・大同電力株ほか	9月5日	翌5月6日	翌々7月5日に返済期限延長
1928.7.4	30,000	借換	貝塚			9月5日	翌々7月5日	翌々7月5日に返済期限延長
1928.8.15	55,000	証券	三十四（日本橋）				9月13日	
1928.9.3	70,000	借換	貝塚	5.93		翌5月5日	翌々5月5日	翌々5月5日に返済期限延長
1928.11.5	40,000	借換	住友			翌1月6日	翌1月7日	
1928.11.6	35,000	他行	三菱（中之島）			翌1月6日	翌9月3日	約束手形
1928.11.24	5,000		貝塚				11月28日	
1928.11.27	17,000	借換	三菱（中之島）	5.66		翌1月25日	翌々10月3日	翌々6月2日に返済期限延長
1929.1.7	25,000	借換	住友	5.75		3月6日	翌5月5日	翌1月6日に返済期限延長
1929.4.1	15,000		三菱（中之島）		南海鉄道株		4月5日	
1929.4.3	33,000	借換	三十四（日本橋）	5.48	大日本紡績・岸和田紡績・南海鉄道・和泉紡績・大同電力株ほか	11月5日	翌2月4日	翌1月6日に返済期限延長
1929.5.6	115,000	借換	三十四（日本橋）	5.29	大日本紡績・岸和田紡績・南海鉄道・和泉紡績・大同電力株ほか	6月3日	9月3日	翌2月4日に返済期限延長
1929.11.26	10,000		貝塚			12月24日	12月26日	

第 3 章　大阪府商業資産家の銀行借入と株式投資　179

日付	金額	種別	銀行	利率	担保株式	翌1月24日	翌々1月10日	翌々1月8日に返済期限延長
1929.12.26	12,000			6.57	三菱銀行・岸和田煉瓦綿糸株			
1930.2.4	110,000	借換	三十四(日本橋)	5.29	大日本紡績・岸和田紡績・南海鉄道・和泉紡績・大同電力株ほか	4月4日	4月4日	6月2日に返済期限延長
1930.2.4	25,000	借換	住友	5.48	南海鉄道・大日本麦酒株	4月4日	6月2日	6,810円分は5月8日返済
1930.4.4	100,000	借換	三十四(日本橋)	5.29	大日本紡績・岸和田紡績・南海鉄道・和泉紡績・大同電力株ほか	6月2日	6月2日	39,470円分は6月中に返済
1930.5.5	55,000	借換	三十四(日本橋)	5.29	大日本紡績・岸和田紡績・南海鉄道・和泉紡績・大同電力株ほか	7月5日	7月4日	
1930.5.5	31,000	借換	三菱(中之島)			7月5日	7月5日	
1930.5.5	22,000	借換				7月5日	7月4日	
1930.5.5	23,000	借換	住友	5.48	南海鉄道・大日本麦酒株	8月5日	10月3日	
1930.6.2					南海鉄道・大日本麦酒株			
1930.6.3	85,000	借換	三十四(日本橋)	5.29		8月5日	翌4月4日	翌2月2日に返済期限延長
1930.7.5	25,000	借換	三十四(日本橋)	5.29		9月5日	翌1月5日	翌1月7日に返済期限延長
1930.7.5	20,000	(借換)	三十四(ヨ本橋)	5.29		11月5日	翌々9月5日	翌々9月4日に返済期限延長
1930.7.5	30,000	借換	三菱(中之島)	5.48		9月2日	翌11月4日	翌1月7日に返済期限延長
1930.10.3	14,000	借換	三菱(中之島)	5.48	日本窒素・日本興業・大日本紡績・岸和田紡績株	翌2月2日	翌10月1日	
1930.10.3	21,000	借換	住友	5.66	南海鉄道・大日本紡績・岸和田煉瓦綿糸株	12月3日	翌10月3日	翌2月2日に返済期限延長
1931.1.10	10,000	借換	貝塚	6.57	三菱銀行・岸和田煉瓦綿糸株	3月8日	5月26日	
1931.3.28	6,000	借換	貝塚	5.29		4月25日	4月25日	
1931.4.4	90,000	借換	三十四(日本橋)	5.29		6月2日	翌4月5日	翌6月3日に返済期限延長
1931.4.4	15,000	証券	三十四(日本橋)	6.57		6月2日	10月1日	
1931.5.26	7,000	借換	貝塚	6.57		7月24日	7月27日	
1931.7.27	5,000	借換	貝塚	5.11		10月31日	11月6日	
1931.10.1	10,000	借換	三十四(日本橋)	5.29		12月5日	翌々8月3日	翌々6月2日に返済期限延長
1931.10.1	9,000	借換	三菱(中之島)	6.57		12月5日	翌6月7日	翌6月7日に返済期限延長
1931.10.1	12,000	借換	貝塚			12月10日	翌4月10日	
1931.10.3	19,000	借換	住友			12月5日	翌9月6日	翌8月3日に返済期限延長
1931.11.4	29,000	借換	三菱(中之島)			翌1月	翌1月7日	翌7月4日に返済期限延長
1931.11.5	10,500	借換	三十四(日本橋)	5.66		翌1月7日	翌1月30日	
1931.11.6	10,800	借換	貝塚	6.94		翌1月4日		
1932.1.7	10,000	(借換)	三十四(日本橋)	6.02		3月8日	9月5日	9月4日に返済期限延長
1932.1.30	10,000	借換	貝塚	6.94		4月1日	4月10日	
1932.3.28	6,000	借換	貝塚			4月28日	6月7日	
1932.4.5	86,500	借換	三十四(日本橋)			6月3日	8月21日	8月3日に返済期限延長
1932.4.11	22,000	借換	貝塚			6月9日	8月7日	
1932.6.7	25,000	借換	三菱			8月5日	8月6日	
1932.6.7	7,000	借換	住友(中之島)	6.30		8月5日	翌8月2日	翌6月2日に返済期限延長
1932.8.4	18,000	借換	三十三(中之島)	6.02		10月3日	12月5日	12月5日に返済期限延長
1932.8.6	6,000	借換	三十四(日本橋)	6.02		10月5日	1938年2月4日	1938年2月4日に返済期限延長
1932.8.21	86,000	借換	三十四(日本橋)			10月3日	翌々2月4日	
1932.9.5	18,000	借換		5.66		11月4日	翌々5月5日	翌々5月4日に返済期限延長

表3-7 続き

借入金額・年利の単位：円，％

借入年月日	借入金額	目的	借入先銀行	年利	担保	返済期日	返済日	備考
1932.9.6	45,000	(借換)	三菱(中之島)			11月4日	翌9月9日	翌9月9日に返済期限延長
1932.11.17	10,000	証券	貝塚	6.94		翌1月15日	翌7月4日	翌7月4日に返済期限延長
1932.12.6	16,000	(借換)	三菱(中之島)	5.84		翌2月2日	翌4月5日	翌4月26日に返済期限延長
1933.3.18	6,000		貝塚	6.94		5月5日	5月5日	
1933.3.31	5,000					4月5日	4月5日	
1933.4.5	26,000	(借換)	三菱(中之島)	5.66		6月3日	10月3日	10月3日に返済期限延長
1933.7.4	30,000	借換	貝塚	6.94		9月5日	9月18日	
1933.8.3	25,000	(借換)	三十四(日本橋)			10月3日		1939年2月2日に返済期限延長
1933.9.9	60,000	(借換)	三菱(中之島)	5.29		11月7日	1937年9月4日	1936年3月6日に返済期限延長
1933.9.18	25,000	借換	貝塚	6.39			12月21日	
1933.10.3	22,000	借換	三菱(中之島)	5.29		12月4日	翌2月4日	翌々2月1日に返済期限延長
1933.11.26	15,000		貝塚			翌1月20日	翌2月3日	
1933.12.21	28,000	(借換)		6.21		翌2月20日	翌3月9日	
1934.1.17	15,000		住友	5.11	南海鉄道・大日本紡績・岸和田紡績・台湾製糖株	3月19日	3月19日	
1934.2.3	14,000	借換	貝塚			4月4日	7月24日	
1934.3.9	25,000	借換	貝塚			5月7日	翌8月1日	翌2月19日に返済期限延長
1934.3.19	35,000		住友		南海鉄道・大日本紡績・岸和田紡績・台湾製糖株	5月17日	11月17日	11月15日に返済期限延長
1934.5.5	28,000	(借換)	三和(日本橋)			11月1日	翌々9月4日	翌2月19日に返済期限延長
1934.7.24	12,000	借換	貝塚		岸和田紡績株	9月21日	翌6月3日	
1934.7.28	7,500	(借換)	三菱(中之島)		南海鉄道・大日本紡績・岸和田紡績・台湾製糖株	9月1日	9月3日	
1934.11.17	41,000	(借換)	住友			翌1月13日	翌7月16日	翌3月15日に返済期限延長

(出所) 昭和2～14年，各年度「万覚帳」(鴻海家文書) より作成。
(注) 借入人が1927～34年のものを示した。三十四銀行は，1933年12月に鴻池銀行・山口銀行と合併して三和銀行に改称（株式会社三和銀行史編纂室 [1974]）。

に住友銀行と三菱銀行に対して、一方からの借入金を他方からの借入金で返済することを交互に行い、両方の借入金残額を合計するとあまり変わらないが、同一の借入金を2年以上にわたって借り換えることは、住友・三菱の両銀行に対しては行わなかった。それに対して、三十四銀行からの借入は1910年代後半に増大し、その後20年代は長期固定化した。そして廣海家は1930年に三十四銀行からの借入金の主要担保物件の大日本紡績株を大量に売却して三十四銀行からの借入金をある程度返済したため、借入金残額は減少した。

　その一方で、廣海家は大阪の都市銀行だけでなく貝塚・岸和田などの地方銀行からの定期借入も1930年代まで行った。表3－9で、各銀行の使い分けを金利差から検討する。岸和田の銀行と貝塚銀行とでは、1900年代には0.36～0.73％程度岸和田の銀行の方が、銀行借入金年利は高かった。廣海家当主が貝塚銀行頭取を務めており、廣海家が貝塚銀行から金利を優遇されていたことも考えられるが、廣海家が岸和田の銀行を利用していた1910年代前半までは、貝塚より岸和田の方が工業化が進んでいたため（石井・中西編［2006］序章）、資金需要が岸和田の方が多く、それが岸和田の相対的高金利につながったと思われる。他方で貝塚・岸和田よりはるかに工業化が進んでいた大阪の銀行の方が、貝塚銀行よりもおおむね0.73～1.46％程度の幅で銀行貸付金年利が低く、大阪で多数の銀行が設立され、銀行間での貸付競争の結果、地方よりも相対的に低金利になったのであろう。1900年代後半から銀行預金金利の地域差がかなり縮小したことが研究史で指摘されており（靎見［1981］6-12頁）、銀行間の競争は貸付面に比重が移ったと考えられる。そのなかで、大阪の都市銀行間でも三十四銀行は住友銀行や三菱銀行よりも0.19％程度貸付金年利が低く、住友銀行と三菱銀行との間でも、おおむね住友銀行の貸付金利の方が低かったものの、三菱銀行の貸付金利が住友銀行のそれを下回ることが時々あった。

　安定した預金者や貸付先を持っていた財閥系銀行と、一般の都市銀行の違いがその背景にあり、財閥系銀行のなかでも後発の三菱銀行が金利動向に敏感に反応して、金利下落局面で住友銀行よりも素早く貸付金利を引き下げ、一時的に三菱銀行が住友銀行よりも相対的に低金利な状態を作って住友銀行に対抗しようとしたことが垣間見える。こうした銀行間の競争を利用しつつ廣海家は、貝塚銀行と住友銀行を基本に、金利状況によって岸和田の五十一銀行と大阪の

182　第Ⅰ部　関西地域の会社設立と地方資産家

表3－8　廣海家銀行定期借入金残額の動向

単位：円

年	月末	五十一	岸和田	住友	貝塚	計	年	月末	五十一	三菱	住友	貝塚	三十四	計
1893	12	3,000				3,000	1914	6	0	0	61,500	22,500		84,000
1894	6	0	2,980			2,980		12	0	0	55,800	44,500		100,300
	12	0	8,000			8,000	1915	6	10,000	0	58,500	60,500	21,000	150,000
1895	12	0	11,300			11,300	1916	6	10,000	0	40,000	37,000	38,000	125,000
1896	6	0	0			0		12	20,000	0	40,000	43,000	118,000	221,000
	12	1,500	8,900			10,400	1917	6	7,500	0	20,000	0	109,000	136,500
1897	6	800	0	5,000		5,800		12	0	20,000	15,000	0	155,000	190,000
	12	0	0	5,000	1,990	6,990	1918	6	0	0	0	0	145,000	145,000
1898	6	0	0	4,600	5,000	9,600		12	0	0	0	0	110,000	110,000
	12	0	0	11,500	5,000	16,500	1919	6	0	170,000	0	0	130,000	300,000
1899	6	0	0	0	10,000	10,000	1920	6	0	180,000	0	0	145,000	325,000
	12	10,900	6,000	22,700	7,000	46,600		12	0	100,000	0	0	190,000	290,000
1900	6	0	0	16,840	7,000	23,840	1921	6	0	0	90,000	0	190,000	280,000
	12	6,000	9,000	10,000	7,000	32,000		12	0	0	85,000	0	190,000	275,000
1901	6	0	0	11,500	10,000	21,500	1922	6	0	0	145,000	0	130,000	275,000
	12	6,000	0	3,600	18,000	27,600		12	0	0	110,000	0	170,000	280,000
1902	6	0	五十一	3,600	8,902	12,502	1923	6	0	0	120,000	0	180,000	300,000
	12	5,000	に合併	6,000	6,000	17,000		12	0	70,000	25,000	0	165,000	260,000
1903	6	2,000		17,000	4,450	23,450	1924	6	0	80,000	0	3,000	195,000	278,000
	12	9,000		17,500	23,000	49,500		12	0	0	80,000	0	210,000	290,000
1904	6	0		11,000	3,500	14,500	1925	6	0	0	120,000	0	180,000	300,000
	12	6,000		12,400	5,000	23,400		12	0	0	70,000	30,000	220,000	320,000
1905	6	0		15,000	0	15,000	1926	6	0	60,000	100,000	10,000	220,000	330,000
	12	10,000		19,000	20,000	49,000		12	0	0	35,000	0	220,000	315,000

第3章　大阪府商業資産家の銀行借入と株式投資

年	月		三菱				年	月	三井					
1906	6	0		14,000	0		1927	6		80,000	35,000	0	210,000	325,000
	12	0		47,300	41,000			12	35,000	50,000	30,000	0	210,000	325,000
1907	6	0		24,000	10,000		1928	6	0	0	105,000	15,000	220,000	340,000
	12	0	18,000	29,000	30,000			12	0	52,000	70,000	0	290,000	412,000
1908	6	0	16,000	19,000	20,000		1929	6	0	85,000	55,000	0	290,000	430,000
	12	15,000	16,000	21,800	30,000			12	0	50,000	55,000	12,000	215,000	332,000
1909	6	0	16,000	7,000	10,000		1930	6	0	48,000	45,000	12,000	170,000	275,000
	12	10,000	0	28,500	45,000			12	0	44,000	21,000	12,000	130,000	207,000
1910	6	0	0	30,000	25,000		1931	6	0	44,000	21,000	7,000	150,000	222,000
	12	0	0	29,500	40,000			12	0	38,000	19,000	22,800	130,500	210,300
1911	6	0	0	9,000	25,000		1932	6	0	36,000	19,000	25,000	126,500	206,500
	12	20,000	0	38,800	65,000			12	0	61,000	18,000	35,000	114,000	228,000
1912	6	0	0	37,300	20,000		1933	6	0	71,000	18,000	35,000	114,000	238,000
	12	28,000	0	51,000	42,500			12	0	82,000	0	43,000	129,000	254,000
1913	6	0	0	52,500	37,500		1934	6	0	82,000	35,000	39,000	139,000	295,000
	12	10,000	0	42,000	57,500			12	0	82,000	41,000	37,000	139,000	299,000

(出所) 明治27～昭和9年、各年度「万建帳」(廣海家文書) より作成。

(注) 各年月末時点の銀行借入金残額を借入先銀行別に示した。岸和田銀行は1902年に五十一銀行に合併。1915年6月末・18年6月末・18年12月以降の三十四銀行は三和銀行。1933年12月以降の三十四銀行は三和銀行に合併。この表で示したほかに、1894年12月末時点で岸和田貯蓄銀行より2,000円、さらに1900年12月末時点で第一銀行より7,600円の定期借入金残額があり、それを含めると、1894年12月末時点および1900年12月末時点の定期借入金残額合計は、それぞれ10,000円と39,600円となる。

184　第Ⅰ部　関西地域の会社設立と地方資産家

表3－9　廣海家銀行定期借入金における銀行貸付年利の比較

年利の単位：％

年月	日	岸和田	日	五十一	日	貝塚	日	住友	金利差	年月	日	五十一	日	貝塚	日	住友	日	三十四	金利差
1895.7	25	10.95	30	10.95	12	10.22	27	10.95	[0.00]	1911.5	12	5.84	30	5.84	31	4.56			1.28
1896.12	14	14.60	23	12.78	9	12.41	4	10.95	[1.82]	1911.8			10	5.84	18	5.11			0.73
1897.4					15	10.59	15	9.13	0.73	1912.2			17	7.30	13	6.21			1.09
1898.3					9	10.22	1		1.46	1912.8	16	7.30	24	7.30	23	6.57			0.73
1898.12					15	6.94	12	6.57	1.46	1912.10			26	8.03	21	7.12			0.91
1899.3	10	9.86	15	8.76	8	8.40	9	7.30	(0.36)	1913.4			10	8.03	22	7.30			0.73
1899.10	20	6.94			27	10.22	25	9.86	0.37	1913.8	1	9.49	5	9.49	9	8.40			1.09
1899.11							10	9.86	1.46	1914.2			2	8.76	19	7.30			1.46
1900.1	19	10.95	14	11.68	20	11.32			1.09	1914.6			1	8.40	4	7.48			0.92
1900.2					11	12.05			1.82	1914.8			13	8.40	17	7.67			0.73
1900.4	4	10.59					16	11.32	(0.73)	1915.11			8	6.21	12	4.75			1.46
1900.7	25	12.41	15	10.95			8	10.95	(0.36)	1915.12	6	7.12	13	6.21	1	4.75	25	5.84	2.37
1900.8	28	12.05		第一	22	11.68			0.73	1916.2					9	5.11	17	4.93	[0.18]
1900.12					6	10.95			[0.00]	1916.9	11	6.57					25	4.84	1.73
1901.1	19	12.05	22	10.95	7	11.32			(0.37)	1916.11	13	6.02					17	5.11	0.91
1901.3	19	11.68	6		5	10.77			0.73	1917.1	11	6.75			9	5.84	8	6.21	0.54
1901.7			22	五十一					0.55	1917.2							2	5.75	0.82
1901.12			31	12.05		9.86			(2.19)	1917.3	12	6.39					20	5.29	1.10
1903.2	21	8.03	4			7.67	7	5.84	(0.36)	1917.7		三菱		6.57			5	5.29	[0.55]
1903.4	11	7.30			10	6.94	10	6.02	1.46	1917.10	4	5.84					9	5.57	[0.27]
1903.8			18		18	6.94	12	6.02	0.92	1919.8	25	6.75					20	6.75	[0.00]
1903.9	29								1.28	1920.6	12	11.50					2	10.95	[0.55]
1904.3	10	9.13	8		5	9.13	17		(0.00)	1920.7	17	11.32					17	11.13	[0.19]
1904.5			6		4	8.40	7	6.94	1.46	1921.1	13	10.59					7	9.67	[0.92]
1904.7	11		11	9.13			11	6.75	2.38	1922.8					4	8.76	4	8.58	[0.18]
1905.8			15		16	8.40	11	7.67	0.73	1922.8					3	8.76	3	8.58	[0.18]
1905.8			16			9.86	16	9.49	0.37	1923.5					11	9.13	11	8.94	[0.19]
1905.10	20	10.22			14			8.76	1.46	1923.11	5	9.31			5	10.22	7	9.13	[1.09]
1905.12	18	9.86			2			8.67	1.19	1923.12	3	9.49					3	9.31	[0.18]

第 3 章　大阪府商業資産家の銀行借入と株式投資　185

日									日								
1906.3				10	8.40	31	6.57	1.83	1925.1						8.58	8.76	[0.18]
1906.7				23	6.94	19	6.21	0.73	1926.9					6	7.85		[0.18]
1906.8				8	6.94	29	6.21	0.73	1927.1		7.67			6	7.67	7.67	[0.00]
1907.4				25	8.03	1	6.75	1.28	1927.2		7.67					7.57	0.64
1907.7		3	9.86	13	9.13			(0.73)	1928.1	7	7.12	22	8.21	7	6.57	6.21	[0.55]
1907.8	三菱			21	9.13	15	7.85	1.46	1928.3					7	6.21	5.84	[0.00]
1907.12	2	8.03		2	9.13	12	8.76	1.10	1928.5			25	8.03				2.19
1908.1			9.49			6	8.58	0.91	1928.11	27	5.66			5	5.93		[0.27]
1908.2	1	9.13		4	9.13	6	8.94	0.19	1929.4	3	5.48			5		5.29	[0.19]
1908.4				2	9.13	9	8.94	0.19	1930.2					4	5.48	5.29	[0.19]
1908.6	1	9.49		1	10.22	22	9.49	0.73	1930.6	5	5.48			2	5.48	5.29	[0.19]
1908.7			10.39	3	10.22		9.31	1.28	1930.7	3	5.48					5.29	[0.19]
1908.8	2			15	9.49	19	8.76	0.73	1930.10	1	5.29			3	5.66		[0.18]
1909.7				13	6.57	24	5.48	1.09	1931.10			1	6.57			5.11	1.46
1909.8	4	6.02		2		2	5.48	0.54	1931.11			6	6.94			5.66	1.28
1910.6				3	5.84	18	4.38	1.46	1932.1			30	6.94			6.02	0.92
1910.8				1	5.48	6	4.02	1.46	1932.8	6	6.02			4	6.30	6.02	[0.28]
									1933.9	9	5.29	18	6.39				1.10

(出所) 明治26～昭和14年, 各年度「万覚帳」(廣海家文書) より作成.

(注) 同じ年月に複数の銀行から借り入れた場合のそれぞれの銀行貸付年利を示した.「日」欄は借り入れた日を示す. 岸和田銀行と (第) 五十一 (国立) 銀行は岸和田, 貝塚銀行は貝塚にあり, 第一銀行は貝塚支店で三菱銀行支店は兵庫支店, 三十四銀行支店は大阪の中之島支店, 住友銀行は大阪の日本橋支店, また住友銀行支店名が一度も付されなかったので, 大阪の本店のことと思われる. 金利差欄の, [ ] 内は岸和田と貝塚もしくは大阪と大阪の銀行の比較で, ( ) 内は隣接地域間 (貝塚と岸和田, 大阪と兵庫) の銀行の比較.

三菱銀行支店・三十四銀行を組み合わせて利用したと言える。銀行借入の目的は、1910年代前半までは商業資金、10年代後半は株式投資資金が中心であったが、全体として借換の部分が多く、20年代以降は三十四銀行からの借入金が長期固定化した部分が大きく、新規借入は非常に少なくなった。その意味で廣海家の株式投資資金としては、1910年代後半を除いて銀行借入金は直接的にはあまり用いられなかった。

2　三十四銀行と廣海家

（1）三十四銀行と尼崎紡績（後に大日本紡績）の概観

　前節の検討結果から判断して、廣海家の銀行利用には3タイプがあったことが判る。まず、住友銀行・三菱銀行などの財閥系銀行に対しては長期の借越をせず、返済に心がけつつ金利動向を見ながら選択的に借り入れていた。次に、都市銀行である三十四銀行に対しては、株式投資を契機に密接なつながりができ、借換で借入金が長期固定化した。一方、貝塚銀行・五十一銀行など地元の地方銀行に対しては、1910年代までは基本的に商業資金を借り入れており、長期の借越はしなかったが、30年代は借換で借入金が固定化した。これらのなかで、間接金融と直接金融の関連を考察するには、株式投資を契機に密接なつながりができた三十四銀行と廣海家の関係、および廣海家が長年頭取を務めていた貝塚銀行と廣海家の関係を検討する必要がある。本節では、まず三十四銀行と廣海家との関係を考察するが、その場合、財閥系銀行の場合と異なり、三十四銀行からの借入金が長期固定化してしまった要因に留意する。

　ここで三十四銀行の歴史を概観する[5]。1878（明治11）年に大阪の呉服商を中心として、第三十四国立銀行が大阪を本店として設立された。1897年に株式会社三十四銀行となり、資本金は150万円で、同年12月に百二十一銀行を合併して資本金は210万円となった。1899年に小山健三を頭取に迎えてから三十四銀行は積極経営を展開し、同年4月に日本中立銀行・日本共同銀行を合併して資本金は470万円となり、1900年以降業務の多角化を進めて、外国為替、担保

5）　以下の記述は、株式会社三和銀行史編纂室［1974］24、30-34、42-57、94-95、113-130頁を参照。

付社債信託、小工業者向け長期資金貸付などの業務に進出した。表3-10を見よう。三十四銀行は第一次世界大戦期に、好景気の資金需要増大から貸付金が急増し、預金獲得競争の結果、預金も急増した。1918（大正7）年に増資して資本金2,500万円、20年にも増資をして資本金5,000万円となり、大阪のなかでは財閥系銀行に次ぐ地位を占めた。小山健三が1923年に亡くなり、24年8月に菊池恭三を新頭取に迎え、27（昭和2）年の金融恐慌の際にも、他銀行の買収と支店設置で預金量は順調に拡大した。しかし昭和恐慌下で銀行合併の気運が高まり、大阪の都市銀行のなかで財閥系銀行に次ぐ位置を占めていた三十四・山口・鴻池の各銀行が1933年に合併して三和銀行が誕生した。三和銀行の資本金は10,720万円で、財閥系銀行や第一銀行とともに六大銀行の一角を占めた。

表3-3に戻ろう。廣海家の三十四銀行からの定期借入は、1915年に始まっ

表3-10 三十四銀行主要勘定

単位：万円

年末	現金預け金	有価証券	割引手形	貸付金	その他とも資産計	預金	資本金	積立金準備金	当期利益	その他とも負債計
1915	637	1,045	3,435	474	5,801	4,155	1,000	395	51	5,801
1916	905	1,371	1,329	3,909	7,843	5,968	1,000	418	65	7,843
1917	1,590	2,467	2,028	5,421	11,938	9,814	1,030	446	89	11,938
1918	2,562	3,940	2,899	7,657	18,986	14,723	2,500	575	125	18,986
1919	2,573	4,253	6,803	8,843	24,618	18,891	2,500	630	204	24,618
1920	2,085	6,191	4,497	11,910	26,997	19,368	5,000	881	573	26,997
1921	2,551	6,873	4,247	12,837	28,954	21,390	5,000	1,230	350	28,954
1922	3,011	7,711	3,147	13,862	30,252	22,369	5,000	1,370	429	30,252
1923	3,652	7,703	4,270	13,866	31,277	23,133	5,000	1,537	532	31,277
1924	3,413	7,408	3,473	16,433	32,725	24,283	5,000	1,707	552	32,725
1925	2,134	7,629	4,128	18,884	35,595	26,429	5,000	1,877	533	35,595
1926	3,032	8,024	3,606	20,775	38,497	29,037	5,220	1,997	537	38,497
1927	4,224	10,190	4,848	20,993	43,737	33,592	5,220	2,117	514	43,737
1928	5,163	13,470	5,010	22,513	49,858	39,130	5,220	2,243	519	49,858
1929	5,521	15,232	4,105	22,682	51,346	40,628	5,220	2,499	390	51,346
1930	4,584	15,094	3,154	24,514	51,268	41,323	5,220	2,635	382	51,268
1931	3,851	14,790	2,900	24,588	50,042	40,329	5,220	2,776	385	50,042
1932	3,746	15,143	4,386	23,643	50,782	40,544	5,220	2,901	400	50,782

(出所) 各年度『営業報告書』（三十四銀行）より作成。
(注)『営業報告書』の貸借対照表の関連項目を集計して作成した。有価証券欄は貸付有価証券を含む。割引手形欄は為替手形を含む。貸付金欄は当座貸越・事業資金貸出・コールローンを含む。1933年下半期より三十四銀行は、山口・鴻池銀行と合併して三和銀行となる。資産のその他には、他店勘定・動産不動産勘定・払込未済資本金・引受手形見返・支払承諾見返・支店新築費・買入外国為替・保証金・金銭信託を含む。負債のその他には、他店勘定・支払送金手形・借入金・引受手形・再割引手形・支払承諾・売渡外国為替手形・未払配当金・未払利息・未経過割引料・預金利子諸税を含む。

たと考えられるが、16年2月の廣海家の三十四銀行からの借入は重要な意味を持った。すなわち、1916年2月24日に廣海家は、尼崎紡績株100株を15,325円で購入したが、その購入資金と思われる15,000円を同年2月25日に廣海家は三十四銀行から借りた。ところがこの借入金担保に尼崎紡績株100株が入っており、それまで廣海家は尼崎紡績株を50株しか所有しておらず、担保に入れた100株は、2月24日に廣海家が購入した尼崎紡績株であったと考えられる[6]。つまり三十四銀行は、廣海家が尼崎紡績株を購入することを前提としていったん無担保で株式購入資金を貸し付け、廣海家が株式購入後にその株式を直ちに担保に入れさせて、株式担保金融の形式を維持したと思われる。これと同様の形態が、前述のように1925年12月26日に大日本麦酒株購入資金を貝塚銀行から借り入れる際に行われたと考えられ、貝塚銀行と廣海家の場合であれば、人的つながりが密接で、このような借入を行える信用関係にあったと言える。しかし、三十四銀行と廣海家にはそのような人的つながりはなく、実際三十四銀行からの定期借入も前年の1915年に始まったばかりであった。とすれば、三十四銀行による廣海家への尼崎紡績株購入資金の融資の背景には、むしろ尼崎紡績の意向が反映されていたと思われ、三十四銀行は尼崎紡績の主要取引銀行で、廣海家はその後三十四銀行から借り入れた資金で尼崎紡績株を、後に大日本紡績株を次々と購入した。廣海家が三十四銀行から借り入れた資金で尼崎紡績株を購入した1916年2月24日は、尼崎紡績にとっても大きな転機になった時期で（社史編纂委員会編［1966］102-103頁）、尼崎紡績は同年2月1日に日本紡績を合併し、日本紡績の25円払込済み株式5株に対し、尼崎紡績の25円払込済み株式2株を交付しており、同年2月24日は尼崎紡績の臨時株主総会が開かれて日本紡績合併に伴う増加資本金額払込完了の報告がされた日であった。

そこで、尼崎紡績の歴史を概観する[7]。1889年に尼崎と大阪の両替商を中心として尼崎に本社を置く尼崎紡績が設立され、資本金は50万円で当初の取引銀行は第一国立銀行・第三国立銀行・逸身銀行・尼崎銀行であった。その後、木原銀行・三井銀行・日本中立銀行・帝国商業銀行が取引銀行に加わり、1893年

---

[6] 以下の記述は、大正5年「万覚帳」（廣海家文書 L148）を参照。
[7] 以下の記述は、社史編纂委員会編［1966］3-170頁を参照。

に福本元之助が社長となり、42番手撚糸の生産を始めたが、日清戦後恐慌のもとで経営が一時苦しくなり、日本勧業銀行・大垣共立銀行より融資を受けた。1899年に日本中立銀行が三十四銀行に合併されたことで三十四銀行が尼崎紡績の取引銀行に加わり、尼崎紡績は1900年に約束手形支払銀行として三井銀行をやめて三十四銀行を指定することで、その後、三十四銀行が尼崎紡績の主要取引銀行となった。1900年恐慌で逸身銀行が経営危機に陥り、逸身銀行と関係していた福本社長が責任をとり、01年に退任すると菊池恭三が新社長に選ばれた。菊池社長のもとで尼崎紡績は順調に業績を伸ばし、1911年に資本金は200万円となり、同年に福本元之助が取締役に復帰した。資本金は1913年に500万円、14年に東京紡績を合併して644万円、16年に日本紡績を合併して754万円となった。表3－11を見よう。第一次世界大戦期の好景気のもとで尼崎紡績は増資を重ねて設備投資を行い、1917年に資本金は1,250万円となり、三十四銀行頭取の小山健三の斡旋で、18年に尼崎紡績と摂津紡績が合併し、資本金3,050万円の大日本紡績が設立された。1919年にさらに増資して資本金5,000万円となり、設備投資の結果、24年には資本金額を上回る固定資産を所有した。

　尼崎紡績と摂津紡績の合併の斡旋を三十四銀行頭取が行ったように、三十四銀行の役員と尼崎紡績・摂津紡績役員との人的つながりは強く、10代竹尾治右衛門は[8]、摂津紡績の社長と三十四銀行の取締役を兼ね、尼崎紡績社長で大日本紡績設立後に社長となった菊池恭三も[9]、後に三十四銀行の頭取を兼ねた。一方、三十四銀行役員と廣海家の人的つながりはほとんどなく、石川県瀬越の海運業者で廣海家の取引相手であった廣海二三郎が三十四銀行の取締役であった程度であった（株式会社三和銀行史編纂室［1974］55頁）。しかし尼崎紡績役員と廣海家との人的つながりは密接で、1889～93年と1911～18年に尼崎紡績取締役、1893～1901年に尼崎紡績社長を務め、1918～24年は大日本紡績取締役で、

---

[8] 10代竹尾治右衛門は、1980年に摂津紡績取締役（95年に社長）、93年に日本紡績取締役（99年に社長）と各紡績会社の役員を兼任し、設立に関わった日本中立銀行が三十四銀行に合併された99年に三十四銀行の取締役となった（社史編纂委員会編［1966］105、113-114頁）。

[9] 菊池恭三は、1888年に平野紡績支配人、89年の尼崎紡績設立時に技術者として尼崎紡績工務支配人となり、90年に摂津紡績支配人を兼任し、93年に尼崎紡績、97年に摂津紡績、1900年に日本紡績のそれぞれ取締役となり、01年に尼崎紡績社長、15年に摂津紡績社長となり各紡績会社の役員を兼任した。そして1915年に三十四銀行監査役、18年に三十四銀行取締役と大日本紡績社長となり、24年に三十四銀行頭取となった（同上、9、108頁）。

表3-11 尼崎（大日本）紡績株式会社主要勘定

単位：万円、株価は円

年末	固定資産	手持品	銀行勘定	有価証券	その他と資産計	資本金	諸積立金	前期繰越金	当期利益	その他と負債計	額面	同社払込済株価 時価（最低～最高）		廣海家
1915	421	317	191	11	1,217	644	250	84	90	1,217	25	98.0	～ 105.0	
1916	422	858	318	36	1,846	754	300	125	223	1,846	25	157.0	～ 209.5	163.3
1917	577	(757)	1,468	25	3,465	1,250	899	190	637	3,465	25	126.0	～ 212.9	
1918	931	1,496	2,699	41	6,650	3,050	1,289	431	1,075	6,650	25	110.0	～ 135.4	145.2
1919	1,087	2,178	2,915	41	7,766	3,050	1,909	553	1,345	7,766	25	111.0	～ 193.0	142.7
1920	1,660	3,779	3,172	54	10,527	5,000	1,950	415	921	10,527	25	49.4	～ 189.0	78.7
1921	2,079	1,304	4,548	124	10,130	5,000	2,150	497	1,003	10,130	25	56.0	～ 75.6	78.7
1922	2,442	662	4,273	229	10,333	5,000	2,550	698	916	10,333	25	52.9	～ 69.7	78.7
1923	4,790	1,154	2,240	113	10,000	5,100	2,850	715	419	10,000	50	57.0	～ 124.0	172.4
1924	5,525	1,170	2,864	93	11,044	5,200	3,000	671	767	11,044	50	90.3	～ 121.8	172.4
1925	(3,968)	1,817	2,368	91	11,114	5,200	3,200	918	742	11,114	50	105.5	～ 133.3	172.4
1926	5,911	2,660	1,474	195	11,181	5,200	3,400	1,102	588	11,181	50	108.5	～ 135.0	162.4
1927	6,075	2,397	1,373	265	11,065	5,200	3,600	1,057	499	11,065	50	109.8	～ 130.4	154.6
1928	6,032	2,042	2,243	259	11,461	5,200	3,790	1,035	539	11,461	50	106.9	～ 112.4	142.6
1929	5,997	1,671	2,878	259	11,640	5,200	3,990	1,073	473	11,640	50	97.2	～ 119.2	134.4
1930	6,114	1,068	2,425	318	11,309	5,200	4,070	1,002	180	11,309	50	55.6	～ 96.8	60.0
1931	6,154	436	2,682	338	10,450	5,200	4,070	372	343	10,450	50	52.0	～ 75.2	60.0
1932	6,354	1,121	1,977	322	10,714	5,200	4,070	496	410	10,714	50	60.0	～ 111.0	60.0
1933	6,249	1,081	2,503	409	11,211	5,200	4,070	766	461	11,211	50	69.5	～ 111.0	60.0
1934	6,278	1,264	3,064	365	12,511	5,200	4,070	1,119	526	12,511	50	100.1	～ 120.5	60.0

(出所) 大正5～14年、各年度「万覚帳」、大正15～昭和9年、各年度「株券帳」（以上、廣海家文書）、各年度尼崎（大日本）紡績株式会社「報告書」、社史編纂委員会編 [1966] 596-597、608-609頁より作成。

(注) 1915～17年末は尼崎紡績、18～34年末は大日本紡績のデータ。固定資産には、1923年末より青島固定資産・上海固定資産が不明のため含まず。手持品は仕掛物も合むが、1917年末のみ仕掛物を合まない。1917年末のデータは、高村 [1970] 559頁の第77表および567頁の第80表と、井上編 [1941] 178-179頁を参照。尼崎（大日本）紡績株価時価は、紡績株価時価は、各年の最低と最高を示し、大阪株式取引所長期清算取引相場。廣海家所有尼崎（大日本紡績）株の1株当たり評価額で、翌年の帳簿の冒頭の項目の記載をその年末のデータとみなして、各年末の評価を示した。1920年には増資無償割当のため大日本紡績株の評価額は減少し、23年には株の合併で発行株数もほぼ半分にしたことで、額面が2倍になるとともに、時価もほぼ2倍となった。

24～31年まで大日本紡績副社長を務めた福本元之助は、本書第１章で触れたように、19世紀末に結婚した廣海家４代当主の妻と福本の妻が姉妹で、20世紀には廣海家当主と義兄弟の関係にあった（中西［2017c］）。また、尼崎の両替商で、尼崎紡績設立の発起人となり、1889～1928年まで尼崎紡績そして大日本紡績の取締役を務めた本咲利一郎は、廣海家４代当主の息子が20年代前半に本咲利一郎の娘を嫁に迎えたことで、廣海家と姻戚関係となった（社史編纂委員会編［1966］7-8頁、石井・中西編［2006］22-23頁）。

そのような人間関係から見て、1911年に尼崎紡績取締役に復帰した福本元之助との関係から、廣海家が第一次世界大戦期に尼崎紡績株を購入するようになり、購入資金を尼崎紡績の主要取引銀行であった三十四銀行が優遇金利で支えた構図が読み取れる。福本元之助と姻戚関係にある奈良県の林業資産家永田家も、廣海家と同様にやはり1916年に多額の尼崎紡績株を購入したことは、本書第２章ですでに触れたところである。表３－４に戻ろう。第一次世界大戦期における廣海家の新規株式投資の最大の銘柄が尼崎紡績株（後に大日本紡績株）で、1920年代前半に岸和田紡績株がそれに次ぐ位置を占めた。そして1920年代に長期固定化した三十四銀行からの借入金の担保は、主に大日本紡績・岸和田紡績株からなり、これらの株式は20年代にも高配当を維持していた（表３－12）。岸和田紡績には廣海家は創業期から発起人として関わり（中村［2006］182頁）、その発行株をほぼ額面で購入できたので、配当率が投資収益率にほぼ一致したが、大日本紡績株は市場価格で購入した部分が多く、額面よりかなり多額の購入代金を支払った。したがって、購入価格で見ると投資収益率を配当率からかなり割り引く必要はあるが、三十四銀行が担保とした株の配当金額が貸付金利息額を上回れば、三十四銀行は貸付金利息の回収をある程度保証し得たと考えられる。時期はさかのぼるが、明治42年「万覚帳」（廣海家文書）にはさんであった銀行からの借入金と思われる23,200円の預り証（メモ）には、「利息ハ担保物件ヨリ生スル配当ヲ以テ其都度之レニ充ツ」とあった。

（２）銀行借入金の株式担保の動向

そこで、廣海家の銀行定期借入金への株式担保の動向を検討する。表３－13を見よう。銀行が担保株の評価をする場合、銀行自身が同じ銘柄の株式を所有

表3-12 廣海家所有主要株式の配当率(年率)

単位:%

年	期	貝塚銀行	岸和田紡績	貝塚織物	岸和田煉瓦	南海鉄道	和泉紡績	尼崎(大日本)紡績	朝鮮銀行	大日本麦酒	大同電力
1915	上		30.0		8.0	8.0	8.0	30.0	7.0	14.0	
	下	10.0	30.0	14.0	12.0	8.5	10.0	30.0	7.0	15.0	
1916	上	10.0	35.0	14.0	30.0	9.0	10.0	40.0	7.0	16.0	
	下	10.0	45.0	30.0	40.0	10.0	15.0	40.0	7.0	20.0	
1917	上	10.0	55.0	50.0	50.0	10.0	25.0	60.0	7.0	22.0	
	下		65.0		50.0	10.0	35.0	60.0	8.0	25.0	
1918	上		80.0		50.0	10.0	45.0	100.0	8.0	30.0	
	下	10.0	80.0	80.0	50.0	10.0	45.0	60.0	9.0	30.0	
1919	上	10.0	80.0	80.0	50.0	10.0	50.0	60.0	9.0	30.0	
	下	10.0	80.0	100.0	50.0	13.0	50.0	60.0	9.0	30.0	
1920	上	10.0	80.0	100.0	50.0	13.0	50.0	60.0	9.0	80.0	
	下	10.0	60.0	25.0	20.0	13.0	25.1	30.0	10.0	30.0	
1921	上	10.0	60.0	20.0	12.0	13.0	16.0	25.0	10.0	25.0	6.0
	下	10.0	65.0	25.0	15.0	13.0	25.0	30.0	10.0	30.0	6.2
1922	上	10.0	60.0	20.0	20.0	13.0	25.0	30.0	8.0	30.0	6.4
	下	10.0	45.0	10.0	15.0	13.0	16.0	30.0	8.0	30.0	7.0
1923	上	10.0	40.0	10.0	15.0	13.0	12.0	25.0	8.0	30.0	7.5
	下	10.0	35.0	10.0	15.0	13.0	12.0	20.0	6.0	30.0	8.0
1924	上	10.0	35.0	—	12.0	23.0	12.0	20.0	6.0	30.0	8.0
	下	10.0	35.0	12.0	15.0	13.0	12.0	20.0	6.0	30.0	8.0
1925	上	10.0	35.0	12.0	12.0	13.0	12.0	20.0	—	30.0	8.0
	下	10.0	35.0	8.0	15.0	13.0	12.0	20.0	5.0	30.0	8.5
1926	上	10.0	35.0	12.0	12.0	13.0	12.0	20.0	5.0	30.0	10.0
	下	13.0	35.0	6.0	10.0	13.0	12.0	20.0	5.0	30.0	10.0
1927	上	8.0	28.0	6.0	10.0	13.0	12.0	16.0	4.0	30.0	10.0
	下	8.0	28.0		10.0	13.0	12.0	16.0	4.0	30.0	10.0
1928	上	8.0	28.0	—		13.0	12.0	16.0	4.0	218.0	10.0
	下	8.0	28.0		6.0	13.0	12.0	16.0	4.0	16.0	10.0
1929	上	8.0	28.0	5.0	6.0	13.0	12.0	16.0	4.0	16.0	10.0
	下	8.0	25.0	—		13.0	12.0	16.0	4.0	15.0	10.0
1930	上	7.0	15.0	—		11.0	8.0	13.0	4.0	13.0	8.0
	下	7.0	15.0			10.0	5.0	10.0	4.0	13.0	6.0
1931	上	7.0	15.0	—	—	10.0	6.0		4.0	12.0	8.0
	下	7.0	15.0	5.0		9.0	6.0	10.0	4.0	12.0	6.0
1932	上	7.0	15.0			9.0	7.0	10.0	4.0	12.0	6.0
	下	7.0	15.0	8.0	5.0	10.0	7.0	10.0	4.0	12.0	4.0
1933	上	7.0	15.0	8.0	5.0	10.0	8.0	10.0	4.0	12.0	—
	下	7.0	15.0	10.0	5.0	10.0	8.0	10.0	4.0	12.0	
1934	上	7.0	15.0	10.0	5.0	10.0	9.0	10.0	4.0	12.0	—
	下	7.0	15.0	5.0	5.0	10.0	9.0	12.0	4.0	12.0	

(出所)各年度各社『営業報告書』、各年度「万覚帳」「株券帳」(以上、廣海家文書)、藤田[1980]、社史編纂委員会編[1966]、「南海鉄道発達史」(野田・原田・青木・老川編[1992]第10巻)、朝鮮銀行史研究会編[1987]、浜田編[1936]、大同電力株式会社[1999]より作成。

(注)廣海家が長期に所有した株式のうち、1920年代に三十四銀行からの定期借入金の担保に入れた主要株式および地元株のうちこの表で示した年代に所有額が5万円を越えた株式の配当率を示した。『営業報告書』を閲覧できたものはそのデータを、閲覧できなかったものは、出所資料のデータで補うか廣海家の配当収入実績から計算して補った。—は無配を示す。配当率は特別(再)配当金も含んだ年当たりの率を示した。岸和田煉瓦は1920年1月に岸和田煉瓦綿業に社名変更。貝塚織物は1920年3月に貝塚紡織に社名変更。尼崎紡績は、1918年下半期より大日本紡績。大同電力は1921年1月に大阪送電・木曽電気興業・日本水力の3社が合併して設立。貝塚銀行の1926年下半期は創立三十年記念特別配当率3%(年当たり)を含む。南海鉄道の1924年上半期は10%の特別配当率を含む。大日本麦酒の1920年上半期は50%、28年上半期は200%の増資記念特別配当率(いずれも年当たり)を含んだ数値。

していれば、その評価額を参考にすると思われるが、三十四銀行は1910年代後半〜20年代に尼崎（大日本）紡績・岸和田紡績・朝鮮銀行・南海鉄道株をいずれも所有しなかった[10]。また、廣海家への貸付は貸し替えを続けて事実上長期貸付になっており、担保株の内容が貸し替えに際して頻繁に変更されたわけではなかったので、特定時点の時価ではなく、廣海家の株式評価額をもとに担保価額を推計した。廣海家は、購入価額を基本的な株式評価額とし、購入価額と時価がかなり異なると、評価替えを行って含み益や含み損を計上した。

　ただし、時価の変更に対して廣海家が速やかに評価額を変更したわけではなかったので、廣海家の主要な所有株のうち時価が判明する中央株について、時価と廣海家の評価額の推移のズレを確認する。表3－11に戻ろう。同表の右端に大阪株式取引所での尼崎（大日本）紡績株の取引価額と廣海家の同社株の評価額を示したが、1916（大正5）年に廣海家は比較的高い時価で尼崎紡績株を購入し、その後、少しずつ評価額を切り下げたものの、20年代前半の時価下落ほどには評価額の切り下げを行わず、20年代は時価よりも廣海家の評価額が高めに推移した。1920年の不連続は、増資無償交付によるもので（後述）、23年の不連続は、同社の額面25円株2株を併合して額面50円株1株にした結果であり[11]、その後廣海家は、30（昭和5）年に大日本紡績株を大幅に売却して、評価額も時価に見合った額にまで切り下げた。尼崎（大日本）紡績株以外の株式について表3－14を見よう。廣海家は1921年に朝鮮銀行・台湾銀行株の評価額を下げたが、20年代前半の時価下落時に評価額を切り下げておらず、全体として廣海家の評価額で中央株の担保価額を推計すると、20年代前半は担保価額が多めに評価されると思われる。一方、地元株のうち大阪の銀行借入金の担保に入れられた岸和田紡績・南海鉄道株の廣海家評価額を見ると、岸和田紡績株の評価額が1916〜18年に急減したのは、評価替えではなく、17年に廣海家が払込済同社株の一部を売却するとともに、同社新株の割り当てを受けたことによる変更であった[12]。

　地元株は中央の資本市場での取引は少なくて正確な時価の把握は困難と考え

10）　1910年代後半〜20年代の三十四銀行『営業報告書』より。
11）　大正9年度上半期・大正12年度上半期の大日本紡績株式会社『報告書』より。
12）　大正6年「万覚帳」（廣海家文書J009）。

表 3－13　廣海家銀行定期借入金担保株式の動向

単位：円

年末	借入先	金額	担保価額	内訳
1915	貝塚	60,500	74,128	東洋汽船 (15,250)、岸和田煉瓦 (14,940)、貝塚織物 (10,700)、貝塚銀行 (8,367)、岸和田紡績 (6,977)
	住友	58,500	58,814	台湾製糖 (6,730)、北海道炭礦汽船 (19,805)、尼崎紡績 (3,400)、日本勧業銀行 (2,592)、台北製糖 (1,453)
	三十四	21,000	16,379	朝鮮銀行 (25,689)、南海鉄道 (11,079)、南満州鉄道 (2,239)
	五十一	10,000	13,384	岸和田紡績 (8,219)、摂津紡績 (8,160)
	計	150,000	162,705	岸和田紡績 (27,665)、朝鮮銀行 (25,689)、南海鉄道 (19,805)、岸和田煉瓦 (15,250)、岸和田紡績 (14,940)
				貝塚銀行 (13,384)、貝塚織物 (10,700)、摂津紡績 (8,160)、大阪農工銀行 (6,977)、台湾製糖 (6,730)
				北海道炭礦汽船 (3,719)、尼崎紡績 (3,400)、日本勧業銀行 (2,592)、南満洲鉄道 (2,239)、台北製糖 (1,453)
1916	三十四	118,000	73,760	岸和田紡績 (25,883)、尼崎造船所 (20,225)、川崎造船所 (11,032)、東洋紡績 (9,647)、摂津紡績 (4,260)
	貝塚	43,000	34,082	東洋汽船 (2,712)
	住友	40,000	45,494	貝塚織物 (10,700)、塩水港製糖 (10,300)、岸和田煉瓦 (5,360)、大阪農工銀行 (4,980)、日本勧業銀行 (2,592)
	五十一	20,000	12,615	朝鮮銀行 (25,689)、南海鉄道 (19,805)
				北海道炭礦汽船 (7,190)、東洋汽船 (5,425)
	計	221,000	165,951	岸和田紡績 (25,883)、朝鮮銀行 (25,689)、尼崎紡績 (25,689)、南海鉄道 (19,805)、川崎造船所 (11,032)
				貝塚織物 (10,700)、塩水港製糖 (10,300)、東洋紡績 (9,647)、東洋汽船 (8,137)、北海道炭礦汽船 (7,190)
				岸和田煉瓦 (5,360)、大阪農工銀行 (4,980)、摂津紡績 (4,260)、日本勧業銀行 (2,592)
1917	三十四	155,000	123,247	尼崎紡績 (36,865)、岸和田紡績 (24,719)、大阪商船 (18,395)、南海鉄道 (14,696)、川崎造船所 (11,032)
	三菱	20,000	24,245	摂津紡績 (8,520)、東洋汽船 (5,425)、北海道炭礦汽船 (3,595)
	住友	15,000	21,215	尼崎紡績 (15,725)、摂津紡績 (8,520)
				大阪商船 (17,315)、尼崎紡績 (3,900)
	計	190,000	168,707	尼崎造船所 (56,490)、大阪商船 (35,710)、東洋汽船 (5,425)、北海道炭礦汽船 (3,595)
				川崎造船所 (11,032)、岸和田紡績 (29,109)、摂津紡績 (17,040)、南海鉄道 (14,696)
1919	三菱	170,000	74,165	大日本紡績 (62,958)、岸和田紡績 (11,206)
	三十四	130,000	89,604	大日本紡績 (55,954)、朝鮮銀行 (18,194)、南海鉄道 (15,456)
	計	300,000	163,769	大日本紡績 (118,912)、朝鮮銀行 (18,194)、南海鉄道 (15,456)、岸和田紡績 (15,456)
1920	三十四	190,000	252,152	大日本紡績 (195,721)、朝鮮銀行 (36,388)、南海鉄道 (15,456)、岸和田紡績 (4,588)
	三菱	100,000	85,755	大日本紡績 (67,287)、朝鮮銀行 (36,388)、岸和田紡績 (18,469)
	計	290,000	337,907	大日本紡績 (263,008)、朝鮮銀行 (36,388)、岸和田紡績 (23,057)、南海鉄道 (15,456)

第3章 大阪府商業資産家の銀行借入と株式投資 195

年					内訳
1921	三十四	190,000	238,499	大日本紡績 (176,047)、朝鮮銀行 (30,000)、南海鉄道 (23,281)、岸和田紡績 (9,172)	
	住友	85,000	69,218	大日本紡績 (55,088)、岸和田紡績 (14,130)	
	計	275,000	307,717	大日本紡績 (231,135)、朝鮮銀行 (30,000)、岸和田紡績 (23,302)、南海鉄道 (23,281)	
1922	三十四	170,000	282,240	大日本紡績 (176,047)、岸和田紡績 (45,755)、朝鮮銀行 (30,000)、和泉紡績 (15,818)、南海鉄道 (14,620)	
	住友	110,000	88,006	大日本紡績 (55,088)、岸和田紡績 (18,345)、南海鉄道 (14,573)	
	計	280,000	370,246	大日本紡績 (231,135)、岸和田紡績 (64,100)、南海鉄道 (35,663)、朝鮮銀行 (30,000)、和泉紡績 (15,818)	
1923	三十四	165,000	249,528	大日本紡績 (156,527)、岸和田紡績 (38,825)、朝鮮銀行 (37,500)、南海鉄道 (16,675)	
	住友	70,000	82,531	大日本紡績 (55,902)、南海鉄道 (13,357)、岸和田紡績 (13,271)	
	貝塚	25,000	9,172	岸和田紡績 (9,172)	
	計	260,000	341,231	大日本紡績 (212,429)、岸和田紡績 (61,268)、朝鮮銀行 (37,500)、南海鉄道 (30,032)	
1924	三十四	210,000	259,554	大日本紡績 (143,822)、岸和田紡績 (51,024)、朝鮮銀行 (37,500)、南海鉄道 (21,445)、東洋紡績 (5,762)	
	住友	80,000	80,037	大日本紡績 (55,902)、南海鉄道 (13,357)、岸和田紡績 (10,777)	
	計	290,000	339,591	大日本紡績 (199,724)、岸和田紡績 (61,801)、朝鮮銀行 (37,500)、南海鉄道 (34,802)、東洋紡績 (5,762)	
1925	三十四	220,000	238,957	大日本紡績 (151,366)、岸和田紡績 (53,723)、和泉紡績 (22,168)、南海鉄道 (11,700)	
	住友	70,000	32,860	南海鉄道 (22,083)、岸和田紡績 (10,777)	
	貝塚	30,000	40,170	大日本麦酒 (30,170)、大同電力 (10,000)	
	計	320,000	311,987	大日本紡績 (151,366)、岸和田紡績 (64,500)、南海鉄道 (33,783)、大日本麦酒 (30,170)、和泉紡績 (22,168)、大同電力 (10,000)	
1926	三十四	220,000	263,158	大日本紡績 (151,366)、岸和田紡績 (68,059)、和泉紡績 (22,168)、大日本麦酒 (15,085)、南海鉄道 (6,480)	
	三菱	60,000	77,158	大日本麦酒 (48,723)、岸和田紡績 (15,085)、南海鉄道 (13,350)	
	住友	35,000	32,860	南海鉄道 (22,083)、岸和田紡績 (10,777)	
	計	315,000	373,176	大日本紡績 (200,089)、岸和田紡績 (78,836)、大日本麦酒 (41,913)、南海鉄道 (30,170)、和泉紡績 (22,168)	

(出所) 大正4～昭和2年、各年度「万覚帳」、大正15年「株券帳」(以上、廣海家文書) より作成。
(注) 各年末時点の銀行借入金残額にー対する担保株式の評価額を示した。借入先欄はいずれも銀行。内訳欄はいずれも会社名で、各担保株式の評価額を ( ) 内に示した。1915年末の廣海家史料での評価額を1920年代の大日本紡績株評価額は公募株価により推定。1920年代の廣海家史料での評価額を ( ) 内に示した。表3‐4の数値を上回った。なお1923年に大日本紡績株の額面と発行株数の変更がされたため、史料に株数のみ記載されたものは史料により1923・24年の廣海家の大日本紡績所有株数に違いがあるので、大日本紡績株全体の価額が合致するように株単価を修正して計算した。

表 3－14　東京株式取引所株価と廣海家所有株評価額（1株当たり）

単位：円

年末	朝鮮銀行 時価	朝鮮銀行 廣海家	台湾銀行 時価	台湾銀行 廣海家	東洋汽船 時価	東洋汽船 廣海家	日本郵船 時価	日本郵船 廣海家	岸和田紡績 廣海家	南海鉄道 廣海家
1915	163.0	171.3	173.0		17.1～103.0	76.3	81.4～214.6		58.2	50.2
1916	163.0	171.3	185.0		64.0～156.5	[27.1]	[78.0～260.0]	[223.6]	58.2	50.2
1917	137.0		226.0		[40.9～81.9]		[169.0～384.9]			
1918	152.0	142.6	191.5		[48.2～90.6]	[23.7]	[91.9～127.3]	[115.6]	20.9	50.2
1919	251.0	121.3	180.1	198.6	[33.1～63.4]	[12.5]	[84.3～171.1]	[114.9]	22.9	35.7
1920	110.5	121.3	123.0	198.6	[14.3～58.9]	[2.8]	[51.0～144.9]		22.9	35.7
1921	124.5	100.0	127.5	100.0	31.5		大日本麦酒		22.9	35.7
1922	88.0	100.0	101.5	100.0	20.0		[61.0]		22.9	45.1
1923	76.0	100.0	75.0	100.0	大同電力		[91.0]		22.9	41.4
1924	70.2	100.0	79.7	100.0	41.2	49.8	[143.0]		22.9	41.4
1925	48.0	100.0	60.0	100.0	53.3	44.4	[150.0]	[150.9]	22.9	41.4
1926	65.8	100.0	58.0	96.8	57.0	44.4	[136.5]	[150.9]	22.9	41.4

（出所）大正4～14年、各年度「万覚帳」、大正15年「株券帳」（以上、廣海家文書）、『萬朝報』刊行会編［1991～93］96・108・120・132・144・156、『朝日新聞』（復刻版）大正10年12月・大正11年12月・大正12年12月・大正13年12月、大正14年12月、日本図書センター、2004～2007年、『東京朝日新聞　縮刷版』大正15・昭和元年12月号、より作成。

（注）廣海家の所有した主要株式のうち比較的長期間所有した中央株で時価の判明したものと、地元株の岸和田紡績と南海鉄道について示した。廣海家の1917年は不明。尼崎（大日本）紡績株については、表3－11を参照。時価は東京株式取引所での取引価格で、その年の取引価格の最低と最高の時価が判明した銘柄については、それを「～」でつないで示し、それが不明の場合は、各年12月27・28日の正午もしくは午前中の取引価格を示した。廣海家欄は、廣海家所有各銘柄株の1株当たり評価額で、翌年の帳簿の項目の冒頭の記載をその年末の評価額とみなして各年末のデータを示した。大同電力の1924年は、「東京株式取引所月表」より清算取引価格の12月平均を示した。［　］は、新株の時価と廣海家の評価額で、東洋汽船・日本郵船の新株は12.5円の払込、大日本麦酒および1920年の東洋汽船の新株は25円の払込。1株当たり額面価格は、朝鮮銀行・台湾銀行が100円、東洋汽船・日本郵船・大同電力・大日本麦酒・南海鉄道が50円、岸和田紡績が25円。

られ、1919年以降もほとんど評価替えは行われなかった。しかも岸和田紡績・南海鉄道株の主な購入時期が1910年代後半の株価高騰期ではなく（表3－4）、岸和田紡績・南海鉄道株ともに20年代の廣海家の評価額は額面を下回った。しかし、岸和田紡績は1920年代に安定して配当しており（表3－12）、銀行側の岸和田紡績・南海鉄道株の評価額が廣海家の評価額を上回っていた可能性は高い。銀行借入金には大日本紡績・朝鮮銀行株などの中央株と、岸和田紡績・南海鉄道株などの地元株を併せて担保に入れられており（表3－13）、両者を併せて廣海家評価額で推計すれば、実際の担保価値とのズレはある程度縮まると考えられる。

表3－13の担保価額は、担保に入れた株式の廣海家の評価額を合計した額で、貸付金額と担保価額の差から、各銀行の株式担保価値への考え方の相違が窺われる。1915年時点では、三十四銀行を除いて各銀行とも貸付金額を若干上回る評価額の株式を担保として要求したと推測されるが、16・17年は、担保評価額

を上回る金額の貸付を三十四・貝塚・五十一の各銀行は廣海家に対して行った。第一次世界大戦期の好景気のなかで、担保とした株式の株価上昇期待に伴う含み益を考慮するとともに、廣海家の資産力にある程度の信用を置いていたため、担保評価額を上回る貸付が行われたと考えられるが、その一方で財閥系銀行の住友銀行・三菱銀行は、この時期も貸付金額以上の評価額の株式担保を要求したと思われる。このように、財閥系銀行以外の銀行の積極性に対し、財閥系銀行は第一次世界大戦期にも慎重な姿勢を保っていたと言えるが、大戦直後のブームの1919年には、三菱銀行も積極貸付に転じ、株式担保評価額をかなり上回る貸付を廣海家に行った。1919年末時点で廣海家は、三十四銀行から13万円の借入金残額に対し、三菱銀行からはそれを上回る17万円の借入金残額があったが、三十四銀行からの借入金残額に対する株式担保評価額は約9万円、三菱銀行からの借入金残額に対する株式担保評価額は約74,000円と推計される。1919年の両銀行の廣海家に対する貸付金利率は同じであり（表3－9）、三菱銀行が廣海家にとってかなり有利な条件で貸付を行ったことが推測できる。この時期、廣海家は積極的に三菱銀行から株式購入資金を借りて株式投資を進めた（表3－6）。

　その状況が一変するのが1920年恐慌で、三十四銀行は株式の含み益を考慮せず、貸付金額をかなり上回る評価額の株式担保を要求した。これに対し、廣海家は大日本紡績株の増資による株式保有増加分を追加担保に入れて対応したが、これは、1920年に大日本紡績が行った増資無償交付によるもので（社史編纂委員会編［1966］165-166頁）、廣海家はそれまでの所有株式の6割の新株を無償で受け取ったため、追加担保を入れる際に、新たに銀行から資金を借りて増資払込をする必要はなかった。一方、三菱銀行・住友銀行は、三十四銀行ほどには過剰な株式担保を要求せず、貸付金額と同等程度の評価額の株式担保を要求したと思われる。その背景に、三十四銀行の株式担保として大日本紡績株がかなりの比重を占めたのに対し、三菱銀行・住友銀行の株式担保として大日本紡績株のほかに、岸和田紡績株がある程度の比重を占めていたことがあり、表3－12で示したように、1920年代は岸和田紡績株の配当率が高く、大日本紡績株が前述の増資無償交付により1株当たりの価値を下げたと思われるのに対し、各銀行は岸和田紡績株を（短期的には）優良株と見ていたと考えられる[13]。そ

して、廣海家も1920年代前半に岸和田紡績株を買い進め（表3-4）、大日本紡績株の評価額の減少を補う形で、三十四銀行からの借入金の担保に岸和田紡績株を充てていった（表3-13）。なお、1925年に朝鮮銀行の不良債権の整理が資本金を半減する減資で行われたため（朝鮮銀行史研究会編［1987］263-270頁）、廣海家の朝鮮銀行株所有額も半分になり（表3-4）、三十四銀行は朝鮮銀行株を担保から外した。そのため表3-13では、1925年は一時的に担保株推定評価額が貸付金額を下回った。

　表3-15を見よう。1920年代前半における三十四銀行からの主要定期借入に際しての、予想年間利息額と、その借入金に入れた担保株の予想年間配当額を比べると、上記の特殊事情のあった25年を除き、いずれも予想年間配当額が予想年間利息額を上回った。特に、大日本紡績株の配当率が高かった1920年代初頭は、予想年間配当額が予想年間利息額をかなり上回り、20年代を通して徐々に大日本紡績株の配当率が下がったために予想年間配当額と予想年間利息額は接近したが、代わりに20年代を通して相対的に配当率の高かった岸和田紡績株を担保として追加させ、予想年間配当額が予想年間利息額を上回る状況を三十四銀行は維持した。むろん、配当率の急落はあり得るが、廣海家への銀行定期貸付は2ケ月の短期貸付が多く（表3-6）、廣海家は借入・借換時や返済期限延長時にその都度利息を先に支払っており[14]、銀行にとって利息未払いが累積するリスクは小さかった。そして銀行は、利息回収が困難になれば、担保株を売却しての元利併せた返済を廣海家に求めることができた。

　このように配当率の高い優良株を担保に入れさせることで、三十四銀行は担保株の配当収入で貸付金利息の回収を、担保株の含み益で貸付金元本の回収をと二重に確保しており、安定した利息収入を得るためにも、三十四銀行の側に長期固定貸を解消する動機付けは少なかったと思われる。一方、廣海家は銀行担保に入った株式を自由に売買できないので、1920年代のような株価不安定の時期は、銀行借入金残額を減少させ、自由に処分できる手持ち株式を多くした

13）　岸和田紡績の1920年代の高配当の背景には、同社が先物売りをあまり行わず、20年恐慌の打撃が小さかったことがあり、逆にそうした消極的経営の結果、中国市場を失い、30年代の経営は苦しくなった（社史編纂委員会編［1966］274頁、藤田［1980］）。ここでの「優良株」は、無借金経営・高配当率を特徴とした同社の株が、担保株として短期的に優良であったとの意味である。
14）　1920年代の「万覚帳」（廣海家文書）の（銀行）預り座と過不足座を参照。

第3章 大阪府商業資産家の銀行借入と株式投資 199

表3-15 三十四銀行からの借入金と担保

金額の単位：円、年利の単位：％

借入年月日	金額		担保株銘柄	額面(払込額)	年間配当額	借入年月日	金額		担保株銘柄	額面(払込額)	年間配当額
①1920年 11月15日	80,000 利息 8,176 年利 10.22		朝鮮銀行 300株 大日本紡績 595株 南海鉄道 新313株	30,000 14,875 3,913	2,700 8,925 391	⑧1923年 12月3日	85,000 利息 7,911 年利 9.308		大日本紡績 850株 岸和田紡績 新1,100株 南海鉄道 新636株	42,500 7,700 7,950	8,500 3,080 1,034
計				48,788	12,016	計				58,150	12,614
②1920年 12月6日	80,000 利息 7,884 年利 9.855		大日本紡績 1,642株 南海鉄道 323株 岸和田紡績 200株	41,050 16,150 5,000	12,315 2,100 4,000	⑨1924年 12月3日	100,000 利息 8,578 年利 8.578		朝鮮銀行 300株 大日本紡績 282株 南海鉄道 211株 朝鮮銀行 新300株	30,000 14,100 10,550 7,500	1,800 2,820 1,372 450
計				62,200	18,415	計				62,150	6,442
③1921年 11月8日	80,000 利息 6,862 年利 8.578		朝鮮銀行 300株 大日本紡績 595株 南海鉄道 新313株	30,000 14,875 11,738	3,000 3,719 1,526	⑩1924年 12月3日	110,000 利息 9,636 年利 8.76		大日本紡績 850株 南海鉄道 新636株 岸和田紡績 新1,100株 東洋紡績 新100株	42,500 12,720 7,700 7,050 1,250	8,500 1,654 2,695 2,468 313
計				56,613	8,245	計				71,220	15,630
④1921年 12月2日	90,000 利息 7,884 年利 8.76		大日本紡績 1,642株 南海鉄道 323株 岸和田紡績 200株	41,050 16,150 5,000	12,315 2,100 3,000	⑪1925年 11月6日	110,000 利息 8,432 年利 7.665		大日本紡績 282株 和泉紡績 新500株 岸和田紡績 250株	14,100 12,500 6,250	2,820 2,250 2,188
計				62,200	17,415				岸和田紡績 新432株 新150株	4,320 1,050	562 368
⑤1922年 8月3日	80,000 利息 6,862 年利 8.578		大日本紡績 1,642株 岸和田紡績 新500株	41,050 3,500	12,315 2,100	計				38,220	8,188
計				44,550	14,415	⑫1925年 12月3日	110,000 利息 8,632 年利 7.848		大日本紡績 650株 岸和田紡績 新1,400株 岸和田紡績 280株	32,500 9,800 7,000	6,500 3,430 2,450
⑥1922年 9月4日	80,000 利息 7,008 年利 8.76		朝鮮銀行 300株 大日本紡績 595株 南海鉄道 新313株	30,000 14,875 11,738	2,400 4,463 1,526	計				49,300	12,380
計				56,613	8,389						
⑦1923年 11月7日	80,000 利息 7,300 年利 9.125		朝鮮銀行 300株 大日本紡績 382株 南海鉄道 211株 朝鮮銀行 新300株 岸和田紡績 新150株	30,000 19,100 10,550 7,500 1,050	2,400 4,775 1,372 600 420						
計				68,200	9,567						

（出所）大正10～15年、各年度「万覚帳」、大正15年「株券帳」（以上、廣海家文書）より作成。
（注記等は表3-1～11の借入のものを含めた三十四銀行からの借入で、代表的なものを示した。利息は、借入時の年利から見た年間利息予想額。年間配当額は、借入前の最も近い期の配当等を表3-1～11の配当額を、12月末の配当率を、それぞれ使用した。なお、大日本紡績・岸和田紡績・和泉紡績・東洋紡績は、同年の営業報告書を参照した。また南海鉄道は、上半期がその年の上半期の配当率を、12月以後の配当率を、それぞれ使用した。東洋紡績については、担保株銘柄欄の「新」は、まだ全額払い込まれていない新株を意味し、その場合払込額を額面欄に示した。）

いとの意思はあったと思われるが、20年代には貸付金利率が三十四銀行よりも高い住友銀行や三菱銀行からの借入金返済を優先しており（表3－8・9）、また、三十四銀行からの借入を他の銀行から新たに融資を受けて返済するには新たな担保となる所有株式が足りなかったと考えられる。表3－13の株式担保評価額と表3－4の廣海家の所有株式評価額を比べると、廣海家が1920年代前半に所有した主要株式であった大日本紡績・岸和田紡績・南海鉄道・朝鮮銀行株は、その大部分が銀行借入金の担保に入っていた。それらの担保株を売却して三十四銀行からの借入金を返済するには、三十四銀行の承諾が必要であるが、三十四銀行が固定貸を続ける意図があれば担保株の売却は不可能となる。

　このような状況下で、1920年代の廣海家は、銀行借入金利息の支払いを十分に行えるほど多額の配当金収入がありながら[15]、銀行借入金残額をなかなか減少させられず、廣海家よりもむしろ三十四銀行側の意図から長期固定借入を続けざるを得なかったと推測できる。花井俊介は、廣海家による第一次世界大戦期の尼崎紡績・大日本紡績株購入について、キャピタルゲイン狙いの購入であったが、売り抜けることに失敗して高コストの株を1920年代に抱え込むことになったと評価したが（花井［2006］223頁）、廣海家の尼崎紡績株購入は、人脈を考慮に入れて三十四銀行の支援のもとに行われており、廣海家に尼崎紡績株を売り抜ける意図はなかったと考えられる。実際、尼崎紡績株は購入後すぐに銀行の担保に入れられたため、銀行の承認なしに売却することは困難で、コスト面でも第一次世界大戦期の尼崎紡績（大日本紡績）の購入価格は額面の6〜7倍でかなり高かったが、1920年の大日本紡績株の増資無償交付で、廣海家はそれまでの所有株式の6割の新株を無償で受け取ったため、購入価額を表す評価額と額面との1株当たりの差は、評価額が額面の3倍程度に縮小して高コスト構造はある程度解消された（表3－11）。また、前述のように三十四銀行の定期借入金利率は、住友銀行・三菱銀行のそれよりも低く、それらが背景にあって、結果的に岸和田紡績・大日本紡績株を担保に入れたまま、三十四銀行からの借入金を借り換え続けることを廣海家も容認したと思われる。

---

15) 1920〜26年の廣海家の配当収入は、毎年6万円以上あったが、その内容のほぼ全てが銀行利息であった過不足差収支は、その間毎年25,000円前後の支出であった（中西・花井［2006］70-71頁の表1－11より）。

1925年の朝鮮銀行の減資に伴い、朝鮮銀行株を担保から外した三十四銀行は、廣海家に追加担保を求めたと考えられ、廣海家はそれに対応し得る新たな中央株として、貝塚銀行から株式購入資金を前借りして、当時年率30％という高配当を維持していた大日本麦酒株（表3－12）を購入した。大日本麦酒株は、一度貝塚銀行からの借入金の担保株となったが、三菱銀行からの借入金で貝塚銀行への返済の一部が行われると（表3－6）、大日本麦酒株の半分は三菱銀行からの借入金の担保、残りの半分が朝鮮銀行株に代わる追加担保として三十四銀行からの借入金の担保に入れられた（表3－13）。こうして三十四銀行は、朝鮮銀行株の担保を外したことに伴う担保株評価額の減少を、大日本麦酒株の追加担保取得で回復した。その後、昭和恐慌期に大日本紡績株の配当率が急減するとともに、貸付金利息回収の確実性が減少した三十四銀行は、担保に入っている大日本紡績株の売却を容認したと考えられ、1930年に廣海家は、大日本紡績株の大部分を売却して三十四銀行への借入金をある程度返済した。その結果、廣海家の三十四銀行からの借入金残額は、1929年末の215,000円から30年末の13万円へ減少した（表3－8）。

3　貝塚銀行と廣海家

　本節では、貝塚銀行と廣海家の関係を論ずる。その際、廣海家当主が長期にわたり貝塚銀行の頭取を務めたが、廣海家が貝塚銀行を主力取引銀行と位置付けずに、貝塚銀行とその他の銀行を使い分けた背景は何か、そして廣海家にとって貝塚銀行の果たした役割は何かに留意する。まず、貝塚銀行の歴史を概観する[16]。貝塚銀行は、廣海家や貝塚の両替商であった信貴孫次郎らを中心に、1896（明治29）年に大阪府貝塚を本店として設立され、資本金10万円で廣海家3代当主が頭取となった。廣海家3代当主は、1901年に息子に家督を譲り、貝塚銀行頭取も退いたため、信貴孫次郎が頭取となり、廣海家4代当主は取締役となった。その後、1902年に資本金20万円となり、06年に廣海家4代当主が頭取となった。表3－16を見よう。貝塚銀行の営業報告書は、1924（大正13）年

16）　以下の記述は、中澤［1977］182-195頁、由井・浅野編［1988〜89］を参照。

以降しか判明せず、24〜34（昭和9）年の貝塚銀行の主要勘定を示したが、20年代中葉の同行は、有価証券をあまり所有せず、預金と資本金の大部分を貸付として運用していた。1927年の金融恐慌後に貸付金が減少して有価証券所有が増大したが、昭和恐慌下でも預金額は比較的安定し、預金過剰分を有価証券や金銭信託で運用していた。貝塚銀行の資本金は、20世紀初頭の20万円から1920年代の100万円に増加し、経営状態は比較的良好で、昭和恐慌期に多くの銀行に合併の動きが生じたなかで、貝塚銀行は40年に岸和田の諸銀行と合併して阪南銀行となるまで自立し続け、廣海家4代当主は40年まで頭取を務めた。貝塚銀行に限らず、大阪府南部の泉南地方では、各地に中小規模の本店銀行が自立しており、1930年代の銀行合同政策がなかなか浸透しなかった。

　泉南地方で中小規模の銀行が乱立した要因として中澤米太郎は、①各銀行の営業が所在町・村の範囲に主点を置いたこと、②個人経営か郷土的経営あるいは一族的銀行の特色を各銀行とも内包したこと、③泉南地方は近世から半農半工の織物業が発達していたこと、④大阪・堺に地理的に近く、商品の換金が容易であったことなどを挙げた（中澤［1977］55-56頁）。その後、1940年に貝塚銀行と岸和田の五十一・岸和田・寺田・和泉の4銀行が合併して阪南銀行が設立され、42年に阪南銀行が残った泉南地域の地方小銀行を合併して、泉南地域の銀行合同が達成されたが、阪南銀行設立時の頭取に、廣海家4代当主が就任した（中澤［1977］112-114頁）。1920年代後半の貝塚銀行の最大の株主は廣海家で、当主と家族の分を併せて全体の約8.5％の株式を所有していた[17]。しかし、個人銀行や一族的銀行と言うには株式所有比率はかなり少なく、主要株主が貝塚地域の人々であったので貝塚町唯一の本店銀行として貝塚地域全体の経済を支える役割を果たしていたと推測される。実際、貝塚銀行の配当率は、表3－12からも判るように、景気動向にあまり左右されずに安定しており、廣海家が貝塚銀行から高配当を受けていたわけではなかった。なお、廣海家3代当主は貝塚銀行から頭取としての報酬を受け取っておらず、名誉職的な頭取であったのに対し、廣海家4代当主は頭取としての報酬を受け取っており、実質的な経営責任者として銀行経営に携わっていたと考えられる（中村［2006］194-195頁）。

17）　1920年代後半時点で、貝塚銀行の発行株数2万株のうち、廣海家家族で約1,700株を所有していた（1920年代後半の貝塚銀行『営業ノ報告書』を参照）。

表3-16 貝塚銀行主要勘定

単位：万円

年末	現金預け金	金銭信託	有価証券	割引手形	貸付金	その他とも資産計	預金	資本金	準備金積立金	当期利益	その他とも負債計
1924	16	0	22	13	273	352	175	100	46	11	352
1925	22	0	24	13	287	372	190	100	49	12	372
1926	21	0	27	7	309	387	201	100	52	13	387
1927	47	0	74	10	224	377	196	100	57	12	377
1928	33	25	146	7	164	393	205	100	63	12	393
1929	31	40	169	8	146	413	221	100	68	12	413
1930	38	35	165	6	127	389	199	100	71	12	389
1931	24	53	166	9	109	379	189	100	73	12	379
1932	30	53	170	8	115	402	199	100	76	12	402
1933	34	65	192	10	107	441	229	100	78	12	441
1934	24	88	209	12	100	463	244	100	80	12	463

(出所)各年度『営業報告書』(貝塚銀行)より作成。
(注)『営業報告書』の貸借対照表の関連項目を集計して作成した。割引手形欄には為替手形を、貸付金欄には、当座預金貸越・コールローンを含む。その他の資産には、他店勘定・動産不動産勘定・払込未済資本金を含む。その他の負債には、他店勘定・未払利息・未経過割引料・預金利子諸税を含む。

ただし、肥料商としての家業もあったため、銀行実務は西野常太郎が取締役兼支配人として切り回していたとされる（中澤［1977］186頁）。

このように廣海家と貝塚銀行は人脈と資本において深い関係にあったが、表3-8で示したように、廣海家の銀行借入金残額の半分以上を貝塚銀行が占めたことはほとんどなく、廣海家は家の経営において地元銀行と大阪の銀行を使い分け、主に大阪の銀行を利用した。その要因として、商品・資本市場としての大阪の求心性が考えられる。近世期から廣海家は商取引の決済で手形を利用したが、手形割引の際に、大坂の両替商を頻繁に利用した（西向［2006］）。近代期の銀行の本格的な利用は、産地直接買付による商業資金需要が契機となったが、産地の北海道に送金する場合、大阪・兵庫の都市銀行を利用したので、その資金を銀行から借り入れる際に大阪の住友銀行を利用するメリットがあった。一方、北海道で買い入れた魚肥は最終的には貝塚地域（後背地農村を含む）で販売して代金が廣海家に入るので、銀行から借り入れた商業資金を銀行に返済する場合は、貝塚地域の銀行の方が便利となる。このような商業資金の循環から見て、大阪と貝塚の両方の銀行を使い分けることが廣海家には都合がよかったと考えられる。同様のことは資本市場にも言え、廣海家は1890年代には

泉南地域の企業勃興に関わって主に地元株を購入していたが、表3－5から分かるように、1905年に日本勧業銀行株を購入し、10年代には朝鮮銀行・尼崎紡績・摂津紡績・川崎造船所など中央株を大量に購入した。これらの中央株には新規発行株のみでなく市場流通株も多く、大阪の現物商からそれらを購入する機会が多かったと考えられ[18]、廣海家は、日本興業銀行株の配当は大阪の住友銀行本店で、尼崎紡績株の配当は尼崎紡績大阪出張所でそれぞれ受け取っていた[19]。中央株と地元株のそれぞれの購入経路の違いから、株式購入資金需要の面でも大阪の銀行と貝塚銀行を使い分ける利点はあったと言える。

むろん商業資金の銀行借入がほとんどなくなり、銀行借入目的が中央株の購入資金か借換になった1910年代後半以降は、貝塚銀行から定期借入をする必要はなくなり、実際、19～23年まで廣海家は貝塚・岸和田の銀行からの定期借入は全くなかった（表3－6）。しかし、1925年に廣海家が株式投資を再開した際に、長期不況のなかで中央株の担保価値が全体に下がる一方で、廣海家は岸和田紡績を初め、貝塚銀行・岸和田煉瓦綿業など20年代前半に比較的業績が良好で[20]、配当率も安定していた（表3－12）地元株を、新たに担保株に入れられる株式として所有していたものの、岸和田紡績株を除き、大阪の都市銀行はこれらの地方株を担保として認めなかったため、廣海家は地元株を担保にできる貝塚銀行を利用せざるを得なかったと考えられる。

今一つ貝塚銀行が資本市場の面で廣海家に果たした役割として、証券取引市場が発達していない地域の投資家に向けての企業業績評価情報の発信源の意義があったと思われる。この視点は花井俊介がすでに提起したが（花井［2006］227頁）、貝塚銀行の所有株式と廣海家の所有株式の内訳にかなりの近似性があり、しかも、昭和恐慌期に岸和田紡績・貝塚紡織など所有地元株の評価替えを貝塚銀行が行い、同様に廣海家も所有地元株の岸和田紡績・貝塚紡織・和泉紡

---

18) 例えば廣海家は、大阪の株式現物商太田商店などを通じて株式を購入した（中村［2006］180頁）。
19) 明治41・大正5年「万覚帳」（廣海家文書L140・L148）。
20) 1920年代に堅実経営を続けた貝塚銀行は、27年の金融恐慌の際にも「地方産業ノ進展ニハ勉メテ利便ヲ図リ平穏ニ経過」（貝塚銀行、昭和2年度上半季『営業ノ報告書』）し、「常ニ潤澤ナル資金ヲ懐キタルヲ以テ確実ニシテ現金化ノ容易ナル一流公社債ニ投資シ利殖ヲ計ルト同時ニ預金支払準備ノ一部トナシ内容ノ充実ヲ期」（同行、昭和2年度下半季『営業ノ報告書』）した。また、岸和田紡績・岸和田煉瓦綿業については、岸和田市史編さん委員会編［2005］312-322頁を参照。

績株の評価替えを行った[21]。特に、貝塚紡織のように大阪の都市銀行が担保株として認めていない地元株の評価替えの際に、貝塚銀行が行った評価替えを廣海家が参考にしたことは十分考えられる。ただし、貝塚銀行が1920年代後半に大日本紡績株をほとんど所有しなかったことにも留意すべきで[22]、廣海家が第一次世界大戦期に尼崎紡績へ急激に投資する際に、貝塚銀行の株式投資を参考にした可能性は低いと思われる。尼崎紡績株は廣海家にとって特別な存在で、その意味でも売り抜け目的ではなかった。

おわりに

　石井寛治は、銀行借入金が直接に株式投資に向けられたり、商業資金に用いられることで、資金繰りに余裕ができ、商業利益が株式投資に向けられるようになることなどから間接金融が直接金融を支えた側面を強調したが（石井［2006a］47-48頁）、その意味での間接金融と直接金融の関係は、1910年代後半〜30年代前半においては、廣海家の銀行借入金の大部分が借換目的になっており、それほど強調はできない。とは言え、廣海家の株式投資資金供給において量的には補助的位置にあった銀行借入が、転換点で質的に重要な役割を果たしていた。すなわち、廣海家の株式投資には、地元株への投資を急増させた1890年代、尼崎紡績株への投資により株式投資額全体が急増した1910年代後半、大日本麦酒など新たな中央株への投資で株式投資残額が最大になった20年代後半の3つの画期があったと考えられ、そのうち1890年代は商業的蓄積と配当収入が株式投資増大の起動力となったが、1910年代後半の新規株式購入→配当収入増大→株式投資増大という株式投資循環は、16（大正5）年の三十四銀行による尼崎紡績株購入資金の前貸が呼び水となり、20年代後半の株式投資循環は、25年の貝塚銀行による大日本麦酒株購入資金の前貸が呼び水になった。これら呼び水となった借入先銀行が住友銀行や三菱銀行ではなく、三十四銀行・貝塚

---

21)　1920年代後半の貝塚銀行『営業ノ報告書』を参照。
22)　1920年前後の大日本紡績株式会社『報告書』所収の株式名簿には、貝塚銀行の名前は見られず、また24年下半期の貝塚銀行『営業ノ報告書』では、貝塚銀行は大日本紡績株を5株（評価額2,250円）しか所有していなかった。

銀行であったことに、財閥系銀行・都市銀行・地方銀行と地方資産家の関係を考える手がかりがある。

　石川県橋立の地方資産家の酒谷家は、第一次世界大戦期に株式投資をあまり行わず、銀行定期預金を中心として資産運用を行ったが（中西［2009］第2章）、その場合に銀行定期預金を安田銀行・三十四銀行や地方銀行へ主に行い、三井・三菱・住友銀行への定期預金は少なかった。廣海家と酒谷家の事例を併せて考えると、地方資産家との関係で付かず離れずの距離をとり続けた三井・三菱・住友銀行に対し、安田系を含めてその他の都市有力銀行と地方有力銀行が、貸付面や預金面で地方資産家を顧客として互いに競争する様相が見られた[23]。伊牟田敏充が提起した重層的金融構造は（伊牟田［2002］第4章）、銀行間あるいは銀行と企業との資金移動を念頭に置いて構成されたが、裾野の広い個人利用者と金融機関との関係も無視し得ない存在であり、それを含めることでより複雑で柔軟な金融市場の実像が解明できる（本書第9章を参照）。

　ただし、廣海家が受けた株式購入資金の前貸を、直ちに間接金融が直接金融を代位したと位置付けるのも拙速である。尼崎紡績が新株を発行してそれを購入する際に、購入資金を廣海家が三十四銀行から前借りしたとすれば、尼崎紡績の新株発行による資金調達に個人投資家を媒介として銀行が応じたことになり、直接金融を間接金融が代位したことになろう。しかし、廣海家が購入した尼崎紡績株は新発行株ではなく市場流通株であり、そのことのみでは、直接金融を間接金融が代位したかの論証はできない。むしろ尼崎紡績にとってみれば、急激な増資を行う際に、増資払込に応じない株主が売却した株を、安定株主に買い取ってもらい、増資払込を順調に進めることが重要であり、そうした安定株主の候補者として、廣海家や永田家が選ばれたことになる。

　むしろ問題は、株式購入資金を前借りした結果として、購入した株式は直ちに銀行借入金の担保に入れられ、株式所有者が銀行の意思から独立して購入した株式を処分する機会がなかったことである。それを呼び水として、購入した株式の配当収入に銀行からの追加借入金を加えて新規株式購入や株式払込に充てる連鎖を第一次世界大戦期に続けたことで、1920年恐慌後に株価が暴落した

---

23)　浅井［1975］は、財閥系以外の都市銀行と地方金融・地方銀行との関係を論じた。

時点で、廣海家が所有する主要株式の大部分が銀行借入金の担保に入ってしまい、20年代の廣海家の株式処分権は著しく制約されることとなった。

そのことは、株式の売買を通して企業経営をモニタリングする機能を個人投資家が失うことを意味し、廣海家と三十四銀行のような関係が、他の有力個人投資家と銀行の間でも見られたとすれば[24]、1920年代において個人投資家は企業経営を統治し得なかったことになろう。本書第2章の永田家の事例でも、1920年代に永田家が大量に所有するに至った宇治川電気株も永田家の銀行借入金の担保に入っており、廣海家と同様の事態は、20年代の永田家でも生じていた。冒頭の論争に立ち戻ると、岡崎哲二は、1920年代の金融危機と長期不況が銀行と株式市場の両面で制度進化を誘発し、銀行の健全化と持株会社および法人大株主による有効な企業統治が実現したと述べたが（岡崎［2006］57頁）、個人投資家が企業統治の担い手となりにくい株式担保金融の構造そのものに、戦前期日本の資本市場の未成熟性が垣間見られるとともに、企業統治の担い手が最終的に法人大株主にならざるを得なかった背景がある。また、廣海家と三十四銀行と尼崎紡績の関係を検討すると、地方資産家を媒介した企業金融の側面が見られる。1910年代の尼崎紡績は、社債発行と増資で設備投資資金を調達しており、増資新株発行により取得したプレミアムを内部留保に回したため、巨額の内部留保が存在し、それらは銀行預金として預けていた[25]。

一方、当時預金金利が手形割引率を上回っていたため、尼崎紡績は商業決済を手形振り出しで行い、1910年代の三十四銀行は、尼崎紡績からの多額の預金を受け取る一方で、大量の手形を割り引いて、尼崎紡績株の購入資金を廣海家などに貸し付けた。それとともに、三十四銀行は尼崎紡績株、後の大日本紡績株を担保に入れた廣海家などへの貸付金は固定化させ、大日本紡績からの配当を基礎として貸付金利息を受け取り続けたが、この資金循環が順調に機能するには、預金金利が手形割引率よりも高く、また貸付金利息が担保株の配当額よ

---

24) 1910年代後半〜20年代前半の銀行貸付・貸越のうち株式担保によるものの比重を、石井寛治は30〜40％と計算している（石井［2006a］表1）。
25) 高村［1970］572-576頁を参照。1920年当時、諸銀行に合計3,000万円に上る預金を持つ大日本紡績が、三十四銀行に六分利付定期預金をやめたいと申し出たのに対し、三十四銀行の小山頭取は、引き出されると打撃が大きいので金利を何とか考えたいと答えたそうである（同書576頁）。

りも少ないことが条件になり、利ざやの面から見ると三十四銀行の収益性はそれほどよくはなかったと思われる。その一方、泉南地方で堅実経営を続けていた地方小銀行が存在していたことを考えると、両大戦間期の都市銀行と地方銀行の関係も都市銀行の優位とは必ずしも言えない面があろう。

第Ⅱ部
東海地域の会社設立と地方資産家

序　愛知県の工業化と会社設立の特徴

　第Ⅰ部の序では、大阪府の工業化の特徴を概観したが、第Ⅱ部では、それとの比較を意識して愛知県の工業化の特徴を概観する。表Ⅰ-序-1に戻ろう。1889（明治22）年には大阪府が日本のなかで飛び抜けた工業道府県であり、その後東京府が急速に工業化を進めて大阪府に近づいたが、愛知県も工業会社数を急増させて、1909年には工業生産額で大阪府・東京府・兵庫県につぐ工業道府県となった。ただし、大阪府・東京府が機械工業などの重工業の比重がある程度高かったのに対し、愛知県は食品工業・繊維工業などの軽工業が中心であった。愛知県以外にも、京都府・群馬県・長野県など軽工業中心の工業道府県が存在していたが、それらがいずれも企業勃興のなかで工業道府県としての地位を低下させる一方で、愛知県は軽工業中心での工業化を進めることに成功した。もっともそのため、愛知県の工業会社は、数は多いもののその規模は比較的小さく、1909年時点では、大阪府の工業会社の1社当たり平均資本金額が約24万円であったのに対し、愛知県の工業会社の1社当たり平均資本金額は約5万円にすぎなかった。そして東京府の工業会社の1社当たりの平均資本金額は約50万円であり、大経営中心の東京府・大阪府の工業化に対して、主に中小経営で工業化を進めたのが愛知県であった。

　愛知県の近代期の主要工産品を表Ⅱ-序-1で見ると、織物・綿糸・蚕糸類・清酒・陶磁器・醤油などが主要工産物であった。それぞれの産地を見ると、織物では中島郡・知多郡が主要産地で、次第に名古屋市域でも織物生産が拡大していった。陶磁器は、東春日井郡の瀬戸と知多郡の常滑が二大産地であったが、名古屋市域に陶磁器の巨大メーカーが設立されて、名古屋市域もその主要

表Ⅱ-序-1　1887・97・1907・17・27年愛知県主要農工業生産物生産高

	①1887年 生産高	主要生産郡・区（上位3地域の生産高）
米（千石）	1,243	海東郡(144)、碧海郡(132)、知多郡(131)
麦（千石）	799	愛知郡(82)、碧海郡(79)、中島郡(78)
大豆（千石）	85	渥美郡(19)、知多郡(11)、愛知郡(11)
織物（千円）	1,514	中島郡(542)、知多郡(322)、葉栗郡(154)
綿糸（千円）	635	
陶磁器（千円）	303	東春日井郡(184)、知多郡(67)、名古屋区(43)
清酒（千円）	128	知多郡(50)、名古屋区(12)、中島郡(9)
醤油・溜（千円）	53	知多郡(15)、名古屋区(10)、宝飯郡(6)

	②1897年 生産高	主要生産郡・市（上位3地域の生産高）
米（千石）	1,401	碧海郡(199)、愛知郡(173)、中島郡(166)
麦（千石）	759	知多郡(74)、碧海郡(70)、中島郡(68)
織物（千円）	9,393	知多郡(2,683)、中島郡(2,532)、碧海郡(779)
綿糸（千円）	4,555	愛知郡(2,622)、海東郡(744)、知多郡(657)
陶磁器（千円）	1,572	東春日井郡(891)、名古屋市(404)、知多郡(197)
清酒（千円）	137	知多郡(54)、名古屋市(14)、中島郡(10)
醤油・溜（千円）	87	知多郡(32)、名古屋市(15)、渥美郡(13)

	③1907年 生産高	主要生産郡・市（上位3地域の生産高）
米（千石）	1,824	碧海郡(237)、知多郡(211)、愛知郡(177)
麦（千石）	885	中島郡(86)、愛知郡(79)、東春日井郡(79)
大豆（千石）	43	渥美郡(10)、知多郡(8)、幡豆郡(5)
織物（千円）	20,137	中島郡(5,904)、知多郡(3,786)、名古屋市(2,901)
綿糸（千円）	11,690	名古屋市(7,617)、海東郡(1,367)、知多郡(1,186)
蚕糸類（千円）	9,961	渥美郡(2,376)、東春日井郡(1,614)、稲田郡(1,202)
陶磁器（千円）	4,797	東春日井郡(1,459)、名古屋市(1,202)、愛知郡(539)
清酒（千円）	4,822	知多郡(1,539)、丹羽郡(406)、名古屋市(357)
醤油（千円）	127	知多郡(41)、名古屋市(23)、渥美郡(18)
溜（千円）	2,618	知多郡(865)、名古屋市(411)、渥美郡(390)

	④1917年 生産高	主要生産郡・市（上位3地域の生産高）
米（千石）	1,751	海部郡(246)、碧海郡(240)、知多郡(180)
米（千円）	33,159	海部郡(4,825)、碧海郡(4,522)、知多郡(3,303)
麦（千石）	733	愛知郡(78)、中島郡(71)、東春日井郡(65)
大豆（千石）	18	碧海郡(4)、知多郡(3)、愛知郡(1)
織物（千円）	81,810	碧海郡(19,019)、名古屋市(18,899)、愛知郡(9,061)
綿糸（千円）	43,594	知多郡(7,896)、渥美郡(7,399)、愛知郡(4,141)
蚕糸類（千円）	40,192	名古屋市(11,135)、知多郡(9,727)、愛知郡(4,141)
陶磁器（千円）	17,099	名古屋市(9,590)、愛知郡(3,852)、海部郡(2,871)
清酒（千円）	7,215	知多郡(2,152)、丹羽郡(738)、海部郡(543)
醤油・溜（千円）	5,097	知多郡(1,702)、名古屋市(741)、渥美郡(673)

	⑤1927年 生産高	主要生産郡・市（上位3地域の生産高）
米（千石）	2,091	碧海郡(353)、海部郡(286)、知多郡(194)
米（千円）	62,929	碧海郡(10,271)、海部郡(8,808)、知多郡(5,703)
麦（千石）	751	東春日井郡(73)、宝飯郡(68)、丹羽郡(68)
大豆（千石）	21	知多郡(4)、幡豆郡(2)
織物（千円）	273,878	名古屋市(134,235)、知多郡(40,986)、中島郡(36,101)
綿糸（千円）	81,577	名古屋市(47,119)、渥美郡(11,373)、西春日井郡(5,934)
蚕糸類（千円）	71,104	豊橋市(19,910)、渥美郡(9,525)、碧海郡(6,653)
陶磁器（千円）	35,538	名古屋市(22,473)、東春日井郡(9,671)、知多郡(2,160)
清酒（千円）	12,290	知多郡(2,987)、名古屋市(1,754)、渥美郡(1,415)
醤油・溜（千円）	8,479	知多郡(2,999)、名古屋市(1,307)、渥美郡(1,026)

(出所)明治20・21・40・大正6・昭和2年度『愛知県統計書』、明治30年度『愛知県勧業年報』より作成。

(注)農産物および1887・97年の醸造品は生産額を、1907年の清酒類は、06年酒造年度の造石量とその額を示した。1917・27年は米の生産額が判明するので併記した。主要生産地域が判明した産物から重要品を選んで示した。綿糸はガラ紡糸と洋式紡糸の合計。1913年に海東郡と海西郡が合併して海部郡となる。

な産地となった。そして、清酒・醬油などの醸造品は知多郡が主要な産地で、名古屋市域でもある程度の醸造が行われていた。このように、近世来の伝統産業である織物業・陶磁器業・醸造業は、名古屋周辺の郡部が近世来の産地として、順調に生産を伸ばしており、名古屋市域でもそれらの生産が次第に増大した。また愛知県三河地方では蚕糸業が主要産業として成長した。それに対して綿糸は、近代的綿紡績会社が名古屋で設立されると、名古屋市の綿糸生産が急増し、1907年時点では、名古屋市域が綿糸生産の大部分を占めた。もちろん、綿織物産地の海東郡・知多郡でも近代的綿紡績会社は設立され、それなりの生産量を上げていたものの、近世来の伝統産業中心の郡部と機械制大工場中心の名古屋市域では対照的な様相を示した。

そして郡部で主に展開した近世来の伝統産業は、特に醸造業では農業と密接に関連しており、醸造業の主要産地の知多郡に隣接する碧海郡が愛知県の主要な米産地であった。碧海郡は酒造米の供給地となっていたと思われ、その碧海郡や知多郡は大豆産地でもあり、醬油醸造業の原料大豆も地元から供給されていたと考えられる。そのために愛知県は工業化が進展したものの、米生産も併せて拡大した。表Ⅰ-序-1に戻ると、1920（大正9）年時点で大阪府や東京府は、工業生産額に比べて農業生産額は圧倒的に小さくなっていたが、愛知県は工業生産が中心とは言え、農業もそれなりの生産額を上げており、明治期においては工業生産と農業生産がバランスをとりつつ成長していた。

続いて、愛知県の会社設立の推移を表Ⅱ-序-2で検討する。愛知県では、まず1880年代後半～90年代前半に工業会社の設立が進んだ。一般に、第一次企業勃興期（1880年代後半～90年代前半）には銀行や鉄道会社が各地で設立されたが、愛知県では銀行や鉄道会社の設立は少なく、当初から工業会社中心の企業勃興であった。もちろん、大阪府などでも綿紡績会社を中心として多数の工業会社が設立されたが、それらは比較的資本金額の大きい近代的製造会社であったのに対し、この時期に愛知県で設立された工業会社は、1社平均資本金額（名目）が2万円前後の中規模会社が多く、大規模製造会社の設立は少なかった。その後、第二次企業勃興期（1890年代後半～1900年代前半）には、工業会社の新規設立はそれほど多くなく、商業会社が急増し、銀行の設立も進展した。会社規模も次第に大きくなり、工業会社1社当たり平均払込資本金額は4万円台に

表Ⅱ－序－2　愛知県諸会社種類別の推移　資本金額の単位：千円

年月	商業		工業		金融		運輸		その他とも計		1社平均資本金
	数	資本金	数	資本金	数	資本金	数	資本金	数	資本金	
1885.12	10	132	64	420	16	1,533	5	133	97	2,283	24
1887.12	10	151	65	492	12	1,523	10	273	98	2,468	25
1889.12	29	599	96	1,962	10	1,293	12	279	154	4,205	27
1891.12	31	608	116	2,010	11	1,343	13	379	175	4,402	25
1893.12	28	484	130	2,402	23	1,904	11	381	192	5,172	27
1895.12	57	819	49	1,838	37	3,565	11	437	158	6,694	42
1897.12	170	3,026	173	8,113	66	7,097	33	1,528	447	19,785	44
1899.12	179	1,880	181	7,329	69	8,704	40	1,958	478	19,897	42
1901.12	198	2,421	190	7,173	81	10,648	38	1,833	519	22,147	43
1903.12	185	2,767	144	6,786	75	10,292	34	2,946	445	22,876	51
1905.12	230	2,668	170	6,405	74	11,108	50	2,619	532	22,831	43
1907.12	207	4,457	185	10,268	71	13,984	32	3,551	502	32,335	64
1909.12	295	10,462	270	13,771	69	14,142	44	4,086	693	43,353	63
1912.12	382	14,974	366	23,527	70	16,742	47	7,932	901	64,673	72
1915.12	533	19,103	432	28,056	65	17,407	55	11,410	1,113	77,067	69
1918.12	831	37,965	622	63,804	56	24,947	83	14,415	1,618	143,643	89
1921.12	1,033	92,263	971	167,943	52	50,839	110	27,499	2,264	352,459	156
1924.12	1,138	119,195	1,079	145,549	48	57,821	138	32,907	2,478	363,939	147
1927.12	1,426	118,525	1,159	163,201	42	64,658	165	44,751	2,870	400,679	140
1930.12	2,516	160,668	1,739	208,678	28	61,455	230	60,736	4,612	503,418	109
1933.12	3,032	179,826	2,213	240,659	23	57,022	240	62,966	5,608	550,950	98

(出所)各年度『日本帝国統計年鑑』より作成。
(注)主に出所資料の会社種類別表より作成したが、銀行・取引所などは別記されており、それらが1896年から商業会社数に編入されたため、95年欄までは合計欄に金融会社分を追加した。そして1897年欄からは商業会社から金融会社を引いたものを商業欄に示し、金融会社を別に示した。銀行などは1896年以降も出所資料で別記され続けたが、1909年までは記載年度が1年ずつずれていたので、それを揃えて加除した。金融欄は、別記された銀行数を示した。1895年12月欄以降は商法に基づく会社数。資本金欄は、1893年12月までは名目資本金額、95年12月からは払込資本金額。ただし別記された銀行は、払込資本金額なので、その他とも合計資本金額は、1893年12月までは名目資本金額と払込資本金額が混在。

増加したが、銀行の払込資本金額はそれ以上に多く、1行当たりの平均払込資本金額は10万円を超えた。比較的規模の大きい銀行が多数設立されたことは、愛知県の金融市場での銀行間競争を激化させ、1900年代に銀行の合併や破綻が生じて、銀行数は次第に減少したものの、払込資本金額は増大しており、1行当たりの平均払込資本金額はますます増大した。

　20世紀初頭は、1900年恐慌や1907年恐慌などに見舞われ、その都度会社数は減少したが、それを乗り越えると商業会社・工業会社ともに増大した。特に、工業会社は1907年恐慌の影響をあまり感じさせずに、1900年代後半に会社数が増大し続けた。ただし、会社規模はそれほど拡大せず、1社当たりの平均払込

資本金額は、1900年代も約5万円前後で推移した。運輸会社の設立は愛知県では比較的少なかったが、次第に会社規模は大きくなり、1900年代後半には、1社当たりの平均払込資本金額は約10万円前後となった。その後第一次世界大戦期に諸会社数は急増したが、それ以上に払込資本金額が増加しており、1社当たり払込資本金額は1921年末には約16万円となった。この背景には、第一次世界大戦期の商業会社の急成長と、銀行界では合併が進んで1行当たりの払込資本金額が急増したことがあったと考えられる。ただし、1920年代に新たに設立された諸会社の払込資本金規模が比較的小さかったため、1社当たりの払込資本金額は減少し、特に昭和恐慌期に銀行以外の諸会社数が増えた一方で、払込資本金額はそれほど増えなかったため、33（昭和8）年末には1社当たり払込資本金額は約10万円まで減少した。

　こうした会社設立の結果、愛知県では、比較的規模の大きい銀行群とそれに続く運輸会社、それに中小規模の工業会社と商業会社が設立されるに至った[1]。そこで、これらの銀行・諸会社の特徴を表Ⅱ－序－3から検討する。前述のように、愛知県は中規模会社設立による織物業・醸造業・陶磁器業などの伝統工業中心の工業化を明治期に進めたが、愛知県でも、大阪府のように近代的大規模工業会社の設立も目指された。1895年時点では、払込資本金額45万円の尾張紡績と払込資本金額40万円の名古屋紡績が、銀行以外の諸会社では、飛び抜けた地位を得ており、名古屋で近代的大規模工業会社の設立が始まった。1905年時点では、愛知県郡部でも払込資本金額がそれぞれ64万円・50万円・35万円の知多紡績（半田）・一宮紡績（一宮）・津島紡績（津島）が設立され、半田では醸造業でも払込資本金額が60万円の丸三麦酒が設立された。しかしこれらの諸会社は、大阪や東京の大紡績会社・大麦酒会社との競争に苦しみ、最終的に他府県の資本に合併もしくは買収されて、本社は愛知県から他府県に移転することとなった。そしてこれらを支えるべく設立された銀行も、銀行合併の結果比較的規模の大きい銀行が設立された名古屋市域を除いて、それほど銀行規模は拡大せずに、愛知県各地に分散した伝統産業の産地金融を担う銀行として郡部に点在することとなった。

1）　以下の記述は、愛知県史編さん委員会編［2017］第5章第1節を参照。

表Ⅱ－序－3　愛知県の主要会社一覧

払込資本金額の単位：万円

会社名	所在地	払込	主要役員	会社名	所在地	払込	主要役員
①1895年時点				金城銀行	名古屋	20	中村与右衛門、熊田喜平治
第百三十四国立銀行	名古屋	30	岡谷惣助、山内正義	御殿銀行	御殿	20	関谷泰、片桐保次郎
亀崎銀行	亀崎	28	天埜伊左衛門、井口半五郎	中埜銀行（合名）	半田	20	中埜半左衛門、中埜又左衛門
名古屋銀行	名古屋	26	瀧兵右衛門、瀧定助	豊川鉄道	花田	150	末延道成、村野山人
商業銀行	名古屋	23	八木平兵衛、神野金之助	知多紡績	半田	64	小栗冨治郎、端山忠左衛門
第十一国立銀行	名古屋	20	関戸守彦、伊藤次郎左衛門	尾張紡績	熱田	60	奥田正香、瀧兵右衛門
津島銀行	津島	18	大橋助左衛門、渡邊新兵衛	丸三麦酒	半田	60	長阪重孝、中埜又左衛門
第四十六国立銀行	名古屋	15	堀部勝四郎、鈴木摠兵衛	尾西鉄道	津島	60	木村譽太郎、渡邊新兵衛
尾張銀行	名古屋	[15]	神戸利右衛門、後藤増平	名古屋紡績	名古屋	50	岡谷惣助、花井畠三郎
一宮銀行	一宮	13	土川彌七郎、佐分愼一郎	一宮紡績	一宮	50	佐分愼一郎、豊島半七
伊藤銀行	名古屋	10	鬼頭幸七、伊藤次郎左衛門	名古屋電灯	名古屋	50	三浦惠民、白石半助
熱田銀行	熱田	10	岡本賢吉、小貝謙三郎	名古屋電気鉄道	名古屋	42	白石半助、岡本清三
関戸銀行（個人）	名古屋	10	関戸守彦	日本車輛製造	熱田	42	奥田正香、上遠野富之助
丹葉銀行	布袋	10	村瀬九郎右衛門、村瀬庫次	愛知セメント	熱田	40	高島嘉兵衛、服部小十郎
海島銀行	津島	10	水野長八、友松元太郎	津島紡績	草場	35	青樹英二、水野長一
堀川銀行	名古屋	[10]	武山彌七、見田七右衛門	八木合資	名古屋	[30]	八木元三、八木富三
清州銀行	清州	9	河邑新吾、竹田銀五郎	瀬戸自動鉄道	六郷	22	加藤垈左衛門、矢野平兵衛
豊橋銀行	豊橋	9	杉田権次郎、加治千万人	知多航業	坂井	20	天木嘉祐、森下長五郎
愛知農商銀行	熱田	8	山﨑徳左衛門、山田清三郎	帝国撚糸	金城	15	瀧右衛門、瀧定助
興益銀行	古知野	6	石田養助、大池鎌次郎	三河電力	岡崎	15	今井磯一郎、福井五七十
岡崎銀行	岡崎	5	小野権右衛門、元松惣一郎	愛知織物合資	名古屋	[12]	瀧信四郎
伊藤貯蓄銀行	名古屋	5	鬼頭幸七、伊藤次郎左衛門	愛知纖詰合資	名古屋	[12]	端山忠左衛門、石黒禮吉
金城銀行	名古屋	5	中村興太郎、熊田喜平治	名古屋倉庫	名古屋	11	白石半助、平子徳右衛門
尾張紡績	熱田	45	奥田正香、瀧兵右衛門	名古屋建築合資	名古屋	10	服部大治郎
名古屋紡績	名古屋	40	岡谷惣助、祖父江重兵衛	三河セメント	相川	10	内海三貞、祖父江重兵衛
日本共立汽船	熱田	25	堀部勝四郎、山内正義	盛田合資	小鈴谷	10	盛田久右衛門、天木嘉祐
名古屋電灯	名古屋	11	三浦惠民、若松甚九郎	日本陶器合名	鷹場	[10]	大倉和親
尾州材木	名古屋	10	鈴木摠兵衛、牧田茂兵衛	③1913年時点			
津島紡績	草場	9	青樹英二、水野長一	尾三農工銀行	名古屋	299	伊藤義平、榊原吉右衛門
名古屋倉庫	名古屋	7	笹田傳左衛門、平子徳右衛門	明治銀行	名古屋	234	神野金之助、上遠野富之助
伊東倉庫合名	亀崎	[7]	服部三郎、伊東源四郎	名古屋銀行	名古屋	192	春日井丈右衛門、瀧定助
愛知物産組合資	名古屋	5	祖父江重兵衛、横井半三郎	愛知銀行	名古屋	140	渡邊義郎、岡谷惣助
半田汽船	半田	5	田中清八、竹本英一	金城銀行	名古屋	50	中村与右衛門、花井畠三郎
野口合名	熱田	5	井上信八、野口荘三郎	一宮銀行	一宮	44	土川彌七郎、佐分愼一郎
愛知紡績所（個人）	男川	[5]	篠田直方	岡崎銀行	岡崎	40	加藤賢治郎、深田三太夫
名古屋建築合資	名古屋	[5]	服部小十郎	大野銀行	大野	32	大橋正太郎、中島喜助
名古屋時計製造合資	名古屋	[5]	小泉惣兵衛、吉村三郎	西尾銀行	西尾	30	糟谷縁右衛門、徳倉六兵衛
愛信製糸	六郷	[5]	深谷新右衛門、柴山武兵衛	丹葉銀行	布袋	28	眞野九郎右衛門、小澤英太郎
②1905年時点				小牧銀行	小牧	28	柴田要助、穂積継次郎
愛知銀行	名古屋	120	岡谷惣助、関戸守彦	古知野銀行	古知野	28	石田養助、丹羽忠兵衛
尾三農工銀行	名古屋	113	小栗冨治郎、大橋正太郎	名古屋電灯	名古屋	981	加藤重三郎、福澤桃介
亀崎銀行	亀崎	80	天埜伊左衛門、井口半五郎	名古屋電気鉄道	名古屋	380	神野金之助、岡本清三
明治銀行	名古屋	75	神野金之助、鈴木摠兵衛	名古屋瓦斯	名古屋	250	奥田正香、井上茂兵衛
名古屋銀行	名古屋	47	瀧兵右衛門、春日井丈右衛門	豊川鉄道	豊橋	130	末延道成、村野山人
一宮銀行	一宮	38	土川彌七郎、佐分愼一郎	愛知電気鉄道	名古屋	100	岩羽内六、安東敏之
小栗銀行（合名）	名古屋	30	小栗冨治郎、小栗福蔵	愛知セメント	名古屋	92	高島嘉兵衛、服部小十郎
津島銀行	津島	23	大橋助左衛門、渡邊新兵衛	日本車輛製造	熱田	84	森本善七、原田勘七郎
熱田銀行	熱田	20	鈴木治左衛門、小貝謙三郎	尾西鉄道	津島	65	高木益太郎、渡邊新兵衛
丹葉銀行	布袋	20	尾原壮之亮、眞野九郎右衛門	尾張電気軌道	御器所	58	江口理三郎、橋本益次郎

第Ⅱ部　序

会社名	所在地	払込	主要役員	会社名	所在地	払込	主要役員
豊橋電気	豊橋	58	三浦碧水、福澤桃介	伊藤産業合名	名古屋	[1,000]	伊藤守松
帝国撚糸織物	金城	53	瀧兵右衛門、瀧定助	東邦瓦斯	名古屋	880	岡本桜、都留信郎
岡崎電灯	岡崎	50	田中功平、杉浦銀蔵	名古屋紡績	八幡	721	下出義雄、田中彌一
いとう呉服店	名古屋	50	伊藤守松、神戸勘七郎	岡崎電灯	岡崎	649	杉浦銀蔵、太田善四郎
服部商店	名古屋	50	服部兼三郎、白塚大三郎	名古屋鉄道	名古屋	575	富田重助、上遠野富之助
瀧兵商店	名古屋	50	瀧信四郎、浅野新作	いとう呉服店	名古屋	500	伊藤守松、伊藤松之助
名古屋土地	名古屋	50	伊藤由左衛、伊藤義平	豊田紡織	名古屋	500	豊田佐吉、豊田利三郎
福壽火災保険	名古屋	50	神野金之助、瀧定助	愛知電気鉄道	名古屋	468	藍川清成、下出民義
瀧定合名	名古屋	[50]	瀧定助、瀧廣三郎	服部商店	名古屋	400	小澤斎一、三輪常次郎
瀬戸電気鉄道	六郷	46	加藤杢左衛門、水野鋼次郎	日本車輌製造	名古屋	400	瀧信四郎、天野七三郎
名古屋木材	名古屋	40	長谷川紳七、鈴木虎之助	愛知織物	名古屋	300	瀧信四郎、村田幸吉
名港土地	名古屋	30	平子徳右衛門、青山鉄四郎	菊井紡織	名古屋	300	豊田佐助、豊田利三郎
大宝農林部（合資）	名古屋	30	大宝陣、大宝彌男二	近藤紡績所	呼続	300	近藤繁八、永岡彌兵衛
伊藤殖産合名	名古屋	[30]	伊藤あい、竹田晨正	神宮殖産	名古屋	300	神野金之助、富田重助
伊藤産業合名	名古屋	[30]	伊藤守松	千年殖産	名古屋	300	伊藤守松、関戸守彦
岡谷合資	名古屋	[30]	岡谷清治郎	大同電気製鋼所	名古屋	280	寒川恒良、川崎舎恒三
岡谷保産（準合名）	名古屋	[30]	岡谷清治郎	名古屋土地	名古屋	275	鈴村岩次郎、宮田清麿
春日井産業合名	名古屋	[30]	春日井丈右衛門、春日井丈太郎	愛知工業	名古屋	240	瀬川嘉助、田中永吉
関戸殖産（準合名）	名古屋	[30]	関戸薩	帝国撚糸織物	名古屋	230	瀧定助、春日井丈右衛門
④1923年時点				名古屋証券	名古屋	200	後藤新十郎、土井國丸
名古屋銀行	名古屋	1,220	瀧定助、恒川小三郎	瀧定合名	名古屋	[200]	瀧定助、瀧廣三郎
明治銀行	名古屋	1,044	富田重助、生駒重彦	近藤商店合名	名古屋	[200]	近藤繁八
愛知銀行	名古屋	900	渡邊義郎、田島道治	三龍社合資	岡崎	[200]	田口百三
尾三農工銀行	名古屋	450	内藤傳緒、高橋小十郎	愛知時計電機	名古屋	183	鈴木摠兵衛、青木鎌太郎
尾三銀行	名古屋	217	内藤傳緒、青山孝太郎	太洋商工	名古屋	180	春田鉄次郎、瀧藤治三郎
岡崎銀行	岡崎	185	深田三太夫、深見太郎右衛門	豊田式織機	名古屋	176	谷口房蔵、須永達
愛知農商銀行	名古屋	180	竹内兼吉、山田清三郎	豊川鉄道	豊橋	170	末延道成、倉田藤四郎
安藤銀行	名古屋	127	安藤竹次郎、別所唐次郎	愛知セメント	名古屋	165	青木鎌太郎、服部小十郎
日本貯蓄銀行	名古屋	115	鈴木摠兵衛、伊藤守松	日本陶器	名古屋	162	成瀬雯光、大倉和親
大野銀行	大野	108	大橋正太郎、鈴木和一	名古屋木材	名古屋	162	長谷川紳七、鈴木虎之助
額田銀行	岡崎	100	早川久右衛門、深田三太夫	岡谷合資	名古屋	[150]	岡谷清治郎
伊藤銀行	名古屋	100	伊藤守松、紅村清之助	岡谷保全合名	名古屋	[150]	岡谷惣助、岡谷清治郎
中埜銀行	半田	100	中埜半左衛門、中埜良吉				

(出所) 由井・浅野編[1988～89]第1、9巻、大正2・12年版『日本全国諸会社役員録』商業興信所より作成。
(注) 払込欄は払込資本金額を示し、1895年時点は、払込資本金額5万円以上の銀行と諸会社を、1905年は払込資本金額20万円以上の銀行と10万円以上の諸会社を、1913年は払込資本金額25万円以上の銀行と30万円以上の諸会社を、23年は払込資本金額100万円以上の銀行と150万円以上の諸会社を示した。二重線の上が銀行で下が銀行以外の諸会社。ただし、取引所は除く。払込資本金額が不明の場合は、名目資本金額を[　]で示し、それを基準とした。主要役員欄は、頭取・社長名などが判明したものはそれを最初に記し、それを含めて主要役員2名以内を示した。熱田町は1913年時点では名古屋市に編入されていたので、同年欄は名古屋と示し、花田村も1913年時点では豊橋市に編入されていたので、同年欄は豊橋と記した。

郡部の銀行で例外的に規模の大きかった亀崎銀行は、岡崎や豊橋に出張所を設けるなど、三河地域に活動規模を広げようとしたが、岡崎や豊橋の地元銀行との競争になり、資本金規模に比して資金需要は伸び悩んだため、銀行重役への固定貸が常態化した結果、1907年恐慌で破綻した（本書第6章）。その結果、愛知県の金融界は、名古屋市域の三大銀行が最上層を占め、それらの愛知県各地の支店と各地の地元銀行がせめぎ合う形となった。その結果、表Ⅱ－序－3の1913年時点を見ると明らかなように、紡績会社で規模の大きい会社は存在せず、福澤桃介の資本など外部資本の入った名古屋電灯が飛びぬけた巨大会社となり、銀行以外の諸会社で上位は鉄道・瓦斯会社が占めた。銀行では不動産金融を主に行った尾三農工銀行を除くと、明治銀行・名古屋銀行・愛知銀行の名古屋の3銀行が飛び抜けた地位を占め、それ以外の銀行は払込資本金額が30万～50万円で横並びに郡部に点在する形となった。そして、電力・鉄道・瓦斯などのインフラ会社以外に、いとう呉服店・服部商店・瀧兵商店・大宝農林部・伊藤殖産合名・伊藤産業合名・岡谷合資・岡谷保全・春日井産業合名・関戸殖産など名古屋の資産家による家業や家産運用を目的とする会社設立が進んだ。
　第一次世界大戦後の1923年には、三大銀行や鉄道・瓦斯・電力では払込資本金額500万円以上の大会社が登場したものの、有力工業会社は、払込資本金額150万～500万円くらいで横並びに続いた。また伊藤産業合名・神富殖産・瀧定合名のように有力事業家の資産運用のための諸会社も、資産規模を増大させた。なお、いったん愛知県で挫折した地方資本による紡績会社の成長が、1923年時点では織機生産の成長とともに再び見られ、名古屋では、（新）名古屋紡績・豊田紡織・菊井紡織などが設立された。
　このように愛知県では1900年代後半に、近代的大企業を目指す道が挫折したため、その設立に関わった愛知県各地の有力資産家が、近代的大企業の経営から手を引いた。その後彼らは、家業を会社化して近代化・大規模化させたり、産地の同業者が共同して中規模会社を設立するに至った。表Ⅱ－序－4を見よう。こうした中規模会社の設立は、主に合資・合名会社の形態で進められ、1915年時点では、銀行などを除く愛知県の会社数合計1,113社のうち、約800社が合資・合名会社であり、残りの株式会社315社の1社当たり平均払込資本金は20万円未満で、全国平均と比べても規模は小さかった。当時の愛知県では、

表Ⅱ-序-4　近代日本の会社数の推移

会社数・払込資本金の単位：社、千円

年末	株式会社			(内 愛知県)			合資・合名会社			(内 愛知県)		
	会社数	払込資本金	1社当たり	会社数	払込資本金	1社当たり	会社数	払込資本金	1社当たり	会社数	払込資本金	1社当たり
1895	1,135	151,480	133				1,323	22,567	17			
1899	3,686	616,109	167				3,945	67,712	17			
1903	4,385	789,883	180				4,862	97,723	20			
1907	4,639	970,824	209				5,448	143,404	26			
1911	5,253	1,299,940	247				7,771	250,024	32			
1915	7,200	1,858,954	258	315	61,426	195	9,949	308,770	31			
1917	8,474	2,763,834	326	333	79,603	239	11,222	407,727	36			
1919	13,174	5,416,054	411	515	175,834	341	13,106	559,443	43			
1921	17,802	8,115,924	456	711	282,964	398	14,601	1,196,149	82			
1923	17,563	8,856,810	504	805	276,287	343	14,527	1,354,526	93			
1925	17,603	9,533,923	542	850	281,463	331	16,742	1,622,834	97			
1929	18,995	11,762,705	619				27,697	2,028,053	73	798	15,641	20
1933	20,814	12,345,821	593				50,382	2,200,969	44	992	20,271	20
										1,454	40,506	28
										1,553	69,495	45
										1,605	76,307	48
										1,697	84,096	50

(出所)各年度『日本帝国統計年鑑』より作成。
(注)出所資料の会社数の統計表の数値を示したが、1895年は銀行・取引所は含まれていない。愛知県は表の年のうち判明したもののみ示した。「(内 愛知県)」は、それぞれ株式会社および合資・合名会社のなかの愛知県の内数。植民地の会社は除く。1895年欄は沖縄県は不明。

株式会社とは言え実質的には合資・合名会社に近い、地縁・血縁・同業者仲間などによる共同出資の株式会社が多かったと考えられる。もっとも日本全体でも1910年代は合資・合名会社が数の上で株式会社を上回っており（表Ⅱ-序-4）、その特徴を愛知県に限定する必要はない。1910年代末からそれら合資・合名会社の株式会社への転換が進んだと考えられ（本書第6章を参照）、株式会社数が合資・合名会社数を上回るが、20年代は株式会社数の伸びが鈍化する一方で、20年代後半から合資・合名会社数が急増して再び株式会社数を上回った。その間愛知県では、一貫して合資・合名会社数が株式会社数の2倍以上を占め、数の上で合資・合名会社が多数を占め続けた。本書第Ⅰ部序との比較では、家業の会社化を主眼として比較的少数の株主で合資・合名（後には株式会社）形態の中規模会社を設立する方向が愛知県の会社設立の特徴であった。

　ただし愛知県では、伝統産業の中規模な工場化・機械化とともに、近代的綿紡績会社や丸三麦酒が他府県の資本に合併された後も、その工場は愛知県に残り、その後の生産設備が拡大されていった。それがその地域の雇用需要を生み、消費市場も形成し、愛知県の工業生産額の拡大に寄与した。1907年恐慌は、地方の企業勃興の挫折の契機として位置付けられており（中村［2010］）、地方が中央に飲み込まれたように見える。しかし企業勃興の遺産は、工場・機械やインフラ設備などで地方に残されており、それを利用しつつそれまでとは質の異なる会社設立がその後の愛知県では進展したと考えられる。愛知県の自立性は、簡単には失われなかったと言える。

第 4 章

近代名古屋における会社設立と有力資産家
──鈴木摠兵衛家を事例として

はじめに──会社設立と家業志向性

　近代日本では、1880年代～1900年代後半に日本各地で会社設立ブーム（企業勃興）が生じ、名古屋でも多くの会社が設立された。その後愛知県の会社設立ブームはいったん収まるが、1910年代に再度会社設立ブームが生じた（本書第6章表6-14を参照）。本章ではその過程を、近世来の名古屋の有力材木商であった鈴木（材木屋）摠兵衛家を中心として、それ以外の名古屋の有力資産家を含めて検討する。鈴木家は1690（元禄3）年創業の材木商で、幕末に尾張藩で「三家」「除地衆」に次ぐ「十人衆」と称された御勝手御用達商人であった（林［1994］、材摠300年史編纂委員会編［1991］）。材木屋摠兵衛の店名前で「材摠」と称し、1884（明治17）年に設立された名古屋区材木商営業組合の頭取を務め（松村［1998］）、名古屋を代表する材木商であった。材摠の近代期の経営については、松村隆が材摠の「店卸帳」などをもとに、材摠が明治前期に「山方」へ出資し、木材伐出・流送業に進出することで木材を調達したが、その後集散地での木材買入れも積極的に行い、製函業へも進出して多角化することで、木材業の2つの経営課題である投資から収益が上がるまでの期間の長さと価格変動リスクの大きさを克服してきたことを示した（松村［1996］）。その一方、鈴木摠兵衛には、有力資産家として名古屋での会社設立に積極的に関わり、会社経営を行ったり、有力株主になったりした側面もあった。この側面を論じた鈴木恒夫・小早川洋一・和田一夫は、名古屋での会社設立は、近世来の最有力の御用商人であった伊藤次郎左衛門・岡谷惣助を中心とするグループと、幕末期に名古屋近在から名古屋に進出した呉服商の瀧兵右衛門・瀧定助（兵右衛門

表4－1　資産家番付から見た近代名古屋市有力資産家資産額一覧

資産額の単位：万円

氏名	居住地（業種）	1901年	1905年	1916年	1928年	1933年	備考（業種）
伊藤次郎左衛門	茶屋町3丁目（呉服商）	43	224	500	3,500	4,000	伊藤・岡谷グループ、1910年いとう呉服店（株）設立
神野金之助	鉄砲町8丁目（土地）	26	200	400	1,000	700	奥田グループ、1905年神野富田殖産合名設立
関戸守彦	堀詰町1丁目（銀行業）	45	189	200	1,000	800	伊藤・岡谷グループ、1891年関戸銀行設立
小栗冨治郎	新柳町（醬油醸造）		90				知多郡半田出身、1898年小栗銀行合名設立
瀧兵右衛門→信四郎	本町5丁目（呉服商）	56	80	100	1,100	1,200	瀧グループ、1912年瀧兵商店（株）設立
瀧定助	東萬町3丁目（呉服商）	37	63	200	700	700	瀧グループ、1906年瀧定合名設立
岡谷惣助	鉄砲町7丁目（金物商）	29	63	200	1,300	1,500	伊藤・岡谷グループ、1909年岡谷合資設立
坂文四郎→たね	上長者町9丁目	27	54		500	600	1911年坂殖産合資設立（貸金）
春日井丈右衛門	玉屋町1丁目（呉服商）	18	46	200	600	400	瀧グループ、1910年春日井合名設立
近藤友右衛門	伝馬町1丁目（綿糸商）	17	45	100	1,500	3,000	奥田グループ、1917年信友商店（株）設立
八木平兵衛	鉄砲町5丁目	13	44	100			1902年八木合資設立（洋反物）
後藤増平	鉄砲町6丁目	19	42	50	190	150	1911年後藤合名設立（洋織物）
井口半兵衛	（肥料商）		41				知多郡亀崎出身、1910年井口商会合資設立
中村奥右衛門	萱屋町2丁目（醬油醸造）	21	38	100	250	300	伊藤・岡谷グループ、1908年佐野屋合名設立
森栄七	本重町2丁目（呉服小売）	20	38				1910年桔梗屋呉服店合名設立
武山勘七	東萬町2丁目（太物商）	16	36				瀧グループ、1909年武山商店合資設立
岡田徳右衛門	伊勢町1丁目（麻紙商）	13	35	100	400	500	伊藤・岡谷グループ、1917年白徳商店（株）設立
祖父江重兵衛	本町1丁目（呉服商）	13	34				瀧グループ、1915年祖父江合名設立
大宝陣	（土地）		30	200	800	300	海部郡大宝村出身、1908年大宝農林部合資設立
今井清兵衛→清吉	末広町4丁目（貸金業）	15	29	50	150	150	
鈴木摠兵衛	木挽町5丁目（材木商）	23	29	150	590	300	奥田グループ、1925年材摠合資設立
伊藤由太郎	木舟町1丁目（土地）	10	28	50	140	170	伊藤・岡谷グループ、父親は忠左衛門
富田重助	鉄砲町8丁目（土地）	11	26	200		400	奥田グループ、1905年神野富田殖産合名設立
笹田はな→傳左衛門	袋町2丁目（酢醸造）	11	26		220	200	奥田グループ、1918年笹田本店合名設立
高松定一	納屋町2丁目	9	22	100	330	250	（肥料商）
服部小十郎	下堀川1丁目	17	21			250	奥田グループ（材木商）
東松松兵衛	（土地）	5	17	80	400	600	

表4－1 続き

氏名	居住地（業種）	1901年	1905年	1916年	1928年	1933年	備考（業種）
加藤彦三郎 →彦左衛門	藪下町8丁目 （土地）	10	17	80	170	170	
見田七右衛門 →重次	愛知郡笈瀬村 （生魚商）		17	50	370	200	1916年見田産業合資設立
山田次郎三郎 →吾一郎	門前町3丁目 （法衣商）	2	17	50	200	250	1913年梅金商店合資設立
奥田正香	葵町甲6丁目	19	16				奥田グループ（醬油醸造）
加藤彦兵衛	堀詰町1丁目	14	16	70	240	250	瀧グループ（紙商）
村瀬九郎右衛門	東田町 （銀行業）		14		600	200	丹羽郡布袋町出身、1898年村瀬銀行設立
岡田良右衛門	伊勢町5丁目 （麻紙商）	6		50			伊藤・岡谷グループ、徳右衛門家の分家
後藤安太郎	（輸出入商）			50	730	900	1920年後藤商事（株）設立
大倉孫兵衛 →和親	（陶磁器業）			75	500	250	東京出身、1904年日本陶器合名設立
豊田佐吉	（織機製造）				870	1,200	1918年豊田紡織（株）設立
岡本貴一	（土地）				340	350	

（出所）渋谷編［1997］愛知編1、18-21頁、渋谷編［1985］第1巻、石井［2018］附録より作成。
（注）各年度の資産家番付などに記された資産額を示した。1901年は「名古屋市商工業者資産録」（渋谷編［1997］愛知編1）より有価証券・市街宅地家屋・貸付金の合計を示す。1901年に18万円以上、05年に30万円以上、16年に50万円以上、28年に500万円以上の資産額が番付などに挙げられた名古屋の資産家について、各年度の資産家番付などに記された資産額を示した。居住地欄の下段もしくは備考欄の（ ）内は家業。居住地は20世紀初頭現在で郡名のないのはいずれも名古屋市。備考欄は、鈴木・小早川・和田［2009］の分類に基づき、それぞれ近代名古屋の会社設立を進めた3つの資産家グループを示すとともに、家業を会社化した場合は、その内容を示した。家業の会社化については、由井・浅野編［1988～89］および大正期の各年度『日本全国諸会社役員録』商業興信所を参照した。伊藤・岡谷グループは、伊藤次郎左衛門と岡谷惣助を中心、瀧グループは滝兵右衛門と瀧定助を中心、奥田グループは名古屋商業会議所会頭の奥田正香を中心とする資産家グループ。小栗冨治郎・井口半兵衛・大宝陣・村瀬九郎右衛門・大倉孫兵衛（和親）は、厳密には名古屋市の資産家と言えないが、名古屋に拠点を設けて名古屋での会社経営を行ったので、この表に含めた。氏名欄の矢印は、代替わりを示し、1933年の、伊藤由太郎欄は利彦として、村瀬九郎右衛門欄は鐸三郎として、豊田佐吉欄は喜一郎が600万円、利三郎が400万円、佐助が200万円。

家の分家）を中心とするグループと、近代に入り事業を拡大して商業会議所会頭となった奥田正香を中心とするグループによって進められ、そのうち鈴木摠兵衛は奥田正香を中心とするグループに属して、奥田正香の会社設立に積極的に協力したことを明らかにした（鈴木・小早川・和田［2009］）。

本章では、鈴木摠兵衛家の後者の側面を、同家の有価証券投資を取り上げて検討する。有価証券投資の際にも鈴木家が有力材木商であったことは大きな影響を与えており、前者と後者の側面は密接に関わっていた。歴代の鈴木家当主のうち、本章で取り上げる鈴木摠兵衛は、1875年に家督を相続した8代摠兵衛である。表4－1で資産家番付から見た名古屋市の有力資産家を示したが、1905年時点は、伊藤次郎左衛門家・神野金之助家・関戸守彦家が飛び抜けた地

表 4-2 材惣店有価証券投資の動向(その1、1885~1906年)

会社名	所在地＼年末	1885	1886	1887	1888	1889	1890	1892	1893	1894
第四十六国立銀行	名古屋	1,000	1,000	1,000	1,000	1,000	1,000	4,790	7,800	8,250
名古屋建築組	名古屋			600	600	600	600			
尾張紡績	名古屋				1,800	1,000	1,000			
尾州材木	名古屋					500	500	500	770	770
北海道炭礦鉄道	札幌						2,768	北越鉄道（長岡）		50
九州鉄道	門司						1,251	2,000		
名古屋倉庫	名古屋								900	1,750
名古屋生命保険	名古屋								500	750
名古屋株式取引所	名古屋									1,025
帝国商業銀行	東京									250
東海材木	名古屋									25
桑名紡績	桑名									
明治銀行	名古屋									
愛知時計製造	名古屋									
共立絹糸紡績	岡山									
日本車輌製造	名古屋									
名古屋紡績	名古屋									
愛知材木	名古屋									
大阪材木	大阪									
愛知銀行	名古屋									
愛知燐寸	名古屋									
愛知挽木	名古屋									
関西鉄道	四日市									
百三十銀行	大阪									
株式計		1,000	1,000	1,600	3,400	3,100	7,119	7,290	9,970	12,870
鉄道・整理公債					2,250	2,000	2,000	20,000	10,000	10,000
海軍・軍事公債							2,968			1,270
尾張紡績社債	名古屋								1,000	尼崎
九州鉄道社債	門司									1,900
公社債計		0	0	0	2,250	2,000	4,968	20,000	11,000	13,170
有価証券計		1,000	1,000	1,600	5,650	5,100	12,087	27,290	20,970	26,040

(出所)中西［2017d］表 5・7 より作成。
(注)各年末時点の材惣店による有価証券時価評価見積額を示した。有価証券が店勘定から奥勘定に振り替えられてその後「店卸帳」に記載されなくなった場合は、→で奥へと表記した。表以外に1897年末時点で濃尾材木留綱組合株金200円があり、株式合計金額にはそれを含む。

位を示し、鈴木惣兵衛家は資産額で20位前後に位置していた。その後、鈴木家は順調に資産額を増大させた結果、1920年代に10位前後まで地位を上昇させ、名古屋財界でかなり有力な位置を占めるに至ったと考えられる。なお、表 4-1 の右端欄には前述の先行研究に基づいて資産家グループを分類したが、有力資産家がバランスよく 3 つのグループに分かれていた（有力資産家の居住地は本書巻頭の地図 3 を参照）。

第4章　近代名古屋における会社設立と有力資産家　223

単位：円

1895	1896	1897	1898	1899	1900	1901	1902	1903	1904	1905	1906
11,330				九州鉄道（門司）		7,000	5,000	10,600	11,550	14,400	14,250
日本勧業銀行（東京）		150	150	山陽鉄道（神戸）		4,750	11,000	11,530	14,582	18,700	42,500
		2,000	2,000	2,000	2,300	2,500	2,500	2,300	2,900	三重紡績へ合併	
770	770				絹糸紡績（京都）		1,740	1,740	1,624	1,665	
250	1,650				京釜鉄道（東京）		80	160	340	600	600
		北海道拓殖銀行（札幌）		850	→奥へ			三重紡績（四日市）		5,000	5,000
1,750	1,900	1,600	2,100	2,200	2,100	2,200	2,200	2,950	3,280	4,300	7,050
750	750	1,250	1,500	1,500	1,500	1,500	2,250	3,240			
1,300		豊州鉄道（行橋）		2,200	2,500			名古屋電力（名古屋）			12,500
1,060	5,850	5,000						名古屋瓦斯（名古屋）			3,750
25								帝国冷蔵（東京）			3,125
250	1,250	500	1,500	1,500	1,000	2,000	1,200	1,200	1,250	2,000	
	3,750	7,150	8,800	8,800	→奥へ			明治製糖（東京）			2,500
	3,470	3,000	1,600	3,120	2,080	2,080	2,100	2,200	2,200	3,300	4,400
	3,000	3,000	2,240	2,400	1,920	2,000					
	2,500	3,000	4,400	2,000	800	600	1,600	2,000	4,800	5,000	2,000
		2,310	3,750	2,500	2,000	1,000	1,000	1,250	1,750	三重紡績へ合併	
		2,000	2,000	2,000	2,000	3,680	3,200	3,608	3,772	3,608	4,920
		1,250	1,000	1,000	1,000	900	850				1,250
		1,250	2,500	2,500	2,500	→奥へ		名古屋屋函（名古屋）			1,250
		750	300	180				名古屋製糖（名古屋）			625
		200	200	160	160	220	220	220	560	720	600	600
			8,500	9,630	7,650	10,500	12,000	12,900	7,600	14,800	21,500	25,000
				1,250	1,250				満洲興業（東京）			250
17,485	32,650	45,100	44,760	43,630	29,820	42,380	46,990	50,938	63,568	80,673	131,570
10,000	14,000	→奥へ						国庫証券	15,042	27,569	27,569
10,000	12,000	→奥へ						臨時事件公債			10,252
紡績社債	1,877			大阪麦酒社債（吹田）		7,000					
1,900	1,800										
21,900	29,677	0	0	0	0	7,000	0	15,042	27,569	37,821	
39,385	62,327	45,100	44,760	43,630	29,820	42,380	53,990	50,938	78,610	108,242	169,391

1　鈴木摠兵衛家と名古屋の会社設立

（1）1907年恐慌までの動向

　本節では、材摠店の有価証券投資をもとに、鈴木摠兵衛がどのように名古屋の会社設立に関わったかを検討する[1]。なお、本章での有価証券投資の主体は材摠店であるが、その意思決定は鈴木摠兵衛家が行っていたとみなす。表4－2を見よう。材摠店が最初に株式を購入したのは1885（明治18）年の第四十六国立銀行株であった。第四十六国立銀行は、岐阜県多治見に1879年に設立され

1）　以下の記述は、中西［2017d］を参照。

た銀行で86年に名古屋に本店を移した（新修名古屋市史編集委員会編［2000］248頁）。おそらく多治見で開業したものの経営が思わしくなく、名古屋の資産家に救済を求め、鈴木家もそれに応じて出資し、経営に参画したと考えられる。ちなみに、1893年1月時点の第四十六国立銀行の役員は、頭取が名古屋米商会所副頭取の堀部勝四郎で、取締役が鈴木摠兵衛・宮地茂助・横井善三郎・白石半助・服部小十郎であった（由井・浅野編［1988～89］第1巻、54頁）。先行研究では、堀部勝四郎・白石半助は奥田正香とビジネス面で近い関係にあったとされるが（鈴木・小早川・和田［2009］302頁）、材摠店が第四十六国立銀行株を購入した1885年には、奥田正香の影響力はそこまで強いとは思われず、近世来の有力商家として第四十六国立銀行に関与したのであろう。

　鈴木摠兵衛が奥田正香と強い関係を持ったのは1891年の名古屋商業会議所設立以降で、93年に奥田正香が商業会議所会頭に就任すると、95年に鈴木摠兵衛が副会頭に就任し、奥田正香が1913（大正2）年に会頭職を辞任するまで、ほとんどの期間を鈴木摠兵衛が副会頭として奥田正香を支えた（本書第5章表5-8を参照）。鈴木摠兵衛は、奥田の後任で商業会議所会頭を1920年まで務め、名古屋株式取引所の理事長も奥田の後を受けて就任した。奥田とのつながりが強まった1895年以降に材摠店の有価証券投資は活発化するが、それ以前の鈴木摠兵衛は材木商組合の中心人物として、材木業界に関わる会社設立を行った。表4-2に戻ると、材摠店は、1887年に名古屋建築組に、89年に尾州材木に出資した。名古屋建築組は、建築土木請負業を業務とする組合で、1893年に会社組織である名古屋建築合資に転換したと思われ、表4-3に見られるように鈴木摠兵衛は94年1月時点で、名古屋建築合資の取締役に就任していた。尾州材木は、材木類問屋業を業務とする会社で、株主を名古屋市および近接の町村の材木商とその家族に限っており、名古屋地域の材木商がまとまって他地域との競争に対応するための会社と言える（曲田［2015］）。その社長を鈴木摠兵衛は務め、1896年に尾州材木・名古屋材木・東海材木の3社が合併して愛知材木を設立した際には、社長を鈴木摠兵衛が務めた。なお名古屋建築合資の社長の服部小十郎も、材摠と並ぶ名古屋の有力な材木商で、1895年から名古屋商業会議所の常議員になり、鈴木摠兵衛は服部小十郎と、多くの会社で一緒に経営に参画することとなった（名古屋商工会議所編［1941］第1部、255-260頁）。例えば、

前述の愛知材木では社長の鈴木摠兵衛と副社長の服部小十郎のコンビとなり、木材が軸木の原料となったため材木商と関連の深かったマッチ製造業の愛知燐寸では、1896年の創業時に服部小十郎が専務取締役、鈴木摠兵衛が監査役に就任した（由井・浅野編［1988〜89］第2巻、319、322頁）。

なお、表4－2で1888年に材摠店は尾張紡績に出資したが、尾張紡績は奥田正香・近藤友右衛門や瀧兵右衛門が中心となって設立された紡績会社である（鈴木・小早川・和田［2009］307-311頁）。伊藤次郎左衛門や岡谷惣助らが中心となって1885年に設立された名古屋紡績ではなく、尾張紡績株を購入したことから鈴木摠兵衛の奥田正香とのつながりが窺われるが、材摠店はその後90年代初頭に尾張紡績株を売却し、97年に尾張紡績株を再び購入するもののその額はあまり多くなく役員にも就任しなかった（表4－2・3を参照）。材摠店は、1896・97年に名古屋紡績株も購入するが、まもなく所有株数を減らしており、鈴木摠兵衛は紡績業にあまり魅力を感じなかったと思われる。表4－2から見て、材摠店は、主に鉄道会社と木材関連会社と銀行に出資した。

銀行業では[2]、奥田正香らによる1896年の明治銀行の設立に発起人として協力し、奥田の要請で頭取は神野金之助がなり、鈴木摠兵衛は取締役となって1920年代まで務め続けた（表4－3）。なお、奥田正香は、名古屋商業会議所会頭に就任した1893年に、名古屋生命保険・名古屋倉庫・名古屋株式取引所の設立に参画したが、これら3社に鈴木摠兵衛はいずれも深く関与した。そのなかでも名古屋生命保険は、創業時から鈴木摠兵衛が社長を務め、同社が1904年度に愛知県知多郡半田の醸造家小栗冨治郎に売却されるまで社長を務め続けた。同社の売却について、奥田正香と鈴木摠兵衛の間に確執があったと考えられ、その点については第3節で論じる。名古屋倉庫に対しては、1893年の設立時から材摠店は株主となったものの、役員となったのは1905年からで、その頃から材摠店の名古屋倉庫株の所有は急増した（表4－2と後掲の表4－4）。また、名古屋株式取引所に対しては、1893年の設立時に鈴木摠兵衛が監査役となったものの、まもなく辞任し、その後関係はなくなったが、1913年に奥田正香の後を受けて摠兵衛が理事長に就任した。そして1896年に奥田らが設立した日本車

---

[2] 以下の記述は、鈴木・小早川・和田［2009］318-344頁を参照。

表4-3　鈴木摠兵衛家会社役員の推移（愛知県の諸会社）

会社名	所在地	創業年	1894年	1897年	1899年	1901年	1903年	1905年	1907年
名古屋生命保険	名古屋	1893	社長	社長	社長	社長	社長	相談役	
尾州材木	名古屋	1889	社長						
第四十六国立銀行	名古屋	1879	取締役						
名古屋建築合資	名古屋	1899	取締役						
名古屋株式取引所	名古屋	1889	監査役						
愛知貯蓄銀行	名古屋	1893	監査役						
愛知材木	名古屋	1893		社長	社長	社長	社長	社長	社長
明治銀行	名古屋	1896		取締役	取締役	取締役	取締役	取締役	取締役
日本車輛製造	名古屋	1896		監査役	監査役	監査役	監査役	監査役	監査役
愛知燐寸	名古屋	1896		監査役	監査役	監査役			
愛知時計製造	名古屋	1898			社長	社長	社長	社長	社長
明治貯蔵銀行	名古屋	1898				取締役			
名古屋倉庫	名古屋	1893						取締役	取締役
名古屋製函	名古屋	1906							社長
名古屋瓦斯	名古屋	1906							取締役
明治土地建物	名古屋	1907							監査役
中央炭礦	名古屋	1906							監査役
熱田貯蓄銀行	名古屋	1893							
福壽火災保険	名古屋	1911							
名古屋枕木合資	名古屋	1913							

(出所)　由井・浅野編［1988〜89］第1〜3・5・7・9・11・13・15巻、大正2・4・6・9・12・15・昭和4・7・10年版『日本全国諸会社役員録』商業興信所より作成。

(注)愛知県の会社について示した。各年1月現在の状況を示すと考えられる。会社名の株式会社は省略して、合資・合名会社は合資・合名を付記（以下の各表とも同じ）。1894年に尾州材木社長に鈴木摠兵衛が就任していたことは、1895年版の『日本全国会社役員録』で、95年1月時点で鈴木摠兵衛が尾州材木社長に就任していたことより推定。社員は無限責任社員または代表社員。この表で示した以外に1920年時点で鈴木摠兵衛は中央鉱業（名古屋・1918）の相談役になっていた。愛知時計製造は、1913年から愛知時計電機に改称。名古屋倉庫は1924年に東海倉庫と合併して東陽倉庫となる。材摠製作合資は1925年に材摠店と統合して材摠合資設立、34年から材摠木材株式会社に改称。明治貯蔵銀行は1901年に大阪の日本貯金銀行に合併されて一度なくなるが、その後熱田貯蓄銀行が明治銀行の傘下に入り、1912年に明治貯蔵銀行と改称（早川［2015］）。無印は摠兵衛であるが、1）は鈴四郎（摠兵衛の養子）、2）は摠一郎。会社役員名が1926年の鈴四郎から29年に摠兵衛になるが、鈴四郎が摠兵衛を襲名したと思われる。

輛製造は[3]、原材料の木材の面で鈴木摠兵衛家と関連が深く、設立時から材摠店が日本車輛製造に出資し、摠兵衛は監査役に就任した。日本車輛製造は、当初順調な業績を上げたが、1897年からの日清戦後恐慌の影響で、99年から各鉄道会社が新造車輛の発注を控え始めると業績が悪化した。材摠店の「店卸帳」は有価証券時価評価見積額で示しており、1898〜1901年にかけて日本車輛製造株の所有数は200株で変化はないものの、表4-2を見ると評価額が急激に低

---

3)　以下の記述は、鈴木・小早川・和田［2009］344-352頁を参照。

1909年	1911年	1913年	1915年	1917年	1920年	1923年	1926年	1929年	1932年	1935年
		愛知信託（名古屋・1912）	相談役	相談役	山岸製材（名古屋・1918）		監査役	監査役		
		大正土地（名古屋・1912）	相談役	相談役		三河水力電氣（名古屋・1924）		監査役	監査役	
	愛知電機（名古屋・1916）			取締役			愛知電力（名古屋・1930）		取締役	
	福壽生命保險（名古屋・1908）			監査役	監査役	監査役[1]	監査役	監査役		
			理事長	理事長	相談役					
			北海炭業（名古屋・1918）		監査役	監査役				
			日本貯蓄銀行（名古屋・1898）			頭取	取締役	取締役	取締役	
取締役	取締役	取締役	取締役	取締役	取締役	取締役		監査役	監査役	社長[2]
				材摠製作合資（名古屋・1921）		社員	社員[1]	社員	社員	
				尾陽土地經營（名古屋・1922）	取締役					
社長	社長	社長	取締役	取締役	社長	取締役		取締役	取締役	取締役[2]
			取締役	取締役						
取締役	取締役	取締役	取締役	取締役	取締役	取締役	監査役[1]	取締役	取締役	
社長	社長	社長	取締役	加福土地（名古屋・1923）		社長[1]	社長	社長		
社長	社長	取締役	取締役	取締役	取締役					
				名古屋檸扱所（名古屋・1925）	取締役[1]	監査役	監査役			
				愛知時計（名古屋・1925）	監査役[1]	監査役	監査役			
取締役	取締役			大日本木材防腐（名古屋・1921）		社長[2]	社長[2]	社長[2]		
	監査役	監査役	監査役	監査役	監査役					
		社長	社員	社員	社員	社員				

下した。それにもかかわらず、材摠店が日本車輛製造株を所有し続けたのは、木材納入先として日本車輛製造が材摠店にとっても重要であったからであろう。その後、日本車輛製造の業績は回復するが、材摠店は1906年に日本車輛製造株をある程度売却する。その頃は、材摠店は主要民營鉄道株を買い進めており、そちらに振り替えたと考えられる。なお、日本車輛製造は、瀧兵右衛門・瀧定助らが設立した名古屋銀行関係者により株式の買占めが図られ、1910年に奥田正香は社長辞任を余儀なくされ、これを契機に材摠店も日本車輛製造株を売却し、同社との関係はなくなった。

このように、奥田正香を中心とする明治銀行系の資産家グループと、瀧兵右衛門・瀧定助を中心とする名古屋銀行系の資産家グループは、会社経営をめぐり激しく争い、名古屋銀行系の資産家グループは、倉庫業においても前述の名古屋倉庫のライバル会社である東海倉庫を1906年に設立した。すなわち、瀧兵右衛門・瀧定助らは、名古屋倉庫が鉄道の名古屋駅近くに倉庫を設置し、鉄道貨物の取り扱いに主力を置いたのに対し、堀川運河沿いに土地の払下げを受け

て倉庫を建設し、海運貨物の取り扱いに主力を置いた。この東海倉庫に愛知県知多郡亀崎の肥料商井口半兵衛が積極的に参加した（鈴木・小早川・和田［2009］283-287頁）。井口半兵衛家は、前述の小栗冨治郎の雇船頭を務めた家で、小栗冨治郎と共同して名古屋への進出を果たした（本書第5章）。その際、小栗冨治郎は1898年に名古屋で小栗銀行を開業し、翌年には台湾塩の内地における一手販売権を獲得して各府県に代理店を置き、1903年に半田に製塩工場を設置した。家業の醸造業でも醬油醸造部門を1905年に小栗合資として会社化して名古屋に支店を設けた（後述）。こうした活動のなかで、小栗冨治郎は奥田正香の知遇を得て、1904年に名古屋生命保険を引き受けたと考えられる。ただし、小栗冨治郎による名古屋生命保険の買収には、同社社長の鈴木摠兵衛は反対であったようで、同社の売買は奥田正香を初め他の重役の内儀で決定したが、鈴木は極力反対し、そのため後に、奥田を中心とするグループで1908年に福壽生命保険が設立された際に、鈴木摠兵衛は重役就任を要請されたが固辞したとされる（鈴木・小早川・和田［2009］319頁）。

さて、名古屋生命保険を買収した小栗冨治郎は、自ら社長となり井口半兵衛（知多郡亀崎町）・長阪重孝（知多郡半田町）などを取締役として、地元の人脈を活かして名古屋生命保険の経営を行った（中西［2018］）。井口半兵衛は、名古屋生命保険では小栗冨治郎と協力するとともに、家業の肥料商の名古屋進出を考えており、その拠点に東海倉庫を選び、東海倉庫の筆頭株主となるとともに、名古屋の東海倉庫会社内に大豆粕肥料の製造工場を開設した。井口半兵衛は、「満洲（中国東北部）」産の大豆粕肥料を主に扱っており、自ら所有する汽船で直接「満洲」まで大豆粕の買い付けに赴いていた。その関連で、堀川沿いに倉庫を設けて海運貨物を中心に扱おうとした東海倉庫に魅力を感じたと思われる。

（2）1907年恐慌とその後の動向

1904（明治37）～06年の名古屋では、知多郡の資産家の進出もあり、会社間の競争が激しく生じていた。それが1907年恐慌で大きく転換することとなる。この1907年恐慌で小栗銀行が破綻し、小栗冨治郎との関連から井口半兵衛が重役を務める知多郡の亀崎銀行も取り付けに遭い、小栗冨治郎は没落し、井口半兵衛も数年後には名古屋から撤退した。小栗冨治郎は、小栗銀行の破綻ととも

に名古屋生命保険の社長を辞任したが、井口半兵衛は、名古屋生命保険の取締役は辞任したものの、東海倉庫の取締役を継続し、1910年に名古屋に新たに井口商会合資を設立した（本書第5章）。1910年に東海倉庫の亀崎支店は廃止され、井口半兵衛は東海倉庫の取締役を辞任したので、東海倉庫会社の敷地内に開設された井口商店の大豆粕製造工場は、井口商会合資に引き継がれたと考えられる。名古屋での拠点を維持しようとした井口半兵衛であったが、休業した亀崎銀行の再建がうまくいかず、結果的に家業の肥料商経営を縮小して井口商会合資を亀崎に移転し、1912（大正元）年に名古屋から撤退した。

　1905～07年は、知多郡の資産家の名古屋での動きに加えて、紡績会社の合同が進んだ。そのきっかけは、奥田正香の紡績合同論で、紡績業の国際競争力を強化するために乱立する小規模紡績会社の合同を提唱した奥田は、自ら社長を務める尾張紡績と三重県四日市に本拠を置く三重紡績を合併し、それに愛知県下のほかの紡績会社も合同させようと構想した（橋口［2014］）。尾張紡績内では、奥田の合同案に瀧兵右衛門らは反対したが、奥田は渋澤栄一に働きかけて合同案を進め、1905年に三重紡績が尾張紡績と名古屋紡績を合併し、さらに07年には知多紡績と津島紡績が三重紡績に合併された。このことは、尾張紡績の三重紡績への合併に反対する尾張紡績取締役の瀧兵右衛門と奥田との対立の契機となり、その意味で、名古屋経済界の大きな転換点にあたる出来事であった。いずれにしても、これにより、尾張紡績と名古屋紡績の経営に関わった名古屋の資産家は、紡績会社経営から離れ、新たな会社設立へと向かった。

　そこで試みられたのがガス事業であり、この時期にガス事業を企画したのは、名古屋の有力材木商の服部小十郎で、服部はその企画を奥田に持ち掛け、渋澤栄一らの協力を得て、1906年に奥田を創立委員長として名古屋瓦斯が設立された（鈴木・小早川・和田［2009］352-359頁）。鈴木摠兵衛は服部小十郎との関係もあり、名古屋瓦斯の設立には積極的に参画し、奥田正香は社長、服部小十郎と鈴木摠兵衛は取締役に就任した。材摠店は、名古屋瓦斯創業当初に300株を所有し、その後いったん200株に所有を減らしたものの、その後株金払込を着実に行い、新株も引き受けて順調に所有額を増大させた（表4－4）。ガス事業は、奥田正香が積極的に展開したこともあり、材摠店も日本各地のガス（瓦斯）会社の株を購入するに至った。例えば、1909年設立の京都瓦斯は、奥田正

230　第Ⅱ部　東海地域の会社設立と地方資産家

表4－4　材摠店有価証券投資の動向（その2、1907～29年）

会社名	所在地＼年末	1907	1908	1909	1910	1911	1912	1913	1914
旧山陽鉄道	神戸	40,000	45,000	→奥へ					
旧関西鉄道	四日市	36,000	40,000	→奥へ					
東京鉄道	東京	24,000	27,500	24,000	24,000	33,000			
旧九州鉄道	門司	17,000	19,500	→奥へ					
愛知時計製造	名古屋	7,200	6,000	6,000	7,500	11,938	14,900	19,625	19,625
名古屋倉庫	名古屋	6,600	5,330	7,575	8,100	10,100	11,200	12,400	12,400
三重紡績	四日市	4,500	11,500	10,500	10,500	12,000	12,000	13,500	13,500
名古屋電力	名古屋	4,000	5,000	4,000	4,000	3,625	3,375	3,500	3,250
名古屋瓦斯	名古屋	2,800	5,000	7,000	10,000	13,000	14,500	10,600	13,000
明治製糖	東京	1,600	4,000	5,500	8,000	13,700	14,040	14,040	14,040
帝国冷蔵	東京	1,500	1,250	2,000	2,000				
名古屋木材	名古屋	1,400	1,400	2,000	200	250	400	400	340
満洲興業	東京	1,200			名古屋土地（名古屋）		100	100	
日本車輌製造	名古屋	1,000	800	500	800				
名古屋製函	名古屋	800	1,000	1,350	3,150				東洋海上
北海道馬匹奨励	札幌	800	600	600					
共同火災保険	東京	600	600	600	1,000	1,250	1,250	1,250	800
豊田式織機	名古屋	600	500	500	500				
愛知挽木	名古屋	600	440	440	440	440	440	600	600
旧京釜鉄道	東京	600	→奥へ		中央鉄工所（名古屋）		1,000	1,000	300
琺瑯鉄器	名古屋	420	420	350	350	350	700	1,050	350
中央炭礦	名古屋	140	140	140	140	140	140	140	140
名古屋製糖	名古屋	50		北海道瓦斯（東京）		1,500			
福壽生命保険	名古屋			2,000	2,000	2,500	4,500	5,250	5,250
東洋拓殖	東京		350	420	560				
京都瓦斯	京都			5,100	10,500	13,500	16,350	13,200	9,000
豊橋瓦斯	豊橋			3,125	2,500	2,500	2,500	2,600	2,000
韓国銀行	京城			1,650	1,650				
一宮瓦斯	一宮			1,250	1,250	1,250	1,200	1,200	1,200
仙台瓦斯	仙台			1,000	1,000	1,500	1,500	1,600	1,500
愛知木材	名古屋			600	740	800	1,375	1,375	850
名古屋木工	名古屋			200	200	160			大日本石
京津電気軌道	京都				3,500	7,000	10,500	14,000	14,000
福壽火災保険	名古屋				2,000	2,600	2,080	1,300	
京成電気軌道	東京				1,600	3,200	2,400	2,400	
朝鮮起業	釜山					5,000	4,000	3,200	
名古屋豆油	名古屋					1,000	800	1,000	
大正土地	名古屋					1,000	600	300	
愛知信託	名古屋					500	500	500	
名古屋枕木合資	名古屋							1,000	
京阪電気鉄道	牧方								4,600
金沢紡績	金沢								
東洋製鉄	東京								
名古屋電気鉄道	名古屋								
北海炭業	名古屋								
中央礦業	名古屋								
東亜興業	東京								
日米信託	東京								
尾張耐火煉瓦	武豊								
スマトラ興業	東京								
大湊興業	青森県大湊								
朝日木管	名古屋								
株式計		153,410	178,300	88,400	107,080	134,077	125,270	128,810	126,445
国庫証券		27,569	→奥へ						
臨時事件公債		10,252	→奥へ						
五分利公債				720					
札幌競馬倶楽部債券					600	500	440	400	340
公社債計		37,821	720	0	600	500	440	400	340
有価証券計		191,231	179,020	88,400	107,680	134,577	125,710	129,210	126,785

(出所) 中西［2017d］表8・9より作成。
(注) 表4－2と同じ。会社名の変更を示すと、名古屋電力は1910年より名古屋電灯、韓国銀行は10年より朝鮮銀行、中央炭礦は11年より尾張炭礦、京津電気軌道は11年より京津電鉄、愛知時計製造は13年より愛知時計電機、三重紡績は14年より東

第 4 章　近代名古屋における会社設立と有力資産家　231

単位：円

1915	1916	1917	1918	1919	1921	1923	1924	1927	1928	1929
			愛知機器	69,375		名古屋梓扱所（名古屋）		2,650	2,900	3,000
			名古屋住宅（名古屋）	11,200	11,200	11,200	13,440			
			山岸製材（名古屋）	2,500	3,000	3,000	3,000	2,500	2,500	2,000
			日本水力電気（東京）	1,400	2,000					
33,250	60,100	122,400	165,725	210,700	268,350	276,650	276,650	276,650	276,650	307,725
12,400	22,000	29,500	33,250	50,560	69,870					
19,500	22,500	23,700	24,000	24,000	28,560	28,560	28,560	30,560	33,805	33,705
3,850	4,500	4,500	4,750	6,000		瑞穂興業（東京）		16,560	16,560	
18,000	18,000	19,000	20,000	20,000	28,900	16,500	5,500	5,500	5,500	5,500
16,040	18,720	20,080	20,080	20,080	22,000	22,000	25,400	24,880	24,880	24,880
			日米生糸（東京）	1,200	1,200	840	600	360	360	計上せず
400			4,000	2,250	2,070					
			日本特許インキ（東京）	1,000	800	100				
			日本煉瓦製造（東京）	800	700	700	700			
保険(東京)	250			国際信託（東京）	2,000	2,000	2,000	600	400	計上せず
			材摠製作合資（名古屋）	60,000	150,000	150,000				
700	1,000	1,000	1,250	1,250	1,950	1,950	1,950	1,800	1,950	1,950
			名古屋衛戍購買組合	500	400	400	400	400	400	300
600	600	600		愛知セメント（名古屋）		14,250	13,000	7,500	9,000	9,000
500			駿遠電気鉄道（静岡県川崎）	700	1,500					
350				名古屋酸素（名古屋）	1,240	1,440	1,040	1,200	2,200	1,760
140	140	140	140	140	420	350	350			
			飛越木材（富山県青島）	600	450	1,040				
4,500	7,800	7,500	13,500	13,500	11,250	11,250	12,750	17,850	17,850	17,850
		愛知炭礦（名古屋）		70		日本無線電信（東京）		10,000	10,000	12,500
11,100	13,000	13,000	13,500	14,500	15,500	17,500	20,000	38,000	42,000	48,000
2,000	2,000	2,000	2,000	2,600	2,600	2,600	3,000	3,000	4,000	5,000
			関西電力（大阪）		5,500					
1,440	1,440	1,440	1,440	大同電力（東京）		9,520				
700	600		秋田木材（能代）		1,500	1,500	2,000		1,500	750
490	490	490	550	610	790	600	600			
油(東京)	500	400	一誠社（名古屋）		500	500	500	405	400	250
14,000	14,000	14,000	14,000	13,592	16,000	18,000	27,500			
780	2,500	2,500	3,125	3,750	3,750	3,750	3,125	2,500	2,500	3,000
4,000	5,000	6,000	6,000	富国徴兵保険		3,000	3,000	3,000	3,000	3,000
4,000	2,000	2,000	1,200	1,000	1,500					
200	200	300		愛知土地（名古屋）		500	500	400	500	
300	500	500	500			愛知時計（名古屋）		13,800	14,352	14,352
350	1,000	2,000	2,000	5,200	8,000	8,000	8,000	7,000	7,000	6,000
1,250	2,000	2,000	3,000	4,000	4,000	5,000	5,000	56,000	30,000	32,000
4,800	4,800	4,500	4,500	5,500	9,375	9,375	9,450	54,458	54,258	54,358
	250	1,000	600	千歳興業	31,188					
		6,250	7,000	4,000	3,000	2,000	2,000	2,000	1,600	1,600
		650	700	775	875	375	450	525	450	450
			3,750	3,000	3,000	1,500				
			3,500	3,000	3,000		300	180		
			2,000	3,000	3,000	2,000	2,000			
			1,000	加租土地（名古屋）		18,000	39,600	50,000	50,320	50,800
			1,000	永平寺鉄道（福井県志比谷）		300	400	400	400	
			700	700	700	700	700			
			500	500	500	100	昭和レーヨン（大阪）		585	585
							野沢屋（横浜）	1,200	1,200	3,500
155,640	205,890	287,450	359,960	501,927	632,738	646,750	663,365	633,478	618,920	660,775
280	250	190								
280	250	190	0	0	0	0	0	0	0	0
155,920	206,140	287,640	359,960	501,927	632,738	646,750	663,365	633,478	618,920	660,775

洋紡績、一宮瓦斯は17年より尾州瓦斯電気、大日本石油は1917年に日本石油に合併、北海炭業は1921年から北海産業で、25年に中央炭礦に合併されたと思われる。名古屋瓦斯は1922年に東邦電力に合併、愛知信託は1923年よりより愛知信商、名古屋電気鉄道は1923年より名古屋鉄道、愛知セメントは1927年より小野田セメントに合併。

香が取締役として参画したため、材摠店も出資し、新株も引き受けて追加出資した。同じ1909年設立の仙台瓦斯も、奥田正香は取締役として参画しており、材摠店も出資し、愛知県下でもいずれも奥田正香が社長となった豊橋瓦斯と一宮瓦斯（いずれも1909年設立）に対して材摠店が出資した（由井・浅野編［1988～89］第14巻、98、249-250、329頁）。このように、ガス事業への出資に関しては、鈴木摠兵衛と奥田正香の関係は密接であった。

　その一方、奥田正香と無関係に鈴木摠兵衛が独自に展開した事業として時計製造業がある。名古屋は後年、置時計・掛時計の日本最大の産地に成長するが、林時計製造所が1892年に名古屋市松山町に新設した工場から本格的機械生産が始まった。この時計の外箱の材料にヒメコマツなどの木曽特産品の木材が用いられたため、材木商と時計製造業のつながりができた。林時計製造所に続いて愛知時計製造合資も1896年に大規模な工場生産を開始し、98年に株式会社に改組し、その社長として鈴木摠兵衛が迎えられた（新修名古屋市史編集委員会編［2000］238-241、479-483頁）。鈴木摠兵衛は、1902年に設立された愛知県時計製造同業組合の組合長になると、時計製造業の振興に努め、愛知時計製造（後に愛知時計電機）の社長を長年務め、10年代になると愛知時計電機への追加投資を進めて同社への材摠店の株式所有評価額は20年代末には約31万円に上った（表４－４）。表４－３では、1910年代後半に鈴木摠兵衛は、愛知時計電機の社長を一時辞めたかに見えるが、同時期の愛知時計電機では社長は設けておらず、鈴木摠兵衛は20年代後半に社長を後進に譲るまで、愛知時計電機の経営者のトップに位置した。こうして、名古屋財界において、鈴木摠兵衛は材木商の代表としてのみでなく、時計製造業界の代表としても活動するに至った。

（３）1910年代後半～20年代の動向

　1910年代の材摠店の有価証券投資は、材摠店の材木商としての業種に関連する、愛知時計製造・愛知挽木・名古屋木材・名古屋枕木合資などへの投資があり、奥田正香との関係で始めた投資として、名古屋電力・名古屋倉庫・三重紡績・名古屋瓦斯・京都瓦斯・豊橋瓦斯・一宮瓦斯・仙台瓦斯などがあった。材摠店はそれらの多くを、1913（大正２）年の奥田正香引退後も、手放すことなく持ち続け、鈴木摠兵衛が奥田正香の後継者として名古屋財界で活動する力の

源となった。前述のように鈴木摠兵衛は、奥田正香の後を受けて商業会議所会頭となり、1920年に会頭を辞任した後も、20年代前半は特別議員として商業会議所役員を務め続けた（本書第5章表5－8を参照）。その一方で、1910年代後半から、京阪電気鉄道・京津電気軌道・京成電気軌道など、関西圏・関東圏の民営電気鉄道会社の株も購入した。これは都市化という新しい時代に流れに対応しての株式購入と考えられ、京阪電気鉄道株は、1920年代も材摠店の株式所有の主要銘柄となった。表4－4より1920年代の材摠店の株式投資を見ると、第一次世界大戦下の好況の時期に新たに多くの会社株を所有するようになったが、炭礦・住宅関係・興業会社などいずれも木材需要の多い分野の会社株を購入しており、材木商としての家業を意識して銘柄が選択されていた。特に1923年に加福土地会社を設立して鈴木鈴四郎（後の9代摠兵衛）がその社長になるとともに（表4－3）、相当の株式を所有し、製函業へ進出して21年に材摠製作合資を設立し、それを25年に材摠店に統合して材摠合資を設立した。

　なお鈴木摠兵衛家の有価証券投資には奥勘定からの出資もあるため、その関係を検討する。表4－5を見よう。1919年版「全国株主要覧」で判明する名古屋の資産家の株式所有を示した。この資料は、株式流通市場で広く取引された銘柄の株式を対象としたため、全国的な銘柄ではない愛知時計電機などの所有株数は不明であるが、そのなかで、鈴木摠兵衛とその家族の株式所有を表4－4と比べると、明治銀行株は、1900（明治33）年以降奥勘定へ移されたが（表4－2を参照）、奥勘定でその後明治銀行株がかなり買い進められ、19年時点で6,190株所有していた。明治銀行以外の銘柄は、名古屋株式取引所・愛知銀行・上海取引所・名古屋木材を除き、表4－4にいずれも見られ、その所有株数もほぼ一致した。鈴木家の場合は銀行株以外の株式投資は材摠店で行っており、特定の銘柄に集中的に投資するよりは、いろいろな銘柄について100～400株の範囲で広く購入していたことが判る。その例外が、愛知時計電機株であり、長期にわたり主要役員を務めた明治銀行と愛知時計製造（電機）の株式を集中して保有し、それ以外は同程度の所有株を、木材需要に関係が深いインフラ分野を中心として多様な銘柄について所有したのがその特徴であった。

表4－5　1919年時点名古屋有力資産家所有株式一覧

単位：株

銘柄	所在地	創業年	奥田正香	鈴木惣兵衛家	服部小十郎家	長谷川利七家	神野金之助家	冨田重助家	伊藤次郎左衛門家	岡谷惣助家	瀧兵右衛門家	瀧定助家
名古屋電灯	名古屋	1888	1,500	100	100	300	1,900	1,030		400		170
木曽電気興業	名古屋	1908	400		50	150	300	965		300		
富士製鋼	東京	1918	300									
日章火災海上再保険	東京	1917	250									
明治銀行	名古屋	1896	200	6,190								
名古屋瓦斯	名古屋	1906	120	400	1,000	310	6,162	2,050		350		
東洋紡績	大阪	1882	120	210	50	50	420	380	1,800	1,320	200	
電気製鋼所	東京	1916	100				1,308					
京成電気軌道	東京	1909	90				130	425				
京阪電気鉄道	牧方	1906	75	130								
名古屋株式取引所	大阪	1893	50	300	400							
阿波紡織	東京	1918	50									
日米信託	東京	1918		900			2,080		500	50		
名古屋倉庫	名古屋	1893		650			200	355				
福寿生命保険	名古屋	1908		450	100		7,226	3,314	300	613		600
京都瓦斯	京都	1909		400			300					
明治製糖	東京	1906		336					166			
東洋製鉄	東京	1918		300			700		300	300	1,000	750
京津電気軌道	京都	1910		300			200					
愛知銀行	名古屋	1896		250		240			2,875	5,705	500	1,000
福寿火災保険	名古屋	1911		250			1,555	1,090	400	1,015		
東亜興業	東京	1909		200					300	500		
上海取引所	大阪	1909		130								
名古屋木材	名古屋	1907		100	100							
スマトラ興業	東京	1918		70		1,975					200	100
大日本石油	東京	1902		30			100	100				
愛知セメント	名古屋	1887			1,480	200	350			930		
名古屋電気鉄道	名古屋	1894			300		3,396	4,184	300	320	4,907	4,080
名古屋銀行	名古屋	1882			156	240						
日本郵船	東京	1885			65		629					
台湾製糖	打狗	1900			50	100						
愛知電気鉄道	名古屋	1910										

第4章　近代名古屋における会社設立と有力資産家　235

会社名	所在地	設立年							
東京瓦斯	東京	1885	700						
南満洲鉄道	大連	1906	368	368					
大日本紡績	尼崎	1889	310		144				
東洋拓殖	京城	1908	200						
日本絹綾紡織	東京	1919	100				200		
第一火災海上保険	東京	-917	100	300	200				
日本煉瓦製造	東京	1887	60	100	330	60	60		60
東京海上保険	東京	1908	58	95		50			50
京都電燈	京都	1887		300					
近江銀行	大阪	1894				400			
尾三農工銀行	名古屋	1898				206			60
金沢銀行	金沢	1917				150			
日本染料製造	東京	1916				50			
日本窒素肥料	東京	1906						2,010	1,590
帝国撚糸織物	名古屋	1907						300	3,394
川崎造船所	神戸	1896						240	
久原鉱業	大阪	1912						200	
豊田式織機	名古屋	1907						130	
大阪商船	大阪	1884						100	
日本軽銀製造	大阪	1916						100	
摂陽銀行	大阪	1897						100	
日本車輛製造	名古屋	1896						1,250	4,610
東海倉庫	名古屋	1906						800	200
日清紡績	東京	1907						700	
南満洲製糖	奉天	1916						300	
第一銀行	東京	1873						250	
朝鮮銀行	京城	1909						102	
満蒙毛織	奉天	1918							1,200

(出所)渋谷編[1985]第6・7巻より作成。

(注)大都市で株式市場に上場された会社の所有株数を示した。奥田家は奥田正香分のみ。鈴木家は摂兵衛・のぶ・鈴三郎・達次郎・不二・なみ分を、服部家は服部小十郎・辰子・栄子・與一分を、長谷川家は紳七、長谷川紳七と與一分を、紳野家は金之助・金重郎・ミツ・守松分を、岡谷家は惣助・清治郎・廣三郎分を合計。伊藤家は次郎左衛門・ミツ・守松分を、紳野家は信四郎分のみ、瀧兵古衛門家は定助・六郎・廣三郎分を合計。出所資料では、長谷川紳七と長谷川純七とされていたが、名古屋木材株を多数所有したことから長谷川紳七とのことと推定した。紳野冨田鉱産会社分は福寿生命保険1,800株と福寿火災保険475株。

2　名古屋の資産家と会社設立

（1）奥田正香と神野・富田家

　前述のように、これまでの研究では近代名古屋の会社設立を主導したのは奥田正香と考えられるので、まず奥田正香の企業家活動を確認する。奥田正香は、1870年代初頭には安濃津県の役人であったが、官吏を辞してから味噌醬油製造業に従事して名古屋地域で比較的大きな味噌醬油製造業者となった。奥田正香は、1880（明治13）年に愛知県会議員に当選し、81年に名古屋の米商会所頭取となるなど、着実に名古屋財界で地歩を築き、93年に名古屋商業会議所の会頭となって名古屋財界を牽引する立場となった（鈴木・小早川・和田［2009］300-305頁）。表4－6を見よう。奥田の企業家活動は、1887年設立の尾張紡績に始まるが、名古屋商業会議所会頭となると、前述のように、名古屋株式取引所・名古屋生命保険・名古屋倉庫の設立にそれぞれ関わり、名古屋株式取引所の理事長と、名古屋生命保険と名古屋倉庫のそれぞれ監査役となった。そして、1896年に日本車輛製造を設立して社長となるが、90年代後半〜1900年代前半に奥田が関与した企業は、これら5社に限られ、その点では、いわゆる「企業勃興期」に奥田が多数の会社を立ち上げたわけではない。

　ところが1900年代中葉から奥田の活動が活発となる。前述のように紡績合同論を唱えて、自ら社長の尾張紡績を初めとして愛知県の綿紡績会社を三重紡績に合併させてより強力な大紡績会社を東海地域に作ろうとした。これらの合併の経緯は橋口勝利が論じたが（橋口［2014］）、奥田正香が合併後の三重紡績の経営の実権を握ったとする橋口の評価には疑問が残る。確かに、奥田は合併後に三重紡績の取締役に就任し、1909年下半期には三重紡績取締役会長に就任する。しかし、この時に常務取締役に伊藤傳七と齋藤恒三という旧三重紡績重役陣が就任しており、経営を実際に担当したのは、伊藤傳七と齋藤恒三の両名であったと考えられる。三重紡績の重役陣は1906年まで九鬼紋七が会長、伊藤傳七と齋藤恒三が取締役であったが、尾張紡績・名古屋紡績との合併に反対の九鬼紋七が会長を退き、1907年上半期に渋澤栄一が一時的に会長となり、奥田正香が新たに取締役に就任して、九鬼・伊藤・齋藤・奥田の四名が取締役となった。ただし、渋澤はすぐに会長から退き、1907年下半期〜09年上半期は、渋澤

第4章 近代名古屋における会社設立と有力資産家 237

表4-6 奥田正香会社役員の推移

会社名	所在地	創業	1895年	1897年	1899年	1901年	1903年	1905年	1907年	1909年	1911年	1913年
尾張紡績	名古屋	1887	社長	社長	社長	社長	社長	社長				
名古屋株式取引所	名古屋	1893	理事長	理事長	理事長	理事長	理事長	理事長	理事長	理事長	理事長	理事長
名古屋生命保険	名古屋	1893	監査役	監査役	監査役	監査役	監査役	相談役				
名古屋倉庫	名古屋	1893	監査役	監査役	監査役	監査役	監査役	監査役				
日本車輌製造	名古屋	1896		社長	社長	社長	社長	社長				
三重紡績	四日市	1886							取締役	取締役	会長	会長
名古屋瓦斯	名古屋	1906							社長	社長	社長	社長
名古屋電力	名古屋	1906							社長	社長		
名古屋織布	名古屋	1905							会長			
中央炭礦	名古屋	1906							社長			
明治土地建物	名古屋	1907							取締役			
豊橋瓦斯	豊橋	1909									社長	社長
一宮瓦斯	一宮	1909									社長	社長
京都瓦斯	京都	1909									取締役	取締役
仙台瓦斯	仙台	1909									取締役	取締役
浜松瓦斯	浜松	1910									社長	社長
岐阜瓦斯	岐阜	1910									社長	社長
知多瓦斯	半田	1910									取締役	社長
京津電気軌道	京都	1910									取締役	取締役
津島瓦斯	津島	1910									社長	
千代田瓦斯	東京	1910									取締役	
奈良瓦斯	奈良	1910									監査役	監査役
大正瓦斯	名古屋	1912										取締役
朝鮮起業	釜山	1912										取締役

(出所)由井・浅野編［1988～89］、大正2年版『日本全国諸会社役員録』商業興信所より作成。
(注)各年とも1月現在の状況を示すと考えられる（表4-7・8・10・11・13～16も同じ）。

栄一・九鬼紋七・伊藤傳七・齋藤恒三・奥田正香の五名が横並びで取締役となっていた。それが1909年下半期に、会長が奥田正香、常務取締役が伊藤傳七・齋藤恒三、取締役が九鬼紋七となり、渋澤栄一は三重紡績の重役から外れた（村上［1970］第22表）。渋澤栄一は三重紡績の重役を離れるにあたり、奥田正香を会長に推薦して自らの影響力を残そうと考えたのであろう。

一方、橋口が指摘するように三重紡績が尾張紡績と名古屋紡績の合併を契機に、それまでの独自路線から合併拡大路線に転換したことも事実であり（橋口［2014］）、旧三重紡績重役陣のなかで最も強硬に独自路線を主張していた九鬼紋七が常務取締役とならずに、奥田の説得を受け入れた伊藤傳七と齋藤恒三が常務取締役となったことが、三重紡績の合併拡大路線への転換を象徴していた。ただし、このことは奥田正香が三重紡績の経営権を掌握したことを必ずしも意味しない。1907年上半期・10年上半期・14（大正3）年上半期の三重紡績の株主では（橋口［2016］表3）、伊藤傳七は安定して飛び抜けた大株主であり続け、

九鬼紋七がそれに次ぐ地位を占め、奥田正香の三重紡績株所有数は、10年上半期は上位19番目に位置したが、それ以外は上位20位に入っていなかった。しかも奥田正香には、息子正吉が棉花・綿糸商売の投機で1906年に大損失を被ったという弱みも存在した。慶應義塾同窓生であった奥田正吉は、三井物産や日本郵船に勤務した後、1903年に名古屋に戻って棉花輸入・綿糸輸出などを主な業務とする貿易商を開業し、東京と大阪に支店を、舞鶴に出張所を設けて事業を拡張したが、06年の棉花価格の暴落で莫大な損失を被り、綿糸価格の下落も加わり、名古屋の本店と大阪支店を閉鎖するに至ったとされる（三田商業研究会編［1909］191-192頁）。奥田正吉が名古屋で棉花・綿糸商を開業したのは、父親の奥田正香の経営する尾張紡績との関係からと思われるが、結果的に奥田正吉は1906年に名古屋を離れ、東京で奥田商店を再開した。

　奥田正香をとりまくこのような状況を考えると、奥田は三重紡績の経営よりもむしろ新たなステージでの活躍を考えたと思われる。表4－6を見よう。奥田正香は尾張紡績を三重紡績に合併させた後に、名古屋瓦斯・名古屋電力を1906年に設立して両社の社長に就任する。そして1909～10年にかけて愛知県下の豊橋・一宮・半田・津島に加えて、京都・仙台・浜松・岐阜など全国各地にガス会社を設立して社長や取締役となる。まさに、1906年以降の奥田の関心は、綿紡績業界よりもむしろガス・電力などのエネルギー業界に向かったと言える。そして、この奥田正香のエネルギー業界への転身は、奥田を支えた鈴木摠兵衛や神野金之助も歓迎し、彼らは奥田が設立したガス会社に役員として経営参加したり、有力株主となった。もともと鈴木摠兵衛は材木商、神野金之助は土地資産家であって繊維業界には両家とも疎く、奥田正香が設立した尾張紡績には、鈴木摠兵衛・神野金之助ともに経営参加せずに、株式所有も少数に止まった（神野については後述）。彼らにとってみると、自家の家業に関連するインフラ事業の方により関心を持っており、1906年以降ようやく奥田を中心とする資産家グループのまとまりがよくなったと言える。奥田が尾張紡績を設立した際に、自らのグループに繊維業界に強い人材が少なかったため、瀧兵右衛門らの呉服商の力を借りたと考えられるが、その点から尾張紡績の三重紡績への合併を見ると、奥田は自らの意のままにならない瀧兵右衛門などが経営を担う尾張紡績に見切りをつけて、それらを三重紡績に合併させた上で、インフラ事業に

進出することで名古屋財界での自らの主導権をさらに強化したと言えよう。

　そして1905〜07年に名古屋で、名古屋瓦斯・名古屋電力（10年に名古屋電灯に合併）などインフラ会社を設立するとともに、名古屋織布・中央炭礦・明治土地建物などの設立に関わり、名古屋織布は会長、中央炭礦は社長、明治土地建物は取締役といずれも役員となり、それをまもなく後進に譲り、東京の渋澤栄一のように、多くの会社を名古屋で立ち上げてはそれをほかの経営者に任せた。奥田正香は名古屋の「渋澤栄一」と呼ばれたそうであり（城山［1994］32頁）、1909〜12年の全国での瓦斯会社の設立は、それを彷彿とさせるが、13年に実業界を引退した（鈴木・小早川・和田［2009］375頁）。ただし、その後も名古屋電灯の有力株主であり、表4－5に戻って1919年時点の奥田正香の所有株式を見ると、名古屋電灯を中心に、明治銀行・名古屋瓦斯・東洋紡績（三重紡績の後身）・名古屋株式取引所など自らが設立や経営に関与した諸会社の株式は、所有株数は少なくなったとは言え所有し続けていた。

　奥田正香の企業家活動を支えた名古屋の資産家として、これまでの研究で鈴木摠兵衛家に加えて、神野金之助家や富田重助家が挙げられるので、続いて神野・富田家について検討する。伊藤次郎左衞門家と岡谷惣助家が密接な姻戚関係にあったように、神野金之助家と富田重助家も密接な姻戚関係にあった。すなわち、幕末期に尾張国海西郡の干鰯商神野家の長男が名古屋の紅葉屋（富田）重助家の養子に入り、富田重助家を継いだことで、富田重助家と神野金之助家の姻戚関係が始まった。1876年に富田重助が亡くなると、次代の重助が若かったため、神野金之助がこの甥の富田重助の後見人となり、富田家と神野家の両家の財産を管理して運用するに至った（西村［2004］、都築［2011］）。伊藤次郎左衞門家と岡谷惣助家以上に、富田家と神野家は密接な関係を持ち、金之助は先代の富田重助死後に増えた神野・富田両家の資産を共有と定めて、1905年に神野富田殖産会社を設立して、それら共有財産の利用・保管を同社に移した。神野金之助は、先代の富田重助が行っていた土地担保金融事業を拡大して土地を積極的に買い入れるとともに、自ら三重県鈴鹿郡や愛知県額田郡の原野の払下げを受けて神野新田の開拓を行った。

　これらの成功により、表4－1に見られるように、神野家と富田家は名古屋でも有数の資産家となり、土地資産家として米取引の関連で、神野金之助は米

商会所で奥田正香と役員をともに務め、奥田の要請で1898年1月に明治銀行の頭取に就任した[4]。表4－7・8を見よう。明治銀行の頭取を務めたため、神野金之助は奥田正香を中心とする資産家グループに入れられるが、神野金之助が奥田正香の支援で多くの会社経営に積極的に携わるのは、日露戦後であった。奥田を中心とする資産家グループで設立された名古屋生命保険を、前述のように、社長の鈴木摠兵衛の反対を押し切って奥田は小栗冨治郎に売却したため、1907年恐慌で小栗銀行が破綻して小栗冨治郎が名古屋から撤退した後に、奥田が08年に再び生命保険事業に乗り出した際に、鈴木摠兵衛に頼むわけにはいかず、奥田は神野金之助を担ぎ出した。そして1908年に設立された福壽生命保険の社長に神野金之助が、専務取締役に富田重助が就任した。ただし、神野金之助や富田重助は、奥田正香の引退後に福壽生命保険社長・名古屋電気鉄道社長として名古屋財界で重きを置くに至り、鈴木摠兵衛ほどには奥田との関係は強くなかったと考えられる。

　その点が1897年時点の神野家・富田家の有価証券所有内容から窺える。同年時点の神野家の有価証券所有は以下のようであった（（　）内は額面）[5]。整理公債（7,500円）、軍事公債（7,000円）、明治銀行（5万円）、九州鉄道（31,250円）、商業銀行（24,850円）、山陽鉄道（22,000円）、関西鉄道（10,750円）、鉄道車輛製造所（1万円）、日本鉄道（5,000円）、参宮鉄道（5,000円）、日本郵船（5,000円）、第一銀行（3,000円）、尾張紡績（1,800円）、共立絹糸紡績（1,500円）、知多航業（1,500円）、日本勧業銀行（1,200円）、三重紡績（1,000円）。1898年1月時点で神野金之助は明治銀行頭取と商業銀行取締役を務めており（由井・浅野編［1988～89］第3巻、142-143頁）、両銀行の株式所有が多いが、それ以外の有価証券は大部分が、九州鉄道・山陽鉄道・関西鉄道などの有力民営鉄道会社であり、奥田を中心としたグループで設立された日本車輌製造ではなく、そのライバル会社で瀧兵右衛門らが出資して1896年に設立された鉄道車輛製造所に出資をしている。また、奥田が社長を務める尾張紡績の株もそれほど購入していない。それは富田家も同様で、富田家の1897年時点の有価証券所有（（　）内は額面）は、商業銀行（22,500円）、関西鉄道（10,650円）、鉄道車輛製造所（2,500円）、三

---

[4]　以下の記述は、鈴木・小早川・和田［2009］301、333-337、365-366頁を参照。
[5]　（明治31年）「所得金高届」（富田重助家資料、名古屋市博物館蔵）。

重紡績（500円）であった[6]。1898年1月時点で富田重助は商業銀行監査役を務めており、商業銀行株を多く所有していたが、日本車輌製造ではなく鉄道車輌製造所の株を所有しており、尾張紡績の株は所有していなかった。

　表4－5に戻って1919年時点の神野家と富田家の所有株式を見ると、神野家は神野同族・神富殖産分も含めて、経営に携わった福壽生命保険・明治銀行・名古屋電気鉄道を中心に、各業種に幅広く25銘柄を所有し、同表で鈴木摠兵衛家が所有した株式と比べると、25銘柄のうち12銘柄が重なり、富田家の場合も、同年に所有していた15銘柄のうち7銘柄が、鈴木摠兵衛家が所有した銘柄と重なった。富田家が同年に所有した15銘柄のうち14銘柄が神野家の所有株式銘柄と重なり、神野家と富田家は共通性を持ちつつ株式投資を行っていたが、神野金之助と鈴木摠兵衛も長期にわたり明治銀行の役員を一緒に務めており、神野家と鈴木摠兵衛家の株式所有の銘柄もかなりの共通性があった。

　その後、神野家と富田家は1920年代以降名古屋の多くの会社の役員を兼任する（表4－7・8）。しかも神野家は豊橋地域で大規模な新田開発を行い、豊橋にも拠点を設けた結果、豊橋の諸会社の役員にもなる。前述の鈴木摠兵衛家が1913年から奥田正香の後継者として名古屋株式取引所の理事長となり、明治銀行・名古屋倉庫・名古屋瓦斯の取締役も継続したものの、20年代に次第に会社経営から手を引き、家業の木材関係の会社経営に限定するようになったのと対照的に、神野家は20年代末～30年代初頭には、多業種にわたり会社役員を務めた。もっとも神野家が関与した会社は、銀行・保険・鉄道・電力などインフラ部門が多く、1900年代後半から奥田正香が進めたインフラ事業の定着を図ったのが神野家であったと言える。前述の神野富田殖産会社は1919年に神富殖産株式会社となり、それ以降の有価証券所有の動向が判明するのでここで検討する。表4－9を見よう。この表で示したのは、神野・富田両家の資産運用会社の有価証券投資なので、厳密には有価証券の法人所有となるが、実態としては神野・富田両家の有価証券所有の動向を示すと言える。1920年度の神富殖産の有価証券所有額は約60万円でその内訳は、両家が経営者として名を連ねた福壽生命保険・明治銀行・名古屋電気鉄道の株式が中心であった。ところが、1920年

---

6)　由井・浅野編［1988～89］第3巻、前掲（明治31年）「所得金高届」（富田重助家資料）。

表4-7 神野金之助家会社役員の推移（愛知県の諸会社）

会社名	所在地	創業年	1895年	1899年	1901年	1903年	1905年	1907年	1909年	1911年
商業銀行	名古屋	1894	取締役	取締役	監査役	監査役				
明治銀行	名古屋	1896		頭取	頭取	頭取	頭取	頭取	頭取	頭取
尾三農工銀行	名古屋	1898		監査役	取締役	取締役	取締役			
明治貯蔵銀行	名古屋	1898				頭取				
蚕糸周旋	豊橋	1907						取締役[1]	取締役[1]	取締役[1]
名古屋電力	名古屋	1906						監査役	監査役	
熱田貯蓄銀行	名古屋	1893							頭取	頭取
福壽生命保険	名古屋	1908							社長	社長
福壽火災保険	名古屋	1911								社長
豊橋瓦斯	豊橋	1909							常務[1]	
神野新田養魚	高師	1910								取締役[1]
名古屋電気鉄道	名古屋	1896								社長
三州倉庫	豊橋	1911								
神野富田殖産合名	名古屋	1905								
神野同族	名古屋	1920								
名古屋倉庫	名古屋	1893								
東三委託	豊橋	1919								
名古屋住宅	名古屋	1919								
名古屋セメント	名古屋	1919								
名古屋印刷	名古屋	1919								
愛知時計電機	名古屋	1898								
日本貯蓄銀行	名古屋	1898								
名古屋製陶所	名古屋	1917								
尾陽土地経営	名古屋	1922								
三州貯蓄銀行	豊橋	1921								
豊橋川魚問屋	豊橋	1923								
便宜運漕	名古屋	1925								
アサヒ蓄音器商会	名古屋	1925								
愛知時計	名古屋	1925								
豊橋電気軌道	豊橋	1924								
昭和毛糸紡績	名古屋	1928								
三河水力電気	名古屋	1924								
豊橋合同運送	豊橋	1927								
城北電気鉄道	名古屋	1927								
遠三鉄道	名古屋	1927								

（出所）由井・浅野編［1988～89］および大正2・4・6・9・12・15・昭和4・7・10年版『日本全国諸会社役員録』商業興信所より作成。
（注）役職の常務は常務取締役。無印は金之助として。1)三郎として。2)金重郎として。3)七郎として。神野富田殖産合名は、1919年より神富殖産株式会社に改称。熱田貯蓄銀行は、1912年から明治貯蔵銀行に名称変更したと思われる。名古屋倉庫は1924年より東海倉庫と合併して東陽倉庫となるので1926年以降の名古屋倉庫欄は東陽倉庫を示す。

代にこれらの会社が苦境に陥る。例えば明治銀行は1910年代中葉までは神野金之助が、20年代前半は富田重助が頭取を務めたが、23年の尾三農工銀行の預金取り付けに始まる名古屋金融界の動揺時に預金減少に見舞われ、最終的に31（昭和6）～32年の昭和恐慌下に預金取り付けにあって休業した（西村［2002］）。神富殖産は、明治銀行株の評価額を1923年度に減らした後、30年度に買い増したものの、32年の明治銀行の休業で同行株の資産価値をほとんど失った。

1913年	1915年	1917年	1920年	1923年	1926年	1929年	1932年	1935年
				三河製糸（豊橋・1920）		取締役[1]	取締役[1]	取締役[1]
頭取	頭取	取締役	取締役	取締役	取締役	取締役	取締役	取締役[3]
			（愛知県農工銀行と改称）	取締役[1]	取締役[1]	取締役[1]	取締役[1]	取締役[1]
頭取	頭取	頭取		中央信託（名古屋・1926）		取締役	取締役	
取締役[1]	取締役[1]	取締役[1]	取締役[1]	取締役[1]	取締役	取締役		
				名古屋ゴルフ倶楽部（名古屋・1928）		監査役	監査役	
					昭和起業（名古屋・1929）	代表取締役	代表取締役	
社長	社長	社長	社長	取締役	取締役	取締役	取締役	社長
社長	社長	社長	社長	取締役	取締役	取締役	取締役	取締役
常務[1]	常務[1]	常務[1]	常務[1]	常務[1]	常務[1]	常務[1]	常務[1]	常務[1]
取締役[1]	取締役[1]	取締役[1]			取締役[1]	取締役[1]	取締役[1]	取締役[1]
社長	取締役	社長		（名古屋鉄道と改称）	監査役	取締役	（名岐鉄道）	社長
取締役[1]	取締役[1]				名港土地（名古屋・1911）	社長	社長	社長
	代表社員	代表社員	取締役	取締役	代表取締役	代表取締役	代表取締役	代表取締役
			社長	社長	社長	社長	社長	社長
			取締役[1]	取締役[1]	取締役[1]	取締役[1]	取締役[1]	取締役[1]
			社長[1]	社長[1]	社長[1]	社長[1]	社長[1]	
			取締役[2]	取締役[2]	愛知電力（名古屋・1930）	取締役		
			取締役[2]		東邦瓦斯（名古屋・1922）	監査役		
			取締役[2]		中部電力（名古屋・1930）	監査役		
				監査役	監査役	監査役	監査役	監査役
				取締役	取締役	取締役	取締役	
				取締役	取締役	取締役	取締役	
				取締役	取締役	取締役	取締役	
				監査役[1]	神野新田土地（名古屋・1933）		専務[1]	
					取締役[1]	社長	社長	社長
					社長	社長	社長	社長
					社長[1]	社長[1]	社長[1]	取締役[3]
					監査役	監査役		
					相談役	相談役[1]	相談役[1]	監査役[1]
					監査役	監査役		
					代表取締役	代表取締役	取締役	
					監査役[1]	監査役[1]	監査役[1]	
						取締役		
						監査役[1]		

　また福壽生命保険も、1920年代初頭までは神野金之助が社長、その後は富田重助が社長を務めたが（西村［2004］）、神富殖産は、福壽生命保険株の評価額も23年度にかなり減らし、20年代後半に買い増したものの、32年度の明治銀行休業の際に再び福壽生命保険株の評価額を少し減らした。そして名古屋電気鉄道は、1921年に市内線を名古屋市に譲渡するとともに、郊外線を分離独立して名古屋鉄道を立ち上げ（名古屋鉄道（株）広報宣伝部編［1994］102-118頁）ており、神富殖産は、21年時点の名古屋電気鉄道株134,000円の所有から24年時点の名古屋鉄道株43,400円の所有へとその額を減らした。これらの要因により、神富殖産の有価証券所有規模は、1920年度の約62万円から24年度の約43万円へ

表4-8 富田重助家会社役員の推移（愛知県の諸会社）

会社名	所在地	創業年	1899年	1901年	1903年	1905年	1907年	1909年	1911年
商業銀行	名古屋	1894	監査役	頭取	頭取				
名古屋電気鉄道	名古屋	1890		監査役	監査役	監査役	取締役	会長 常務	取締役
福壽生命保険	名古屋	1908							専務
福壽火災保険	名古屋	1911							取締役
神野富田殖産合名	名古屋	1905							
名古屋倉庫	名古屋	1893							
名古屋電灯	名古屋	1887							
愛知時計電機	名古屋	1898							
名古屋住宅	名古屋	1919							
名古屋製陶所	名古屋	1917							
木曽電気興業	名古屋	1918							
明治銀行	名古屋	1894							
尾陽土地経営	名古屋	1922							
東洋電気工業	名古屋	1917							
日本貯蓄銀行	名古屋	1898							
愛知時計	名古屋	1925							
便宜運漕	名古屋	1925							
中央信託	名古屋	1926							

(出所)表4-7と同じ。
(注)役職の常務は常務取締役、専務は専務取締役、代表取締は代表取締役。無印は重助として。1)孝造として。
　　神野富田殖産合名は、1919年より神富殖産株式会社に改称。1923・26年欄の名古屋電気鉄道は名古屋鉄道。
　　名古屋倉庫は1924年より東海倉庫と合併して東陽倉庫となり、26年以降の名古屋倉庫欄は東陽倉庫を示す。

と減少したが、その後神富殖産は新たな銘柄の株式を購入することで株式投資額を再び増大させた。例えば、日本無線電信株を1925年度から購入し始め、30年度には約11万円に増大した。また、前述の伊藤次郎左衛門家が1910年に開業した百貨店「松坂屋」の株式も、28年度から新たに購入し、第二次世界大戦期まで所有し続けた。そして公債部門では、1922年度から名古屋市公債の所有を始め、32年度の明治銀行休業の際に手放した。1932年の明治銀行の休業は、神野家と富田家に大きな打撃を与え、神富殖産は、日本無線電信株と東邦瓦斯株を33年度に手放すなど、両家にとって苦しい時期が訪れたが、36年度から再び株式投資を増大させる。その中心は神野新田土地会社の株で、土地資産の運用会社であったが、日中戦争期に入ると北支那開発や北支那振興など国策会社と考えられる会社の株も購入した。1930年代の日本の植民地進出は、こうした本土の有力資産家の株式投資に後押しされていた。

1913年	1915年	1917年	1920年	1923年	1926年	1929年	1932年	1935年
				野上式自動織機（名古屋・1918）			相談役 （名岐鉄道）	監査役
取締役 専務 常務	取締役 専務 取締役 代表社員 監査役	社長 専務 取締役 代表社員 監査役	社長 専務 取締役 取締役 監査役 取締役	社長 社長 取締役 取締役 監査役	取締役 社長 取締役 代表取締 取締役	社長 社長 取締役 代表取締 取締役	社長 取締役 代表取締 取締役	監査役 取締役 代表取締
				昭和毛織紡績（名古屋・1928）				
			取締役 取締役	取締役 取締役	取締役	監査役	監査役	監査役
			監査役 取締役	監査役	監査役 十一屋（名古屋・1922）	監査役	監査役	監査役 取締役[1)
				頭取 取締役 取締役	取締役			
				監査役	監査役 取締役 監査役[1)	監査役 取締役 監査役[1)	監査役 監査役[1)	監査役[1)
						監査役	監査役	

（2）伊藤次郎左衛門家と岡谷惣助家

　冒頭で述べたように、名古屋の企業勃興は3つの資産家グループによって進められたが、そのうち奥田正香を中心とするグループをこれまで論じてきたので、本項では伊藤次郎左衛門・岡谷惣助を中心とするグループについて触れたい。伊藤次郎左衛門家は、呉服（絹製品）と太物（綿・麻製品）の小売を家業とし、近世期の名古屋で「三家」と称される最有力の御勝手御用達商人であった（林［1994］）。同家は、近代期も名古屋で大規模呉服小売店を営み、1910（明治43）年にその家業を会社化していとう呉服店（後の松坂屋）を創立した（表4－1を参照）。この伊藤家と密接な姻戚関係にあった岡谷惣助家も、金物商を家業とする近世来の有力商人で、近世期の名古屋で「三家」に次ぐ「除地衆」と称される地位の御勝手御用達商人となった。鈴木摠兵衛家も近世名古屋で「十人衆」と称される御勝手御用達商人であったが、「三家」「除地衆」より地位は低く、鈴木摠兵衛が伊藤家・岡谷家と近代名古屋の企業勃興で共同歩調をとることは少なかった（林［1994］）。

表4－9　神富殖産株式会社有価証券投資の動向

銘柄	所在地	1919年度	20年度	21年度	22年度	23年度	24年度	25年度	26年度	27年度
福壽生命保険	名古屋	36,000	220,000	220,000	220,000	110,000	110,000	112,160	112,160	112,160
朝鮮銀行	京城	19,600	24,500	24,500	24,500	21,952	21,952	10,976	10,976	10,976
福壽火災保険	名古屋	5,948	13,138	13,138	13,138	6,550	6,550	6,550	6,550	6,550
日本勧業銀行	東京	5,400	5,400	6,060	6,300	6,648	6,648	6,648	6,648	6,648
東京海上火災	東京	4,200								
神野新田養魚	高師	3,120	3,125	3,125	3,125	3,125	3,125	3,125	3,125	3,125
大阪毎日新聞社	大阪	1,875	2,250	3,000	4,500	5,250	7,500	9,000	9,000	10,500
明治銀行	名古屋		160,000	160,000	160,000	100,000	100,000	100,000	100,000	100,000
名古屋電気鉄道	名古屋		130,000	134,000	17,760	1,400				
明治貯蔵(日本貯蓄)銀行	名古屋		21,000	21,000	22,500	22,500	22,500	22,500	22,500	22,500
中華企業	東京		7,000	7,750	7,750	2,200	2,200	2,200	2,200	2,200
愛知信託	名古屋		5,600	5,600	5,600	3,600	3,600	3,600	3,600	3,600
東海道電気鉄道	名古屋		4,800	0						
名古屋(名岐)鉄道	名古屋				35,000	42,000	43,400	43,400	43,400	50,400
木村商店	名古屋					10,000	10,000	10,000	10,000	10,000
豊橋川魚問屋	豊橋					3,750	3,750	3,750	3,750	3,750
尾三(愛知県)農工銀行	名古屋						8,473	8,473	8,473	8,473
名古屋(東陽)倉庫	名古屋						4,218	4,218	3,600	3,600
日本無線電信	東京							20,000	70,000	70,000
名古屋新聞	名古屋									3,000
名古屋毎日新聞	名古屋								3,000	3,000
松坂屋	名古屋									
東邦瓦斯	名古屋									
その他とも株式所有合計			598,213	599,573	521,473	340,125	355,065	367,749	423,749	433,249
京都市公債	京都	12,600	12,600	12,600	12,600	12,600	12,600	12,600	12,600	12,500
国庫証券		6,641	6,641	6,641	0		440	440	440	440
名古屋市公債	名古屋				63,000	63,000	63,000	63,000	63,000	71,250
南満洲鉄道社債	大連			24,650	24,650	0				
名古屋新聞社債	名古屋					3,000	3,000	3,000		
公社債合計			19,241	43,891	100,250	78,600	79,040	79,040	76,040	84,190
有価証券所有合計			617,454	643,464	621,723	418,725	434,105	446,789	499,789	517,439

(出所)「神富殖産株式会社報告書」・「神富殖産株式会社所得報告書」(富田重助家資料、名古屋市博物館蔵)より作成。
(注)この表の期間の各年度末時点で所有残額が3,000円以上になった銘柄について示した。明治貯蔵銀行は1922年度より日本貯蓄銀行。尾三農工銀行は1925年度より愛知県農工銀行。名古屋倉庫は1926年度より東陽倉庫。名古屋鉄道は1930年度より名岐鉄道。神富殖産は所有株式の評価替を適宜行っていた。

　伊藤家・岡谷家らの近代期最初の会社設立は1877年の第十一国立銀行であり[7]、創業時の頭取に伊藤次郎左衛門が、副頭取に伊藤と並ぶ「三家」に位置した関戸守彦が、取締役に岡谷惣助らが就任した。表4－10・11を見よう。名古屋では翌1878年にも第百三十四国立銀行が設立され、岡谷惣助が頭取となり、関戸守彦や「除地衆」の伊藤由太郎らが取締役となった。このように第十一国立銀行と第百三十四国立銀行は役員の系譜が似ており、両行に共通する役員もいたため、1896年に両行が合同する形で愛知銀行が設立された。創業時の愛知

---

7)　以下の記述は、鈴木・小早川・和田［2009］222-228頁を参照。

第4章　近代名古屋における会社設立と有力資産家　247

単位：円

28年度	29年度	30年度	31年度	32年度	33年度	34年度	35年度	36年度	37年度	38年度	39年度	40年度
122,985	122,985	122,985	122,985	106,695	106,695	106,695	106,695	106,695	106,695	106,695	106,695	106,695
10,976	10,976	10,976	10,976	7,203	7,203	7,203	7,203	7,203	7,203	7,203	7,203	0
6,550	6,550	6,550	6,550	7,860	660	660	660	660	660	660	660	660
6,648	6,648	6,648	6,648	7,939	7,939	7,939	7,939	7,939	7,939	7,939	7,939	7,939
				神野新田土地（名古屋）			24,180	140,250	337,850	338,370	338,370	338,370
3,125	3,125	3,500	3,500	1,500	1,500	1,500	0	東洋起業食品			80,000	80,000
15,700	15,700	15,700	15,700	23,016	23,016	23,016	23,016	23,016	26,716	26,716	26,716	26,716
100,000	100,000	147,300	147,300	10,400	19,400	19,400	19,400	19,400	19,400	0		
					十一屋（名古屋）			25,000	25,000	25,000	25,000	25,000
22,500	22,500	22,500	22,500	30,000	39,000	51,000	51,000	51,000	51,000	51,000	51,000	51,000
2,200	2,200	2,200	2,200	150	150	150	0	東洋穀産工業（大阪）				125,000
3,600	3,600	3,600	360	40	0			北支那開発（東京）	17,500	17,500	17,500	17,500
								中支那振興（上海）	5,000	5,000	5,000	5,000
50,400	50,400	50,400	57,400	42,000	30,000	30,000	30,000	35,000	45,000	45,000	45,000	55,000
10,000	10,000	10,000	10,000	1,000	1,000	1,000	1,000	1,000	1,000	1,000	1,000	1,000
3,750	3,750	3,750	3,750	3,000	3,000	3,000	3,000	3,000	3,000	3,000	3,000	3,000
8,473	8,473	8,473	8,473	8,940	8,940	8,940	8,940	8,940	8,940	8,940	8,940	0
3,600	3,900	3,900	3,900	2,400	2,400	2,400	2,400	2,400	2,400	2,400	2,400	2,400
70,000	85,000	107,500	107,500	90,000	0			朝日興業（東京）		5,000	5,000	5,000
3,000	8,000	8,000	8,000	620	620	620	620	620	620	620	620	620
3,000	4,500	4,500	4,500	240	240	240	240	240	240	240	10,240	10,240
40,000	40,000	40,000	45,000	45,000	45,000	45,000	45,000	45,000	47,075	47,075	47,075	47,075
14,850	14,850	14,850	14,850	11,250	0			中央信託（名古屋）			7,500	7,500
504,124	525,924	596,099	603,859	399,864	297,414	309,414	331,758	477,828	691,203	699,823	799,823	918,680
12,500	12,500	12,500	12,500	0								
440	440	440	440	440	440	440	440	440	440	440	440	440
69,350	65,550	62,700	57,950	10,450	0							
											1,200	1,200
82,290	78,490	75,640	70,890	10,890	440	440	440	440	440	440	1,640	1,640
586,414	604,414	671,739	674,749	410,754	297,854	309,854	332,198	478,268	691,643	700,263	801,463	920,320

銀行の役員として、頭取に岡谷惣助が、取締役に関戸守彦や伊藤由太郎らが、監査役に伊藤次郎左衛門らが就任した。銀行業以外に伊藤次郎左衛門や岡谷惣助らが設立発起人になったのが紡績会社であり、1888年に名古屋紡績が設立された。頭取には、「除地衆」の伊藤忠左衛門（由太郎の父）が就任し、伊藤次郎左衛門は取締役となった。1893年時点では頭取が花井八郎左衛門に交代しており、伊藤次郎左衛門は取締役から外れて代わりにその別家の鬼頭幸七が取締役になっており、岡谷惣助も新たに取締役に加わっていた。

　ただし、伊藤次郎左衛門や岡谷惣助が中心となって設立した会社は、上記の銀行と名古屋紡績に止まり、前述の奥田正香を中心とするグループや両瀧家を中心とするグループのように幅広く多様な会社を設立するには至らなかった。

表4-10 伊藤次郎左衛門家会社役員の推移（愛知県の諸会社）

会社名	所在地	創業年	1895年	1897年	1903年	1905年	1907年	1911年
第十一国立銀行	名古屋	1877	取締役	取締役	取締役			
伊藤銀行	名古屋	1881	取締役	取締役	取締役	取締役	取締役	取締役
伊藤貯蓄銀行	名古屋	1893	取締役	取締役	取締役	取締役	取締役	取締役
名古屋紡績	名古屋	1885	※監査役	※監査役	※監査役		大正土地（名古屋・1912）	
愛知銀行	名古屋	1896		監査役	監査役	監査役	監査役	監査役
伊藤三綿合資	名古屋	1905					※社員	※社員
いとう呉服店	名古屋	1910						社長[1]
伊藤産業合名	名古屋	1909						代表社員[1]
千年殖産（個人）	名古屋	1909						代表社員[1]
名古屋製陶所	名古屋	1917						
福壽生命保険	名古屋	1908						
福壽火災保険	名古屋	1911						
愛知物産組	名古屋	1917						
名古屋住宅	名古屋	1919						
愛知時計電機	名古屋	1898						
日本貯蓄銀行	名古屋	1898						
愛知時計	名古屋	1925						

(出所)表4-7と同じ。
(注)無印は次郎左衛門として。※は伊藤家が出資しているが別家が役員になった場合。1)守松として。2)松之助として。3)鈴三郎として。第十一国立銀行欄の1897年以降は十一銀行。伊藤三綿合資は、1917年に株式会社に変更し、さらに29年欄からは三綿商会株式会社に改称。千年殖産（個人）欄の1923年以降は千年殖産株式会社。いとう呉服店欄の1926年からは松坂屋。

表4-11 岡谷惣助家会社役員の推移（愛知県の諸会社）

会社名	所在地	創業年	1895年	1897年	1899年	1901年	1903年	1905年	1907年	1909年
第百三十四国立銀行	名古屋	1879	頭取	頭取	頭取	頭取				
名古屋紡績	名古屋	1885	取締役	取締役	取締役	取締役	取締役	取締役		
商業銀行	名古屋	1894	取締役	取締役	取締役	取締役	取締役			
愛知銀行	名古屋	1896		頭取	頭取	頭取	頭取	頭取	頭取	取締役
丸八貯蓄銀行	名古屋	1898			取締役	取締役	取締役	取締役	取締役	取締役
三河セメント	田原	1898					監査役	監査役	監査役	監査役
十一銀行	名古屋	1877					監査役	監査役		
岡谷肥料合資	名古屋	1905							※代表社員	※代表社員
名古屋瓦斯	名古屋	1906							監査役	監査役
岡谷合資	名古屋	1909								
岡谷保産合名	名古屋	1909								
福壽生命保険	名古屋	1908								
福壽火災保険	名古屋	1911								
大豆漂白	名古屋	1913								
中央鉄工所	名古屋	1912								
名古屋酸素	名古屋	1913								
愛知電機	名古屋	1916								
岡谷塗物店	名古屋	1919								
名古屋製陶所	名古屋	1917								
愛知時計電機	名古屋	1898								
愛知物産組	名古屋	1917								
大隅鉄工所	名古屋	1918								

(出所)表4-7と同じ。
(注)無印は惣助として。※は岡谷家が出資しているが店員が役員になった場合。1)清治郎として。第百三十四国立銀行欄の1899年以降は百三十四銀行。岡谷肥料合資の1920年以降は岡谷肥料店株式会社。

第 4 章　近代名古屋における会社設立と有力資産家　249

1915年	1917年	1920年	1923年	1926年	1929年	1932年	1935年
		昭和毛糸紡績（名古屋・1928）			監査役	監査役	監査役
取締役	社長[1]	社長[1]	社長[1]	社長	社長	社長	社長[2]
取締役	社長[1]	社長[1]	中央信託（名古屋・1926）		監査役	監査役	監査役
相談役[1]				名古屋観光ホテル（名古屋・1934）			監査役[2]
監査役	監査役	監査役[1]	監査役[1]	監査役	監査役	監査役	監査役[2]
※代表社員	※代表社員	※取締役	※取締役	※取締役	取締役[3]	取締役[3]	取締役[3]
社長[1]	社長[1]	社長[1]	取締役[1]	社長	社長	社長	社長[2]
代表社員[1]	代表社員[1]	代表社員[1]	代表社員[1]	代表社員	代表社員	代表社員	代表社員[2]
代表社員[1]	代表社員[1]	代表社員[1]	取締役[1]				
		社長[1]	社長[1]	社長	社長	社長	社長
		取締役[1]	取締役[1]	取締役	取締役	取締役	取締役
		取締役[1]	取締役[1]	取締役	取締役	取締役	取締役
		取締役[1]	取締役[1]	取締役	取締役	取締役	取締役[2]
		監査役[1]	監査役[1]	八勝倶楽部（名古屋・1924）			監査役[2]
			監査役[1]	監査役	監査役	監査役	監査役
			取締役[1]	取締役	取締役	取締役	取締役
				監査役	監査役		

1911年	1913年	1915年	1917年	1920年	1923年	1926年	1929年	1932年	1935年
			名古屋住宅（名古屋・1919）	取締役[1]	取締役[1]	名古屋観光ホテル（名古屋・1934）			監査役
			愛知セメント（名古屋・1890）	取締役[1]	中央信託（名古屋・1926）	取締役	取締役	取締役	
			中央窯業（名古屋・1917）	取締役[1]	取締役[1]	名古屋ゴルフ倶楽部（名古屋・1928）	取締役	取締役	取締役
取締役	取締役	取締役	取締役	取締役	愛知電力（名古屋・1930）	監査役			
取締役	取締役	取締役	取締役	取締役					
			日本貯蓄銀行（名古屋・1898）	取締役[1]	取締役	取締役	頭取	頭取	頭取
				尾陽土地経営（名古屋・1922）	取締役[1]	社長			
※代表社員	※代表社員	※代表社員	※代表社員	社長[1]	社長[1]				
監査役	取締役	朝日木管（名古屋・1918）	取締役	取締役	東邦瓦斬（名古屋・1923）				取締役
代表社員[1]	代表社員[1]	代表社員[1]	代表社員[1]	代表社員[1]	代表社員[1]	代表社員	代表社員	代表社員	代表社員
代表社員[1]	代表社員[1]	代表社員[1]	代表社員[1]	代表社員	代表社員	代表社員	代表社員	代表社員	代表社員
監査役	監査役	監査役	監査役[1]	監査役[1]	監査役[1]	監査役	監査役	監査役	監査役
監査役	監査役	取締役[1]	愛知土地（名古屋・1918）	取締役[1]	取締役[1]	監査役	監査役	監査役	取締役
		監査役[1]	監査役[1]	監査役[1]	監査役[1]	監査役			
			監査役[1]	取締役[1]	取締役[1]				
				愛知時計（名古屋・1925）	社長	社長			
				監査役[1]	取締役[1]	取締役	社長	取締役	取締役
				取締役[1]	取締役[1]	取締役	取締役	取締役	取締役
				取締役[1]	取締役[1]	取締役	取締役	取締役	取締役
				取締役[1]	取締役[1]	取締役	取締役	取締役	取締役
				取締役[1]	取締役[1]	取締役	取締役	取締役	取締役

表 4 −12　伊藤次郎左衛門家有価証券投資の動向

銘柄	所在地	役員	1889年	1890年	1891年	1892年	1893年	1894年	1895年	1896年
伊藤銀行	名古屋	取締役	70,000	70,000	70,000	70,000	70,000	70,000	70,000	70,000
日本銀行	東京		31,300	31,300	31,300	31,300	31,300	0		
名古屋紡績→三重紡績	名古屋	取締役	23,600	23,600	23,600	27,140	50,150	52,425	52,425	43,365
第十一国立銀行	名古屋	頭取	10,600	10,600	10,600	10,600	10,600	10,600	10,600	10,600
北海銀行	小樽		10,400	10,400	10,400	13,520	7,800	7,800	7,800	7,800
第百三十四国立銀行	名古屋		1,000	1,000	1,000	1,000	0			函樽（北
日本郵船	東京		750	750	750	750	0			
丸八商会（合資）	小樽			6,500	6,500	6,500	6,500	6,500	6,500	6,500
愛知石炭商会（合資）	名古屋							1,000	1,400	3,000
日本貿易銀行	神戸								1,000	2,000
愛知銀行	名古屋	監査役								12,500
伊藤貯蓄銀行	名古屋	取締役								12,500
尾三農工銀行	名古屋									
株式所有合計			147,650	154,150	154,150	160,810	176,350	148,325	149,725	168,265
整理公債			22,095	10,011	0		軍事公債	5,900	31,000	0
金録公債			15,000							
大阪商船社債	大阪									
公社債所有合計			37,095	10,011	0	0	0	5,900	31,000	0
有価証券所有合計			184,745	164,161	154,150	160,810	176,350	154,225	180,725	168,265

(出所) 中西［2016a］70-71頁の表 6 より作成。
(注) 各年末時点の所有残額を示した。役員欄はその会社で伊藤家家族が務めた役職。名古屋紡績は1905年に三重紡績（所在地・四日市）に合併されたため、名古屋紡績欄の1906年以降は三重紡績株を示す。

　そのため、名古屋紡績が1905年に三重紡績に合併されて解散すると、伊藤次郎左衛門や岡谷惣助のグループの要は愛知銀行のみとなり、その後は伊藤次郎左衛門家が家業の呉服店を会社化して10年にいとう呉服店を、岡谷惣助家が家業の金物商を会社化して09年に岡谷合資を、関戸家が1891年に関戸銀行をそれぞれ設立するなど、家業の会社化が進んだ[8]。これら家業会社は、それぞれの家の出資で行われ、各家の一族・別家がそれぞれ会社役員となった。1900年代後半以降の伊藤次郎左衛門家や岡谷惣助家は、それぞれの家業に力を入れ、その一方、名古屋商業会議所では奥田正香を中心とするグループが活躍し、1910年代前半まで旺盛な会社設立を行った。伊藤次郎左衛門は1915（大正 4 ）年から名古屋商業会議所副会頭になったが、岡谷惣助は役員にならず、岡谷清治郎（後に惣助）が21年に商業部長に就任してから、伊藤次郎左衛門家や岡谷惣助家が名古屋商業会議所で存在感を示すに至り、27（昭和 2 ）年に伊藤次郎左衛門が会頭、岡谷惣助が副会頭となった（本書第 5 章表 5 − 8 を参照）。

---

8 ）　いとう呉服店については中西［2012］、岡谷合資と関戸銀行については表 4 − 1 参照。

単位：円

1897年	1898年	1899年	1900年	1901年	1902年	1903年	1904年	1905年	1906年	1907年	1908年	1909年
70,000	70,000	70,000	70,000	70,000	70,000	70,000	70,000	70,000	70,000	86,000	86,000	86,000
			京釜鉄道（東京）	50	250	500	1,000	1,500	2,000	2,000	2,000	0
59,472	60,000	60,000	60,000	75,000	39,000	39,000	39,000	39,000	31,250	31,250	31,250	31,250
10,600	10,600	10,600	10,600	10,600	10,600	（解散）			伊藤三綿合資（名古屋）		160,000	160,000
9,438	13,650	13,650	13,650	13,650	13,650	13,650	13,650	13,650	13,650	13,650	27,690	27,690
海道)鉄道（函館）	200	1,000	1,000	3,000	7,000	10,000	10,000	10,000	10,000	10,000	0
							明治製糖（東京）		1,250	1,750	2,000	2,750
6,500	3,900	3,900	3,900	3,900	3,900	3,900	3,900	3,900	3,900	3,900	3,900	3,900
3,000	3,000	3,000	3,000	1,500	0							
2,000	2,500	2,500	2,500	2,800	2,800	0						
25,000	25,000	25,000	30,000	30,000	30,000	30,000	30,000	30,000	30,000	30,000	30,000	30,000
12,500	12,500	12,500	12,500	12,500	12,500	12,500	12,500	12,500	12,500	12,500	12,500	12,500
150	480	960	1,440	1,440	1,440	1,440	1,440	1,920	2,183	2,183	2,183	2,183
198,660	201,630	202,310	208,590	222,440	187,140	177,990	181,490	182,470	176,733	193,233	367,523	356,273
						国庫債券	35,290	83,100	113,100	113,100	0	
			鐘淵紡績社債（東京）			5,000	5,000	5,000	5,000	5,000	5,000	5,000
						5,000	5,000	5,000	5,000	5,000	5,000	5,000
0	0	0	0	0	0	10,000	45,290	93,100	123,100	123,100	10,000	10,000
198,660	201,630	202,310	208,590	222,440	187,140	187,990	226,780	275,570	299,833	316,333	377,523	366,273

　この点を念頭に置いて、伊藤次郎左衞門家の有価証券投資を検討する。表4－12を見よう。伊藤次郎左衞門家は、第十一国立銀行以外にも伊藤銀行を1881年に自ら設立しており、90年前後は、伊藤銀行と日本銀行、そして第十一国立銀行など銀行への出資が中心であった。また、設立に関与した名古屋紡績が設備拡大のために増資するのに応じて同社への追加出資が拡大し、1901年には名古屋紡績への出資額が伊藤銀行の出資額を上回った。ただし、その後伊藤次郎左衞門家は名古屋紡績株の所有額を減らし、1905年に名古屋紡績が三重紡績に合併されると、転換した三重紡績株をそのまま持ち続けた。第十一国立銀行の業務は、1896年に設立された愛知銀行に継承されたが、その残務整理のため第十一国立銀行が存続し続ける間はその株式を所有し続け、それと並行して愛知銀行株へも3万円出資した。そして1896年に伊藤銀行の系列銀行として伊藤貯蓄銀行を設立してその株式を所有した。伊藤次郎左衞門家の場合は、設立や経営に関与した伊藤銀行と名古屋紡績と愛知銀行が、出資株式の中心的銘柄となり、その他の銘柄については、出資は行われたものの種類は少なく、家業との関連で棉花・綿糸布の販売を行う伊藤三綿合資会社を伊藤次郎左衞門家が設立

表4－13 瀧兵右衛門家会社役員の推移（愛知県の諸会社）

会社名	所在地	創業年	1895年	1897年	1899年	1901年	1903年	1905年	1907年
名古屋銀行	名古屋	1882	頭取	頭取	頭取	頭取	頭取	頭取	頭取
愛知織物合資	名古屋	1890	社長	社長	社長	社員[1]	社員[1]	社員[1]	社員[1]
名古屋貯蓄銀行	名古屋	1893	専務	専務	専務	頭取	頭取	頭取	頭取
尾張紡績	名古屋	1887	取締役	取締役	取締役	取締役	取締役	取締役	
帝国撚糸	名古屋	1896		社長	社長	社長	社長	社長	会長
愛知銀行	名古屋	1896		監査役	監査役	監査役	監査役	監査役	監査役
鉄道車輌製造所	名古屋	1896		取締役	取締役		国産社合資（名古屋・1909)		
名古屋蚕糸綿布取引所	名古屋	1897			相談役	相談役	東海倉庫（名古屋・1906）		
名古屋絹織物合資	名古屋	1899				社員[2]	社員[2]		瀧兵

(出所) 表4－7と同じ。
(注) 役員欄の専務は専務取締役、社員は代表社員か無限責任社員、代表は代表取締役を示す。無印は兵右衛門で、1)は信四郎、2)は信次郎として。愛知織物合資欄の1920年以降は愛知織物株式会社、帝国撚糸欄の1909年以降は帝国撚糸織物を示す。

すると、そこへの出資金が有価証券所有合計額の半分近くを占めた。1890年代～1900年代の伊藤次郎左衛門家の有価証券投資は、家業中心の限られた銘柄に集中して行われ、材摠店のように幅広くインフラ会社や木材関連会社に投資するものとは大きく異なった。

1910年代の伊藤次郎左衛門家の有価証券投資の動向は不明であるが、表4－5に戻って、19年時点の伊藤次郎左衛門とその家族が所有する株式を見ると、伊藤銀行・伊藤三綿合資・伊藤貯蓄銀行・いとう呉服店など家業銀行・家業会社の株式は、市場取引が行われないためこの資料に出てこないが、それ以外では設立に関与した愛知銀行と三重紡績の後身である東洋紡績の所有株数が多いほかは、さまざまな業種の会社株をそれぞれ100～400株程度所有していた。その銘柄を表4－5で鈴木摠兵衛家の株式所有銘柄と比べると、15銘柄のなかで8銘柄は重なっており、また神野金之助家の株式所有銘柄とも比べると、15銘柄のなかでやはり8銘柄が重なった。伊藤次郎左衛門家も1910年代は、家業の会社化によりその会社株の配当収入を運用すべく、積極的に株式投資を行うようになり、奥田正香の引退後は名古屋の有力資産家の株式所有内容が次第に似るようになった。もっとも岡谷家の場合は、家業が金物商であり、家業が呉服商の伊藤次郎左衛門家と家業の方向性がかなり異なったため、伊藤家の所有していない銘柄の株式もかなり所有した。例えば、日本窒素肥料は岡谷家が金物商に加えて人造肥料商部門へ進出したことによるものであるが、川崎造船所・久原鉱業・豊田式織機など、鉱工業系の諸会社への出資が見られた。

1909年	1911年	1913年	1915年	1917年	1920年	1923年	1926年	1929年	1932年	1935年
取締役	取締役	取締役	取締役	取締役	取締役1) 代表1)	取締役1) 代表1)	取締役1) 社長1)	1)取締役 社長1)	代表1)	社長1)
社員1)	社員1)	社員1)	社員1)	社員1)						
取締役	取締役	取締役	取締役	取締役	取締役1)	取締役1)	取締役1)			
		名古屋住宅（名古屋・1919）			監査役1)	監査役1)				
会長	会長	社長	会長	取締役	取締役1)	取締役1)	取締役1)	取締役1)	取締役1)	相談役1)
			尾陽土地経営（名古屋・1922）							
社員1)	社員1)	社員1)	社員1)	社員1)			社員1)	社員1)		
相談役		相談役	相談役		中央信託（名古屋・1926）		取締役1)	取締役1)	取締役1)	
		代表1)	代表1)	代表1)	代表1)	代表1)	代表1)	代表1)	代表1)	社長1)
商店（名古屋・1912）										

（3）瀧兵右衛門家と瀧定助家

　本項では、残された資産家グループのうち両瀧家を検討する。両瀧家のうち本家は兵右衛門家で、2代兵右衛門の次女「よう」と泰助を結婚させて、その子供が初代瀧定助となった[9]。なお3代兵右衛門も2代兵右衛門の長女と結婚して養子となり、その子供が4代兵右衛門となったが、3代兵右衛門が若くして亡くなり、泰助も離縁となったので、従弟同士である4代兵右衛門と初代定助は、2代兵右衛門によって兄弟のように育てられたとされる。そうしたこともあって、初代定助は、瀧兵右衛門商店から独立しても、初代の間は比較的定助家と兵右衛門家は密接に協力し合って企業家活動を行っていたと思われる。瀧兵右衛門家は、初代が尾張国丹羽郡東野村で近世後期に絹織物の卸売業を開業し、2代兵右衛門が名古屋に支店を設置して呉服太物卸売商を開業し、支店を1864（元治元）年に初代定助が継承した。初代定助は、後に瀧兵右衛門商店からも独立し、卸売業務を主に行いつつ、貸金業務や不動産への投資も行った。4代兵右衛門も、1875（明治8）年に瀧兵右衛門商店の本店を名古屋に移し、名古屋で瀧兵右衛門商店と瀧定助商店が開店することとなった。瀧兵右衛門商店は、1886年に新店舗の建設に取り組み、87年に京都に、97年に東京に支店を開設した。呉服太物問屋の家業とともに、1890年には愛知織物合資を設立して、絹織物・綿織物の製織事業にも進出した。一方、瀧定助商店も1889年に名古屋

9）　以下の記述は、鈴木・小早川・和田［2009］251-568頁を参照。

表4-14 瀧定助家会社役員の推移（愛知県の諸会社）

会社名	所在地	創業年	1895年	1897年	1899年	1901年	1903年	1905年	1907年
名古屋銀行	名古屋	1882	取締役	取締役	取締役	取締役	取締役	取締役	取締役
名古屋貯蓄銀行	名古屋	1893	取締役	取締役	取締役	取締役	取締役	取締役	取締役
名古屋製織合資	名古屋	1893	社長	社長	社長	社長	社長	社長	社員
尾張紡績	名古屋	1887	取締役	取締役	取締役	取締役	取締役		
帝国撚糸	名古屋	1896		副社長	副社長	副社長	副社長[1]	副社長	専務
佐々耕	名古屋	1886		監査役[1]	監査役[1]	監査役[1]	監査役[1]		
名古屋蚕糸綿布取引所	名古屋	1897			相談役	相談役			
瀧定合名	名古屋	1906							社員
東海倉庫	名古屋	1906							監査役
幅下銀行	名古屋	1894							取締役
知多銀行	野間	1895							
瀧定殖産合名	名古屋	1909							
福壽火災保険	名古屋	1911							
福壽生命保険	名古屋	1908							
日本車輌製造	名古屋	1896							
野上機械工業	名古屋	1918							
名古屋製陶所	名古屋	1917							
金城貯蓄銀行	名古屋	1922							
大正海運	名古屋	1919							
名古屋住宅	名古屋	1919							
尾陽土地経営	名古屋	1922							
大平紡績	男川	1918							
豊栄土地	名古屋	1925							
図書土地	名古屋	1924							

(出所)表4-7と同じ。
(注)役員欄の常務は常務取締役、専務は専務取締役、社員は代表社員か業務執行社員、代表は代表取締役を示す。無印は定助で、
　　1)は正太郎、2)は廣三郎として。帝国撚糸欄の1909年以降は帝国撚糸織物を、野上機械工業欄の1929年以降は野上式自動

で「絹定織工場」を開設して製織事業に進出した。この製織事業は、1893年に名古屋製織合資となり、両瀧家はいずれも呉服太物商を家業として製織事業へ同時期に進出した。

さて両瀧家の企業家活動をまず兵右衛門家から検討する。表4-13を見よう。1882年に両瀧家を含めて繊維関係の商人を中心として名古屋銀行が設立され、その頭取に瀧兵右衛門（4代）が就任した。名古屋銀行の系列銀行として1893年に名古屋貯蓄銀行が設立されると兵右衛門はその専務取締役（後に頭取）となり、家業の愛知織物合資では社長を務めたが、奥田正香を中心として87年に設立された尾張紡績の取締役にも就任した。そして兵右衛門は1896年に、絹織物の原料糸である生糸を機械で撚るための帝国撚糸を設立して社長となり、鉄道車輌製造所の設立に参画して取締役に就任した。また同年設立の愛知銀行の監査役にも就任し、1897年に名古屋蚕糸綿布取引所が設立されると相談役に就任し、99年には名古屋絹織物合資を設立した。

第 4 章　近代名古屋における会社設立と有力資産家　255

1909年	1911年	1913年	1915年	1917年	1920年	1923年	1926年	1929年	1932年	1935年
常務	常務	専務	専務	頭取	頭取	頭取	取締役	取締役	取締役	
常務	常務	取締役	取締役	取締役	取締役	取締役	取締役			
社長	社長	社長			港北土地（名古屋・1928)		取締役	取締役	取締役[2]	
					愛知時計電機（名古屋・1898)		監査役	監査役		
専務	専務	専務	専務	会長	会長	会長	会長	会長	会長	取締役
					三河水力電気（名古屋・1924)		監査役	監査役		
					十一屋（名古屋・1922)		取締役	取締役		取締役
社員	社員	社員	社員	社員	社員	社員	社員	社員	社員	社員
監査役	監査役	監査役	社長	社長	社長	社長	社長	社長	社長	監査役
相談役		相談役	相談役	相談役	昭和毛糸紡績（名古屋・1928)		取締役	取締役		
						愛知電力（名古屋・1930)		監査役		
	社員	社員	社員	社員	社員	社員	社員	社員	社員	
	取締役	常務	取締役	取締役	取締役	社長	社長	社長	社長	
	取締役	取締役	取締役	取締役	取締役	取締役	取締役	取締役	取締役	
				取締役	社長	社長	社長	社長	社長	
					取締役[2]	取締役[2]	取締役[2]	取締役[2]	取締役[2]	取締役[2]
					監査役	監査役	監査役	監査役	監査役	
					取締役	取締役	頭取			
					監査役	監査役	監査役	監査役		
					取締役	取締役				
						取締役[2]				
							取締役[2]	取締役[2]	代表[2]	代表[2]
							取締役	取締役	取締役[2]	取締役[2]

織機を、金城貯蓄銀行の1923年以降は金城銀行を、東海倉庫欄の1926年以降は東陽倉庫を示す。

　こうした瀧兵右衛門の家業の繊維業に関連する企業家活動を瀧定助も支えており、表4－14を見ると、定助も名古屋銀行・名古屋貯蓄銀行の取締役、尾張紡績の取締役、帝国撚糸の副社長、名古屋蚕糸綿布取引所の相談役となった。1900年代初頭までは兵右衛門家と定助家が一体となって企業家活動を行っていたと言えよう。ところが、初代定助が1903年に亡くなり、その長男正太郎が2代定助を継ぎ、4代兵右衛門が05年に息子信四郎に家督を譲ると（鈴木・小早川・和田［2009］253、255頁）、両瀧家の企業家活動の方向性が次第にずれるようになった。すなわち、兵右衛門家は手掛けた鉄道車輌製造所がうまくいかず、また前述のように兵右衛門の反対を押し切って奥田正香が尾張紡績を三重紡績に合併させると、企業家活動は名古屋銀行と家業関連の会社に限定するようになった。そして奥田正香らが設立した名古屋倉庫への対抗から1906年に設立した東海倉庫でも、その設立には深く関与して有力株主となったものの、会社役員としては相談役に就任したに止まり、同様に東海倉庫の監査役に就任した瀧

表4-15 服部小十郎家・長谷川糺七家会社役員の推移(愛知県の諸会社)

会社名	所在地	創業年	1895年	1897年	1899年	1901年	1903年	1905年	1907年
①服部小十郎家(居住地:名古屋市下堀川1丁目)									
名古屋建築合資	名古屋	1888	社長	社員	社員	社員			
名古屋株式取引所	名古屋	1893	監査役	監査役	監査役	監査役	監査役	監査役	監査役
第四十六国立銀行	名古屋	1879	取締役	取締役		名古屋瓦斯(名古屋・1906)			取締役
名古屋生命保険	名古屋	1893	監査役	豊川鉄道(花田・1896)		取締役	取締役	取締役	
愛知材木	名古屋	1896		副社長	取締役	取締役	取締役	取締役	
愛知燐寸	名古屋	1896		専務	専務	専務			
名古屋商品取引所	名古屋	1894		理事	理事	名古屋電気鉄道(名古屋・1894)			
愛知セメント	名古屋	1888		取締役	取締役	取締役	取締役	取締役	取締役
中央煉瓦	名古屋	1896		取締役	取締役				
日本車輌製造	名古屋	1896		取締役		中央炭礦(名古屋・1906)			
愛知実業銀行	名古屋	1898			取締役	取締役	取締役	取締役	取締役
愛知貯蓄銀行	名古屋	1893			取締役	取締役	取締役	取締役	取締役
②長谷川糺七家(居住地:名古屋市正木町6丁目)									
東海材木	名古屋	1894	社長					愛知電気鉄道(名古	
愛知材木	名古屋	1896		取締役	取締役	取締役	取締役	取締役	取締役
愛知燐寸	名古屋	1896		取締役	取締役				
鉄道車輌製造所	名古屋	1896			取締役				
名古屋木材	名古屋	1907							

(出所)表4-7と同じ。
(注)社員は、名古屋建築合資は業務担当社員で、名古屋枕木合資は無限責任社員。居住地は1901年時点(渋谷編[1997]愛知編1、54・56頁)。

定助がその後東海倉庫の社長となり、その経営に積極的に関与したのとは対照的であった。1910年代の兵右衛門家の企業家活動は、家業会社の瀧兵商店を初め、織物製造の愛知織物合資、生糸を撚る帝国撚糸など家業に密接に関連した少数の会社に止まり、名古屋銀行でも頭取を退いて取締役となった。

それに対して定助家は、2代定助の時代に積極的に企業家活動を進め、名古屋銀行で常務取締役・専務取締役そして頭取とトップマネジメントを務めるようになり、前述の東海倉庫でも1910年代後半から社長を務め、奥田正香のグループを中心として設立された福壽生命保険や福壽火災保険の経営にも携わり、特に福壽火災保険では20年代には社長を務めるに至った。1920年代〜30年代初頭に瀧定助は多くの会社経営に関与し、奥田正香を中心に設立された日本車輌製造にも、10年代後半から経営に加わり、20年代にはその社長となった。兵右衛門が尾張紡績の三重紡績への合併をめぐって奥田正香と対立してから、奥田グループへの反発から、あまり会社経営に関わらなくなったのに対して、むしろ定助は奥田正香が1900年代末から進めたインフラ事業を中心とする会社設立に積極的に協力して、奥田正香引退後に、それらの会社の経営を担った。

1909年	1911年	1913年	1915年	1917年	1920年	1923年	1926年	1929年	1932年	1935年
		社員	社員							
監査役	監査役			監査役	監査役	監査役	監査役	理事	理事	相談役
取締役	取締役			愛知土地（名古屋・1918）		監査役	監査役	取締役	取締役	取締役
取締役	取締役				萬歳醸造（西枇杷島・1920）	監査役	監査役			
		名古屋木材（名古屋・1907）				監査役	監査役			
		名古屋枕木合資（名古屋・1913）	社員	社員	社員		社員			
取締役	取締役			名古屋檸扱所（名古屋・1925）				社長	社長	社長
取締役	取締役	取締役	取締役	取締役	取締役	取締役				
				朝日木管（名古屋・1918）	監査役					
取締役	取締役				八勝倶楽部（名古屋・1924）		監査役	取締役	取締役	取締役
			取締役							
					明治銀行（名古屋・1894）	監査役				
屋・1910)	取締役	取締役		尾三市場倉庫（名古屋・1922）		取締役				
			萬歳醸造（西枇杷島・1920）		社員					
			名古屋鮮魚市場（名古屋・1922）		取締役					
		名古屋枕木合資（名古屋・1913）	社員	社員	社員					
社長	社長	社長	社長	社長	社長					

　その意味では、両瀧家も一枚岩ではなく、1900年代中葉の両瀧家の代替わりを契機として、家業に専念する兵右衛門家とインフラ会社を中心に積極的に会社経営に参画する定助家とは、経営志向性が相違するに至ったと言える。実際、表4-5に戻って1919（大正8）年時点の両瀧家の所有株式を見ると、名古屋銀行や帝国撚糸など両家を中心として設立された会社の株は両瀧家ともに多数所有したが、それ以外の株式所有銘柄は両家でかなり異なった。ただし、両瀧家ともに神野・富田家や伊藤次郎左衛門・岡谷惣助家との所有株式銘柄の共通性はあまり見られず、両瀧家ともに株式所有では独自の動きをしていた。

（4）服部小十郎家と長谷川糾七家

　これまで本節で取り上げた名古屋の資産家には、鈴木摠兵衛家と家業の同じ材木商はいなかったため、ここで鈴木摠兵衛家以外の有力材木商の会社設立への関わりを検討する。表4-15を見よう。鈴木摠兵衛家と並ぶ名古屋の有力材木商として、服部小十郎家と長谷川糾七家がある。服部小十郎家は1883（明治16）年の名古屋区材木商営業組合設立の際から鈴木摠兵衛と行動をともにし、

鈴木摠兵衛が同組合の頭取、服部小十郎が副頭取となった（鈴木・小早川・和田［2009］306頁）。鈴木摠兵衛が奥田正香の会社設立を助け始めると服部小十郎もその人脈に入り、1893年に奥田らが設立した名古屋株式取引所では鈴木摠兵衛とともに服部小十郎も監査役となり、96年に奥田らが設立した明治銀行では服部小十郎は鈴木摠兵衛とともに取締役となり、同年に奥田らが設立した日本車輛製造でも取締役となった。材木業界でも、前述のように鈴木摠兵衛らが設立した尾州材木と後述の長谷川糾七家らが設立した東海材木、およびそのライバル会社の名古屋材木が1896年に合併して愛知材木が設立されると、鈴木摠兵衛が社長、服部小十郎が副社長となった。ただし、奥田を中心として設立された会社への服部小十郎の経営参画は比較的短期間に止まり、名古屋株式取引所の役員を長年にわたり務めたが、明治銀行の取締役は就任後まもなく退任し、日本車輛製造の取締役も1897年に退任した。奥田が1900年代後半から進めたインフラ会社設立にも協力し、名古屋瓦斯設立の際に500株を出資して取締役となり、中央炭礦の取締役にもなった。そして名古屋電力設立の際は1,000株を出資し、福壽火災保険にも創業期に300株を出資した。名古屋瓦斯と中央炭礦の取締役は1910年代初頭まで続け、この時期に服部小十郎は、豊川鉄道・名古屋電気鉄道など鉄道会社の経営にも参画した。

　ただし、こうしたインフラ会社への経営参画は、服部小十郎の代替わりの時期と考えられる1910年代前半にいったん途絶え、10年代後半からは、家業の材木商関係の会社経営に限定して参加するようになった。表4－15に戻ると、1910年代後半から新たに服部小十郎が会社役員となったのは、名古屋枕木合資・名古屋木材・朝日木管などで、その後25（大正14）年に設立された名古屋椁扱所の経営に関わり、30年代まで社長として継続して経営に携わった。特に、名古屋枕木合資は前述のように、国有鉄道を運営する鉄道院の枕木受注に対応するため名古屋の有力材木商が1913年に設立した会社であるが、この無限責任社員に、鈴木摠兵衛とともに服部小十郎と後述の長谷川糾七が就任した。木材業と関連の深い建築業にも、服部小十郎は鈴木摠兵衛と同様に名古屋建築合資などを通して関わったが、それとの関連でセメント業の会社経営に携わり、愛知セメントの取締役を19世紀末から長年にわたって務めた。表4－5に戻って1919年時点の服部小十郎家の株式所有を見ると、名古屋電力が名古屋電灯に吸

収合併されたため名古屋電灯株を100株、名古屋瓦斯株を50株所有したものの、株式所有の中心は愛知セメント株と明治銀行株であった。

　伝統的な名古屋の材木商の鈴木摠兵衛や服部小十郎に対し、近代以降に名古屋に進出し、大規模に日本各地で経営展開したのが長谷川家であった[10]。長谷川家はもともと美濃国下麻生で林業を営んでいたが、当初は長谷川商店の店員で後に長谷川家の養子となった糾七が、近代に入り、名古屋・東京・大阪への進出を進言し、1876年に桑名支店、81年に名古屋支店・大阪支店と東京出張所（86年から支店）が開設された。長谷川商店名古屋支店には糾七が直接出向き、以後、長谷川糾七は名古屋の有力材木商として活躍した。実際、1898年時点の名古屋の材木商で最大の約196円の営業税額を長谷川糾七家が納め、鈴木摠兵衛家は同年に約96円の営業税額を納めた（渋谷編［1984］第２巻、306頁）。そして長谷川糾七は、尾州材木設立に際して、鈴木摠兵衛や服部小十郎に協力し、1894年に東海材木を設立して社長に就任した（表４−15）。東海材木は、1896年に尾州材木・名古屋材木と合併して愛知材木となり、鈴木摠兵衛社長、服部小十郎副社長、長谷川糾七取締役となった。この３家が名古屋の材木商の中心となり、彼らの呼びかけで日本材木連合会が結成され、第１回大会が1894年に名古屋、第２回大会が95年に大阪、第３回大会が96年に東京で開かれた。長谷川糾七は愛知材木では1900年代後半まで取締役を務め、木材を軸木の原料とするマッチ産業にも関わり、1896年設立の愛知燐寸の取締役となった。

　その後、愛知材木が愛知木材と名古屋木材に分かれると、長谷川糾七は名古屋木材の社長となり、また枕木納入の関係があったと考えられる愛知電気鉄道の取締役となり、1910年代後半から名古屋枕木合資の無限責任社員を鈴木摠兵衛・服部小十郎とともに務め、20年代中葉には、萬歳醸造社長、名古屋鮮魚市場取締役、尾三市場倉庫取締役なども務めた。表４−５に戻って長谷川糾七家の1919年時点の所有株式を見ると。名古屋木材の所有株数は比較的多いが、それ以外は、名古屋の三大銀行である明治銀行・愛知銀行・名古屋銀行のいずれにも240〜310株を所有し、バランスよく分散して株式を所有していた。いずれにしても、鈴木摠兵衛家を合わせ、服部小十郎家、長谷川糾七家ともに、企業

10）　以下の記述は、木材研究資料室［1988］を参照。

家活動は行ったものの家業の木材業関連の会社が中心で、業種の広がりはあまりなく、こうした材木商の志向性によって名古屋では、木材業関連の会社が多く設立されることとなった。

3　小栗冨治郎家の名古屋進出

近代名古屋の有力資産家には、郡部に本拠を置いて名古屋に進出したものも存在した。その代表例が表4−1に見られる小栗冨治郎であり、同家は1905（明治38）年時点で、伊藤次郎左衛門家・神野金之助家・関戸守彦家に次ぐ資産規模を示していた。そこで本節では、小栗冨治郎家の名古屋進出とそれが名古屋経済界に与えた影響を検討する。同家は[11]、19世紀前半に半田の中野（䣰）半六家所有船の雇船頭をしていたが、1836（天保7）年より半六家の番頭となり、48（嘉永元）年に独立して酒造業を営んだ。もともと雇船頭であったため小栗冨治郎家は海運業も兼営し、幕末期には半田でかなり有力な資産家となり、1892年に醤油醸造経営を開始して経営多角化を本格的に進めた。表4−16を見よう。冨治郎は1893年に半田に精米所を設け、亀崎の有力資産家とともに亀崎銀行を設立して取締役となり、96年の知多紡績株式会社設立に際しては発起人となり、設立時に取締役会長、99年から社長となった。さらに冨治郎は、1897年に汽船を購入して台湾・中国・北海道・神戸・東京と半田を結ぶ汽船航路を開き、半田で合資会社東海石炭商会の設立に参画して社員となり、同商会は名古屋支店・豊橋出張所を設けた。こうした小栗冨治郎家の経営展開の広域化の象徴が1898年に名古屋で小栗銀行を開業したことで、翌99年に台湾塩の内地における一手販売権を獲得して各府県に代理店を置くとともに、1903年に半田に製塩工場を設立した。家業の醸造業では、醤油醸造部門を1905年に小栗合資会社として名古屋に同社支店を設けた。そして1906年に小栗冨治郎が貴族院議員に選出された頃が、小栗冨治郎家の最盛期であったと考えられる。

ここで、小栗冨治郎家が名古屋で開業した小栗銀行の経営動向を検討する。

---

11)　以下の記述は、愛知県知多郡半田町編［1926］406-409頁、および半田市誌編さん委員会編［1989］中巻、120-121、171-175、182、188-192、236-237頁を参照。東海石炭商会については北澤［2015］を参照。

表4-17を見よう。小栗銀行は、設立当初から預金額を、貸付金・当座貸越・割引手形（内容は約束手形による貸付）の合計額がかなり上回っていたものの、1900年代前半までにコルレス契約を結んだ銀行は東海4県中心であり（中西［2018］表8）、おそらく家業の醸造業の販路を念頭に置いた経営展開であったと思われる。ところが、1903年に半田に製塩工場を設立したあたりから、台湾塩の一手販売にかなり力を入れるに至ったと考えられ、04年以降の小栗銀行では、借入金も増えてオーバーローン状態が急速に進んだ。貸付形態では、約束手形による事実上の貸付が中心であったが、当座貸越額が非常に多く、その担保物件も公社債より株式が多く、銀行経営としては大変リスクの大きいものであった。そのため小栗冨治郎は、自家の事業資金調達のためにさまざまな手段を模索し、内部留保を充実させていた名古屋生命保険の買収に乗り出した。

名古屋生命保険は、社長の鈴木摠兵衛の堅実経営のもとで保険料収入が順調に増大したもののその大部分を保険金支払いのための責任準備金に回し、配当金にはほとんど向かわなかった（中西［2018］）。そのため配当を望む株主との間に意識のずれが生じており、1900年度末決算を審議した名古屋生命保険の株主総会では、当初経営側は純益金の2,355円を全て準備金として次期へ繰り越したい意向を示したものの、株式配当を優先すべきとの株主の反対意見があり、決議した結果、多くの株主が配当の実施に賛意を表明して2,000円が株式配当に回されることとなった[12]。そのため1901年度末決算では、前もって責任準備金の次年度繰越としてかなり金額を引いた上で純益を84円しか計上せず、この年は無配当となった（中西［2018］表5）。こうした鈴木摠兵衛ら経営陣の堅実経営の結果、名古屋生命保険の責任準備金はかなりの額に膨らみ、1904年3月末時点で責任準備金はその年度の保険金支払額の約1万円に対して、その約20倍にあたる約20万円になっており（中西［2018］表6）、その資金的余裕に資金借入先を求めていた小栗冨治郎が目を付けた。

名古屋生命保険社長の鈴木摠兵衛は、小栗冨治郎への名古屋生命保険の売却には反対であったが、堅実経営を貫くために内部留保を充実させたい鈴木摠兵

---

12) 明治34年「生命保険会社書類」第4課（資料番号365、愛知県庁文書、国文学研究資料館蔵、愛知県公文書館複製本を閲覧。以下愛知県庁文書はいずれも国文学研究資料館蔵、愛知県公文書館複製本を閲覧したため、所蔵先などを省略）より。

262 第Ⅱ部 東海地域の会社設立と地方資産家

表4-16 小栗富治郎会社役員の推移（愛知県の諸会社）

会社名	所在地	創業年	1895年	1897年	1898年	1899年	1902年	1905年	1906年	1907年	1908年	1909年	1910年
亀崎銀行	亀崎	1893	取締役	取締役	取締役	取締役				監査役			取締役
井口商会合名	亀崎	1893	取締役	取締役	取締役	取締役							
知多紡績	半田	1896		会長		会長							
丸三麦酒	半田	1896		取締役									
小栗銀行合名	名古屋	1898					社長	社長	代表社員	社長	代表社員	代表社員	
尾三農工銀行	名古屋	1898				（頭取）	小栗合資（半田、1905）		代表社員	代表社員	代表社員	代表社員	
鉄道車輌製造所	名古屋	1896				頭取	頭取	頭取	頭取	頭取			
小栗貯蓄銀行	名古屋	1898				監査役	頭取	頭取	頭取	頭取			
名古屋生命保険	名古屋	1893					社長	社長	社長	社長	東洋塩業（名古屋、1909）		

（出所）由井・浅野編［1988-89］より作成。
（注）小栗銀行の1899年の欄は、出所資料には記載されていなかったが、銀行設立年月が1898年6月であったので、推定で示した。主要会社の資本金額を示すと、亀崎銀行は、1896年時点で80万円。名古屋生命保険は、1905年時点で10万円。小栗銀行は、1901年時点で30万円。小栗貯蓄銀行は、1899年時点で3万円。尾三農工銀行は、1899年時点で150万円。小栗合資会社は、1906年時点で20万円。東洋塩業は台湾産一手販売の会社で、1909年の設立時に小栗富治郎も取締役となったが、同社は11年時点で愛知県に所在していない。

表4-17 小栗銀行貸借対照表

単位：円

期末年月	1898・12	1899・6	1902・12	1903・6	1903・12	1904・6	1904・12	1905・6	1906・6	1906・12	1907・6	1907・12
資産												
貸付金	172,696	191,624	196,315	182,624	183,284	179,008	165,591	161,663	128,212	127,144	128,140	125,045
当座預金貸越	131,624	219,433	387,302	347,920	367,532	407,135	533,730	422,515	649,856	1,014,173	1,338,991	1,272,514
割引手形	85,251	231,217	507,972	456,243	502,765	605,898	581,286	751,301	1,445,747	2,052,675	2,911,086	2,552,332
荷為替手形	180	1,163	6,244		1,353	1,029	1,029		10,178	26,041	21,306	11,238
預け金	9,199	7,796	6,174	30,770	50,282	70,095	36,356	46,950	101,134	314,873	89,189	21,989
公社債	33,642	33,048	53,993	55,292	49,806	50,195	76,535	91,475	139,755	171,575	163,157	151,974
株式	0	1,496	1,000	1,000	1,125	1,250	1,500	1,750	3,425	3,613	133,816	138,432
他店へ貸	3,225	8,948	16,160	12,450	13,510	12,405	15,901	15,294	61,742	108,822	34,364	37,692
営業用不動産			37,478	37,478	37,478	37,478	37,478	37,478	62,367	63,638	63,121	63,361
営業用什器	350	353	2,278	2,282	2,256	2,256	2,256	2,739	5,432	8,124	9,803	9,803
未収利息・割引料	16	48	1,104	1,076	1,679	1,338	573	690			34,845	［146,227］

第4章　近代名古屋における会社設立と有力資産家　263

他所割引手形	17,755		1,420						11,378	25,055	9,821	3,317
仮払金		20,534		45,415	49,977	43,296	44,904	51,906			1,510	99,502
金額有高	453,938	717,080						66,058	116,492	227,605	192,741	45,090
当期欠損金								15,245				75,901
合計	453,938	717,080	1,261,433	1,177,112	1,254,365	1,412,989	1,504,140	1,613,157	2,735,717	4,143,337	5,131,889	4,754,315
負債												
資本金	150,000	150,000	300,000	300,000	300,000	300,000	300,000	300,000	300,000	300,000	300,000	300,000
積立金		2,000	58,000	61,500	64,500	67,500	70,500	73,000	86,000	96,000	108,000	108,000
償却準備金			3,000	3,000	3,000	3,000	3,000	3,000	3,000	3,000	3,000	3,000
定期預金	73,214	161,541	272,653	259,526	307,696	443,064	478,371	458,214	678,863	1,176,084	1,345,931	1,340,731
当座預金	76,495	108,075	283,094	218,595	210,791	232,909	233,779	251,564	813,166	1,366,364	1,544,931	1,384,395
通知預金	39,699	117,845	138,268	101,957	112,499	89,947	154,215	150,202	207,913	407,891	370,439	331,374
小口当座預金	26,007	45,566	110,997	124,924	113,155	97,123	127,494	163,276	239,508	417,219	448,555	441,178
別段預金	5,635	36,823	7,126	12,565	5,512	14,626	31,694	71,585	132,214	88,431	430,661	381,512
再割引手形	32,025	76,380	48,668	59,316	70,314	55,919	60,724	20,290	8,460	75,000	26,460	
他店より借	6,048	6,797	15,045	15,098	20,177	14,560	16,193	16,419	99,349	162,415	70,409	73,503
借入金・当座借越	41,228							89,293	138,000	10,000	408,865	382,923
未払利息	432	665					15,000				53,707	
その他	150[1]									2,513[2]	3,148[3]	7,700[4]
当期純益金	3,005	11,389	24,582	20,631	14,991	80,905	13,169	16,314	29,244	38,421	17,782	
合計	453,938	717,080	1,261,433	1,177,112	1,254,365	1,412,989	1,504,140	1,613,157	2,735,717	4,143,337	5,131,889	4,754,315
支店				知立	知立	知立	知立	知立・小倉	知立・小倉 東京	知立・小倉 東京 神楽町	知立・小倉 東京 神楽町	知立・小倉 東京 神楽町
コルレス店数	27ヵ所	31ヵ所	85ヵ所	107ヵ所	113ヵ所	112ヵ所	115ヵ所	126ヵ所	186ヵ所	252ヵ所	407ヵ所	407ヵ所
貸付金抵当買物												
公社債	105,075	44,594	128,027	140,257	159,777	175,841	215,396	169,071	250,440	425,394	34,452	67,365
株券	188,442	344,759	333,676	266,353	271,522	292,164	371,499	319,353	414,920	586,170	738,649	546,067
地所・建物	3,206	7,479	54,007	43,420	39,891	42,235	46,206	48,853	56,143	54,258	117,842	
商品		3,866		5,285	7,663	6,124	7,830	1,380	5,323	12,981	1,665	135
信用	7,598[5]	10,359	67,907	75,228	71,962	69,779	58,390	45,522	51,243	62,514	567,621	666,150
合計	304,321	411,057	583,617	530,543	550,815	586,143	699,321	584,179	778,069	1,141,317	1,467,131	1,397,559

(出所）中西［2018］38頁の表7より作成。
(注）支店のうち神楽町（名古屋市）は割出張。1907年12月期の未収利息、割引料欄の［ ］内は不渡手形分。
1）支払送金手形分。2）既収割引料予。3）公的預金。4）雑勘定。5）商品と信用の合計。

衛に対して、配当を求める株主の不満が生じており、特に同社は1904年度上半期の年8分配当から下半期の無配へと業績は悪化していたと思われ、株主の不満は一層高まっていたと考えられる（中西［2018］表4）。もともと奥田正香は、名古屋生命保険設立当初は、同社株を120株しか所有していなかったが、配当に不満を持つ株主が同社株を手放したと思われ、それを引き受けた奥田正香の同社所有株数は次第に増大し、1901年度末には奥田正香は同社株を240株所有する最大の株主となっていた[13]。そのなかで、奥田正香も株主の利害を代弁するに至り、名古屋生命保険の小栗冨治郎への売却を提案したと考えられる。

実際、小栗冨治郎に名古屋生命保険の経営権が移ってから冨治郎は同社株に対して年8分の配当を維持しており（中西［2018］表4）、同社株主の意向を反映した経営を行った。その上で、名古屋生命保険が持つ余裕資金（責任積立金）の利用を小栗冨治郎は考え、1906年初頭に名古屋生命保険の定款の改正を届け出た。すなわち、積立金の運用は、設立当初の定款では信用ある有価証券の所有と信用ある銀行への預金に限定されていたのが、03年頃から貸付金として運用してよいことを部分的に認められていたものを、正式に定款を改正して積立金を積極的に貸付金として運用可能にした[14]。この改正は、名古屋生命保険から小栗冨治郎家への融資を念頭に置いたものと考えられ、実際、1905年頃から小栗銀行のオーバーローン状況は急激に進んだ。小栗銀行の系列下で1898年に設立された小栗貯蓄銀行も、小栗銀行への預金吸収機関としての機能を積極的に果たし、1906年頃より急激に貯蓄預金を集めて小栗銀行に預けていた（中西［2018］表6）。小栗冨治郎家による台湾塩の国内販売が全国的に拡大したことは、小栗銀行のコルレス網からも明らかで、小倉支店・東京支店の開設とそれに伴うコルレス網の拡大が急速に進み、1907年上半期の小栗銀行のコルレス契約銀行本支店数は、本店が22府県にわたる138ケ所、東京支店が11府県にわたる63ケ所、小倉支店が24府県にわたる72ケ所に上った[15]。

---

13) 「会社一件」第2課第1分科（資料番号278、愛知県庁文書）、明治35年「生命保険会社書類」第4課（資料番号366、愛知県庁文書）より。
14) 明治29～31年「名古屋・真宗生命保険会社書類」第5課商工係（資料番号364、愛知県庁文書）、明治36～大正元年「会社　庚」第4課（資料番号301-2、愛知県庁文書）より。
15) 明治40年上半期「営業報告書（小栗銀行）」（明治40年「会社　戌」資料番号326、愛知県庁文書）より。

こうした小栗冨治郎家の広域経営展開により、冨治郎への小栗銀行の貸付金額は急増したと考えられ、それが主に約束手形による無担保での貸付で行われたと推定されるため（営業報告書では、割引手形欄は貸付金抵当質物記載の対象外）、1907年初頭の段階で小栗銀行の経営は極めて危険な状態にあったと言える。そのため、1907年恐慌の影響が即座に波及して、救済のための融資が膨らみ、それらが無担保の信用貸で行われたため、資金繰りはさらに悪化し、1907年度下半期に約15万円の不渡手形を抱えた上に、約76,000円の欠損を計上して小栗銀行は破綻した（表4-17、植田［2011］434-435頁）。その結果、小栗冨治郎は名古屋生命保険の社長を辞任して名古屋から撤退し、家業を整理した。

おわりに——名古屋の資産家と会社設立

　名古屋での会社設立の特徴を名古屋の資産家との関連でまとめたい。近代名古屋での会社設立は、近世来の最有力の御用商人であった伊藤次郎左衛門・岡谷惣助を中心とするグループ、幕末期に名古屋近在から名古屋に進出した呉服商の瀧兵右衛門・瀧定助を中心とするグループ、近代に入り事業を拡大して商業会議所会頭となった奥田正香を中心とするグループによって進められたとされ、その象徴が、伊藤次郎左衛門・岡谷惣助らが設立した愛知銀行、瀧兵右衛門・瀧定助らが設立した名古屋銀行、奥田正香を中心とするグループが設立した明治銀行の競争であった（鈴木・小早川・和田［2009］、村上［1978］）。ただし、伊藤次郎左衛門・岡谷惣助らは、名古屋紡績は設立したものの、近代企業の会社経営には消極的で、家業の会社化を熱心に進めたため、名古屋における近代企業の定着は、両瀧家を中心とするグループや奥田を中心としたグループに担われた。その際、奥田正香の家業は味噌醬油醸造業であり、協力者の鈴木摠兵衛は材木商、神野金之助も土地資産家であり、奥田のグループ内に近藤友右衛門など綿糸商もいたが、伊藤次郎左衛門や瀧兵右衛門・瀧定助のような最有力の呉服太物商はいなかったため（表4-1を参照）、奥田が尾張紡績を設立する際に、瀧兵右衛門や森本善七（小間物商）らの協力を取り付ける必要があった（鈴木・小早川・和田［2009］307-309頁）。そのため、尾張紡績では出自や経営志向性の異なるメンバーが混在し、繊維業を中心に会社設立を進めようとした

瀧兵右衛門らと、インフラ分野を中心に名古屋の近代化を進めようとした奥田では、根本的なところで折り合えなかったと思われる。

　それが1905（明治38）年の尾張紡績の三重紡績への合併をめぐる奥田正香と瀧兵右衛門との確執となって表面化し、それを契機に瀧兵右衛門は奥田と互いにライバル会社を設立して競争するに至った。この両者の協調と対立には時期による違いがあり、瀧兵右衛門は奥田のグループが1893年に名古屋倉庫を設立してから13年後の1906年になって、そのライバル会社の東海倉庫を設立した。前述のように、奥田を中心とするグループが設立した日本車輌製造を、両瀧家を中心とするグループが乗っ取ったのも1910年である。つまり、名古屋の企業勃興は、3つのグループの鼎立とその競争と見るよりも、奥田と瀧兵右衛門の協調から対立への転換と、そこから距離を置いていた伊藤次郎左衛門の独自路線（家業の会社化）と捉えた方が、実態に合っていると考えられる。

　ただし、奥田を中心とするグループ内も瀧兵右衛門を中心とするグループ内も一枚岩ではなく、独自の動きがまま見られた。奥田を支えた鈴木惣兵衛は、奥田が名古屋生命保険を小栗冨治郎に売却するのに反対し、その後も福壽生命保険の役員就任は断り、また名古屋生命保険には設立当初より、瀧定助が加わっており（鈴木・小早川・和田［2009］318-319頁）、繊維業中心の企業展開を重視する瀧兵右衛門家と、繊維業以外のインフラ分野にも関心を示す瀧定助家では経営志向性に相違が見られた。そのため、瀧兵右衛門は奥田との対抗から東海倉庫を設立したものの、その経営に消極的で所有株数を減らし、1909年には役員から離れ、それに対して瀧定助家は、東海倉庫の経営に積極的に関わり、所有株数を増やして瀧定助が15（大正4）年に同社社長となった[16]。瀧定助は、経営志向性では奥田に近いものがあったと考えられ、東海倉庫は、奥田らが設立した名古屋倉庫と1925年に合併して東陽倉庫となった。

　一方、鈴木惣兵衛や神野金之助は、インフラ分野の会社を次々設立した奥田を支えてそれらの会社に出資したものの、家業の材木商経営や新田経営も重視し、惣兵衛は家業関連の会社経営を継続し、金之助も新田開発の会社を設立して家業の維持に努めた（材惣300年史編纂委員会編［1991］、西村［2004］）。家業

---

16) 鈴木・小早川・和田［2009］283-288頁、由井・浅野編［1988〜89］第13巻、245頁、第14巻、252頁、大正4年版『日本全国諸会社役員録』商業興信所、下編221頁を参照。

志向性の点で、鈴木家・神野家と伊藤次郎左衛門家・岡谷惣助家は共通しており、1910年代後半以降、家業の拡大・発展を重視しつつ、インフラ分野への投資を行う形で名古屋の有力資産家の経営展開が似通ってきた。そこに、明治期に比較的疎遠であった奥田を支えてきた資産家と伊藤次郎左衛門・岡谷惣助が協力し合える土壌が生まれた。伊藤次郎左衛門らが旧藩主尾張徳川家に恩顧のある有力実業家に呼びかけて結成した九日会は19世紀末から存在していたが、1922年時点では、伊藤次郎左衛門、伊藤由太郎、岡田良右衛門、岡谷惣助、春日井丈右衛門、加藤彦兵衛、神野金之助、近藤友右衛門、鈴木摠兵衛、関戸守彦、高松定一、瀧定助、瀧信四郎、武山勘七、富田重助、中村與右衛門、森本善七ら、3つのグループ全てから複数の参加者を得ていた[17]。こうして、1920年代の名古屋商業会議所は、旧奥田系のグループ、両瀧家を中心とするグループと、伊藤次郎左衛門・岡谷惣助が協力し合う体制が取られた（本書第5章表5-8を参照）。

　こう見ると、奥田正香が尾張紡績と名古屋紡績を三重紡績に合併させて、愛知県下の紡績会社間の競争を終結させたことの意味をもう一度考える必要があろう。企業勃興期の日本は、銀行・鉄道・紡績会社設立をめぐる地域間競争の時代であった（中村［2010］）。愛知県は官営鉄道が比較的早く開通したため名古屋での会社設立の中心は銀行と紡績会社となった。その中心的担い手の奥田自身が、紡績会社による地域間競争に終止符を打って、電力・ガス事業立ち上げの新たなステージに転換させたことになる。奥田にとってみると、瀧兵右衛門や伊藤次郎左衛門の存在もあって思い通りにいかない紡績業界から名古屋を切り離して自分の思い描くステージへの転換を図るための紡績合同であったかもしれない。しかもその合同が、尾張紡績と名古屋紡績のみでなく、知多紡績・津島紡績・一宮紡績も巻き込むものであったために、この転換は名古屋周辺の郡部にまで広がった。

　こうした名古屋経済界を逆に愛知県郡部の資産家から捉え直すと、1890年代

17）　城山［1994］121-123頁、林［1994］527-528頁を参照。1921年4月からの名古屋商業会議所の役員は、会頭が旧奥田グループの上遠野富之助で、副頭取に伊藤守松（後の次郎左衛門）と瀧定助が就任し、庶務部長に瀧グループの森本善七、商業部長に岡谷清治郎（後の惣助）、運輸部長に旧奥田グループの富田重助がそれぞれ就任した（名古屋商工会議所編［1941］第I部263頁）。

後半〜1900年代は郡部が名古屋に追いつこうとする競争の時代であったと言える。この時期は、知多紡績・一宮紡績・津島紡績など郡部でも近代企業が設立され、名古屋の名古屋紡績や尾張紡績と対峙していた（愛知県史編さん委員会編［2017］368-389頁）。そして知多郡には小栗冨治郎や井口半兵衛など名古屋にも拠点を設けるとともにそこに止まらず、日本全国や海外にまで進出する気概を持った郡部の資産家が登場した（本章第3節・本書第5章）。この時期は地方でも中央と対抗できる可能性を感じさせる時代であったが、その可能性は1905〜07年の転換期に愛知県では途絶える。まず奥田正香が、愛知県下の紡績会社を三重紡績に合併させ、三重紡績ではなく日本紡績に合併した一宮紡績も含めて、愛知県下の紡績会社はいずれも他府県に本社のある大紡績資本の傘下に入る。さらに名古屋に進出するとともに全国展開を試みた小栗冨治郎・井口半兵衛らであったが、1907年恐慌の打撃でそれぞれ小栗銀行・亀崎銀行が破綻したことで、小栗冨治郎は事業そのものを廃業し、井口半兵衛も名古屋から撤退するとともに家業の肥料商経営を大幅に縮小した。愛知県下の紡績会社が他府県に本社のある大紡績資本の傘下に入ることは、愛知県の繊維関係者の反発を買ったと思われ、それ以降繊維関係者は、家業に回帰し、家業の近代化（会社化）に努める。

　小栗冨治郎や井口半兵衛の事例から学んだ知多郡の資産家は、知多紡績が三重紡績に吸収合併されたこともあり、新規分野への進出よりも家業の充実と発展に力を注ぐに至った。奥田は、次のステージとしてガス事業を積極的に進め、名古屋のみでなく知多瓦斯も立ち上げたが、旧知多紡績関係者は、家業に回帰したままあまり知多瓦斯には参加しなかったため、奥田の思惑は外れる。最終的に、近代期の名古屋では、いとう呉服店・瀧定合名・瀧兵商店などに、新たに近代期に展開した家業を会社化した豊田紡織・日本陶器なども含めて、多くの家業会社が登場し（表4－1を参照）、巨大紡績会社の本社が存在せず、中規模家業会社が中心となる独自の企業世界が成立した。

第5章

近代名古屋における肥料商の事業展開
―― 高松定一家を事例として

はじめに――近代名古屋をめぐる物流

　本章では、前章で論じた名古屋財界の動きに、会社設立競争の面では消極的であった名古屋の肥料商を取り上げ、彼らの事業展開が会社設立とは別のあり方で名古屋の産業化に貢献したことを示す[1]。現代でこそ名古屋はメーカーの町とイメージされているが、近世期から20世紀初頭までの名古屋は商家と商業の町であった（林［1966］）。1920年代以降、名古屋市域が拡張されると、郊外に立地していた製造業地域が市域に編入され、また第一次世界大戦期以降に、繊維工場や機械工場が多数設立されたことで、名古屋は工業都市へ変貌を遂げたが、市の中心部は依然として商家と商業の町であり続けた。名古屋市の中心部は、織物業や陶磁器業など、名古屋周辺の産地と全国市場を結ぶ流通の結節点になるとともに、木曽材などの木材の集散地でもあり、濃尾平野への肥料供給の中継地でもあった。そして名古屋が大都市になるにつれ、米穀需要は高まり、米穀流通の結節点ともなった。

　まず名古屋をめぐる流通の様相を簡単にまとめる。表5－1を見よう。現在の東海道線が全通する以前の1885（明治18）年は、名古屋をめぐる物流は、伊勢湾につながる堀川を利用した舟運が中心であったと考えられ、納屋河岸への物資の移出入を表5－1では示した。納屋河岸からの移出、納屋河岸への移入ともに米が最大の物資で、呉服・太物などの繊維製品がそれに続いた。一方、名古屋港が整備された20世紀初頭には、名古屋港への移入や名古屋港からの移

---

1) 本章前半は中西［2010］をもとにした。

表5－1　名古屋地域港湾輸移出入額の動向

金額の単位：円

1885年				1908年				1921年			
移出	（金額）	移入	（金額）	移出	（金額）	移入	（金額）	移出	（金額）	移入	（金額）
米	386,738	米	1,135,935	肥料	518,504	肥料	1,888,044	木材	2,977,810	砂糖	14,338,344
砂糖	315,894	清酒	662,592	セメント	415,000	木材	1,245,094	魚粕	1,563,632	木材	12,370,172
呉服	304,342	綿糸	459,574	木材	287,620	米	1,096,694	石炭	1,390,113	石炭	11,356,814
太物	171,440	呉服	449,372			石炭	859,655	大豆	1,171,710	綿花	8,149,984
雑穀	116,631	太物	309,687			醤油・味噌	201,912	砂糖	928,816	内国米	4,797,412
肥料	115,234	砂糖	308,302	計	1,339,240	計	5,855,433	計	20,116,875	計	91,570,535
		材木	289,160	（輸出）		（輸入）		（輸出）		（輸入）	
		肥料	288,454	陶磁器	1,050,082	大豆	326,568	陶磁器	12,526,596	豆粕	4,535,976
		雑穀	262,719	綿布	223,703	豆粕	183,044	木材	1,389,269	小麦	2,956,433
計	1,851,019	計	5,542,095	計	1,705,910	計	727,653	計	20,495,611	計	18,071,216
				総計	3,045,150	総計	6,583,086		40,612,486		109,641,751

（出所）商品流通史研究会編［1978～79］第4巻、75-90頁、第10巻、196-203頁、『大日本帝国港湾統計』明治41年後編、復刻版雄松堂出版、1994年、149-150頁、明治41年『大日本外国貿易年表』1909年、111-113、167頁より作成。
（注）1885年は納屋河岸、1908・21年は名古屋港。主要品目として、1885年は金額が10万円以上のもの、1908年は金額が15万円以上のもの、1921年は移出入品は上位5品目、輸出入品は上位2品目を挙げた。計はいずれもその他の商品を含んだ合計。
1885年の雑穀は、大麦・小麦・大豆・小豆の合計、1885年の肥料は、糠・種粕・魚肥の合計。

出では、肥料と木材が中心となった。前章で取り上げた材木商や本章で取り上げる肥料商が名古屋をめぐる海運では大きな役割を果たしたと言える。20世紀初頭には名古屋港も外国との貿易港に指定されており（神原編［1935］）、輸出額が輸入額を上回ったが、輸出品は陶磁器が中心であり、醤油の原料ともなる大豆や、肥料である豆粕が主に輸入された。第一次世界大戦期に都市化が進み、1921（大正10）年の名古屋港をめぐる物流のうち、国内各地との移出入では、木材の重要性は継続したが、都市化を反映して砂糖の物流が拡大した。また、綿紡績工場向け原料品の棉花もかなり移入され、肥料物流では、国内からの移入から外国からの豆粕輸入への転換が見られた。とは言え、名古屋港をめぐる物流では1920年前後でも、材木商や肥料商が重要であった。海運から名古屋の物流を見ると、19世紀から20世紀の転換期に、米や繊維製品の重要性が低下したように思えるが、物流そのものの海運から鉄道への転換もあり、1903年の名古屋駅の鉄道貨物の発着では、到着で米が10,273トン、砂糖（類）が8,359トン、綿（棉花）が8,281トン、木材が4,691トン、石油が4,037トンの順に多く、発送で陶磁器が13,539トン、綿糸が10,013トン、肥料が6,692トン、雑穀が4,733トン、米が4,540トン、木材が4,368トンの順に多かった（野田・原田・青木編［1980～81］第Ⅰ期第1集第8巻、200頁）。米と繊維製品については海運から鉄道への輸送路の転換があり、依然として、名古屋をめぐる流通で重要な位置を占め続けていた。もっとも繊維製品の内容は、近代前期までの呉服・太物中心から、棉

表5−2　1921年名古屋市肥料集散状況

単位：トン

魚肥	到着	魚肥	発送	人造肥料	到着	人造肥料	発送
鉄道	3,936	鉄道	3,866	鉄道	2,278	鉄道	15,909
内国海運	16,307	内国海運	8,437			うち岐阜	5,770
うち北海道	15,919	うち三重	5,086			うち長野	4,713
		うち愛知	3,225			うち愛知	3,042
対外海運	—	対外海運	—	内国海運	3,893	内国海運	3,321
豆粕	到着	豆粕	発送	うち大阪	3,648	うち愛知	1,994
鉄道	2,098	鉄道	26,897	対外海運	0	対外海運	—
		うち長野	7,932	その他肥料	到着	その他肥料	発送
		うち愛知	7,561	鉄道	4,768	鉄道	14,597
		うち静岡	4,365	うち大阪	1,732	うち岐阜	4,993
		うち岐阜	2,635	うち兵庫	1,075	うち愛知	3,958
		うち新潟	1,556			うち静岡	2,224
		うち山梨	1,043			うち長野	1,079
内国海運	1,367	内国海運	13,473	内国海運	7,462	内国海運	3,610
		うち愛知	11,517	うち大阪	4,966	うち三重	1,970
		うち三重	1,639			うち愛知	1,520
対外海運	72,865	対外海運	—	対外海運	16,328	対外海運	—
うち関東州	62,273			うち中国	15,294		
うち中国	10,591			うち関東州	1,034		

(出所)大正10年「名古屋市海陸貨物集散概況」(老川・渡邉編 [1998]) 9-23頁より作成。
(注)地域区分として国内は道府県、外国は中国と関東州で示した。到着の地域は、その地域を発送地として名古屋に到着した分、発送の地域は、その地域を到着地として名古屋を発送した分を表す。それぞれ1,000トン以上の到着・発送の相手地域を示した。対外海運とは外国との海運による貨物集散。鉄道貨物は1,700斤（重量）もしくは100立方尺（容積）を1トン、海運貨物は1,500斤（重量）もしくは40才（容積）を1トンとする（出所資料115頁を参照）。

花を移入して綿糸に加工して輸移出する綿紡績業の側面が強まり、米に加えて砂糖も大量に移入されるに至り、消費都市名古屋の側面も強まった（名古屋商業会議所編 [1911]）。なお砂糖は、20世紀初頭は主に鉄道で移入されていたが、1920年前後には海運で移入されるようになったと考えられる。

　名古屋をめぐる商品流通のなかで、本章は集散地としての地位が急速に高まった肥料を取り上げ、表5−2で、名古屋市をめぐる物資集散が詳細に判明する最初の年である1921年の肥料の集散状況を示した。当時の肥料は、堆肥や人糞尿などの自給肥料を除くと、大きく分けて動物性肥料としての魚肥、植物性肥料としての大豆粕・菜種粕、そして化学肥料（人造肥料）に分類される。魚肥は、大部分が北海道から名古屋に海運で移入され、それが主に海運で伊勢湾・三河湾沿岸に移出された。日本では、商品肥料として18世紀から九州産の鰯粕や房総産の干鰯が普及したが、19世紀に入ると、北海道産の鯡魚肥（胴

鯡・鯡〆粕)が普及し始め[2]、19世紀後半には北海道産魚肥が商品肥料の中心となり(中西[1998])、1921年時点でも、北海道産魚肥は名古屋にかなり移入されていた。一方、19世紀末より、北海道での鯡の漁獲量が急減し、より安価な肥料として「満洲(中国東北部)」産の大豆粕(豆粕)肥料が日本に移入されると、急速に大豆粕が普及した。1921年時点では、名古屋への肥料移入の中心は豆粕で、それらは満洲の玄関口に位置した「関東州」や中国(おそらく満洲)から海運で移入され、主に鉄道で長野県・愛知県・静岡県などに移出された。肥料の主成分である窒素分と燐酸分のうち、窒素分に偏っていた豆粕は、米作よりも桑や茶葉などの肥料に適しており、米作に適した魚肥とある程度棲み分けながら、長野県の養蚕地域や静岡県の茶産地に普及した(吉村[1921])。

　日本での化学肥料(人造肥料)は、窒素分に偏った豆粕を補うための燐酸肥料(過燐酸石灰など)として製造が拡大した。それゆえ豆粕と過燐酸石灰との併用で米作にも豆粕が使用されるに至ったが、窒素系人造肥料の硫安が製造されるようになって以降は、窒素系人造肥料と燐酸系人造肥料を配合した肥料が広く普及した。したがって1921年時点では、名古屋市でも人造肥料が製造されていたと考えられ、名古屋市の人造肥料移入量を人造肥料移出量がかなり上回ったものの、その量は豆粕の移入量に比べるとまだ少なかった。なお、その他肥料の多くは、菜種粕・胡麻粕などの種粕であったが、国内では大阪府、国外では中国から名古屋に移入され、主に鉄道で近隣に移出された。

　このように、19世紀までは関東から関西までの東海道沿いや、木曽地方など後背地の産物の集散地であった名古屋が、肥料の集散地としての地位が高まることで、北海道、「関東州」、中国とのつながりが強まり、東アジアにまで広がる流通拠点としての地位を高めた。

---

[2]　北海道産鯡の漁期は3〜7月で、数回に及ぶ鯡の群来に応じて沿岸で漁獲された。最も早い時期に漁獲された鯡は大型で、笹目・数の子・白子を取り出されたものが、主に海岸で干され、背肉の部分を裂いたものが身欠鯡として食用に販売され、残りの背骨とそれに付随した頭部と腹部の部分は、胴鯡(羽鯡)として肥料用に販売された。遅い時期に漁獲された鯡は小型であったため、主に釜で茹でたものから水分と油分を絞り出した後の部分が、鯡(〆)粕として肥料用に販売された(北水協会編[1935]56-57頁などを参照)。

1 川筋肥料商の概観

　近世期の名古屋への肥料の移入は[3]、主に房総産干鰯が、船で伊勢湾から堀川を経由して納屋河岸に荷揚げされたと考えられ、肥料商は主に納屋河岸に店を構えた（本書巻頭の地図3を参照）。納屋橋から堀川沿いに集住した肥料商は、「川筋肥料商」として仲間組織を作り、共同歩調をとった。米穀も近世から近代前期にかけては、全国から船で輸送され、堀川を経由して納屋河岸に荷揚げされたので、米穀商も主に納屋河岸に店を構え、近代以降は米穀商と肥料商を兼業した商人も多く、肥料商仲間に米穀商が加わり、1898（明治31）年に名古屋肥料米穀問屋組合を結成した。名古屋の中心部では[4]、呉服太物商が街道とのつながりを重視して長者町・茶屋町・玉屋町などに集住し、堀川沿いの米穀肥料商と対峙する形で、2つの商業中心地が形成された。そして、米穀肥料・呉服と並んで名古屋の商品流通では木材も重要で、堀川の下流に大規模な貯木場が設けられ、そこに集住した材木問屋も多かったので、堀川河口を含めると、名古屋には3つの商業中心地が形成されたとも言える。

　ただし、それら商業中心地で主に取引された商品は、呉服・太物は京都や地元産、肥料は関東産、木材は木曽産と、東海道沿いか名古屋の後背地で産出された商品が中心であり、近世期の大坂のような全国的集散地とは言えなかった。ところが、1880年代に房総地方で鰯の不漁が続き、川筋肥料商は、大阪に廻漕された北海道産魚肥を、大阪から仕入れるに至り、さらに三菱汽船と共同運輸会社との競争を経て、85年に日本郵船が設立され、国内汽船網が整備されると、汽船輸送を利用して、川筋肥料商が北海道の肥料商から直接魚肥を仕入れ始めた（中西［1998］第7章）。例えば、三輪嘉兵衛は、1891年6月に北海道奥地から汽船で、鯡粕2,200俵余を四日市へ直送させ、92年には北海道から堀川河口の熱田沖まで汽船で鯡粕を直送させた（大塚［1929］123頁）。こうして名古屋の肥料取引において1893～94年には、北海道産鯡魚肥が、全肥料のなかで最大を占めるに至った。

　このような産地との直接取引は、これまで江戸・浦賀の干鰯問屋との取引の

3）　以下の記述は、大塚［1929］を参照。
4）　以下の記述は、新修名古屋市史編集委員会編［1999］を参照。

なかで形成された商習慣を大きく変更させることとなり、新たな事態に対応すべく同業組合の設立が望まれ、1892年に名古屋の肥料商組合が結成された。その組合の役員として川筋（川並）肥料商から5名、駿河町から2名、大曽根から2名の計9名が選ばれた。堀川筋以外にも、駿河町や大曽根で大きな肥料商が存在したが、主導権は川筋肥料商が握っており、肥料商組合頭取の三輪嘉兵衛、副頭取の服部兵助ともに川筋肥料商であった（大塚［1929］128-129頁）。

　表5－3を見よう。1892年時点で川筋肥料商組合員は20軒いたが、そのうちその後の動向が資料から確認できる14軒を表に示した。川筋肥料商は船入町・大船町・納屋町などに店を構え、北海道との産地直接取引を開始した三輪嘉兵衛や、1896年に同業者と図って名古屋艀船会社を設立し、その社長となった服部兵助が、創設期の肥料商組合を主導したと考えられる。1890年代後半になると、納屋町の高松定一家（師定商店）が業績を伸ばし、99年には、川筋肥料商のなかで最大の肥料扱い額を示した。師定商店は、他の川筋肥料商と異なり、商業的蓄積を積極的に不動産へ投資し、20世紀に入っても順調に業績を伸ばし、川筋肥料商のなかで最大の経営規模を維持し続けた。ただし、前章で取り上げた名古屋の有力商人と異なり、会社経営などで他部門に展開することはあまりなく、地元堀川銀行と堀川貯蓄銀行の取締役などを務めるに止まった。その一方で、肥料取引では先駆的役割を果たし、川筋肥料商のなかでは人造肥料取扱いに最も熱心であった。

　その後、1898年に旧来の肥料商組合を組織替えして、川筋地域で新たに肥料問屋組合を結成した際に、前述のように川筋地域の米穀商も加入して、名古屋肥料米穀問屋組合が結成された[5]。翌年には、組合の加入範囲を名古屋市内に広げ、組合規約を整備して、メンバーは信認金を供託することや、艀賃や蔵敷料を統一することを決め、さらに四日市と衣ケ浦地域の肥料商組合との連合協議会を定期的に開催することとした。この三組合は伊勢湾・三河湾域の肥料商の中心をなし、三組合連合協議会で、手数料など共通の取引慣行が決められた。これら三組合のなかで、四日市と衣ケ浦地域には、それぞれ四日市港・半田港と、定期汽船航路のある港湾が存在したが、名古屋に大型汽船の入港に適した

---

[5] 以下の記述は、大塚［1929］141-168、194-196頁を参照。

第5章　近代名古屋における肥料商の事業展開　275

表5－3　名古屋市堀川筋肥料商の動向

単位：円

氏名	居住地	1892年 役職	1898年頃 営業税	所得税	1899年 肥料扱い	雑穀扱い	有価証券	宅地家屋	1901年頃 田畑山林	1907年頃 営業税
三輪嘉兵衛	舟入町	頭取	156	62	233,905	10,890	6,388	41,194	1反8畝25歩	144
服部兵助	大舟町	副頭取	78	56	250,200	27,800	10,478	33,115	7畝20歩	271
髙松定一	納屋町	幹事	205	112	319,740		14,407	69,520	32町7反6畝14歩	224
吉川卯助	塩町	幹事	60	21	1,190	69,000	1,991	21,292	5反2畝23歩	103
渡邊鉦太郎	舟入町		190	33	50,000	15,000	532	4,970		186
野尻理右衛門	舟入町		91	9			11,331	16,441		187
鈴木庄蔵	舟入町		67	23			456	6,270		
伊藤清七	舟入町		62	6	165,300	9,500	4,489	12,682	2反26歩	196
鈴木廣太郎	大舟町		50	16			1,555	7,525		106
服部登豊三郎	舟入町		30	5			207	805		
小林源次郎	舟入町		18	3	髙木兼次郎（舟入町）		270	2,560		18
鬼頭金七 愛北物産会社（熊田喜平治）					202,730	2,690				

氏名	1914年頃 営業税	所得税	1917年 魚肥	大豆粕	人造肥料	1922年 営業税	1927年 営業税	1900年代の会社役員
三輪嘉兵衛	338		363,000	133,000	—	510	219	尾張時計社長、東海製肥合名代表社員
服部兵助	196		208,000	66,000	—			名古屋艀舩会社、東陽館取締役、名古屋倉庫監査役
髙松定一	566	2,395	496,000	350,000	117,200	797	266	堀川貯蓄銀行監査取締役
吉川卯助								名古屋艀舩監査役
渡邊鉦太郎	413	171	22,000	27,000	28,000	83		
野尻理右衛門	289	228	241,000	243,000	—	490	118	日本豆粕製造合名代表社員
鈴木庄蔵			2,000	342,000	—			日本豆粕製造合名代表社員
伊藤清七								名古屋艀舩取締役
鈴木廣太郎	388	292	340,000	252,000	13,800	606	85	
髙木兼次郎						56		
小林源次郎	35					127		
鬼頭金七 愛北物産会社（熊田喜平治）		6						

（出所）渋谷編［1997］、大塚［1929］、明治25年版『日本全国商工人名録』1892年、『日本全国商工人名録』1908年、明治40・41年版『日本全国商工人名録』商工社、1908年、『名古屋商工人名録（商工）会議所、1915、23・28・35年より作成。

（注）1892年時点の川筋肥料商組合員の役職は川筋肥料商組合第5・8・10・12版、名古屋商業会議所百二十五年史刊行会編［1991］84-85頁、由井・浅子編［1988-89］、『名古屋商工案内』第5・8・10・12版、名古屋商業会議所百二十五年史刊行会議所、師定肥物問屋雑募百二十五年史刊行会編、師定肥物問屋雑募百二十五年史刊行会議その後の川筋肥料商組合員の動向をその巻の之々巻の各巻の巻の者をそれぞれ示す。1899年は名古屋商業会議所の役職、1901年頃は資産規模、1907・14・22年頃はそれぞれ営業税額・所得税額を示した。服登豊三郎職を1892年時点の川筋肥料商組合員として、表に記した以外に、1892年時点の川筋肥料商組合員として、久保出張所、衣川徳三郎、井口商会支店、村瀬九郎右衛門、野々村鎮次郎、綿坂社、加藤市左衛門）があった。1917年は半期間肥料販売額。1927年の営業税は営業収益税額。

港湾がなかったことが、川筋肥料商にとっては弱点であり、名古屋肥料米穀問屋組合は、産業界と協力して名古屋港築港を訴え、1907年に名古屋港が開港場として開かれることとなった。ただし、港湾設備は未完成のため築港は続けられ、1912（大正元）年から、日本郵船の北海道定期汽船航路が名古屋に寄港することとなり、北海道産魚肥の名古屋移入が容易になった。

　もっとも1910年代には、日本の肥料市場で大豆粕が圧倒的地位を占めており、特に畿内市場では魚肥の地位はかなり低くなっていたが（中西［2016b］第8章）、大豆粕が輸入品であったこともあり、主要開港場の存在しなかった伊勢湾・三河湾岸では、北海道産魚肥の重要性は残った。前掲の表5－3で、川筋肥料商の1917年の肥料取扱額を見ても、大豆粕に匹敵する取扱額を魚肥が占めた。ただし、三輪嘉兵衛・服部兵助・高松定一のように1892年の組合設立時から組合役員を務めた老舗の肥料商が、大豆粕より魚肥を多く扱ったのに対し、川筋肥料商のなかで、野尻理右衛門・鈴木庄蔵などは、日本豆粕製造合名会社を設立するなど、魚肥よりもむしろ大豆粕を積極的に扱った。彼らは、大豆粕を積極的に扱うことで1890年代以降に急成長した。

　本節の最後に、こうした名古屋の川筋肥料商の全国的な位置付けを確認する。表5－4を見よう。この表は営業税額から見た有力肥料商を、肥料主要移入府県を取り上げて営業税額順に並べたものである。愛知県では、知多郡亀崎出身で名古屋にも進出した井口半兵衛や、次章で取り上げる知多郡半田の小栗三郎（萬三商店）が日本全体で見て最大規模の肥料商であり、名古屋の川筋肥料商も、19世紀末から20世紀初頭にかけて高松定一・野尻理右衛門・三輪嘉兵衛・服部兵助・伊藤清七など比較的多くの肥料商が全国規模に入ったが、商品肥料の中心が満洲産の大豆粕に転換するなかで、主要開港場に近い東京・大阪の肥料商あるいは開港場神戸の肥料問屋が肥料商規模の上位を占めるようになり、名古屋の肥料商の相対的地位は低下した。そのなかで高松定一家は1910年代初頭では上位層に位置したが、20年前後には神戸・大阪・東京の肥料問屋に大きく差をつけられて上位層からは脱落した。結果的に1920年前後には川筋肥料商のなかで鈴木廣太郎がそれなりの規模を保ったが、それ以外の川筋肥料商は、いずれも上位層には入れず、愛知県のなかでは、次章で取り上げる知多郡半田の小栗三郎家が飛び抜けた肥料商として残り続けた。

第5章　近代名古屋における肥料商の事業展開　277

表5－4　肥料主要移入府県における営業税額から見た近代日本主要肥料商一覧

単位：円

1897年もしくは98年			1907年もしくは08年			1912年もしくは13年			1920年もしくは21年		
氏名	営業税	居住地	氏名	営業税	居住地	氏名	営業税	居住地	氏名	営業税	居住地
岩出惣兵衛	619	東京	井口半兵衛	981[4]	愛知・亀崎	小栗三郎	3,110[6]	愛知・半田	安部辛兵衛商店	25,618[8]	神戸
有馬丸太郎	596	兵庫	森六郎	796[5]	徳島	森六郎	2,939[1]	徳島	小栗汪吉	11,028[9]	神戸
小栗三郎	525	愛知・半田	小津寅之助	742	東京	岩出惣兵衛	2,503	東京	小島辰之助	10,554	東京
窪田弥兵衛	474	東京	岩出惣兵衛	690	東京	小家七平	2,204	大阪	丸十商店	9,999	山口・下関
大和田圧七	456	福井・敦賀	小栗三郎	657	愛知・半田	小津右衛門	1,548	東京	鈴商店支店	9,130	神戸
南島間作	440	富山・新湊	小栗右衛門	433	東京	村林栄助	1,404	東京	木下武兵衛	8,458[10]	大阪
九鬼紋七	425	三重・四日市	窪田弥兵衛	422	東京	鈴鹿商店	1,236	東京	草雍全七	8,144	東京
奥三郎兵衛	417	東京	石川茂兵衛	417	兵庫	川口平三郎	1,156[3]	兵庫・尼崎	小栗三郎	6,782	愛知・半田
田中弥兵衛	338	三重	関瀬仁右衛門	378	名古屋	窪田弥兵衛	1,122	東京	武内廣治	6,032	神戸
新美昇子	28	東京	服部長助	271	東京	鈴木茂兵衛	964	東京	矢野慶太郎	5,552	神戸
金澤仁兵衛	233[1]	愛知・亀崎	鈴鹿保家	234	兵庫	糟谷肥料部	952[7]	愛知・横須賀	武井商店	5,396	大阪
内海主命	231	大阪	天羽茂兵衛支店	232	大阪	高松紋定一	831	徳島	森六郎商店	4,690[11]	徳島
高松紋定一	215	兵庫	高松紋定一	224	兵庫	峰岸慶蔵	778	東京	岩出商店	4,538	東京
野尻理右衛門	205	名古屋	土屋肥料店	218[1]	大阪	小津半吉	760	東京	峰六郎商店	4,374	兵庫・尼崎
土屋嘉助	190	大阪	九鬼紋七	204	広島・尾道	田中辛吉	753	三重・四日市	川口平三郎	4,336[3]	大阪
伊藤清七	189	広島・尾道	伊藤清七	196	名古屋	藤井合資	735	神戸	和泉商店	3,238[12]	神戸
久住九平	158	徳島	直木久兵衛	196	名古屋	九鬼肥料行	725	三重・四日市	井上寅次郎	3,204	大阪
井口半兵衛	135	愛知・亀崎	野尻理右衛門	186	名古屋	武本洋行	704	神戸	倉持商店	3,105	名古屋
本多安五郎	171	東京	野尻理右衛門	178	名古屋	泰新蔵	684	大阪	木下寅兵衛支店	2,951	東京
山西庄兵衛	157[2]	徳島・撫養	数孝三郎	172	神戸	加瀬忠次郎	679	三重・四日市	加瀬忠次郎	2,924	神戸
三輪嘉兵衛	156	兵庫・尼崎	内山半助	171	東京	武井商店	667	神戸	木全田三郎	2,659	東京
川口平三郎	148[3]	兵庫・尼崎	藤井定介	168	兵庫	奥村嘉兵支店	667	東京	木内廣太郎	2,604	名古屋
藍谷芳蔵	144	東京	柏原貞助	156	広島・尾道	藤岡宗八郎	657	東京	福島嘉蔵	2,601	東京
畠山小兵衛	137	東京・深川	川口平三郎	154[3]	兵庫・尼崎	野尻理右衛門	616	山口・木武南	奥村嘉蔵	2,204	東京
綱盛弥兵衛	33	富山	田中辛吉	152	三重・四日市	林太太	582	名古屋・下松	柴田慶五	2,200	東京
大西久左衛門	127	岡山・玉島	森辛兵衛	151	三重・四日市	野尻理右衛門	578	名古屋・尾道	海江田直議	2,183	神戸
松下久次郎	121	東京	板倉清次郎	146	大阪	木本吉次郎	565	山口・下関	鈴木大吉	2,113	広島・尾道
浜田兵衛	120	兵庫・飾磨	岡岡淺次郎	146	神戸	和田為次郎	557	広島・尾道	倉持直次郎	2,031	東京
菅野伝右衛門	119	富山・高岡	三輪嘉兵衛	144	東京	鈴木藤太郎	556	名古屋	楠本忠吉	1,966	東京
井口寅之助	118	大阪	太田久左衛門	144	名古屋	久保合名	553	神戸	今柳商店	1,901	
廣海惣太郎	72	大阪・貝塚	廣海惣太郎	73	大阪・貝塚	廣海惣太郎	547	大阪・貝塚	高松紋定一	1,638	名古屋
									井口商会合資	545	愛知・亀崎
									廣海惣太郎	193	大阪・貝塚

（出所）明治40・41、大正10年版『日本全国商工人名録』商工社、明治31・大正2年版『日本全国商工人名録』『富山県人名録』（渋谷編[1988-98]）より作成。

（注）東京府・愛知県・三重県・大阪府・兵庫県・香川県・岡山県・広島県・山口県・福井県・井口半兵衛家・井口商会合資・高松家（井口商会合資）・廣海家・高松家を取り上げた。廣海惣太郎家は、肥料製造業者を除く）を営業税額の多い30軒を示し、本書で取り上げた廣海惣太郎家・井口半兵衛家・高松家（井口商会合資）・廣海家・高松家を取り上げた。廣海惣太郎家は、北海道産魚肥を主に取り扱っている肥料商人で、肥料関係からも肥料を主に扱っていたと考えられる。肥料製造業者（船宿問屋）は、出所資料で、同時に廻船問屋（船宿副商）を兼業していたこともあり得る。1) 東京店と徳島店の合算。2) 撫養店と徳島店の合算。3) 尼崎店と大阪店の合算。4) 亀崎店と大阪店の合算。5) 徳島店・兵庫店・東京店の合算。6) 肥料部門と醤油醸造部門との合算。7) 廣須賀店と名古屋店と下関店の合算。8) 神戸店と東京店の合算。9) 神戸店と東京店の合算。10) 大阪店と東京店の合算。11) 徳島店と東京店と兵庫店の合算。12) 大阪店と神戸店の合算に付属する。

2　師定商店高松家の経営展開

　表5-3で示したように、川筋肥料商のなかで最も経営発展を遂げたのが、師定商店高松定一家であり、師定商店を事例に川筋肥料商の経営の特徴を考えたい。師定商店は[6]、堀川筋の有力肥料商であった師崎屋長兵衛から幕末期に分家して肥料商を独立開業した師崎屋定一を初代とする。近代に入り、長兵衛家・定一家ともに高松の姓を称したが、幕末期に肥料商仲間株を両家で区別する際に、「師長」「師定」を用いたことから、近代以降の高松定一家は、「師定商店」を称するようになった。創業した当初の師定は、本家の師長からあまり支援を受けた様子はなく、経営は苦しかったが、北海道産鯡粕に早くから目をつけたことが功を奏し、関東産干鰯を主に扱った師長以上に師定が成長した。実際、1872（明治5）年の師定の肥料取扱額のうち、干鰯が約13,593両、種粕が約15,933両に対し、（鯡）〆粕は約76,518両であった（師定肥物問屋類聚百二十五年史刊行会編［1991］46-47頁）。また師定は肥料と併せて雑穀も扱い、1872年に約9,800石の大豆を扱った。もともと堀川筋の肥料問屋は、関東産の干鰯を主な積荷とした江戸・浦賀からの和船と取引したが、それら和船は干鰯のほかに米や雑穀も積んでいたことから、肥料問屋は自然と米穀・雑穀商売も兼営するようになった。こうして大豆を早期から扱っていたことが、師定が魚肥とともに大豆粕取引もある程度拡大し得た要因となった。

　表5-5を見よう。師定商店の売上額は創業から19世紀末にかけて増大し、1900年代前半はやや停滞したが、1900年代後半から再び急増した。19世紀末の増大は、北海

表5-5　師定商店売上額・営業税額・所得税額の動向

年度	売上額	営業税額	所得税額
1872	111,807		
1898	270,000	205	112
1899	271,070	204	163
1900	229,391	197	224
1901	265,852	124	307
1902	267,117	157	325
1903	300,000	194	430
1904	263,383	347	623
1905	346,352	510	928
1906	360,729	560	1,119
1907	654,760	588	1,494
1917	963,000		
1923	690,000		

（出所）師定肥物問屋類聚百二十五年史刊行会編［1991］47、84-85、219頁、および「記」（師定商店資料、高松家蔵、以下、師定商店資料はいずれも同家蔵のため所蔵先を省略）より作成。
（注）単位は、1872年は両、それ以降は円。

---

6)　以下の記述は、師定肥物問屋類聚百二十五年史刊行会編［1991］第1編を参照。

表5－6　1910年頃の師定商店北海道産物購入先一覧　　　金額の単位：円

荷送者	積地	内容	金額
原田宗二郎	釧路	小鰊418俵	6,270
原田萬二郎	根室	〆粕476俵、取合粕43俵、鱈61俵	5,700
森本一郎	函館	〆粕254俵、小女子（粕）125俵、鰊100俵	4,950
野田為左衛門	根室	取合粕299俵、〆粕81俵	4,320
服部源助	小樽	〆粕258俵、新鰊79俵	4,304
岡本忠蔵	函館	〆粕169俵、鱈88俵	4,006
原恒吉	根室	〆粕276俵	3,280
敦野屋	小樽	〆粕187俵	2,240
6軒	函館	〆粕479俵、(胴) 鰊141俵	7,230
5軒	根室	〆粕311俵、取合粕104俵、鰈215俵	4,574[1]
2軒	小樽	〆粕127俵、鰊25俵	1,854
1軒	網走	小麦92俵、鰊・鰈・鱈65俵	1,114
1軒	釧路	取合粕49俵、肝油粕23俵	200[2]
合計23軒			50,042

(出所)「送り状」(明治43年5月～44年11月)(師定商店資料)より作成。
(注)師定商店に残された日本郵船の送り状 (荷受者：高松定一、着地：名古屋) より、荷送者別に内容と金額を集計。金額が2,000円以上の荷送者はそのまま示し、2,000円未満の荷送者は積地別にまとめて軒数を示した。
　1) 鰈215俵分の金額は不明。2) 取合粕49俵分の金額は不明。

　道産鰊魚肥の需要増大に伴う取扱額の拡大で、1900年代に北海道で鰊の漁獲量が減少したことで、1900年代前半にやや苦しい時期を迎えたが、1900年代後半から大豆粕取扱を拡大することで、再び取扱額を増大させることに成功した。実際、名古屋への魚粕の移入量は、1904年157,218俵、06年148,500俵、08年136,826俵と頭打ちとなったのに対し、名古屋への大豆粕移入量は、開港場である四日市港を経由した分も併せて、04年92,462坦（ピクル）、06年200,496坦、08年645,330坦と急増した（師定肥物問屋類聚百二十五年史刊行会編［1991］87-88頁）。ただし、1907年に開港場となったばかりの名古屋港では、まだ外国からの大型汽船が接岸できる港湾設備は整備されておらず、輸入肥料の大豆粕取扱量の増大には限界があり、師定商店の17（大正6）年時点の年間肥料販売額内訳では、大豆粕よりも魚肥が上回った（表5－3）。
　表5－6を見よう。師定商店は北海道の海産物商から北海道産魚肥を直接買い付け、日本郵船の汽船で送らせた。1910～11年のその買入先は、釧路・根室・小樽など北海道でも奥地の鰊漁獲地の海産物商であり、できるだけ安価に鰊肥料を仕入れることを目指したと考えられる。むろん遠隔地との取引のため、

取引相手の選択に際して興信所を利用して信用調査を行っており、例えば表5－6のなかでは、少なくとも服部源助と岡本忠蔵の信用調査報告が師定商店に残されている[7]。このように産地商人との直接取引で1910年代も北海道産魚肥を扱い続けた師定商店であったが、肥料消費市場全体の趨勢は、魚肥から大豆粕、さらに人造肥料へ転換しつつあり、師定商店は、1900年代から人造肥料の取り扱いを開始した[8]。例えば、1906年に大阪アルカリ株式会社と特約を結び、同社のアルカリ肥料の三重県下・西三河・東濃三郡の特約代理店として、それぞれの地域に特約契約店を設けて一手販売を行った。

むろん、特約締結に際して師定商店は、興信所を利用して大阪アルカリ株式会社の信用調査を行わせ、さらに三重県下・西三河・東濃三郡のどの肥料商に特約契約店としてアルカリ肥料の販売を任せるかの信用調査も興信所を利用して行わせており、十分な準備をした上での人造肥料取引への進出であった[9]。前述のように人造肥料は、最初大豆粕など窒素分に偏った肥料を補うための燐酸肥料として東京で製造が開始されたが、大阪アルカリは大阪硫酸株式会社を前身としており、窒素肥料の硫安製造に始まり、それから燐酸肥料の過燐酸石灰製造へ進出し、両者を配合して単独で使用できる配合肥料を製造するようになった（中西［2016b］第8章）。それと同時期に師定商店は同社と特約を結び、配合肥料を東海三県に普及させた。

その後も師定商店は[10]、三重人造肥料株式会社、大阪人造肥料株式会社とも特約を結び、前者は愛知県全域、後者は尾張全郡と東濃四郡での販売を担当し、独自ブランドでの配合肥料も販売した。特に、1915年に住友肥料製造所と結んだ愛知県下の一手販売契約は重要で、巨大化学企業と手を結んだことで各種人造肥料の販売が可能となり、その後住友肥料製造所が師定商店の最大の取引先となった。なお、師定商店店主高松定一は、鈴木千代吉が開発したトモエ特許肥料の販売にも協力し、1925年にその製造会社大日本特許肥料株式会社に出資して監査役に就任するとともに、中部地区（愛知・岐阜・三重・福井・富山・石

---

7) 師定商店資料、高松家蔵、以下、師定商店資料はいずれも同家蔵のため所蔵先を省略。
8) 以下の記述は、師定肥物問屋類聚百二十五年史刊行会編［1991］146-149頁を参照。
9) 師定商店資料。
10) 以下の記述は、師定肥物問屋類聚百二十五年史刊行会編［1991］150-157、266-270頁を参照。

川・滋賀県・京都府）の総代理店となり、各地に代理特約店を設置して一手販売を行った。住友肥料とトモエ肥料は、第二次世界大戦後の師定商店においても中心的取扱肥料となった。表5－5に戻ろう。大豆粕肥料・人造肥料取扱への進出により、師定商店の売上額は1904年の約26万円から17年の約96万円へ急増したが、この間営業税額のみならず所得税額も急増した。師定商店の所得急増には、不動産業への展開が大きかった。

表5－3の1901年頃の川筋肥料商の資産内訳を見ると、他の肥料商と異なり、師定商店は田畑山林を多数所有していた。師定商店が大規模な土地を購入したのは1889年以降と言われるが、98年度には、知多郡に地価約7,200円、碧南郡に地価約1,100円、愛知郡に地価約100円の耕地を所有し、名古屋市内にも100戸近くの貸家を所有した[11]。その結果、高松定一家の所得金額は、1896年度が営業所得3,500円、利子所得1,052円、貸家所得3,294円、貸地所得1,450円の合計9,296円で、98年度が営業所得2,130円、報酬30円、利子所得639円、貸家所得1,777円、貸地所得959円の合計5,535円であった[12]。こうして、師定商店の収益基盤は肥料商業と不動産経営となり、肥料の商況に左右されることなく、ある程度安定した収益を上げることができるようになった。

表5－3に戻り、1914年頃の川筋肥料商の営業税額を比べると、師定商店が最大の営業税額を示したものの、野尻理右衛門や鈴木廣太郎とそれほど大きな開きはなかったが、所得税額では師定商店は他と隔絶した地位を示しており、師定商店の不動産部門の重要性が確認できる。そして取得した耕地の小作農に対して高松定一は、生産性の向上を奨励して年1回の品評会を開催し、賞品を提供して生産奨励を行い、そこで生産された優良品種を兵庫で開かれた日本産米品評会に出品して表彰された（師定肥物問屋類聚百二十五年史刊行会編［1991］166-173頁）。師定商店の不動産部門への熱意が窺われ、結果的に川筋肥料商の系譜を引く資産家として、高松定一家のみが有力資産家として資産額を増大させ（前章表4－1）、1930（昭和5）年の全国資産家番付に資産額350万円として掲載されることとなった（渋谷編［1985］第1巻、48頁）。

---

11) 「記」（師定商店資料）。
12) 「所得金額申告書」「所得金高届」（師定商店資料）。

3 川筋肥料商と名古屋経済

(1) 川筋肥料商と名古屋における会社設立

　高松定一家に代表されるような川筋肥料商と名古屋経済との関係を本節では考察する。近代日本の産業化において、会社設立の主体として商人の役割が重要との指摘があり（石井［1999］第11章）、名古屋においても前章で検討したように、近代名古屋の会社設立に、呉服商の伊藤次郎左衛門家、金物商の岡谷惣助家、材木商の鈴木摠兵衛家など近世来の御用商人に加え、名古屋近郊の豪商滝家、幕末期に洋物商として活躍した紅葉屋富田家など商家の果たした役割は非常に大きかった（鈴木・小早川・和田［2009］）。しかし、表5－3を見ても判るように、近世来の川筋肥料商の新会社設立への関与は少なく、彼らは自らの商圏を維持するために、堀川の舟運を担う名古屋艀船会社（後に名古屋艀会社）を共同で設立したり（1897（明治30）年時点の社長は服部兵助、取締役が伊藤清七と高松定一と熊田喜平治ほか）、個人企業形態（合名会社など）での肥料製造会社を設立するに止まった（由井・浅野編［1988～89］第1～3巻）。

　表5－3から見て、川筋肥料商で明治期に経営規模が大きかったのは、高松定一家・服部兵助家・三輪嘉兵衛家・野尻理右衛門家であったので、それら4家の会社役員の動向を表5－7で示した。高松家は、地元の堀川銀行・堀川貯蓄銀行・名古屋艀船の取締役を務めたが、名古屋艀船の取締役はまもなく退き、堀川銀行が1905年に名古屋銀行に営業譲渡するまで同行の取締役を務めた。堀川銀行と堀川貯蓄銀行は、役員の多くが兼任して系列関係にあったが、名古屋銀行は堀川貯蓄銀行の経営を引き受けなかったため、堀川貯蓄銀行は頭取家の東松松兵衛家の影響力の強い、独立的な貯蓄銀行となり、高松家はその取締役を1915（大正4）年まで務めた。その後の堀川貯蓄銀行は東松家の株式所有比率が急速に増大し、20年代には東松家の個人経営と言える状況となった（早川［2015］）。地元の堀川沿い以外では清州の尾張製粉会社の取締役を高松定一は一時的に務めたが、すぐに相談役に退き、20世紀に入ると前述の堀川銀行・堀川貯蓄銀行の役員を務めるのみとなった。

　川筋肥料商のなかでは、服部兵助家は比較的会社経営に参加した。例えば、名古屋商品取引所設立の発起人となり設立時に理事長となって商品取引所が存

第5章　近代名古屋における肥料商の事業展開　283

表5-7　名古屋有力肥料商会社役員の推移（愛知県の諸会社）

会社名	所在地	創業年	1895年	1897年	1899年	1901年	1903年	1905年	1907年	1909年	1911年	1913年	1915年	1917年	1923年	1929年	1935年
①高松定一家（居住地：名古屋市納屋町2丁目）																	
堀川銀行	名古屋	1895	取締役														
堀川貯蓄銀行	清州	1896		取締役	取締役	取締役	取締役	取締役	取締役	取締役（名古屋・1913)	取締役	取締役					
尾張製粉	名古屋	1896		取締役	相談役												
名古屋軽鉄	名古屋	1896		取締役					大豆粕白	監査役	取締役	取締役	取締役				
②服部兵助家（居住地：名古屋市大船町5丁目）																	
名古屋商品取引所	名古屋	1894		理事長	理事												
名古屋軽鉄	名古屋	1896		社長	社長	社長	社長										
東陽館	名古屋	1894		取締役		取締役											
愛知製油	名古屋	1896		監査役	監査役	監査役	監査役	監査役									
愛知実業銀行	名古屋	1898			監査役	監査役	監査役	監査役									
名古屋倉庫	名古屋	1893			監査役	監査役											
③三輪嘉兵衛家（居住地：名古屋市船入町、丁目)																	
名古屋軽鉄	名古屋	1896			監査役	東海製肥合資（名古屋・1906)			社員	社員	社員	旭電尾鉄道（名古屋・1921)	社員	社員(名古屋・1921)	取締役	取締役	
尾張時計	名古屋	1906								社長	社長	社長	社長	取締役	社長	社長	社長
④野尻理右衛門家（居住地：名古屋市船入町5丁目）																	
日本豆粕製造合名	名古屋	1906								社員	社員	社員	社員	社員			
⑤熊田喜平治家（居住地：名古屋市赤塚町1丁目）																	
金城銀行	名古屋	1894		取締役	取締役	取締役	取締役	取締役	取締役								
愛北物産合資	名古屋	1887		社員	監査役	社長	社長	社長									
名古屋商品取引所	名古屋	1894		理事													
名古屋軽鉄	名古屋	1896		取締役	取締役	取締役	監査役	監査役	監査役	取締役							
三明	名古屋	1897		監査役	監査役	監査役	社長	社長	取締役								
愛知製油	名古屋	1896			取締役	取締役	取締役	取締役	取締役								
金城貯蔵銀行	名古屋	1896					監査役	監査役	監査役	監査役	監査役	監査役					
愛知時計製造	名古屋	1896					監査役	監査役	監査役	監査役	監査役	監査役					
東海薬鑵	名古屋	190⑦															

（出所）由井・浅野編〔1988〜89〕、大正2・4年版『日本全国諸会社役員録』『商業興信所』より作成。

（注）（各年1月現在の状況を示すと考えられる。社員は業務担当社員。名古屋野船欄は1899年以降は名古屋野を、愛知時計製造欄は1913年以降は愛知時計電機を示す。高松定一・服部兵助・野尻理右衛門・熊田喜平治のいずれも1916年以降の『日本全国諸会社役員録』に名前は出てこない。

続する間は、理事長か理事を務めた。そして前述の名古屋艀船設立の際も中心となり、名古屋艀（船）が存続する間は社長を務め続けた。その他、東陽館や名古屋劇場など娯楽関係の会社に関与したり、愛知製油・愛知実業銀行・名古屋倉庫などの監査役も務めた。ただし、これらの会社役員は監査役が多く、積極的に会社経営を行ったのは名古屋艀（船）のみであったと言える。この名古屋艀船は設立時に三輪嘉兵衛も監査役として参加しており、後述する熊田喜平治も合わせ、有力肥料商を糾合しての会社設立であり、肥料商が堀川運送を重視していたことが判る。三輪嘉兵衛は、名古屋艀船の監査役はまもなくやめて、しばらく会社経営に全く関与せずに家業の肥料商売に専念していたが、1906年に尾張時計（時計製造）の設立に関わり、設立時から長年にわたり社長を務め続けた。なお1906年は名古屋肥料市場がこれまでの魚肥中心から大豆粕中心へと転換する時期で、それに対応するために肥料商の肥料製造会社の設立が見られ、三輪嘉兵衛らは東海製肥合資を設立し、野尻理右衛門らは日本豆粕製造合名を設立した。ただし、これらの肥料製造会社は合資・合名会社の小規模なので、家業の延長としての会社設立であり、三輪嘉兵衛・野尻理右衛門ともに大規模な製造会社を作る方向性はなかった。

　いずれにしても川筋肥料商のなかで諸会社・銀行設立に積極的に関与した家はあまりなく、家業の肥料商業に関連する銀行・輸送・肥料製造に関する会社経営への関与に止まった。それゆえ、表５－３に戻ると、1901年時点の川筋肥料商の資産内訳で、宅地家屋に比べれば有価証券所有規模はかなり少なく、大規模に耕地を所有した師定商店を除けば、川筋肥料商は名古屋の有力資産家として残ることはできなかった。逆に言えば、師定商店の収益源としては貸家（倉庫）・貸地所得の部分が大きく、堀川沿いや市街地に貸家・貸地経営を拡大することで、資産を増大させたと言える。とは言え、商家の名古屋経済への貢献を会社・銀行設立とその経営の面で評価しすぎるのにも問題はあり、それ以外での川筋肥料商の活動を取り上げたい。

　まず何よりも川筋肥料商は、堀川筋に立地しており、堀川を利用した流通経路の維持・発展に力を注いだ。そのため逆に、鉄道・電気・銀行など新事業への展開には、消極的にならざるを得なかった。前述のように、1892年に川筋肥料商を中心として肥料商組合が結成されたが、彼らはまず新たな取引形態に対

第5章　近代名古屋における肥料商の事業展開　285

応する仕組みの整備に努めた[13]。すなわち取扱肥料の中心が関東産干鰯から北海道産魚肥に転換したなかで、遠隔地の北海道の海産物商から魚肥を直接買い付けるようになり、北海道での鯡漁期が春から夏に限られたため、名古屋の肥料商が大規模な在庫調整を行う必要が生じ、肥料商の三輪嘉兵衛が名古屋倉庫の設立に発起人として参画した。この名古屋倉庫は、前章で触れたように奥田正香を中心とするグループが設立した倉庫会社で、後に瀧家を中心とするグループがそれに対抗して1906年に東海倉庫を設立して堀川沿いに倉庫を設置した際に、後述するように愛知県知多郡亀崎の肥料商井口半兵衛が東海倉庫設立に深く関与しており、肥料商にとって倉庫会社は家業との関連で重要であった。また川筋肥料商は1893年の商品取引所設立運動には協力し、肥料商組合から16名が設立発起人に加わり、94年に設立された名古屋商品取引所では、表5－7のように服部兵助が理事長、熊田喜平治が理事に選出された。そして堀川の舟運を整備するために川筋肥料商らは、名古屋艀船会社を設立し、また北海道の海産物商との直接取引で汽船輸送が利用されたため名古屋港の整備が急務となり、名古屋商業会議所と協力して名古屋肥料米穀問屋組合は積極的に名古屋港築港運動を進めた。それが功を奏して名古屋港が開港場となって以降も名古屋港の拡張工事が進められ、前述のように1912年から日本郵船の北海道定期航路船が名古屋港に寄港することとなった。

　2代高松定一は[14]、この時の名古屋肥料米穀問屋組合の頭取であったが、その功績が評価されて1913年から議員として名古屋商業会議所の運営に参加することとなり、17年から商業部部長を務めた。表5－8を見よう。名古屋商業会議所では当初は肥料商の地位はあまり高くなく、肥料商が名古屋商業会議所役員になるのは、1903年4月に熊田喜平治が会計部副部長になるのが初めてであった。その後1905年4月の役員改選で服部兵助が運輸部副部長に、07年4月の役員改選で熊田喜平治が理財部副部長になったものの、09年4月の役員改選以降は、肥料商は役員から外れていた。そして前述のように1917年4月の役員改選で2代高松定一がいきなり商業部部長に抜擢された。その後2代高松定一

---

13) 以下の記述は、大塚［1929］128-137、140-141頁を参照。名古屋倉庫会社・東海倉庫会社については、鈴木・小早川・和田［2009］320-322、283-289頁を参照。
14) 以下の記述は、名古屋商工会議所編［1941］242-267頁を参照。

286 第Ⅱ部 東海地域の会社設立と地方資産家

表5-8 名古屋商業会議所役員一覧

選任年月	会頭	副会頭	常議員	常議員	常議員	常議員	常議員
1891・7	堀部勝四郎	鈴木善六	鈴木徳兵衛	白石半助	伊藤次郎左衛門		笹田傳左衛門
(1891・11)	鈴木善六	(鈴木徳兵衛)	(金森清兵衛)				
1893・7	鈴木善六	鈴木徳兵衛	金森清兵衛	白石半助	伊藤次郎左衛門		笹田傳左衛門
(1893・7)	(奥田正香)				(花井八郎左衛門)		
	副会頭		会計部部長	庶務部部長	商業部部長	工業部部長	運輸部部長
1895・5	奥田正香	鈴木善六	八木兵衛	白石半助	伊藤次郎左衛門	服部小十郎	笹田傳左衛門
1897・4	奥田正香	鈴木善六	八木平兵衛	白石半助		服部小十郎	笹田傳左衛門
1899・4	奥田正香	鈴木善六	八木平兵衛	白石半助	伊藤次郎左衛門	服部小十郎	笹田傳左衛門
	会頭	副会頭				理財部部長	運輸部部長
1901・5	奥田正香	鈴木徳兵衛	鈴木善六	白石半助	伊藤次郎左衛門	服部小十郎	平子徳左衛門
1903・4	奥田正香	鈴木徳兵衛	岡谷惣助	白石半助	伊藤次郎左衛門	森本善七	平子徳左衛門
1905・4	奥田正香	鈴木徳兵衛	岡谷惣助	[兵藤伊蔵]	[伊藤次郎太郎]	森本善七	平子徳左衛門
1907・4	奥田正香	鈴木徳兵衛	岡谷惣助	澤田吉兵衛	伊藤次郎之助	山本九八郎	平子徳左衛門
1909・4	奥田正香	伊藤次郎左衛門	上遠野富之助	白石半助	伊藤次郎之助	森本善七	平子徳左衛門
(1910・3)		(鈴木徳兵衛)			山田才吉		
1911・3	奥田正香	伊藤次郎左衛門	上遠野富之助	井上茂兵衛	[神野金之助]	森本善七	平子徳左衛門
				[兼松煕]	[神野金之助]		
1913・12	(鈴木徳兵衛)	(伊藤守松)	上遠野富之助	井上茂兵衛	[兼松煕]	長谷川斜七	平子徳左衛門
1915・4	鈴木徳兵衛	伊藤守松	上遠野富之助	[井上茂兵衛]	[瀧定助]	長谷川斜七	[富田重助]
1917・4	鈴木徳兵衛	伊藤守松	(瀧定助)	青木鏻次郎	高松定一	長谷川斜七	[富田重助]
1921・4	上遠野富之助	伊藤次郎左衛門	瀧定助	青木鏻次郎	岡谷清治郎	竹内兼吉	富田重助
(1927・11)	(上遠野富之助)	(岡谷惣助)		青木鏻次郎			
1925・4	伊藤次郎左衛門	岡谷惣助	瀧定助	青木鏻次郎	岡谷清治郎	竹内兼吉	富田重助
1929・3	伊藤次郎左衛門	(豊田利三郎)	[青木鎌太郎]	[竹内兼吉]	神野金之助	[青木鎌太郎]	富田重助
(1933・1)	岡谷惣助						
1933・3	岡谷惣助	豊田利三郎	[青木文治郎]	[青木文治郎]	高松定一	大隈栄一	[藍川清成]
1936・12	(青木鎌太郎)	(高松定一)		[青木文治郎]	高松定一	大隈栄一	[下出義雄]
1937・4	青木鎌太郎	高松定一	(三輪常次郎)	八木冨一	浅野善七	大隈栄一	[下出義雄]
1940・11	高松定一	(大隈栄一)			(井倉和雄)		高橋正彦

(出所) 名古屋商工商議所編[1941]第1部223-267頁、第2部501頁より作成。
(注) 選任年月の( )内は、前任者辞任などによる補選で、変更があった役職名のみ( )内に示した。[ ]内は、家業会社以外の会社を代表して選ばれた場合を示す。貿易部は1921年4月より設置、運輸部は1921年4月に交通部に改称、1905年4月~15年3月の兵藤伊蔵→明治銀行、1909年4月~15年3月の伊藤由太郎→愛知銀行、1911年3月会社を代表した場合は、1901年5月~05年5月の兵藤伊蔵→明治銀行、1905年4月~15年3月の伊藤由太郎→愛知銀行、1909年4月~15年3月の兼松煕→名古屋株式取引所、1911年3月~15年3月の神野金之助→明治銀行、1911年4月~21年3月の富田重助→名古屋電気鉄道、1915年4月~21年3月の瀧定助→名古屋銀行、1915年4月~21年3月の原田勘七郎→日本車輛製造、1915年4月~17年3月の井上茂兵衛→名古屋瓦斯、1921年4月~25年3月の末喜七→下出民義、1921年4月~25年3月の商橋彦次郎→名古屋株式取引所、1921年4月~40年10月の青木鎌太郎→名古屋瓦斯、1925年4月~29年3月の近藤治郎→福徳生命保険、1929年3月~33年3月の竹内兼吉→愛知農商銀行、1937年4月~33年3月の井倉和雄→愛知商銀行。

第5章　近代名古屋における肥料商の事業展開　287

表5-8　続き

常議員	常議員						備考
(井上茂兵衛)	蜂須賀武輔						
井上茂兵衛	蜂須賀武輔						堀部会頭辞任申し出
岡谷惣助	蜂須賀武輔						鈴木会頭辞任申し出
岡谷惣助	蜂須賀武輔						

	会計部副部長	庶務部副部長	商業部副部長	工業部副部長	理財部副部長	運輸部副部長	貿易部副部長
貿易部部長							
	蜂須賀曽平治	祖父江直雄	山本九八郎	上遠野富之助	[兵藤良威]	山田才吉	
	熊田曽兵衛	澤田勘兵衛	山本九八郎	上遠野富之助	井上茂兵衛	山田才吉	
	井上茂兵衛	伊藤勘兵衛	長谷川料七	守随鏡三郎	白石半助	服部兵助	
	安藤一之助	伊藤勘兵衛	山田才吉	長谷川料七	熊田曽平治	森本菁七	
	蜂須賀光次郎	伊藤勘兵衛	安藤一之助	[伊藤由太郎]	花井畠三郎	田村穀助	
							伊藤守松らが特別議員に
	[伊藤由太郎]	伊藤勘兵衛	山田才吉	[富田重助]	花井畠三郎	→	
	[伊藤由太郎]	花井畠三郎	山田才吉	[富田重助]	竹内兼七	田村穀助	
							奥田会頭辞任申し出
							神野金之助らが特別議員に
	[宮崎平四郎]	青木徠次郎	佐藤太助	[原田勘七郎]	平子徳左衛門	山田才吉	
	鈴木政吉	宮崎平四郎	佐藤太助	[原田勘七郎]	竹内兼吉	金森太七	
							鈴木会頭辞任申し出
鈴木政吉	八木富三	宮崎平四郎	中井已治郎	[下出民義]	[高橋修次郎]	[高橋正彦]	神谷宗八
加藤勝太郎	八木富三	宮崎平四郎	高松定一	服部小十郎	[近藤悠治郎]	高橋正彦	豊田利三郎
							上遠野会頭らが顧問に
加藤勝太郎	村瀬淳一郎	下出義雄	宮崎平四郎	豊田利三郎	[高橋正彦]	[藍川清成]	三輪常次郎
							伊藤次郎左衛門らが顧問に
加藤勝太郎	白木庄次郎	宮田義忠	浅野甚七	下出義雄	伊藤松之助	[後藤幸三]	三輪次郎
							岡谷会頭辞任申し出
							伊藤と岡谷らが顧問に
加藤勝太郎	白木門次郎	[神谷金之助]	伊藤常七	[上遠野孝]	伊藤松之助	[白石勝彦]	三輪次郎
							青木らが豊田が顧問に
							(阿部萬平)

1929年3月の生駒重彦→明治銀行、1929年3月～37年3月の高橋正彦→名古屋米穀取引所、1929年3月～33年3月の服部小十郎→名古屋株式取引所、1929年3月～37年3月の後藤幸三→日本車輌製造、1929年3月～37年3月の藍川清成→愛知電気鉄道、1933年3月～37年3月の青木文治郎→福壽火災保険、1933年3月～37年3月の服部小十郎→名古屋株式取引所、1933年3月～37年3月の後藤幸三→日本車輌製造、1937年4月～の下出義雄→大同電気製鋼、1937年4月～愛三商船、野金之助→福壽生命保険、1937年4月～の上遠野孝→の上遠野彦→東陽倉庫、1940年11月の白石勝彦→東陽倉庫、1940年11月～の井會和雄→名古屋銀行、1940年11月～の阿部萬平→愛三商船、1940年11月の阿部萬平の没職は推定。

が1919年に死去したため肥料商と名古屋商業会議所との関係は再び弱まったが、3代高松定一が21年から議員として名古屋商業会議所の運営に参加し、商業会議所が商工会議所に改称した28（昭和3）年に商業部部長に就任した。3代高松定一は、東京帝国大学法科を卒業し、中央財界との人脈もあり、その上、名古屋財界の中心メンバーで金物商から後に肥料商へも進出した岡谷惣助家と姻戚関係にあり、商工会議所のなかで将来を嘱望されていた。3代定一が1925年3月に商業部副部長に就任した時の商業部部長は、3代定一の義理の兄弟にあたる岡谷清治郎（後の惣助）であり（武内編［1956］87頁）、その後岡谷清治郎が岡谷惣助として副会頭に就任するとともに3代定一が商業部部長に昇格した。そして3代高松定一は、1936年に名古屋商工会議所副会頭となり、40年には会頭に就任した。

（2）熊田喜平治家と名古屋における会社設立

川筋肥料商と異なり、比較的会社経営に関わった肥料商として熊田喜平治家があるので、それについても触れておきたい。熊田喜平治家は、名古屋の赤塚町で肥料商売を営んでいたが、1887（明治20）年に愛北物産合資を設立して、堀川筋に本店を構えたことで川筋肥料商の仲間入りをした。愛北物産合資は、北海道産肥料の販売と諸物産の委託販売を営業目的として、北海道の釧路と標茶に支店を開設した（由井・浅野編［1988～89］第1巻、311頁）。熊田家が所在した赤塚町では1894年に金城銀行が設立され、熊田喜平治はこれに参加して取締役となった。前述のように、1894年の名古屋商品取引所の設立に参画して理事になるとともに、96年の名古屋艀船の設立にも参画して取締役となった。また、1896年の愛知製綿の設立にも参画して監査役となるなど、比較的積極的に90年代中葉の名古屋の会社設立に関係した。そして、熊田喜平治が最も積極的に会社経営を行ったのが、1896年に設立された愛知製油であった。愛知製油の目的は棉実油・菜種油の製造であったが、油製造と同時に油分を絞った残り滓である棉実粕・菜種粕が肥料となるため、製油製造は肥料製造と関連が深かった。そのため川筋肥料商である服部兵助や、愛北物産合資を熊田喜平治とともに経営し、同社の社長であった村瀬庫次も監査役として愛知製油の経営に参加した（由井・浅野編［1988～89］第3巻、152、154頁）。このような積極的な経営

展開により愛北物産合資の肥料取扱量はかなり大きくなり、1899年時点では肥料取扱額は20万円を超え、高松定一家・服部兵助家・三輪嘉兵衛家に次ぐまでになった（表5－3）。

　こうした実績をもとに熊田喜平治は、1903年4月に名古屋商業会議所で肥料商の会員として初めて役員（会計部副部長）となり（表5－8）、07年4月に名古屋商業会議所理財部副部長となって、1900年代には肥料商を代表して名古屋商業会議所の運営に参画した。しかし1907年恐慌が愛知製油に打撃を与えて、愛知製油はなくなり、熊田喜平治は金城銀行・金城貯蔵銀行の役員もこの時期にやめた。愛北物産合資はそれ以前に解散して、熊田喜平治家は肥料商売を再び個人で行ったが、1907年恐慌後の経営規模はかなり縮小したと考えられ、10年時点の名古屋肥料米穀問屋組合員から熊田喜平治は外れた。熊田喜平治のみでなく、1907年恐慌は他の肥料商にも打撃を与え、名古屋肥料米穀問屋組合頭取であった服部兵助も、08年6月に組合頭取を辞任して、肥料商の廃業届を提出した（愛知県肥料商誌編集委員会編［1989］121-123頁）。表5－7に戻ろう。その後の熊田喜平治家は、愛知時計製造や東海紡績など、比較的自らの居住地近くで設立された会社の監査役を務めるなどしたが、家業そのものは廃業したと思われる。なお三明は、赤塚町の有力者が中心となって設立された火葬を行う会社で、熊田喜平治は設立時から地縁で取締役として参加した。そして同じく赤塚町で設立された金城銀行とその系列の金城貯蔵銀行は、熊田喜平治が役員から退いた後も継続し、金城銀行は1917（大正6）年に名古屋銀行に買収され、金城貯蔵銀行は、合併はされなかったものの名古屋銀行の傘下に入り、前述の堀川銀行と同様の運命をたどった（早川［2015］7頁）。

（3）井口半兵衛家の名古屋進出

　前章で触れたように、郡部の肥料商で名古屋に進出した代表的肥料商として井口半兵衛家がある。愛知県知多郡亀崎で肥料商を開業した井口半兵衛は[15]、当初は知多郡半田の有力醸造家の小栗冨治郎家の番頭を務め、小栗冨治郎家から独立後に汽船を購入して中国東北部から大規模に大豆粕を直輸入し、小栗冨

15）　以下の記述は、半田市誌編さん委員会編［1997a］133-138頁を参照。

治郎が展開した海運業と商業を井口半兵衛が引き継いだ形になっていた。そして営業税額で見て井口半兵衛の肥料商経営は、1907（明治40）年頃には半田の肥料商の小栗三郎家を上回っていたと考えられる（表5－4）。井口半兵衛家が小栗冨治郎家から独立したのは1872年頃と思われ、73年に亀崎村郵便御用取扱人を命ぜられた際に、井口半兵衛商店の一隅に郵便取扱所が設けられた（半田市誌編さん委員会編［1997b］41-46頁）。亀崎の会社設立に深く関わったのは2代半兵衛で、1893年の亀崎銀行設立の際に発起人となり、設立後も取締役としてその経営に関与した。

地域的に隣接した亀崎と半田の対抗心は強く、同年に亀崎と半田でそれぞれ商業会議所設立運動が行われた際には、半兵衛は亀崎側の総代として知多商業会議所設立の発起人となり、後に1905年に半兵衛は知多商業会議所会頭になった。亀崎銀行の預金吸収機関として1895年に亀崎で衣浦貯金銀行が設立されると、半兵衛は監査役に選出され、1903年以降はその取締役となった。また、1896年に半田で知多紡績が設立された際にも、それに対抗すべく亀崎でも紡績会社設立運動があり、半兵衛は亀崎紡績株式会社の取締役に選出されたものの同社は製造開始には至らず、1900年に亀崎紡績が解散された後は、01年から知多紡績の監査役ともなった。表5－9からも判るように、井口半兵衛は1897年設立の亀崎建物株式会社の社長、1902年設立の亀崎倉庫株式会社の取締役など、亀崎の主要な会社の役員に名を連ね、亀崎財界を代表する人物となった。それに加えて、小栗冨治郎との関係で、冨治郎が傘下に入れた名古屋生命保険株式会社の取締役にもなった。家業の肥料商業では、船を所有して海外まで大豆や大豆粕肥料を直接買い付けに赴いたことに特徴がある。実際、1907年には、和船1隻（西京丸（321石積））、汽船3隻（福山丸（総トン数1,682トン）、三友丸（総トン数612トン）、日英丸（総トン数22トン））を所有していた[16]。

知多郡半田の肥料商小栗三郎家は、井口半兵衛家の経営に深い関心を寄せていたと考えられ、興信所にその調査を依頼し、その回答を1910年4月2日に受け取った。その内容より、1900年代の井口半兵衛家の経営を検討する[17]。その

16）明治40年版「日本船名録」（国立公文書館蔵）。
17）明治43年4月2日付　小栗三郎宛　井口半兵衛氏調査　東京興信所作成（小栗家文書265-59-5、小栗家蔵）。

第5章　近代名古屋における肥料商の事業展開　291

表5-9　井口半兵衛家会社役員の推移

会社名	所在地	創業年	1895年	1897年	1898年	1900年	1902年	1903年	1905年
井口商会合名	亀崎	1891	頭取	頭取	頭取				
亀崎銀行	亀崎	1893	取締役	取締役	取締役	取締役	取締役	取締役	取締役
衣浦貯金銀行	亀崎	1895	監査役	監査役	監査役	監査役	監査役	取締役	取締役
亀崎建物	亀崎	1897			社長	社長	社長	社長	社長
亀崎紡績	亀崎	1896			取締役				
尾参木綿商会	亀崎	1896			評議員	評議員			
丸西合資	亀崎	1899				監督	監督	監督	
知多紡績	半田	1896					監査役	監査役	監査役
亀崎倉庫	亀崎	1902						取締役	取締役
名古屋生命保険	名古屋	1893							取締役

会社名	所在地	創業年	1907年	1909年	1910年	1911年	1912年	1913年	1915年
井口商会合資	名古屋	1911				社員1)	社員1)		
亀崎銀行	亀崎	1893	取締役	取締役	頭取	取締役	頭取		
衣浦貯金銀行	亀崎	1895				取締役1)	取締役1)	取締役1)	取締役1)
亀崎建物	亀崎	1897	社長	社長	社長				
東海倉庫	名古屋	1906	取締役	取締役	取締役				
亀崎倉庫	亀崎	1902	取締役	取締役					
中国酒造合資	亀崎	1906	社員	社員					
名古屋生命保険	名古屋	1893	取締役						
知多紡績	半田	1896	監査役						
大阪火災海上運送保険	大阪	1893	監査役						
尾参木綿商会	亀崎	1896			取締役	取締役			
亀崎鉄工所	亀崎	1895			取締役	取締役			

(出所) 由井・浅野編 [1988~89]、大正2・4年版『日本全国諸会社役員録』商業興信所より作成。
(注) 各年の1月現在もしくは開業時の状況を示すと思われる。1916年以降は、井口半兵衛・巳之助が会社役員に就いた形跡は見られない。合資・合名会社は付記し、それ以外はいずれも株式会社。主要会社の資本金額は表4-16の注および、表6-2・3・13を参照。それ以外に、1910年時点の東海倉庫の払込資本金額は25万円で、12年時点の井口商会合資の資本金額は75,000円であった。
1) 井口巳之助として。

　調査回答には、井口半兵衛は「商業肥料商ニシテ先代開業ニ係リ本店ハ愛知県知多郡亀崎町ニ支店ハ名古屋市幷ニ兵庫ニアリ家号ヲ井口商会ト称シ尚ホ仕入店ヲ清国大連ニ置キ之ヲ井口洋行ト称ス」とあり、亀崎の本店のほかに名古屋と兵庫に支店を設け、清国大連に大豆仕入店の「井口洋行」を設けていた。さらに調査回答では、「原料ハ清国大連ヨリ買入シ所有汽船ヲ以テ直輸入シ亀崎町幷ニ名古屋市越前町ノ両工場ニテ豆粕ヲ製造シ名古屋幷ニ伊勢路ヲ始トシテ駿三遠ノ三ヶ国ニ売捌キ近来ハ東北地方ヘ販路ヲ拡張セリ」とされ、半兵衛は清国大連で買い入れた大豆を所有汽船で直接輸入し、亀崎と名古屋に設立した大豆粕製造工場で大豆粕肥料の製造を行い、それを東海地域から東北地方へ販

売していた。井口半兵衛の大豆粕製造工場について同調査回答には、「元ハ豆粕ハ製品ヲ直接大連ヨリ買入レ居リシガ近年豆粕ノ需要勃興シ来リタルヲ承テ自家製造ノ有利ナルヲ認メ数年前水野頼三郎氏外両名ノ共同事業タリシ豆粕製造工場ヲ譲受ケ以来専ラ原料ヲ大連ヨリ直輸入シテ之ヲ製造シ尚ホ近来ハ業務ノ発展ニ伴ッテ名古屋市ニ工場新設ノ計画ヲナシ今春略々落成シタルヲ承テ目下両工場ニ於テ製造ニ従事セリ」とあり、亀崎では1900年代後半、名古屋では10年に開設されたと考えられる。また、「魚肥ハ北海道ヨリ人造肥料ハ日本肥料会社ト一手販売ノ特約ヲナシ是亦名古屋幷ニ伊勢路ヲ主トシ駿遠三地方ヘ売捌ケリ」ともあり、井口半兵衛は北海道産魚肥も扱い、人造肥料は日本肥料会社と一手販売契約を結ぶなど、多様な肥料を扱っていた。

　また井口半兵衛と小栗冨治郎との関係について、1910年4月13日に小栗三郎が受け取った興信所調査回答では[18]、井口商店は「大豆ハ清国牛荘ヨリ米穀類ハ朝鮮台湾ヨリ魚肥料ハ北海道ヨリ直輸入シ台湾塩ハ小栗（冨治郎——筆者）商店ヨリ仕入レ共ニ三河駿河遠江信濃尾張ノ諸国ヘ販売シ尚ホ兵庫支店ハ大阪及神戸地方ノ得意先ヘ販売スルモノニシテ従来ノ成果ヲ徴スルトキハ一ヶ年ノ総販売高三百万円内外ニ達シ居リ」、そして「清国営口大連ニ出張所ヲ設ケ尚朝鮮仁川及釜山ニ店員ヲ派出シ商品仕入レノ任務ニ当ラシメ居レリ豆粕製造業ハ亀崎町及ヒ名古屋市中区天王崎町東海倉庫株式会社内ノ二ヶ所ニ工場ヲ置キ原料大豆ハ主ニ本人ノ所有汽船ニテ営口ヨリ輸入シ豆粕及豆粕油ヲ製造シテ尾張三河遠江伊勢美濃信州等ノ各地ヘ販売シ」とされた。

　また小栗冨治郎との関係について、同調査回答に、井口半兵衛「ハ愛知県知多郡屈指ノ名望家ニシテ同郡半田町ノ小栗冨次郎トハ昵懇ノ間柄ニテ本業モ余程以前ハ小栗ト合同経営ニ係リシガ其後分離別立シ爾来（中略）数十万円ノ資産ヲ作ルニ至リシモノニテ先年小栗銀行亀崎銀行等ノ閉店ニ関シテモ一般本人ニ対シテ多少緊縮ノ体度ヲ取ルニ至リシモ種々苦心シテ運転融通シテ営業ヲ継続シ居ル」とあり、半兵衛が小栗冨治郎との合同経営から分離別立して以来数十万円の資産を築いたことが判明する。井口半兵衛と小栗冨治郎の合同経営は、亀崎の井口商会合名会社のことを指していると考えられるが、小栗冨治郎が

18）明治43年4月13日付　小栗三郎宛　井口半兵衛ノ件調査　商業興信所名古屋支所作成（小栗家文書265-59-5、小栗家蔵）。

1898年に名古屋の小栗銀行を開業すると、翌99年には井口商会合名会社は解散している（表5-9）。これ以降、井口半兵衛は、小栗冨治郎とは距離を置き、冨治郎家との商業の関係も台湾塩の扱いのみになったと思われる。

　名古屋の肥料商師定商店が興信所に依頼した井口半兵衛の調査回答でも[19]、小栗銀行と井口半兵衛の関係はあまり深くなく、井口半兵衛が小栗（冨治郎）商店から買い入れた台湾塩の代金を手形で小栗商店に渡したものを、小栗商店が小栗銀行に持ち込んで割り引く程度とされた。その点で、1907年恐慌により破綻した小栗銀行の影響で亀崎銀行が打撃を受け、井口半兵衛家も小栗冨治郎家と共倒れしたとの評価は見直す必要があろう。

　名古屋での井口半兵衛家の活動は、名古屋生命保険会社を小栗冨治郎が買収した際に、取締役として同社の経営に参画したことに始まり、尾張紡績の三重紡績への合併問題で奥田正香と対立した瀧兵右衛門らが、奥田正香を中心とするグループが1893年に設立した名古屋倉庫株式会社に対抗するために1906年に名古屋で東海倉庫株式会社を設立した際に、東海倉庫に出資してその経営に参画した（鈴木・小早川・和田［2009］283-285頁）。そこで、東海倉庫の経営動向を検討する。東海倉庫は瀧兵右衛門・瀧定助・春日井丈右衛門・森本善七・加藤彦兵衛・小出庄兵衛など両瀧家を中心とする名古屋銀行の重役陣を発起人として設立されたが、設立当初より井口半兵衛が瀧兵右衛門と並んで1,500株を所有して最大の株主となるとともに取締役として経営に参加した。それに対して、瀧兵右衛門は経営には参加せずに相談役に止まり、瀧定助も監査役に止まった。小栗銀行が1907年恐慌で破綻して小栗冨治郎が名古屋から撤退し、冨治郎との関係で亀崎銀行も経営危機に陥ったが、亀崎銀行重役の井口半兵衛は名古屋から撤退せずに、東海倉庫の取締役を務め続けた。もともと小栗冨治郎と井口半兵衛は亀崎で井口商会合名会社を共同で経営しており、昵懇の間柄と考えられてきたが、小栗冨治郎が名古屋で小栗銀行を設立した後の1899年には井口商会合名会社は解散しており、前述のようにその後の井口半兵衛は小栗冨治郎と距離を置き、小栗銀行との関係もそれほど深くなかったとされる。

　そして井口半兵衛は東海倉庫により深く関わり、1910年3月時点では、名古

---

19) 明治40年12月30日付　高松定一宛　亀崎町井口半兵衛調査　商業興信所名古屋支所作成（師定商店資料）。

屋銀行の東海倉庫株所有数1,200株に続く1,050株を所有しており、前述のように名古屋市中区天王崎町の東海倉庫株式会社内に、井口半兵衛家の豆粕製造工場を設立した。東海倉庫は名古屋の堀川沿いに倉庫を所有しており、井口半兵衛のように遠方から海路を利用して肥料や肥料原料の大豆を輸移入していた肥料商にとって利用するメリットが大きかったと思われる。さらに1909年には東海倉庫が亀崎支店を設けており、かつての本店営業兼庶務係主任の内田武七郎が、亀崎支店支配人になった（中西［2018］表11）。その意味でも、東海倉庫は個人の最大株主であった井口半兵衛に十分な配慮を働かせてきたと言える。しかし1908年の北海道の不漁などで井口半兵衛家が北海道漁民に貸し付けた魚肥買入金が回収不能となり、最終的に10年4月に井口半兵衛家は横浜正金銀行への荷為替手形の不渡りを出してしまい、家業の肥料商の整理に着手するとともに名古屋から撤退し（本書第6章）、その後は肥料商を亀崎で継続し、それなりの規模の肥料商に回復した。

おわりに——名古屋の肥料商と会社設立

　師定商店高松定一家の経営展開の特徴と肥料商が名古屋経済に果たした役割をまとめたい。師定商店が川筋肥料商のなかで唯一有力資産家として残れた要因は、先の状況を読む洞察力とリスク分散の巧みさにあったと考えられる。師定商店が創業した当初の経営基盤は脆弱であったが、肥料市場の趨勢が房総産干鰯から北海道産魚肥に転換しつつあったことを早くから認識し、1880年代に房総地方で鰯が不漁になる以前から北海道産魚肥を積極的に扱い、それが近代前期に師定商店が売上額を急速に伸ばした背景にあった。その後も、人造肥料への転換を他の川筋肥料商に先駆けて進め、東海地域の一手販売権を獲得していった。人造肥料市場では、メーカーが従来の流通経路を避けて特約販売網を築いたので、最初にその販売網に参加した肥料商がそれらの肥料をかなり有利に取り扱うことができた。実際、第二次世界大戦後に肥料統制が解除された際に、師定商店が肥料商業を再開し得たのも、戦前期の人造肥料の特約販売網の人脈が大きく、化学肥料メーカーが特約販売網を再建する際に、東海地域では師定商店に相談しており、師定商店は昭和戦前期と同様に住友肥料とトモエ肥

料を中心的に取り扱うことで経営再建に成功した（師定肥物問屋類聚百二十五年史刊行会編［1991］448-461頁）。

　師定商店のリスク分散の側面では不動産部門への展開が興味深い。師定商店は商業的蓄積を有価証券投資として運用するのではなく、不動産を取得してその運用に向けた。そのため有価証券投資を積極的に行ったほかの名古屋商人に比べれば資産規模の増加は緩やかであったが、1907（明治40）年恐慌期や20年代の不況期に多くの商人が営業収益や有価証券資産で大きな損失を計上したのに対し、師定商店は不動産部門の収益が営業収益を補って資産額を増加させてきた。また営業部門でも早めに人造肥料の特約代理店方式への転換を進め、北海道産魚肥取引や大豆粕取引などと並行して行うことで、取引リスクの分散を図った。そして高松定一家を初めとする名古屋の肥料商は、名古屋港築港運動を積極的に進めることで名古屋経済のインフラ整備に大きな役割を果たした。名古屋への肥料の移入は海運が中心であり、井口半兵衛家が名古屋へ進出した際にも、名古屋港とつながる堀川沿いに拠点を築いた。その点で、名古屋の肥料商は自らの家業に関連するインフラ整備を進めたが、会社を設立してではなく行政を動かして社会資本として進めた点に特徴がある。

　表5－8に戻ろう。1890年代～1913（大正2）年までの名古屋商業会議所は、長年会頭を務めた奥田正香に近い資産家グループと、伊藤次郎左衞門家や岡谷惣助家など有力旧御用商人グループとのバランスのもとで運営されてきた。高松定一家は近世来の肥料商であったが、有力な旧御用商人とのつながりは弱く、肥料商が名古屋商業会議所のなかで有力な地位を占めることはなかった。ただし伊藤次郎左衞門家や岡谷惣助家が1909～10年に家業を会社にしたことで商業会議所会員の資格を一時的に失い、10年代初頭は奥田正香に近い資産家グループが専ら名古屋商業会議所を運営することとなった。1913年に奥田正香は引退するが、後継者の鈴木摠兵衛が名古屋商業会議所会頭を引き継ぎ、そこに名古屋築港運動で活躍した2代高松定一が商業部部長として加わった。2代定一が死去した後は、岡谷家の若当主清治郎が商業部部長となり、さらに瀧定助が副会頭に就任することで、旧奥田系の資産家グループと伊藤家・岡谷家など有力旧御用商人のグループと瀧家など近在から名古屋に進出した商家のグループがそれぞれ協力する形で名古屋商業会議所が運営されることとなった。その意味

で、1920年代前半に名古屋商業会議所を母体として名古屋財界は体を成すに至ったと言える。そのなかで3代高松定一は、前述のように岡谷家との姻戚関係を背景に名古屋商業会議所の運営に積極的に参画した。しかし高松家は家業の肥料商を重視し、会社設立や会社経営にはほとんど関わらなかった。

　地方資産家の地域経済への貢献として地元会社設立を指標に評価されることが多いが、その場合、設立される会社の目的で地域経済への貢献の意味が異なる。家業が製造業や地域経済に密着した商業で、家業の維持と拡大が地域経済への大きな貢献になる場合は、家業を会社化してその規模を拡大する方向性が評価されるであろうし、家業と無関係な新事業分野の会社設立も、新たな産業分野を地域経済に導入することになることで評価される。そして特定の産業分野に限定せずに、地域経済全体への貢献を意図するインフラ会社の設立が今一つの評価軸としてあろう。このインフラ整備は、鉄道会社の誘致や銀行の設立など会社形態をとる方法もあれば、上水道や港湾整備のように必ずしも会社形態をとらない方法でも可能である。名古屋の川筋肥料商は、行政に強く働きかけることで会社形態によらないインフラ整備に貢献したと評価でき、前章では、家業を会社化したり、インフラ会社に投資する視点で、名古屋の材木商が地域経済の発展に貢献した点を評価したが、本章ではそれとは異なる視点で、会社設立によらない名古屋の肥料商の地域貢献も評価したいと思う。

第6章

愛知県知多郡における会社設立と地方事業家
—— 小栗三郎家を事例として

はじめに —— 2つの工業化と会社設立

　本章では、愛知県知多郡の工業化の特徴を、工業化の担い手となった地方事業家の経営展開との関連から検討することを課題とする。なお地方事業家の概念は本書終章で詳しく論ずる。一般に、近代社会における民間資本による工業化には大きく2つの経路があったと考えられる。1つは、商業的蓄積や銀行借入金などをもとに製造業の株式会社が設立され、設備投資や合併などを経て大企業体制が成立する過程であり、日本の産業革命を主導した綿紡績業では、主にこの経路を辿った（高村［1971］）。今一つは、生産者が自家工場に機械を導入して機械制工業生産へ展開する過程であり、この場合にも、設備投資資金、商取引の営業資金などで銀行の役割は重要であったが、綿紡績業ほどには企業合同は進まず、中小企業が集積して産地を形成する方向が主に見られた。近代日本では織物業・醸造業などがこの経路を辿ったと言える（阿部［1989］、林・天野編［1999］）。おそらく、こうした2つの経路が地域経済のなかに併存しており、両者の関係のあり方にその地域の工業化の特徴が現れた。本章では、近現代を通して製造業が急速に発展した愛知県の産業化の特質を考察すべく、愛知県のなかで工業化が早期に進んだ知多半島（知多郡）の半田・亀崎地域を取り上げ、半田の有力肥料商兼醤油醸造家であった小栗三郎家を中心としてそこでの有力事業家の事業展開を検討する。なお、有力事業家の事業展開を地域経済との関係で論ずる際に、本章では、地域性、業種、経営主体の志向性の3点に留意する（地名の位置関係は本書巻頭の地図4を参照）。

　地域性では、中央と地方の関係に着目する。愛知県知多郡は[1]、近世期は尾

張藩領であったが、名古屋城下との経済的つながりは相対的に弱く、海運を通して江戸と直接結び付き、近代以降も1890年代前半までは、三井銀行半田支店が開設され、東京との結び付きが強かった。しかし、1894（明治27）年に三井銀行半田支店が閉鎖されると（三井銀行八十年史編纂委員会編［1957］124頁）、その後名古屋の銀行とのつながりが強くなり、特に名古屋の大都市化が進むにつれて、名古屋の経済的地位も高まり、98年に半田の有力資産家の小栗冨治郎が名古屋に小栗銀行を開設するなど（由井・浅野編［1988～89］第4巻）、90年代末から知多郡と名古屋の経済的関係が強まった。その意味で、東京や名古屋との関係も含めて、知多郡の地域経済の展開を考察する。

業種面では、小栗三郎家が肥料商としての商家的性格と醸造家としての生産者的性格の両方を兼ね備えていたことに留意する。半田の醸造家には、中埜一族が中埜酒店など販売会社を設立したり、小栗冨治郎がもともと海運業者で遠隔地間商業を積極的に行っていたことなど、全体的に商家的性格と生産者的性格の両方を兼ね備えた要素が強く、それが半田醸造業のマーケティング力ともなっていた。そのなかでも、醸造経営よりもむしろ海運経営や銀行経営に比重を置いていた小栗冨治郎家や[2]、酢醸造生産を積極的に拡大して醸造家として著名となった中埜又左衛門家など[3]、商家的性格と生産者的性格の比重は経営主体により多様であるが、生産者的要素を持っていなかった大阪府貝塚の米穀肥料商廣海惣太郎家の事例とは（石井・中西編［2006］）、異なる経過を辿るであろうと考えられる。もっとも、業種面で類似の性格を持つ半田の資産家がいずれも同様の経営志向性を示したわけではなく、名古屋で銀行を設立し、名古屋経済界に積極的に進出した小栗冨治郎家と、銀行経営には全く関与せず、金融面では東京・名古屋や地元の銀行を主に利用し、半田に製造工場を構えて明治期は醤油や肥料の販路を主に名古屋以外の地方へ求めた小栗三郎家では、経営のリスクの考え方にかなり相違があったと思われる。それが後述するように1907年恐慌を契機に大きな分岐点として現れ、半田の地域経済にも大きな影響

---

1) 以下の記述は、半田市誌編さん委員会編［1989］本文篇上・中巻を参照。
2) 小栗富治郎の事蹟は、愛知県知多郡半田町編［1926］406-409頁より。
3) 中埜又左衛門家の事蹟は、西村［1989］および日本福祉大学知多半島総合研究所・博物館「酢の里」編［1998］を参照。

を与えることとなった。その意味で、有力事業家の経営志向性と地域経済の関係は重要な論点となろう。

1 知多郡の地域経済

(1) 知多郡の会社設立

　近代日本では、松方デフレ後の1880年代後半から会社設立ブーム（企業勃興）が紡績業・鉄道業などを中心として生じたが、知多郡の会社設立ブームは、90年代後半の日清戦後ブームのなかで生じた（半田市誌編さん委員会編［1989］中巻、152-161頁）。知多郡では、1880（明治13）年前後に第百三十六国立銀行・半田銀行など地元銀行が半田で設立されたが、同時期に東京の三井銀行半田出張所（後に支店）や伊藤銀行半田支店（後に第百三十四国立銀行半田支店）などが開設され、東京・名古屋の銀行が半田に進出したことで、第百三十六国立銀行は大阪へ移転し、半田銀行は廃業した（半田市誌編さん委員会編［1989］中巻、83-85頁、愛知県史編さん委員会編［2017］153-158頁）。そのため、1880年代後半の会社設立ブーム期に銀行が設立されることはなく、90年代前半に三井銀行が支店の統廃合を進め、前述のように94年に同行半田支店も閉鎖された。そのなかで再び地元銀行設立の機運が高まり、伊東孫左衛門・新美昇平・井口半兵衛など表6－1に見られる亀崎の有力資産家を発起人として、1893年に亀崎銀行が設立された。設立時に半田から小栗冨治郎が取締役として加わったが、上位株主のほとんどが亀崎の資産家であり、亀崎の総力を挙げた銀行設立であった。亀崎銀行は亀崎を拠点として展開された米穀・肥料取引のための金融機関としての役割を果たし、半田出張店も設けられた。同行の増資も順調に行われ、1897年に資本金80万円が全額払い込まれた（村上［1976］）。

　表6－2を見よう。1895年時点の知多郡の主要会社のなかで亀崎銀行は圧倒的地位を占め、それに続く規模の会社が、亀崎の伊東倉庫合名会社であり、企業勃興の初発の段階では、亀崎が重要であった。また、同時点の諸会社の多くが、合資・合名会社であり、当初は株式会社の設立が低調であったことも知多郡の会社設立の特徴であった。

　一方、半田では、丸三麦酒会社・知多紡績会社が1896年に設立され、ようや

300 第Ⅱ部 東海地域の会社設立と地方資産家

表6-1 知多郡有力資産家一覧

単位：円

氏名	居住地	1898年頃 所有地価	1904年 所得額	1905年頃 資産額	1907年 所得額	1912年 所得等級	1916年頃 資産額	1925年頃 国税納付額	1928年頃 資産額	1933年頃 資産額
中埜半六	半田	57,712	11,000	31万円	12,500	特4	100万円	3,809（農業）		200万円
中埜半左衛門	半田	24,973	5,000	15万円	5,800	7				100万円
小栗富治郎	半田	20,902	40,000	90万円	35,000					
伊東七郎衛	亀崎	14,701	2,350	13万円	800					
田中清八	半田	14,093				24				
小栗七左衛門→七郎	半田	13,327	3,050		3,700	15				100万円
伊東孫左衛門→まさ	亀崎	13,271	17,500	52万円	22,500	特3	100万円	（郁二）5,331（酒造業）	260万円	300万円
内藤彦次郎→さい	山海（内海）	12,884	4,150		5,500	18				
小栗弥三八→弥三次	半田	12,701	6,100	16万円	7,500	8	50万円			70万円
新美村太郎	東岡久井	12,456	6,000	14万円	8,000	3				
原田徳右衛門	生路（東浦）	11,232	7,500	15万円	10,000	特5		3,072（酒造業）		200万円
早川三郎	名和（上野）	11,065	2,000		2,400	16				
盛田久左衛門	小鈴谷	11,059	3,500	13万円	5,500	7			250万円	250万円
新美昇平	亀崎	10,684	4,700	20万円	6,500	18				
近藤三次郎→希佐	大高	10,458	3,650		5,500	8				50万円
山田長作	乙川	10,333	3,050		4,200	13				
森竹四郎	成岩	10,117	2,700		3,500	13				
中埜又左衛門	半田		36,000	80万円	42,000	特1	100万円		540万円	450万円
井口半兵衛→巳之助	亀崎		19,500	41万円	19,800	18		25,968（肥料販売）	200万円	300万円
小栗三郎	半田		16,000	29万円	20,000	特2	50万円	4,056（酒造業）		
間瀬昇太郎	亀崎		6,000	14万円	8,300	8				
新美亀太郎	半田		4,700	14万円	7,500	3				
竹内佐治→佐一	成岩		4,350	10万円	5,700	7		2,096（酒造業）	100万円	120万円
榊原伊助	成岩		4,300	10万円	7,000	3		2,069（酒造業）	70万円	60万円
服部孫兵衛	有松		4,000		6,500	7		2,983（絞販売業）		100万円
久野藤助	大高		3,650	10万円	4,500	13				
瀧田幸次郎→貞一	常滑		3,300	10万円	5,000	9		3,004（木綿商）	70万円	50万円

第6章　愛知県知多郡における会社設立と地方事業家　301

氏名	居住地						
竹之内源助	岡田	2,700		3,300	13		50万円
野畑孫兵衛	横須賀	2,550		3,300	14		50万円
新美治郎八	亀崎	2,350		4,500	17		70万円
青木弥六	武豊	2,300		3,600	14	3,089（味噌醤油製造）	
田中和三郎	阿久比（知多）	2,300		3,000	13		50万円
間瀬佐治平→佐治郎	亀崎	2,200	10万円	5,000	11		
酒井半三→重吉	乙川	2,000	14万円				
盛田善平	半田	1,350		1,350	16	2,037（製粉業）	
中島養吉	半田	1,350		2,000	14		60万円
中川定平	武豊	1,050		3,300	15		50万円
中埜良吉	半田	1,000		1,200	18		50万円
内田伝之助	半田	450			21		50万円
服部幸平→稔	有松			2,500	15		50万円
竹田嘉兵衛→正雄	有松			1,300	15		50万円
加古荘太郎	大府						100万円
杉浦仁三郎→治助	半田					6,539（肥料製造販売）	70万円
酒井太蔵	亀崎					2,764（仲立業）	
坂野信四郎	半田					2,391（材木商）	

（出所）明治37年「知多郡所得調」、「所得納税人名録」（以上、小栗家文書110-3-3・2、小栗家蔵、以下、小栗家文書はいずれも小栗家蔵のため、所蔵先を省略）、石井[2018]附録、渋谷編[1997、渋谷編[1985]第1・4巻より作成。

（注）1898年頃・1905年頃・1925年頃・1928年頃・1933年頃のそれぞれの資料に掲載された資産家を取り上げ、1904・07年頃の所得額と12年頃の所得等級も示した。所得等級は、特1級が最も高く、特5級の次が1級となる。氏名欄の→は推定による代替わりを示す。居住地欄の（ ）内は、行政区分の変更を示す。1825年頃の国税納付額の（ ）内は資料に示された職業。

表6－2　1895年時点知多郡主要会社一覧　　資本金の単位：万円

会社名	所在地	創業年	資本金	主要役員
亀崎銀行	亀崎	1893	28.0	(頭) 天野伊左衛門、(取) 伊東孫左衛門、新美昇平、井口半兵衛、小栗冨治郎、稲生治右衛門
伊東倉庫合名	亀崎	1893	[7.0]	(社員) 伊東郁三郎、伊東源四郎
半田汽船	半田	1881	5.0	(専) 田中清八、(取) 竹本英一、小栗平蔵
陶栄	常滑	1886	3.0	(社) 関栄助、(取) 瀧田幸重、渡邊増右衛門
大野木綿	大野	1891	3.0	(専) 小嶋嘉兵衛、(取) 磯村源蔵、萩原宗平、須田六右衛門、中村伊助
北倉合資	小鈴谷	1892	2.4	(社員) 神谷伊兵衛、前野治郎吉
東海航業合資	坂井	1893	[2.2]	(社員) 山本清助、天木嘉祐、神谷伊兵衛
夏目製造	野間	1889	2.0	(専) 夏目甚七、(取) 夏目仲助、森下長五郎
尾白	大野	1892	[2.0]	(専) 宮嶋辰之助、(取) 鈴木藤次郎、吉峰治右衛門
陸井合資	坂井	1890	[2.0]	(社員) 陸井太右衛門
半田米油取引所	半田	1894	1.5	(理事長) 小栗平蔵、(理事) 田中清八、竹本英一、永井松左衛門
衣浦貯金銀行	亀崎	1895	1.3	(専) 伊東孫左衛門、(取) 新美昇平、岡本八右衛門、盛田久左衛門
内海帆走船	内海	1887	[1.3]	(専) 内田七右衛門、(取) 大岩甚三郎、内田七郎兵衛
半田倉庫合資	半田	1892	[1.0]	(社員) 小栗三郎、中埜半助
西倉合資	坂井	1893	[1.0]	(社員) 陸井麗次郎、細見京之助
中仁酒造合資	半田	1893	[1.0]	(社員) 岩間平助
共同合資	半田	1894	[1.0]	(社員) 小栗三郎、榊原孝助
石根合資	乙川	1894	[0.1]	(社員) 竹内健太郎
野間商船	野間	1891		(専) 夏目仲助、(取) 森田伊助、森下長五郎
井口商会合名	亀崎	1893		(頭) 井口半兵衛、(取) 小栗冨治郎、伊東孫左衛門
丸登合名	常滑	1893		(社員) 堀井芳吉、渡邊福三郎、八木英吉
小野平松合名	荒尾	1893		(社員) 小野幸七、平松良太郎

(出所) 由井・浅野編［1988～89］第1巻より作成。
(注) 資本金は払込資本金で、払込資本金が不明の場合は、名目資本金額を［　］内に示した。主要役員欄の、(頭) は頭取、(取) は取締役、(社) は社長、(社員) は業務担当社員、(専) は専務取締役。取締役または理事以上の主要役員を示した（表6－3・16・18も同じ）。1895年1月現在の状況と考えられる。

く本格的な会社設立ブームが始まった。特に、両社ともに役員の大部分が半田の資産家で、半田の会社設立は地元資本によって担われた。例えば、丸三麦酒会社は姻戚関係にあった半田の中埜又左衛門家と小鈴谷の盛田久左衛門家が中心となって設立され、小栗三郎も監査役として設立に加わった（半田市誌編さん委員会編［1989］中巻、175-180頁）。そして知多紡績会社は、地元知多綿織物業への原料糸供給のために半田の有力資産家の総力を挙げて設立され、小栗三郎家も主要株主となり、設立当初より取締役として経営に加わった。同じ時期に亀崎でも紡績会社設立の動きがあったが、株式払込がうまく進まず、工場設

第6章　愛知県知多郡における会社設立と地方事業家　303

表6-3　1903年時点知多郡主要会社一覧　　資本金の単位：万円

会社名	所在地	創業年	資本金	主要役員
亀崎銀行	亀崎	1893	80.0	（頭）天埜伊左衛門、（取）井口半兵衛、稲生治右衛門、倉橋源兵衛
知多紡績	半田	1896	64.0	（社）小栗冨治郎、（専）端山忠左衛門、（取）小栗三郎、小栗平蔵、小栗七左衛門、中埜半助、石黒礼吉
丸三麦酒	半田	1896	60.0	（社）中埜又左衛門、（常）小栗平蔵、盛田善平、（取）盛田久左衛門、中埜半左衛門、中埜半六、中井半三郎
知多航業	坂井	1896	20.0	（社）天木嘉祐、（副）森下長五郎、（取）山本清助、久野憲助、盛田久左衛門
中埜銀行合名	半田	1901	20.0	（頭）中埜半左衛門、（専務理事）中埜良吉、（理事）中埜半六、中埜又左衛門
盛田合資	小鈴谷	1898	10.0	（社員）盛田久左衛門
大野油商	大野	1893	7.7	（社）片山茂助、（取）中村伊助、杉山利兵衛
衣浦貯金銀行	亀崎	1895	5.0	（専）伊東孫左衛門、（取）井口半兵衛、盛田久左衛門、新美治郎八
知多貯蓄銀行	野間	1896	5.0	（頭）夏目仲助、（取）夏目平三郎、伊藤嘉七、天木嘉祐、石黒礼吉、岩本弥左衛門
陶栄	常滑	1886	4.4	（専）関幸助、（取）渡邊安太郎、澤田四郎兵衛
尾張土管	武豊	1886	3.5	（社）丹羽精五郎、（専）久田豊三郎、（取）山田長作
野間商船	野間	1891	3.5	（社）夏目仲助、（専）森下長五郎、細見京之助
常滑貿易	常滑	1886	3.0	（会長）竹村仁平、（専）伊藤敬四郎、（取）杉江彦四郎、伊奈初之丞
陸井合資	坂井	1890	3.0	（社員）陸井太右衛門
竹内商店合名	成岩	1900	3.0	（社員）竹内佐次右衛門
西浦木綿商会合資	大野	1902	3.0	（社員）小島嘉兵衛、須田六右衛門、萩原宗平
中埜醤油店合資	半田	1903	[3.0]	（社員）榊原孝平、榊原孝助

(出所) 由井・浅野編 [1988～89] 第7巻より作成。
(注) 資本金は払込資本金で、払込資本金が不明の場合は、名目資本金額を [ ] 内に示した。主要役員欄は表6-2の注を参照。その他、（副）は副社長、（常）は常務取締役。1903年1月現在の状況と考えられる。払込資本金額が3万円以上の会社を示した。

立に至らずに解散された（半田市誌編さん委員会編 [1989] 中巻、187-195頁）。そのため、表6-3のように1903年時点の知多郡の製造会社では、半田の丸三麦酒と知多紡績が圧倒的地位を占めた。知多紡績の生産量はある程度順調に増大したが、供給先の知多綿織物業が1900～01年の恐慌の影響で1900年代前半の生産が伸び悩み、知多紡績の収益は不安定であった。そのため知多紡績は製品市場を輸出に求めたが、それには大紡績会社のブランド力が必要であり、結果的に1907年に三重紡績会社に吸収合併された（半田市誌編さん委員会編 [1989] 中巻、301-304頁）。丸三麦酒の収益も不安定でたびたび当期損益で損失を計上

し、麦酒業界全体が大企業への合同が進むなかで、丸三麦酒は1906年に根津家を中心とする関東資本に買収されて日本第一麦酒となり、本社は東京へ移転した（社名変更の後に最終的に大日本麦酒に合同）（半田市誌編さん委員会編［1989］中巻、306-308頁）。

　それと併せて、1907年恐慌の影響を受けて亀崎銀行も破綻した。その発端は、小栗冨治郎が名古屋に設立した合名会社小栗銀行が臨時休業したことで、小栗冨治郎が亀崎銀行取締役の井口半兵衛と関係が深いとされ、亀崎銀行も休業に追い込まれた。これを契機に小栗冨治郎家は没落し、亀崎銀行も営業を再開したが、営業規模は激減し、1912（大正元）年度には資本金を20万円に減額した（半田市誌編さん委員会編［1989］中巻、296-301頁）。その結果、翌1913年の知多郡の主要会社は中埜銀行・中埜酒店・亀甲富醬油など中埜一族の会社が占め（後掲表6－13）、中埜銀行が地域金融の担い手となった。

（2）小栗三郎家の有価証券投資概観

　小栗三郎家は[4]、近世期は代々の当主が三郎兵衛を名乗り、18世紀に酒造業を家業とし、18世紀末に酒造業を廃業した後は、肥料商業を家業とした。近代に入ると、三郎兵衛は三郎を名乗るようになり、小栗三郎家は、肥料商業に加えて酒造業を再開するとともに味噌醬油醸造業へも進出し、その後、再び酒造業を廃業したものの、肥料商と醬油醸造業を家業の二本柱として経営規模を順調に拡大させた。表6－1にあるように、1905（明治38）年頃の資産額で小栗三郎家は知多郡のなかで6番目に位置したが、その後地位をさらに上昇させ、知多郡では有力事業家として中埜又左衛門に次ぐ地位を占めるようになった。

　ここで表6－4より小栗三郎家の有価証券投資を概観する。小栗三郎家の株式投資では、投資先が銘柄数でも投資金額でも圧倒的部分を知多郡内の地元会社が占めていた。しかも、投資を契機に小栗三郎家が経営に参加したと思われる会社への投資金額がかなりの比重を占め、有価証券投資と経営参加の関連が強かった。なお、小栗三郎家は1926（昭和元）年に家業の肥料商売と醸造業を会社化して株式会社萬三商店を設立し、約73万円の投資を萬三商店に行ったが、

4）　以下の記述は、中西・井奥編著［2015］序章を参照。

それを含めると株式投資残額が激しく不連続になるため、それを除いた数字で株式投資残額の推移を検討する。小栗三郎家の株式投資は1890年代から始まり、1900年代前半に約75,000円まで増大したものの、丸三麦酒の減資や知多紡績株の売却により、1900年代後半に約4万円まで減少し、その後10年代末から急増した。1920年代にも順調に株式投資残額は上昇し、昭和恐慌下の30年代初頭も特に株式投資残額を減らすことなく、知多鉄道株を中心に増大し、36年8月末時点で約473,000円に達した。主要な株式投資銘柄として、1890年代末〜1900年代前半は知多紡績株と丸三麦酒株であったが、両社が他府県の会社に合併されると、その株式所有額を減らし、1900年代末〜10年代は新規銘柄への投資として知多瓦斯があったものの、株式投資全体としては停滞ぎみであった。1910年代末からの株式投資額の急増は、知多電気（知多瓦斯が改称、後に関西電気を経て東邦電力）への株式投資が大きく、20年代後半からは、半田臨港線・知多鉄道など地元での鉄道会社への投資がかなり増大した。

　表6－4の下段に公社債投資残額も示したが、小栗三郎家の公社債投資は、1904〜05年に一挙に約18,000円に増大してからは横ばいで、10年代後半から公債への投資が増大し、19（大正8）年の第一次世界大戦後のブーム期に社債・金融債の購入が急増した。そして1920年代前半には、公債で約10万円、社債・金融債で約30万円の合計約40万円の公社債を所有するに至った。ところが1920年代後半に社債・金融債の所有残額が急減して、34年末には1万円を下回った。この社債・金融債の償還益あるいは売却収入が1920年代後半以降の特に知多鉄道株を中心とする株式投資急増の資金になったと考えられる。小栗三郎家の有価証券投資のリスク管理を分析した花井俊介は、同家は第一次世界大戦前までは株式・合資会社への投資の損失を補塡するための積立を、株式の特別配当などの際に行ってきたが、第一次世界大戦後は公社債の償還益を株式・合資会社への投資の損失補塡のための積立に用いるようになり、小栗三郎家の有価証券投資に対するリスク管理システムが、ローリスク資産である公社債投資を導入することでハイリスクの株式・合資会社資産の損失に備える体制として1920年代に確立したとした（花井［2015］）。その意味では、花井が指摘するように、1920年代後半から社債・金融債の所有額を急減させたことは、このリスク管理システムを小栗三郎家が放棄したことになり、20年代後半以降の知多鉄道への

表 6-4 小栗三郎家有価証券投資の動向

銘柄 \ 年	所在地	役員	1891 12月末	1895 12月末	1897 12月末	1899 12月末	1901 12月末	1903 12月末	1905 12月末	1907 12月末	1909 12月末
半田倉庫合資→（株）	半田	取締役	400	2,400	3,840	4,800	4,800	4,800	4,800	4,800	6,625
半田共同→共同合資→共同運輸（株）	半田	社長	375	4,500	5,500	4,500	4,500	5,000	5,000	5,000	8,500
亀崎銀行	亀崎				1,355	1,060	2,140	2,140	2,140	2,140	2,140
日本海陸保険	大阪				30	30	40	57	74	(解散)	
丸三麦酒	半田	監査役			4,675	9,563	10,395	10,395	3,850	(別資本に買収)	
知多紡績→三重紡績→東洋紡績	半田 →大坂	取締役			4,375	14,000	45,797	45,797	45,797	10,913	10,913
愛知銀行	名古屋				1,740	1,740	2,040	2,040	2,040	2,040	2,040
東海石炭商会合資	半田				600	600	2,400	2,400	2,400	7,170	7,200
知多航業	坂井				250	425	425	500	500	500	250
尾三農工銀行→愛知県農工銀行	名古屋				50	320	480	480	640	640	640
丸共合資→共同合資へ	半田						300	825	600	600	3,000	(合併)
半田米穀商品株式取引所	半田							495	(解散)		
川七商店合資	宇治山田							50	50	50	
亀崎倉庫	亀崎								125	125	125
日本缶詰合資→（株）→名港土地	名古屋								625	1,025	750
満洲興業	東京									9,438	(解散)
三重人造肥料	四日市									525	525
亀崎醸酒合資	亀崎									500	(退社)
知多瓦斯→（注参照）→東邦電力	半田 →名古屋										700
半田製氷	半田										
半田市場	半田										
東海電線	四日市										
三井銀行	東京										
合資会社郁文舎	半田										
尾三（木綿）商会	亀崎										
半田臨港線	半田	取締役									
萬三商店	半田	社長									
知多鉄道	名古屋	取締役									
半田合同運送	半田	取締役									
株式合計（萬三商店株を除く）			775	8,285	22,120	38,428	74,403	74,400	68,567	47,815	40,408
公債			0	1,400	1,400	1,400	1,400	1,400	18,233	18,118	14,358
社債・金融債			0	0	0	0	0	0	100	130	180
公社債合計			0	1,400	1,400	1,400	1,400	1,400	18,333	18,248	14,538
有価証券総計（萬三商店株を除く）			775	9,685	23,520	39,828	75,803	75,800	86,900	66,063	54,946

(出所)花井［2015］表1-1・2・6・7・8より作成。
(注)三重人造肥料（株）は1915年5月に解散したが、帳簿上の損失（456円）は18年にずれ込んだ。銘柄の→は会社名の変更を示す。半田倉庫合資は1908年に株式会社、知多紡績は1907年に三重紡績に合併し、三重紡績は14年に大阪紡績と合併して東洋紡績となった。日本缶詰合資は1905年に株式会社となる。丸共合資は1907年に共同合資に合併。共同合資は1918年に解散して同年に共同運輸株式会社設立。尾三農工銀行は1925年に愛知県農工銀行に改称。日本缶詰は1917年に名港土地に合併。知多瓦斯（株）は1918年に知多電気（株）に改称、22年に関西電気（株）に合併、24年に東邦電力（株）に改称。昭和レーヨンは1934年に東洋紡績に合併。役員欄はその会社に小栗家家族が務めた役職。

単位：円

1912 8月末	1914 8月末	1916 8月末	1918 8月末	1920 8月末	1922 8月末	1924 8月末	1926 8月末	1928 8月末	1930 8月末	1932 8月末	1934 8月末	1936 8月末
6,625	7,950	7,950	7,950	11,250	11,250	11,250	11,250	11,250	11,250	11,250	13,500	13,500
11,375	11,375	11,375	11,375	20,150	20,150	31,000	31,000	15,860	15,860	15,860	15,860	15,860
200	200	50	50	50	50	50	(償却)					
							昭和組合	7,155	8,100	8,775	8,775	8,775
							中央信託(名古屋)	3,750	3,750	3,750	3,750	3,750
10,913	12,338	13,050	14,670	21,675	21,675	21,675	21,675	24,060	24,060	24,060	24,060	27,410
2,040	2,340	2,340	4,365	7,740	9,615	9,615	10,740	12,240	12,240	12,240	12,240	12,240
7,200	3,253	(解散)		名古屋新聞社（名古屋）				1,000	1,000	1,000	1,000	1,000
(解散)				昭和レーヨン（大阪）				838	1,340	1,340	3,350	(合併)
640	640	641	650	725	725	725	725	725	725	725	725	725
					古川屋旅館			400	400	360	320	300
					東京山手電気鉄道（東京）			100	100	100	(売却)	
						三菱銀行（東京）			2,500	2,500	2,500	2,500
(売却)						時事新報社（東京）		625	2,250	2,500	2,500	2,500
975	1,050	1,050	666	962	1,110	1,369	1,369	1,369	1,369	1,369	1,369	1,369
						古城館（篠島）			600	600	600	
525	525	456	(解散)			半田商工信用組合（半田）			110	230	275	
										近藤与一商店合資		500
3,500	7,525	9,675	10,750	14,700	47,040	58,800	58,800	68,250	78,000	78,000	78,000	97,500
	1,788	3,400	4,946	6,296	6,296	6,296	6,296	6,296	(売却)			
	400	500	700	400	400	400	400	400		800	800	800
			375	1,125	595	595	595	595	595	350	350	150
				9,500	9,500	9,500	9,500	9,500	9,500	9,500	9,500	9,500
				3,600	3,900	3,900	5,800	5,800	5,800	5,800	5,800	5,800
				225	225	225	225	225	225	225	225	225
					10,000	24,000	28,000	28,000	28,000	28,000	28,000	28,000
						734,400	734,400	727,200	727,200	751,200	751,200	
								24,250	97,000	147,500	198,475	223,475
								16,020	16,020	16,020	16,020	16,020
43,993	49,383	50,487	56,497	98,398	133,211	165,400	917,025	972,482	1,052,355	1,099,684	1,179,149	1,223,974
							182,625	238,082	325,155	372,484	427,949	472,774
12,997	15,731	20,281	38,795	63,447	101,451	101,119	122,504	81,031	167,286	138,954	133,944	134,794
180	1,603	1,588	1,578	117,150	199,878	291,618	211,070	182,070	49,570	49,010	9,460	9,460
13,177	17,334	21,869	40,357	180,597	301,328	392,736	333,574	263,101	216,856	187,964	143,404	144,254
57,170	66,717	72,356	96,869	278,995	434,539	558,136	1,250,599	1,253,583	1,269,211	1,287,648	1,322,553	1,368,228
							516,199	501,183	542,011	560,448	571,353	617,028

急激な投資は、リスク管理においては問題の残るものであった。特定の銘柄に集中的に株式投資をすることは1900年代前半の知多紡績の際にも見られたが、知多紡績と知多鉄道は、小栗三郎家にとってリスクに非感応的になる特別な株式投資であったと考えられる。

2　亀崎銀行・知多紡績と小栗三郎家

（1）亀崎銀行の設立と小栗三郎家

　前述のように、半田・亀崎地域の会社設立で重要な役割を果たしたのが、亀崎銀行と知多紡績であったので、本節では、亀崎銀行・知多紡績と小栗三郎家がどのように関わったかを検討する。まず亀崎銀行に関しては、小栗三郎家はその役員にはならなかったものの、株主となっており、また亀崎銀行の設立は、本格的な地元金融機関の設立を意味し、小栗三郎家も亀崎銀行を積極的に利用した。小栗三郎家は1890年代後半〜1900年代は銀行からの借入金で経営規模を拡大させたが、その契機が亀崎銀行の設立にあったと考えられる。実際、表6－5を見ると、1895（明治28）年度末には、亀崎銀行からの借入金残額は46,000円に上っている。ところが、1896年に半田で丸三麦酒・知多紡績が設立され、知多郡の会社設立の中心が半田に移るとともに、小栗三郎家は亀崎銀行からの借入を徐々に縮小し、名古屋に本店のある愛知銀行半田支店からの借入を増大させた。そして、三井銀行とも名古屋支店を通して関係を再開し、1900年代には、三井銀行・第一銀行など東京の大銀行との取引の比重が増大した。1900年代の銀行借入の増大は、小栗三郎家が振り出した約束手形を銀行に割り引いてもらう形が中心であり、東京の大銀行と並行して、名古屋銀行との取引も増大し、また亀崎銀行との関係も少ないながらも継続していた。

　これらの諸銀行からの借入の条件は1回ごとに期間と金利が異なっていたので、その様相を表6－6で示す。この表では、亀崎銀行からの借入が増大し始めた1896年の銀行借入金を一覧にした。この年の小栗三郎家は、亀崎銀行半田出張所のほかに第百三十四国立銀行（1896年より愛知銀行）半田支店、三井銀行名古屋支店、第一銀行名古屋支店から借入を行ったが、遠方の三井銀行・第一銀行からは約束手形割引による借入（無担保、利息前払い）、地元の亀崎銀

表6－5　小栗三郎家年度末銀行借入残額の動向（借入銀行先別）　単位：円

期末年月	三井銀行半田支店	第百三十四国立銀行→愛知銀行半田支店	亀崎銀行半田出張所	第一銀行名古屋支店	岡崎銀行	名古屋銀行	中埜銀行	個人（手形割引のみ示した）	合計
1892・12	7,690								7,690
1893・12	4,400								4,400
1894・12	三井銀行	19,000							19,000
1895・12	名古屋支店	24,000	46,000						70,000
1896・12	5,000	47,700	36,000					2,500	91,200
1897・12	20,000	125,000	13,000	3,800					161,800
1898・12	20,000	71,000							91,000
1899・12	11,000	83,000	10,000						104,000
1900・12	5,325	61,500	5,000	18,376					90,201
1901・12	7,000	39,000	5,000	6,005	17,000	16,000		18,000	108,005
1902・12	13,450	20,000	16,000	32,430	10,000	40,000	15,000	10,000	156,880
1903・12	31,200		5,000	35,880	25,100	39,000	10,000	15,000	166,180
1904・12	22,000	20,000	10,000	25,000		23,000		15,000	140,000
1905・12	29,500		10,000	17,000	10,000	5,000	85,000	15,000	171,500
1906・12	40,000	15,000			30,000	30,000	80,000	10,000	205,000
1907・12	9,500	40,000			35,000		70,500	10,000	165,000
1908・12	20,000	10,000					30,000	15,000	75,000
1909・12	80,000	30,000					50,000	10,000	170,000
1910・12	40,000	30,000					60,000		130,000
1911・8	45,000	40,000					50,000		135,000
1915・8	60,000	15,000							75,000
1922・8		130,000							130,000
1926・8	58,000	100,000							158,000

(出所)明治28・30・32・34・39・44・大正4・10年「台帳」（小栗家文書）より作成。
(注)銀行欄の→は、合併などによる銀行名の変更。表で示したほかに1904年度末に25,000円の鴻池銀行からの借入残額があった。なお、銀行借入の方法として通常の担保付借入と約束手形割引があり、それらをまとめて示したが、個人からの借入は、手形割引を行った分について、金融業務を行う相手として示した。

行・第百三十四国立銀行からは通常の借入（利息後払い）で行われた。通常の借入では担保が供されたと考えられるが、萬三商店の商業のための金融と考えられ、鯡粕（魚肥）が担保に供された。先行研究でも、亀崎銀行の貸付金担保に供されたのは、1890年代は、米穀・肥料などの商品、1900年代からは次第に株券・地所・建物が多くなったことが示されている（村上［1976］113-114頁）。貸付金利率は、三井銀行・第一銀行など東京の銀行と、亀崎銀行・第百三十四国立銀行など地元の銀行では異なり、前者の金利が総じて高く貸付期間も短かった。1890年代前半の銀行借入が、三井銀行や第百三十四国立銀行からが中心であったのに対し[5]、亀崎銀行からの借入が95年から増大した要因は、同銀行の弾力的な対応にあったと考えられ、返済が間に合わなかった際に、返済期

表6－6　1896年小栗三郎家銀行借入金一覧

金額・年利の単位：円、％

月日	銀行	金額	形態	目的	年利	返済期日	返済日	備考
3月	亀崎（半田）	14,000	借入	借換	9.67	5月	3月19日～4月14日	
4月	亀崎（半田）	14,000	借入	借換	8.76	6月	5月2～8日	
4・18	亀崎（半田）	10,000	借入	本店・借換	8.03	6月20日	5月11日・6月20日	
5月	亀崎（半田）	13,000	借入	借換	8.03	7月	8月2日	
6・3	亀崎（半田）	10,000	約手	本店	8.40	8月20日・9月3日	8月21日・9月3日	
6・19	亀崎（半田）	10,000	借入	本店	8.58	9月30日	9月30日	
6・20	亀崎（半田）	6,000	借入	借換	8.40	10月31日	10月31日	
6・20	亀崎（半田）	10,000	借入	本店	8.58	11月30日	12月1日	
8・2	亀崎（半田）	13,000	借入	借換	8.58	翌1月	翌2月1日	
8・10	百三十四（半田）	6,650	約手	本店	8.40	11月1日	11月6日	担保：鯡〆粕1,030本
8・11	百三十四（半田）	3,400	約手	本店	8.40	10月15日	10月15日	無担保
8・13	三井（名古屋）	5,000	約手	本店	10.22	9月10日・21日	9月10日・21日	無担保
8・13	第一（名古屋）	2,500	約手	本店	9.49	10月31日	10月31日	無担保
8・17	百三十四（半田）	7,000	約手	本店	8.03	10月5日・20日	翌10月5日・20日	無担保
8・18	百三十四（半田）	3,000	借入	本店	10.22	10月31日	10月31日	
8・21	亀崎（半田）	3,000	借入	借換	9.13	翌2月20日	翌2月25日	
8・22	三井（名古屋）	8,000	約手	本店	10.22	10月10日・11月2日	10月10日・11月2日	無担保
8・22	第一（名古屋）	5,000	約手	本店	10.22	11月19日	11月19日	無担保
8・25	亀崎（半田）	3,000	借入	本店	9.49	翌2月	翌5月1日	期限延長（利率同）、翌4月20日
9・3	亀崎（半田）	7,000	借入	借換	8.76	12月10日	12月12～16日	
9・8	亀崎（半田）	1,000	借入	本店	9.13	12月10日	12月12日	
9・11	百三十四（半田）	3,800	約手	本店	9.13	10月15日	10月15日	無担保
9・14	百三十四（半田）	3,000	借入	本店	9.86	11月15日	11月17日	
9・14	亀崎（半田）	5,000	借入	本店	8.03	12月30日	12月11日	
9・15	百三十四（半田）	3,000	借入	本店	9.86	11月15日	12月31日	期限延長（11.68）、12月31日
9・16	百三十四（半田）	4,000	借入	本店	9.86	11月30日	12月14日	担保：鯡〆粕1,834俵
9・18	亀崎（半田）	2,000	借入	本店	9.49	12月3日	12月12日	
9・21	愛知	5,000	約手	他行・本店	10.22	10月26日	10月26日	担保：鯡〆粕850本
9・21	亀崎（半田）	3,000	借入	本店	10.22	12月3日	12月4日	
9・30	亀崎（半田）	10,000	借入	借換	9.86	翌3月	翌6月	期限延長（9.125）、翌5月31日
10・7	百三十四（半田）	4,000	約手	本店	10.59	11月6日	11月6日	
10・10	三井（名古屋）	5,000	約手	本店	11.32	10月31日	10月31日	無担保
10・15	百三十四（半田）	7,200	借入	借換	10.95	12月	翌2月5～9日	期限延長（12.2275）、翌2月10日
10・21	百三十四（半田）	3,500	約手	借換	10.59	12月15日	12月15日	
10・26	愛知	5,000	約手	借換	10.59	翌1月15日	翌1月16日	担保：鯡〆粕850本
10・31	亀崎（半田）	4,000	借入	借換	10.95	11月	翌2月25日	期限延長（利率同）、翌2月25日
11・6	百三十四（半田）	7,000	借入	借換	11.68	翌1月	翌2月1日	担保：鯡〆粕1,030本
11・25	百三十四（半田）	10,000	借入	本店	11.32	翌1月29日	翌1月27日	
12・1	亀崎（半田）	3,000	借入	借換	11.32	翌2月28日	翌3月1日	
12・12	愛知	5,000	約手	他行	11.68	翌2月10日	翌2月10日	担保：鯡〆粕608俵、粟子400俵
12・15	百三十四（半田）	3,500	約手	借換	11.68	翌1月10日	翌1月11日	
12・29	三井（名古屋）	5,000	約手	本店	10.95	翌2月10日	翌2月10日	
12・29	愛知	10,000	約手	本店	11.68	翌2月15日	翌2月15日	担保：鯡〆粕1,550俵、粟子350俵

（出所）明治28年・30年「台帳」、明治27年「金銭出入振替日記帳」、明治29～32年「戻り証券」（以上、小栗家文書55-7、75-8、55-1、153-26）より作成。

（注）1896年の借入金（借換を含む）のみを示した。銀行名の後ろの（　）内は支店・出張所名。形態の約手は、約束手形割引での借入。目的欄は、借り入れた日の金銭出入よりその目的を推定したもので、借換は、借入金の借換、本店は、小栗家本店が使用、他行は、他の銀行からの借入金返済に充当する。年利は、史料では日歩で示されたものを年利に換算した。同日に同一銀行から借り入れて、金額も同じものは、まとめて示した。その場合、返済期日が異なった場合は、それぞれ返済期日欄に示した。備考欄の期限延長は、返済期日において返済期限が延長されたことを示し、（　）内は延長後の金利。担保については、判明したもののみ備考欄に示した。

限延長に亀崎銀行は応じており、第百三十四国立銀行が返済期限を延長した際に金利を上げたのに対し、亀崎銀行は金利を据え置いたり、市場状況に応じて金利を引き下げたりしていた。とは言え、無担保での手形割引による借入も、短期的に資金が足りない際には魅力的であり、小栗三郎家は、資金状況に応じて、金利・形態などを考慮に入れて複数の銀行から借り入れ続けたと言える。

その後、1900年代になると、銀行借入の形態が手形割引に一本化され、さらに多くの銀行から小栗三郎家は借入を行った。表6－7を見よう。1905年になると、亀崎銀行からの借入金はかなり少なくなり、代わりに01年に地元半田で中埜銀行が開業したことで、中埜銀行からの借入が増大した。萬三商店では、秋から年末にかけて肥料取引の決済で資金需要が増大するが、例えば1905年では、10月11日に35,000円、11月4日に5万円、12月6日に6万円と多額の資金を、小栗三郎家が中埜銀行から借りて萬三本店に渡した。中埜銀行の金利が低かったわけではなく、この時期は、三井銀行や第一銀行は除き、愛知県の銀行が比較的同じ貸付金金利を付けており、むしろ貸付期間で各銀行が差別化を図っていた。その点で、中埜銀行は状況に応じて弾力的に返済期限を設定しており、また萬三商店の資金需要が増大した時期は、他の商家にとっても資金需要が増大した時期と考えられ、小栗家が名古屋の銀行から必要な借入金を全て調達するのは困難であった状況もあり（石井［2015b］）、立地条件も含めて萬三商店にとって利用し易かった中埜銀行に頼ることになったと考えられる。

こうして、小栗三郎家は多くの銀行を使い分けることで、より有利な条件の銀行と取引することに成功したと言える。ただし、1900年代後半は取引銀行を絞り、地元の中埜銀行、名古屋の愛知銀行の半田支店、三井銀行名古屋支店に集中させたため、1907年恐慌による亀崎銀行の破綻の影響を免れることができた。その後1910年代になると小栗三郎家の収益が急増し、銀行からの資金借入の必要が減少したため、表6－8では10年代前半の預り金の額は減少した。同表では本店が肥料商部門、支店が醤油醸造部門を示し、1909年以降は支店が本店に包摂され、本店の資産に肥料商部門と醤油醸造部門が含まれた。肥料商部門の1890年代の経営規模拡大は、銀行からの借入金急増に負っており、肥料商

---

5) 明治26年「台帳」（小栗家文書55-2、小栗家蔵、以下、小栗家文書はいずれも小栗家蔵のため所蔵先を省略）。

表6-7　1905年小栗三郎家銀行借入金一覧

金額・年利の単位：円，％

月日	銀行	金額	目的	年利	返済日
1・9	中埜	10,000	他行	8.03	1月31日
1・12	第一	9,700	他行	7.67	4月5・10日
1・15	深田	10,000	借換	8.03	3月15日
1・20	名古屋	9,000	他行	8.03	3月25日
1・31	中埜	5,000	借換	8.40	3月25日
1・31	第一	5,000	他行	8.03	3月31日
2・7	名古屋	10,000	他行	8.03	4月15日
2・7	第一	7,000	他行	7.67	4月29日
2・13	岡崎	13,000	他行	8.40	4月20日
3・2	鴻池	8,000	本店	6.94	4月26日
3・2	三井	8,000	他行	7.30	5月5日
3・15	鴻池	13,000	借換	6.94	5月2日
3・15	深田	10,000	借換	7.67	5月15日
3・27	中埜	5,000	本店	7.30	5月18日
3・31	三井	5,000	他行	7.12	6月17日
4・20	第一	15,000	他行	7.30	6月15・24日
4・26	深田	10,000	本店	8.03	6月26日
4・27	三井	10,000	他行	7.67	6月10・17日
4・29	中埜	5,000	他行	8.76	5月31日
5・2	第一	12,000	他行	7.67	7月20・26日
5・15	深田	7,500	借換	8.40	6月30日
5・30	三井	20,000	本店	7.85	7月31日
5・30	名古屋	8,000	他行	8.40	8月25日
5・31	中埜	10,000	借換・本店	8.40	6月29日
5・31	愛知	5,000	他行	8.40	7月10・15日
6・10	第一	10,000	他行	8.40	8月19日
6・24	三井	10,000	借換・本店	8.58	8月11日
6・26	第一	8,000	他行	9.49	7月7日
6・29	三井	5,000	借換	8.76	8月22日
6・30	深田	10,000	他行	9.86	9月2日
7・10	名古屋	5,000	借換	9.49	9月15日
7・31	中埜	5,000	他行	8.94	9月25日
7・31	第一	5,000	本店	9.13	10月14日
8・23	三井	10,000	他行	9.49	10月20日
8・23	深田	10,000	本店	9.49	10月31日
8・23	第一	10,000	本店	9.49	11月4日
8・24	中埜	15,000	本店	9.86	9月5日〜10月25日
8・25	亀崎	5,000	本店	9.86	9月23日
8・25	愛知	5,000	本店	9.86	10月23日
8・25	三井	5,000	他行	9.49	10月23日
8・25	第一	5,000	借換	9.49	11月15日
9・2	深田	5,000	他行	9.49	10月31日
9・16	中埜	20,000	本店	9.86	9月30日〜10月18日
9・18	名古屋	10,000	本店	9.86	11月20日
9・18	岡崎	10,000	他行	9.86	11月30日
9・20	亀崎	5,000	本店	9.86	10月25日
10・11	中埜	35,000	本店	9.13	10月31日〜11月25日
10・14	岡崎	10,000	本店	9.86	12月7日
10・14	三井	10,000	他行	9.31	12月12日
10・23	名古屋	10,000	借換	9.49	12月20日
10・31	深田	15,000	本店	9.49	11月22日〜12月25日
11・4	中埜	50,000	本店・他行	9.13	12月18・28日
11・6	三井	10,000	本店	9.13	12月4日
11・6	亀崎	15,000	本店	9.49	12月30日
11・8	愛知	10,000	他行	9.49	翌1月15日
11・8	名古屋	10,000	本店	9.13	翌1月20日
11・20	第一	7,000	他行	9.13	翌2月12日
11・30	中埜	10,000	借換	9.86	翌1月18日
12・6	岡崎	10,000	本店	9.86	翌1月10日
12・6	中埜	60,000	本店	9.13	翌1月13日〜2月10日
12・7	名古屋	10,000	他行	9.13	12月28日
12・9	三井	9,500	他行	8.94	翌2月20日
12・15	三井	10,000	他行	8.94	翌2月12日
12・25	中埜	15,000	本店・借換	9.49	翌2月12日
12・28	中埜	10,000	他行	9.86	翌2月15日
12・30	三井	10,000	他行	8.94	翌3月5日

（出所）明治37年「台帳」，明治36・38年「金銭出入帳」（以上，小栗家文書107-7・3・4）より作成．

（注）1905年の借入金は，借換を含む）のみを示した．銀行借入金は，いずれも手形割引，銀行の深田は，岡崎の金貸業者の深田三太夫．目的欄は，借り入れた日の金銭出入より，借換を推定したもので，他行は銀行からの借入金返済に充当，本店は本店が使用，借換は借入金の借換を示す．史料では借入金の年利を示していたものを年利に換算して示した．同日に同銀行から借り入れて，それぞれについて返済日を示したものは，まとめて示した．その場合，返済期日が異なった場合は，それぞれ返済日を示していたため，本年の借入金は全て，返済日前に返済されていたため，返済期日からその日数前に返済された場合，返済日を示した．

第6章 愛知県知多郡における会社設立と地方事業家　313

表6－8　1890年代～1930年代小栗三郎家推定純資産の動向

単位：円

期末年月	本店	支店	貸金	不動産	有価証券	雇人（積金）	預り金	新田積金	その他とも計
1891.12	63,340	12,380	9,212	[38,606]	640	△1,218	△28,442	△1,382	[93,156]
1892.12	79,668	13,432	8,700		925	△3,156	△40,787	△2,548	56,252
1893.12	80,319	18,259	8,820	[51,941]	1,010	△2,319	△43,725	△3,158	[111,167]
1894.12	76,094	15,140	32,180	[56,296]	7,160	△2,066	△74,029	△3,531	[114,759]
1895.12	166,733	12,223	25,355	[56,602]	8,285	△3,937	△123,883	△3,909	[137,669]
1896.12	174,189	17,762	15,176		15,650	△4,965	△129,534	△3,304	85,288
1897.12	237,194	23,105	13,388		23,198	△8,514	△184,301	△1,501	104,122
1898.12	150,584	23,091	8,377		32,688	△6,206	△106,306	△1,651	101,514
1899.12	167,668	26,509	20,980		38,428	△8,784	△120,040	△2,417	123,301
1900.12	145,545	26,251	23,258		42,315	△9,500	△105,138	△3,415	118,612
1901.12	140,256	28,957	14,358		74,403	△9,275	△130,031	△4,338	115,919
1902.12	201,473	33,834	13,165	100,000	75,800	△12,644	△172,257	銀行	240,721
1903.12	216,404	44,480	12,642	110,000	75,800	△16,326	△180,167	△2,381	261,840
1904.12	206,231	47,224	13,021	110,000	80,392	△20,649	△152,579	174	284,987
1905.12	231,060	58,258	15,648	110,000	86,899	△24,685	△182,347	269	297,537
1906.12	301,549	69,689	15,869	150,000	66,003	△27,138	△217,652	△587	359,306
1907.12	319,418	72,906	21,098	150,000	66,113	△29,227	△192,460	△22,157	387,220
1908.12	183,957	71,831	19,035	154,350	57,680	△33,206	△139,175	2,245	331,739
1909.12	382,170		21,850	160,500	54,945	△39,571	△235,878	△312	344,954
1910.12	360,759		21,641	170,000	60,145	△48,615	△196,405	809	368,981
1911.8	283,653		17,604	172,000	57,177	△56,812	△64,906	△861	408,367
1912.8	279,683		16,764	178,000	57,170	△55,186	△72,415	2,022	406,183
1913.8	304,893		16,160	182,500	57,468	△61,361	△58,219	2,769	435,944
1914.8	315,069		16,628	185,000	63,464	△64,292	△64,514	3,409	454,827
1915.8	390,430		16,362	186,000	68,815	△62,500	△161,424	1,058	439,380
1916.8	403,858		15,502	185,000	72,355	△77,100	△105,076	4,636	499,282
1917.8	649,238		4,290	184,000	83,317	△109,063	△154,761	5,010	662,078
1918.8	861,910		4,171	183,500	96,869	△139,595	△187,546	5,984	825,244
1919.8	746,652		3,205	183,500	254,214	△186,353	△211,077	208,177	998,377
1920.8	788,185		2,642	183,500	278,995	△221,508	△239,971	412,676	1,204,581
1921.8	686,130		6,757	200,000	332,159	△232,556	△248,332	574,053	1,318,333
1922.8	748,601		6,091	260,000	434,539	△247,374	△339,816	579,404	1,442,120
1923.8	585,330		6,552	260,000	551,195	△244,205	△172,595	479,523	1,467,380
1924.8	667,787		7,456	270,000	558,136	△290,556	△252,705	485,722	1,447,434
1925.8	645,595		9,569	290,000	555,213	△309,457	△297,899	590,934	1,480,808
1926.8	676,005		11,277	343,651	1,250,349	△267,352	△1,133,727	606,016	1,498,924
1927.8	△836		18,458	348,781	1,224,768	△270,104	△37,255	191,505	1,477,605
1928.8	8,370		9,391	358,000	1,235,584	△266,183	△26,740	126,621	1,445,723
1929.8	10,446		10,435	360,000	1,209,669	△273,068	47,848	147,157	1,524,280
1930.8	7,151		23,225	370,000	1,269,211	△281,445	△43,238	129,237	1,476,427
1931.8	7,341		17,580	375,000	1,318,664	△285,352	△30,720	83,385	1,486,219
1932.8	956		21,969	384,000	1,287,648	△263,638	△18,416	46,578	1,459,097
1933.8	306		6,767	390,000	1,290,148	△253,916	3,283	41,167	1,477,755
1934.8	251		5,961	390,541	1,322,553	△233,898	△5,554	△13,284	1,466,570
1935.8	221		5,020	379,000	1,357,628	△235,094	53,094	△48,864	1,511,567
1936.8	191		7,386	373,400	1,368,228	△235,445	53,628	△30,618	1,536,710
1937.8	△168		5,335	359,000	1,402,007	△226,823	52,801	△24,410	1,567,742
1938.8	0		5,065	376,500	1,414,762	△216,374	6,989	36,964	1,623,906

(出所)明治24・30・33・36・38・41・大正9・13・昭和2・6年「金銭出入帳」、明治26・27年「金銭出入振替日記帳」、明治45・大正5年「金銭出納帳」、昭和10年「総勘定元帳」、明治25・27・28・29年「財産目録及貸借対照表」（以上、いずれも小栗家文書）より作成。

(注)無印は資産、△印は負債。その他の項目で、利子・仮勘定・金銭などがあり、それらを含めた差引を合計欄で示した。よって合計欄は積金（および資本）の額。不動産欄の［　］内は、「財産目録」から翌年1月時点の土地・家屋資産額を示し、それも加えた推定純資産を合計欄の［　］内に示した。1926年8月末の預り金残額が巨額なのは、おそらく萬三商店の株式会社化に関係して年度末に中埜銀行から90万円を短期に借り入れたためで、これは翌年度初頭にすぐ返済した。新田資金欄は、新田からの利益を営業資金として運用するために積金として負債に計上された分を示す。

部門の利益で内部循環的に経営拡大できる状況ではなかった。しかし1910年代の経営規模の拡大は、銀行からの借入金にあまり頼らず、10年代後半から預り金が再び急増するが、その内容は、銀行借入金よりはむしろ地元の個人から資金を預かって運用した部分が多かった[6]。表6－5と表6－8を比較すると、預り金残額全体のうち手形割引による銀行借入残額は、1915（大正4）年度末時点では、約16万円のうち75,000円にすぎず、22年時点でも、約34万円のうち13万円にすぎなかった。

（2）知多紡績の設立と小栗三郎家

　小栗三郎家と地域社会の会社設立との関連は、1892（明治25）年に半田倉庫合資会社が設立された際に業務担当社員となったのが最初で、94年に小廻りの廻漕業を目的とする共同合資会社設立に際しても業務担当社員となった。半田地域の会社設立で重要なのは、1896年の知多紡績会社と丸三麦酒会社の設立で、知多紡績は資本金100万円、丸三麦酒は資本金60万円と、当時の半田地域の会社のなかでは飛び抜けて規模が大きく、両社ともに近代的な工場設備を持ち、半田地域での機械制大工業の幕開けと考えられる。この両社に対してともに小栗三郎家は発起人となり、特に知多紡績に対しては、連日設立事務所に通うとともに、主要株主として設立時に取締役となった[7]。

　表6－9を見よう。丸三麦酒の設立は、1896年4月より具体化し、丸三麦酒の発起人会が4月15日に開催され、小栗三郎も出席した。ただし、麦酒会社への関与は名前貸程度であったと思われ、小栗家「日誌」への丸三麦酒設立に関連した記載は、その後は7月10日・8月30日の発起人会主人出席、9月6日の株主総会主人九三竹吉出張、9月22日の認可の旨電報、10月5日の発起人総会主人出席などに止まった。これに対し、知多紡績の設立には小栗三郎家が全力を挙げて取り組んだ。発端は、1896年7月末に小栗冨治郎・小栗平蔵が小栗三郎に紡績会社設立の相談をしたことで、最初の発起人会が同年8月9日に開か

---

6) 1910年代後半～20年代前半の「台帳」（小栗家文書）。
7) 知多紡績については、橋口［2004］が主に同社の営業報告書を用いて分析した。同論文によると、知多紡績会社設立に大きな役割を果たし、設立後も専務取締役として経営にあたった端山忠左衛門は、武豊町に拠点を置き、知多郡長・愛知県会議長・衆議院議員を歴任した有力政治家であった。

表6－9　小栗三郎家「日誌」に見る知多紡績・丸三麦酒の創立

年月日	内容
1896・3・28	丸三ビール会社株式組織にするに発起人の依頼ある
1896・4・6	中埜ビール会社株式組織に変更にて発起人に賛成有）
1896・4・12	丸三麦酒会社の定款送付し来る
1896・4・15	丸三麦酒会社発起人会餅文亭にて開会に付午前十時より主人出席す
	出席者左の如し、主唱者千株（政助・善平・良吉・平助）、冨治郎三百株、清八中井各弐百株、半六弐百株、半左衛門弥左衛門三郎半助各百株、右出席、不出者、純平平蔵各百株、創立委員投票を以て主唱者の外、右の三名を設、小栗冨治郎、田中清八、中埜半左衛門
1896・5・14	丸三麦酒会社発起申請をなし、郡役所調印済本省へ進達の旨回章を以て通知あり、但し盛田久左衛門百株加入聞きたる旨
1896・6・30	丸三株二十個取次口を以て申込
1896・7・1	丸三ビール株店員二十一株申込
1896・7・10	丸三ビール会社発起人総会にて主人餅文亭へ出頭
1896・7・29	小栗冨治郎・同平蔵、紡績会社設立の件にて協議来る
1896・8・9	紡績会社設立の件、冨治郎氏にて発起人会開設、主人出席
	創立委員の選挙、資本金額其他の要件を議了す
	委員長冨治郎、常務委員清八平蔵、平委員半助三郎当選
1896・8・16	知多紡績会社発起人餅文亭にて協議会主人出席、徹夜翌午前八時まで
1896・8・18	主人紡績会社設立の件、商業倶楽部へ行く
1896・8・20	知多紡績会社の件にて主人餅文へ出張、餅文に於いて石黒礼吉、端山忠左衛門に会見す
1896・8・21	知多紡績会社申請書、去十七日土肥堆九郎出京、本免許の旨電報あり
1896・8・23	8・24、8・25　主人紡績事務所へ出張
1896・8・26	常助、紡績株運動に下碧海郡へ出張、紡績事務所へ出張
1896・8・27	八三郎常助、下碧海・吉良、紡績運動に出張、吉太郎、紡績運動に下碧海へ
1896・8・27	8・28、8・29　主人紡績事務所へ出張
1896・8・30	麦酒創立発起人会、主人出席午後4時より、麦酒会社発起人会議件は来月六日創業総会に発すべき議案の審議は創業会の決議を以て協議会を開きたる、欠席者小栗平蔵氏中井半三郎氏の両氏なり
1896・8・30、	8・31、9・1、9・2、9・3、9・4　主人紡績事務所へ出張
1896・9・5	知多紡績会社株〆切到し、主人出席
1896・9・6	丸三麦酒株式会社株主総会に付、主人九三竹吉出張
1896・9・7	9・8、9・10、9・13、9・14　主人紡績事務所へ出張
1896・9・15	主人紡績事務にて餅文亭へ、亀崎紡績株〆切の日限
1896・9・16	知多紡績会社運動の慰労会餅文亭にて宴会、主人九三出席
1896・9・17、	9・18　主人紡績事務所へ出張
1896・9・22	丸三麦酒会社認可の旨電報を以て、中埜又左衛門、半六、半左衛門、純平、平蔵、良吉、冨治郎、清八、三郎、半助、政助、通知
1896・9・24	知多紡績事務所創立委員集会、三郎治出席
1896・9・28、	9・29、9・30、10・1、10・2、10・3　主人紡績事務所へ出張
1896・10・5	主人丸三麦酒株式会社発起人総会へ出席
1896・10・6、	10・8　主人紡績事務所へ出張
1896・10・10	紡績所明日総会にて会場へ手伝い（常三郎・竹吉）、主人出張、渡邊洪基氏出席被致
1896・10・11	知多紡績株式会社株主総会主人出席、三郎治資格掛出席
1896・10・14、	10・16　主人紡績事務所へ出張

表6-9 続き

年月日	内容
1896・10・22	知多紡績所位置の件、協議会三郎治出席
1896・10・24、10・27、10・31、11・6　主人紡績事務所へ出張		
1896・11・10	知多紡績会社設立認可下りたる旨在京冨治郎氏より通知あり（電報）
1896・11・14、11・15　主人紡績事務所へ出張		
1896・11・16	主人紡績会社設立場所にて黒川氏来半により餅文亭へ
1896・11・17	主人紡績所位置の件、終日出席
1896・11・18	主人紡績所出頭
1896・11・22	主人紡績の件、集会
1896・11・29	主人紡績所の件、重役出頭
1896・12・7	主人紡績会社工学博士谷口氏下り終列車来半にて出頭
1896・12・8	主人紡績所の件、谷口氏来半餅文へ出席
1896・12・9	主人紡績所敷地の件にて出張、知多紡績株式会社位置の件にて三主人（源九郎、淳）夜中相談す
1896・12・10	主人紡績所の件、餅文へ
1896・12・12	主人紡績事務所へ出張
1896・12・13	知多紡績会社臨時総会主人出席
1896・12・19	主人紡績事務所へ出張
1896・12・20	主人知多紡績用事、上り三列車にて冨治郎平蔵及び小泉とともに上京
1896・12・28	主人下り終列車にて帰る
1896・12・29、12・30　主人紡績事務所へ出張		

(出所)明治29年「日誌」（小栗家文書）より作成。
(注)「日誌」本文のカタカナはひらがなに直し、本文を若干簡略化して示した。「主人紡績事務所へ出張」の記載が続いた場合は、その日付をまとめて示した。

れ、創立委員として小栗三郎も選ばれた。8月16〜17日には、発起人協議会が徹夜で開かれ、8月20日には、会社設立後に専務取締役となり実際に経営を担った端山忠左衛門に会見している。申請書の免許が下りると、知多紡績株の募集に、小栗三郎家の店員（常助、八三郎、吉太郎）を下碧海郡へ出張させた。9月16日に株式募集活動の慰労会が開かれたが、同時期に亀崎でも紡績会社設立運動が進められており、それも意識していたことが、9月15日の記述から判る。9月24日の創立委員集会には、三郎の代理として三郎治（三郎の娘婿）が出席している。10月11日に株主総会が開催され、一息ついたものの、工場の場所が次の問題となり、工学博士の谷口氏を招いて意見を訊いている。そして最終的に、小栗冨治郎・小栗平蔵・小栗三郎が年末に上京して、重要案件を決めてきたと考えられる。

1897年の「日誌」が残されていないため、その後の経緯は不明であるが、98年の「日誌」によると[8]、紡績会社開業後は、三郎は重役会・総会に出席する

ものの、連日会社に出頭することはなく、事務所の移転や取引銀行の件など、重要な案件が生じた際に紡績事務所へ出頭していた。その形態はその後も続き、1906年10月末から11月初めに頻繁に重役会が開催され、知多紡績の三重紡績への合併が内々に決められたようである。1906年11月18日には、知多紡績重役陣を小栗三郎家の山荘に招いて慰労会を催し、07年8月6日には、三重紡績の関係者を半田の小扇楼に招いて開かれた集会に出席するなど小栗三郎家は、最後まで知多紡績の重役としての務めを果たし続けた。それに比べて丸三麦酒に関しては、1901年時点で小栗三郎は同社の監査役を退いており、その後、同社の株式も徐々に売却した（表6-4）。小栗三郎は知多紡績取締役を1907年まで継続したが、同年に知多紡績が三重紡績に合併された際に取締役を退任した。知多紡績取締役退任後の小栗三郎は、会社経営の困難を自覚したからか、会社経営としては半田倉庫・共同合資のみに関わり、1920年代になり、家業で安定的に巨額の高収益を得られるようになってから再び地元の会社経営への関与を強めた（表6-10）。ただし、小栗三郎家は最後まで銀行経営には関与せず、経営に関係した会社も知多鉄道を除き地元半田の会社で、小栗冨治郎や井口半兵衛と異なり、他地域へは進出しなかった（本書第4・5章を参照）。

3　1907年恐慌と知多郡の地方事業家

（1）1907年恐慌と半田・亀崎地域経済

　1907（明治40）年恐慌が名古屋の金融界を襲うと、名古屋の小栗銀行が同年5月に休業し、その余波を受けて亀崎銀行も同年6月に休業した。こうして小栗銀行の破綻を契機として、小栗冨治郎家は急激に没落した（本書第4章）。1907年恐慌の影響による小栗銀行・亀崎銀行の休業は、小栗冨治郎のみでなく同じく亀崎銀行の取締役を務めていた井口半兵衛にも大きな打撃を与えた（本書第5章）。その結果、半田・亀崎地域の有力事業家の転換が生じた。近代前期の半田の有力資産家は、中埜半六・中埜又左衛門・小栗冨治郎・小栗三郎の4家であったが、1905年の資産家番付での資産額では、小栗冨治郎家がこの4

---

8)　以下の記述は、明治31・39・40年「日誌」（小栗家文書）より。

表6-10　小栗三郎家会社役員の推移

会社名	所在地	創業年	1895年	1897年	1899年	1901年	1903年	1905年
共同合資	半田	1894	社員[1]	社員[1]	社員[1]	社員[2]	(社員)	(社員)
半田倉庫合資	半田	1895	社員[1]					
知多紡績	半田	1896		取締役	取締役	取締役	取締役	取締役
丸三麦酒	半田	1896		監査役	監査役			
半田倉庫	半田	1908						
萬三商店	半田	1926						

1907年	1909年	1911年	1916年	1921年	1926年	1931年
(社員)	社員[3]	社員[4]	社員[3]	社長	社長	社長
				知多鉄道（名古屋、1928）		取締役[5]
取締役				半田合同運送（半田、1927）		取締役[5]
				半田臨港線（半田、1923）		取締役[5]
	取締役	取締役	取締役	取締役	取締役	取締役[5]
						社長

(出所)由井・浅野編［1988~89］、大正5・10・15・昭和6年版『日本全国諸会社役員録』商業興信所より作成。
(注)各年1月現在の状況を示すと考えられる。資本金は、表6-2・3・13・15を参照。共同合資の1903~07年は出所資料に記載がないが社員として継続していたと思われる。知多紡績は1907年に三重紡績に合併。1921~31年の共同合資欄は共同運輸株式会社で、社長が小栗三郎で取締役が三郎の息子の四郎。萬三商店は、社長が小栗三郎で常務取締役が四郎。
1)業務担当社員。2)業務執行社員。3)代表社員。4)無限社員。役員は無印が三郎、5)が四郎。

家のなかで最も多かった（表6-11）。ところが1911年の多額納税者調査（渋谷編［1984］第4巻）、12（大正元）年の網羅的な所得額調査、ともに小栗冨治郎は見られなかった。亀崎では伊東孫左衛門・井口半兵衛・新美昇平の3家が1905年の資産家番付で資産額約20万円以上であり、このなかで井口半兵衛家が04年時点で亀崎では最も多くの所得額を示した。しかし1912年の所得額調査では、伊東家の等級は小栗三郎家より低く、井口家・新美家もかなり低かった。1907年には小栗三郎の所得額が井口半兵衛を上回り、11年の多額納税者調査では、小栗三郎が中埜又左衛門と匹敵する納税額を示し、12年の所得額調査でも、中埜又左衛門家の特1級に次ぐ特2級の位置を小栗三郎家は占めた。一方、亀崎の資産家では、伊東孫左衛門家が家業の醸造業を会社化することで経営拡大を果たし、亀崎では飛び抜けた資産家として残ったものの、井口半兵衛・新美昇平の2大肥料商が没落したことで、亀崎の肥料集散地としての地位は急速に低下し、萬三商店が肥料商として発展する契機となった（市川［2015］）。ただし井口半兵衛は、1907年恐慌後も小栗冨治郎との関係で就任した名古屋生命保険の取締役は辞任したが、名古屋の東海倉庫株式会社の取締役は継続していた

表6-11 半田・亀崎地域主要資産家納税額・所有地価額・資産額・所得額

単位：円

	居住地	家業＼年	1890	1897	1898頃	1904	1905	1907	1911	1912
伊東孫左衛門	亀崎	酒造・醬油醸造	1,300	1,922	13,271	17,500	52万円	22,500		特3級
中埜半六	半田	土地・倉庫業		1,778	57,712	11,000	31万円	12,500	4,808	特4級
小栗冨治郎	半田	酒造・醬油醸造			20,902	40,000	90万円	35,000		
新美昇平	亀崎	肥料商			10,684	4,700	20万円	6,500		18級
中埜又左衛門	半田	酢醸造				36,000	80万円	42,000	9,629	特1級
井口半兵衛	亀崎	肥料商				19,500	41万円	19,800		18級
小栗三郎	半田	肥料商・醬油醸造				16,000	29万円	20,000	7,244	特2級

(出所)渋谷編[1984]第4巻、渋谷編[1997]より作成。
(注)1890・97・1904・11年の貴族院多額納税者議員互選人に挙げられたもの、および1905年の資産家番付に挙げられた資産額で千円の位を四捨五入して20万円以上の家を表に示した。1890・97・1911年は貴族院多額納税者調査で判明した国税納付額。1898年頃は、所有地価額が判明したもの、1904・07年は所得調査による所得額を示した。1905年の資産家番付の資産額は万円単位。1912年は所得調査を等級で示したもので、特1が55,000～60,000円、特2が30,000円～35,000円、特3が20,000円～25,000円、特4が15,000～20,000円、18級が1,500円程度の所得額を示す。家業欄および所有地価額は、明治31年版「日本全国商工人名録」(渋谷編[1997]愛知編3)を参照。1912年の伊東孫左衛門欄は伊東まさ、井口半兵衛欄は井口巳之助として。

(本書第5章表5-9)。井口商店の名古屋での大豆粕製造工場が東海倉庫の会社内に設立されたように、東海倉庫と井口商店の関係は深く、東海倉庫内に設立された井口商店の大豆粕製造工場は、1910年に名古屋で設立された井口商会合資会社に引き継がれたと考えられる。その意味では、小栗冨治郎が名古屋から撤退した後も、井口半兵衛は名古屋に拠点を設け続けたと言える。それとともに、亀崎銀行の再建のために井口半兵衛は、1909年に自ら頭取となってその最前線に立った。

亀崎銀行の破綻については、大蔵省の調査で、「四十年頃ニ至リ資金固定ノ結果（重役ノ信用借資本金ノ半数以上ニ達スルカ如キ有様ニテ）漸次窮迫ニ陥リ専ラ貸付金ノ回収ニ努メタリト雖モ回収意ノ如クナラス資金ノ欠乏ヲ来セル時恰モ小栗銀行破綻ニ際シ其ノ影響ヲ蒙リ預金ノ取付ニ遭ヒ之レカ救済策ヲ講スルノ暇ナク遂ニ休業ノ止ムナキニ至レリ」とされ[9]、小栗銀行破綻以前からすでに亀崎銀行の経営状況が悪化していたと推測できる。この間の状況を井口半兵

---

9)「銀行事故調」(『経済学論集（駒沢大学）』第6巻臨時号、1975年) 33頁。また小栗銀行破綻の要因については、「行主小栗氏は昨秋(1906年——筆者)以来各新事業に関係し且つ同行本支店共新会社の株式募集を取扱ひたるのみならず之等の株券に向って大に融通し又株式投機に関与し居りしが二月以来株式暴落及び事業界の沈衰にて巨額の損失を蒙り」と報じられた(『大阪銀行通信録』第117号、1907年6月発行)。

衛に関する興信所調査から確認する[10]。まず、上記にある「重役ノ信用借」の内容であるが、井口半兵衛の場合は、亀崎銀行への債務が11万余円あったとされ、これは、井口半兵衛が1900年代に「魚粕買入ノ為メ北海道漁場ニ投下シタリシ巨額ノ資金ハ連年ノ不漁ニヨリ回収殆ンド不能ニ帰シ」ために生じたものと思われる。一般に、北海道産魚肥産出量は、1897年をピークに減少に転じるが、特に亀崎銀行休業の翌年の1908年は北海道において大不漁で、北海道魚肥を扱った肥料商が大打撃を受けており（中西［2006a］）、これが亀崎銀行の再建を困難にした背景にあったと考えられる。

井口半兵衛は[11]、北海道産魚肥のみでなく神戸を拠点として「満洲」産大豆・大豆粕も手広く扱っており、自己所有汽船を担保に横浜正金銀行神戸支店に15万円までの荷為替保証契約を結んでいたが、半兵衛は亀崎銀行への債務を返済すべく、自己所有汽船を担保に入れて帝国海上運送火災保険会社から10万円を借り入れた。そのため横浜正金銀行神戸支店に担保に供していた汽船の評価額が減少し、横浜正金銀行神戸支店との荷為替保証契約が5万円に減少したため、代わりに第一銀行との取引を目指して、井口商店の名古屋支店と名古屋の精米所などの不動産を担保に入れて第一銀行と5万円の当座貸越契約を結んだ。そして亀崎町の不動産を担保に65,000円の借入、名古屋の大豆粕工場を担保に尾三農工銀行から4万円の借入を行って、亀崎銀行の再建を図ろうとしたが、結果的に井口半兵衛自身が、1910年4月に横浜正金銀行への荷為替手形の不渡りを出してしまい、在庫品・不動産などを売却して債務返済に充て、家業の整理に着手するに至った[12]。

そして井口半兵衛は亀崎銀行から手を引き、亀崎銀行も資本金を大幅に減額して残務整理をすることとなった。1907年恐慌当時、井口半兵衛は知多商業会議所会頭であったが、彼が会頭を辞任するのは11年である。それとともに知多商業会議所の事務所は、亀崎から半田に移る（半田商工会議所編［1994］43頁）。そして名古屋での井口商店の業務を引き継いで設立されたと考えられる井口商

---

10) 明治43年4月2日付　小栗三郎宛　井口半兵衛氏調査　東京興信所作成（小栗家文書265-59-5）。
11) 以下の記述は、同上、および明治40年12月30日付　高松定一宛　亀崎町井口半兵衛調査　商業興信所名古屋支所作成（師定商店資料、高松家蔵）を参照。
12) 明治43年4月15日・4月27日付商業興信所名古屋支所の追報（小栗家文書265-59-5）。

会合資は、1912年に名古屋から撤退し(本書第5章表5-9)、亀崎で事業を再開したと思われる。亀崎の井口商会合資(肥料商)は、1915年度には営業税額約35円を納めたが、その後営業規模を拡大させ、20・21年頃には営業税額約545円を納めるまでに回復した[13]。1907～10年は、井口半兵衛が亀崎銀行を再建して、亀崎の経済的地位を守ろうと辛苦した時期であった。こうした半兵衛の努力は、亀崎地域で同家が名誉ある地位を保つことにつながったと考えられ、その後半兵衛は1928(昭和3)年に亀崎町長に就任するとともに36年6月まで務め、半田市成立後は半田市会議員に就任した(半田市誌編さん委員会編[1989]中巻、115、407頁)。

(2) 中埜一族と小栗三郎家

半田では、1907(明治40)年恐慌で小栗銀行が破綻した後に小栗冨治郎家の醸造経営を中埜一族が引き継ぎ、中埜一族(又左衛門家・半六家・半左衛門家・純平家・半助家・良吉家)は、酢醸造に加え酒造・醤油醸造へも多角的に展開した[14]。表6-12を見よう。中埜一族の多角展開の出発点となった丸三麦酒は1906年に中央資本に買収されたが、中埜一族は小栗冨治郎から引き継いだ醸造部門をもとに09年に丸中酒造合資会社、10年に亀甲富醤油株式会社を設立して中埜一族が経営者となり、販売部門の会社化も進め、08年に半田に合資会社中埜酒店を設立した。また、中埜一族は1901年に中埜銀行、06年に中埜貯蓄銀行を半田で開業し、又左衛門家の12(大正元)年時点の株式所有額と出資額合計約34万円のうち、中埜一族企業への出資額が約4割を占めた。又左衛門家の株式所有額・出資額に占める中埜一族企業の比重は、その後も増大し、電力・瓦斯会社や重化学工業会社への投資も見られ、所有株式銘柄は増大したものの、26(昭和元)年時点には、家業を会社化した中埜酢店、土地経営を行った中埜産業、それに中埜銀行・中埜酒店・亀甲富醤油などへの出資が、有価証券所有額・出資額合計約368万円のうち約7割強を占めた(西村[1989])。

---

13) 大正5年版・大正10年版『日本全国商工人名録』商工社。
14) 以下の記述は、半田市誌編さん委員会編[1989]中巻、309頁を参照。中埜一族は、本家の半左衛門家から半六家・又左衛門家・純平家がそれぞれ分家し、さらに半六家から半助家、又左衛門家から良吉家が分家した(西村[1989]を参照)。

表6－12　中埜又左衛門家有価証券投資の動向

内訳（銘柄）	所在地	役員	1903年	1912年	1917年	1923年	1926年	1935年
株式			[1,168株]	175	543	1,417	1,477	1,704
金融			[433株]	101	372	761	731	733
中埜銀行	半田	理事			225	428	428	445
中埜貯蓄銀行	半田	頭取		6	6	18	67	49
半田倉庫	半田	監査役	1(出資金)	7	7	11	11	14
横浜正金銀行	横浜			41	[300株]	[600株]		82
日本銀行	東京			19	[100株]	[100株]		29
愛知銀行	名古屋			14	[404株]	[2,020株]		91
運輸			[143株]	30	43	58	36	165
日本郵船	東京			25	[526株]	[983株]		17
共同運輸	半田					[300株]		15
半田臨港線	半田					[300株]		10
知多鉄道	名古屋							95
南満洲鉄道	大連							18
繊維			[517株]	33	49	52	59	58
東洋紡績	大阪			28	[700株]	[1,240株]		58
電力・瓦斯				4	17	69	79	109
東邦電力	名古屋				[750株]	[2,146株]		102
重化学工業			[25株]	3	28	32	34	70
日本窒素肥料	大阪				[100株]	[200株]		37
川崎造船所	神戸							14
食品			[50株]	4	33	438	529	538
麦酒会社	東京			(4)	0	6	21	16
台湾製糖	興隆				22	15	15	16
半田製氷	半田				10	9	9	
中埜酒店	半田	社長				321	355	424
亀甲富醬油	半田	監査役				88	79	80
敷島屋製粉	名古屋						50	
その他				1	1	8	7	31
名古屋印刷	名古屋							28

　銀行業を中心として醸造業に多角化する戦略は、小栗冨治郎とも共通性があり、小栗冨治郎が名古屋に進出して広域に行おうとした多角化を中埜一族は半田で集中して進めたとも言える。名古屋城下では、近世期から濃密な商人のネットワークが形成され（林［1966］、鈴木・小早川・和田［2009］）、周辺からの新興勢力が名古屋中心部に入りこみにくい土壌があった。特に知多半島は、物流面で近世期から名古屋城下よりも主に江戸とつながっていたため、人脈の点でも半田・亀崎と名古屋城下のつながりは薄かったと考えられる。小栗冨治郎はそれを突破すべく名古屋進出を試みたが、名古屋商人とネットワークを形成するのではなく亀崎・半田で作り上げたネットワークを名古屋に持ち込んでお

表6－12 続き

単位：千円

内訳（銘柄）	所在地	役員	1903年	1912年	1917年	1923年	1926年	1935年
出資金			131	169	126	106	99	109
中埜銀行合名	半田	理事	90	90				
中埜酒店合資	半田	社長	21	42	71			
中埜醤油店合資	半田		5					
丸中酒造合資	半田			(5)	25	38	38	45
丸豊合資	半田			15	15	43	43	43
盛田酒店合資	清水		9	郁文舎合資（半田）		10	10	10
盛田合資	小鈴谷		5		東亜企業合資（東京）		3	11
共同合資	半田		1	5	5			
松阪屋商店合資	半田			5	5	11	6	
愛養舎	半田			(5)	5	6		
公債				16	152	44	35	81
金融債				2	14	4	2	39
社債				11	50	176	304	240
小計				373	885	1,748	1,917	2,172
別口出資					850	1,726	1,767	1,925
中埜酢店	半田	取締役			(570)	901	(1,172)	(1,232)
中埜産業	半田	社員			(200)	(500)	(565)	(665)
中埜商店	半田	取締役			50	165		
山方殖産	半田				(25)	(25)	(25)	(23)
康衛殖産	半田	社員			(5)	(5)	(5)	(5)
丸寿合資	東京					(130)		
総計			373	1,734	3,473	3,684	4,097	

(出所)村上［1985］、西村［1989］330-331頁より作成。
(注)原資料は各年「有価証券台帳」、（ ）内は「大福帳」より。各年の投資額を示し、株数のみ判明した年は、株数を［ ］内に示した。麦酒会社は、加富登麦酒（後に大日本麦酒）のことと考えられる。1917年の麦酒会社の株式所有は400円なので四捨五入して0円となった。銘柄は、株式は1万円以上、出資金は5,000円以上の銘柄を別記した。東洋紡績欄の1912年は三重紡績。東邦電力欄の1917年は知多電気。役員欄は、中埜又左衛門の役職を示した。

り、そのネットワークの要の井口半兵衛は小栗冨治郎との関係をそれほど重視してはいなかった。そのため小栗冨治郎のネットワークに限界があり、名古屋での展開は銀行・保険業などに限られた。実際、小栗冨治郎の多角経営は、石炭は燃料、塩は醤油醸造の原料、精米場は酒造米の精製のためと家業の醸造業に関連するものが多く、小栗銀行も中埜銀行も、それぞれの家業の多角化を金融的に支えるためと考えられ、いずれも合名会社の延長であった。それゆえ、小栗冨治郎の経営展開は広域的ではあったものの、業種展開に限界があり、小栗銀行の破綻を他の事業で十分にカバーするには至らなかった。幕末期に活躍した先代の小栗冨治郎は、3つの業種を行えば、1つの業種で失敗してもほか

の２つの業種でこれを支えることができるため、船・酒・金貸を家業としたと述べたそうであるが（愛知県知多郡半田町編［1926］408頁）、小栗冨治郎家の家業であった海運・醸造・金融のうち、金融業の破綻を海運業・醸造業では補えなかった。そこに近代期日本における銀行業の不安定さが見られる。

　それに対し小栗三郎家は、銀行業に全く展開しなかった。むろん1896年の知多紡績設立に際し、小栗三郎が発起人となり主要株主となって取締役を務めた点で、同社の社長を務めた小栗冨治郎と似た行動をとった。1890年代の小栗三郎家は、表６－８に見られるように、醬油醸造の規模はまだ小さく、商家としての性格が強く、萬屋三郎店（後の萬三商店）は、80年代後半に知多の木綿産地に向けての紡績糸販売を多少は行っており[15]、それが紡績会社への積極的出資につながったと考えられる。とは言え、こうした商家的性格は株式の資産価値を重視して、資産価値が維持されるのであれば、企業合併を積極的に容認する方向へ働いたと思われ、知多紡績の三重紡績への合併は地元株主の反発もなく進み、小栗三郎家も知多紡績の経営から手を引いた。

　その後の小栗三郎家は、肥料商経営と醬油醸造経営の家業に専念し、前述のように有価証券投資面でもリスク管理をしっかり行うに至った（花井［2015］）。金融面でも1900年代以降の小栗三郎家は、地元の中埜銀行、名古屋に本店のある愛知銀行、東京に本店のある三井銀行などを使い分け、より有利な条件での取引を目指し、その点が銀行業へ進出した小栗富治郎や中埜一族と異なる発想を見せた。そして小栗三郎家は、肥料買付では東京・神戸の有力商社を利用しつつ、肥料販売では新規市場の開拓に努めて巨額の商業収益を上げ、それをあまり有価証券投資に運用せずに、醬油醸造業・肥料製造業への設備投資へ向けた（市川［2015］）。第一次世界大戦期でも小栗三郎家は株式投資をさほど行わず、1919年以降にリスク管理のために公社債投資を急増させた。名古屋へ進出した小栗冨治郎に対し、同じく銀行業へ進出した中埜一族は、中埜銀行が地元密着型であり、地元重視の点で小栗三郎家と共通性があった。

---

15) 1880年代の「萬買帳」「萬売帳」（以上、小栗家文書）を参照。なお明治期のものと考えられる萬三商店の広告の商業部分は、「肥料米穀米糠綿糸問屋」となっていた（半田市誌編さん委員会編［1989］中巻、225頁）。

おわりに——日露戦後期における地域経済と中央資本

　このような半田の有力事業家の経営展開が半田地域の工業化に与えた影響を、本章冒頭で述べた工業化の2つの経路に立ち戻ってまとめる。表6–13を見よう。井口半兵衛の努力が実らず、亀崎銀行が減資を余儀なくされた後の1913（大正2）年時点の知多郡では、丸三麦酒・知多紡績がそれぞれ他府県の資本に吸収合併されたこともあり、それほど大きな株式会社は存在しなかった。むしろ、同時点で存在感を高めたのは、中埜銀行合名・盛田合資・中埜酒店合資・伊東合資など、地元の醸造業者が設立した合資・合名会社であり、小栗冨治郎・井口半兵衛の名古屋撤退後の1910年代の知多郡は、「地元回帰」の性格を強く持つ合資・合名会社の時代を迎えた。もっとも、表6–13には、1910（明治43）年に設立された新舞子土地株式会社と知多瓦斯株式会社など、伝統産業とは関連のない観光開発や瓦斯事業などの展開も見られ、両社ともに中心的役員に名古屋の事業家が就任しており、名古屋の事業家が知多郡に関心を持ち始めていた[16]。しかしその動きは、その後はあまり広がらず、知多郡では1910年代に地元醸造家による家業の合資・合名会社化が進んだ。愛知県全体でも、表6–14のように、1907年以降急激に合資・合名会社の設立が進み、その関係業種の中心は、醸造業と繊維産業であった。ただし、醸造業と繊維産業では若干異なり、醸造業では醸造家による家業の会社化が進んだが、繊維産業では、織物生産者の経営規模が醸造家より小さく、織物問屋の会社化が進んだ。第Ⅱ部序で、愛知県の会社設立の特徴として、設立数は多いものの、設立された会社規模が小さいことを指摘したが、その背景には、醸造業者・織物問屋が1900年代後半以降に急速に家業の会社化を進めたことがあり、それらが合資・合名会社であったことが会社設立規模の小ささにつながった。

　なお表6–14では、1910年代後半になると合資・合名会社数は減少し、株式会社数が急増したが、この背景には合資・合名会社が経営規模をさらに拡大する過程で株式会社化した事例や、産地業者が共同してその事業を進める株式会社を設立した事例が多く、東京や大阪で見られたような社会的資金を広く吸収

16）　新舞子土地取締役の三輪喜兵衛は名古屋の有力呉服問屋で、知多瓦斯社長の奥田正香は名古屋商業会議所の会頭として名古屋で多くの事業を展開した（鈴木・小早川・和田［2009］を参照）。

表6-13　1913年時点知多郡主要会社一覧　　　　資本金の単位：万円

会社名	所在地	創業年	資本金	主要役員
新舞子土地	旭	1912	25.0	（取）三輪喜兵衛、手塚辰次郎、絹川末治郎、岸久兵衛、三輪為吉
亀崎銀行	亀崎	1893	20.0	（常）雉本三代太郎、（取）田中甲子次郎、古田良三、中西和男
盛田合資	小鈴谷	1897	[20.0]	（社員）盛田久左衛門
中埜銀行合名	半田	1901	[20.0]	（頭）中埜半兵衛、（専務理事）中埜良吉、（理事）中埜又左衛門
中埜酒店合資	半田	1908	[15.0]	（社員）小栗末吉
伊東合資	亀崎	1908	[15.0]	（社員）伊東雅次郎
知多銀行	野間	1895	12.5	（頭）伊藤嘉七、（常）内田七郎兵衛、（取）天木嘉祐、山本太次兵衛、内田佐七
知多瓦斯	半田	1910	12.5	（社）奥田正香、（取）穂積寅九郎、高橋彦次郎、磯貝浩、中埜半助
亀甲富醬油	半田	1910	10.2	（取）中埜良吉、中埜半助、杉浦吉之助
衣浦貯金銀行	亀崎	1895	10.0	（専）伊東雅次郎、（取）榊原伊助、野畑孫兵衛
大野油商	大野	1893	7.7	（社）片山茂助、（取）中村伊助、杉山利兵衛、塚本彦助
半田倉庫	半田	1908	6.0	（会長）中埜半左衛門、（専）中埜半助、（取）小栗三郎、中埜良吉
中七木綿合資	岡田	1896	[6.0]	（社員）加藤東三郎
東海石炭商会合資	半田	1900	[6.0]	（社員）神田巌、小栗七郎、竹本英一
丸豊合資	半田	1904	[6.0]	（社員）小栗福蔵、杉浦吉之助
尾三製網	豊浜	1902	5.4	（社）石黒礼吉、（専）岩本廣助、（取）岡田与六、三浦源助、壁谷安之助
知多貯蓄銀行	内海	1896	5.0	（頭）伊藤嘉七、（常）内田七郎兵衛、（取）内田佐七、山本太次兵衛、天木嘉祐
西浦木綿商会合資	大野	1902	[5.0]	（社員）小島嘉兵衛、森本元蔵、須田六右衛門、山口仁右衛門
亀崎鉄工所	亀崎	1895	3.0	（取）吉田幸造、堅田峰吉、石川悦次郎
尾参木綿商会	亀崎	1896	3.0	（専）天野幾四郎、（取）竹内昇亀、間瀬八太郎
共同合資	半田	1887	[3.0]	（社員）小栗長太郎、小栗三郎、栗原幸助
竹内商店合名	成岩	1900	[3.0]	（社員）竹内一平
中国酒造合資	亀崎	1906	[3.0]	（社員）稲生治右衛門
吉田合名	亀崎	1911	[3.0]	（社員）水野頼三郎

(出所)大正2年版『日本全国諸会社役員録』商業興信所より作成。
(注)資本金は払込資本金で、払込資本金が不明の場合は、名目資本金額を［　］内に示した。主要役員欄は表6-2・3の注を参照。1913年1月現在の状況と考えられる。払込資本金額が3万円以上の会社を示した。

して、近代技術に基づく大企業を設立する方向とは異なった。例えば知多郡では、表6-15に見られるように、1921年時点でも依然として醸造業者による家業会社が大きな位置を占め、中埜銀行・中埜酒店・竹内商店など合資・合名会社の株式会社化が見られるとともに、新たに、菱文織物・中七木綿・常滑製陶・知多織布・有松物産・富貴織布など、醸造業以外の伝統産業の織物業・陶磁器業でも産地業者が共同して会社を19・20年に設立していた（橋口［2017］）。

表6-14 『日本全国諸会社役員録』記載愛知県銀行・諸会社数の推移 単位：社

年	銀行		諸会社			合資・合名会社の関係業種								
						醸造		繊維		陶磁器		肥料		
	株式	合名	株式	合資	合名	製造	販売	製造	販売	製造	販売	製造	販売	
1895	30	1	31	28	4	5	0	4	0	0	2	0	4	
1897	50	2	86	92	8	10	0	11	3	2	5	0	6	
1899	62	3	136	90	7	14	0	9	6	0	3	0	7	
1901	73	6	128	104	12	16	1	20	9	1	2	0	9	
1903	72	7	123	90	18	17	1	15	14	2	1	0	9	
1905	67	7	116	87	18	17	1	11	17	2	2	0	10	
1907	67	6	123	95	34	18	1	17	22	1	5	4	6	
1909	64	5	137	108	72	28	2	25	36	3	3	3	7	
1911	62	5	173	140	117	38	2	36	48	4	6	3	10	
1913	64	5	146	139	134	42	1	41	50	9	5	3	10	
1915	63	2	208	108	88	24	2	14	48	6	3	2	6	
1917	60	1	208	109	98	25	2	15	48	6	3	1	7	
1919	42	0	180	30	37	4	1	7	15	0	1	0	2	
1921	44	0	299	48	57	5	0	17	25	0	1	0	1	
1923	43	0	383	56	74	6	0	20	28	2	1	0	1	

(出所) 由井・浅野編 [1988~89]、大正2~12年版『日本全国諸会社役員録』商業興信所より作成。
(注) 会社数に取引所は除いた。銀行の合名欄は個人銀行数も含む。合資・合名会社の関係業種欄で複数の業種にまたがる場合は、主要な業種を示し、製造と販売の両方が営業目的に挙げられた場合は、製造に分類した。各年1月の状況を示すと考えられる。なお、本表では『日本全国諸会社役員録』に記載された会社数を集計したため、全ての会社数を示しているわけではない。

　家業会社や産地業者の共同会社の合資・合名会社としての設立とその株式会社への転換は、1913・20年の所得税制改正で、法人所得税において節税の点で、株式会社に有利になったことや[17]、個々の家に課せられる営業税を会社に集約して節税する意味合いもあったが、家業の経営規模を拡大するために、一族や同業者の資本を糾合する意味もあったと考えられる。

　このように知多郡では、知多紡績・丸三麦酒のように商業的蓄積をもとに製造業の株式会社が設立され、それらが工場の拡大や合併を経て大企業体制が作られていく経路と、醸造業者・織物業者が家業としての醸造業・織物業で機械を導入して近代化を進め、中規模製造工場が集積する産地を形成する経路の両方が存在したと言える。そのなかで、前者の経路は半田地域で設立された製造業の株式会社の業績があまり伸びず、商家的性格を持った株主らが株式資産保

---

17) 大蔵省編 [1937] を参照。武田 [1985] もこの点を財閥のコンツェルン化と関わらせて論じた。

表 6-15　1921年時点知多郡主要会社一覧　　資本金の単位：万円

会社名	所在地	創業年	資本金	主要役員
中埜銀行	半田	1901	100.0	（頭）中埜半左衛門、（常）中埜良吉、（取）中埜又左衛門、中埜半六
中埜酒店	半田	1908	90.0	（代）小栗末吉、（取）中埜又左衛門、盛田久左衛門、中埜良吉、盛田彦太郎
伊東合資	亀崎	1908	[50.0]	（社員）伊藤信蔵
竹内商店	成岩	1920	50.0	（取）久野尊資、竹内佐治、竹内一平
中埜産業合名	半田	1914	[40.0]	（社員）中埜又左衛門、中埜三造
知多電気	半田	1910	35.0	中埜半助、中埜俊三、穂積寅九郎、高橋彦二郎、磯貝浩
衣浦織布合資	亀崎	1919	[30.0]	（社員）山田佐一
亀甲富中埜醤油店	半田	1910	29.0	（専）中埜良吉、（取）中埜半助、杉浦吉之助、中埜俊三
菱文織物	成岩	1920	25.0	（社）榊原文助、（専）榊原清之助、（常）市野太一郎、本美鑑三
新舞子土地	旭	1912	22.8	（社）三輪嘉兵衛、（専）手塚長次郎、（取）西脇吉右衛門、高田松治郎
盛田合資	小鈴谷	1897	[20.0]	（社員）盛田久左衛門
中七木綿	岡田	1919	20.0	（専）加藤六郎右衛門、（取）杉浦憲弌、竹内小四郎
知多銀行	内海	1895	17.5	（頭）内田佐七、（常）神谷市太郎、（取）伊藤嘉六、内藤伝禄、大岩甚三郎
伏見屋商店合名	半田	1918	[15.0]	（社員）新美亀太郎、新美勝蔵、新美昇三、新美ひろ
常滑製陶	常滑	1920	15.0	（代）伊藤敬四郎、関幸助、武村仁平、水野吉三、関栄助、飛鳥井孝太郎
榊原同族合名	成岩	1920	[15.0]	（社員）榊原伊助、榊原いと、榊原練平、榊原義助、榊原愛次郎、榊原謙吉
知多織布合資	西浦	1920	[13.2]	（社員）玉井健吉
西浦木綿商会合資	大野	1902	12.5	（社員）山口仁右衛門
丸豊合資	半田	1904	[12.0]	（社員）小栗福蔵、杉浦吉之助
有松物産	有松	1919	11.1	（取）川村弥平、服部長次郎、服部治太郎
川村弥商店合名	有松	1919	[10.3]	（社員）川村弥平
衣浦貯金銀行	亀崎	1895	10.0	（専）伊東雅次郎、（取）野畑孫兵衛、新美治郎八
竹内製油	半田	1895	10.0	（取）竹内彦右衛門、竹内栄二郎
半田倉庫	半田	1908	10.0	（会長）中埜半左衛門、（専）中埜半助、（取）小栗三郎、中埜良吉、中埜半六
山方殖産合資	半田	1914	[10.0]	（社員）小栗七郎、中埜半六
新美商店合資	亀崎	1918	[10.0]	（社員）新美治郎八
安藤商店合資	岡田	1920	[10.0]	（社員）竹内佐兵衛
陶栄	常滑	1886	8.8	（取）関栄助、武村仁平、森下由三郎、関幸助、渡邊安衛
共同運輸	半田	1919	6.5	（社）小栗三郎、（専）小栗長太郎、（取）小栗四郎、中埜良吉
知多貯蓄銀行	野間	1896	5.0	（頭）内田佐七、（取）神谷市太郎、伊藤嘉七、内藤伝禄、大岩甚三郎
富貴織布	富貴	1919	5.0	（取）森田栄吉、森田覚太郎、松崎滋助、森田弥吉、永田市治良
丸三運送店	半田	1919	5.0	（取）竹本英一、小坂久之助、小栗平蔵、坂本光太郎

（出所）前掲大正10年版『日本全国諸会社役員録』より作成。
（注）資本金は払込資本金で、払込資本金が不明の場合は、名目資本金額を [ ] 内に示した。主要役員欄は表6－2・3の注を参照。1921年1月現在の状況と考えられる。払込資本金額が5万円以上の会社を示した。

全を重視して大資本への合併を積極的に容認したために半田地域では途絶えた。それに代わり後者の経路が、醸造業者の家業への旺盛な設備投資に支えられて進展し、半田地域は日本でも有数の醸造産地となった。

　日本経済全体の動向を見ると[18]、1907年恐慌は多くの地域において、自立的に進んだ工業化が頓挫し、中央の大資本に吸収される契機となった。半田地域でも知多紡績・丸三麦酒が他府県の大資本に吸収されたが、半田の醸造家は、それ以降は地元を重視し、地元での家業の会社化を進め、経営規模の拡大を図った。これまでの研究では、1890年代～1900年代前半の企業勃興＝株式会社設立が、近代産業の定着と関連させて重視されてきたが（谷本・阿部［1995］、中村［2010］）、愛知県では、1900年代後半～20年代初頭にかけて、質の異なる会社設立が合資・合名会社の設立と同業者による共同経営会社として、在来産業の醸造業・織物業・窯業などと関連して進んだ。これまで、企業勃興と在来産業は別の枠組みで議論されることが多かったが[19]、在来産業の発展における会社設立の重要性を指摘できる。その場合、家業の機械制工場化・近代化過程での会社設立のメリットとして、家と経営を分離して収益基盤やコスト勘定を明確にすること、一族を分家した際に家産が分散することを防ぎ、合資形態を維持して家業への資金集中を図ることなどが考えられる。実際、萬三商店は1926（昭和元）年に株式会社化したが、09年に小栗家の娘婿の清を分家する際に本家と分家の共同出資形態をとり、事実上の合資会社となっていた。

　このように見ると、知多郡では1907年恐慌で地域が自立性を失ったとは必ずしも言えず、むしろ地方有力事業家の「地元回帰」「家業回帰」の傾向が見られた。小栗三郎は1907年に貴族院議員互選人（多額納税者）に選ばれると、その互選で貴族院議員に選出される[20]。小栗冨治郎が恐慌で打撃を受けたため、

---

18) 中村［2010］第2章を参照。1900年代に入ると地方企業が政府を含む中央に呑み込まれていったとする同章の見方に対し、石井［2013］は、地方の側でも中央を取り込みながら企業設立・経営を図っており、第一次世界大戦ブームのなかで地方資産家の地域企業への投資も拡大し、10年代に地方における企業発展が見られたとした。その意味で地方経済と中央資本との関係は、個別具体的に検討を進める必要がある。
19) 以下に関連して、企業勃興論の研究史整理は、中村［2010］序章など、在来産業論の研究史整理は、谷本［2002］などを参照。
20) 明治40年・41年「日誌」（小栗家文書）より。

小栗冨治郎に代わる中央へのパイプ作りに小栗三郎が期待されたと思われる。しかし三郎は、それを直ちに辞退し、家業経営に専念した。そして地域社会に対しては、三郎の娘婿の清が1912～16年に半田町長となった（半田市誌編さん委員会編［1989］中巻、115頁）。その意味で、外の世界へ進出した小栗冨治郎と地元を重視した小栗三郎の経営志向性は正反対であった。もっともこの11代三郎とその息子四郎（12代三郎）では経営志向性が異なる点もあり、四郎は名古屋の資産家から嫁をもらい、名古屋と半田を結ぶ知多鉄道の誘致に努めて名古屋とのつながりを強めた（中村［2015］）。そこには序章で触れたファミリービジネス論で取り上げられる世代間の発想の違いが事業継承の円滑な遂行への制約要因となる面が見られるが、小栗家の資産（公社債売却益）が四郎の知多鉄道への過大な株式投資が家業に悪影響を与えることを防いでおり、四郎のこだわりも家業の継承を損なわない範囲であったと言える。

　また、当該期に近代的な地元製造会社が他地域の大資本に合併されたことで地方の自立的な大企業体制への経路が途絶えた後も、その工場はそのまま半田に残されて操業を続けたことに留意する必要がある。特に、知多紡績半田工場は、三重紡績半田工場になることでその販路が大きく広がり、工場規模は一層の拡大を見せ、そこでの職工は、主に知多郡の出身であった[21]。その点で知多紡績を設立した地方事業家の商品市場・労働市場面での貢献は大きく、半田では、近代化された地元の醸造家の工場と、中央の大資本の機械制大工場が混在して工業化が進んだ。その意味で、冒頭で述べた工業化の2つの経路は、どちらかに収斂するのではなく、両者が密接に関連して進んだと言えよう。

---

21)　半田市誌編さん委員会編［1989］中巻、338-341頁と愛知県半田市［1971］476-478頁。三重紡績はその後大阪紡績と合併して東洋紡績となったが、1936年末調査の半田町の有力工場の職工数は、東洋紡績半田知多工場が2,018名、中埜酢店工場が85名、大日本麦酒半田工場（旧丸三麦酒工場）が64名、萬三商店が醬油工場と豆粕製造工場を合わせて61名の順であった（半田市誌編さん委員会編［1997b］487-488頁）。

第Ⅲ部

関東・東北地域の会社設立と地方資産家

序　東京府・東北地域の工業化と会社設立の特徴

　近代初頭の東京では、三井家・岩崎家（三菱）・安田家・浅野家などの政商が活躍し、彼らによって銀行・諸会社の設立が行われ、彼らは財閥を形成するに至るが、社会的資金を集めて設立する会社ではなく、しかも、政府の官営工場・鉱山の払下げによる会社設立も多く、近代的工業の定着の点では、東京府は大阪府に遅れていた。表Ⅰ－序－１に戻ろう。1889（明治22）年では大阪府が日本のなかで飛び抜けた工業道府県であり、その後東京府が急速に工業化を進めて大阪府に近づいたが、1920（大正９）年時点でも大阪府の工業生産額は東京府を上回り、日本最大の工業道府県であった。それに対して東京府は、政府が出資した会社や銀行が設立され、資本金額も大きかったため、工業会社１社当たりの資本金額は大阪府よりも大きく、大阪府ほどではないが、機械工業の比重も比較的大きかった。1889年から1909年にかけて会社数の増加よりも資本金額の増加がかなり多く、工業会社１社当たりの資本金額はますます増大し、その傾向は20年も続いていた。

　工業会社以外の諸会社の設立状況を表Ⅲ－序－１で検討する。全国平均と比べて東京の会社規模は1881年時点から大きく、東京府の会社の１社当たり平均資本金額は全国平均の２倍前後を占めた。1890・91年では、商業・銀行部門ともに、東京府の１社当たりの平均資本金額で、日本全国平均の２倍前後を示し、1900年以降は、前者は後者の数倍へとさらに拡大した。東京府の場合、商業部門でも比較的大きな会社が存在しており、特に1921年には、商業部門と工業部門の１社当たり平均資本金額はかなり接近した。三井物産・三菱商事など、財閥系巨大商社が存在し、銀行部門でも日本銀行など政府系銀行がそれなりに存

表Ⅲ－序－1　東京府・東北6県・全国の会社数と資本金額の推移

会社数・資本金額の単位：社、万円

		1881年	1882年	1890年	1900年	1911年	1921年	1932年
東京府								
商業	会社数	48		128	284	836	1,399	6,213
	資本金額	241		1,360	1,376	9,337	89,930	195,872
工業	会社数	5		169	241	540	1,446	4,102
	資本金額	12		2,606	4,738	32,069	130,957	243,786
運輸	会社数		13	28	48	69	110	389
	資本金額		96	4,108	8,302	5,203	14,881	38,740
銀行	会社数		35	50[1]	183	168	171	34
	資本金額		2,713	4,135[1]	9,509	17,062	49,448	55,440
東北6県（合計）								
商業	会社数	59		64	164	514	972	2,250
	資本金額	84		91	75	985	3,613	7,442
工業	会社数	1		169	150	308	1,002	1,339
	資本金額	2		377	206	1,042	10,750	12,817
運輸	会社数		169	28	40	80	152	448
	資本金額		44	217	59	167	1,312	3,666
銀行	会社数		50	48[1]	120	126	151	74
	資本金額		314	288[1]	1,397	2,160	7,787	7,262
全国								
商業	会社数	669[2]		1,201	2,927	5,645	13,612	34,671
	資本金額	1,200[2]		3,609	4,842	21,970	241,796	436,925
工業	会社数	78[2]		2,284	2,554	3,921	12,951	22,575
	資本金額	143[2]		7,753	15,885	62,954	355,121	558,406
運輸	会社数		814	346	627	905	2,227	5,083
	資本金額		514	10,363	22,873	16,666	82,649	152,706
銀行	会社数		758	1,066[1]	2,270	2,138	2,008	644
	資本金額		7,235	9,683[1]	34,063	51,605	167,125	162,485

(出所)各年度『日本帝国統計年鑑』より作成。
(注)主に出所資料の会社種類別表より作成したが、銀行は別記されており、銀行が1896年から商業会社に編入されたため、1900年欄以降は出所資料の商業会社数から銀行数を引いたものを商業欄に示し、銀行は別に示した。1882年には別記された銀行とは別に、諸金融の分類があり、東京府は会社数17社・資本金額161万円、東北6県（合計）は、会社数88社・資本金額164万円、全国は会社数1,215社・資本金額2,918万円であった。1881年は6月時点でそれ以外の年は12月時点。東北6県として、青森・秋田・岩手・山形・宮城・福島の各県を合計。1893年の旧商法の施行以前の会社には会社形態の個人企業を含むと思われる。1911年までの工業会社は、鉱業会社を含む。1900年以降は全ての会社の資本金額を払込資本金額で集計。1890年までの全国計欄からは沖縄県分が不明のため除き、1900年以降は沖縄県は含むが、植民地は含まず。1932年の農工銀行の払込資本金額は、昭和8年版『銀行会社要録』東京興信所で補った。
1)1891年時点。2)開拓使分は不明のため除く。

在したためやはり平均資本金額は多くなった。

そこで具体的に東京の主要会社を表Ⅲ-序-2で検討する。同表では、1930年代までに東京市に編入された地域の主要会社を示した。1895年時点では、旧大名家などの華族が出資した日本鉄道と第十五国立銀行が飛び抜けた払込資本金規模を持っており、それに日本銀行や日本郵船など政府もかなり出資した銀行・海運会社が続いた。払込資本金額が200万円規模でようやく社会的資金を糾合した株式会社として第一国立銀行や鐘淵紡績が登場するが、それと同規模かそれ以上の規模で、財閥家族が出資する合資・合名会社が設立された。愛知県では、家業・家産運用のための会社が払込資本金額30万～50万円規模で設立されたが、東京ではその10倍の払込資本金額にあたる大規模な家業の会社化が財閥家族によって行われた。この背景には、東京の財閥はもともと政商時代から政府御用で他とは隔絶した資金蓄積を行ったのに加え、官業払下げによって比較的安価に会社設立の基盤となる固定資本を獲得できたため、株式会社形態をとらなくとも大規模な合資・合名会社が設立し得たことがあろう。その意味では、同じ家業の会社化とは言え、東京の財閥の会社設立は、第Ⅱ部序で触れた愛知県の資産家の家業会社とはかなり異質であった。

1895年時点では、財閥家族の会社より下位に、多くの保険会社や国立銀行があるが、大阪で多数見られた紡績会社が東京ではほとんどなく、東京で紡績会社が多く見られるのは、20世紀に入ってからであった。そして鐘淵紡績と富士瓦斯紡績が払込資本金額を増大させ、1913年時点では払込資本金額1,000万円以上となっていた。しかし東京ではやはり政府や華族が主に出資した会社の規模が大きく、1905年時点で払込資本金額1,000万円以上の5社は、政府がある程度出資した日本銀行・日本郵船・京釜鉄道や華族が主に出資した日本鉄道・十五銀行が占めた（本書序章参照）。また財閥が設立した会社では、三菱合資はもともと資本金額が大きく、三井銀行は資本金額を増やして最上位層に止まったが、安田銀行・大倉組・浅野セメントなどは合資・合名会社のため追加出資を求めるのが厳しく、1905年時点では払込資本金額の最上位層に食い込めなかった。それに対し1905年には富士製紙・王子製紙などの製紙会社や日本製麻・東京人造肥料・日本麦酒などの工業諸会社も顔を見せ始め、大阪より遅ればせながら、工業化の進展が見られた。

表Ⅲ-序-2 東京府の主要会社一覧

払込資本金の単位：万円

1895年時点			1905年時点		
会社名	払込資本金	主要役員	会社名	払込資本金	主要役員
日本鉄道	2,500	小野義真、[毛利重輔]	日本鉄道	4,806	曽我祐準、有島武
第十五国立銀行	1,783	[池田章政、浅野長勲]	日本銀行	3,000	松尾臣善、高橋是清
日本銀行	1,000	川田小一郎、三野村利助	日本郵船	2,200	近藤廉平、加藤正義
日本郵船	880	吉川泰二郎、近藤廉平	十五銀行	1,800	園田孝吉、松方巌
三菱合資	500	岩崎久彌	京釜鉄道	1,000	古市公威、川崎寛美
第一国立銀行	225	渋澤栄一、[西園寺公成]	北海道鉄道	634	北垣国道、阪本則美
鐘淵紡績	210	中上川彦次郎、濱口吉右衛門	第一銀行	625	渋澤栄一、三井八郎次郎
三井銀行（合名）	[200]	三井高保、中上川彦次郎	東京市街鉄道	600	高島嘉右衛門、吉田幸作
両毛鉄道	150	渡邊洪基、西脇濟三郎	鐘淵紡績	580	三越養之助、浅田正文
帝国商業銀行	125	原六郎、川崎八右衛門	帝国商業銀行	560	馬越恭平、浅田正文
総武鉄道	120	本間英一郎、原六郎	東京電車鉄道	500	牟田口元学、若尾逸平
内国通運	112	佐久間精一、梶山半三郎	三井銀行（合資）	500	三井高保、早川千吉郎
第三国立銀行	100	安田善四郎、川崎八右衛門	三菱	500	岩崎久彌、荘田平五郎
安田銀行	100	豊川良平、岩崎彌之助	東京電灯	438	佐々作太郎、田島信夫
三井銀行（合名）	100	三井忠兵衛、大川平三郎	総武鉄道	420	青淵綱三、志賀直温
甲武鉄道	95	三浦泰輔、雨宮敬次郎	東京瓦斯	420	渋澤栄一、高松豊吉
東京電灯	90	木村正幹、柏村信	東京電気鉄道	392	濱野定四、佐々木慎思原
帝国海上保険	75	武井守正、安田善四郎	日本勧業銀行	325	高橋新吉、志村源太郎
富士製紙	63	村田一郎、今村清之助	東洋汽船	325	浅野総一郎、塚原周造
東海上保険	60	[池田茂政、今村清之助]	岩越鉄道	264	渋野栄一、前田青莎
東京紡績	58	田村利七、荘田平五郎	甲武鉄道	260	三浦泰輔、雨宮敬次郎
日本織物	50	佐羽喜六、土屋彦平	日本興業銀行	250	添田寿一、伴野乙弥
王子製紙	50	渋澤栄一、阿部孝助	第百銀行	240	安田善四郎、原田虎太郎
川崎銀行	50	川崎金三郎、大川平三郎	東武鉄道	239	大野直輔、原六郎
田中銀行（合資）	50	田中平八、池上仲三郎	富士紡績	238	濱口吉右衛門、和田豊治
今村銀行（合資）	[50]	今村清之助、今村繁三	日本紡績	206	村田一郎、河瀨秀冶
東京馬車鉄道	49	牟田口元学、若尾逸平	日本精製糖	200	鈴木藤三郎、吉川良三郎
第百銀行	40	高田小次郎、川崎金三郎	王子製紙	200	鈴木梅四郎、朝吹英二
東京瓦斯	39	渋澤栄一、渡邊温	安田銀行（合名）	200	安田善次郎、安田善次郎
第三十国立銀行	35	深川亮蔵、宮崎代七	三池銀山（合名）	[200]	三井三郎助、団琢磨
小名木川綿布	35	神郷秋常、小林竹治郎	浦賀船渠	190	早崎源吾、渡邊福三郎
千種製紙	35	小室信夫、中村直次郎	日本製麻	178	安田善三郎、阿部市太郎

東京製鋼	32	宮部久、阿部孝助	東京毛斯財物	160	前川太郎兵衛、日比谷平左衛門
第五国立銀行	30	有村國彦、山本盛秀	明治商業銀行	152	安田善助、安田善弥
第二十七国立銀行	30	渡邊治右衛門、渡邊福三郎	東京火災保険	125	武井守正、境野大吉
第百三十二国立銀行	30	加東徳三、関根勝太郎	東京銀行	100	小林吟治郎、前川太兵衛
下野製麻	30	鈴木安三、小久保六次郎	扶桑銀行	100	高島嘉右衛門、北村英一郎
中井銀行（合名）	[30]	平松輿市郎、梶山新介	丁酉銀行	100	山本直成、草野殷信
塚本定右衛門	[50]	中井新右衛門	肥後銀行	100	安田善助、高橋長秋
塚本定右衛門	[50]		東京モスリン紡織	100	杉村楚次郎、端首次郎
日本鋳鉄	30	濱野茂、雨宮敬次郎	川崎銀行（合名）	100	宮部久、阿部孝助
川越鉄道	27	米倉一平、大倉喜八郎	中井銀行（合名）	100	川嶋金三郎、川嶋八右衛門
帝国ホテル	27	渋澤栄一、大倉喜八郎	村井銀行（合名）	[100]	中井新右衛門
第六国立銀行	25	溝口貞幹、清田直	三菱合資銀行部（合名）	100	村井吉兵衛、豊川良平
第二十銀行	25	穂積重頭、[西陣]宇吉毅	大倉組	[100]	岩崎久弥、高島小金次
第六十国立銀行	25	後藤定四郎、西川楊兵衛	大陸移民（合名）	100	大倉喜八郎、日向輝武
東海銀行	25	吉田幸作、菊池貞長四郎	安田商事（合名）	[100]	杉山茂丸、日向輝武
東京湾汽船	25	最上五郎、桜井亀一	三井物産（合名）	[100]	安田善衛、渡邊專治郎
明治火災保険	25	阿部泰蔵、庄田平五郎	三十銀行	85	兄鳥椎兼、徳積重頭
安藤火災保険	25	安藤則命、安田善四郎	日本麦酒	80	馬越恭平、三浦泰輔
金港堂書籍	25	原亮三郎、原亮光三	東京建物	80	中澤彦吉、武井守正
日本セメント	23	菊池儀治郎兵衛、石井半七	浅野セメント（合資）	[80]	浅野総一郎、佐久間精一
日本煉瓦製造	22	渋澤栄一、益田孝	内国通運	78	吉村楚兵衛、飯田精一
日本麦酒	21	馬越恭平、梅浦精一	日本人造肥料	75	小野金六、土屋峯平
東京石川島造船所	20	渋澤栄六、三浦泰輔	北海道鑛山	75	田郡利七、竹田政智
第四十五国立銀行	20	太田彌五郎、安田伊次郎	帝国海上運送火災保険	75	渋澤栄一、熊谷良三
第九十五国立銀行	20	宮嶋信吉、秋山忠直	三十銀行	75	山本謙介、熊谷良三
千住馬車鉄道	20	小林近一、大藪儀三	三井銀行	70	武井守正、安田善之助
八木澤金山	20	渡邊巌、加藤佐兵衛	久山採鉱	70	古川源太郎、宮嶋代七
東京製綱	20	赤松安太郎、後藤敏威	三十六銀行	70	郷誠之助、山際永吾
白水炭鑛	[20]	渡邊温、大鯛巖磨	今村銀行	70	吉田忠右衛門、田野倉常蔵
岡本鉄鑛（合資）	[20]	加藤斌、西村嚴磨	今村銀行	70	今村繁三
久水銀行（合資）	20	岡本泰七、西村綺吉			
久水銀行（合資）	20	久永兵太郎、川嶋正訓			

(出所) 由井・浅野編 [1988~89] 第 1・9 巻、大正 2・12 年度『日本全国諸会社役員録』商業興信所より作成。
(注)払込資本金額が、1895、1905、13・23 年時点で各 20 万円以上、1915 年は表のほかに、70 万円以上・170 万円以上・1,000 万円以上の諸会社（取引所を除く）を示した。1895 年は表のほかに、三井鉱山（合名）・三井物産（合名）・三井呉服店（合名）などが存在したが出所資料では資本金額記載のため省略。払込資本金額不明で名目資本金額が判明したものについては、[ ] で目資金額を示した。主要役員欄は、頭取、社長・社長代表とものは本金額名とかが判明したものは主要役員 2 名を示し、それを含めて主な最初に記し、本金額が判明する場合は、[ ] で目資金額を示した。主要役員欄は、頭取、社長・社長代表とものは本金額名とかが判明したものは主要役員 2 名を示し、それを含めて主な最初に記し、(→以下337頁へ)

表Ⅲ-序-2　続き

払込資本金の単位：万円

1913年時点				1923年時点		
会社名	払込資本金	主要役員		会社名	払込資本金	主要役員
三井（合名）	[5,000]	三井八郎右衛門、三井八郎次郎		三井5社・行	43,250	三井八郎右衛門ほか
日本銀行	3,750	三島弥太郎、水町袈裟六		三菱7社・行	29,750	岩崎小弥太、岩崎久弥ほか
東京電灯	3,440	佐竹作太郎、望月裕内		古河3社	5,500	古河虎之助、中島久万吉ほか
東京瓦斯	2,820	高松豊吉、久米良作		浅野2社	5,450	浅野総一郎ほか
北海道炭礦汽船	2,520	団琢磨、宇野鶴太		久原2社	5,125	久原房之助ほか
日本郵船	2,200	近藤廉平、加藤正義		安田2社・行	4,750	安田善五郎ほか
三井銀行	2,000	三井高保、早川千吉郎		山下2社	4,000	山下亀三郎ほか
三井物産	2,000	三井八郎次郎、山本条太郎		東京電灯	16,504	神戸厚一、若尾璋八
十五銀行	1,800	園田孝吉、松方巌		東邦電力	10,000	伊丹彌太郎、松永安左衛門
日本興業銀行	1,750	志立鉄次郎、佃一豫		日本勧業銀行	5,973	梶原仲治、柳谷卯三郎
日本勧業銀行	1,500	志村源太郎、柳谷卯三郎		日本郵船	5,800	伊東米治郎、石井徹
三菱（合資）	[1,500]	岩崎久弥、岩崎小弥太		大阪郵船	5,182	福澤桃介、宮崎敬介
鐘淵紡績	1,265	日比谷平左衛門、武藤山治		日本興業銀行	5,000	土方久徴、小野二郎
富士瓦斯紡績	1,120	濱口吉右衛門、和田豊治		日本石油	5,000	内藤久寛、梅本圭三郎
大日本製糖	1,108	藤山雷太、高山長幸		十五銀行	4,975	成瀬正恭、佐藤五百蔵
第一銀行	1,075	渋澤栄一、三井八郎次郎		帝国電灯	4,480	榎本武憲、樺島議吉
鬼怒川水力電気	1,013	利光鶴松、小林清一郎		三菱銀行	4,318	佐々木勇之助、石井健吾
安田銀行	1,000	安田善次郎、阿部市三郎		北海道炭礦汽船	3,963	団琢磨、皚村豊太郎
保善社（合名）	[1,000]	三井得右衛門、藤原銀次郎		東京瓦斯	3,940	小池國三、杉浦宗三郎
東洋汽船	910	浅野総一郎、大倉善三郎		九州水力電気	3,838	久野昌一、穂積眞之助
日清汽船	810	石渡邦之丞、土佐佐太郎		日本銀行	3,750	井上準之助、木村清四郎
大日本麦酒	752	馬越恭平、植村澄三郎		東洋拓殖	3,500	石塚英蔵、松平直平
富士製紙	635	原六郎、原口要		東洋製鉄	3,400	郷誠之助、中島久万吉
大日本人造肥料	625	鶴原定吉、阿部市三郎		富士製紙	3,346	大川平三郎、六木要七
王子製紙	600	三井得右衛門、藤原銀次郎		王子製紙	3,150	藤原銀次郎、樺山愛輔
猪苗代水力電気	525	仙石貢、白石直治		日本製鋼所	3,000	団琢磨、樺山愛輔
浅野セメント	500	浅野総一郎、大川平三郎		東京海上火災保険	3,000	末延道成、各務鎌吉
浅野鉱山	500	浅野元之助、三井源右衛門		富士瓦斯紡績	2,705	和田豊治、持田巽
加納鉱山	500	蘆谷寿、飯田実		片倉製糸	2,500	今井五介、持田実
渡邊保全（合名）	[500]	渡邊治右衛門、木村長七		大日本麦酒	2,440	馬越恭平、植村澄三郎
古河（合名）	[500]	古河虎之助、土岐僙		東洋汽船	2,275	浅野総一郎、浅野良三
帝国製麻	480	安田善三郎、土岐僙		鬼怒川水力電気	2,138	利光鶴松、中野寅次郎

第Ⅲ部　序

会社名	金額	人名	会社名	金額	人名
東京紡績	479	土屋彦平、三野村倉一	猪苗代水力電気	2,100	仙石貢、原六郎
第三銀行	435	安田善四郎、安田善人郎	第三銀行	2,000	安田善輔、菅原大太郎
豊国銀行	400	濱口吉右衛門、坂田貨	田中鉱山	2,000	田中長兵衛、田中長一郎
第百銀行	400	池田謙三、安藤浩	京浜電力	2,000	若尾幾造、上野吉二郎
帝国商業銀行	400	岩井重太郎、郷誠之助	東京毛織	2,000	藤井重之助、伊藤亦吉
大倉組	400	大倉喜八郎、高島小金治	大日本製糖	1,838	藤山雷太、伊藤良文
桂川電力	400	岩田作兵衛、原脩	第百銀行	1,750	池田謙三、安藤保
東武鉄道	(38)	根津嘉一郎、吉野傳治	東京瓦斯紡株	1,746	松方五郎、小田切延壽
東京建物	383	安田善三郎、藪田岩松	帝国製麻	1,710	安田善助、雑賀良三郎
日韓瓦斯電気	375	高松豊吉、岡崎遠光	鐘淵紡績	1,649	武藤山治、藤正純
日清紡績	350	日比谷平左衛門、若尾幾造	信越電力	1,600	神戸犀一、大倉喜八郎
石狩石炭	300	浅野総一郎、中野武営	東北鉄道鉱業	1,500	松浦五兵衛、前田利兼
日本電灯	300	小倉鎮之助、鳥甲子二	東海銀行	1,456	菊池長四郎、植竹三右衛門
台湾塩業	330	桂二郎、藤田品謙一	東武製氷	1,288	根津嘉四郎、吉野傳治
九州水力電気	288	濱口吉右衛門、棚橋瑛之助	高永漁業	1,267	和倉英太郎、高木藤次
東京銀行	275	前田太兵衛、小林吟次郎	日露漁業	1,260	堤清六、平塚常次郎
日本活動的写真	250	桂三郎、鈴木要三郎	東京湾埋立	1,250	浅野総一郎、大川平三郎
日本皮革	250	大倉喜八郎、大澤省三	国際信託	1,250	戝瀬正恭、前田青莎
東京火災海上運送保険	250	安田善次郎、長松篤棊	クロード式窒素工場	1,200	伊藤乙次郎、長崎英造
九州炭砿汽船	250	田健治郎、各務幸一郎	東亜興業	1,150	白谷龍平、門野東九郎
加富登麦酒	244	根津嘉一郎、中埜良吉	早川電力	1,147	窪田四郎、森田一雄
丁西銀行	200	戝瀬正恭、園田孝吉	北海道電灯	1,082	穴木要七、穴水熊雄
東京モスリン	200	杉村源左衛門、堀越勘治	ラブ鳥磷鉱	1,060	青木五兵衛、安坂芳興
東興倉庫	200	三井源衛門、川地喜三郎	モスリン紡績	1,050	恒藤規隆、吉村業興
足尾鉄道	200	近藤陸三郎、岸松一郎	大日清汽船	1,048	古賀春一、箱香禄
芝浦製作所（合名）	[200]	三井守之助、村井貞之助	大日本人造肥料	1,013	竹内直義、森弁治部
三井銀行		村井吉兵衛、安田貞之助	豊国銀行	1,001	窪田義文、二軒醸吉
明治商業銀行	190	安田善助、浅野総一郎	川崎銀行	1,000	生田定之、濱口吉右衛門
東京製綱	188	山田昌邦、浅野総一郎	摂斐川電気	1,000	川崎八右衛門、川崎肇
大日本軌道	184	雨宮敬旦、大淵龍太郎	服部時計店	1,000	立川勇次郎、服部金太郎
大日本炭鉱	175	浅野子太郎、後藤安兵衛	日立製作所	1,000	小平浪平、六角治三
大東鉱業	170	山本久顕、高嶺今吉			

[ ]は旧公家・大名家（渋谷氏［1984］），（　）は旧会員（旧氏）を参照した。1895年は、東京市とその隣接郡の会社を取り上げた。1923年の三井は三井銀行（6,000）・三井物産（10,000）・三井鉱山（6,250）・三越呉服店（20,000）、三菱は三菱銀行（12,000）・三菱商事（1,500）・三菱合資（3,500）・浅野セメント（3,000）・三菱倉庫（3,000）・王子製紙（6,250）、安田は安田銀行（1,750）・保善社（3,000）、山下は山下汽船鉱業（3,000）、古河は久原鉱業（1,950）、久原商事（4,125）・久原鉱業（1,000）、このほか1923年に西協合名（2,000））がかった。

こうした工業諸会社は、同業他社との合併を経て1913年時点では払込資本金額が500万〜750万円程度となり、東京でも上位の大企業となる。ただし同年の最上位層は、三井合名・日本銀行・北海道炭礦汽船・日本郵船など財閥系企業や政府系銀行が占め、それ以外に東京電灯・東京瓦斯などのインフラ企業が入った。その傾向は第一次世界大戦後の1923年にはさらに強まり、都市化とともに大規模な電源開発のために電力会社が大増資を繰り返した結果、東京の主要会社の最上位層は、三井・三菱系諸会社と巨大電力会社と政府系銀行が占めた。1913年時点で主要会社の上位層に位置した工業諸会社は、電力会社ほどの大増資は難しく、23年時点では、富士製紙・王子製紙・富士瓦斯紡績・片倉製糸・大日本麦酒・大日本製糖・帝国製麻・鐘淵紡績など各業界の代表的企業が、電力会社に混じって上位層に次ぐ位置に並んだ。

 ここで財閥家族の有価証券投資を三菱財閥家族の岩崎家の事例で検討する。表Ⅲ−序−3を見よう。三菱財閥家族は創始者の岩崎弥太郎家（後に久弥家）と弥太郎の弟の弥之助家の2家からなり、1893年に家業を会社化して三菱合資が設立されたが、所有有価証券の管理と運用は奥帳場が行っていた。その後1900年に岩崎両家の財産が分離され、有価証券所有も、久弥家所有分、弥之助家所有分、三菱合資会社所有分に分けられた。1890年代後半〜1900年代前半の岩崎家と三菱の有価証券投資の内容を分析した中村尚史によると、当該期の三菱の有価証券投資の中心は鉄道株であり、投資分野をあまり拡散させることなく鉄道投資に専念し、06〜07年の有力民営鉄道の国有化により、鉄道買収公債への付け替えが決まると岩崎家は急激に鉄道株を売却し、それによって得た資金を三菱合資に貸し付けたとされた（中村［2001］）。それとともに新たな銘柄の株式へも出資し、鉄道買収公債が交付された直後の1909年10月末の久弥家の有価証券投資を見ると、鉄道株の所有がなくなった代わりに、新たに麒麟麦酒株・東洋汽船株・日本窒素肥料株などを購入していた（関口［2001］第3表）。久弥家の株式所有は1919年末時点も判明するが、猪苗代水力電気株・名古屋電灯株など10年代に電力業へ積極的に投資した様子が窺われる。ただし有価証券所有の中心は、三菱財閥内の三菱銀行・三菱製紙への出資や、土地事業の東山農事など家業関連が中心であり、日本の産業革命を主導したとされる綿紡績会社への出資は、1910年代に若干増えたものの、その銘柄数も出資額から見れば

かなり限定的で、その他の会社への出資も銘柄数はあまり多くなく、東京での多様な会社設立に寄与する内容ではなかった。

　全体として東京の会社設立の特徴は、政府主導で政府もある程度出資した株式会社設立と財閥による家業・家産運用のための大規模合資・合名会社設立に見出せると言えよう。

　一方、東北地域では、東京に比して会社設立の展開は遅れ、表Ⅲ-序-1に戻ると、東北6県全体の会社数と東京の会社数が1890年前後までは同じであった。20世紀に入ると、東京と東北地域の差はさらに広がり、東北6県全体の会社数が東京の会社数よりかなり少なくなった。そのなかで運輸会社では、東北6県全体の数が東京府の数を上回ったものの、払込資本金額の比較では、東北地域の会社の規模は東京府の会社の規模よりはるかに小さく、全国平均と比べても、東北地域の会社の規模はかなり小さかった。

　そこで東北地域の会社設立とその経営に関わった資産家の株式投資の原資を見ておきたい。表Ⅲ-序-4を見よう。近代日本の資産家の所得調査のうち、現時点でデータを得られる最も詳細なものは、1920年代に税務署が行った多額納税者の所得内訳調査と思われる。そこでは、所得金額年間3万円以上の世帯についてその所得の内訳が調査され、そのうち、東北地方と近畿・北陸地方（新潟県は除く）の分が判明するので、東北地方と大阪市中と北陸地方を取り上げて所得額が10万円以上・5万円以上10万円未満・3万円以上5万円未満の3つの階層に区分して、それぞれの所得内訳を合計して示した。

　まず大阪市中の大資産家は、数でも他地域に比べてかなり多かったが、その所得内訳は、全体として田畑所得が少なく、貸家・商工業・配当所得が中心であった。特に、所得額10万円以上の大資産家層では、配当所得が半分近くを占めたが、所得階層が下がるにつれ、貸家・商工業所得の比重が高まった。俸給等の占める比重はいずれの階層でも少なく、1924年時点では、大阪の諸会社の多くは専門経営者に担われ、大株主は専ら配当収入を得て、所有と経営の分離がかなり進んでいた。一方、本書序章で触れた阿部市太郎家のように、家業の商工業を継続しつつ有価証券投資を行う資産家が、1924年時点でもかなり存在し、所得額3万円以上5万円未満の層では、商工業所得の比重が多かった。

　一方、東北地方の大資産家の場合は、所得源泉は不動産と有価証券に偏り、

表Ⅲ－序－3　岩崎家・三菱合資会社有価証券投資の動向

単位：千円

種別・銘柄	所在地	1894年 奥帳場	1899年 奥帳場	1905年 奥帳場	1905年 久弥家	1905年 弥之助家	1905年 会社	1905年 合計	所在地	種別・銘柄	1909年 久弥家	1919年 久弥家
市債		140	234		179		106	284		市債	76	419
国債		5,269	1,134		476	325	2,040	2,841		国債	12,258	
社債		1,074	678		349			349		紡織株		3,947
内　山陽鉄道	神戸	500	287		237			237	東京	内　富士瓦斯紡績		2,202
日本郵船	東京	439	333		113			113	東京	東洋織布		775
筑豊鉄道→九州鉄道	(門司)	135	59						長崎	長崎紡織		544
鉄道株		4,532	7,461		8,148	2,715		10,863		電力株		188
内　山陽鉄道	神戸	1,303	1,460		1,896	558		2,454	東京	内　猪苗代水力電気		168
日本鉄道	東京	972	1,186		649	525		1,174	名古屋	名古屋電灯		70
筑豊鉄道	若松	1,198							福岡	九州電灯鉄道		1,385
九州鉄道	門司	828	4,118		5,019	795		5,814	東京	九州水力電気	146	156
関西鉄道	四日市	216	397		221			221	名古屋	木曽電気興業	75	342
参宮鉄道	小俣	14	29		35			35	東京	矢作水力	71	563
岩越鉄道	東京		160		176			176		化学・電機株		230
北海道鉄道	東京				50			50	堺	内　(大日本)セルロイド		70
東京電気鉄道	東京				40	80		120	大阪	日本窒素肥料		24
京仁鉄道→京釜鉄道	大阪		79		30			30	南内淵	日本化学肥料		
西成鉄道	大阪		17		17			17	東京	東京E.C.工業		
北越鉄道	長岡		15		15			15	東京	東海曹達		
東京電車鉄道	東京					758		758	東京	電気製鋼所		
海運株		1,398	1,357		1,277	10		1,287	同左	同左	932	1,113
内　日本郵船	東京	1,398	1,357		1,257	10		1,267	同左	同左	807	1,079
東洋汽船	東京					100			同左	同左	98	
日清汽船	東京					100			同左	同左	27	34
金融・保険株		479	879		843			943	同左	同左	1,143	13,984
内　横浜正金銀行	横浜	245	552		515			615	同左	同左	720	359
東京海上保険	東京	142	115		115			115	同左	同左	209	
日本銀行	東京	51	151		151			151	同左	同左	151	1,415

明治生命保険	東京	37	36	37		37	同左		37	202
明治火災保険	東京	5	25	25		25	同左		25	8
							三菱銀行	東京		12,000
その他						1,004	同左	(東京)	2,055	9,362
内 神戸(三菱)製紙所合資	(高砂)	295	739	697		500	→三菱製紙	同左	500	5,000
帝国ホテル	東京	150	500	500		42	同左	同左	36	58
千川水道	東京	42	42	21	21	40	同左	大阪	40	80
東京倉庫	東京	35	40	35	5		桜セメント	千代	43	250
洞海北湾埋渫合資		30					西部合同瓦斯	福島		
若松築港	若松	28	28			264	福島木材	同左	83
汽車製造合資	大阪	10	40	102	264	102	同左	大阪	80	274
東洋浚渫			62			17	大阪毎日新聞社	同左		60
函館船渠	函館		24	24		18	同左	同左	24	
大阪瓦斯	大阪			13		13	同左	横浜	25	26
万国東洋				8		8			20	
							麒麟麦酒	横浜	275	481
							東山農事	東京	1,000	3,000
合計		13,188	12,482	11,972	3,176	2,426	17,575		16,611	30,210

(出所)中村 [2001] 第7・8・19表、関口 [2001] 第3表、および明治32年8月「奥帳場御有株式明細表」・大正8年12月「茅町様御有株式明細表」(以上、三菱史料館所蔵資料 IWS01031・IWS0560) より作成。

(注)1899年までは岩崎家名義では奥帳場が管理しているが、1900年に岩崎久弥家と岩崎弥之助家の財産を分離した。1894年・1905年・1919年は12月末、1909年は8月末、1909年10月末時点。1894・99・1905・09年のいずれか、1万円以上の銘柄および1919年に2万円以上の社債・株式所有があった銘柄について内訳を示した。1909年欄の社債は360円、鉄道株は1,000円の表示値。1909年の東山農場への出資は、1909年欄の→三菱合資への出資金が約2,053万円、小岩井農場への出資金が約2万円あったが、これらの内訳は19年時点では不明のためこの表では示さなかった。銘柄欄の→は合社の変更を、所信欄の( )内は合併・名称変更後の会社の所在地。1909・19年の弥之助家の有価証券は支日銀行株として28,004ポンドを所有していたが、同銀行はその後解散されて1905年時点では所有していない。表に示した以外に1899年の会社名・名称変更の会社の所在地。1909・19年の弥之助家当主となった小弥太の1919年の所有株式として、横浜正金銀行株420株、朝鮮銀行株132株、九州水力電気株10,000株、麒麟麦酒株4,800株、東亜興業株23,000株が判明している(渋谷編 [1985] 第6巻、78頁)。

表Ⅲ－序－4　1920年代大阪・東北地域・北陸地域有力資産家所得内訳

単位：千円、（　）内は％

管轄税務署	所得基準	軒	田畑	貸家	商工業	配当	俸給等	その他とも計
大阪市中 (東・西・南・北)	10万円以上	85	190 (1.2)	2,282 (13.9)	3,475 (21.2)	8,124 (49.6)	1,599 (9.8)	16,376
	5万円以上～ 10万円未満	193	129 (1.0)	2,262 (17.3)	4,074 (31.1)	4,407 (33.6)	1,347 (10.3)	13,101
	3万円以上～ 5万円未満	346	180 (1.4)	3,160 (24.1)	4,761 (36.3)	3,084 (23.5)	738 (5.6)	13,107
東北6県域 (青森・岩手・宮城・福島・秋田・山形)	10万円以上	14	1,224 (59.7)	77 (3.7)	27 (1.3)	719 (35.1)	79 (3.9)	2,049
	5万円以上～ 10万円未満	71	2,223 (47.1)	294 (6.2)	614 (13.0)	1,156 (24.5)	190 (4.0)	4,718
	3万円以上～ 5万円未満	182	3,261 (47.7)	458 (6.7)	1,250 (18.3)	1,231 (18.0)	234 (3.4)	6,836
北陸3県域 (富山・石川・福井)	10万円以上	8	133 (9.0)	269 (18.1)	147 (9.9)	855 (57.5)	82 (5.5)	1,486
	5万円以上～ 10万円未満	26	241 (13.9)	145 (8.4)	421 (24.2)	660 (38.0)	121 (7.0)	1,737
	3万円以上～ 5万円未満	41	347 (22.5)	101 (6.6)	183 (11.9)	529 (34.4)	137 (8.9)	1,539

(出所)大正13年分「第三種所得大納税者所得金額調」(渋谷編［1991b］)・昭和3年分「第三種所得税個人営業収益税大納税者調」(渋谷編［1995a］)より作成。
(注)大阪市中と北陸3県については1924年、東北6県については、28年時点の所得内訳。出所資料では、大納税者として所得金額が3万円以上の家が取り上げられたので、それらの家を所得範囲ごとに3ランクに分類して所得内訳を集計した。俸給等には、賞与・年金も含む。数値の下の（　）内は、比率。

　本書第9章の野村治三郎家の事例のように、東北地方の大資産家は、主に中央株を所有しており、それら中央株の会社役員にはならなかった。また、北陸地方の大資産家は、配当所得が中心で不動産所得がそれを補ったが、東北地方の大資産家は、不動産所得が所得の中心を占め、配当所得がそれを補っていた。日本海沿岸地域のなかで北陸地方は会社設立がある程度進んだ地域であり、会社設立が低調であった東北地方との違いが、投資機会の差異として大資産家の所得構成に現れた。そのため、北陸3県域では資産家の所得内訳に占める配当所得の比重が多かった。とは言え、東北地方の資産家も中央株を中心に有価証券投資は行っており、その銘柄の多くが東京・横浜の巨大会社・銀行であったので、資本市場としては、東北地方は東京圏にかなり包摂されていた。
　最後に、第Ⅲ部で取り上げる関東・東北地域の資産家が、関東・東北地域の資産家全体のなかでどのような位置にあるかを表Ⅲ－序－5から確認する。この表は、1916年時点の資産家番付に掲載された家のうち、旧華族を除いて、東

表Ⅲ－序－5　1916年時点関東・東北地域有力民間資産家一覧（旧華族などは除く）

資産額の単位：万円

①東京府

氏名	居住地	業種	資産額	氏名	居住地	業種	資産額
岩崎2家	本郷区ほか	財閥家族	20,000超	大橋新太郎	麹町区上六番町	出版業	300
三井11家	麻布区ほか	財閥家族	20,000超	大川平三郎	本所区向島小梅町	会社役員	300
安田2家	本所区横綱町	財閥家族	7,000	鹿嶋千代	京橋区銀町	清酒商	300
古河虎之助	北豊島郡瀧野川	鉱山業	6,000	鹿島清平	京橋区四日市町	酒問屋	300
大倉喜八郎	赤坂区葵町	土木建築業	3,000超	團琢磨	豊多摩郡原宿	三井重役	300
高田愼蔵	本郷区三組町	輸出入商	2,000	野澤源次郎	京橋区中橋広小路	貿易商	300
渡邊治右衛門	日本橋区本材木町	会社役員	1,300	山本唯三郎	荏原郡池上村	貿易海運業	300
峰島茂兵衛	日本橋区元浜町	貸地業	1,200	安井治兵衛	浅草区福富町	貸地業	300
村井吉兵衛	麹町区永田町	銀行業	1,000	小西安兵衛	日本橋区伊勢町	薬品肥料商	300
前川太郎兵衛	日本橋区堀留町	綿糸商	1,000	近藤利兵衛	日本橋区堀留町	洋傘商	300
藤田文子	赤坂区丹後町	財閥家族	1,000	渋澤栄一	北豊島郡瀧野川	会社役員	300
山下亀三郎	芝区高輪南町	海運業	900	渡邊大治郎	日本橋区青物町	海産物商	250
堀越角次郎	日本橋区通旅籠町	貸地業	800	亀田候吉	日本橋区蠣殻町	元米穀商	250
川崎八右衛門	麻布区鳥居坂	銀行業	800	中嶋伊平	日本橋区本材木町	染絹商	250
田中長兵衛	京橋区北紺屋町	官御用達	700	福嶋浪蔵	日本橋区青物町	株式仲買	250
日比谷平左衛門	日本橋区堀留町	綿糸商	700	橋本信次郎	京橋区築地	会社役員	220
服部金太郎	京橋区銀座	時計商	600	大村彦太郎	日本橋区通1丁目	織物商	200
小林彌太郎	日本橋区小舟町	製粉砂糖商	600	各務謙吉	小石川区大塚窪町	会社役員	200
杉村甚兵衛	日本橋区新材木町	洋織物商	600	神谷傳兵衛	浅草区花川戸	酒造業	200
森村市左衛門	芝区高輪南町	貿易商	500超	田中平八	麹町区内幸町	銀行業	200
原六郎	荏原郡品川町	土地	500	高津伊兵衛	日本橋区瀬戸物町	鰹節商	200
濱口吉右衛門	日本橋区小網町	醬油問屋	500	建石今	日本橋区長谷川町	木綿商	200
緒明圭造	荏原郡品川町	海運業	500	角山八百蔵	神田区同朋町	証券現物商	200
神田鐳蔵	日本橋区坂本町	株式現物商	500	中山佐市	麻布区今井町	会社役員	200
中井新右衛門	日本橋区金吹町	酒問屋	500	山本元三郎	日本橋区長谷川町	木綿商	200
山本条太郎	赤坂区新坂町	元三井	500	町田德之助	浅草区黒船町	糸・輸出商	200
益田孝	荏原郡品川町	三井顧問	500	松澤八右衛門	京橋区銀座3丁目	薬種商	200
青田綱三	下谷区三ノ輪町	会社役員	500	舛本喜兵衛	牛込区揚場町	酒醬油商	200
赤星鉄馬	麻布区鳥居坂	会社役員	500	福澤桃介	豊多摩郡渋谷町	会社役員	200
浅野総一郎	芝区田町	海運業	500	藤山雷太	芝区白金今里町	会社役員	200
薩摩治兵衛	神田区駿河台	木綿商	500	郷誠之助	麹町区上二番町	会社役員	200
三野村2家	深川区西大工町	会社役員	500	近藤廉平	牛込区市ヶ谷	会社役員	200
末延道成	麻布区東龍居坂	会社役員	500	江守善六	小石川区水道町	質商	200
外池字平	日本橋区通2丁目	小間物商	400	天野源七	日本橋区横山町	小間物商	200
小池國三	日本橋区兜町	株式仲買	350	菊池長五郎	日本橋区元浜町	呉服商	200
今村繁二	芝区田町	銀行業	300	清水栄蔵	日本橋区北島町	貸地業	200
原田二郎	麻布区市兵衛町	会社役員	300	森岡平右衛門	日本橋区本材木町	銅鉄問屋	200

(出所)渋谷編[1985]第1巻、6-13頁より作成。
(注)1916年の資産家番付に掲載された資産額で、東京府は200万円以上の家を、関東諸県と東北諸県は100万円以上の家を、それぞれ示した。業種については、その他の時期の資産家番付の業種も参考にした。なお、旧大名華族・政治家は除いた。

京府は資産額200万円以上、関東・東北諸県は資産額100万円以上の家を一覧にしたものである。東京府には財閥家族など資産額数千万円の家が存在したが、それらを除くと資産額数百万円程度の資産家がかなり多数存在し、その多くは商家であった。繊維関係の商家が資産家層に多かったが、醸造関係の商家も、

表Ⅲ-序-5　続き　　　　　　　　　　　　　資産額の単位：万円

② 関東諸県

氏名	居住地	業種	資産額
原富太郎	横浜市	生糸商	900
茂木惣兵衛	横浜市	生糸商	900
渡邊福三郎	横浜市	海産物商	750
安部幸兵衛	横浜市	砂糖雑穀商	500
平沼久三郎	横浜市	銀行業	450
増田増蔵	横浜市	砂糖洋粉商	350
小野光景	横浜市	生糸商	300
茂木七郎右衛門	千葉県野田	醤油醸造	300
若尾幾造	横浜市	生糸商	250
渡邊和太郎	横浜市	会社員	250
朝田権四郎	横浜市	廻漕業	250
箕田長三郎	横浜市	会社員	250
平沼義太郎	横浜市	土地	250
左右田喜一郎	横浜市	銀行業	200
浅古和久里	埼玉県草加	呉服商	200
石川徳右衛門	横浜市	土地	150
原田久吉	横浜市	雑業	150
大谷嘉兵衛	横浜市	製茶貿易商	150
加藤八郎右衛門	横浜市	醤油醸造	150
田中新七	横浜市	生糸商	150
中村房次郎	横浜市	貿易商	150
梅原逸太郎	神奈川県秦野	醤油醸造	150
上郎幸八	横浜市	貸金業	150
上郎清助	横浜市	会社役員	150
茂木佐平治	千葉県野田	醤油醸造	150
橋本喜助	埼玉県忍	商工業	120
江原芳平	前橋市	質商	120
本間千代吉	群馬県吉堀	質商	115
植竹三右衛門	栃木県川西	醤油醸造	110
高橋勝太郎	神奈川県浦賀	商業	100
小塩八郎右衛門	神奈川県相川	農業	100
佐藤政五郎	横浜市	銅鉄商	100
木村利右衛門	横浜市	生糸商	100
渋澤義一	横浜市	生糸商	100
鈴木三郎助	神奈川県葉山	工業	100
西川武十郎	埼玉県志木	肥料商	100
髙梨兵左衛門	千葉県野田	醤油醸造	100
半田善四郎	群馬県原市	呉服商	100
森宗作	群馬県桐生	会社役員	100
瀧澤民	栃木県氏家	会社役員	100

③ 東北諸県

氏名	居住地	業種	資産額
本間光輝	山形県酒田	土地	1,000
斎藤善右衛門	宮城県前谷地	貸金業	560
風間幸右衛門	山形県鶴岡	雑業	300
池田文太郎	秋田県高梨	土地	300
佐々木嘉太郎	青森県五所川原	呉服商	150
秋野光廣	山形県加茂	土地	150
土田萬助	秋田県舘合	土地	150
辻兵吉	秋田市	呉服商	150
那波三郎右衛門	秋田市	酒造・質商	150
吉野周太郎	福島県野田	銀行業	150
角田林兵衛	福島県桑折	土地	150
佐藤秀蔵	岩手県摺沢	土地・商業	120
木村九兵衛	山形県大泉	土地	120
野村治三郎	青森県野辺地	銀行業	100
佐藤清右衛門	岩手県本宮	土地	100
本郷吉右衛門	秋田県角間川	土地	100
奈良磐松	秋田県金足	土地	100
長谷川平内	山形県屋代	製糸業	100
長谷川吉三郎	山形市	商業	100
佐藤茂兵衛	山形県大石田	土地	100
岸三郎兵衛	山形県金山	酒造・林業	100
三浦権四郎	山形市	商業	100
白井遠平	福島県平	鉱山業	100

　濱口吉右衛門・中井新右門・鹿嶋千代・鹿島清平・近藤利兵衛など比較的多く、その代表が本書第7章でも取り上げる濱口吉右衛門家であった。関東諸県では、横浜の生糸商が有力資産家層を占めたが、それ以外では、茂木七郎右衛門・加藤八郎右衛門・梅原逸太郎・茂木佐平治など醤油醸造家が多かった。本書第8

章で取り上げる高梨兵左衛門家も資産額100万円で表に挙げられ、東京における会社設立に、東京の醸造関係の商家や関東諸県の醸造家の資金が重要な役割を果たすことが予想される。ただし、表Ⅲ－序－２の1913年時点の工業諸会社の主要役員と表Ⅲ－序－５の資産家の業種を照らし合わせると、主要役員の家業と、設立した工業会社の業種にかなり隔たりがあった。名古屋では、家業関連の製造会社を設立した資産家が多かったのに対し、東京では、家業と無関係に資産家が製造会社に出資して、社会的資金を糾合した株式会社形態で工業化が進んだと言える。その点では、時期の早い遅いがあったが、大阪と東京の工業化に類似性が見られた。

　一方、東北諸県では大規模土地所有の有力資産家が存在したが、数が少なくて所在が分散しており、会社設立が十分に進展するほどの資産家の集中は見られなかった。本書第９章で取り上げる野村治三郎家も資産額100万円で表に挙げられたが、青森県からは２家が表に挙げられたにすぎず、地域分布では山形県が９家で最も多かったが、酒田・鶴岡・加茂などの庄内地域と、山形市周辺地域に大きく二分されており、庄内地域の本間家と風間家を除くと、いずれも100万～150万円規模の資産家であった。そして、東北地域の大都市である仙台市に有力資産家が存在せず、宮城県では前谷地の斎藤家のみが突出した資産家になっていた。こうした点から見て、関東・東北地域では、東京府と横浜市に極めて偏った資産家分布になっており、関東・東北地域の資産家が有価証券投資を行う際に、東京・横浜の会社が対象となったと考えられる。この点を念頭に置いて、第Ⅲ部で関東・東北地域の会社設立のあり方を検討する。

第 7 章

近代東京醬油市場の展開と醸造家
—— 髙梨仁三郎店を事例として

はじめに——東京醬油市場の近代化

　本章の課題は、東京に進出した醬油醸造家が東京地域の産業化にいかなる役割を果たしたかを解明することである。まず近代初頭までの江戸（東京）醬油市場をめぐる動きを確認し、そのなかから近代の東京醬油市場での問題点を明らかにする。さて、関東の醬油醸造産地からは、18世紀より江戸へ醬油が移出されていたが、1810（文化7）年に江戸の醬油問屋は、「関東醬油荷物問屋仲間」を結成して共同歩調をとることにした（篠田 [1990]）。これは、関東醬油醸造家に対して、江戸の醬油問屋が取引の主導権を握り、問屋支配を確立するためであったが、これに対し、1824（文政7）年に関東造醬油8組の総代が江戸に参集して、江戸の醬油問屋仲間と仕法の取決めを行った。この時に、関東の醬油醸造家は問屋に対して江戸への出荷停止で対抗したため、江戸の醬油問屋仲間も譲歩し、いったんは醸造家に有利な取決めが成立したものの、その後問屋側は醬油醸造家の切り崩しに乗り出した。すなわち、8組の造醬油組合はそれぞれ産地ごとに結成されていたが、産地によっては江戸への出荷が大部分を占めた組もあり、江戸への出荷停止に耐えられない組が出てきた。その結果、8組の足並みが崩れ、それ以降は、各組の総代が江戸へ参集して問屋に対して共同で交渉することは行われなくなり、醸造家は地売りの拡大などで問屋の攻勢に対して個別に対応することとなった（篠田 [1990]）。

　その取引構造が大きく転換したのが、1841（天保12）年の株仲間解散令で、それにより市場統制機構としての問屋仲間は無力化し、幕府は問屋を媒介とした生産者統制から荷主の直接統制へ乗り出し、64（元治元）年には、江戸の物

価騰貴を抑制するため醬油価格の4割値下げを命じた。主に江戸に出荷していた有力な関東醸造家はこれに反発し、幕府への陳情の結果、野田と銚子の7つのブランドについては、一般の「極上」品とは異なる「最上」品と幕府が認定し、値下げを免除した（花井［2005］、谷本［2005］）。野田では、髙梨兵左衛門家の「ジョウジュウ」、茂木七郎右衛門家の「キハク」、茂木佐平治家の「キッコーマン」、銚子では、濱口儀兵衛家の「ヤマサ」、田中玄蕃家の「ヒゲタ」、岩崎重次郎家の「ヤマジュウ」、濱口吉兵衛家の「ジガミザ」が「最上醬油」に選ばれた。髙梨家は上花輪に居住していたが、1899（明治32）年に上花輪村は野田町に合併しており、本書では髙梨家を野田の醬油醸造家とする。

　幕府の直接統制により、安定するかに見えた東京醬油市場も、近代に入ると新政府により「営業の自由」が認められ、新たな市場への参入者の登場で市場取引が混乱した。それに対して、近世来の東京醬油問屋ら22軒は、1879年に醬油問屋組合を結成して、組合規約を設けた（藤原［1999］）。そして、組合契約保証金として1軒500円ずつ積み置き、規約を守らなかった組合員には相当の違約金を出させることとした。当時の東京での醬油の販売は全面的な問屋委託で行われ、委託販売手数料率は、一般的に口銭5％・蔵敷料3％の合計8％とされ（本章では両方合わせたものを手数料率とする）、醸造家に販売価格の決定権はなく、年2回の仕切りで問屋から提示された販売額に従って代金が精算されていた。こうしたあり方を変えようとしたのが、野田の醬油醸造家の茂木佐平治家で、佐平治は北関東の醸造家が共同で東京の問屋や仲買に醬油を販売することを目指し、同調した有志により1881年に東京醬油会社を設立し、同社は東京に倉庫を設けて醸造家が自ら東京の醬油問屋の役割を担い始めた（花井［2005］119-121頁）。この東京醬油会社は、東京での取引関係を転換させる契機になったと考えられ、後ほど詳細に検討するが、東京の醬油問屋は結束して東京醬油会社の発起人となった醸造家の製品を扱わない対抗措置をとった。

　その混乱を収束させるために、1887年6月に東京の醬油問屋18軒で東京醬油問屋組合が結成され、組合の地区は日本橋区・京橋区・神田区の3区とされ、組合員（東京醬油問屋）の荷物置場へ積み込むまでの運送費は全て荷主（醸造家）が負担することや、組合員が荷主より商品売捌手数料と蔵敷料を領収することや、組合員が違約金予備として1軒に付き50円を拠出し、国立銀行にそれ

を預けることなどが決められた（藤原［1999］55-61頁）。そして、組合員が荷物を送ることを約束して荷主に仕入金を貸したにもかかわらず、荷主が荷物を送らなかった場合は、協議の上でその荷主と組合員一同が取引停止の扱いをすることともした。産地の野田でも、1887年に野田と近隣の流山などの醬油醸造家17軒が野田醬油醸造組合を結成し、混乱収束への動きが加速され、最終的に東京醬油会社が解散することで、問屋と東京醬油会社の対立は終結した。

　このことは、醬油醸造家が、東京において問屋が組織する販売網を切り崩して独自の販売網を築くことがいかに困難かを露呈した。そのため、それ以後野田の醬油醸造家は東京での販売は東京醬油問屋に任せて、自らは生産拡大に邁進するに至った。その結果、1890年に東京の醬油問屋18軒と東京周辺の醬油醸造家35軒が合同で、「一府六県醬油醸造家東京醬油問屋組合連合会」を結成し、価格・出荷量に関する細かい規定を作り、問屋優位の取引構造が改めて確認された（藤原［1999］70-71頁）。これに対して、有力醸造家は特定の問屋を特約荷受問屋として大量に東京へ出荷し、問屋仲間の機能を無力化することを目指した結果、次第に問屋組合が無力化し、1917（大正6）年末に野田の有力醸造家が大合同して野田醬油株式会社を設立した。それによってそのブランドとして選ばれた「キッコーマン」と銚子の有力ブランドの「ヤマサ」と「ヒゲタ」が、関東醬油市場で圧倒的な地位を占め、ブランド品を醸造する有力醬油醸造メーカーが生産協定を結ぶことで、取引の主導権は醸造家に移り、東京醬油問屋組合は名目上の存在となったとされる（藤原［1999］90-91頁）。

　以上のような、江戸・東京醬油市場に関する先行研究を確認して、本章では以下の3つの具体的な課題を提示して論じる。1つは、東京醬油会社の設立は東京醬油市場の取引関係を変える契機とはならなかったのかであり、もう1つは、有力醸造家は特定の問屋を特約荷受問屋として大量に東京へ出荷することで、問屋機能を無力化することに成功したのかであり、最後の1つは、東京に進出した醸造関連業者は、東京の産業化にいかなる役割を果たしたかである。後述するように、東京醬油会社の設立を契機として、問屋手数料のあり方が変化しており、解散したとは言え、東京醬油会社は東京での取引関係を変化させる意味はあったと考えられる。また、野田の有力醸造家の髙梨家は近江屋（髙梨）仁三郎店を東京出店としていたが、1910年代までそれ以外の問屋にもかな

りの部分を出荷しており、近江屋(髙梨)仁三郎店自身も、野田の髙梨本店以外の醸造家の醬油もかなり扱っていた。その点で、醸造家と東京の特約荷受問屋の関係を固定的に考えることは誤りと思われる。そして東京の醸造関連業者と東京周辺の醸造家は、醸造家とその東京出店のみでなく、互いにグループとして協力しつつ、東京での会社設立を進めることとなった。これらの点に留意して、以下で、近江屋(髙梨)仁三郎店と髙梨家との関係を検討する(なお、主要醸造産地の野田・銚子と東京の位置関係については、本書巻頭の地図5を参照)。

1 髙梨(近江屋)仁三郎店の経営展開

(1) 髙梨仁三郎店の経営概観

近江屋仁三郎店は19世紀中葉に髙梨兵左衛門家の江戸出店となり、近代に入り、髙梨仁三郎店を名乗った。もっとも髙梨家のなかでは、近江屋仁三郎「近仁(きんに)」店の通称で通っていた[1]。髙梨仁三郎店は、1881(明治14)年の東京醬油会社設立に際しては、東京醬油会社側に立つことなく、東京醬油問屋の立場で動き、87年の東京醬油問屋組合の結成に参加した(藤原[1999]59頁)。表7-1を見よう。髙梨仁三郎店は1898年頃の営業税額では、東京の同業者のなかで中位に位置したが、1910年代になると上位層で廃業する問屋が見られるなかで、24(大正13)年頃には上位10軒に入る有力な問屋になった。髙梨本店は1917年の野田醬油株式会社設立とともに、醬油醸造部門を野田醬油へ現物出資したが、髙梨仁三郎店は野田醬油設立後も東京問屋として営業を継続した。ただし、野田醬油・ヤマサ醬油・ヒゲタ醬油の有力3大メーカーの間で1926(昭和元)年に「三蔵協定」が結ばれると、取引の主導権はメーカー側に移り(花井[1990])、27年以降の不況のなかで問屋の経営は苦しくなり、髙梨仁三郎店も含めて小網町に店を構える醸造品問屋5店が合同して、合資会社小網商店を設立し、髙梨仁三郎店の問屋経営は終了した[2]。小網商店に合同した5店は、

---

1) 明治期の「金銭出入帳」(髙梨本家文書、上花輪歴史館蔵、以下、髙梨本家文書はいずれも上花輪歴史館蔵のため所蔵先を省略)より。
2) 株式会社小網[1983]26-28頁。中野長兵衛家は5代茂木七郎右衛門から次男長三郎が分家(市山編[2003]100頁)。なお株式会社小網は醬油以外の醸造品も扱っている。

第7章　近代東京醤油市場の展開と醸造家　351

表7-1　営業税額から見た近代期東京市内有力醤油商一覧　　単位：円

屋号	氏名	区	町	1887年	1898年頃	1907年頃	1913年頃	1918年頃	1924年頃
大国屋	國分勘兵衛	日本橋	通1丁目	○	388	744	2,614	2,178	国分商店
	小亀勝之助	京橋	霊岸島銀町		291				
廣屋	濱口吉右衛門	日本橋	小網町		212	249	510	527	3,937
徳島屋	遠山市郎兵衛	日本橋	北新堀町		157	231	591	831	1,611
	岩崎重太郎支店	京橋	南新堀町	○	131	156	318		
伊勢屋	岩崎伝次郎	四谷	南伊賀町		130	391			
大蔵屋	色川千城	深川	猿江町		118	35			
島屋	森六郎支店	京橋	南新堀町	○	113	157	363		
榛原	鈴木恒吉	神田	松住町		109	116			
高崎屋	高崎為蔵	日本橋	小網町	○	107	125			
三宇商店	鈴木宇兵衛	芝	芝口1丁目		106				
柏屋	林与三郎→新二郎	深川	石島町		103	137			
奴利屋	中澤彦七→彦吉	京橋	松川町	○	94	345	296		6,103
	倉島庄右衛門	浅草	花川戸町		93	106			
三河屋	蜂須賀与平	京橋	南新堀町		89	101	326	292	
加島本店	加島十兵衛	浅草	茅町		87	97	264	161	
近江屋	高梨仁三郎	日本橋	小網町	○	86	93	334	384	2,728
小方屋	杉山源右衛門	四谷	麹町		86				
	岡野五兵衛	芝	車町		84	102			
澤田	山城佐平治	深川	東六間堀町		77				
榛原本店	増田嘉助	神田	松住町	○	75	91			
茗荷屋	岡田善五郎	日本橋	小網町		74		40	536	
	柴田幸三郎	京橋	五郎兵衛町		70	98(酒)			
乳熊屋	竹口作兵衛	深川	佐賀町		57	86	296		
上萬屋	渡辺六兵衛	麹町	飯田町		53	188			
升本屋	久保寺勇吉→吉兵衛	麹町	三番町		51	159	213	177	
萬屋	太田久七	浅草	馬道町		47	101	236	225	792
	升本喜三郎	日本橋	蠣殻町		46	69	354	363	2,431
高崎屋	渡邊仲蔵	本郷	駒込東片町		45	62	189	157	255
加賀屋	永田福松	四谷	北伊賀町		40	117	96	83	223
鹿島商店	中村栄太郎	芝	芝口2丁目		34	61	161		
山崎屋	吉田亀吉	牛込	市ヶ谷町		32	70	314	237	322
	松田辰次郎→鍵七	本所	横川町		31	48	178		
村上商店	村上治兵衛	日本橋	小網町		29	46	213	254	4,298
三河屋	三田慶太郎	牛込	細工町		28	46	200		
盛田屋	笠尾伝平	神田	細島町		28	42	232	152	183
阪上	金盛多兵衛	小石川	戸崎町		24	52	385	249	
	安藤豊吉	芝	芝口2丁目		17	26	117	117	253
	小島亀松	深川	西大工町		8	23	105	119	234
近江屋	鈴木忠右衛門(金丸)	京橋	霊岸島銀町	○		495	525		7,466
	中井半三郎	京橋	富島町			433	101		中井商店
小方商店	佐藤喜助	四谷	伝馬町			158			
	森本芳兵衛	日本橋	新霞町			138			1,488
	中野長兵衛	日本橋	小網町			112	652	812	3,152
菱屋	鈴木新助	京橋	霊岸島町			56	263		824
常陸屋	内田安右衛門	本所	徳右衛門町			41	328	262	697
加島屋	廣岡助五郎	京橋	四日市町			570(酒)	101	162	
三河屋	牧原仁兵衛	京橋	南新堀町			241(酒)		144	
	中条瀬兵衛	日本橋	蠣殻町	○			681		中条商店
	木村亀次	神田	柳原河岸				171		

(出所)明治25年版・明治40・41年版・大正7年版・大正14年版『日本全国商工人名録』商工社、渋谷編［1988］より作成。

(注)1898年頃の営業税額が70円以上、1907年頃の営業税額が100円以上、1913年頃の営業税額が100円以上、1918年頃の営業税額が140円以上のものについて、表に挙げた年の営業税額を示した。氏名欄の→は代替わりを示す。1887年欄は、同年に設立された東京府下醤油問屋組合メンバーに○印を付けた（藤原［1999］を参照）。1898年頃からは、各年の『日本全国商工人名録』掲載の営業税額を示した。1924年頃欄で会社になっていたのは、合名会社国分商店、濱口商事株式会社（濱口吉右衛門）、株式会社中澤商店（中澤彦七）、合名会社村上商店（笹田傳左衛門）、株式会社中条商店。営業税額の後ろに（酒）とあるのは、酒商・酒醸造家としての営業税額。なお、色川千城・林与三郎・内田安右衛門は醤油醸造、永田福松は味噌醸造が本業と思われる。

髙梨仁三郎店のほかに、村上商店（笹田傳左衛門系列）・中野長兵衛店・中井半三郎店・髙崎徳之助店で、笹田家・中井家・髙崎家はいずれも髙梨家の姻戚で（公益財団法人髙梨本家監修［2016］巻頭の髙梨家系図を参照）、中野長兵衛家は野田の茂木七郎右衛門家の分家なので、血縁や地縁を同じくする東京醬油問屋が合同して、主に野田醬油の製品を扱った。表7－1に戻ると、1924年頃の営業税額では、村上商店が4,298円、中野長兵衛店が3,152円、髙梨仁三郎店が2,728円と小網商店に合同した醬油問屋はいずれも有力問屋であり、小網商店は東京醬油市場でもトップクラスの醬油卸商店になったと考えられる。

　近代期の髙梨仁三郎店の損益と資産の動向を確認する。表7－2を見よう。近代前期の髙梨仁三郎店は、1870年代後半に取扱い醬油樽数が徐々に減少し、80年代前半は急減した。1881年からの取扱い醬油樽数の減少は、東京醬油会社の設立に対抗して東京醬油問屋が、東京醬油会社の発起人の醸造品を扱わないことを決めた影響によると思われるが、それ以前の78年から髙梨仁三郎店の取扱い醬油樽数は減少していた。しかも、掛売で販売した醬油の代金が十分に回収されていたとは思われず、かなりの越年貸があり、当年貸も増大傾向にあり、1880年にその滞貸分のうち6,124円分を越方万年帳に移し替えて償却した。差引では利益が上がっているかに見えるが、内実は苦しく、もともと近江屋仁三郎店が髙梨家からの出資で開業しており、髙梨本店からの借入金は、近代期も依然として残り続け、髙梨仁三郎店は経営を自立できていなかった。

　1890年代も髙梨仁三郎店の経営の内実は苦しかったと思われる。表7－3を見よう。東京醬油会社が解散したことで、醸造家と東京醬油問屋の対立が終結し、「一府六県醬油醸造家東京醬油問屋組合連合会」が結成されたことで東京醬油市場取引は安定したと考えられ、1890年代に髙梨仁三郎店の取扱い醬油樽数は順調に増大した。それに伴い問屋手数料も順調に増大したが、諸入費も増大するとともに返金・値引・損害などの逸失利益も多く、収支差引ではあまり多くの収益を上げられていない。また、貸借でも品代掛売残金が増大しており、1896年から項目を分けて記載するようになった売上現在貸金も合わせると、回収できていない代金が急増していた。それらの不良債権化する可能性のある売掛金が資産のなかでかなりを占め、それを補塡したのが本家からの預り金であった。特に1900年代になると、髙梨仁三郎店の取扱い醬油樽数は急増したも

表7－2　髙梨仁三郎店店卸の動向（その1、1875～85年度）　金額の単位：円

年度	1875	1876	1877	1878	1879	1880	1881	1882	1883	1884	1885
取扱個数（醬油樽）	34,135	35,720	34,579	30,211	25,977	21,902	14,867	12,329	14,829	18,918	22,336
（塩　俵）	37,646	28,487	18,871	15,910	3,464	40					
（明樽　本）				492	69	54					
（味噌　樽）						678	656	532	545	365	814
販売額	32,683	30,116	27,606	28,162	24,891	25,428	22,870	18,282	18,128	17,731	22,822
元金	30,917	28,360	25,887	26,305	23,383	23,520	21,233	16,941	16,785	16,350	21,021
差引（徳）	1,766	1,756	1,719	1,857	1,508	1,708	1,638	1,378	1,343	1,385	1,802
越年諸口銭差引	293	32	△3	240	22	△137	△139	△142	△130	△39	△71
得意先差引	△92	△83	△99	△80	△83	△95	△70	△79	△113	△63	△106
内置醬油差引	△45	△58	△59	△59	△49	△55	△78	△54	△40	△12	△13
宮帳簿上高差引	495	252	376	323	159	275	283	244	192	122	118
諸入費	△1,009	△786	△936	△1,612	△896	△1,057	△1,028	△1,094	△967	△1,004	△927
給金	△210	△476	△429	△402	△447	△400	△410	△477	△465	△467	△390
その他										△10	10
収支差引	1,197	636	569	267	215	237	196	△225	△180	△88	422
貸借の部											
有荷物	665	703	620	771	775	1,023	531	995	377	790	1,396
有金	1,047	447	941	267	535						91
越年貸	9,834	10,667	10,551	9,580	10,264	6,505	5,800	6,341	5,296	6,666	7,716
家内貸・当座貸	3,248	3,453	3,613	3,571	4,009	2,671	3,390	2,126	3,282	2,856	3,953
越方万年帳（その1）	7,640	7,729	7,729	7,729	7,729	7,729	7,729	7,729	7,729	7,729	7,729
越方万年帳（その2）						6,124	6,462	6,462	6,462	6,462	6,462
その他貸						398	349				104
貸方計	22,434	22,999	23,454	21,919	23,312	24,450	24,262	23,654	23,146	24,503	27,451
本店借	5,524	5,524	5,524	5,524	5,524	5,524	5,524	5,524	5,665	5,665	815
河野借	141	141	141	141	141	141	141	141			
千葉近仁借	94										
仮仕切渡分	7,077	7,153	7,329	6,632	7,684	8,676	7,309	9,985	8,483	8,017	14,046
その他預り金	374	359	97	55	82	30	30	30	30	30	30
借方計	13,209	13,177	13,091	12,352	13,431	14,371	13,003	15,680	14,178	13,712	14,891
貸借差引	9,226	9,822	10,363	9,567	9,882	10,079	11,258	7,980	8,968	10,792	12,560

(出所) 各年度「店勘定下書（髙梨仁三郎）」（髙梨本家文書、上花輪歴史館蔵、以下、髙梨本家文書はいずれも上花輪歴史館蔵のため所蔵先を省略）より作成。

(注) 宮帳簿は、地方への販売分と考えられる。販売額から元金を引いたものが口銭とされていた。無印は、髙梨仁三郎店の利益もしくは貸、△印は損失もしくは借を示す。1885年度は若干集計方法に変更があったが、それ以前と項目を揃えて集計し直した。

のの、多額の売掛金が残り、それを急増した髙梨本家からの預り金で補う構造がより鮮明に見られるようになる。ここには、醸造家に対して取引で優位に立つ東京醬油問屋の姿は見られず、本家の醸造家からの借入金で経営を展開している東京醬油問屋の様子が窺われる。とは言え、それにより経営規模を拡大したことで、前述のように1910年代の髙梨仁三郎店は、東京醬油問屋のなかで有力な地位を占めるようになった。

表7－3　髙梨仁三郎店店卸の動向（その2、1893～1904年度）　金額の単位：円

年度	1893	1894	1895	1896	1897	1898	1899	1900	1901	1903	1904
取扱個数（醬油樽）	30,355	31,313	39,382	44,572	47,624	48,664	52,097	55,783	67,498	75,618	74,196
（味噌樽）	1,163	1,283	1,115	1,212	1,405	1,199	1,252	1,233	1,485	2,085	1,888
（酢　樽）	142	227	218	229	134	225	180	239	237	368	330
販売額	35,904	38,010	48,921	61,336	75,312	81,286	96,583	107,003	121,729	136,172	141,014
元金	33,050	35,056	45,076	56,477	69,310	74,054	88,825	98,460	112,017	129,372	133,974
差引口銭手数料	2,857	2,968	3,846	4,859	6,002	6,470	7,758	8,543	9,712	6,800	7,040
川岸上高	39	42	49	54	59	59	63	67	80	93	88
利子・宮帳簿上高	462	424	366	385	506	450	445	408	552	1,015	1,441
諸入費・諸税金	△1,163	△1,130	△1,341	△1,609	△1,921	△2,303	△2,195	△2,915	△3,005	△2,493	△3,185
給金・手当・仕着	△573	△841	△494	△973	△1,193	△1,816	△858	△1,282	△1,135	△1,344	△1,390
返金・値引・損需	△1,903	△1,329	△742	△822	△1,923	△2,273	△1,393	△1,819	△1,513	△3,617	△703
収支差引	△281	133	1,227	1,893	1,531	586	3,621	3,001	4,692	454	1,291
貸借の部											
有荷物見積金	1,067	692	1,288	1,407	1,678	1,367	3,702	3,353	2,636	552	6,481
現在金・有価証券	4,264	2,772	5,774	5,281	5,434	5,271	6,103	1,774	3,167	3,680	2,438
年賦・月賦貸金	2,167	661	676	585	524	561	908	2,103	2,233	4,225	4,625
品代掛売残金	3,840	3,392	5,281	2,999	4,323	4,804	5,698	8,289	9,680	12,170	14,197
立替金・貸金	469		143	731	637	1,083	940				
売上現在貸				3,651	4,308	4,038	4,538	5,439	9,117	9,226	9,600
仮仕切渡金	162	89	88	74	470	248	384	566	2,183	202	43
貸方計	11,970	6,913	13,250	14,728	17,374	17,373	22,273	21,525	29,017	30,055	37,384
本家より資本金				3,000	3,000	2,400	2,400	2,400	2,400	2,400	2,400
本家帳合預り					5,900	6,371	9,835	6,553	12,020	12,917	19,656
仮仕切預り金	6,981	2,568	3,943	2,576	2,212	2,133	1,588	2,895	2,183	4,623	3,615
預り金・賞与金預り	4,084	890	5,033	4,581	739	859	409	534	910	654	849
借方計	11,065	3,601	8,976	10,158	11,851	11,764	14,232	12,382	17,513	20,593	26,520
貸借差引	905	3,312	4,274	4,570	5,523	5,609	8,041	9,143	11,504	9,462	10,864
別途本家より借入金	12,507	12,507									

（出所）各年度「店卸決算表（髙梨仁三郎）」（髙梨本家文書）より作成。
（注）宮帳簿は地方への販売分と考えられる。1894年度の借方にはほかに土蔵普請金△143円があった。立替金・貸金欄の1900年度以降は、品代掛売残金欄に編入された。無印は、髙梨仁三郎店の利益もしくは貸、△印は損失もしくは借を示す。

（2）髙梨仁三郎店の取引動向

　続いて髙梨仁三郎店の取引動向を検討する。表7－4を見よう。幕末維新期の近江屋仁三郎店は、髙梨本店からの醬油を引き受けて販売した分は多かったが、それ以外に広く関東の醬油蔵からの送荷を引き受け、髙梨本・分家を除くと野田の比重が特に多いわけではなかった。実際、1854（安政元）年時点では、髙梨本・分家以外に29軒の醸造蔵から醬油販売の委託を受けており、髙梨家の親戚にあたる河野蔵や近江屋仁三郎店がもともと江戸で醬油問屋を開業した時の本家であった千葉の近江屋仁兵衛蔵など、非常に縁の深い蔵の醬油を主に引き受けていたものの、江戸崎・行徳・市川・銚子などの醬油蔵からもそれぞれ1,000樽以上の醬油の販売を引き受けていた。また、店買所・溜り所・買荷物所欄に記したように、売れ残った醬油は仁三郎店が買い取って売買しており、

その量は、取扱い醬油樽数全体の1割程度に上った。委託販売を引き受ける際の手数料率も取引相手によって変えており、幕末期の近江屋仁三郎店は、売れ残った時のリスクを自ら負って、手数料率の値引きを武器としつつ、積極的に醬油の販売委託の引受先を開拓していったと思われる。その際、他の江戸の醬油問屋も、同様に売れ残った時に自ら買い取ることで取引相手を獲得していったと考えられ、「溜り所」の表現から見て、それぞれ売れ残った醬油を問屋が買い取ってそれらを問屋間で互いに引き取って売買していたと思われる。

ところが近代に入ると、1870年代に委託引受先が減少した。髙梨仁三郎店の髙梨本・分家以外の販売委託引受先は、1854年の29軒から、65（慶応元）年の25軒、73（明治6）年の18軒と減少し（表7-4）、表7-5を見ると、77年時点で15軒に減少していた。しかも、その15軒のうち、4,257樽を引き受けた河野蔵は髙梨家の親戚で（公益財団法人髙梨本家監修［2016］序章第3節）、2,488樽を引き受けた山下平兵衛蔵と1,531樽を引き受けた茂木房五郎蔵はいずれも野田の醸造家で、1,326樽を引き受けた千葉の近江屋仁兵衛蔵は、前述のように近江屋仁三郎店の旧本家であった。その点では、髙梨仁三郎店の引き受けた醬油の大部分が、本家、旧本家関係によるもので、それ以外も野田の醸造家の醬油がかなりの比重を占めた。ただし、手数料率は近代初頭も一定でなく、委託相手によって変えており、引受樽数の多い委託先ほど手数料率を低くしており、特に髙梨本店との手数料率はかなり低かった。その意味では、髙梨本店が東京に出店を設けて、そこを通して醬油を販売することは手数料の節約になった。

こうした取引形態は、1880年代前半に大きく転換する。すなわち、手数料率が統一され、販売額から逆算して元値が設定されることとなり、醬油問屋は手数料取得に特化することとなったのである。この背景には、1881年の東京醬油会社の設立による競争激化があったと考えられ、東京醬油問屋は、手数料取得に特化することで収益を安定させる代わりに、手数料率を一定にすることで問屋間の手数料率の競争をなくした。その一方で、松方デフレによる市況悪化を受けて、1881年時点の平均的な手数料率の8.1％から、その後8％へ引き下げ、以後、手数料率8％で近代期は一定のまま推移することとなった。

その点では、醸造家が、東京の出店に対して、自らの出荷品のみに相対的に低い手数料を設定させることはできなくなり、醸造家にとって手数料の面では

表7-4 幕末維新期髙梨仁三郎店醬油販売引受先別一覧

引受先	所在地	①1854年					引受先	所在地
		樽数	販売額	単価	収支	率		
本店出蔵	今上	4,855	1,167・3	0.24	44・3	3.8	→	
本店元蔵	上花輪	3,982	841・3	0.21	48・1	5.7	→	
髙梨新蔵（宝山蔵）	上花輪	1,868	419・1	0.22	21・2	5.1	→	
髙梨丸山蔵	上花輪							
河野（権兵衛）上石ύ	今上	5,083	890・0	0.18	38・2	4.3		
近仁（近江屋仁兵衛）	千葉	4,999	790・2	0.16	58・1	7.4	→	
岡田（嘉左衛門）	野田	1,787	227・3	0.13	21・0	9.2	永文	川口
辻田（忠兵衛）	江戸崎	1,522	223・0	0.15	10・2	4.7	成崎	
近喜（近江屋喜兵衛）	行徳	1,433	199・0	0.14	15・0	7.5	石川	松伏
釜喜（釜屋喜兵衛）	市川	1,278	202・0	0.16	15・1	7.5	→	
相紋（相模屋紋次郎）	流山	1,227	220・3	0.18	0・2	0.2	→	
柳屋（仁平治）	松伏	1,189	182・0	0.15	14・2	8.0	→	
油与（油屋与四郎）	野田	1,183	196・1	0.17	14・2	7.4	→	
福田（権次郎）	三村	1,180	202・0	0.17	15・0	7.4	→	
田中吉之丞	銚子	1,144	213・0	0.19	10・0	4.7		
茂木七左衛門	野田	996	158・3	0.16	12・2	7.9		
稲荷屋（富蔵）	細倉	910	121・3	0.13	11・2	9.4	樽敷	
油忠（油屋忠七）	駒木	867	132・0	0.15	9・0	6.8		
飯田（重兵衛）	野田	822	121・2	0.15	7・0	5.8	永瀬	流山
石橋（善左衛門）	円生	804	118・2	0.15	10・1	8.6	→	
田中玄蕃	銚子	615	107・0	0.17	8・2	7.9	→	
釜弥（釜屋弥七）	井ノ堀	494	90・0	0.18	4・0	4.4	升庄	
日野屋	古河	421	70・1	0.17	6・1	8.9	→	
近藤（平左衛門）	鉾田	399	69・2	0.17	2・1	3.2	油吉	
金源（金子源兵衛）	府中	382	57・2	0.15	3・1	5.7	のら武	
髙橋（甚左衛門）	狐塚	306	47・3	0.16	3・2	7.3	→	
柏屋（七郎右衛門）	野田	278	47・3	0.17	2・2	5.2	→	
白木平兵衛	野田	265	38・2	0.15	2・1	5.8	→	
鈴木（六之助）	用賀	152	24・0	0.16	1・3	7.3	孝多	野田
日野（屋）次（兵衛）	小山	149	24・0	0.16	2・1	9.4	森山	
廣十（廣屋重次郎）	銚子	90	20・0	0.22	1・0	5.0	柏房	野田
釜嘉（釜屋嘉兵衛）	水海道	68	11・3	0.17	0・3	6.4	→	
茂木佐平治	野田	20	4・2	0.21	銀14匁		→	
仲間買		65	13・0	0.2	0・1	1.9	永井	
店買所		2,976	505・2	0.17	14・1	2.8		
溜り所		1,134	107・1	0.09	△1・2	△1.4		
買荷物所								

（出所）各年度「店勘定下書（近江屋仁三郎）」（髙梨本家文書）より作成。
（注）収支欄は、販売額から元価を引いた金額を示し、無印は髙梨仁三郎店の収入、△印は損失。店買所・溜り所・買荷物所欄はいずれも髙梨仁三郎店が買い取って販売した自己売買分。引受先は髙梨仁三郎店が販売委託を受けた相手。引受先欄の→は、左欄と同じの意味。単価は、販売額を樽数で除して1樽当たりの価格。率は、収支率を示し、販売額に占める収支額の比率。欄の途中の引受先に続く（ ）内は所在地。端数の銀匁については特に表記しない場合は省略した。なお、引受先欄の（ ）内の氏名・屋号は推定で、それによ

第 7 章　近代東京醬油市場の展開と醸造家　357

販売額・収支の単位：両・分、単価の単位：両、率の単位：％

②1865年					③1873年				
樽数	販売額	単価	収支	率	樽数	販売額	単価	収支	率
9,972	5,232・1	0.52	211・0	4.2	10,160	11,420・2	1.12	889・0	7.8
4,697	1,793・1	0.38	114・2	6.4	5,265	3,476・3	0.66	441・1	12.7
4,682	1,353・3	0.29	72・3	5.4	2,019	2,145・2	1.06	163・2	7.6
					7,008	3,983・0	0.57	279・3	7.0
3,670	1,544・0	0.42	107・1	6.9	2,715	1,807・1	0.67	148・1	8.2
3,363	1,202・3	0.36	109・2	9.1	2,636	1,550・2	0.59	126・3	8.2
1,892	526・0	0.28	41・0	7.8					
					550	403・1	0.73	29・3	7.4
1,039	293・1	0.28	33・3	11.5					
1,009	341・1	0.34	39・2	11.6	174	155・3	0.9	29・0	18.6
1,564	520・0	0.33	40・1	7.7	1,578	1,195・1	0.76	88・0	7.4
539	181・1	0.34	15・3	8.7	20	13・1	0.66	1・0	7.5
1,240	409・0	0.33	32・1	7.9	673	374・3	0.56	21・0	5.6
250	109・0	0.44	11・2	10.6					
264	121・3	0.46	7・2	6.2					
1,009	338・3	0.33	29・1	8.6	273	152・0	0.56	18・0	11.8
910	229・0	0.25	19・2	8.5					
352	126・1	0.36	12・1	9.7					
					530	233・3	0.44	19・0	8.1
1,285	430・3	0.34	41・3	9.7	553	405・1	0.73	33・1	8.2
94	40・1	0.43	3・2	8.7	149	79・0	0.53	7・0	8.9
1,680	571・1	0.34	48・2	8.5	255	171・1	0.67	15・1	8.9
					50	48・1	0.97	5・1	10.9
110	45・3	0.42	5・3	12.6	199	123・2	0.62	11・3	9.5
10	4・1	0.43	0・1	5.9	446	365・2	0.82	38・2	10.5
1,181	431・2	0.37	40・1	9.3	1,404	810・0	0.58	66・0	8.1
892	289・1	0.32	18・3	6.5					
322	102・2	0.32	10・2	10.2					
257	90・2	0.35	3・0	3.3	1,037	613・3	0.59	64・3	10.5
422	163・0	0.39	15・2	9.5					
20	10・0	0.5	0・3	7.5	20	23・2	1.18	1・3	7.4
210	90・3	0.43	9・3	10.7					
2,614	1,012・2	0.39	40・2	4.0	3,757	1,944・0	0.52	64・3	3.3
1,871	574・1	0.31	11・0	1.9	993	409・3	0.41	32・1	7.9
235	334・0	1.42	84・1	25.2	631	504・2	0.8	50・1	10.0

り所在地を判断した。所在地は、野田醬油株式会社社史編纂室編［1955］、林・芳賀編［1973］91-93、189頁、青木編［2009］298-301頁などを参照した。髙梨家蔵および河野家蔵は蔵の所在村を所在地欄で記した（表7-5・6も同じ）。

表7－5　明治期髙梨仁三郎店醬油販売引受先別一覧

引受先	所在地	①1877年 樽数	販売額	単価	収支	率	②1881年 樽数	販売額	単価	収支	率	③1885年 樽数	販売額	単価
本店出蔵	今上	8,092	7,081	0.88	455	6.4	5,460	8,328	1.53	677	8.1	6,535	7,184	1.1
髙梨丸山蔵	上花輪	4,972	2,547	0.51	185	7.3	906	1,027	1.13	84	8.2	1,981	1,497	0.76
本店元蔵	上花輪	3,554	1,876	0.53	136	7.2	350	382	1.09	27	6.9	2,346	1,715	0.73
髙梨宝山蔵	上花輪	1,955	1,637	0.84	128	7.8	2,220	2,688	1.21	219	8.1	1,560	1,327	0.85
河野（権兵衛）上石蔵	今上	4,257	2,505	0.59	185	7.4					山上	16	11	0.71
山下（白木）平兵衛	野田	2,488	1,322	0.53	106	8.0	264	246	0.93	17	7.0			
茂木（柏屋）房五郎	野田	1,531	994	0.65	77	7.7	1,600	2,097	1.31	170	8.1			
近仁（近江屋仁兵衛）	千葉	1,326	839	0.63	66	7.8	60	72	1.2	6	8.2	745	543	0.73
内勘		731	509	0.7	55	10.9								
茂木七左衛門	野田	650	412	0.63	27	6.7	945	925	0.98	74	8.0			
田中玄蕃	銚子	545	380	0.7	32	8.5	476	617	1.3	50	8.2	1,115	1,352	1.21
柏屋（茂木）七郎右衛門	野田	509	364	0.71	24	6.6	1,924	2,270	1.18	181	8.0	2,790	2,832	1.02
松丸（茂助）	東京	260	124	0.48	10	8.5								
油吉		130	85	0.66	7	8.6								
髙橋（甚左衛門）	狐塚	100	64	0.64	5	7.5								
市村		60	31	0.52	3	8.5								
並木（安右衛門）	東京	30	15	0.51	2	15.0								
茂木佐平治	野田	20	20	1.02	2	8.1						1,356	1,259	0.93
永瀬（甚八）	流山	20	6	0.29	0	8.6								
孝多（甲田治郎兵衛）	野田						108	93	0.86	17	18.4			
風見							71	59	0.83	3	5.2			
立花屋												1,096	821	0.75
銭屋（岩崎）清七	藤岡											1,045	621	0.59
鶴屋（弥十郎）	佐原											500	600	1.2
柳屋仁平治	松伏											451	471	1.04
飯嶋												283	236	0.84
平山												130	88	0.67
山岸												61	47	0.77
三浦屋栄二郎	東京													
瀬崎														
山十蔵（岩崎重次郎）	銚子													
渡辺時三郎														
塚本長二郎														
大和屋（半七）	草加													
大川（平兵衛）	飯ノ岡													
金子徳造														
宮崎														
会田定治														
宇佐見														
小川啓蔵														
店買所		1,448	734		30	4.1	1,031	1,026		70	6.8			
溜り所		798	421	0.53	△0	△0	210	177	0.84	0	0.2			
買荷物所		225	146		5	3.3	60	100	1.67	2	2.2	中井		

(出所)各年度「店卸決算表（髙梨仁三郎）」（髙梨本家文書）より作成。
(注)収支欄は、販売額から元値を引いた金額を示し、無印は髙梨仁三郎店の収入、△印は損失。店買所・溜り所・買荷物所欄はいずれも髙梨仁三郎店が買い取って販売した自己売買分で販売額に醬油以外の荷が含まれた場合は場合は単価を示さず。
引受先は、髙梨仁三郎店が委託販売を受けた相手。単価は、販売額を樽数で除した1樽当たりの価格。率は、収支率を示し、販売額に占める収支の比率。欄の途中の引受先に続く（　）内は所在地。なお、引受先欄の（　）内は推定で、それにより所在地を判断した。表に示した以外に、1897年に山竹印の商店への醬油50樽の販売があった（販売額約78円、収入約6円、手数料率8％）。所在地は、表7－4と同じ資料に加えて、横山編［1987］、明治31年版「日本全国商工人名録」（渋谷編［1984］第1～3巻）を参照した。今上村は1889年に周辺の村とともに梅郷村となり、上花輪村は1889年に野田町に合併。
1881年の髙梨宝山蔵欄は、河野家から髙梨両造家が引き継いだと考えられる上石蔵の分も含む。樽数には、戻した樽は含めなかったが、樽の戻しは1881年から見られるようになり、表で示した年は、下記の引受先に樽を若干戻した（変味による戻しと記載されている場合はそれを記した）。
1881年：山下（白木）平兵衛、1885年：髙梨本店、銭屋清七、近仁（千葉）、立花屋、飯島、山下、1893年：なし、
1897年：山下平兵衛、三浦屋栄二郎、清水寿太郎、永井藤造、会田定治、渡辺時三郎、林与三郎、柳屋（松伏）、
1901年：髙梨本店、田中玄蕃、太田亀二郎、柏屋七郎右衛門（変味理由）、茂木房五郎（変味理由）、山下平兵衛（変味理由）、都辺与四郎（変味理由）、柳屋（変味理由）、鈴木佐五兵衛（変味理由）、朝日商会（変味理由）。

第 7 章　近代東京醬油市場の展開と醸造家　359

販売額・単価・収支の単位：円、率の単位：％

		④1893年						⑤1897年					⑥1901年				
収支	率	樽数	販売額	単価	収支	率		樽数	販売額	単価	収支	率	樽数	販売額	単価	収支	率
575	8.0	7,706	10,362	1.34	829	8.0		8,558	15,812	1.85	1,265	8.0	9,568	23,988	2.51	1,919	8.0
120	8.0	891	775	0.87	62	8.0											
137	8.0	2,027	1,628	0.8	130	8.0		420	545	1.3	43	7.9					
106	8.0						深井吉兵衛（佐原）	2,687	4,344	1.62	348	8.0	1,079	2,072	1.92	166	8.0
1	8.0						濱口儀兵衛（銚子）	1,470	2,724	1.85	218	8.0	2,572	5,844	2.27	468	8.0
		1,289	702	0.54	56	8.0		3,148	3,433	1.09	275	8.0	5,212	7,017	1.35	561	8.0
		1,216	1,204	0.99	96	8.0		6,254	7,830	1.25	627	8.0	10,976	15,672	1.43	1,254	8.0
43	8.0	987	803	0.81	64	8.0		2,172	2,667	1.23	213	8.0					
							林与三郎（東京）	549	870	1.58	70	8.0	910	1,705	1.87	136	8.0
								1,895	2,196	1.16	176	8.0	2,263	2,777	1.23	222	8.0
108	8.0	1,632	2,191	1.34	175	8.0		1,716	3,163	1.84	253	8.0	2,002	4,636	2.32	371	8.0
227	8.0	3,086	3,347	1.08	268	8.0		5,953	8,451	1.42	717	8.5	6,875	12,231	1.78	978	8.0
							永井藤造（土浦）	541	462	0.85	37	8.0					
							堀切紋二郎（流山）	465	725	1.56	58	8.0	1,448	2,374	1.64	190	8.0
							朝日商会						1,158	1,532	1.32	123	8.0
							清水寿太郎	289	385	1.33	31	8.0					
							柳屋（松伏）	257	369	1.44	30	8.0	270	376	1.39	30	8.0
101	8.0	20	28	1.42	2	8.0		1,367	2,687	1.97	215	8.0					
							出頭吉治	149	116	0.78	9	8.0					
							堀和登	136	126	0.92	10	8.0					
							三郎組	76	88	1.16	7	8.0					
66	8.0	1,077	1,000	0.93	80	8.0	山下富三郎（野田）						1,993	2,736	1.37	219	8.0
50	8.0	1,165	959	0.82	77	8.0		712	837	1.18	67	8.0	1,944	2,458	1.26	197	8.0
48	8.0	1,373	1,664	1.21	133	8.0	松岡（平井）						1,829	2,704	1.48	216	8.0
38	8.0	1,076	1,074	1	86	8.0		1,506	1,862	1.24	149	8.0	2,974	4,118	1.38	329	8.0
19	8.0	180	168	0.94	13	8.0	鈴木佐五兵衛（東京）						100	125	1.25	10	8.0
7	8.0						太田亀二郎（東京）	71	96	1.35	13	13.9	566	536	0.95	43	8.0
4	8.0						蓬莱屋（山﨑甚右衛門・野田）	440	408	0.93	33	8.0					
		1,136	1,016	0.89	81	8.0		1,365	1,715	1.26	137	8.0	589	739	1.25	59	8.0
		1,071	810	0.76	65	8.0		1,353	1,610	1.19	129	8.0	350	525	1.50	42	8.1
		1,060	1,433	1.35	115	8.0		1,106	2,027	1.83	162	8.0	1,394	3,295	2.36	264	8.0
		683	595	0.87	48	8.0		522	685	1.31	55	8.0					
		466	481	1.03	39	8.0		270	519	1.92	41	8.0					
		418	325	0.78	26	8.0	茂木勇右衛門（野田）						1,033	1,344	1.30	108	8.0
		356	318	0.89	25	8.0	都辺与四郎（野田）						689	945	1.37	76	8.0
		345	302	0.88	24	8.0		431	531	1.23	42	8.0					
		325	348	1.07	28	8.0											
		310	234	0.76	19	8.0		349	424	1.21	34	8.0					
		120	116	0.96	9	8.0	高橋						45	57	1.26	5	8.0
		75	61	0.81	5	8.0		400	484	1.21	39	8.0					
		263	268	1.02	21	8.0		900	1,068	1.19	85	8.0	2,024	2,753	1.36	220	8.0
他より買入		142	201		14	7.0							37	42	1.13	1	1.4

自らの出店に出荷するメリットはなくなった。この手数料率の経過を、表7－
6で詳しく検討する。1878年時点では、委託販売引受先によって手数料率はか
なり異なり、79年になると委託販売引受先が少なくなるとともに手数料率も全
体として低下した。そして1880年にさらに委託販売引受先が少なくなるなかで、
髙梨仁三郎店は、髙梨本・分家との手数料率を低く抑えることで、髙梨本・分
家からの取扱い醬油樽数を確保しようとした。なぜなら、後述するように髙梨
家にとって仁三郎店は東京出店ではあったものの、そこに全ての醬油の販売を
委託したわけではなく、他の東京醬油問屋にも販売を委託しており、さらに東
京のみでなく北関東地方へも販売していた。仁三郎店は髙梨家にとって取引店
の1つにすぎなかったからである。

　そして1881年に東京醬油会社が設立されると、東京醬油問屋の申合せで手数
料率が8.1％に統一されたと考えられ、それは84年に8％に引き下げられた。
松方デフレによる不況の影響もあろうが、東京醬油会社との対抗のなかで東京
醬油問屋も統一手数料率の引き下げに踏み切り、醸造家にとって若干有利な状
況も生じていた。一方、表7－5の1877年時点の店買所の樽数が1,448樽あっ
たのに対し、表7－6の店買所の樽数が次第に少なくなっていることに気付く。
1882年には261樽、84年には138樽、そして表7－5に戻ると85年には店買所の
樽数は全く挙げられなかった。

　東京醬油問屋が買い取る醬油樽数が減少したのは、売れ残った醬油樽を東京
醬油問屋が醸造家に戻すようになったからと考えられる。表7－6の醬油樽数
の（　）内が、髙梨仁三郎店が醸造家に戻した樽数を示したものであり、こう
した慣行が1882年から始まっていた。もっとも、醬油樽の戻しを行ったのは、
髙梨本・分家、柏屋（茂木）七郎右衛門家、柏屋（茂木）房次郎家、銭屋（岩
崎）清七家に対してのみであり、いずれも、当該年に多くの醬油の委託販売を
髙梨仁三郎店に依頼した大口の引受先であった。そのため、髙梨仁三郎店が売
れ残った醬油を買い取ることはその後も続き、1890年代後半になると髙梨仁三
郎店の取扱い醬油樽数は再び増大するが、それとともに自ら買い取る醬油樽数
も増え、表7－5を見ると、1901年時点では、2,024樽の醬油は髙梨仁三郎店
が自ら買い入れて販売した。そしてその場合の買い入れ代金と元値との差は
8％になるように設定しており、元値を醸造家に渡し、8％分は手数料として

自分が自分に対して払う形にしたと考えられる。

　こうした1880年代前半の取引形態の変化を経て、髙梨仁三郎店は、醬油樽の戻しが認められるような特定の大口引受先との結びつきを強め、90年代に委託販売引受先を急増させるとともに、野田の醸造家から大量に委託販売を引き受けるに至った。実際、表７－５で1901年を見ると、髙梨仁三郎店は、髙梨本店からを上回る10,976樽の醬油の委託販売を茂木房五郎家から引き受け、柏屋（茂木）七郎右衛門家から6,875樽、山下平兵衛家から5,212樽引き受けた分も合わせると、髙梨本店以外の野田の醸造家から髙梨本店の２倍以上の醬油の委託販売を引き受けた。その意味で、髙梨仁三郎店にとっても、醬油取扱い量の点では髙梨本店は有力な委託販売引受先の１つにすぎなかった。

　次に、髙梨仁三郎店の醬油販売先を検討する。仁三郎店の販売動向を示す直接の史料は残されていないが、前述の表７－３で示したように、売掛代金が期末にかなり残されており、その相手から販売先を把握することが可能となる。表７－７を見よう。1885・93・1901年の３時点で売掛代金が残された相手のうち、「日本全国商工人名録」で所在が判明した相手を一覧にした。参考までに、1898年頃の営業税額が判明したものはそれも合わせて示したが、1901年になると、外山豊次郎の826円、太田亀次郎の726円、近江屋（関）徳蔵の712円など、営業税額から見た経営規模に比べてかなり多額の売掛金残額が残されている相手先があり、これらの相手には売掛代金の貸が累積していたと思われる。表７－３に戻ると、仁三郎店の品代掛売残金は1900年から急増し、おそらく1900年恐慌の影響があったと推測できるが、01年は売上現在貸分も増大し、醬油販売代金が順調に入ってこなくなってきており、それを本家からの預り金で補った結果、01年の本家帳合預り額が急増した。こうして近代期の仁三郎店の経営は、資金的にますます本家に依存するに至った。

　なお、表７－７から見て、仁三郎店の商圏は日本橋区・浅草区を中心として、京橋区・芝区に広がっていた。東京湾岸地域から隅田川沿いに醬油を販売していたと考えられ、内陸部への販売はあまり見られなかった。

（３）髙梨家東京出店としての髙梨仁三郎店

　前項で述べたように、髙梨仁三郎は髙梨家の東京出店であるとともに、東京

表7－6　1878～84年髙梨仁三郎店醤油販売引受先別一覧

引受先	所在地	①1878年				
		樽数	販売額	単価	収支	率
本店出蔵	今上	7,810	6,128	0.78	471	7.7
髙梨丸山蔵	上花輪	4,451	2,623	0.59	185	7.1
本店元蔵	上花輪	3,230	1,874	0.58	147	7.8
髙梨宝山蔵	上花輪	1,430	1,338	0.94	48	3.6
河野（権兵衛）上石蔵	今上	3,071	1,941	0.63	132	6.8
柏屋（茂木）房五郎	野田	1,823	1,389	0.76	102	7.3
白木（山下）平兵衛	野田	1,801	999	0.55	44	4.4
近仁（近江屋仁兵衛）	千葉	1,585	1,100	0.69	80	7.3
柏屋（茂木）七郎右衛門	野田	575	478	0.83	34	7.1
須田杢兵衛		538	356	0.66	40	11.3
茂木七左衛門	野田	516	356	0.65	27	7.6
田中玄蕃	銚子	290	235	0.81	25	10.6
油吉		150	93	0.62	4	4.3
内勘		119	86	0.73	20	23.4
松丸（茂助）	東京	80	36	0.45	3	7.9
江戸屋		77	26	0.34	1	4.1
孝多（甲田治郎兵衛）	野田	51	44	0.87	5	10.4
高橋（甚左衛門）	狐塚	50	33	0.66	2	7.4
銭屋（岩崎）清七	藤岡	40	42	1.04	7	16.0
茂木佐平治	野田	20	20	1.02	2	7.7
風見						
永瀬（甚八）	流山	30	9	0.30	1	6.9
店買所		780[481]	650	0.52	31	4.7
溜り所		1,635	682	0.42	4	0.6
		④1882年				
本店出蔵	今上	5,285	7,929	1.50	640	8.1
髙梨宝山蔵・上石蔵	上花輪・今上	2,384(30)	2,838	1.21	229	8.1
本店元蔵	上花輪	1,396(53)	1,126	0.84	91	8.1
柏屋（茂木）七郎右衛門	野田	1,165(24)	1,508	1.32	122	8.1
柏屋（茂木）房五郎	野田	731(50)	929	1.36	75	8.1
田中玄蕃	銚子	566	677	1.20	55	8.1
銭屋（岩崎）清七	藤岡	566(9)	458	0.82	37	8.1
近仁（近江屋仁兵衛）	千葉	144	169	1.17	14	8.1
須田杢兵衛		92	68	0.74	6	8.1
柳仁（柳屋仁平治）	松伏					
山岸						
鶴屋（弥十郎）	佐原					
飯島						
平山						
店買所		261[63]	535	1.65	21	3.9
溜り所		131(82)	59	1.21	△6	△10.0

(出所)各年度「店卸決算表（髙梨仁三郎）」（髙梨本家文書）より作成。
(注)収支欄は、販売額から元価を引いた金額を示し、無印は髙梨仁三郎店の収入、△印は損失。店買所・溜り所・買荷物所欄はいずれも髙梨仁三郎店が買い取って販売した自己売買分。引受先は、髙梨仁三郎店が委託販売を受けた相手。単価は、販売額を樽数で除した1樽当たりの価格。率は、収支率を示し、販売額に占める収支の比率。樽数欄の（　）内は戻した樽数で、戻した樽数は単価の計算に含まず。店買所の樽数の［　］内は味噌・塩などの販売樽数で、店買所の販売額は、醤油と味噌・塩などの販売合計樽数より計算したため、

第7章　近代東京醤油市場の展開と醸造家

販売額・単価・収支の単位：円、率の単位：％

②1879年					③1880年				
樽数	販売額	単価	収支	率	樽数	販売額	単価	収支	率
5,240	5,626	1.07	344	6.1	4,415	6,221	1.41	440	7.1
3,867	2,547	0.66	175	6.9	3,270	2,918	0.89	206	7.0
2,710	1,774	0.65	127	7.2	1,735	1,492	0.86	97	6.5
1,465	1,625	1.11	103	6.4	2,465	2,638	1.07	208	7.9
2,545	1,882	0.74	117	6.2					
1,372	1,178	0.86	75	6.3	1,672	1,882	1.13	115	6.1
2,359	1,575	0.67	106	6.7	1,170	926	0.79	76	8.2
1,390	1,096	0.79	75	6.9	1,396	1,352	0.97	109	8.1
718	687	0.96	46	6.7	1,521	1,485	0.98	126	8.5
533	315	0.59	25	8.0	42	23	0.55	2	8.1
963	714	0.74	45	6.3	1,772	1,133	0.64	80	7.0
340	306	0.90	19	6.3	310	333	1.07	29	8.7
キハク（柏屋七郎右衛門）					415	599	1.44	52	8.8
166	78	0.47	8	10.1	207	160	0.77	13	8.3
296	193	0.65	20	10.1					
20	23	1.15	1	2.9	20	26	1.31	2	7.5
493	216	0.44	43	20.1	35	24	0.68	2	10.1
買荷物所					32			1	3.9
340[218]	534	0.81	40	7.5	857[32]	775	0.87	57	7.4
647	435	0.67	△13	△2.9	600	533	0.89	△22	△4.2
⑤1883年					⑥1884年				
6,580	8,025	1.22	649	8.1	7,395	7,288	0.99	583	8.0
2,005(4)	1,900	0.95	154	8.1	2,524(19)	1,855	0.74	148	8.0
1,110(69)	833	0.80	68	8.1	1,525(109)	856	0.6	68	8.0
1,160(29)	1,220	1.08	99	8.1	1,645(23)	1,724	1.06	138	8.0
1,179(5)	1,255	1.07	102	8.1	1,509(9)	1,356	0.9	109	8.0
475	455	0.96	37	8.1	670	708	1.06	57	8.0
1,538(12)	1,002	0.66	82	8.2	1,629(22)	897	0.56	72	8.0
543	591	1.09	48	8.1	511	476	0.93	38	8.0
立花屋					643	564	0.88	45	8.0
239	283	1.18	23	8.1	75	81	1.08	6	8.0
					361	315	0.87	25	8.0
					160	202	1.26	16	8.0
					85	69	0.81	6	8.0
					48	39	0.8	3	8.0
552[92]	894	1.39	△17	△1.9	138[84]	354	1.6	1	0.2
115(34)	105	1.30	△22	△20.5	265(179)	135	1.57	△3	△2.3

店買所欄の単価・収支・率ともに醤油と味噌・塩などの合計。引受先欄の（　）内は推定で、それにより所在地を判断した。所在地は、表7－5と同じ資料を参照した。1880～84年の髙梨宝山蔵欄は、河野家から髙梨周造家が引き継いだと考えられる上石蔵の分も含む。戻し分は、1878～80年は見られず。

表7－7　髙梨仁三郎店醬油売掛金残額相手先別一覧　　単位：円

相手先	居住地	1898年頃営業税額	1885年売掛残額	1893年売掛残額	1901年売掛残額
伊藤茂兵衛	浅草区七軒町1	21	140	145	395
西宮（渡邊）松五郎	日本橋区伊勢町3	31	86	40	273
小西（浅輪）茂兵衛	日本橋区浪花町12	27	86	87	12
伊勢屋（石関）利兵衛	日本橋区瀬戸物町1	28	68		
嶋村屋藤七	京橋区北槙町14	22	56	41	299
小西金七	浅草区黒船町8	16	55	16	94
伊勢屋（田中）弥兵衛	本所区相生町5-5	59	36		
小西（藤）卯兵衛	京橋区元数寄屋町3-4	20	36		
西宮本店・岡田平右衛門	神田区千代田町9	60	26	61	57
越前屋（橘）直吉	日本橋区本小田原町20	14	26		
鹿嶋利佐平	麻布区今井町34	70	18		
万屋（太田）久七	浅草区馬道町4-22	47	12		
三河屋（本橋）利兵衛	浅草区象潟町8	25		97	118
外山豊次郎	日本橋区蠣殻町3-13	29		63	826
大光本店・山本治郎右衛門	浅草区馬道5-3	54		55	39
大坂屋（福井）治郎右衛門	京橋区西紺屋町23			44	
若松屋（藤田）庄八	芝区南佐久間町1-2	20		38	36
山屋（奥村）庄三郎	芝区日影町1-1	15		32	44
橋本冨次郎	浅草区馬道町8-11	20		30	62
三浦栄次郎	京橋区日比谷町9			29	136
越前屋（藤井）七兵衛	深川区霊岸町3	55		27	33
倉嶋庄右衛門	浅草区花川戸町59	93		24	
須田喜助	浅草区新福井町3	32		18	72
太田亀次郎	日本橋区博正町3	21			726
近江屋（関）徳蔵	日本橋区本銀町1-14	13			712
とがしや（市川）亀蔵	日本橋区馬喰町4-21	11			266
古平とり	浅草区茅町2-9	37			182
勢州屋（島野）鉄蔵	日本橋区田所町25	17			171
三河屋（鈴木）小平治	日本橋区呉服町21	52			166
升本喜三郎	日本橋区蛎殻町2-1	46			154
山口屋（説田）彦市	浅草区千束町3-12	17			134
堺屋（岡名）宇三郎	芝区西久保巳町2	25			68
原沢安右衛門	芝区浜町1-7	14			51
亀甲屋（宮崎）代吉	芝区西ノ久保明船町12	24			50
島田喜八	日本橋区元大工町6	13			43
佐藤喜助	芝区田町1-3	23			42
玉川屋（高橋）平六	浅草区北元町8	15			37
大国屋（浅見）半兵衛	日本橋区米沢町3-5	40			32

（出所）明治18年度「店卸勘定書上書（髙梨仁三郎）」、明治26・34年度「店卸決算表（髙梨仁三郎）」（以上、髙梨本家文書5IBB26・5IBB27・5IBB35）、渋谷編［1988］、明治25年度『日本全国商工人名録』より作成。

（注）1885・93・1901年度において髙梨仁三郎店の売掛金残額があった相手のうち、「日本全国商工人名録」で居住地が判明したものを選んで示した。それゆえ、売掛金残額の全体像を示すわけではない。1898年時点の営業税額は明治31年版「日本全国商工人名録」（渋谷編［1988］）による。

醬油問屋組合の一員でもあり、その立場は微妙であった。本項では、近代期の髙梨仁三郎店が髙梨家や髙梨本店にとってどのような役割を果たしたかを検討する。表7-8を見よう。髙梨本店が東京醬油問屋に醬油の委託販売をしたその相手を示したが、髙梨本店にとって髙梨仁三郎店は主要な委託先ではあるが、多くの委託先のうちの1軒にすぎず、他の多くの東京醬油問屋とも継続的取引をしていた。髙梨仁三郎店も含め、点線より上に示した3軒の東京醬油問屋はいずれも髙梨家の姻戚で（公益財団法人髙梨本家監修［2016］巻頭の髙梨家系図を参照）、血縁のある東京醬油問屋にかなり販売を委託していたことが見てとれる。ただし、1900年代になると髙梨本店の醸造規模が急拡大したこともあり、東京での委託先が急増し、1890（明治23）年の東京醬油問屋18軒のほぼ全てに醬油販売を委託するようになった。むろん、髙梨仁三郎店への販売委託量は急増しており、髙梨仁三郎店の重要性が低下したわけではないが、髙梨仁三郎店が売り捌ける量には限界があったと思われ、それ以上に髙梨本店の醬油醸造量が拡大したため、髙梨仁三郎店以外の東京醬油問屋にもかなり販売を委託することとなった。ただし、髙梨仁三郎店とそれ以外の問屋とで、販売を委託する量にかなりの差があり、それ以外の問屋はだいたい5,000樽前後で、横並びで販売を委託したのに対し、髙梨仁三郎店は数万樽、そして姻戚の中井半三郎店が仁三郎店の半分程度の割合を1900年代後半以降は維持した。なお、髙梨本店がどの東京醬油問屋に販売を委託した場合も、手数料率は8％であった[3]。

　髙梨本店から販売を委託された醬油を販売した代金を、髙梨仁三郎店は髙梨本家に支払ったが、こうした髙梨本店の醬油と、それ以外の蔵から醬油販売を引き受けた分を区別して仁三郎店は管理していた。髙梨家の醬油の東京での販売に関する勘定は、髙梨本家から仁三郎家がその管理を委託する形で行われ、髙梨兵左衛門名義の「東京金銭出入帳」が作成された[4]。よって「東京金銭出入帳」は、髙梨仁三郎家の金銭出入帳ではなく、髙梨本家の勘定方東京部門が仁三郎店に置かれて、仁三郎店がその勘定を預かって運用を代行する形態をとり、勘定方東京部門は、髙梨本店の仁三郎店以外の東京問屋との決済も担当したため、その分も「東京金銭出入帳」に記載された。本章では、この部門を便

3）1900年代の「両蔵醬油萬覚帳」（髙梨本家文書）の東京仕切の項より。
4）「東京金銭出入帳」（髙梨本家文書）は、1931年まで残されている。

366　第Ⅲ部　関東・東北地域の会社設立と地方資産家

表7－8　近代期髙梨本店東京醬油積送樽数の動向

単位：樽

積送先	居住地	1871年	1874年	1877年	1881年	1885年	1889年	1893年	1897年	1901年	1906年	1913年	1917年
近江屋（髙梨）仁三郎	小網町	9,755	14,200	10,601	5,210	8,139	19,477	10,006	9,060	11,130	26,465	30,488	42,179
髙崎屋長右衛門→為造	小網町	11,910	14,349	13,250	9,465	10,275	13,785	9,005	7,730	7,830	7,740	10,840	10,760
中井半三郎	冨島町	10,214	12,319	10,433	6,085	9,455	11,366	6,090	7,210	9,040	14,450	18,670	17,300
茗荷屋善五郎→岡田商店	小網町	4,836	4,145	6,685	2,160	5,965	3,780	1,830	4,840	4,470	5,890	11,520	9,155
柏金	松住町	2,725	1,820	985					(蠣殻町)	2,370	1,880	3,950	4,420
榛原屋（増田）嘉助	松住町	1,970	1,660	2,920	440	2,390	2,070	升本喜三郎 1,290	980	1,470	1,840		
伊勢屋正	伊勢町	1,920	495	1,383					(通1丁目)				
中条瀬兵衛	南新堀町	1,420	545	595	50		國分勘兵衛		610	1,350	6,765	8,610	9,050
伊坂市右衛門→重兵衛	北新堀町	1,195	2,064	2,960	420	50	1,075		中澤彦吉（南新堀町）	210	1,390	3,740	4,860
德島屋（遠山）市郎兵衛	小網町	1,110	465	2,793	860	785	4,535	1,070	1,960	1,540	1,410	4,430	6,040
中野長兵衛	霊岸島鎭町	600	1,290	3,170	3,390	3,380		1,830	3,570	3,490	1,940	3,830	4,220
鹿島屋利右衛門	霊岸島鎭町	80		浅井 250	85	170			鈴木新助	3,490	4,360	9,200	8,050
山本吉兵衛	霊岸島鎭町		835		30				村上治兵衛（小網町）			3,130	3,860
鈴木（森）忠右衛門	南新堀町			1,340	880	50	615	580	1,190	1,700	1,800	3,660	5,940
鳥屋六郎				915	3,440	5,395	9,170	4,150	3,480	2,840	2,910	3,750	5,100
柏新				425									3,360
奴利屋（髙原）佐一郎	南新堀町			130	1,980	3,295	5,895	2,820	和田善平（蠣殻町）			2,830	2,550
成瀬長左衛門	松住町				1,340	1,160			廣岡助五郎（霊岸島町）	2,520	3,440		
髙崎長左衛門	松住町								牧原仁兵衛（南新堀町）				2,700
岩崎（廣屋）重次郎	南新堀町						3,805	3,040	3,030	1,730	2,400	4,060	
蜂須賀与平	上横町						1,055	1,110	980	1,580	2,940	3,990	4,340
濱口吉右衛門	小網町								1,020	1,530	1,900		
									960	1,600	1,850	4,900	4,460
合計		47,735	54,157	58,835	35,835	50,509	76,628	42,821	46,620	53,880	87,930	137,188	151,784

（出所）各年度「両藏醬油送分帳」東京醬油送分帳（以上、髙梨本家文書）より作成。

（注）史料では略号で記とされていたが、それを推定で氏名に直した。居住地は、明治25年版『日本全国商工人名録』東京府の部、明治40・41年版『日本全国商工人名録』東京府の部、横山篤編［1987］を参照した。小網町・通一丁目・北新堀町・上横町・伊勢町・富島町は日本橋区、松住町は神田区、中澤彦吉は髙原佐一郎の後見人で、髙原佐一郎の醬油店を引き継いだと考えられる。蠣殻町・霊岸島銀町・霊岸島町は京橋区。

宜的に髙梨東京勘定方と呼び、髙梨仁三郎家の勘定とは区別する。なお髙梨本家は髙梨家全体の資金管理をしており、髙梨本店も髙梨本家から原料購入資金を渡されて原料を購入し、東京以外の地域に直接醬油を販売した代金は髙梨本家に納めた（本書第8章）。

　1893年時点の髙梨東京勘定方の主要金銭出入を表7－9で示した。髙梨本店は、仁三郎店も含め、東京醬油問屋に醬油を送って販売を委託、委託された問屋は醬油代金の一部を内金として髙梨東京勘定方に納め、販売終了後に仕切額と内金との差額残金を髙梨東京勘定方に納めており、仁三郎店もこれと同様の決済を行った。そして、髙梨東京勘定方は、東京醬油問屋から得た販売代金を髙梨本家へ送金するが、店員などが野田へ持参して直接渡すこともあれば、銀行の送金手形を利用する場合もあった。また、髙梨東京勘定方は、原料など（大豆・小麦・塩・樽）の東京での買付も担っており、原料買付を東京問屋に委託して内金を渡し、取引終了後に仕切残額を東京問屋に支払った。

　本家との送金形態の変化を、1893・1903・13（大正2）年で比較する。表7－10を見よう。1893年は、本家より使いが来てそれに渡して本家へ持参させる形が一般的であったが、1903年になると本家への送金の多くが川崎銀行を利用して行われた。1900年に野田では野田商誘銀行が設立され、野田―東京間で銀行を利用した送金や決済が行えるに至ったことが見てとれる。ただし、1913年になり、髙梨家の醸造規模が急増して送金金額が大きくなると、逆に銀行振込ではなく、当主に直接渡す分も多くなる。表7－11に見られるように、年の前半は川崎銀行へ振り込んでの送金が多いが、年の後半になると9月に3万円、11月に2万円、12月にも2万円強のお金を直接主人に渡している。その一方、原料大豆・小麦の東京での買入はほとんどなくなり、塩代が定期的に支払われ、東京で醬油の原料塩の購入が行われていたことが判る。髙梨家は、野田の髙梨本店と東京出店でそれぞれに適した原料調達を行っており（前田［2016］）、輸入塩の利用が多かった塩は、主に東京で調達されていたと考えられる。このように全体として、東京勘定方は、野田本店から送られた醬油の販売に伴う決済とその代金の本家への送金、および東京での原料調達の決済を主に行っていた。その後1917年末に髙梨家が野田醬油会社設立に参画し、髙梨本店が醬油醸造部門を野田醬油株式会社に現物出資すると、髙梨東京勘定方の位置付けも大きく

表7-9　1893年髙梨東京勘定方主要金銭出入一覧　　金額の単位：円

月日	金額	内容	月日	金額	内容
1・21	1,600	本店より釜清殿税金分持参り	8・31	△500	絹川茂兵衛殿依頼内金渡
1・24(29)	1,500	近仁出蔵25年内金	8・31	500	髙崎長左衛門殿内金
1・26	1,000	髙崎為蔵殿25・26年内金	8・31	500	髙原佐一郎殿内金
1・26	500	中井半三郎殿26年内金	9・1	△500	大国屋藤七殿内金
1・26	△3,633	税金第3期川崎銀行振込	9・1	820	森六郎殿内金入
2・27	500	中井半三郎殿内金	9・1	1,622	髙崎為蔵殿内金・仕切残金
2・27	550	髙原佐一郎殿内金	9・1	800	近仁より内金入
2・28	400	髙崎長左衛門殿内金	9・2	△2,500	本家へ上げる宝来屋持参
2・28	800	髙崎為蔵殿内金	9・15	△400	大和屋定吉殿小麦200俵代池田屋へ渡
3・1	△600	大和屋定七殿小麦内金渡	9・18	500	近仁より内金入
3・1	△602	永井藤蔵殿大豆為替内金渡	9・18	△500	本家へ上げる宝来為持参す
3・1	400	岡田善五郎殿25年内金	9・26	700	髙崎為蔵殿内金入
3・2	△579	柴沼庄左衛門殿分土浦屋渡	9・27	998	中井半三郎殿内金・24年仕切残金
4・11	500	中井半三郎殿内金	9・27	△2,200	本家へ上げる使竹蔵持上る
4・11	△500	本家へ渡す使庄七持参	10・9	500	近仁内金
4・27	1,000	中井半三郎殿内金	10・23	500	中井半三郎殿内金入
4・29	800	森六郎殿内金	10・23	△500	谷田部竹治郎殿為替にて渡す
4・30	1,200	髙崎為蔵殿内金	10・30	440	中野長兵衛殿内金入
4・30	550	髙崎長左衛門殿内金	10・31	1,000	髙崎為蔵殿内金入
4・30	450	髙原佐一郎殿内金	10・31	550	髙崎長左衛門殿内金入
4・30	450	中野長兵衛殿内金	10・31	660	森六郎殿内金入
5・1	△1,600	谷田部竹治郎殿相渡	10・31	500	髙原佐一郎殿内金入
5・4	△500	旦那様へ上げる（本家に届ける）	11・2	△1,500	岩撫清七殿為替にて相渡
5・11	△618	相州小麦590俵代仕切金近仁渡	11・25	△600	銭屋清七殿為替金渡
5・11	618	近仁より内金	12・9	500	中井半三郎殿内金
5・26	500	髙崎為蔵殿内金	12・10(15)	△1,400	銭屋清七殿為替金にて内渡
5・26	500	中井半三郎殿内金	12・18	1,500	近仁内金
5・29	500	近仁内金	12・18	△400	綿屋浦吉殿小麦代内金渡
5・29	△1,900	本家へ渡す庄助持参	12・29(31)	1,700	髙崎為蔵殿内金
6・27	△401	綿屋浦吉殿小麦556俵仕切	12・29	△1,200	本家へ上げる使熊蔵持参す
6・29	550	髙崎長左衛門殿内金	12・29	400	中野長兵衛殿内金
6・29	△500	熊蔵持参す（本家渡し分か）	12・29	1,424	中井半三郎殿内金・25年度仕切残金
6・29	620	森七郎殿内金	12・31	600	髙原佐一郎殿内金
6・29	800	髙崎為蔵殿内金	12・31	△800	星野源兵衛殿樽内金渡
6・29	500	中井半三郎殿内金	12・31	△1,000	大国屋藤七殿樽内金渡
7・3	△1,500	谷田部竹治郎殿相渡	12・31	700	髙崎長左衛門殿内金入
7・7	△419	絹川屋へ小麦200俵代	12・31	600	岡田善五郎殿内金
7・27	1,211	近仁より24・25年出蔵分仕切残金	12・31	1,220	森六郎殿内金入
8・24	△400	本家へ届金熊蔵持参す	12・31	△500	河野作次郎殿樽内金渡
8・30	1,000	中井半三郎殿内金	12・31	1,500	近仁内金入

(出所)明治26年「東京金銭出入帳」（髙梨本家文書5AID49）より作成。
(注)無印は髙梨東京勘定方への入り、△印は髙梨東京勘定方からの支出。出入金額が400円以上の項目を示した。連続して類似の内容が続いた場合はまとめて、その日付を（　）内で補った。

第7章　近代東京醬油市場の展開と醸造家　369

表7-10　1903年髙梨東京勘定方主要金銭出入一覧　金額の単位：円

月日	金額	内容	月日	金額	内容
1・11	△3,000	本家当座預金内へ川崎銀行渡す	8・30	850	國分勘兵衛殿内金入
1・13	△1,500	本店へ相渡す川崎銀行へ払い込む	8・31	2,200	中井半三郎殿内金入
2・21	△3,000	本家へ上げる川崎銀行へ払い込む	8・31	980	中野長兵衛殿内金入
2・28	1,200	中野長兵衛殿内金入	8・31	750	森六郎殿内金入
2・28	2,550	中井半三郎殿内金入	8・31	600	髙崎長左衛門殿内金入
2・28	1,000	森六郎殿内金入	8・31	1,200	岡田商店殿内金入
2・28	600	鈴木忠右衛門殿内金入	8・31	2,000	髙崎為蔵殿内金入
2・28	800	國分勘兵衛殿内金入	9・1	△2,000	山口四郎吉殿米代金
2・28	630	升本喜三郎殿内金入	9・3	△2,900	岩崎支店殿相渡す
2・28	600	髙崎長左衛門殿内金入	9・3	3,400	近仁内金入
2・28	1,200	岡田商店殿内金入	9・3	△4,000	本家へ相渡す
3・1	2,000	髙崎為蔵殿内金入	10・14	△3,000	本家へ渡金川崎銀行振り込む
3・1	2,800	近仁分内金入	10・30	700	遠山市郎兵衛殿内金入
3・1	△555	セール商会塩代払	10・31	1,100	森六郎殿内金入
3・6	△800	星野清吉殿樽内金	10・31	600	蜂須賀与兵衛殿内金入
3・6	900	大国屋藤七殿樽内金	10・31	3,300	中井半三郎殿内金入
3・6	△750	樽屋浅次郎殿樽内金	10・31	1,460	中野長兵衛殿内金入
3・6	△700	竹本清助殿内金渡す	10・31	700	升本喜三郎殿内金入
3・6(31)	△10,000	本家御主人上げる・相渡す	10・31	700	濱口吉右衛門殿内金入
3・7	△1,500	岩崎清七殿相渡す	10・31	1,000	國分勘兵衛殿内金入
3・27	619	近仁35年度仕切残金	10・31	700	鈴木忠右衛門殿内金入
3・31	△555	セール商会塩代払	10・31	1,450	岡田商店殿内金入
4・6	808	髙崎為蔵殿35年仕切残金	10・31	2,000	髙崎為蔵殿内金入
4・29	△555	セール商会塩代払	10・31	690	岩崎重次郎殿内金入
4・30	870	中野長兵衛殿内金入	11・1	600	増田嘉助殿内金
4・30	700	森六郎殿内金入	11・1	△700	竹本清助殿内金渡す
4・30	2,300	中井半三郎殿内金入	11・1	850	髙崎長左衛門殿内金入
4・30	1,000	岡田商店殿内金入	11・1	△1,000	星野藤七殿相渡す
4・30	2,000	髙崎為蔵殿内金入	11・1	△5,500	岩崎清七殿相渡す（大豆代）
5・1	3,400	近仁内金入	11・3	3,650	近仁内金入
5・3	△650	大国屋藤七殿樽内金渡	11・6(27)	△7,000	本家へ上げる川崎銀行へ振込
5・3	△650	星野清吉殿内金渡	12・16	△3,000	岩崎清七殿へ渡す
5・3	△550	竹本清助殿内金渡	12・28	1,580	中野長兵衛殿内金入
5・4	△3,000	岩崎清七殿	12・28	1,250	森六郎殿内金入
5・5	△4,000	本家へ上げる川崎銀行へ振込	12・28	920	升本喜三郎殿内金入
5・26	△3,000	本家当座預け川崎銀行振込	12・29	700	鈴木忠右衛門殿内金入
6・20	△2,000	本家へ相渡す川崎銀行振込	12・29	740	岩崎重次郎殿内金入
6・30	900	國分勘兵衛殿内金入	12・29	3,500	中井半三郎殿内金入
6・30	1,250	岡田商店殿内金入	12・29	730	蜂須賀与兵衛殿内金入
6・30	2,600	中井半三郎殿内金	12・29	750	遠山市郎兵衛殿内金入
6・30	1,200	中野長兵衛殿内金入	12・29	△1,566	竹本清助殿内金代払
6・30	600	濱口吉右衛門殿内金入	12・29	△954	樽屋利助殿内金代払
6・30	630	升本喜三郎殿内金	12・29	△807	大黒屋藤七殿樽内金渡す
6・30	900	森六郎殿内金入	12・29	△700	樽屋浅次郎殿内金渡す
6・30	600	髙崎長左衛門殿内金入	12・30	△885	星野清七殿樽内金渡
6・30	△777	セール商会へ相渡す	12・30	1,800	岡田商店殿内金入
7・1	2,500	髙崎為蔵殿内金入	12・30	750	濱口吉右衛門殿内金入
7・1	△600	竹本清助殿内金入	12・30	1,300	國分勘兵衛殿内金入
7・1	2,600	近仁内金入	12・30	1,000	髙崎長左衛門殿内金入
7・3	△9,000	本家御主人へ上げる川崎銀行預け	12・30	2,500	髙崎為蔵殿内金入
7・31	△908	三井呉服店へ相払	12・30	700	増田嘉助殿内金入
8・4	△1,500	中桐市太郎殿へ小麦代相渡す	12・30	△8,227	岩崎清七殿相渡
8・7	△3,000	本家送金分川崎銀行払い込む	12・30	3,600	近仁内金入
8・24	△2,000	岩崎清七殿へ相渡す			

（出所）明治36年「東京金銭出入帳」（髙梨本家文書5AID56）より作成。
（注）無印は髙梨東京勘定方への入り、△印は髙梨東京勘定方からの支出。出入金額が550円以上（東京問屋からの醬油代内金は600円以上）の項目を示した。同月内の類似の内容はまとめて、その日付を（　）内で補った。

表7－11　1913年髙梨東京勘定方主要金銭出入一覧

金額の単位：円

月日	金額	内容	月日	金額	内容
1・9	△7,000	川崎銀行へ振り込む	8・31	4,450	岡田商店殿内金入
1・28	△1,500	須賀参次郎殿へ渡す	8・31	3,600	國分勘兵衛殿内金入
2・12	△7,000	川崎銀行へ振り込む	8・31	1,500	岩崎重次郎殿内金入
2・22	△1,926	イクイテーブル保険料借入金返済	8・31	1,500	村上治兵衛殿内金入
2・28	3,250	中野重次郎殿内金入	8・31	9,400	近仁内金入
2・28	1,500	蜂須賀与兵衛殿内金入	9・1	△2,753	岩崎清七殿
2・28	2,130	濱口吉右衛門殿内金入	9・3	△2,630	遠山商店殿
2・28	1,550	岩崎重次郎殿内金入	9・3	△2,298	鈴木武兵衛殿
2・28	1,850	中澤彦吉殿内金入	9・3	△30,000	御主人様へ上げる
2・28	1,750	升本喜三郎殿内金入	9・15	△6,000	川崎銀行へ振り込む
2・28	3,400	國分勘兵衛殿内金入	9・29	△4,163	松本藤吉殿塩代送る
2・28	6,600	中井半三郎殿内金入	10・9	△5,000	御主人様へ上げる
2・28	1,500	森六郎殿内金入	10・19	△5,000	川崎銀行へ振り込む
2・28	9,600	近仁内金入	10・30	7,700	中井半三郎殿内金入
2・28	4,100	岡田商店殿内金入	10・30	3,750	中野長兵衛殿内金入
2・28	4,000	髙崎為蔵殿内金入	10・30	1,800	鈴木忠右衛門殿内金入
3・3	△2,000	岩崎清七殿	10・30	1,730	遠山商店殿内金入
3・4(11)	△35,000	川崎銀行へ振り込む	10・30	1,650	中澤彦吉殿内金入
3・11	△3,905	岩崎清七殿渡す	10・30	1,950	濱口吉右衛門殿内金入
3・11	△1,738	佐藤保孝家第三銀行へ振込	10・30	1,650	升本喜三郎殿内金入
4・10	△2,000	須賀参次郎殿へ渡す	10・30	3,700	國分勘兵衛殿内金入
4・30	6,400	中井半三郎殿内金入	10・30	2,000	中条殿内金入
4・30	2,700	中野長兵衛殿内金入	10・30	1,700	岩崎重次郎殿内金入
4・30	2,700	國分勘兵衛殿内金入	10・30	1,550	村上治兵衛殿内金入
4・30	9,700	近仁内金入	10・30	1,700	蜂須賀殿内金入
4・30	3,800	髙崎為蔵殿内金入	10・30	11,800	近仁内金入
4・30	4,450	岡田商店殿内金入	10・30	4,000	髙崎為蔵殿内金入
5・2	△35,000	川崎銀行へ振り込む	11・1	△20,000	御主人様へ上げる
5・12	△2,600	御主人様へ上げる	11・1	3,950	岡田商店殿内金入
5・15	△5,300	須賀参次郎殿大豆内金	11・3	△3,000	岩崎清七殿渡す
6・3	△2,319	佐藤保孝へ塩代金振り込む	11・6	△10,000	川崎銀行へ振り込む
6・19	△7,500	川崎銀行へ振り込む	11・26	△2,989	佐藤保孝殿塩送り
6・29	1,600	遠山市郎兵衛殿内金入	12・10	△4,000	大野源次郎殿へ大豆内金渡す
6・30	3,400	中野長兵衛殿内金入	12・27(31)	△20,980	御主人様へ上げる
6・30	7,750	中井半三郎殿内金入	12・28	2,000	鈴木忠右衛門殿
6・30	1,700	鈴木忠右衛門殿内金入	12・28	3,800	國分勘兵衛殿
6・30	1,770	岩崎重次郎殿内金入	12・28	2,000	中条殿
6・30	1,700	蜂須賀与兵衛殿内金入	12・28	1,800	遠山商店殿
6・30	1,700	升本喜三郎殿内金入	12・28	2,000	蜂須賀与平殿
6・30	2,260	濱口合名会社殿内金入	12・29	1,500	和田善平殿
6・30	1,600	中条商店殿内金入	12・29	1,650	鈴木新助殿
6・30	1,900	中澤彦吉殿内金入	12・29	1,700	森六郎殿
6・30	4,350	岡田商店殿内金入	12・29	6,000	髙崎為蔵殿
6・30	12,000	近仁内金入	12・29	2,150	升本喜三郎殿
6・30	1,800	村上治兵衛殿内金入	12・29	△2,389	鈴木茂兵衛殿塩代払
6・30	1,800	森六郎殿内金入	12・29	△2,590	遠山商店殿塩代払
6・30	4,000	髙崎為蔵殿内金入	12・30	8,600	中井半三郎殿
7・1	△30,000	御主人様へ上げる	12・30	2,250	岩崎重次郎殿
7・4	△2,999	鈴木武兵衛殿塩代金	12・30	2,340	濱口吉右衛門殿
7・14	△5,000	川崎銀行へ振り込む	12・30	5,100	中野長兵衛殿
8・1(25)	△8,000	川崎銀行へ振り込む	12・30	2,400	中澤彦吉殿
8・31	3,650	中野長兵衛殿内金入	12・31	6,200	岡田商店殿
8・31	6,150	中井半三郎殿内金入	12・31	2,000	村上治兵衛殿
8・31	1,580	中澤彦吉殿内金入	12・31	△18,683	岩崎清七殿へ渡す
8・31	4,000	髙崎為蔵殿内金入	12・31	19,900	近仁内金入・貸金の内返済

(出所) 大正2年「東京金銭出入帳」(髙梨本家文書5AID95) より作成。

(注) 無印は髙梨東京勘定方への入り、△印は髙梨東京勘定方からの支出。出入金額が1,500円以上の項目を示した。同月内の類似の内容はまとめて、その日付を（　）内で補った。

変化する。髙梨本店から東京醬油問屋へ醬油が送られることはなくなったため、髙梨仁三郎店が髙梨本店からの醬油を扱うこともなくなり、髙梨仁三郎店は東京醬油問屋として、野田醬油株式会社の醬油を扱うことになった。しかしその後も髙梨東京勘定方は継続され、その運用と管理は仁三郎店に任される。そこでは、主に有価証券投資が行われることとなった。

　表7-12を見よう。1914・17年は野田醬油株式会社設立以前のため、髙梨本家への醬油販売代金の送金が、川崎銀行への振込や本家当主への直接の手渡しで行われたが、野田醬油会社設立後は、東京勘定方から本家への送金はなくなる。逆に、1921年には東京勘定方が本店や野田商誘銀行からの借入金によって株式投資を行った。その金額は10万円以上になり、28（昭和3）年にも野田商誘銀行から65,000円を借り入れて株式投資を行った。その内容は次章で論ずるが、次章の表8-3によれば、1921年は上毛モスリン会社や東京株式取引所・日本製粉会社などの株式購入に、28年は大日本麦酒・東京株式取引所・日清製粉・川崎第百銀行などの株式購入に充てられたと思われる。いずれも東京の銀行・会社で、こうした東京の銀行・会社の株式購入は、野田ではなく東京で行った。髙梨家が有価証券投資を行う上で、情報を得るためにも東京に拠点があることは有利であり、野田醬油会社設立に参画した髙梨家は、醬油工場・設備を現物出資した代わりにそれに相当する株式を取得しており、それ以後、野田醬油株式会社から受け取った多額の配当金を運用する必要が生じた。それゆえ、そのための拠点を東京に置き続けたと考えられる。ただし、それらの株式の配当金は、髙梨本店に入ることになっており[5]、この時期の東京勘定方の配当収入はほとんど見られない。そのため、東京勘定方が株式投資する際に、髙梨本店や銀行からの借入金が必要であった。

2　東京醬油会社と野田醬油醸造家

　東京醬油問屋の取引形態の転換に、東京醬油会社の設立と東京醬油問屋との対立は大きな影響を与えたと考えられ、本節では、東京醬油会社の動向を検討

---

[5]　大正5・13年「金銭出入帳（髙梨本店）」（髙梨本家文書5AID111・5AID145）。

372 第Ⅲ部 関東・東北地域の会社設立と地方資産家

表7-12 髙梨東京勘定方の銀行・奥勘定送金関係金銭出入一覧

金額の単位：円

①1914年			②1917年			③1921年			④1928年		
月日	金額	内容	月日	金額	内容	月日	金額	内容	月日	金額	内容
1・7	△8,000	川崎銀行へ振り込む	2・28	△348	地代川崎銀行へ振り込む	4・21	2,500	川崎銀行特別当座にて引出し	1・8	△200	ご主人様へ上げる
2・7	△5,000	川崎銀行へ振り込む	3・3	△22,000	川崎銀行へ振り込む	7・30	△200	ご主人様へ上げる	1・14	15,000	野田商誘小切手入る株式買受用
2・10	△152	特別当座口川崎銀行へ預ける	3・20	△8,000	川崎銀行へ振り込む	8・29	40,000	野田商誘銀行より借入金	2・16	20,000	野田商誘小切手にて入株式買受用
3・10	△7,000	地代川崎銀行へ振り込む	3・31	△348	地代川崎銀行へ預ける	9・29	63,267	＊同日株式投資で22,566円支出 本店より借り			＊同日株式投資で9,358円支出
3・17	△692	地代川崎銀行へ預ける	4・30	△348	地代川崎銀行へ預ける	10・3	3,750	＊同日株式投資で43,267円支出 同日株式北込3,750円支出	3・15	30,000	野田商誘小切手にて入株式用 翌々日株式投資で9,097円支出
4・12	△346	地代川崎銀行へ預ける	5・1	△57,000	ご主人様へ上げる				3・20	△200	ご主人様へ上げる
4・16	△3,000	地代川崎銀行へ預ける	5・22	△13,000	地代川崎銀行へ預ける				6・30	△250	ご主人様へ上げる
5・6	△6,000	地代川崎銀行へ振り込む	5・31	△348	地代川崎銀行へ預ける				8・22	△200	ご主人様へ上げる
6・5	△346	地代川崎銀行へ振り込む	6・30	△348	地代川崎銀行へ預ける				10・15	△200	ご主人様へ上げる
6・19	△346	地代川崎銀行へ振り込む	7・2	△7,000	地代川崎銀行へ預ける				10・29	△300	ご主人様へ上げる
7・1	△3,000	地代川崎銀行へ振り込む	7・2	△18,000	ご主人様へ上げる				12・20	△200	ご主人様へ上げる
7・2	△28,000	ご主人様へ上げる	7・14	△10,000	地代川崎銀行へ預ける						
7・12	△346	地代川崎銀行へ振り込む	7・31	△348	地代川崎銀行へ預ける						
7・20	△8,000	川崎銀行へ振り込む	8・19	△10,000	川崎銀行へ振り込む						
8・31	△346	地代川崎銀行へ振り込む	8・31	△348	地代川崎銀行へ預ける						
9・2	△35,000	地代川崎銀行へ預ける	9・25	△5,000	川崎銀行へ振り込む						
9・21	△5,000	川崎銀行へ振り込む	9・31	△348	地代川崎銀行へ預ける						
9・30	△346	地代川崎銀行へ預ける	10・31	△348	地代川崎銀行へ預ける						
10・10	△5,000	地代川崎銀行へ預ける	11・2	△33,000	銀行へ振り込む						
10・20	△5,000	川崎銀行へ振り込む	11・30	△12,000	地代川崎銀行へ預ける						
10・30	△346	川崎銀行へ預ける	11・30	△348	地代川崎銀行へ預ける						
11・2	△24,000	ご主人様へ上げる	12・31	△348	地代川崎銀行へ預ける						
11・11	△5,000	地代川崎銀行へ預ける	12・31	△55,000	川崎銀行へ振り込む						
11・29	△8,000	川崎銀行へ振り込む									
12・26	△692	地代川崎銀行へ預ける									
12・28	△346	地代川崎銀行へ振り込む									
12・31	△27,000	ご主人様へ上げる									

(出所)　各年度「東京金銭出入帳」(髙梨本家文書）より作成。
(注)　無印は、髙梨東京勘定方への入り、△印は髙梨東京勘定方からの支出を示す。「ご主人様へ上げる」は200円以上の場合を示した。

する。前述のように、近代に入り東京醤油市場の混乱を収めるため、近世来の醤油問屋22軒が、1879（明治12）年2月に組合員は1軒につき500円の組合契約証金を積み置き、組合の規約を守らないものに違約金を出させるなどの醤油問屋組合規則を定めて営業鑑札の附与を願い出た[6]。それは問屋主導で東京の醤油取引の安定化を図ろうとした動きであったが、野田産地からも、それに対応して醤油販売を行う会社を設立する動きが見られた。

　史料1　1880（明治13）年7月　醤油会社設立ニ付発起人盟約書[7]
　　　　茂木七郎右衛門　茂木佐平次　茂木七左衛門　髙梨兵左衛門
　　　東京醤油会社申合規則（重要な条項のみ示す）
　　　　第一条　本社ハ東京日本橋区某町何番地ニ設立シ醤油会社ト称シ醤油販売ヲ以テ本務ト為ス
　　　　第二条　本社資金六拾萬円ヲ以テ全額ト為スト雖トモ先初年ヨリ第一期年限中ハ六萬円ニテ開業スルノ旨意ナリ
　　　　第三条　本社株主ハ地方醤油造醸家ヲ以テ株主ト為シ其造醸高百石ニ付金五拾円ノ醵金ヲ請フモノトス
　　　　第四条　本社株券ハ一株五拾円ト定メ一株一業トスルヲ法トス然シテ其譲渡売渡シハ各自ノ勝手タルト雖トモ醤油造家ノ外他ヘ譲渡売渡シヲ為サヽル事
　　　　第九条　本社ノ商業ハ府下醤油問屋ト唱ヘ組合規約ヲ結ヒタル者ノ外ハ相対勝手ノ取引ヲ成サヽル事
　　　　第十二条　問屋ハ身元金一戸ニ付五百円ヲ本社ニ納メ以本業維持ノ基ヲ固クスヘシ
　　　　第十三条　問屋ハ取引上都テ本社ノ商法約則ヲ確守スヘシ
　　　　第十五条　本社ニ於テハ品物ノ正粗価格ノ平準ヲ得ンカ為メ毎月二回問屋一同ノ集会ヲ以テ調査会ヲ開クヘシ　但シ会頭社長之ヲ務ム
　　　　第十九条　地方醤油造家ハ已ニ会社ヘ入社シ株券所持スルモノハ

---

[6]　明治12年2月「醤油問屋組合規約書」（髙梨本家文書5AAW21）。
[7]　明治13年7月「東京醤油会社仮規則」（髙梨本家文書5AOD11）。

　　　　会社維持ノ本員タリ故ニ荷物ヲ恣ニ他ヘ輸送シ且販売ヲ為サヽ
　　　　ル事　但東京外ハ限外トス
　　第二十九条　本社ハ明治何年何月ヲ以テ開業シ満五ケ年ヲ以テ一
　　　　期トシ商務ヲ結束シ株主一同ノ大会議ヲ開キ更ニ第二期ノ営業
　　　　ヲ審議スヘシ株主タルモノ期年中自己ノ勝手ヲ以テ脱社スルヲ
　　　　許サス

　史料1は、1880年に野田の主要醸造家が醬油会社設立に際して結んだ盟約書であるが、「醬油問屋組合加入の醬油問屋以外とは相対で勝手取引は行わないこと」や、「問屋身元金を1軒に付き500円を本社に納めさせて、本業維持の基を固くすること」など、東京醬油問屋らが前年に設立した醬油問屋組合を意識していたと考えられ、内容自体は東京醬油問屋組合と対立するものではなく、醸造家と東京醬油問屋組合が協調して東京醬油市場の安定化に努めようとするものであった。ただし、「期年中自己勝手ヲ以テ脱社スルヲ許サス」という強い拘束力が後に問題を引き起こすこととなった。

　さて、その後1881年1月20日に東京醬油会社の第2回発起人会議が開かれ、1月28日には同社の設立届が政府へ上申された[8]。そして1月29日に、東京醬油会社は、東京府下の醬油問屋22軒を招いて親睦会を開催し、同社規則を醬油問屋に配布して協力を求めたのである。その親睦会の参加者は、問屋側が、岡田善五郎、高崎長平、髙梨仁三郎、濱口吉右衛門、中野長兵衛、田中浅右衛門、中條瀬兵衛、浅井藤次郎、國分勘兵衛、遠山市郎兵衛、岩崎重治郎、中井半三郎、高原佐太郎、中澤熊五郎、山本吉兵衛、鈴木忠右衛門、伊坂重兵衛、森六郎、増田壽平、成瀬長左衛門、増田嘉助、滑川光亨であり、会社側が、茂木佐平次、西村甚右衛門、茂木忠太郎、堀切紋次郎、茂木七左衛門、田中喜兵衛、中山三郎、色川誠一、篠原七郎、山本謙三郎であった。

　この時に示されたと考えられる東京醬油会社規則を、史料1との変更点に留意して示す。

---

8)　以下の記述は、明治14年1月31日「東京醬油会社報告　第一回」（髙梨本家文書5AOD14）による。

史料2　東京醬油会社申合規則　明治十四年[9]

　　発起人名　西村甚右衛門（成田）　茂木七左衛門（野田）　色川三郎兵衛（土浦）　田中喜兵衛（市川）　堀切紋次郎（流山）　金子源兵衛（石岡）　髙梨孝右衛門（上花輪）　茂木七郎右衛門（野田）　茂木佐平次（野田）　茂木忠太郎（東京）　田中吉之丞（飯沼）　伊能茂左衛門（佐原）　岩田藤兵衛（石出）　石川宇右衛門（松伏）　滑川光亨（東京）

※前記申合規則との主な変更点および重要な箇所のみ示す

　　第一条　本社ハ東京日本橋区蠣殻町三丁目十番地ニ設立シ東京醬油会社ト称シ醬油販売ヲ以テ本務ト為ス

　　第十三条（新設）　仲買ノモノト雖トモ身元金ヲ差出シ程則ヲ承認スルニ於テハ時宜ニヨリ本社ハ其取引ヲ為スモノトス

　　第二十六条（旧二十九条）　本社ハ明治十四年二月ヲ以テ開業シ満五ケ年ヲ以テ一期トシ商務ヲ結束シテ株主一同ノ大会議ヲ開キ更ニ第二期ノ営業ヲ審議スヘシ株主タルモノ期年中自己ノ勝手ヲ以テ退社スルヲ許サス

　商務程則（新規制定）

　第二章　荷主ヘ対スル条款

　　第十七条　荷物為替金ハ荷物見積代金百円ニ付金七拾円ノ割ヲ以テ荷主ノ請求ニ応スルモノトス　但シ利子ハ元金百円ニ付一日金五銭ノ割ヲ以テ貸付

　　第十八条　荷物仕切直段ハ売上簿平均ヲ以テ確定スルモノトス

　　第二十条　本社手数料ハ（即チ口銭）仕切上金百円ニ付金五円ノ割ヲ以テ申受クヘシ

　第三章　問屋ヘ対スル条款

　　第三十条　手合荷物ニ於テ腐敗変味等之アルトキハ三十日間以内ニ本社ヘ積戻スヘシ右日限ヲ経過スルモノハ本社ハ其責ニ任セサルモノトス

---

[9]　「東京醬油会社規則　全」（髙梨本家文書5AOD12）。

本社商高見積

　　　醬油造醸家百戸（東京府、千葉県、茨城県、栃木県、埼玉県、神奈川県）

　　　　此造醸高十二万石　　但シ一ケ年間ニ製出スル分

　　　　　　　　内　四万石　地方ニテ販売スル分

　　　　　　　　　　八万石　東京ニテ販売スル分

　　（東京にて販売する）此醬油樽数　一〇六万樽

　　　　此口銭　六万九〇〇〇円

　　　　（諸経費）　一万四七〇六円　残金　五万四二九四円

　史料2で史料1と大きく異なるのは、新たに設立された第十三条で、仲買も身元金を差し出せば東京醬油会社と取引できるとあった。つまり、当初の東京醬油会社の目的は、醸造家と東京醬油問屋組合が互いの商権を認め合って市場取引を円滑に行うことであったが、東京醬油会社が東京市場で問屋的な機能を果たす方向へ転換した。しかも商務程則で問屋が荷主の請求に応じて荷為替金貸付を行うことが決められ、醬油に腐敗変味があった場合は、30日以内に積み戻すことなど、問屋にとってかなり厳しい条件が定められたことから、東京醬油問屋はこれに反発し、1881年2月11日に、濱口吉右衛門、遠山市郎兵衛、中澤熊五郎、高原德次郎、岩崎重次郎、鈴木忠右衛門、森六郎、國分勘兵衛、中條瀬兵衛、榛原（増田）嘉助、高崎長平、中井半三郎、成瀬長左衛門の13軒がまず、「御社規則之可否ニ不拘従前之通営業決心」したと回答し、同年3月15日に、さらに岡田善五郎、浅井藤次郎、伊坂重兵衛、山本吉兵衛、髙梨仁三郎、中野長兵衛、田中知興、松住壽一郎が「御社御規則ノ可否ニ不拘従前之通営業決定」したと回答した[10]。髙梨仁三郎は野田の髙梨家の東京出店で、中野長兵衛は野田の茂木七郎右衛門家の出店なので、それぞれ本家との関係を考慮しつつも、結局、醬油問屋組合としての立場を優先した。このように、東京府下で東京醬油会社に協力する問屋・仲買はほとんど存在しなかった。

　こうした状況を受け、1881年3月12日に東京醬油会社の第3回発起人会議が開かれたが、ここで茂木七郎右衛門・石川宇右衛門の両名より除名請求が出さ

---

10)　明治14年3月15日「東京醬油会社報告　第二号」（髙梨本家文書5AOD8）。

れた[11]。自己都合での退社は認められないとの東京醬油会社の規則のため、両名は除名の形で会社から抜けようとしたのであろう。しかし、審議の結果、盟約違反のため除名請求は却下された。盟約違反のために除名されるのであれば判るが、盟約違反のため除名を認めず止めおく点に、東京醬油会社のいびつさが見られる。茂木七郎右衛門は、東京出店として中野長兵衛店を持ち、東京醬油問屋組合と対立する意思は全くなかったと思われる。同様に、東京出店を持っていた髙梨家も、1882年に当主が亡くなり、幼少の新当主を叔父の髙梨孝右衛門が後見する状況にあり、髙梨孝右衛門が東京醬油会社発起人として名を連ねたが、髙梨兵左衛門自身が80年7月時点では発起人として名を連ねたのに、その後表立って発起人として名を連ねなかった点からも、東京醬油会社に対する髙梨家の消極姿勢が感じられる。このように、東京醬油会社は、もともと東京に出店を持っていなかった茂木佐平治による東京での販路開拓の強い希望から生まれたが、実際は、東京出店を持っていた野田の醸造家との意識の違いが表れており、当初から内部分裂の要素を含んでいた。

　その後、東京醬油会社の規則は1881年10月に再び改定される[12]。ここでの主な変更点は、「第九条　本社ノ商業ハ府下醬油問屋幷ニ仲買ノ内二十名ニ限リ東京醬油会社取引問屋トナシ契約ヲ結ヒタルモノ、外ハ相対勝手ノ取引ヲ為サ丶ルヘシ」と、「第二十五条（旧二十六条）　本社ハ明治十四年十一月ヲ以テ開業シ満五ケ年ヲ以テ一期トシ商務ヲ結束シテ株主ノ総会ヲ開キ更ニ第二期ノ営業ヲ審議スヘシ株主タルモノハ期年中自己ノ勝手ヲ以テ退社スルヲ許サス」の2つの条文で、東京醬油会社との取引問屋を20名に限り、営業を続けるかどうかを5年後に検討するなど、やや弱気の条文となった。実際の東京醬油会社の実績として、1882年分が判明するが[13]、82年7〜12月の発売醬油樽数は109,176樽で、代金は約134,000円であった。その手数料収入として約7,000円が上がり、諸経費を引いて純益は約850円であった。1882年前半期の純益が約450円であったので、82年度の純益は約1,300円となる。前述の史料2にある年間純益見込み約54,000円に比べるとはるかに少なく、貸借勘定の内に取引問屋身

---

11)「東京醬油会社設立第三回会議日誌」（髙梨本家文書5AOD1）。
12) 明治14年10月改定「東京醬油会社規則」（髙梨本家文書5AOD10）。
13) 明治15年12月「東京醬油会社第二回決算報告」（髙梨本家文書5AOD9）。

元金預りが5,500円とあったことから、東京醬油会社の取引問屋が11軒にすぎず、1881年10月の規則で決められた20名にも遠く及ばなかった。茂木佐平治の見込みは完全にはずれたと言える。そのため、1884年1月に髙梨兵左衛門宛てに東京醬油会社より協力要請の手紙が来たが[14]、髙梨家が積極的にそれに応じた形跡は見られない。

　一方、茂木佐平治はこうした不利な局面を打開するために、日本醬油の海外輸出を試みた。もともと茂木佐平治は、早くから醬油輸出を考え、1873年のウィーン万国博覧会、81年のアムステルダム万国博覧会などに、自家製品を出品していたが、82年に、横浜居留地在住の欧米商人に欧米各国での日本醬油の販売を委託した。その結果、1883～84年の2年間で、イギリス・ドイツ・オランダなどに、合計52,044本と7,715ガロン（樽）の輸出を東京醬油会社が行った。さらに茂木佐平治は1884年3月に自ら香港へ醬油輸出状況の視察に赴き、86年にはヨーロッパ市場開拓のために、ドイツ・フランス・オランダに東京醬油会社社員を派遣することを計画し、政府に援助を求めるべく、東京醬油会社は『醬油輸出意見書』と『醬油輸出参考書』を農商務省へ提出した。その結果、東京醬油会社社員江木保男がヨーロッパに派遣された（田中［1990］）。こうした東京醬油会社の積極的な経営展開を受けて、東京醬油問屋のなかにも、東京醬油会社と取引をする動きも見られ、例えば國分勘兵衛東京店は、この間茂木佐平治家の醬油を荷受けしていたようで、1888年11月に國分勘兵衛東京店の松田善助支配人は、同じく醬油問屋組合員の中条瀬兵衛、増田嘉助とともに、組合宛に詫び状を出した（日本経営史研究所編［2015］84頁）。そして、これを機に、東京醬油問屋仲間15軒は、次のような盟約書を結んだ。

　　史料3　東京醬油会社関係盟約書（野田醬油株式会社調査課編［1955］92-93頁）
　　　今度我々親密なる組合の内に蛎殻町醬油会社之発起人なる茂木佐平治の醸造に懸る亀甲万印を荷受する三名の不実者あり此事件は我々組合諸君御承知の通り軽々容易に過眼すべき者にあらず回顧すれば已に八年前則

14）　明治17年1月東京醬油会社色川誠一・西村甚右衛門・茂木佐平治より髙梨兵左衛門宛て書簡（髙梨本家文書5AOD13）。

明治十四年茂木佐平治氏我々を愛顧する醸造家諸君を旧弊なりとし又我々同盟組合を悪弊ありと放言し我々同盟組合を全廃し一大会社を設立するや其名義上は文明国の会社法にして至極良法の如くなるも其実際は佐平治氏自ら会社の発頭人となり以て我々を愛顧する醸造家諸君は県令郡長の説諭にも懸はらず会社と反対に出我々組合を愛顧し日夜苦慮憂心会社と敵視するを以て我々同盟組合に於ても実に営業上危急存亡日夜心痛之秋幸に醸造家諸君の引立に勇気を鼓し同盟団結誓約書を設け爾来我々を愛顧する醸造家諸君の意を受け会社と敵視し非常なる尽力と勉強とを以て対陣数歳漸く万死一生敵塁疲弊目下安心営業の位置に至る者なり（中略）

一　我々同盟は如何なる事情有之とも東京醤油会社発頭人なる茂木佐平治氏の醸造に懸る醤油は一切荷受せず以て年来我々を愛顧する醸造家諸君の厚意に背かざる事万一盟約に背き荷受する者有之ときは直に同盟協議の上除名可致事

右	濱口吉右衞門代	同　熊之助	岩崎重次郎出店主	梅津喜右衞門
	森六郎代	和田善平	鈴木忠右衞門代	高橋美津造
	高梨仁三郎代	鈴木新二郎	岡田善五郎代	山口房次郎
		遠山市郎兵衞	中井半三郎代	鈴木嘉兵衞
	中野（代）	豊田治兵衞	増田壽一郎代	石塚勝三
	高崎為造代	小山清蔵	高原佐一郎代	鈴木新助
	中沢彦吉代	西崎鎌三	高崎長左衞門代	加藤亀吉
	田中浅右衞門代	加藤万助		

右之通り確守記名調印致候也

　このような東京問屋らの強い姿勢もあり、醸造家と東京醤油問屋との妥協が図られ、1887年5月3日に一府五県醤油醸造家懇親会が開かれた[15]。高梨兵左衛門を含む60名がそこに参加して、「東京千葉茨城埼玉栃木神奈川ノ一府五県下醤油醸造家ニシテ販路ヲ東京市内ニ取ルノ同業者ハ明治十七年農商務省第三

---

15)　「一府五県醤油醸造家懇親会報告」（高梨本家文書5AOC2）。

十七号布達同業組合準則ニ拠り連合組合ヲ設クル事」が議決され、一府五県同業連合組合創立委員として、色川誠一、色川三郎兵衛、伊能茂左衛門、岩崎重次郎、橋本三九郎、西村甚右衛門、吉田三郎兵衛、田中佳蔵、茂木七郎右衛門、茂木佐平治が選ばれ、茂木佐平治もこれ以降、東京醤油問屋と表立っては対抗せず、自らの蔵の機械化・近代化に力を注ぎ、「キッコーマン」のブランド確立に努めた。そして前述のように1889年に東京醤油会社は解散した。

3　東京における醸造家の企業家活動

（1）濱口吉右衛門家・濱口吉兵衛家の事例

　東京醤油会社を挫折させた東京醤油問屋組合であったが、彼ら自身はどのような会社を設立したかを検討する。東京の会社設立ブーム（企業勃興現象）は大阪よりやや遅れて始まったが、東京の醤油問屋のなかで、1890年代後半〜1900年代前半の第二次企業勃興期に東京での綿紡績会社設立に関わったのは濱口吉右衛門家であった。濱口家はもともと紀伊国有田郡広村の出身で、長男の吉右衛門家と次男の儀兵衛家に分かれ、初代儀兵衛が17世紀末に上総国銚子に進出して醤油醸造業を営んだ。儀兵衛家は、廣屋を屋号として順調に醤油醸造経営（ヤマサ醤油）を拡大し、江戸に醤油販売店を開設したが、18世紀前半には吉右衛門家がこの江戸店を支配するようになり、儀兵衛家の江戸店ではなく、廣屋吉右衛門店として独立した醤油問屋を営むに至った（林［1990］）。とは言え、廣屋儀兵衛家の最大の醤油販売先は江戸の廣屋吉右衛門店であり、経営体としては独立していても商取引では密接に関連していた。近代に入り、儀兵衛家・吉右衛門家ともに濱口を姓とし、濱口吉右衛門は東京日本橋区小網町に店を構えたが、おそらく同じ日本橋に店を構えた三井家との関係で、三井家が創業当初から深く関与していた鐘淵紡績が1890（明治23）年恐慌の打撃から回復するために役員の入れ替えを行った際に、鐘淵紡績の取締役として経営に参画するに至った（鐘紡株式会社社史編纂室編［1988］28-30頁）。

　表7-13を見よう。濱口吉右衛門ら日本橋の商家は、新たな紡績会社の設立を企図し、それと小名木川綿布会社を設立したグループが合同して1896年水力を動力とする綿紡績会社として富士紡績が設立された（日本社史全集刊行会編

［1977］9-11頁、筒井［2016］)。濱口吉右衛門は、富士紡績の創業当初は監査役、後に取締役に就いた。1896年時点で、綿紡績業界で最大の経営規模を持つ綿紡績会社は鐘淵紡績であったが、富士紡績はそれに次ぐ第2位の経営規模を持つ綿紡績会社として創業し、濱口吉右衛門はその両方の経営に参画したことになる。なお、濱口吉右衛門は1898年時点で上海紡績の監査役にもなっている。日清戦争後の講和条約で、中国の各開港場で日本人が各種製造業を営業できるようになったことを受けて上海紡績が設立されたが、実際に中国で工場を開設するのは時期尚早との判断で、兵庫に工場を建設したものの、1899年に株主がかなり重なっている鐘淵紡績と合併することとなった（鐘紡株式会社社史編纂室編［1988］72-74頁)。

　濱口吉右衛門は東京の創業期の綿紡績業で大きな役割を果たし、創業期の富士紡績の経営危機の際には、慶應義塾時代からの親友で、ともに鐘淵紡績の取締役であった和田豊治を富士紡績に招き、最終的に和田豊治が富士紡績の専務取締役、濱口吉右衛門が会長となった（日本社史全集刊行会編［1977］57-60、80頁)。吉右衛門家と富士紡績（後に富士瓦斯紡績）はその後も長期間にわたり関係が続き、同家の代替わりの時期に一時的に富士瓦斯紡績の役員を離れたが、次代の吉右衛門が1920年代に取締役に復帰し、30年代までそれは続いた。1890年代後半〜1900年代には濱口儀兵衛も、銚子と郷里の和歌山県で積極的な企業家活動を行ったが、最終的にはうまくいかず、儀兵衛家の醬油醸造経営（ヤマサ醬油）は、06年10月に銚子で設立された濱口合名に譲渡された。濱口合名は、濱口吉右衛門が20万円、濱口泰が10万円、濱口吉兵衛・遠山市郎兵衛・木村平右衛門・濱口儀兵衛が各5万円の合計50万円で設立され、濱口吉右衛門が社長に就任した（谷本［1990])。濱口吉兵衛は先代吉右衛門の弟であり、銚子で醬油醸造業を営むとともに東京日本橋区小網町にも醬油販売拠点を設け、儀兵衛が頭取を務めていた武総銀行の頭取を1906年に吉兵衛が継ぎ、武総銀行など数行の銀行を母体として豊国銀行が08年に設立されると、豊国銀行の頭取は濱口吉右衛門になり、吉兵衛は監査役となった。

　濱口合名が継承したヤマサ醬油経営には、儀兵衛家による買戻し条件が付けられており、1913（大正2）年に吉右衛門が亡くなった後に、ヤマサ醬油経営は再び儀兵衛家が買い戻した（谷本［1990])。儀兵衛が醬油醸造経営を買い戻

表7-13 濱口吉右衛門・吉兵衛・碌之助家会社役員の推移（東京府の諸会社）

会社名	所在地	創業年	1895年	1898年	1901年	1904年	1907年
①吉右衛門家（居住地：東京市日本橋区小網町3丁目）							
鐘淵紡績	南葛飾郡隅田	1887	取締役	取締役	取締役	取締役	
富士（瓦斯）紡績	南葛飾郡大島	1887		取締役	取締役	会長	会長
上海紡績	日本橋区堀留	1895		監査役			
武総銀行	日本橋区小網4	1900			取締役[1]	取締役[1]	監督
豊国銀行	日本橋区小網4	1907					
九州水力電気	日本橋区小網4	1907					
濱口合名	日本橋区小網3	1912					
帝国鉱泉	日本橋区小網4	1907					
日本製壜	日本橋区小網4	1918					
東浜植林	日本橋区小網3	1922					
②吉兵衛家（居住地：千葉県銚子町、東京の居所が東京市日本橋区小網町4丁目にあり）							
武総銀行	日本橋区小網4	1900					頭取
豊国銀行	日本橋区小網4	1907					
第一生命保険	日本橋区通3	1902				監査役[1]	監査役
東京菓子	豊多摩郡大久保	1916					
海陸物産	日本橋区亀島1	1917					
東京護謨工業	南足立郡綾瀬	1917					
輸出国産	日本橋区小網3	1918					
第一相互貯蓄銀行	京橋区南伝馬3	1922					
佐倉淡貝商会	神田区小川	1919					
濱口商事	日本橋区小網3	1918					
③碌之助家（居住地：東京市赤坂区氷川町8丁目）							
東京菓子	豊多摩郡大久保	1916					
日本製壜	日本橋区小網4	1918					
日本麦酒鉱泉	京橋区銀座1	1896					
福神食品	北豊島郡長崎	1925					
田園都市	麹町区→荏原郡	1918					
廣屋商会	日本橋区小網3	1928					
多摩川園	荏原郡東調布	1924					
［参考］茂木啓三郎家（居住地：千葉県野田町）							
日清製粉	日本橋区末広河岸	1907					
日華生命保険	京橋区銀座1	1914					
海陸物産	日本橋区亀島1	1917					
輸出国産	日本橋区小網3	1918					
岡田商店	日本橋区小網3	1917					

(出所) 由井・浅野編［1988～89］および大正2・6・9・12・15・昭和6年版『日本全国諸会社役員録』より作成。
(注) 各年とも1月現在の状況を示すと考えられる。濱口合名は1906年に千葉県銚子で設立され、社長が濱口吉右衛門、理事が濱口吉兵衛であったが（由井・浅野編［1988～89］第11巻、204頁）、12年に東京市に移転した。よって本表では、それ以降の濱口合名を挙げている。なお濱口合名欄は1920年より濱口商事株式会社、31年より廣屋商店株式会社を示す。茂之助・吉兵衛・碌之助はいずれも先代吉右衛門の弟、正一は先代吉右衛門の養子（昭和3年版『大衆人事録』帝国人事通信社、1927年、ハの項、59-61頁）。富士紡績は1906年に東京瓦斯紡績を合併して富士瓦斯紡績となる。参考までに、千葉県野田の醬油醸造家の茂木啓三郎家の事例を付記した。第一生命保険は相互会社。岡田商店は後藤解題［1989］第1巻で補足。
1) 茂之助として。2) 正一として。

第7章　近代東京醬油市場の展開と醸造家　383

1910年	1913年	1917年	1920年	1923年	1926年	1931年
会長	会長			取締役	取締役	取締役
頭取	頭取 社長 代表社員	代表社員 社長	取締役 代表取締役 社長 社長	取締役 社長 社長	社長 社長	取締役[2)] 社長
監査役 監査役	監査役 監査役	監査役 監査役 監査役 監査役	監査役 監査役 取締役 取締役	監査役 監査役 監査役 取締役 監査役 監査役 顧問	監査役 監査役 監査役 監査役	監査役 監査役 監査役
		取締役	取締役	取締役	取締役 取締役 監査役	取締役 取締役 取締役
	監査役	監査役 取締役 取締役	監査役 取締役 取締役 取締役	監査役 取締役 取締役	監査役 取締役	監査役

しても、濱口合名はそのまま継続し（12年に東京市日本橋区小網町へ移転）、吉右衛門家が代表社員（後に濱口商事株式会社となり社長）を務めたが、1913年の代替わりで次代吉右衛門は、濱口合名の代表社員を除き、会社経営から一時的に手を引いた。代わって吉兵衛が積極的に会社経営に乗り出し、第一生命保険・海陸物産・輸出国産など地元日本橋区で設立された会社の役員を務めた。次代の吉右衛門も1910年代後半になると帝国鉱泉・日本製壜など醸造関連会社として日本橋区小網町で設立された会社の社長となり、豊国銀行にも取締役として復帰し、20年代には富士瓦斯紡績の取締役にも復帰した。1920年代にも日本橋区小網町で設立された東浜植林の社長を務めるなど、10年代・20年代の濱口吉右衛門の企業家活動は、富士瓦斯紡績を除くと、自らの店があった日本橋区小網町3丁目と吉兵衛家の東京での居所があった日本橋区小網町4丁目の狭い範囲で、地縁による会社設立の性格が強かった。なお、髙梨仁三郎店も日本橋区小網町にあり、髙梨家は濱口吉右衛門家と同業者としてのみでなく地縁でも関係しており、濱口吉右衛門が経営に携わった鐘淵紡績や富士瓦斯紡績へは髙梨家も比較的積極的に出資した（本書第8章表8－3を参照）。

　濱口吉兵衛家も1910年代までは日本橋区の地縁のなかで会社経営に関わっていたが、20年代になると日本橋区以外に設立された会社へも参画するようになり、20年代には南足立郡の東京護謨工業の取締役、京橋区の第一相互貯蓄銀行や神田区の佐倉淡貝商会の監査役なども務めた。ただし、輸出国産は参考例の茂木啓三郎欄に挙げたように茂木啓三郎や表7－14に挙げたように髙梨家も取締役になっており、醬油醸造家が醬油輸出のために設立した会社であった。同様に海陸物産も濱口吉兵衛のみでなく茂木啓三郎も取締役になっており、髙梨家も海陸物産に出資していた（本書第8章表8－3・4を参照）。これらは、醬油醸造関係者による業種縁での会社設立と言えよう。

　また先代濱口吉右衛門の弟に東京市赤坂区氷川町に居住する濱口碌之助がおり、東京菓子や日本製壜の取締役を務め、会社経営の面で吉右衛門家や吉兵衛家と協力した。このように濱口一族の企業家活動は、日本橋区の商家であるという地縁関係、醬油醸造・問屋経営を介する同業者関係、そして濱口一族の血縁関係の3つが組み合わされて行われた。濱口一族全体で多くの会社に関係したが、吉右衛門家の鐘淵紡績・富士瓦斯紡績を除けば、醸造業関連の会社が多

く、東京での幅広い業種での会社設立に貢献したとは言えなかった。しかし、濱口吉右衛門家は富士瓦斯紡績の株式所有額が多く、資産家番付で、1901年頃は100万円、16年頃は500万円と全国でもかなり有力な資産家となった（渋谷編［1984］第4巻、64頁、渋谷編［1985］第1巻、6頁）。

（2）岩崎清七家の事例

　銚子の醸造家とのつながりが深かった濱口一族に対し、野田の醸造家とのつながりが強かった東京の醸造業関係者は岩崎清七であった[16]。岩崎家は上野国藤岡で銭屋を屋号として近世期から穀物商兼醬油醸造を営んでいたが、先代清七が1855（安政2）年に下総国古河に穀物商売の支店（銭屋支店）を設けてから野田の醸造家とのつながりが深まり、醬油醸造原料の大豆と小麦を銭屋支店から野田の醸造家が購入する関係で、近代期には古河の銭屋支店が髙梨家の最有力の穀物原料仕入先となった（前田［2016］）。東京で企業家活動を積極的に行った清七は1864（元治元）年に先代清七の長男として生まれ、88（明治21）年に家督を継ぎ、92年に東京市深川区佐賀町に主に穀物を扱う岩崎支店を開設した。穀物商売の関係で1906年に帝国製粉会社設立に清七も参画して取締役となり、09年に帝国製粉が日本製粉に合併されたため日本製粉監査役となった。表7－14を見よう。1904年の日本製粉監査役は先代清七であるが、06年に後を継いだ清七は製粉会社のみでなく日清紡績の経営にも関わった。

　岩崎清七は1910年代もさまざまな業種の会社経営に関わり、11年には野田醬油醸造組合に加入し、野田の醸造家とのつながりを強めるとともに、17（大正6）年には群馬県藤岡での家業である醬油醸造経営を会社化して岩崎醬油株式会社を設立した。同時期に野田の醸造家も野田醬油株式会社を設立したが、髙梨家は岩崎醬油の監査役になっており、1919年に岩崎清七が東京の店を会社化した岩崎清七商店株式会社の取締役にもなった（表7－14の髙梨家の欄を参照）。こうして岩崎清七は、家業の醬油醸造・穀物商売の関連で野田の醸造家とのつながりを深めつつ、東京の多様な業種の会社経営に参画するようになった。それが第一次世界大戦末のブーム期には極端な形で現れ、岩崎清七は東京でその

16）岩崎清七については、前田廉孝氏よりご教示を得た、岩崎清七史編纂委員会編［2010］も参照。

表7-14 岩崎清七家会社役員の推移（東京府の諸会社）

会社名	所在地	創業年	1904年	1907年	1910年	1913年
日本製粉	深川区東扇橋町	1896	監査役	監査役	監査役	取締役
日清紡績	日本橋区新乗物町	1907		取締役	取締役	監査役
満洲製粉	東京→銀嶺（満洲）	1906		監査役	監査役	取締役
帝国製粉	南葛飾郡砂村	1906		取締役		
日本興農	深川区佐賀町	1906		取締役		
帝国肥料	京橋区弥左衛門町	1906		監査役		
日本坩堝	豊多摩郡渋谷町	1883			取締役	取締役
磐城セメント	京橋区山下町	1907			取締役	取締役
東京精米（信託）	京橋区月島通1	1896				取締役
東京カーボン	豊多摩郡千駄ヶ谷町	1910				取締役
東京アルカリ工業	麹町区有楽町	1916				
台南製糖	二結（台湾）→東京	1913				
南洋貿易→南洋殖産	京橋区上柳原町	1899				
東海製綱	京橋区炭町	1916				
共同生命保険	日本橋区檜物町	1893				
永楽合資	深川区佐賀町	1919				
岩崎清七商店	深川区佐賀町	1919				
東京搾油	日本橋区浪花町	1919				
東京瓦斯	神田区錦町	1885				
白山水力	麹町区永楽町	1919				
日米信託→千代田信託	京橋区中橋和泉町	1918				
岩崎商事	深川区佐賀町	1918				
輸出国産	日本橋区小網町	1917				
東京紡績	日本橋区浪花町	1917				
東京醸造	本所区表町	1918				
日東製菓	本所区入江町	1918				
大正商船	麹町区永楽町	1918				
王子煉瓦	北豊島郡王子町	1917				
千代田工業	浅草区森田町	1917				
東京商船	京橋区弥左衛門町	1917				
東京製錬	京橋区加賀町	1918				
千代田自動車	芝区車町	1919				
日本味噌（製造）	深川区→荏原郡	1919				
東神火災保険	京橋区西紺屋町	1920				
帝国火薬工業	麹町区永楽町	1919				
蒲郡臨港線	日本橋区村松町	1920				
東洋電気製作所	京橋区南鍋町	1918				
東海商業	日本橋区蠣殻町	1920				
安部幸商店	日本橋区小舟町	1921				
日信	京橋区北槙町	1922				
東京廻米信用	深川区佐賀町	1926				

（出所）由井・浅野編［1988～89］、大正2・6・9・12・15・昭和6年版『日本全国諸会社役員録』商業興信所より作成。1920年は部分的に後藤解題［1989］第1・2巻で補った。
（注）東京府に本店・本社所在のある諸会社を示し、途中で東京から移ったり、東京に移ってきた会社も表での期間について示した。各年とも1月現在の状況。表の右端欄で本書第8章より髙梨家の所有株式と役員を岩崎清七家の会社役員と対応させ、茂木家については、1919年時点の茂木七郎右衛門家の所有株式と対応させた

第 7 章　近代東京醬油市場の展開と醸造家　387

1917年	1920年	1923年	1926年	1931年	髙梨家	茂木家
監査役	社長	社長	社長		株主	株主
監査役	監査役	監査役	監査役	監査役	株主	株主
取締役	取締役	取締役	取締役		株主	株主
取締役	会長	会長	社長	社長		株主
取締役	取締役	取締役	社長	社長		株主
取締役	社長	取締役	取締役	取締役		
取締役						
取締役	取締役	取締役	取締役	取締役	株主	株主
取締役	社長	社長				株主
監査役	会長	取締役				
監査役						
	代表社員	代表社員			社員	社員
	取締役	取締役	代表取締役	代表取締役	取締役	
	取締役	取締役	取締役	取締役		
	監査役	監査役	副社長	社長		
	監査役	監査役	監査役	監査役		
	取締役	監査役	監査役			株主
	取締役	取締役				
	監査役	監査役			取締役	
	監査役	監査役				株主
	社長					
	社長					
	取締役					
	取締役					
	監査役					
	監査役					
	監査役					
	監査役					
		社長	社長	社長	株主	
		取締役	取締役	取締役		
		取締役	取締役			
		取締役	取締役			
		監査役				
		相談役				
			監査役	監査役		
			監査役			
				取締役		

（渋谷編 [1985] 第 7 巻、242 頁）。なお、出所資料によれば、1920 年時点の永楽合資会社は、代表社員が岩崎清七で、社員が、髙梨兵左衛門・茂木七郎右衛門・茂木七左衛門となっていた。→は会社名・所在地の変更を示す。

時期設立されたいろいろな会社の経営に関わった。これだけの会社の経営の全てに関わるのは困難と思われ、監査役の多くは名前貸と考えられるが、日本製粉は後に社長となり、日本坩堝と磐城セメントもその後社長となり、かなり継続して務めたので、この3社の経営が岩崎清七の企業家活動の中心であった。それと組み合わせて家業関連会社の経営も担い、前述の岩崎清七商店のほかにも、東京で日本味噌製造を設立して社長を長年務め、野田の醬油醸造家とともに資産運用会社として永楽合資を設立して岩崎清七が代表社員となり、永楽合資の社員には、髙梨兵左衛門と茂木七郎右衛門と茂木七左衛門がなった。それとともに岩崎家の資産は増大し、1916年の資産家番付では資産評価額80万円として挙げられた（渋谷編［1985］第1巻、8頁）。そして同資料では、資産評価額として茂木七郎右衛門が300万円、茂木佐平治が150万円、高梨兵左衛門が100万円、茂木七左衛門が65万円、茂木房五郎が55万円と野田の醬油醸造家も挙げられた（同、11-12頁）。

岩崎清七は1910年代末に関わった会社経営の多くから20年代前半に退いたが、東京で重要な会社の役員も続けて務めており、東京瓦斯では監査役から始まり、20年代後半に副社長、30年代には社長となった。こうしたさまざまな会社への岩崎清七の経営参加を出資面で支えたのが野田の醸造家で、表7－14の右端の髙梨家・茂木家欄から判るように、髙梨兵左衛門家は日本製粉・日清紡績・台南製糖・日本味噌に出資するとともに、岩崎清七商店と輸出国産の取締役および永楽合資の社員となり、茂木七郎右衛門家は日清紡績・満洲製粉・日本坩堝・磐城セメント・台南製糖・南洋貿易・日米信託・東京紡績に出資するとともに、永楽合資の社員となった。そして茂木七郎右衛門家は、その他に日本郵船・富士瓦斯紡績・日清製粉・鐘淵紡績などの株を多数所有していた（渋谷編［1985］第7巻）。

濱口吉右衛門に関係する会社株を髙梨兵左衛門家や茂木七郎右衛門家が積極的に購入したように、岩崎清七に関係する会社株も髙梨兵左衛門家や茂木七郎右衛門家は購入した。ただし、岩崎清七が関与した会社はかなりの数に上り、そのなかで製粉・醸造会社など家業に関連する会社を選んで髙梨兵左衛門家や茂木七郎右衛門家は出資していたと言える。

おわりに——東京の醸造関係者と会社設立

　本章のまとめとして、近代期の東京醤油市場をめぐる髙梨本店・本家と髙梨仁三郎店の関係を考察する。繰り返しになるが、髙梨本店は、髙梨仁三郎店のみでなく、他の東京醤油問屋にも満遍なく醤油を送っており、髙梨仁三郎店も、髙梨本店からのみでなく、それ以外の有力な野田の醤油醸造蔵や銚子の醤油醸造蔵からの送荷も扱っていた。例えば、1897（明治30）年に髙梨仁三郎店は、約9,000樽の髙梨本・分家からの醤油を扱ったが、野田の茂木房五郎蔵から約6,300樽、野田の茂木七郎右衛門蔵から約6,000樽、銚子の深井吉兵衛蔵・田中玄蕃蔵・濱口儀兵衛蔵から合わせて約6,000樽弱の醤油の販売委託を受けており、髙梨本家と固定的関係を結んだわけではなかった（表7-5）。東京醤油市場は、関東の有力醸造家とその特約問屋との比較的固定化した取引関係ではなく、両者の取引関係が錯綜した流動的な市場であったと言える[17]。

　それを念頭に置くと、先行研究の想定ほどに東京市場での取引で醤油問屋が優位に立っていたとは言えず、野田の醸造家が当初構想した東京醤油会社は、1879年に東京で醤油問屋仲間が結成されたことを受けて、集団間の継続的取引による東京醤油市場の安定化を狙ったものと考えられる。ところが、東京出店を持っていた髙梨家や茂木七郎右衛門家と、東京出店を持っていなかった茂木佐平治家では東京醤油会社に対する思惑が異なり、茂木佐平治が、東京醤油会社を利用して既存の醤油問屋を通さない販売経路を構築しようとしたことで、醤油問屋組合と東京醤油会社の亀裂は決定的となった。その時点で、髙梨家と茂木七郎右衛門家は東京醤油会社に消極的となり、初発の時点から内部分裂を含んでいた東京醤油会社がうまくいかなかったのは当然と思われる。

　ただし、東京醤油会社の設立は東京醤油市場に一定の衝撃を与え、既存の醤油問屋の経営形態を変化させる契機になった。おそらく醸造家への不信感を抱いた東京醤油問屋組合は（過剰反応とも言えるが）、自らリスクを引き受けるこ

17）　江戸・東京の有力な醤油問屋國分勘兵衛家の東京店も、1890年上半期は、85軒の醸造家から荷受けしており、そのなかに銚子の3大有力醸造家の濱口儀兵衛・田中玄蕃・岩崎重次郎がいずれも含まれ、野田の茂木一族も佐平治家・七左衛門家・七郎右衛門家・勇右衛門家・房五郎家・利平家のいずれも含まれていた（日本経営史研究所編［2015］82-83頁）。なお、髙梨本店は、19世紀は国分東京店と取引していなかったが、20世紀に入り醤油を送るようになった（表7-8）。

とを回避するようになり、例えば髙梨仁三郎店は、1881年までは売れ残りを自ら買い取る形で、取引相手によって手数料率を変えつつ自己裁量を活かした個別の収益を得ていたが、81年以降は定率手数料収入取得へと転換した。そして、売れ残り分は醸造家に戻すことで、自らリスクを引き受けることを回避するようになった。そのことは醸造家から見ると、東京市場での販売面のリスクを問屋に負わせられず、自ら引き受けることになったことを意味する。これが、野田の醸造家がその後技術革新を進めて高品質のブランドを確立させようとする動機付けになったと思われる。実際、東京醬油会社で販路開拓に失敗した茂木佐平治家は、それから醬油工場の機械化・大規模化を進めて、野田で最大規模の醸造家となった[18]。その背景には、東京醬油会社の失敗をばねにした側面もあったと思われるが、茂木佐平治家は、東京市場で問屋から取引の主導権を取り戻すには、他とは隔絶した高品質のブランドを確立するしかないと考えたのであろう。その点で、東京に出店を持っていた髙梨家や茂木七郎右衛門家は、機械化・大規模化の意欲の点で茂木佐平治家に一歩譲っていたと思われる。とは言え、実際に東京醬油問屋が、それほどの取引の主導権を握っていたとも思えない。近世期は、野田に限らず関東各地でそれなりの醬油醸造産地が点在しており、近江屋仁三郎店も野田以外の多様な産地からの醬油を扱っていた（表7-4）。ところが近代になり、関東の醬油産地のなかで野田と銚子が圧倒的な地位を占めるようになると、髙梨仁三郎店の扱う醬油は、髙梨本店からだけではないにしても、大部分が野田の有力醸造家からの送荷となった。

　そのため、東京醬油問屋にとっても、野田産地の意向を無視できなくなる状況が生じていた。実際、髙梨仁三郎店は、野田産地の発展に後押しされ、髙梨本家の資金供給を受けて1890年代から経営規模を拡大し、1910年代～20年代には東京でも有力な醬油問屋となる。ただし、それは髙梨家と固定的な醬油送荷の関係を持って経営規模を拡大したのではなく、髙梨家も醸造高の増大とともに、髙梨仁三郎店以外の多くの東京醬油問屋に醬油の販売を委託するようになると同時に、髙梨仁三郎店も野田の醸造家のみでなく銚子の有力醸造家の醬油の委託販売を引き受けつつ経営規模を拡大したのであった。

---

[18]　野田醬油会社に合同した野田醬油醸造家の合同時の仕込能力は、茂木佐平治家が56,950石、茂木七郎右衛門家が56,287石、髙梨兵左衛門家が30,177石の順であった（市山編［2003］145-147頁）。

つまり、野田の醬油醸造家と銚子の醬油醸造家は、集団として東京醬油問屋仲間と継続的に取引したが、そのなかではある程度の競争を含みつつの継続的取引関係であり、それゆえ東京醬油問屋仲間のなかで、1925（大正14）年の巨大メーカーによる「三蔵協定」以前に、競争で敗れた醬油問屋の撤退が見られた（表7 - 1）。そのため1890年代〜1900年代の東京での会社設立に醬油問屋・醸造家のなかで積極的に関与したのは濱口吉右衛門家に止まった。その背景には、東京醬油会社の挫折により野田の醬油醸造家が野田での家業拡大に専念するようになったことに加え、東京の醬油問屋の経営における野田産地の影響力が強まり、東京の醬油問屋独自の動きが難しくなったことがあろう。実際、髙梨仁三郎店は醬油問屋間の競争に勝ち残り、最終的に合資会社小網商店の設立に参加したが、その過程は髙梨本家の資金力に依存したものであり、醬油問屋経営をやめて合資会社小網商店に合流する時点で、髙梨本家に対して10万円の借入金が残ることとなった[19]。

　一方、1890年代〜1900年代の濱口一族は、銚子で醬油醸造を行った儀兵衛家と東京の醬油問屋の吉右衛門家がいずれも新分野の会社設立に熱心であり、野田の髙梨家や茂木一族とは異なる経営志向性を見せた。その後、野田の醬油醸造家は次章で論ずるように、1917年に野田醬油会社を設立するとともに、その配当金を運用する必要から東京の大会社への出資を拡大した。そして、群馬県藤岡の醬油醸造家で、醬油原料を扱う問屋を東京に開設した岩崎清七家が、醬油原料の販売相手であった野田の醬油醸造家と協力しつつ1910年代後半に東京で多数の会社を設立した。第Ⅲ部の序でも触れたように、東京・横浜以外の関東地域の有力資産家に醬油醸造家が多く、東京の醸造関係の問屋の企業家活動に応じる形で、関東周辺の醬油醸造家の資産が1910年代以降に東京の資本市場に投入されるに至った。

---

19) 昭和3年「東京金銭出入帳」（髙梨本家文書5AID72）。

第8章

千葉県醸造資産家と産地銀行
―髙梨兵左衛門家を事例として

はじめに――醸造資産家の資産運用と地域の工業化

　本章は、日本を代表する醬油醸造産地である千葉県野田の醬油醸造資産家が、野田地域の近代化・産業化にいかに関わったかを解明する。本書第6章で取り上げた愛知県半田の肥料商兼醬油醸造家であった小栗三郎家には、地元半田地域での近代的製造企業に出資する側面と自ら醬油製造工場・肥料製造工場を建設し、家業の大規模製造工場化を図る側面の両者が見られ、1907（明治40）年恐慌までは前者の方向性が強かったものの、その頃に小栗家が出資した地元の近代的製造企業が中央資本に合併され、経営権を失うとともに、前者の方向性は弱まり、それ以降家業の大規模製造工場化が見られた（中西・井奥編著［2015］）。近代日本では、醸造業者は地域経済において有力な資産家層を形成しており、彼らが家業で得た収益を、地域経済で新たに設立された銀行や会社に投資するか、あるいは自らの家業に再投資するかは、地域の工業化の方向性を規定する重要な分岐点であった。

　本章は、そのような観点から、千葉県野田の有力醬油醸造家であった髙梨家と野田地域経済との関係を考察したい。醬油醸造家の多角的投資の先行研究として、千葉県銚子の醬油醸造家濱口家に関する谷本雅之の研究をまず取り上げる（谷本［1990］）。谷本は、19世紀初頭から1920年代前半までの濱口一族が経営したヤマサ醬油の展開を4つの時期に分けてその特徴を論じた。そして、19世紀初頭～1893年までの濱口儀兵衛家は、自らの資力を家業の醬油醸造業とともに貸金業・不動産投資へも振り向け、そこから生じる利子および家賃・地代がヤマサ醬油の収益とともに重要な収益源となっていたこと、93年から新たに

当主となった10代儀兵衛（梧洞）のもとで「積極政策」がとられて生産拡大とともに、地方企業・地方産業への関与も強められたが、醬油醸造業以外への事業展開が儀兵衛家の収益に結び付かず、1900年代の同家の経営悪化の直接の原因となったこと、そのため儀兵衛家はヤマサ醬油の経営権を濱口一族で設立した濱口合名会社に06年に譲渡して、醬油醸造経営から一時手を引いたこと、その後儀兵衛家は借入金によって14（大正3）年にヤマサ醬油の経営権を買い戻し、それ以後の儀兵衛家はヤマサ醬油の経営をその事業活動の主要部門に置き、借入金を積極的に利用しつつ大規模な設備投資を進めて家産の枠を超えて事業規模を拡大したことを明らかにした。また、家産と家業の関連について、茨城県真壁の醬油醸造家田崎家の事例を研究した花井俊介は、昭和恐慌期に経営危機を迎えた田崎家は、山林という相対的に安定した収益の期待し得る資産を売却して、経営難に陥っていた醬油醸造事業に追加投資をしたが、その判断には収益性のみに規定されない「家業」意識があったと考えられ、それを醬油醸造家の資産家的側面が支えていたと展望した（花井［1999］）。

このように、家業経営の拡大と地域経済への積極的関与は必ずしも両立できるわけではなく、また家産の枠を超えた事業規模の拡大には、家業を会社化して社会的資金を導入することや、銀行からの借入金が重要となる。これらの点に留意して、本章は、髙梨家の有価証券投資の動向と地元有力銀行である野田商誘銀行との関係について明らかにする（野田・銚子と東京の位置関係については、本書巻頭の地図5を参照）。

1 髙梨家の有価証券投資概観

（1） 1900年代～20年代の有価証券投資

野田地域の会社設立の始まりは、1900（明治33）年の野田人車鉄道会社と野田商誘銀行の設立であった。髙梨家はこの両社に出資をして、特に野田商誘銀行に対しては、取締役として経営に参画し、以後、地域企業に深く関与するようになった[1]。表8－1を見よう。髙梨家当主の兵左衛門は、創業時から野田

---

1) 「野田商誘銀行四十五年誌」（野田醬油株式会社社史編纂室編［1955］）を参照。

表 8 - 1 　髙梨兵左衛門会社役員の推移

会社名	所在地	創業年	1904年	1909年	1913年	1918年	1922年	1926年	1931年
野田商誘銀行	野田	1900	取締役	取締役	取締役	取締役	取締役	取締役	取締役
野田人車鉄道	野田	1900		取締役	取締役	取締役			
日本醬油	仁川	1905		取締役	取締役	取締役	取締役	取締役	
野田醬油	野田	1917				取締役	取締役	取締役	取締役
万上味淋	流山	1917				取締役	取締役		
輸出国産	東京	1918					取締役		
岩崎清七商店	東京	1919					取締役	取締役	
岩崎醬油	藤岡	1917					監査役	監査役	監査役
大和商会	横浜	1918					監査役		
ほまれ味噌	奉天	1924						取締役	
北総鉄道	船橋→野田	1922						取締役	取締役

(出所) 由井・浅野編 [1988～89] 第8・13巻, 大正2・7・11・15・昭和6年度『日本全国諸会社役員録』商業興信所, より作成。
(注) 北総鉄道の1931年時点は総武鉄道。北総鉄道の本社所在は27年は千葉県柏、29年は野田。

商誘銀行の取締役となるとともに、その後野田人車鉄道の取締役も務め、1917（大正6）年に野田の醬油醸造家が大合同して野田醬油株式会社を設立した際には、醬油醸造工場を現物出資してその設立に参画し、有力株主となるとともに取締役として野田醬油の経営に参画することとなった。この時に、野田醬油に参加した流山の堀切家は、醬油のみでなく味醂醸造も行っていたが、味醂醸造部門は、野田醬油会社とは別に万上味淋会社として設立され、野田醬油会社の系列会社となった（野田醬油株式会社社史編纂室編 [1955] 113-114頁）。そのため、野田醬油の取締役であった髙梨兵左衛門は、万上味淋株式会社の取締役を兼ねることとなった。また、1911年に官営鉄道柏駅と野田を結ぶ千葉県営の軽便鉄道が開業したが、それが柏―船橋間の民間鉄道敷設計画とつながって、その計画会社に千葉県が県営軽便鉄道を譲渡し、23年に野田町―柏―船橋間の北総鉄道が開業した（野田市史編さん委員会編 [2012] 355頁、東武鉄道社史編纂室編 [1998] 483-493頁）。髙梨兵左衛門は、その際にも北総鉄道の有力な株主となり、取締役として経営に参画した。髙梨家は家業の醬油醸造業以外にも、銀行業・鉄道業で地元企業に深く関わったが、これらの地元企業から髙梨兵左衛門が受け取った役員報酬は、野田醬油からはかなり多かったものの、その野田醬油からも1922年までは役員報酬がなく、その他の会社からの役員報酬を合計しても年間1,000円に届かなかった[2]。また、野田の醬油醸造家が共同で朝鮮

の仁川に設立した醤油メーカーである日本醤油にも出資して役員となり、日本醤油の満洲出張所が独立して設立されたほまれ味噌の役員ともなった（公益財団法人髙梨本家監修［2016］序章第3節）。このように髙梨家が経営に参画した会社は、いずれも野田地域か野田の醤油醸造業界に関連する会社であった。そのため、役員報酬は二の次となったのであろう。

続いて、これらの諸会社への出資状況を確認する。髙梨家には、近代期の資産関係の帳簿が残されておらず、髙梨家の有価証券投資残額は不明である。しかし、金銭出入帳より、その時々の株式売買や配当収入に伴う金銭出入から、株式所有の大枠を把握できる。表8－2は、野田の髙梨本店が売買した株式の銘柄と金額を示したものである。なお、髙梨家には野田の髙梨本店のほかに、近江屋（髙梨）仁三郎の店名前で営業していた東京の出店があり、その東京店が自らの店の営業部門の金銭出入とは別に、本家から送られた醤油の東京での販売代金などの金銭出入の管理を本家から委託された分があり、その資金でも有価証券売買が行われていた。このようなやり方を東京出店がとったのは、東京出店自身は東京醤油問屋として、髙梨本店から送られた醤油のみでなく、それ以外の醤油醸造家からも醤油の販売委託を受けて手数料収入を得ており、その部分を髙梨家の金銭出入と区別する必要があったからと考えられる[3]。

本章でも、前章に倣ってその勘定を、「東京勘定方」と呼ぶが、表8－3で、東京勘定方で売買した株式の銘柄と金額を示した。表8－2と表8－3を比べると、髙梨家が有価証券投資を始めた1900年代から16年までは東京勘定方で有価証券を主に購入していたが、17年以降は本店勘定から大量に株式購入がされたことが見てとれる。髙梨家の金銭の流れの基本は、後述するように、髙梨本家勘定から、原料購入資金や納税資金など営業経費が野田の本店勘定に渡され、本店はその経費で醤油を醸造してその醤油製品を主に東京出店に送り、東京出店がそれを東京で販売して販売代金を髙梨本家勘定に送る金銭循環となっていた。本店が直接販売した醤油の代金は、本店から髙梨本家勘定へ送られた。そのため、有価証券購入はまずは東京での醤油販売代金を利用して東京勘定方で

---

2) 1920年代の「金銭出入帳（髙梨本店）」（髙梨本家文書、上花輪歴史館蔵、以下、髙梨本家文書はいずれも上花輪歴史館蔵のため所蔵先を省略）より。
3) 明治期の「店卸決算表（髙梨仁三郎）」（髙梨本家文書）より。

第8章　千葉県醸造資産家と産地銀行　397

表8-2　髙梨本店有価証券売買収支の動向

単位：円

銘柄	所在地	1903年	1905年	1909年	1912～15年	1916年	1917年	1918年	1919年	1920年	1921～23年	1924年	1925年	1926年	1927年
京釜鉄道	東京	△250													
日美銀行	舘林		△5,600					千葉農工銀行（千葉）	△1,085	△350			川崎信託銀行（京都）	△5,000
舘林製粉	東京		△500	△75				成田鉄道（千葉）	△63	△250			三菱信託（東京）	△1,250
大日本人造肥料	仁川		△125					加富登麦酒（東京）	△25				大日本麦酒（東京）	△74,589
朝鮮醤油→日本醤油	野田			△1,720	△2,860(13年)				△188	千葉県水産（銚子）	△150(23年)	△6,435			
日本商船銀行	東京			△900	△7,063(14・15年)				△2,860	△8,223		△41,415	△31,436		
日清製粉	野田			△450			△1,575		△4,750	△24,978	△28,770(21・23年)	△5,250			
野田電気	野田				△975(12・13年)	4,463		鮮満開拓（大阪）		△8,750	△1,500(23年)	△1,000		△1,254	
共同運輸	横浜				18(13年)			帝国火災保険（京城）	△115	△60		北海道鉱業（東京）			
日電紡織	東京						△250		△500	△1,000	△800(23年)	△700	△1,250		
南満洲鉄道	大連						△160	△480	△800	△240	△480(22年)	△4,608		△3,200	
大日本製糖	東京						△125			△3,750		△3,750	△17,141		
大正興業	釜山						△4,000	富士瓦斯紡織（東京）	△8,750						
朝鮮紡織	東京						△3,750	共同火災保険（東京）		△375			△203		
岡田商店合資	東京						△3,750	内外製糖（東京）		△2,500					
万ヒ味淋	野田						△3,150		875	△975					
日本工業	東京						△3,000	ルナパーク（東京）		2,000				72,597	
東京株式取引所	東京						△1,388		△713	△1,665		△2,500			
海陸物産	東京						△750	△3,750	宮古製糖	△3,000					
鎮湖紡績	東京						△250					△75			
野田信用組合	野田						△200								
大和商会	横浜									日本麦酒鉱泉（東京）					
東京製酢	東京							△17,500	九州炭業	△17,500					
輸出国産	東京							△6,876		△3,750	△5,000(21年)				
野田醤油	野田							△5,000		△8,750	△5,681(21年)				
永楽合資	東京							△300		山林工業			20,000		
日本製糖	東京								△10,000	△20,000					
株式売買計		△250	△7,225	△3,145	△10,880	3,928	△22,393	△43,954	△27,851	△104,116	△43,081	△69,585	△43,138	△6,446	△6,250
公債債還			3,617						△1,925		東京電灯社債（東京）	△48,875	川北電気社債（大阪）	△940	
公債買入			△2,599			△415					△5,000			王子製紙社債（王子）	△28,800	30,000
会社債売買計			1,018			△415						△48,875	△28,800	△28,800	29,060

（出所）「金銭出入帳」（髙梨本店）（髙梨本家文書、上花輪歴史館蔵、以下、髙梨本家文書は上花輪歴史館蔵）より作成。
（注）資料のうち会社名のみは株式会社、無印は、債券償還や株式売却による受取、△印は債券買入や株式払込による支払いを示す。このほか、生命保険会社への払込があったが、株式の払込か保険料の払込かが不明のため除いた。

表 8 − 3 　髙梨東京勘定方有価証券売買収支の動向

銘柄	所在地	1900〜05年	1906年	1907年	1908〜09年	1910〜11年	1912年	1913年
丸三（加富登）麦酒	半田	△80（1900年）			△25（09年）		△63	
成田鉄道	千葉	△375（1902年）						
京釜鉄道	東京	△250（1903年）						
帝国肥料	東京		△3,000					
共同火災保険	東京		△750			満洲製粉（東京）	△50	
日清紡績	東京		△250	△1,000		△250（10年）		
大日本麦酒	東京		△50					
富士瓦斯紡績	東京			△2,500	△2,500（09年）		△1,500	△1,000
小樽木材	東京			△1,875		△300（11年）		
鐘淵紡績	東京			△750	△375（09年）	△500（10年）	△500	
共同運輸	横浜			△375	△225（08年）			
東海漁業	由比			△225				
日清製粉	東京				△1,050（08・09年）			△750
北海道炭礦汽船	室蘭				△2,500（09年）	△1,500（10年）		△2,000
芳摩酒造						△50（10年）		
大日本人造肥料	東京					△201（10・11年）	△375	△313
日本製粉	東京						△806	
南満洲鉄道	大連						△400	△320
同盟火災保険							△125	
九州水力電気	東京							△225
大日本製糖	東京							
岩崎醤油	藤岡							
海陸物産	東京							
株式売買計		△705	△4,050	△6,725	△6,675	△2,801	△3,819	△4,608
国債		△638（1905年）						
公社債売買計		△638						

(出所)　各年度「東京金銭出入帳」（髙梨本家文書）より作成。
(注)　銘柄のうち会社名のみは株式会社。無印は、債券償還や株式売却による受取、△印は債券買入や株式払込による支出を示す。
　　　会社名の変更は（　）内で示した。1923年5月1日〜10月13日は、関東大震災の影響のため不明（表8−5も同じ）。

始められたと考えられる。そして、日本醬油会社株・野田商誘銀行株・野田電気株など地元醬油醸造界と関係する株式投資は、野田の髙梨本店が行っていた。ところが、1917年に野田醬油株式会社が設立され、髙梨本店の醬油醸造設備が野田醬油株式会社に譲渡されると、髙梨本店はその代わりに取得した野田醬油株の配当を受け取ってそれを主に運用する組織となり、髙梨家の有価証券投資はそれ以降主に髙梨本店で行われることとなった。

　野田醬油株式会社設立後も東京出店は東京の醬油問屋として営業を続けており、その一方で髙梨本家の東京での金銭出入の管理も委託され続けた。前章で論じたように、野田醬油株式会社設立後は、髙梨本店から東京出店に醬油が送られることはなくなったが、それ以前の在庫が残っている間は、その販売代金

単位：円

1914~16年	1917年	1921年	1922~23年	1924年	1925年	1926年	1927年	1928年	1929年	1930~31年
上毛モスリン（館林）	△58,179					三菱信託（東京）		△4,785		
		27								
東京株式取引所（東京）	△39,160		△212			126	△13,089		△5,515(31年)	
第百銀行（東京）	△2,500				川崎第百銀行（東京）	30	△7,317			
			台南製糖（二結）	△12						
			△700		△10,100			△1,500	△8,087(31年)	
							△18,750			
				△3,750			7,933		△5,802	
北海道鉱業鉄道（東京）	△1,250	△3,750 (22・23年)			△1,250					
		300							△7,981(31年)	
	内外製糖（東京）	△1,000 (23年)	△2,500							
鮮満開拓（京城）	△3,750	△1,000								
△750(16年)	△1,875		△6,000		△10,257	△6,750	△9,000			
			△171	△1,698		△29	△500			
		日本麦酒鉱泉（東京）	△75	△75	△350	△105				
△125(15年)					△225					
△450(16年)	△113	△4,152	△6,345 (22年)	△8,551		△14,993				
△320(14・15年)	△320		△1,130			△1,500		△5,000		
					富士電力（東京）	△4,063	△4,063			
					日本勧業銀行（東京）	1,871				
△500(16年)			△667			8,500			△2,500(30年)	
	△7,500				住友信託（大阪）	△7,520				
	△3,000				三菱鉱業（東京）	△6,026				
△2,145	△12,808	△107,414	△11,095	△24,756	△1,785	△37,175	6,118	△71,154	△12,302	△24,083
	東京電灯社債（東京）	△48,850				交詢社社債	50			
			△48,850					50		

　は東京勘定方に組み入れられ、それ以降は髙梨家が東京に所有していた家屋の地代が東京勘定方の主な収入になったと考えられる[4]。そのため、1917年以降は東京勘定方が有価証券投資を行うことは難しくなり、18～20年は東京勘定方による有価証券購入は全く行われていない。しかし、中央株を購入するには、野田よりも東京の方が便利であり、1921年から再び東京勘定方による有価証券購入が行われるようになった。その場合の有価証券購入資金は、前章で論じたように主に野田商誘銀行や髙梨本店からの借入金で賄われた。

　その背景には、1914年から東京勘定方の資金で購入した株式の配当収入も高

---

[4] 大正10年「東京金銭出入帳」（髙梨本家文書5AID63）より。

梨本店が受け取って髙梨本店が管理することへの変更がある。髙梨本店と髙梨東京勘定方の有価証券配当・利子収入を示す表8－4と表8－5を見よう。1913年までは主に地元に関連する会社の株は髙梨本店が購入してその配当も髙梨本店が受け取り、東京に関連する会社の株は東京勘定方が購入してその配当も東京勘定方が受け取っていたが、14年から地元・東京にかかわらず、配当・利子収入の大部分を髙梨本店が受け取っている。そして、1914～20年は東京勘定方の有価証券投資は非常に少なくなり（表8－3）、その後21年から東京勘定方は有価証券購入を積極的に進めるが、それは銀行借入金や髙梨本家からの送金で賄われ、配当・利子収入の大部分は髙梨本店勘定に繰り入れられた。

こうした資金の動きを踏まえつつ、有価証券投資の内容を検討する。はじめにで触れた銚子の濱口儀兵衛家の事例では、1890年代後半から有価証券投資が積極的に見られ、日本鉄道株や東京の紡績会社株が購入された（谷本［1990］）。そして1900年代に入り濱口儀兵衛家では武総銀行への投資を急速に拡大した。濱口儀兵衛家の事例と比べて髙梨家の有価証券投資が積極的になる時期は濱口儀兵衛家よりもかなり遅れて1900年代後半になってからであり、1900年代前半は愛知県半田の丸三麦酒、千葉県下の成田鉄道、そして全国的に資産家への応募が呼びかけられた京釜鉄道への投資が若干見られたに止まった。むろん、1900年に設立された野田商誘銀行に対しては創業当初より取締役になっており、出資をしているが表の出所資料には見られない。創業当初の野田商誘銀行の払込資本金額は62,500円でそれが1915年6月まで続き、同月に追加払込が行われて10万円となった[5]。よって髙梨家は1900年の創業時に野田商誘銀行株の払込をした後は、15年まで追加払込を行う必要はなかった。表8－2の出所資料では、野田商誘銀行への株式払込は、1909年に900円、14年に3,500円、15年に3,563円が行われている。1915年の3,563円の追加払込分から逆算すると、おそらく髙梨家はそれまでに野田商誘銀行へ、6,500円ほどの出資をしたことになる。その他、1900年設立の野田人車鉄道会社へも出資をしたと思われるが、創業当初はその役員に髙梨兵左衛門はなっておらず（表8－1）、それほど多額の出資をしたとは考えられない。

---

5) 大正4年度『営業報告書（野田商誘銀行）』より。

配当金も年間40円前後で（表8－4）、同社の1909年時点の払込資本金額が23,000円であったので、髙梨家の出資はおそらく1,000円程度に止まったと思われる。

このように1900年代前半は、野田商誘銀行株・野田人車鉄道株以外にほとんど株式投資をしなかった髙梨家は、06年より東京勘定方を通して東京の会社へ株式投資を開始する。その銘柄は、日清紡績株・富士瓦斯紡績株・鐘淵紡績株など大紡績会社株であった。もっとも、その額は1913年までの累計で見て最も多い富士瓦斯紡績株でも7,500円に止まり、有価証券投資で積極的に売買益や配当収入を得ようとしたとは思えず、資産保全の一環としての株式所有に止まったと考えられる。とは言え、それを公債ではなく株式で行おうとしたところに、東京に出店を所有して資本市場を身近に感じられた髙梨家の特徴が現れており、選んだ銘柄の多くは大企業株であった。ただし、銘柄の選択には縁故が影響を与えており（本書第7章を参照）、例えば1907年に設立された日清紡績は、髙梨家の有力な原料調達先であった岩崎清七家が設立から取締役を務めており、髙梨家は創業時から日清紡績の株主となった。また富士瓦斯紡績は、髙梨家が出資を始めた1900年代後半には、髙梨家東京出店の所在した東京小網町で醤油問屋を営む濱口吉右衛門が取締役会長を務めていた。また醸造業つながりで丸三麦酒株・芳摩酒造株、桶・樽の材料になる木材の取引関係で小樽木材株なども購入されたと思われる。

こうした資産保全のための株式購入は、1914・15年にほとんど行われなくなる。それとともに、それまで東京勘定方に入れられた配当収入が、ほぼ全て本店勘定に入れられることとなり、前述のように1917年に野田醤油株式会社が設立されて、髙梨本店が醤油醸造を行わなくなり、野田醤油株も含めて株式配当収益の運用が主な業務となると、髙梨本店の有価証券投資が急増した。そして第一次世界大戦末期から大戦直後の株式ブームの時期に重なったため、髙梨本店は多様な銘柄の株式を購入した。

それらの銘柄の多くは表8－4から見て、1920年代も継続して配当収入があったことから、株式ブーム後も所有し続けたと考えられるが、なかには大正興業株・日本工業株など、株式ブームに乗って購入したものの、十分な配当収入がないまま売却したものもあったと思われる。ただし、1919年以降継続して

表 8-4　髙梨本店有価証券配当・利子収入の動向

銘柄	所在地	1903年	1906年	1909年	1912年	1913年	1914年	1915年	1916年	1917年
成田鉄道	千葉	18		69	38	81	131	88	88	97
京釜鉄道	東京	18	90							
野田商誘銀行	野田		304	405	456	481	550	594	950	950
野田人車鉄道	野田		45	45	23	38	19	38	38	75
丸三(加富登)麦酒	東京		10				11			18
大日本人造肥料	東京			20			86	70	152	253
朝鮮(日本)醬油	仁川				608	644	787	787	787	787
鐘淵紡績	東京				263		340	680	680	1,000
野田電気	野田				175	296	357	357	179	
日清製粉	東京				117		525	578	737	1,481
富士瓦斯紡績	東京						1,350	1,350	900	1,575
大日本製糖	東京						425	500	300	552
東京株式取引所	東京						219	391	251	224
日本製粉	東京						105	126	176	279
横浜倉庫	横浜						70	40	110	138
南満洲鉄道	大連						59	48	117	62
日清紡績	東京						44	70	265	480
共同運輸	横浜						8		13	
共同火災保険	東京							49	45	75
北海道炭礦汽船	東京							33	33	83
ルナパーク	東京								25	25
大正興業	東京									
岡田商店合資	東京									
万上味淋	野田									
野田醬油	野田									
海陸物産	東京									
岩崎醬油	藤岡									
北海道鉱業鉄道	東京									
帝国火災保険	大阪									
大和商会	横浜									
内外製糖	東京									
大和織機										
第百銀行	東京									
千葉県農工銀行	千葉									
東京製パン	東京									
株式配当収入計			36	449	539	1,680	1,540	5,086	5,799	5,846	8,154
公債利子			480			8		4	8	
東京電灯社債	東京									
王子製紙社債	東京									
交詢社社債	東京									
公社債利子収入計			480			8		4	8	

(出所)各年度「金銭出入帳（高梨本店）」（高梨本家文書）より作成。
(注)銘柄のうち会社名のみは株式会社。会社名の変更は（　）内で示した。その年に収入のあった額で、年度ごとの配当金を示したわけではない。このほか生命保険会社からの配当収入があったが、株式の配当か保険料の配当か不明のため除いた。

第 8 章　千葉県醸造資産家と産地銀行　403

単位：円

1918年	1919年	1920年	1921年	1922年	1923年	1924年	1925年	1926年	1927年
100	119	65		千葉県水産(銚子)		8	15	30	30
	鮮満開拓（京城）		475	636	ほまれ味噌(奉天)		583	1,000	
		475	12,035	3,884	4,161	5,826	24,688	11,040	11,776	12,516
75	75	75	75	75		大日本麦酒(東京)		1,875	3,750
18	45	39	41				マルサンビール		70
138	281	406	125	75	163	70	140	158	196
787	930	2,789	2,581	2,574	3,218	3,325	3,860		
2,900	3,150	1,575	3,150	3,500	3,500	2,871	2,850	2,850	2,625
	日本味噌（東京）		425	300			25		
1,172	2,578	3,375	2,475	2,475	2,667	3,099	5,250	5,738	6,240
4,654	5,625	13,010	4,219	2,344	3,469	2,400	3,300	3,575	1,900
1,125	2,053	4,313	1,203	1,100	1,713	1,750	1,488	1,225	875
649	713	918	1,923	2,414	2,468	2,104	2,888	1,099	715
	488	234	123	264	151	396	456	235	
254	320	196					千秋社（野田）		53,400
60	221	295	363	378	413	441	628	1,029	1,200
700	800	1,225	875	945	678	750	942	1,400	1,800
30	30		20	35	30	35	24	20	20
60	98	113	161	180	180	180	146	188	188
198	627	413	516	371	330	330	348	498	499
	日本麦酒鉱泉（東京）		22	38	75	85	94	112	76
478		野田信用組合（野田）		10			日本勧業銀行（東京）		63
188	300								
79	114	130		163	163	163	163		
		35,455	50,000	50,000	51,650	100,000	100,000	129,641	59,338	59,338
	720		上毛モスリン(館林)		4,000	3,000		富士電力（東京）	168
	375	750	375	600	600	600	900	375	375
	63	63	138	208	307	348	375	388	481
	9	26	42	36	36	36	27	24	
		2,044							
		250	400	213					
		150							
		47	375	600	600	500	500	500	250
		19	67	79	131	140	140	140	420
		14	28	17	23	45	45	34	34
13,665	55,664	94,569	74,081	79,440	129,741	144,364	165,868	93,607	147,229
				403		198	97	106	189
							1,900	5,626	1,860
								2,256	2,836
									2
				403		198	1,997	8,068	4,887

表8-5 髙梨東京勘定方有価証券配当・利子収入の動向

銘柄	所在地	1904年	1906年	1908年	1909年	1910年	1911年	1912年	1913年	1914年	1915年
京釜鉄道	東京	23				日本製粉（東京）		38	564		
成田鉄道	千葉		34			ルナパーク（東京）		25	15		
南満洲鉄道	大連			2	5	2	2	7	33		日本
日清紡績	東京				31			62	140		
大日本人造肥料	東京				30	27	24	52	131	83	
加富登麦酒	東京				15	37	27	27	31	16	
鐘淵紡績	東京					972	(900)	450	1,280	680	
富士瓦斯紡績	東京					750	(1,176)	750	1,770		
東京株式取引所	東京					434	(579)	270	540		
横浜倉庫	横浜					57		127	70	70	
共同運輸	横浜					24		8	30	8	4
日清製粉	東京						180	225	469		
大日本製糖	東京						125	150			上毛
共同火災保険	東京							60	75	45	
株式配当収入計		23	34	2	81	2,303	(3,013)	2,251	5,148	902	4
公社債利子収入											公

(出所) 各年度「東京金銭出入帳」（髙梨本家文書）より作成。
(注) 銘柄のうち会社名のみは株式会社。会社名の変更は（ ）内で示した。その年に収入のあった額で、年度ごとの配当金を示したわけではない。1911年度の配当収入は、史料が欠けた期間を推定で補訂したものを（ ）内で示した。

　野田醬油株の巨額の配当が入るようになると、株式投資資金は潤沢となり、野田商誘銀行が19年から増資を次々と行ったのに応じて野田商誘銀行へ追加投資をしたため（19年4,750円、20年24,978円、21・23年28,770円、24年41,415円、表8-2を参照）、それに対応して野田商誘銀行株の配当収入も急増した。

　それ以外の銘柄では、東京の大紡績会社や製粉会社への出資を髙梨本店は進め、本店は1920年に日本製粉に2万円を出資し、東京勘定方も21年に野田商誘銀行から約44,000円、髙梨本店から約63,000円を借り入れ、同年に上毛モスリン株約58,000円など10万円以上の株式投資をした。日本製粉は、前述した髙梨家の主要原料調達先である岩崎清七が1919年から社長を務め、その縁で急激に株式投資を進めたと考えられる。また上毛モスリン株はその配当が1921年に東京勘定方に2,500円、22年に本店に4,000円、23年に本店に3,000円入っており、そこまで順調に収益があったものの、その後は配当が入った形跡はない。モスリン業界は第一次世界大戦期にモスリン価格の高騰を背景に業績が好調で、髙梨家もそれを受けて上毛モスリン株を購入したと思われるが、1920年恐慌後にモスリン価格が低下し、23年の関東大震災の打撃もあり、最終的に上毛モスリンは26（昭和元）年8月に破綻した[6]。

単位：円

1916年	1917年	1921年	1922年	1923年	1924年	1925年	1926年	1927年	1928年	1929年	1930年	1931年
		481	1,155		2,220	2,797	1,540				135	540
30		30					(川崎)	第百銀行（東京）	77			
麦酒鉱泉（東京）		22		38						260		
							大日本麦酒（東京）		12,500			
			2,344									
17	15	30			20		100	280	187	630	360	270
モスリン（館林）		2,500										
		161										
47	15	3,224	3,499	38	2,240	2,797	1,640	280	12,764	890	495	810
債利子	10	東京電灯社債（東京）		2,000								

　そうしたこともあり、1924年以降は大企業の社債が購入されるようになった。髙梨本店は、1924年に東京電灯の社債を48,875円分購入し、25年に王子製紙会社の社債を28,800円分購入した。東京勘定方も1924年に東京電灯社債を48,850円購入しているので、この2年間で髙梨家は、社債を12万円以上新たに所有したことになる。これらの社債の利子は、東京電灯社債利子が1924年に東京勘定方へ2,000円、25年に本店へ1,900円、26年に本店へ5,626円、27年に本店へ1,860円と順調に入っており、王子製紙社債利子も26年に本店に2,256円、27年に本店に2,836円と順調に入っていた。そして王子製紙社債は1927年に3万円で売却しているので、この王子製紙社債の売買で、髙梨家は6,292円の利益を得た。元の購入価格が28,800円であったので、3年間で約21.8％の利益率となり、年間平均約7％の利益率であったことになる。株式ブーム時の株式投資ほどの期待収益率は見込めないものの、リスクの少なさを考えれば、1920年代中葉は社債投資が魅力的であったことが窺われる。そして1927年の金融恐慌後は、銀行に代わって金銭信託会社が注目されるようになり、髙梨家は三菱信託へ6,035円、

6）　上毛モスリンについては、齋藤［2009］を参照。

住友信託へ7,520円、川崎信託銀行へ5,000円など、信託会社株へ投資するようになった。このように、1920年代の髙梨家は、野田醬油や野田商誘銀行からの配当金を、リスクを考慮してさまざまな株式投資・社債投資に向けることで髙梨家の有価証券所有額は急増した。

（2）1930年代の有価証券投資

　1928（昭和3）年も髙梨家の有価証券投資は増大したが、29年からの昭和恐慌で投資額は減少した。表8－6を見よう。1928年はそれまでと同様にかなりの新規有価証券投資が見られたが、29年以降は投資先の銘柄数も投資額も減少した。そのなかで総武鉄道への投資は着実に続けられた。総武鉄道は、野田—柏間の県営鉄道の払下げを受けて設立された北総鉄道が総武鉄道と改称したもので（今尾監修［2008～2009］第3号、関東1、28頁）、髙梨家はその役員も務め、積極的に追加投資を行った。それら以外では、1920年代に継続的に出資を続けてきた日清紡績や鐘淵紡績への投資が見られたものの、30年代前半は全体として新規株式投資は低調に推移した。とは言え、昭和恐慌下でも所有株の売却を全く行わなかったのも髙梨家の特徴であり、序章でも触れたが、昭和恐慌の打撃は醸造資産家にとっては、それほど大きくなかった。それは彼らが所有する醸造会社株の配当が昭和恐慌下でもそれなりに払われたことにも見てとれる。表8－7を見よう。髙梨家の昭和恐慌期の株式配当収入は、1930年代前半に減少したとは言え、無配当に陥った所有株はほとんどなく、野田醬油・野田商誘銀行ともに配当率を減らしつつも、それなりの配当を続けていた。ただし、野田の醬油醸造資産家の共同資産運用会社の千秋社の配当は、1930年代前半にかなり減少しており、それが髙梨家の配当収入の減少に大きな影響を与えていた。おそらく、昭和恐慌期の千秋社は資産保全の傾向を強め、配当率を下げて内部留保を進めたと考えられる。

　こうした状況は、1930年代後半になるとかなり様変わりした。表8－7からみて千秋社や野田醬油からの配当金は、1937年から再び増大し、髙梨家の配当収入も全体としてかなり増大した。それをもとに、1936年にはほとんどなかった髙梨家の新規株式投資が、37年になると急増した（表8－6）。その銘柄として、日清製粉や鐘淵紡績のようにそれまで投資を続けてきた会社への追加投

第 8 章　千葉県醸造資産家と産地銀行　407

表 8 － 6　髙梨兵左衛門家有価証券買入・払込の動向（1928〜39年度）

単位：円

銘柄	所在地	1928年	1929年	1930年	1931年	1932年	1933年	1934年	1935年	1936年	1937年	1938年	1939年
東京株式取引所	東京	22,186			5,515				19,500		日本鉱業（東京）	日本鉱業（東京）	413
大日本麦酒	東京	18,750					野田醤油（野田）		7,800		1,250	2,500	3,750
日清製粉	東京	3,000				4,500	住友金属工業（大阪）				31,000		
住友信託	大阪	7,520								165		330	
北総鉄道→総武鉄道	柏→野田	7,500	15,000	15,000	15,000	7,500	東京製パン（東京）	7,500	110		(東京)	3,750	3,750
川﨑第百銀行	東京	7,317								鐘淵実業（東京）	75,000		
三菱鉱業	東京	6,025	1,721						小網商店（東京）		5,000	24,242	6,250
三菱信託	東京	4,785							5,000		44,369		
富士電力	東京	4,063						1,625	麒麟麦酒（横浜）			2,438	
北海道炭礦汽船	東京	500						750	500		1,000	6,000	
日本麦酒鉱泉	東京	105					日本産産業→満洲重工業開発（東京）			帝都パン	375	188	
富士瓦斯紡績	東京		5,803								275		
南満洲鉄道	大連		5,000			3,250	5,750	2,500	2,500	2,500	2,500		17,922
日清紡績	東京		1,500		8,087		1,500				7,101	9,569	
大日本製糖	東京			2,500			1,875			日東化学工業（東京）	250	374	
鐘淵紡績	東京				7,981			3,750			35,629	6,250	
共同運輸	東京				25	25				王子製紙（東京）		49,366	
日本製粉	東京						3,125	3,125			6,250		3,125
大日本人造肥料	東京						135	180	180	518	日産化学工業（東京）		175
富士繊維工業	東京							300	1,200	900	1,200		
公債											2,940	21,609	21,070
貯蓄債券													250
計		87,750	29,024	17,500	36,608	15,275	19,885	19,730	36,790	4,083	214,139	126,616	56,705

（出所）昭和3〜5年「元帳」、昭和6〜8年・9〜11年・12〜14年「仕訳勘定元帳」（以上、髙梨本家文書）より作成。

（注）いずれも、有価証券購入もしくは払込の金額を示した。北総鉄道は1929年に総武鉄道に改称。日本産業は1938年より満洲重工業開発（本社：満洲国新京）に改称。
表 8 － 3 の1928〜31年分はこの表に含まれる。

表 8－7　髙梨兵左衛門家株式配当収入の動向（1928～39年度）

単位：円

銘柄	所在地	1928年	1929年	1930年	1931年	1932年	1933年	1934年	1935年	1936年	1937年	1938年	1939年
千秋社	野田	53,400		54,000	35,600					17,800	30,260	89,000	53,400
野田醬油	野田	29,739	71,215	50,508	17,905	35,680	35,665	8,900	8,900	17,824	35,680	83,108	59,378
大日本麦酒	東京	16,063	5,000	4,375	3,906	3,750	3,796	3,856	3,856	3,856	3,856	3,695	3,679
野田商誘銀行	野田	12,841	12,841	12,841	9,528	9,987	9,987	9,274	11,414	8,411	8,261	8,261	8,949
日清製粉	東京	3,680	10,920	6,240	5,085	4,195	4,659	4,380	5,475	6,215	7,597	8,488	8,488
鐘淵紡績	東京	2,625	2,625	2,363	1,875	2,675	2,188	2,188	2,890	3,125	4,006	5,589	5,357
日清紡績	東京	1,800	2,280	1,760	1,600	2,000	1,040	3,500	2,275	2,100	2,384	3,220	3,476
南満洲鉄道	大連	1,320	2,138	1,573	1,480	1,143	1,800	2,169	2,375	2,575	2,775	3,314	2,963
東京株式取引所	東京	1,200	893	1,026	1,170	1,290	1,470	1,050	1,050	1,140	1,343	986	956
富士瓦斯紡績	東京	1,000	3,200		750	2,250	2,400	2,700	3,000	2,400	2,385	2,370	2,370
岩崎醬油	藤岡	600	600	375	375	375	450	375		225	225	375	375
川崎第百銀行	東京	523	700	700	650	600	600	600	600	600	600	600	600
北海道鉱業鉄道	東京	500	500	500	250	750	500	500	375			2,425	2,425
大日本製糖	東京	413	375	338	400	500	538	813	813	王子製紙	955	934	926
三菱鉱業	東京	338	394	350	225		675	300	1,297	975	1,367	2,276	3,443
北海道炭礦汽船	東京	250	748	506	270	203	439	570	300	1,200	320	1,131	1,272
共同火災保険	東京	188	188	188	188	163	163	163	150	947	125	121	121
富士電力	東京	161	579	650	650	812	244	805	293	926	341	683	1,266
大日本人造肥料	東京	158	154	138		188	51	139	160	225	238	鎮浦実業	154
住友信託	大阪	125	125	125	188		125	63	200	150	163	175	175
日本酒酒鉱泉	東京	121	102	38		25	86			小網商店（東京）	2,250	2,250
北総鉄道→総武鉄道	柏→野田	62	356						600	麒麟麦酒（横浜）	1,091	1,455
千葉県水産	銚子	30	20				35	15	15	15	15	15	
日本味噌	東京	25	50	50	31	31	13			日産化学工業（東京）	7	21
東京製パン	東京	23	45	39	14		17	8	19	37	49	78	91
帝国火災保険	東京	15	15	15	15	15	15	15	15	15	15	18	18
共同運輸	東京	10	20	20	69	59	27	9	18	20	18	20	11
日本製粉	東京			240	340	303	500	688	1,063	1,250	1,328	1,743	2,778
三菱信託	東京			63			150	150	150	225	75	250	175
川崎信託	京都				250	350	250	250	250	250	250	250	275
野田信用組合	野田				35						日本鉱業（東京）	15	15
沖縄製糖	那覇							10	10	15			18

資のほかに、小網商店と麒麟麦酒への新規投資がかなり大きかった。小網商店は前章で述べたように、髙梨仁三郎店など東京市日本橋区小網町に所在した有力醸造品問屋が共同で1928年に設立した卸問屋会社であり（株式会社小網［1983］）、その組織替えで髙梨家もかなり出資することになったと考えられる。そして小網商店がキリンビールを扱うことになったことに関連して髙梨家も麒麟麦酒株を購入したと思われる。これらの出資はいずれも、髙梨家のこれまでの株式投資の継続の面や、家業の醸造業関連の投資であったが、1938年の株式投資は、王子製紙株の多額の購入など新しい側面も見られた。

2　野田商誘銀行の概観

（1）野田商誘銀行と野田醬油醸造業

　髙梨家の有価証券投資では、配当金や借入金で野田商誘銀行の役割が大きかったので、本節では、野田商誘銀行が野田醬油醸造業や髙梨家に果たした役割を有価証券投資以外も含めて考察する。野田商誘銀行は、野田の醬油醸造家らが中心となって設立されたが、野田商誘銀行と野田醬油醸造業の関係について土屋喬雄は、野田商誘銀行設立の目的は、醬油醸造家がお金を借りるためではなく、地域で公正な資金の運用をするためであり、野田商誘銀行は堅実な運用を主要方針とし、そして野田の最有力の醬油醸造家の茂木一族は、収益金は野田商誘銀行ではなく東京の川崎銀行・第一銀行に預けていたことを示した（土屋［1968］）。土屋は、茂木一族が、東京で販売した醬油代金を東京の川崎銀行や第一銀行に預金し、地方で販売した醬油代金

も川崎銀行・第一銀行などの支店を通じて川崎銀行・第一銀行の預金となり、原材料・運転資金・俸給・賃金などは預金からの払い戻しを受けて使用しており、設備投資も自己資金で賄っていたため、野田商誘銀行は野田の醬油醸造家の機関銀行にはなっていないとした。

さらに土屋は、野田の醬油醸造家が合同して野田醬油株式会社を設立した後も、第二次世界大戦前は、野田醬油株式会社は設備投資資金を自己資金で賄っており、第二次世界大戦後に自己資金で生産を回復するのが困難であったため、三菱銀行からの借入金で生産回復し、そこから銀行とのつながりが強まったと評価する。設備投資資金を自己資金で賄っていた点は、後述するように髙梨家にも当てはまり、土屋の評価はある程度妥当であるが、野田の醬油醸造家が野田商誘銀行から借入をしていなかったわけではなく、設備投資以外の資金需要で髙梨家は、1910年代以降野田商誘銀行から恒常的に資金借入をするようになった。その点で、本書第2章で取り上げた吉野銀行と同様に野田商誘銀行も産地銀行と位置付けられ、本節では、それに至った経緯を解明したい。

まず野田地域の会社設立の動向を確認する。表8-8を見よう。野田を含む東葛飾郡の会社設立は、東京近郊にしては比較的遅く、1889（明治22）年に利根運河会社が広く社会的資金を集めて設立されたが、それに続くことはなく、90年代の商法の成立とその改正によって（三枝 [1992]）、会社設立が容易になったことで90年代後半に銀行が設立された。野田でも1900年に有力醸造家の出資で野田商誘銀行が設立され、この時点で東葛飾郡に松戸農商銀行・船橋商業銀行・野田商誘銀行・流山銀行・中山協和銀行と、主要な醸造産地であった松戸・船橋・野田・流山などでいずれも銀行が設立された。ただし、その規模は1909年時点の払込額を見ると、最も大きい松戸農商銀行でも113,000円にすぎず、千葉県を代表する有力資産家が存在した野田でも、野田商誘銀行の同年の払込資本金額は63,000円にすぎなかった。その意味で、東葛飾郡の会社設立は1909年時点でもいまだ低調であったと言えるが、17（大正6）年の野田醬油株式会社の設立がその状況を大きく変えることとなった。野田では、1911年の柏―野田町間の千葉県営軽便鉄道の開業を機に町の近代化が図られ始め、まず11年に野田電気株式会社が設立され、14年には野田醬油醸造組合が野田病院を設立した（野田醬油株式会社社史編纂室編 [1955] 682-684頁）。そして1917年に野

表8－8　東葛飾郡株式会社一覧　　資本金の単位：万円

1909年			
会社名	所在地	創業年	資本金
利根運河	新川	1889	40.0
松戸農商銀行	松戸	1896	11.3
船橋商業銀行	船橋	1898	7.5
野田商誘銀行	野田	1900	6.3
流山銀行	流山	1899	5.0
中山協和銀行	葛飾	1895	4.5
東葛飾委託倉庫	馬橋	1900	3.8
東葛人車鉄道	中山	1907	2.5
野田人車鉄道	野田	1900	2.3
北総醤油醸造	明	1900	1.5
松戸植物	明	1907	1.3

1918年			
会社名	所在地	創業年	資本金
野田醤油	野田	1917	700.0
野田電気	野田	1911	60.0
利根運河	新川	1889	40.0
万上味淋	流山	1917	35.0
船橋商業銀行	船橋	1898	25.0
松戸農商銀行	松戸	1896	11.3
東葛銀行	松戸	1900	11.3
野田商誘銀行	野田	1900	10.0
中山協和銀行	葛飾	1895	7.0
流山軽便鉄道	流山	1913	7.0
東葛人車鉄道	中山	1907	5.6
流山銀行	流山	1899	5.0
船橋鉄道	船橋	1914	4.0
船橋倉庫	船橋	1913	2.5
野田人車鉄道	野田	1900	2.3

1926年			
会社名	所在地	創業年	資本金
野田醤油	野田	1924	2,625.0
野田商誘銀行	野田	1900	150.0
帝国酒造	市川	1918	75.0
東京毛布	市川	1918	60.0
北総鉄道	船橋	1922	45.0
利根運河	新川	1889	40.0
東葛銀行	松戸	1900	40.0
関東酒造	市川	1919	37.5
松戸農商銀行	松戸	1896	27.0
中山協和銀行	葛飾	1895	20.0
野田運輸	野田	1924	20.0
日工	船橋	1924	16.0
野田金山醤油	野田	1925	15.0
東亜製氷	船橋	1923	10.0
船橋倉庫	船橋	1913	2.5
野田町共立運送	野田	1925	2.5

(出所)由井・浅野編［1988～89］第13巻、大正7・15年度『日本全国諸会社役員録』商業興信所、より作成。

(注)合資・合名会社は除いた。資本金欄はいずれも払込資本金額。

田の有力醬油醸造家が大合同して野田醬油株式会社を設立した。会社設立の資本金としては、各醸造家の工場・設備の現物出資で行われ、その評価額にあたる払込資本金額は1918年時点で700万円となり、千葉県でそれまでに例のない巨大会社が野田に誕生した（野田醬油株式会社社史編纂室編［1955］130頁）。

　野田醬油に現物出資した醸造家は、その出資評価額に応じて株式を取得し、それ以後その配当が各醸造家の大きな収入となった。野田商誘銀行も野田醬油に対して、設備投資資金ではないものの短期の営業資金を融資する必要が生じ、経営規模を拡大するために盛んに増資を始めた。野田醬油からの配当収入で資金的に余裕のあった野田の旧醸造家らは野田商誘銀行の増資にも応じて、野田商誘銀行の資本金額が急増するとともに、野田の旧醸造家の野田商誘銀行株の所有額も急増した。野田醬油株と野田商誘銀行株の配当で資金が潤沢になった旧醸造家は、醸造設備は野田醬油に移譲したため、その資金を自家醸造に向ける必要はなく、株式投資へ向けた。こうして1910年代末から20年代前半に野田では急激な株式投資ブームが生じた。野田醬油も設備投資資金確保のための増資を行ったため、野田の資産家（旧醸造家）はその増資に応じたが、それ以外の東葛飾郡の銀行・諸会社も軒並みに資本金額を増加させた。野田商誘銀行の払込資本金額の推移を見ても、1900年7月の創業当初は62,500円であり、長い間そのまま継続されたが、15年6月に10万円、20年3月に20万円と10年代後半から株式の払込と増資が行われ[7]、20年代にさらに増資が行われ、20年6月に437,500円、23年5月に812,500円、24年8月に150万円、そして26（昭和元）年12月に200万円と、10年ほどの間に払込資本金額は20倍となった。表8-8に戻ると、1926年時点で野田商誘銀行は千葉県を代表する銀行となり、東葛飾郡では市川で新たな会社が設立されるとともに、柏—野田町間の千葉県営軽便鉄道の船橋への路線延長に伴い、県営軽便鉄道の払下げを受けて船橋を本社として北総鉄道が設立され、野田でも野田運輸会社が設立された。こうして1917年の野田醬油の設立は、野田のみでなく東葛飾郡全体の会社設立を誘発することとなり、野田地域経済は大きく様変わりした。

7）　各年度『営業報告書（野田商誘銀行）』より。

(2) 野田商誘銀行の経営動向

　髙梨家と野田商誘銀行との関係は、経営面・出資面・利用者の多岐にわたった。経営面では、髙梨兵左衛門は、野田商誘銀行設立時から取締役を務め、創業時の役員のほとんどが入れ替わるなかで、取締役を務め続けた。髙梨兵左衛門以外では、創業時の頭取が茂木房五郎、常務が茂木七郎右衛門であったが、1903（明治36）年に頭取が茂木七郎右衛門に交代し、新しい常務を茂木七左衛門が務め、茂木七左衛門が29（昭和4）年に頭取となった。1920年代には、河合鉄二・杉浦甲子郎・石原繁二など髙梨一族・茂木一族以外の役員も登場したが、トップマネジメントは茂木一族が交代で担当し続けた（中西［2016c］表12－7）。主要株主も、茂木七郎右衛門が筆頭で、茂木七左衛門・髙梨兵左衛門・茂木房五郎と続き、それ以外の髙梨・茂木一族を加えて1910年代後半には全体の約72％の株式を髙梨・茂木一族が所有した。そして1920（大正9）年に野田商誘銀行が増資をした際でも、髙梨・茂木一族の株式所有比率は約64％を占めた（中西［2016c］表12－8）。髙梨・茂木一族以外の主要株主として山下平兵衛・中野長兵衛が挙げられるが、山下平兵衛は野田の醬油醸造家、中野長兵衛は茂木七郎右衛門家の分家で（市山編［2003］）、東京で醬油問屋を開業していた。ただし、1917年に野田醬油会社が設立された際には、野田醬油は野田商誘銀行の株主にはなっていない。その後1920年に野田商誘銀行が増資をした際に、野田醬油もそれに応じて野田商誘銀行の有力株主となった。

　続いて野田商誘銀行の損益と利益処分の内容を検討する。表8－9を見よう。創業期の1900年代はそれほど大きな利益が上がっているわけではないが、役員賞与をかなり低く抑えることで内部留保を積極的に進めたことが見てとれる。配当金も1902年までなく、03年からようやく配当を始めたが、依然として役員賞与は少なく、積立金が配当金を常に上回った。1910年代になると利益が次第に増加し、払込資本金額が10万円となった10年代後半には払込資本金額以上の利益金を上げ、差引利益も急増してそれらは主に内部留保に回された。それを受けて1920年に増資をして、20年代は銀行の経営規模が格段に大きくなった。毎年20万円～30万円の差引利益を上げ、20世紀前半はかなりの内部留保を進めたが、1924年に巨額の増資を行い、払込に充当するため特別配当をしてから、内部留保と配当の関係が逆転する。それ以降はむしろ、利益処分の中心は配当

414　第Ⅲ部　関東・東北地域の会社設立と地方資産家

表8-9　野田商誘銀行主要勘定・損益・利益処分の動向

年度	諸預金 (千円)	貸付金 (千円)	有価証券 (千円)	預け金・現金 (千円)	当年度益金 (円)	当年度総損金 (円)	当年度差引損益 (円)	前期繰越 (円)	諸積立金 (円)	配当金 (円)	役員賞与 (円)	次期繰越 (円)
1900	73	123	2	39	5,585	2,567	3,018	0	1,000	0	250	1,768
1901	116	164	4	20	18,709	7,257	11,452	1,768	9,250	0	650	3,320
1902	137	176	5	43	21,137	15,790	5,347	3,320	7,000	0	500	1,167
1903	176	212	7	41	21,231	13,029	8,202	1,167	4,250	3,124	600	1,395
1904	226	229	10	71	25,259	14,303	10,956	1,395	6,500	3,124	850	1,877
1905	272	204	78	81	29,272	18,243	11,029	1,877	7,000	3,437	850	1,619
1906	342	212	136	88	37,474	25,665	11,809	1,619	7,000	3,750	950	1,728
1907	410	372	113	84	39,200	28,438	10,762	1,728	6,000	3,750	950	1,790
1908	376	331	110	40	41,654	30,344	11,310	1,790	5,500	5,000	1,100	1,500
1909	423	364	74	99	41,721	28,423	13,298	1,500	7,000	5,000	1,300	1,498
1910	474	423	77	85	46,561	30,493	16,068	1,498	9,100	5,313	1,300	1,853
1911	574	514	111	83	41,489	26,709	14,780	1,853	8,750	5,626	1,300	957
1912	740	671	180	34	56,221	38,027	18,194	957	10,725	5,626	1,500	1,300
1913	747	674	172	64	66,720	46,439	20,281	1,300	9,881	6,250	1,600	3,850
1914	1,156	812	188	323	77,353	60,760	16,593	3,850	9,343	6,250	1,650	3,200
1915	1,168	729	388	261	110,499	88,360	22,139	3,200	10,211	8,125	1,403	5,600
1916	1,353	904	397	263	171,809	143,991	27,818	5,600	10,000	10,000	1,418	12,000
1917	1,598	807	462	606	122,726	86,571	36,155	12,000	20,000	10,000	2,255	15,900
1918	2,073	1,304	469	634	162,054	110,292	51,762	15,900	30,000	10,000	2,862	24,800
1919	4,019	2,708	461	1,349	221,812	150,956	70,856	24,800	40,000	10,850	3,606	41,200
1920	3,818	3,340	775	570	533,566	295,404	238,162	41,200	160,000	94,375	8,752	16,235
1921	5,275	2,555	1,772	1,677	407,415	294,317	113,098	16,235	50,000	43,750	5,800	29,783
1922	3,985	3,108	1,375	715	581,566	347,874	233,692	29,783	152,000	56,250	9,950	45,275
1923	5,639	3,939	1,916	1,555	576,079	334,914	241,165	45,275	154,000	75,000	4,500	52,940
1924	5,370	6,362	1,344	669	1,198,106	481,646	716,460	52,940	428,200	320,834	1,000	19,366
1925	7,736	7,576	1,615	1,913	834,657	576,784	257,873	19,366	86,000	150,000	2,000	39,239
1926	8,843	9,142	2,049	879	912,585	659,916	252,669	39,239	66,000	154,167	2,000	69,741
1927	9,427	9,139	2,774	853	943,425	650,463	292,962	69,741	76,000	180,000	10,000	96,703
1928	9,349	7,467	3,758	1,692	1,008,712	789,381	219,331	96,703	56,000	180,000	10,000	70,034
1929	10,693	8,773	4,305	1,383	1,199,414	1,000,534	198,880	70,034	56,000	180,000	10,000	22,914
1930	11,957	9,740	4,353	1,482	1,427,163	1,232,795	194,368	22,914	38,000	160,000	8,000	11,282
1931	12,010	8,886	5,297	1,394	1,234,296	1,059,114	175,182	11,282	27,000	140,000	6,000	13,464
1932	12,109	10,084	4,579	1,058	1,365,840	1,184,489	181,351	13,464	29,412	140,000	6,000	19,403
1933	12,482	7,694	6,975	1,501	1,340,383	1,146,793	193,590	19,403	38,902	140,000	6,000	28,091
1934	13,100	6,724	9,421	797	1,625,774	1,415,399	210,375	28,091	68,892	120,000	5,300	44,274

(出所)「野田商誘銀行四十五年誌」(野田醤油株式会社社史編纂室編[1955])より作成。
(注)大正6年上半期および大正8年下半期～大正14年上半期は、営業報告書より、必要に応じて数値を修正した。各年度の上半期と下半期を組み合わせて年度ごとに示した。1920年度は創立20年記念特別配当が、24年度は特別割賦金がそれぞれ株主に配られた。

になり、内部留保は縮小傾向になった。もっとも配当率は、1920年代前半が年間10％以上であったのに対して20年代後半は年間9％となり、資本金額を増やしたほどには差引利益が増えなかったが、それなりの配当を維持したことで内部留保が減少したのが実態であったと思われる。1930年代前半は昭和恐慌下で差引利益は減少していたが、配当率は7～8％を維持しており、配当金と比べると内部留保はかなり少なくなった。役員賞与は全体としてあまり多くなく、野田商誘銀行の場合役員と主要株主がほぼ一致していたため、株主としての利益が優先されたと考えられる。こうして野田商誘銀行は、野田醬油醸造家に株式配当金としてかなりの資金を供給したと言える。野田商誘銀行の資金運用の内容を表8－9で検討すると、創業期の1900年代は預金とほぼ同じ規模の貸付を行っており、貸付以外の資産運用はあまり行っていないが、14年より急激に預金が増大し、それに対応するほど貸付が拡大せずに有価証券への運用が次第に増大する。ところが1920年代に貸付が急増して、20年代中葉には預金額を貸付額が上回る状況となった。もっとも昭和恐慌下に資金需要が減少したと思われ、その後の貸付額は漸減傾向に入り、その一方預金額は増え続けたため、1930年代には有価証券への運用が拡大してその所有額が増大した。

　預金は、野田の醬油醸造家の預金が多かったと考えられるが、貸付先を表8－10で検討する。営業報告書の営業概況などに散見される貸出内容を一覧にしたが、野田商誘銀行の主な貸付時期とその内容として、①3月の納税期に納税資金の貸付、②3～4月に肥料資金の貸付、③5月に春繭製茶などの資金貸付、④9月に新麦の出荷に際しての資金貸付（商人の買付資金か？）、⑤年末の決済資金の貸付、などが挙げられ、それ以外に葉煙草耕作組合や耕地整理組合への貸付が行われた。また野田商誘銀行の有価証券投資の内容を表8－11で見ると、1917年時点は、富士製紙・王子製紙・鐘淵紡績などの社債が中心であったが、19・20年に、日本郵船株・鐘淵紡績株・日清紡績株などへの株式投資が急増し、21・22年は一転して公債所有が急増、23年に日本興業銀行債を、25年に大日本麦酒株を大量に購入した。野田商誘銀行は潤沢な内部留保をもとに、銘柄をこまめに変えながら有価証券投資を行っていた。

　その内容を前節で検討した高梨家の有価証券投資と比較すると、野田商誘銀行と高梨家の有価証券投資の共通点は、1924年に東京電灯社債を購入して、25

表8-10 野田商誘銀行営業概況

期	内容
1909年下	本行は、納税期にも該当していたので、やや資金の需要が増加した。
1910年上	本行は、放資の途を公債に向けていたが、（三）月末には納税期に該当し、やや資金の需要を起こした。
1910年下	貸出は軽便鉄道債券払込に充当の為、増加したのみで大きな異動はなかった。
1911年下	歳末決済資金の需要を満たし相当の成績を収めて本期を終わった。
1912年上	三月中旬には預金も巨額に達したので、有価証券に放資の適当なるを認め之を実行した。
1912年下	年末に近づくに従い、決済資金の需要いよいよ増加し
1913年上	近村の葉煙草耕作組合に対し、低利に資金の放資をなした。
1913年下	年末に至って決済資金の需要はいよいよ増加したるに
1915年上	四月に入り肥料資金の需要期となったが、少額の移動を見たのみであった。
1915年下	本行は確実なる有価証券に放資するの止むなきに至った。
1917年上	三月に入り肥料資金の需要季となり引続き月末納税資金の引出あり
1919年下	新麦の出廻りと共に其の需用起り漸く順調を呈せり
1920年上	預金は米穀類の漸落と肥料資金納税資金の需用起り自然減退せり
1921年上	納税資金肥料資金の如き幾分の移動を見たるも（中略）三月以降有価証券放資の方針を立て確実有利なるものを買入れ
1921年下	九月に入り新麦の出廻りと共に資金の需要稍々繁忙を見
1922年上	肥料資金租税耕地整理費等農家の負担は益々過大なるにより預金は自然流出の傾き（中略）本行に於ても町村又は耕地整理組合の貸付等年々多きを加え
1923年上	三月に入り肥料並に納税資金の需用ありたるも（中略）確実なる有価証券の買入を為したり。五月に入り春繭製茶等資金の需用起これるも
1925年上	期末に至り、当地野田醤油会社は往年の素志により大規模の増資計画を発表せられ、全国的に株式公募を行ひたれば、資金の移動遽に起り、店務一時に繁劇を加えたり。

（出所）前掲「野田商誘銀行四十五年誌」、1917～25年の『営業報告書（野田商誘銀行）』より作成。
（注）1917年上半期以降の記述は、上記『営業報告書』による。

～26年に大日本麦酒株を購入したことであったが、それ以外の共通性はあまりなく、25年に野田商誘銀行は王子製紙株を購入したものの、髙梨家は同年に王子製紙社債を購入したこと、髙梨家は富士瓦斯紡績・日清製粉にかなり株式投資したが、野田商誘銀行は全く行わなかったこと、髙梨家は共同運輸・輸出国産・岡田商店合資・岩崎醬油など中小会社にも株式投資をしたが、野田商誘銀行にはその側面がなかったことなど、相違点の方が多かった。輸出国産は、野田醬油設立と同時期に、髙梨仁三郎店のあった東京市日本橋区小網町に本社を置いて設立された飼料油脂漁業罐詰製造販売を行う会社で、1920年時点で、取締役に茂木啓三郎・髙梨兵左衛門・岡田小三郎・濱口吉兵衛などがなってい

第 8 章　千葉県醸造資産家と産地銀行　417

表 8-11　野田商誘銀行有価証券投資の動向

単位：円

年月末		所在地	1917・6	1919・12	1920・12	1921・12	1922・12	1923・12	1924・12	1925・6
諸公債			194,266	158,418	215,663	1,209,528	701,896	880,735	482,365	481,665
社債			193,830	118,995	90,950	63,740	193,910	558,260	378,860	406,860
内訳	富士製紙社債	東京	59,500	38,270	12,460	日本興業銀行債（東京）		300,000		
	王子製紙社債	東京	40,000	40,000	36,800	26,400	20,800	8,000		
	鐘淵紡績社債	東京	31,450			北海道拓殖銀行債（札幌）		49,000	49,000	49,000
	大日本人造肥料社債	東京	25,500	20,400	16,150	13,600	6,800		1,400	1,400
	千葉県農工銀行債	千葉	20,880	13,925	19,140	17,340	61,460	55,760	85,460	113,460
	日本勧業銀行社債	東京	8,500					埼玉県農工銀行債	97,500	97,500
	川崎造船所社債	神戸	8,000	6,400	6,400	6,400	5,600		47,500	47,500
	朝鮮殖産銀行債	京城					99,250	東京電灯社債	98,000	98,000
株式		所在地	88,400	183,325	467,950	498,700	479,600	476,600	482,390	737,665
内訳	鐘淵紡績	東京	50,000	50,000	156,000	156,000	156,000	156,000	181,000	181,000
	十五銀行	東京	17,400	17,400	18,900	18,900	16,500	16,500	15,540	15,540
	第一銀行	東京	13,500	18,000	39,000	47,750	56,500	56,500	65,250	65,250
	第三銀行→安田銀行	東京	7,500	12,500	15,750	15,750	19,500	19,500	19,500	19,500
	日本郵船	東京		85,000	135,000	130,000	85,000	80,000	70,000	70,000
	千葉県農工銀行	千葉		425	800	800	1,600	1,600	1,600	1,600
	日清紡績	東京			75,000	75,000	75,000	83,000	70,000	82,500
	北海道炭礦汽船	東京			27,500	20,000	20,000	20,000	17,500	17,500
	朝鮮銀行	京城				34,500	27,000	21,000	19,500	15,000
	千葉貯蓄銀行	千葉					22,500	22,500	22,500	22,500
	大日本麦酒	東京								180,000
	王子製紙	東京								44,500
	野田醤油	野田								12,500
	北海道拓殖銀行	札幌								10,275
計			476,496	460,738	774,563	1,771,968	1,375,406	1,915,595	1,343,615	1,626,190

（出所）各年度『営業報告書（野田商誘銀行）』より作成。第三銀行は1923年より安田銀行に合併。諸公債欄は外国債も含む。
（注）額面ではなく実勢価格を示した。

た[8]。また岡田商店合資は、髙梨家の醬油販売先の東京問屋、岩崎醬油は髙梨家の主要原料調達先である群馬県藤岡の岩崎清七家の家業を会社化したもので（本書第7章を参照）、取引関係や醬油業界の地縁に関係する中小会社に髙梨家は株式投資したと考えられる。野田の醬油醸造家にとって、家の有価証券投資と銀行などの社会的組織の有価証券投資では、そのリスク管理面で大きく方向を変えていたと思われる。

3 髙梨家と野田商誘銀行

(1) 髙梨家奥勘定と野田商誘銀行

　それでは、髙梨家が野田商誘銀行からどのような目的で資金を借り入れていたかを検討する。1917（大正6）年の野田醬油株式会社設立以前の髙梨家の主な資金の流れは以下のようになっていた[9]。髙梨家はもともと上花輪村に在住し、醬油醸造工場も上花輪村と今上村に所在したが、近代に入り1889（明治22）年に上花輪村は野田町に合併され、今上村は近隣の村と合併して梅郷村となり、1950（昭和25）年に野田町・梅郷村・七福村・旭村が合併して野田市が成立したため、野田に髙梨家の居宅と醬油製造工場と本店があったとして説明する。野田の本店とは別に、髙梨家には奥勘定があり、髙梨本店は、原料調達・税金納入などさまざまな支出を行ったが、そのたびに奥勘定からお金が渡され、それを元手に髙梨本店は醬油醸造を行い、製品は東京出店を含む東京の問屋に送ったり、地方で販売したりした。地方での醬油販売は髙梨本店の収入となり、その都度、収入金は髙梨本家の奥勘定に上げられた。東京出店は、近江屋（髙梨）仁三郎の店名で東京醬油問屋として営業しており、髙梨本店から送られた醬油のほかにも、独自に醬油を仕入れて取引し、営業は自前の勘定を持っていた。それとは別に髙梨本店から送られた醬油の取引は、仁三郎店が髙梨家から委託されており、前述のようにその勘定を「東京勘定方」と呼ぶ。よって、東京勘定方の帳簿には、髙梨本店から送られた醬油を販売した代金の

---

8) 大正9年版『日本全国諸会社役員録』商業興信所、1920年、上編363頁。
9) 1917年以前の「金銭出入帳（髙梨奥持・髙梨本店）」「東京金銭出入帳」（髙梨本家文書）より判断。

収入や、それを高梨本家の奥勘定へ送る項目、その他高梨本家の依頼で東京出店が行った業務（有価証券購入など）の勘定が記された。なお高梨家の醬油生産量は1900年代後半から急増した（花井［2016］）。

　表8-12を見よう。1899年と1903年の高梨本家奥勘定の金銭出入を示した。ここでの注目点は、1900年の野田商誘銀行設立により、高梨家の資金循環に変化が見られたかである。まず、1899年を見ると、資金循環の基本的な流れは、奥勘定から本店へ資金が渡され、本店から東京出店へ醸造した醬油が送られ、それを東京出店が販売して得た代金を奥勘定へ戻す形であった。この時期は、奥勘定の帳簿に、本店に資金を渡す際の目的が併記されており、その内容の多くは原材料購入のためであった。ただし、1月と7月が税金（主に造石税）の支払月で、その時は奥勘定から本店へ税金支払用として多額の資金が渡された。したがって、表8-12の1899年の出の部で、「税金支払分」とあるのは、奥勘定が税金支払分としてその相当額を本店に渡し、本店が税金を支払ったことを意味する。一方、奥勘定への入金のうち本店からの入金は、本店が地方で醬油を販売した時の収入が本店に入った際に、それを奥勘定に上げたものである。直接とあるのは店員がお金を持参したことを示す。東京出店からも、本店が東京に送った醬油の販売代金が奥勘定に送られるが、主人や店員が直接東京出店から本家に持参した場合と、送金手形が利用された場合があり、1899年時点ではまだ大部分が主人や店員の持参であり、送金手形の利用は少ない。また、税金支払分として多額のお金を奥勘定が本店に渡す際に、奥勘定は個人から1万円を借り入れた。醬油販売代金として多額の入金がある奥勘定でも、税金支払月は一時的に資金繰りが苦しくなり、個人から借り入れることがあった。もっとも、それが固定化して借入金が膨らんでいる状況ではなく、一時的に借り入れ、後に返済したと考えられる。

　さて、野田商誘銀行が設立された後の1903年を見ると、個人からの借入がなくなった代わりに銀行からの借入が登場する。これが野田商誘銀行であることは確定できないが、野田町に当時存在した銀行は野田商誘銀行のみであり、おそらく野田商誘銀行からの借入と考えてよい。その内容を見ると、やはり税金支払月に借りてその2～3ヶ月後に返済している。すなわち、この年の本店は3月・7月・11月に税金を支払ったが、3月に5,000円、7月に5,000円、11月

420 第Ⅲ部 関東・東北地域の会社設立と地方資産家

表 8-12 1899・1903年髙梨兵左衛門家奥勘定金銭出入の動向

単位：円

1899年		1月	2月	3月	4月	5月	6月	7月	8月	9月	10月	11月	12月
入の部	合計	8,300	6,024	11,024	4,952	10,300	5,705	22,080	2,600	15,771	4,500	13,911	3,972
内	東京店より持参	3,500	500	4,300	1,000	6,000		2,500		3,000		7,000	
	東京店より入金							5,200	2,000				
	本店より直接	4,800	5,499	6,700	3,800	4,100	3,600	3,900	600	7,200	4,400	6,900	3,800
	個人より借入							10,000					
	有価証券収入						105			3,856		11	
	積立金繰入						2,000			1,700			
出の部	合計	9,726	3,400	12,501	6,354	5,739	2,273	20,550	9,030	12,598	10,457	5,093	9,157
内	本店へ原材料費	1,300	700	6,100	3,950	3,000	650	3,500	5,550	8,400	6,100	2,880	3,600
	本店へその他	2,450	2,149	6,050	1,800	1,400	1,150	1,580	3,150	3,750	3,150	1,050	4,780
	税金支払分	4,600						14,030					
	利子支払							769			400		120
	有価証券支出		109				200	200				100	200
	積立金	850	100			600							

1903年		1月	2月	3月	4月	5月	6月	7月	8月	9月	10月	11月	12月
入の部	合計	7,722	9,330	21,188	3,950	12,181	5,700	18,965	3,250	10,920	7,769	19,911	25,092
内	東京店より持参	3,000	4,500	10,000		4,600	2,000	9,000				3,000	
	東京店より手形					3,000			3,000	4,000	3,000	4,000	
	本店より直接	4,550	4,800	5,600	3,950	4,250	3,500	4,850	150	6,530	4,769	4,911	5,762
	本店より手形	172	30	588		331	200	115	100	390			330
	銀行借入金			5,000				5,000				8,000	19,000
出の部	合計	8,257	3,490	21,810	4,650	13,160	6,610	17,949	11,010	13,898	13,550	17,603	11,900
内	本店へ直接	7,958	3,190	4,810	4,150	7,560	6,610	12,174	11,010	13,898	8,050	11,565	3,250
	本店へ手形			12,000							500		
	税金支払分							5,775				6,038	
	利子支払												550
	銀行借入返済					5,000					5,000		8,000
	積立金	300（個人）	300	5,000									

(出所) 明治29年「金銭出入帳（高梨奥持）」, 明治34年「金銭出入帳（本家商梨奥持）」（以上, 高梨本家文書5AID149・5AID152）より作成。
(注) 出入り合計には, その他の分も含む。1903年1月の借入金返済は個人からの借入金の返済。

に8,000円それぞれ銀行から借り入れ、それらを5月・10月・12月にそれぞれ返済している。髙梨家にとって税金支払月の資金繰りがやはり大変であり、それを助けたのが野田商誘銀行であった。なお、奥勘定が本店にお金を渡す際に、目的が記されなくなったので、それらが原材料費であるかは確認できないが、髙梨本店の「金銭出入帳」と突き合わせると、奥勘定からの入金と近接して原材料費の支払いが多く見られたので、奥勘定から本店へのお金の渡しは、原材料費目的が多かったと思われる。また、野田商誘銀行が設立されたことで、東京勘定方からの奥勘定への送金のかなりの部分が手形で送られるに至った。その一方で税金支払月は、東京出店から主人や店員がお金を本家まで持参しており、税金支払月の資金繰りに髙梨家は万全を期していた。そのため、3月の税金支払いのために髙梨本家は銀行から5,000円借り、東京勘定方から1万円を持参し、本店からも5,600円を上げさせたが、税金の支払額は12,000円に止まったため、本店に必要経費を渡してもまだ5,000円余り、これは積立金として処理された。野田の醸造家にとって重い税金負担が重要な関心事であった。

　表8-13を見よう。1909年と14年の髙梨家奥勘定の金銭出入を見ると、03年と比べて頻繁に銀行からの借入と返済が行われた。1909年では、税金支払月は7月であり、この月に川崎銀行などから25,000円という多額の借入を行ったが、それ以外の月も野田商誘銀行と川崎銀行から借り入れている。川崎銀行は東京に本店を構えていたが、もともと東京の醬油問屋とのつながりが深く、その手形割引を積極的に引き受け、千葉県内でも銚子・佐倉・佐原・松戸・船橋など醸造産地に支店を開設した（三菱銀行史編纂委員会編［1954］339頁）。そのため、髙梨家も野田商誘銀行と川崎銀行を取引銀行としたと考えられる。実際、1909年時点では、髙梨家は野田商誘銀行と川崎銀行の両方に当座勘定を持ち、当座勘定の借越額が増大すると、その銀行から借入を行って当座勘定を補塡しており、09年は隔月くらいの頻度で銀行借入を行った。

　それが恒常化して、銀行借入金が借換で長期化するに至ったのが1914年である。すなわち、1914年1月に髙梨家奥勘定は野田商誘銀行に借入金4万円を返済するが、それと同時に野田商誘銀行から4万円借りており、実際は借換で借入が継続していた。借り換えた4万円は5月に返済するが、それと同時に3万円を借り入れているので、実質的には、5月に髙梨家は野田商誘銀行に1万円

表 8-13 1909・14年高梨兵左衛門家奥勘定金銭出入の動向

単位：円

1909年		1月	2月	3月	4月	5月	6月	7月	8月	9月	10月	11月	12月
入の部	合計	14,516	6,189	43,777	11,084	50,294	6,777	51,499	22,939	26,965	6,230	46,836	35,446
内	東京店より持参		150	22,990		25,000		15,000				22,000	25,000
	東京店より手形	10,000			5,500	8,500		6,000	5,000	13,000	1,500		3,855
	本店より直接	4,168	5,960	4,009	3,150		4,158	2,080	2,800	2,600	831	250	1,660
	本店より手形	147	80	186	2,433	893	280	3,419	5,139	4,746	2,799	3,536	
	銀行借入（野田）					10,000			10,000	5,000			
	銀行借入（川崎）			15,000								20,000	
	有価証券収入			1,417			2,340	25,000[1)]		1,619		1,080	104
出の部	合計	16,201	8,809	38,790	11,361	42,058	10,314	48,317	33,776	14,588	16,258	37,776	40,415
内	本店へ直接	5,750	2,400	20,070	9,211	5,902	1,756	13,150	18,100	7,660	6,477	16,590	13,985
	本店へ手形	9,950	5,900	7,589	450	893	8,420	13,505	15,500	5,300		11,018	3,825
	税金支払分							11,562					
	割引料支払		159	100	106			100	176	65	81		545
	銀行借入返済			10,000		30,000		10,000			10,000		20,000
	有価証券支出		350	621									
銀行勘定	野田商誘	△4,263	△4,863	△3,411	△3,566	1,116	△1,651	1,161	4,815	△2,483	△1,610	△338	△2,876
	川崎	△2,733	△4,692	△3,332	△2,118	2,142	586	1,637	△3,663	4,937	△4,463	3,819	944

1914年		1月	2月	3月	4月	5月	6月	7月	8月	9月	10月	11月	12月
入の部	合計	101,091	6,485	63,524	13,591	74,255	17,884	75,127	23,519	54,662	21,385	43,832	53,962
内	東京店より持参					5,000		3,000					3,000
	東京店より手形	8,000	5,000	32,000	3,000	33,000	6,000	36,000		20,000	10,000	37,000	27,000
	本店より直接	7,733	1,004	5,369	5,220	3,485	6,510	2,986	1,510	6,400	5,030	3,383	1,470
	本店より手形	5,358	481	6,155	5,371	2,770	5,374	3,142	2,009	8,262	6,355	3,448	
	銀行借入（野田）	40,000				30,000			20,000				
	銀行借入（川崎）	40,000		20,000				30,000		20,000		10,000	15,000
出の部	合計	88,105	16,889	53,981	17,336	77,643	15,621	69,717	44,381	42,820	12,031	57,624	43,543
内	本店へ直接	20,498	10,110	10,896	14,136	12,625	14,795	41,800	33,994	20,820	10,920	26,252	18,220
	本店へ手形	7,348	6,782	22,639	3,200	4,350	625	17,409	10,000	2,000	1,110	1,264	7,959
	利子・割引料支払	258		444		168	201	507	388			106	365
	銀行返済（野田）	40,000				40,000						10,000	
	銀行返済（川崎）	20,000		20,000		20,000		10,000	20,000	20,000		20,000	15,000
銀行勘定	野田商誘	△860	△4,966	△3,493	△1,409	△4,668	△1,133	△16,947	△14,818	△6,238	2,872	△13,999	△1,139
	川崎	2,937	△3,810	4,363	△1,237	△1,484	△2,531	18,753	△6,247	△947	△1,057	1,973	△159

（出所）明治41年「金銭出入帳（本家高梨）」、明治44年「金銭出入帳（高梨本家）」（以上、高梨本家文書5AID154・5AID158）より作成。
（注記）銀行勘定は、無印は高梨家の貸越、△印は高梨家の借越。出入り合計には、その他の分も含む。
1) うち5,000円分は、借入銀行先は不明。

を返済したことになる。その後、野田商誘銀行から8月に追加で2万円借り入れ、借入残額は5万円となったが、11月に1万円返済して、結果的に髙梨家は1914年初頭も14年末も野田商誘銀行から4万円を借りていたことになった。一方、川崎銀行に対しても、1914年1月に2万円返済して、同時に4万円を借りているので、4万円のうち2万円は借換分で2万円が新規の借入となる。3月に川崎銀行に2万円返済したが、同時に2万円借り入れており、借入残額は変わらなかったが、5月に2万円返済した際は、同時に川崎銀行から借り入れていないので、この月に2万円返済したことになる。5月は野田商誘銀行にも1万円返済しており、5月は東京勘定方から醬油販売代金（内金）がまとまって送られる月で、この月に髙梨家は銀行借入金の返済を行っていたことが1909年の事例からも読み取れる。その後、川崎銀行からの借入金は7月に再び増えて、11月に返済がされる。11月も東京勘定方より醬油販売代金がまとまって送られており、この月に野田商誘銀行へ1万円の返済、川崎銀行へ2万円の返済が行われた。川崎銀行からの借入残額は、1914年度初めも終わりもいずれも2万円であったので、髙梨家は銀行借入金の残額が累積しているわけではないものの、短期的な資金需給バランスのぶれが大きく、銀行は設備投資資金よりもむしろ営業資金で野田の醸造家に資金融通を行っていた。

（2）野田醬油株式会社設立後の髙梨家と野田商誘銀行

　1917（大正6）年に野田醬油会社が設立され、髙梨家の資金の流れは大きく転換する。髙梨本店は、醬油醸造を行わなくなり、奥勘定より原材料費を渡される必要はなくなる。その代わり、醬油醸造工場を現物出資した対価として得た野田醬油株の配当金が髙梨本店に入り、それを奥勘定へ入れる一方で、奥勘定から有価証券投資資金を渡され、有価証券投資を積極的に行うようになった。表8 -14を見よう。1921年と27（昭和2）年の髙梨本店の奥勘定との金銭出入を示した。△印は、本店が奥勘定へ金を渡したことを示し、無印は本店が奥勘定から金を受け取ったことを示す。その金が何に由来するものかを把握するために、金銭出入帳に奥勘定との出入の前後に記載された金銭出入内容を付記した。すなわち、1921年1月28日の場合は、まず5万円の野田醬油株の配当金を髙梨本店が受け取り、同日に51,525円を本店が奥勘定に渡したことを意味する。

表8－14　1921・27年髙梨本店と奥勘定との主要金銭出入一覧

金額の単位：円

1921年			1927年		
月日	金額	前後の内容	月日	金額	前後の内容
1・25	1,000		1・11	△2,544	2,544円野田醬油より米代入り
1・25	△2,517	2,517円野田銀行・鐘紡株配当金	1・11	1,000	△1,000円中島新築祝遣す
1・27	△1,113		1・22	△53,400	53,400円千秋社配当金
1・28	△51,525	50,000円野田醬油株配当金	1・22	30,000	△30,000円銀行に定期預金する
1・28	30,000	△30,000円近仁へ	1・23	△5,530	5,530円野田商誘銀行株配当金
1・28	4,007	△4,007円近仁へ（出入帳差引返上）	1・27	2,347	△2,347円所得税ほか支払
			1・31	△4,322	4,322円各社株配当金
6・1	△2,581	2,581円日本醬油株配当金	2・9	1,250	△1,250円三菱信託銀行100株払込
6・19	△1,000	1,000円衆楽講当り金入る	3・7	2,000	△2,000円岡田吉蔵貸（土地抵当）
6・22	1,500	△1,500円南盛堂へ渡す	3・26	2,219	△2,219円所得税ほか支払
6・23	△1,238	1,238円日清製粉株配当金	3・29	△1,257	1,257円野田醬油より差引入り
6・23	△1,875	1,875円富士瓦斯紡績株配当金	4・7	5,000	△5,000円川崎信託銀行200株払込
7・26	1,575	1,575円鐘紡株配当金	5・7	△1,200	1,200円王子製紙社債利子
7・26	△1,942	1,942円野田商誘銀行株配当金	5・23	△29,669	29,669円野田醬油株配当金
8・28	5,000	△5,118円箱根土地買請代支払	6・22	△2,040	2,040円日清製粉株配当金
9・5	5,000	△5,000円輸出国産（株払込か）	7・1	△3,000	3,000円野田醬油重役賞与金
9・24	△4,500	4,500円野田醬油より米代内金受取	7・25	△5,830	5,830円野田商誘銀行株配当金
9・31	1,760	△1,760円所得税ほか支払	7・30	△1,313	1,313円鐘紡株配当金
11・30	2,800	△2,460円所得税ほか支払	7・30	△1,875	1,875円大日本麦酒株配当金
12・21	5,681	△5,681円山林工業株払込		5,491	△5,491円所得税ほか支払
12・21	1,636	△1,636円野田商誘銀行割引料	9・12	5,000	△5,000円柏桐会借入金返済
12・23	△1,238	1,238円日清製粉株配当金	9・15	△1,116	1,116円王子製紙社債利子
12・23	△2,344	2,344円富士瓦斯紡績株配当金	9・21	1,396	△1,396円戸数割税ほか支払
12・26	△1,439	1,439円東京株式取引所株配当金	9・21	△1,864	1,860円東京電灯社債利子
12・27	12,120	△12,120円野田商誘銀行株買入	10・25	5,742	△5,742円所得税ほか支払
12・27	1,440	△1,440円川崎銀行利子支払	11・16	3,464	△3,464円明治生命保険（株・保険料払込）
12・27	2,000	△2,000円平井土地買入入用	11・30	△59,669	59,669円野田醬油配当・王子製紙社債返還金
12・27	1,000	△1,000円北海道土地買入に付き	12・1	50,520	△50,520円野田商誘銀行へ定期預金
12・31	△3,022	5,908円野田醬油より米小麦大豆代	12・3	△1,000	
			12・19	2,000	△3,000円豊国銀行へ返金する
			12・19	△2,500	2,500円野田醬油重役賞与金
			12・26	△4,297	4,297円各社株配当金

（出所）大正5・13年「金銭出入帳（髙梨本店）」（髙梨本家文書5AID111・5AID145）より作成。

（注）金額欄の無印は、本店が奥勘定より受取、△印は本店は奥勘定へ渡し。前後の内容欄は、奥勘定とのやりとりの前後の金銭出入を示し、無印は本店の収入、△印は本店の支出。1921・27年ともに1,000円以上の金銭出入を示した。1927年11月30日欄の前後の内容は、野田商誘銀行株配当金が29,669円、王子製紙社債償還金が30,000円であった。鐘紡は鐘淵紡績の略（表終－2も同じ）。

一方、本店はその直後に奥勘定から3万円を受け取り、近仁に3万円を送った。「近仁」は東京出店の近江屋（髙梨）仁三郎の略で、本店が東京出店に3万円を送ったことが判る。表8-3に戻ると、1921年は東京勘定方が上毛モスリン株など積極的に株式投資を進めた年であり、おそらくこの3万円が東京勘定方の株式投資資金に使われたと考えられる。実際には、帳簿上の操作なので、髙梨本店の口座に入金された野田醤油株の配当金のうち3万円が東京勘定方の口座に振り替えられ、残りが奥勘定へ振り替えられたことになると思われるが、こうして野田醤油株の配当金が髙梨家の株式投資資金として使われたと考えられる。

　その後も髙梨本店は、株式配当金は一度奥勘定へ振り替えて、奥勘定から株式投資資金を受け取ってそれで株式購入を行った。例えば、1921年12月27日に奥勘定から12,120円を受け取り、同日に野田商誘銀行株を12,120円で買い入れたので、奥勘定が株式投資資金を出したことになる。その一方、12月31日に、野田醤油から米・小麦・大豆代金として髙梨本店は5,908円を受け取っており、髙梨本店は醤油醸造工場を手放したものの、醤油原料の小麦・大豆の商売は続けており、それを仕入れて野田醤油会社に販売していた。野田醤油会社は醤油醸造工場を野田の醤油醸造家から引き継いだものの、醤油原料を仕入れる店を引き継いだわけではなく、野田の旧醤油醸造家から原料を購入していたと言える。むろん、野田醤油会社が工場を増築・新設して経営規模を拡大する1920年代になれば、原料調達も自前で行うようになったと考えられるが、21年は野田醤油会社が実質的に操業して4年目にあたり、操業初期は出資者の野田の旧醤油醸造家が持っていた原料調達ルートは重要であったと思われる。

　1927年になると、野田醤油からに加えて野田商誘銀行からの配当金もかなり多く、本店からかなりの金額が奥勘定へ渡された。その額は、株式払込や税金支払いのために本店が奥勘定から渡される額よりもはるかに多く、結果的に余剰資金を抱えた奥勘定は、1月22日に3万円、12月1日に50,520円を本店に渡し、本店がそれを野田商誘銀行などへ定期預金した。髙梨家にとって野田商誘銀行は、多額の定期預金先となった。なお、1月22日に53,400円の千秋社配当金が本店に入ったが、千秋社は野田の旧醤油醸造家らが、自らが所有する土地や有価証券を保全して運用する会社として共同で設立した会社で、同社に移譲

した土地や有価証券の資産価値に応じて運用益から配当金を受け取る仕組みであった（加藤［1989］282-292頁）。こうして、1920年代の野田の旧醬油醸造家は、さまざまな経路で資産運用を行いつつ資産額を増大させ、千葉県を代表する資産家となった（公益財団法人髙梨本家監修［2016］序章第3節）。

おわりに──野田醬油醸造産地の競争力と産地銀行

　本章では、1900年代の野田地域の近代化・産業化に髙梨家がどのように関わったかを論じた。野田地域の会社設立は、東京近郊としては遅く、1900（明治33）年に野田商誘銀行・野田人車鉄道会社が設立されたものの、それに続く会社設立は野田ではあまり起こらず、本格的な会社設立は、17（大正6）年の野田醬油会社の設立を待つ必要があり、むしろ醬油醸造家が個別に家業の醬油工場の近代化・機械化を熱心に進めた。髙梨家も、野田商誘銀行の設立には参画し、出資をして取締役となったものの、それ以降野田商誘銀行からの借入金などで積極的に有価証券投資を行うことはなく、野田商誘銀行からの借入金は税金支払いに充て、醬油醸造経営からの利益は、工場設備の機械化や広告費に向けた（中西［2016c］）。このように野田の醬油醸造家には家業志向性が強かったと考えられるが、逆に野田の醬油醸造業が、野田を代表する産業であり、その経営の大規模化とともに日本でも有数の産地となり、醸造家が国に国税を納めるのみでなく国税に付加される県税や町村税なども地域社会に納めることが、地域社会への貢献にもつながった。その意味で、野田の醬油醸造家が野田に醬油醸造の本拠を置き続けたことが、地域社会にとって重要であり、それを地域志向性と見做すのであれば、家業志向性と地域志向性が納税を介してつながったところに野田醬油醸造家の特徴が見られる[10]。

---

10) 中西・井奥編著［2015］終章で、中西聡は家業志向性と地域志向性の両方を兼ね備えた点に「地方事業家」の特質を見た。髙梨家の1900年代〜10年代の納税の中心は、諸味1石に付き1円75銭〜2円が課せられた醬油醸造石税であったが（市山編［2003］541頁）、醬油醸造石税・地租・所得税などの国税に加えて、髙梨家は所得税割・地租割の県税・町村税も頻繁に納めていた（1900年代以降の「金銭出入帳（髙梨本店）」（髙梨本家文書）を参照）。野田―柏間の県営軽便鉄道が開設された背景には、こうした野田の醸造家らの県税納入などを通した千葉県への貢献があったと考えられる。中野［2009］第1章も野田町財政において野田の醸造家らの貢献が大きかったことを指摘している。

このことは、有力資産家の地域志向性が必ずしも、地域社会での会社設立に限らず、野田人車鉄道のような家業のためと地域社会のためを兼ねたインフラ整備や、野田醬油醸造組合が、蔵人と地域住民の両方のために野田病院を設置したことなどいろいろな方向性で評価し得ることを示している（野田醬油株式会社社史編纂室編［1955］682-685頁）。冒頭で触れた銚子の濱口儀兵衛家の事例では、1893年から新たに当主となった10代儀兵衛（梧洞）のもとで「積極政策」がとられて生産拡大とともに、地方企業・地方産業への関与も強められたが、醬油醸造業以外への事業展開が濱口儀兵衛家の収益に結び付かず、1900年代の濱口儀兵衛家の経営悪化の直接の原因となったが、野田ではむしろ醬油醸造家の家業の成長と地域社会への貢献がうまく重なり、髙梨家も、会社設立ではなく、家業の発展で地域社会への貢献を果たしてきた。

　こうした野田醬油醸造産地の展開に野田商誘銀行も少なくない貢献をした。野田商誘銀行が野田醬油醸造産地の発展に果たした役割は、従来は消極的に位置付けられてきたが、髙梨家の事例を見ると、資金需給バランスにかなり波があり、毎年税金支払月になると資金繰りが苦しくなるという弱点があった。それを補ったのが野田商誘銀行であり、野田商誘銀行の存在が、髙梨家の資金繰りに余裕を持たせ、髙梨家が自己資金を安心して設備投資資金に向けられる環境を作ったと言える。野田醬油会社設立以前の野田の醬油醸造家は、おそらく自己資金で醬油工場の近代化・機械化を進めたと思われるが、それを可能にしたのも、野田商誘銀行が、税金支払分も含めて通常の運転資金が足りなくなった際に供給するという仕組みを作ったからと考えられる。その意味で、野田商誘銀行は、産地銀行としての役割を果たした。

　ただし、野田醬油会社が設立されると、野田商誘銀行との関係も大きく変容する。個々の醬油醸造家は、会社設立とともに醬油造石税の支払いは会社が行うこととなり、そこから解放され、株式配当金を受け取ってその運用に専念すればよい。個々の旧醬油醸造家にとって野田商誘銀行は、定期預金の預け先として資産運用の対象になったり、有価証券投資資金の借入先となる。その一方で野田醬油会社は、新たな工場設置など資本金規模を超える設備投資が必要になった場合は、内部留保のみでそれを行うのは難しく、銀行から設備投資資金を借りなくてはならない。また、野田醬油会社が醸造量を増大すればするほど、

原料調達資金需要と販売代金決済の資金需給バランスのずれの規模が大きくなり、多額の運転資金を借りる必要が生ずる。こうして野田商誘銀行は、野田醬油会社が設立されたことで、銀行規模を大きくしなくてはならなくなり増資を繰り返した。野田商誘銀行の主要株主と野田醬油会社の主要株主がほぼ一緒であったために、野田醬油株の配当金が野田商誘銀行の増資追加払込に使われ、野田醬油会社自身も設備投資資金調達のための増資を行い、それに野田商誘銀行株の配当金が使われた。こうして野田醬油会社と野田商誘銀行が連鎖しつつ両者の資本規模が急増したのである。

第9章

青森県銀行資産家と地域金融市場
── 野村治三郎家を事例として

はじめに ── 銀行業と個人金融業

　本章は、近代期の青森県野辺地町（1897（明治30）年までは村）で、個人銀行を設立するとともに、当主が地域の有力銀行の頭取でもあった野村治三郎家の銀行経営の特徴を解明することを課題とする。その際、近代地域社会に存在した多様な資金需要に対応するための複層的な地域金融市場に着目する。これまで近代日本の銀行についての研究の多くが、商業金融や産業金融など、事業に関わる金融の側面に着目してきたが[1]、今日の都市銀行が、住宅ローンや教育ローンなど、事業に関わらない金融需要にも対応しているように、人々が社会生活を送る上では多様な資金需要が存在しており、それらに対応するために、近代日本においても、都市銀行から銀行類似会社あるいは個人金融業まで多様な金融機関が存在していた。近年、金融機関と借り手との関係性をより深く考察する方向へと金融史研究が向かいつつあるが（靎見［2016］）、本章もそうした研究動向を踏まえて、青森県野辺地町を事例として地域社会のなかに存在した複数の金融機関と多様な資金需要との関連を検討する。

　そこで、野辺地町最大の資産家で、地域の株式会社銀行の主要株主となり、当主がその頭取を務め、自らも個人銀行を設立した野村治三郎家を取り上げる（中西［2009］第3章）。野村治三郎家は、銀行を通さずに、個人的な貸金も行っており、株式会社銀行を通した融資、個人銀行を通した融資、家としての個別の融資と質の異なる複数の融資形態に深く関わっていた。多様な資金需要に応

---

1)　寺西［2011］は、近代日本の金融史研究の多様な論点を総合的に論じた。

じてどのようにそれを使い分けたかが本章の主要な考察の対象となる。

　本論に入る前に、野辺地町およびそれを含む上北郡の経済状況を概観する。本書巻頭の地図6を見よう。近世期の野辺地は、盛岡藩の湊町で、盛岡藩城下町が内陸部にあったため、盛岡藩の主要な外湊となった[2]。そのため藩専売と関連する御用銅・御用大豆の集散・積出湊となり、藩領域内で集荷された専売品の銅や大豆が、御用船によって野辺地から主に盛岡藩の大坂蔵屋敷へ運ばれた。それに加えて、野辺地地域は鰯が多く獲れ、それらは魚肥に加工されて、南部鰯粕として主に畿内方面に運ばれて販売された。そして御用船として雇われたり、地元産魚肥を商う船主が野辺地湊には存在し、その最大の船主が野村治三郎家であった。近世期の野村治三郎家は、酒造業を営みながら、野辺地湊で廻船問屋を開き、自ら船を所有して御用品の輸送を担うとともに、地元産魚肥や大豆を仕入れて畿内で販売し、帰り荷として畿内の繰綿や古着を買い入れて戻る遠隔地間交易も行っていた。

　近代期の野辺地港は、盛岡藩の御用輸送はなくなったものの、地元産大豆・魚肥の積出港として明治前期は栄え、近世来の廻船業者も引き続き活躍していた。それとともに、近代期に入ると、酒造税の増徴などもあり、醸造業のなかで酒造経営よりも醤油醸造経営が盛んとなり、青森県下でも弘前藩の旧城下町であった弘前や、汽船定期航路の寄港地として青森県最大の港町となった青森などと並んで野辺地は有力な醤油醸造産地となった[3]。その他、鰯漁も盛んであり、近代期の野辺地が属した上北郡では、20世紀初頭から陸軍の軍馬政策のもとで馬匹改良が進展し、馬や牛の牧畜業も拡大したことで、季節的に多様な資金需要が生じた。上北郡の主要町場として港町の野辺地と内陸の町場の七戸が存在し、両町の有力商工業者を表9－1で掲げた。それを見ると、野辺地町では、野村治三郎家の地位が飛び抜けており、所得税額では1907年頃は野村新八郎家もかなり多かったが、新八郎家は治三郎家の分家であった。4代治三郎の娘婿が初代新八として分家し、その息子が2代新八郎となり、本家の6代治

---

2) 以下の記述は、中西［2009］165-173頁を参照。
3) 1898年頃の「日本全国商工人名録」の青森県の部によると、青森県では当時、弘前市に12軒、青森市に8軒、野辺地町に8軒の醤油味噌製造業者が存在し、それ以外の主要な町場の醤油味噌製造業者の数はいずれも4軒程度であった（渋谷編［1995b］）。上北郡の産馬業については、大瀧［2013］を参照。

表9－1　野辺地町・七戸町主要商工業者一覧

営業税額・所得税額の単位：円

氏名	営業税額			所得税額		業種
	1898年頃	1906年頃	1912年頃	1907年頃	1913年頃	
①野辺地町						
野村治三郎	250			412[1]	4,808[2]	海産物商・酒類製造・金銭貸付業
野坂勘左衛門	81	35	96	50	169	呉服太物・酒類・海産物・食塩商
伊藤福平	46	17	113	42	308	醤油味噌製造・海産物商
中村久治	45	33	88	35	98	醤油味噌製造・荒物・海産物商
野村新八郎	40	45		338	217[2]	醤油味噌製造・金物・売薬・海産物商
杉山久之丞	36	41	121	40	164	醤油味噌製造・海産物・穀物商
野坂常吉	34	29	77	30	49	醤油味噌製造
松本彦蔵	27	34	50	24	40	醤油味噌製造・海産物商・石油商
安田又之丞	20	19	40	18	16	呉服太物・荒物商
山根吉三郎	15	10	32	10	36	小間物・荒物・酒・穀物商
吉田林治	14	14	38	16	24	呉服太物・荒物商
野坂醤油製造合資		27	70			醤油味噌製造
川村福三郎		16	44	14	47	酒造
野村保太郎		12	31	12	21	呉服太物商
濱中清蔵			60		59	土木請負業
野坂元太郎			45	10	35	酒造
②七戸町						
盛田喜平治	103	22	552	117	3,336	呉服太物・薬種・石油商・酒造・金銭貸付業
盛田庄兵衛	56	36	102	36	192	清酒製造・呉服太物・古着・穀物・醤油商
加賀清四郎	50					呉服太物・小間物・洋酒・煙草・穀物・書籍商
濱中幾治郎	45			15		呉服太物・穀物商・金品貸付業
山本勇吉	42	17	56	18	57	醤油味噌製造・穀物商・金銭貸付業
川村作兵衛	38	24	116	22	98	清酒製造・呉服太物・穀物商
濱中京助		37	64	19	43	雑穀肥料商・労力請負
米澤與助		20	57	20	108	呉服太物
石田平十郎		19	125	20	83	荒物商
石田松之助		12	32	12	33	米穀肥料商
盛田重兵衛		11	31		15	旅人宿業
米澤治郎吉		10	31	14	43	呉服太物・荒物商
中島清八			251		200	馬糧商・土木建築請負業
山本喜太郎			130		115	馬糧商・土木建築請負業
平田平十郎			73		55	馬糧商
齋藤ミサ			33	11	17	小間物商

(出所)渋谷編［1995b］、明治40・41年版『日本全国商工人名録』商工社、青森県の項より作成。
(注)業種欄は、出所資料より判明したものを示した。営業税額は、各年版『日本全国商工人名録』より、所得税額は、明治40年「青森県商業鑑」・大正2年版『日本全国商工人名録』・大正3年「青森県納税鑑」(いずれも渋谷編［1955b］所収)より。営業税額は、表で示した年のいずれかで30円以上を納めた商工業者について、出所資料より、所得税額も合わせて示した。なお1898年時点の七戸は、まだ七戸村であり、1902年に町に昇格した(『角川日本地名大辞典』編纂委員会編［1985］)。
1)野村銀行の所得税額も含む。2)1914年頃の国税納付額。

三郎に嗣子がいなかったため、2代新八郎の息子が養子に入り、7代治三郎となった。6代治三郎が1900年に亡くなり、7代が当主となったものの病身であったためすぐに隠居して、7代の息子の8代治三郎が1900年に23歳で家督を継いだ（野村［1997］29-30、368-369頁）。3代新八郎は、野辺地町の旧家野坂與治兵衛家から野村新八郎家に入り、2代新八郎の娘婿として新八郎家を相続すると1880年代〜90年代に青森県会議員を務め、96年に上北銀行が設立されると頭取となり、1900年には野辺地町長となった[4]。6代治三郎も1880年代に青森県会議員を務め、90年代には貴族院議員となるなど、90年代までは治三郎家が野辺地地域で圧倒的な地位を占めたが、1900年代に治三郎家の当主交代があったため、一時的に新八郎家が野辺地地域で重要な地位を占めた。

　その後、8代治三郎が成長すると上北銀行頭取も1914（大正3）年から治三郎が務めることとなり、15〜27（昭和2）年まで8代治三郎は衆議院議員を務めるなど、再び治三郎家が野辺地地域で圧倒的地位を占めた（表9-1）。野辺地町で野村両家に続くのが、野坂勘左衛門家・伊藤福平家・杉山久之丞家・野坂與治兵衛家（野坂醤油製造合資）などの海産物商や醤油味噌醸造家であった。このなかで、野坂勘左衛門家は、近世来の有力な廻船業者で同家は主に商業を継続しつつ、分家野坂常吉家が近代期に醤油味噌醸造を始め[5]、常吉家を含め近代期の野辺地には醤油味噌醸造家が少なくとも8軒は存在した。なお、野村治三郎家の営業税額が20世紀に入ると見られなくなるが、1899年に治三郎家が合資会社野村銀行を設立したからと考えられる（後述）。1900年代〜20年代の治三郎家は、銀行業を家業としたと言える。

　七戸町では、盛田喜平治家が最有力の商工業者であった。盛田家は、19世紀まではまだ野村治三郎家ほどの資産家ではなかったものの、20世紀に入って急速に土地を集積し、1910年代末には野村治三郎家に匹敵する土地所有者となった（中西［2009］162-163頁の表3-1）。盛田家は、土地経営のみでなく商業・酒造業・金銭貸付業など多様な事業を展開し、上北銀行の取締役や七戸水電の代表取締役となった（表9-2）。なお、野辺地町と異なり、七戸町では醤油醸造業はそれほど展開しなかったが、呉服太物商が多く、また1910年代になる

---

[4]　以下は、野辺地町史編さん刊行委員会編［1997］183-184、189-191、194頁を参照。
[5]　野坂勘左衛門・常吉家は、「野坂家之歴代」（野辺地町立歴史民俗資料館蔵）を参照。

第9章　青森県銀行資産家と地域金融市場　433

表9－2　上北郡銀行・諸会社一覧

資本金の単位：円

銀行・会社名	所在地	創業年	資本金	役員
①1903年初頭				
上北銀行	野辺地	1896	112,500	（頭）野村新八郎、（取）盛田喜平治、野坂勘左衛門
野村銀行合資	野辺地	1899	100,000	（頭）野村治三郎、（社員）野村源三郎
三本木開墾	三本木	1884	70,885	（社）野村新八郎、（副）深瀬透、（取）石川巳濃次郎、杉山克巳、堺三木人
勤有	野辺地	1897	10,000	（社）野坂荘七、（常）角鹿清次郎、（取）野坂康三
②1916年初頭				
上北銀行	野辺地	1896	150,000	（取）野村治三郎、野坂勘左衛門、盛田喜平治、伊藤福平
野村銀行合資	野辺地	1899	100,000	（頭）野村治三郎
三本木開墾	三本木	1884	105,675	（取）廣澤安宅、南専松、川崎新兵衛
七戸水電	七戸	1913	80,000	（代表）盛田喜平治、（取）盛田庄兵衛、小原平右衛門、野村治三郎、盛田徳太郎
野辺地電気	野辺地	1913	32,900	（専）野村新八郎、（取）野坂勘左衛門、杉山久之丞、伊藤福平、野村治三郎
十和田軌道	三本木	1914	25,000	（社）遠藤忠次右衛門、（常）斎藤文吾、（取）中野吉平、稲本胤氏、河村磽
③1926年初頭				
七戸水電	七戸	1913	480,000	（社）盛田喜平治、（専）盛田徳太郎、（取）野村治三郎、小原平右衛門、石田善兵衛
十和田鉄道	三本木	1914	315,000	（代表）稲本胤氏、（取）益川東太郎、三浦萬之助、井関友彦、笹森専太郎、石川健
上北銀行	野辺地	1896	262,500	（頭）野村治三郎、（取）伊藤福平、杉山久之丞、盛田喜平治
野村銀行合資	野辺地	1899	100,000	（頭）野村治三郎
十和田ホテル	三本木	1922	50,000	（代表）今泉秀雄、（取）井関友彦、小沼竹次郎、高橋吉三郎、中村末吉、平田義遠
稲本商店	三本木	1925	37,500	（代表）稲本胤氏、（取）稲本重五郎、川口時之助
陸奥蚕種	三本木	1920	25,000	（代表）佐々木喜代治、（取）藤波戸訓、土屋寛、中村理蔵、江渡圭一郎
三本木林業	三本木	1924	25,000	（代表）笹森専太郎、稲本胤氏、（取）大阪七郎、川崎新兵衛、高淵岩太郎
古間木運輸倉庫	六戸	1924	25,000	（代表）廣澤弁二、小笠原勘三郎、（取）渋澤庄十郎、小笠原周吉、松田幾造

（出所）由井　浅野編［1088～89］第7巻、大正5・15年度『日本全国諸会社役員録』商業興信所より。
（注）出所資料には野坂醤油合資が掲載されていないが、表9－1の出所資料で存在は確認できる。野辺地以外の出身者を示すと、盛田喜平治（七戸）、深瀬透（三本木）、石川巳濃次郎（三本木）、杉山克巳（六戸）、堺三木人（三本木）、廣澤安宅（八戸）、南専松、川崎新兵衛（三本木）、盛田庄兵衛（七戸）、小原平右衛門（七戸）、盛田徳太郎（七戸）、遠藤忠次右衛門（福島県）、斎藤文吾（福島県）、中野吉平（福島県）、稲本胤氏（三本木）、河村磽（三本木）、石田善兵衛（七戸）、益川東太郎（三本木）、三浦萬之助（三本木）、井関友彦（三本木）、笹森専太郎（三本木）、石川健（三本木）、今泉秀雄（四和）、小沼竹次郎（三本木）、高橋吉三郎（三本木）、中村末吉（三本木）、平田義遠（野内）、稲本重五郎（三本木）、川口時之助（百石）、佐々木喜代治（藤坂）、藤波戸訓（三本木）、土屋寛（三本木）、中村理蔵（三本木）、江渡圭一郎（藤坂）、大阪七郎（三本木）、高淵岩太郎（法奥澤）、廣澤弁二（三沢）、小笠原勘三郎（法奥澤）、渋澤庄十郎（下田）、小笠原周吉（六戸）、松田幾造（三本木）。資本金は払込資本金額。役員欄の、（頭）は頭取、（取）は取締役、（社員）は業務執行社員、（社）は社長、（副）は副社長、（常）は常務、（代表）は代表取締役、（専）は専務。

と牧畜業の進展を背景に、馬糧商で有力な商人が登場した。

　続いて上北郡の会社設立状況を表9－2で確認する。上北郡では、20世紀初頭まで銀行以外の会社設立はほとんど見られなかった（勤有社も金融業）。その銀行業の担い手は野村治三郎家とその分家の新八郎家であり、金融業以外で唯一設立された三本木開墾会社も社長を野村新八郎が務めた。1910年代になると、盛田喜平治家を中心として七戸水電が、野村新八郎家を中心として野辺地電気が設立され、銀行以外のインフラ整備の進展が見られたが、製造業の会社設立はほとんど見られず、野辺地町の醬油醸造業も、野坂醬油製造合資以外は、いずれも個人営業形態で行われた。1920年代になっても野辺地町・七戸町の新たな会社設立は見られず、むしろ開墾の進んだ三本木地域が十和田湖観光の拠点となり、それと関連した鉄道・ホテル会社が設立された。全体として上北郡の製造会社設立は低調であり、上北銀行や野村銀行も、製造業向けの産業金融よりも、より生活に密着した多様な資金需要に対応していたと考えられる。

1　野村治三郎家の概観

　上北銀行・野村銀行の検討の前に、野村治三郎家の経営を概観する[6]。野村治三郎家は近世期に廻船業・酒造業・問屋業などを兼営し、盛岡藩の特産物である大豆・銅・魚粕を藩が買い上げて大坂などへ回送することを、藩に代わって行う御用輸送も行った。酒造経営は、休業年も多く不安定であったが、廻船経営は順調に拡大し、上方（京都・大坂方面）の問屋に預け金をして木綿・古着の買付を依頼し、地元で仕入れた鰯粕を大坂湾岸で販売していた。資産規模は1840年代〜50年代に拡大したが、60年代はインフレ状況の割には、資産額がそれほど増えておらず、経営はやや苦しかったと思われる。ところが近代に入って1877（明治10）年の約25万円から81年の約40万円に資産額が急増し、その内容は大福帳貸金の増加が多く、地域金融の担い手として在方へ多額の貸付をするようになったと考えられる。近世期のように上方問屋に預け金をして木綿・古着の買付を依頼する廻船経営は、近代期に行っておらず、廻船経営の取

---

6)　以下の記述は、中西［2009］第3章を参照。

扱品は地元産魚肥に加えて北海道産魚肥となっていた。そのため治三郎家は1878年頃に、野村正三名義で函館支店を開設する。主に野辺地と畿内を結んでいた治三郎家の廻船は、主に北海道と畿内を結ぶようになった。治三郎家は1870年代末に魚肥取引でかなり大きな利益を得たと考えられ、80年代の松方デフレのなかで上北地域でも耕地を失った自作農が多数現れたと推測できるが、治三郎家は80年代に土地を集積して青森県を代表する土地資産家となった[7]。

　表9-3を見よう。1880年代〜90年代の野村治三郎家の資産内容を大福帳から判断すると、80年代前半までは、諸方への貸付金が中心であったが、80年代後半に急速に土地資産（地券口）が増大し、90年代に有価証券所有額が増大した。そして1897年に、公債をかなり売却して上北銀行設立の際の上北銀行への出資に充て、99年には貸付金を少し整理して、設立した野村銀行に振り替える形で野村銀行への出資を賄った結果、1900年時点では、総資産額約62万円のうち、土地資産が約9万円、銀行出資金や株式所有額が約24万円を占めるようになった。野村治三郎家が取得した土地の範囲を表9-4から確認すると、地元上北郡のみでなく隣接郡の三戸郡、東津軽郡にもかなり耕地を所有しており、青森市域や秋田県鹿角郡にまで所有地の範囲は広がった。地目では田が多かったものの、青森県の自然条件から見て米の生産性は低く、大豆が特産物であったため、畑の所有が比較的多く、上北郡甲地と三戸郡五戸にまとまった山林も所有していた。野村治三郎家の土地所有が広範囲に広がったのは、本書巻頭の地図6から判るように、1891年に上野―青森間が全通した日本鉄道本線沿線の青森から三戸の間に土地取得を進めたからと考えられる[8]。

　こうして野村治三郎家は、20世紀初頭には約448町歩の耕地と約134町歩の山林を所有する青森県でも最大規模の土地所有者となり、1890年に野村治三郎が貴族院議員に当選するが（野辺地町史編さん刊行委員会編［1997］189-191頁）、廻船経営は、地域間価格差が減少するとともに、80年代後半から収益が不安定となり、90年代にそこから撤退した。そして、1890年代後半に分家新八郎家ら

---

7)　1898年9月調査の青森県大地主の所有地価で、野村治三郎家は最大の71,344円を示し、第2位が五所川原の佐々木喜太郎家の66,584円であった（渋谷［1995b］229-230頁）。
8)　日本鉄道本線は、1891年に盛岡―青森間が開業し、上野―青森間が全通（明治40年度「鉄道局年報」（野田・原田・青木編［1980〜81］第Ⅰ期第1集第12巻）附録：全国鉄道開業明細表より）。交通の便を考慮して野村治三郎家は鉄道沿線に土地取得を進めたと思われる。

表 9−3 野村治三郎家大福帳の動向 (1878〜1900年)

単位：円

項目	1878年末	1881年末	1884年末	1886年末	1888年末	1890年末	1892年末	1894年末	1896年末	1898年末	1900年末
地方貸付	21,370	24,219	33,400	28,365	26,349	27,617	29,009	30,668	30,377	31,324	25,157
海辺貸付	29,030	26,310	35,905	33,901	29,149	35,560	41,180	52,879	66,183	64,697	46,197
岡通貸付	46,740	73,496	75,039	82,175	93,578	86,297	86,690	83,301	107,163	92,849	71,478
上方通貸付	839	215		3,662	1,203	1,003	1,010	3,403	3,110	3,110	21,038
三戸貸付					3,058	8,735	9,700	10,681	10,236	10,061	10,061
分家（立五二）	11,500	12,750	9,718	9,708	9,575	10,075	10,275	10,975	10,975	10,275	11,475
(野村) 正三	10,773	35,428	40,508	35,305	44,928	50,312	49,023	45,367	43,973	43,996	47,796
伊東善五郎	17,609	15,498	12,590	7,000	8,862	9,262	13,262	16,223	16,223	16,223	17,023
船橋清左衛門	3,500	1,701	2,806	6,386	11,895	1,255	5,706	5,706	5,000		
河内与三兵衛	1,470	1,120	1,120	1,000	1,100	1,000	1,000				
一王仲間		1,393	381	381	381	381	381				
泉谷九三郎	2,491	557	613	61							10,450
三輪嘉平	3,900	1,100	800							4,200	1,650
河森利三郎	2,000		226					633	上北銀行 1,419	銀行部 32,685	19,897
扇与	1,259			立五一貸店	1,828	1,430	家族口 8,384	9,179	10,367	11,003	8,643
地券口	23,125	26,014	62,715	96,009	100,900	101,226	100,481	92,072	59,190	98,758	88,667
牛馬口		2,057	2,818	2,917	4,735	4,562	4,377	3,715	3,125	1,939	1,947
公債証書	7,337	14,481	34,898	32,938	31,325	38,433	40,828	44,629	42,104	9,611	
銀行・株券		5,694	17,756	33,039	48,438	75,216	65,696	82,274	122,134	157,460	240,272
その他とも計	185,814	242,150	331,561	372,706	413,578	449,434	466,932	490,441	528,741	593,184	618,491

（出所）中西 [2009] 186-187頁の表 3−12 より作成。

（注）「惣勘定調帳」の「大福帳」の項に挙げられた項目のうち、表の年末時点で1,000円以上を合計した項目を示した。野村家が滞貸の処理をした分は除いた。立五一は野村家の函館支店と推定され、1894年末より野村新一。1881年末の地券口は耕地帳〆高5,451円を治三郎家の屋印で、立五二は分家（新八郎家）の屋印。野村正三は野村家の函館支店と推定され、1894年末より野村新一。1881年末の地券口は耕地帳〆高5,451円を含む。

表9－4　1900年代前半野村治三郎家土地所有状況

単位：反

地域	地名	田	畑	宅地	山林	原野	その他とも計
青森県上北郡	野辺地	195	322	58	86	27	688
	甲地	177	237	6	686	222	1,328
	天間林	94	113	5			212
	浦野館	233	523	4			760
	七戸	11					11
	三沢	38	148	4			190
	下田	8	3	2		4	17
	藤坂	432	185	14	70	4	705
	三本木	23	7	2			32
	法奥沢	22	37	2			62
	六戸	83	13				96
	四和	101	96	4	4		243
	小計	1,417	1,684	101	846	257	4,344
青森県三戸郡	五戸	277	125	27	380	16	825
	倉石	70	31				101
	戸来	16	26		105		147
	川内	84	5				89
	豊崎	11	16				27
	浅田	4					4
	三戸	6	69	7			82
	留目崎	7	46				53
	平良崎	32	3				35
	八戸及舘		9	4		2	15
	小計	507	330	38	485	18	1,378
青森県東津軽郡	東平内	7					7
	中平内	272	7	3	5	4	292
	西平内	27					27
	小計	306	7	3	5	4	326
青森市域		8	29			48	85
秋田県鹿角郡	花輪町	40	36	2			78
	柴平村	53	42	2	7		104
	宮川村	19					19
	小計	112	78	4	7		201
	総計	2,350	2,128	146	1,343	327	6,334

(出所）明治34年「土地集計」（野村家文書 E170ニ、野辺地町立歴史民俗資料館蔵、本書で利用した野村家文書はいずれも同館蔵のため以下所蔵先を省略）より作成。
(注）秋田県鹿角郡は1904年時点、青森市域は13年時点で表で示したほかに、宅地1,054坪を所有していた。それ以外の地域は、1901～02年時点と思われる。四捨五入の結果、数値が0になった場合は記載を省略。

とともに上北銀行・野村銀行を設立し、以後は銀行業を事業の中心に据えた。その一方、治三郎家は上北郡甲地に取得した土地で1901年に個人牧場を開設し、競走馬の育成を進めた。治三郎は1903年に私設の競馬場を開設して、06年に第1回青森県競馬会を開催し、20年代には野辺地産馬組合長となり、牧畜業でも地域の中心的担い手となった（野辺地町史編さん刊行委員会編［1997］405-414頁、野村［1997］47-50頁）。こうした事業展開で野村治三郎家の資産は増大し、1916（大正5）年の資産家番付に資産額100万円として挙げられた（渋谷編［1985］第1巻、12頁）。同資料に盛田喜平治家も資産額70万円で挙げられたが、上北郡で資産額50万円以上として挙げられたのはこの2家のみであった。

2　上北銀行の経営展開

　本節では、野村両家が中心となって設立された上北銀行の経営内容を検討する。上北銀行は、1896（明治29）年に設立された上北郡で初めての銀行であり、設立時の資本金は10万円で、1901年時点で全額払込が行われ、02年に15万円に増資された。表9-5を見よう。上北銀行の貸借対照表を検討すると、当座預金貸越が比較的多く、手形決済も1900年代後半から増大したものの、20年代には手形決済が実質的な定期貸付になり、貸付金の項目が、証券貸付と手形貸付に区別して計上されるようになった。一方、預金額は少なく、資本金を下回っており、預金の少なさを補うために貯蓄部を持ち、貯蓄預金が次第に重要になった。とは言え、貯蓄預金の増加は緩やかであったため、より確実な貸付金の原資を確保する方法として増資を行い、1901年に資本金払込が完了するとすぐに02年に増資した。

　ただし、その増資分の追加払込はなかなか進まず、1907年末時点でも増資分5万円のうち払い込まれたのは2万円に止まった。そのため、1907年には、貸付金の原資として貯蓄預金が重要となった。貯蓄預金の増大もあり、年率10％の配当を続けつつも、積立金は順調に増加しており、経営内容は、1900年代は悪くないように見えるが、第一次世界大戦後の20年代は、借入金がかなり増加しており、配当率も年率で1900年代よりは少なかったので、やや経営に苦しんでいたと思われる。表9-6より主要株主や役員を確認すると、野村治三郎家

第9章　青森県銀行資産家と地域金融市場　439

表9－5　上北銀行貸借対照表

単位：円

項目＼年・期	1898・下	1899・下	1900・下	1901・下	1902・下	1903・下	1905・下	1907・下	項目＼年・期	1923・下	1925・上	1926・下
資産の部												
貸付金（証券）	33,178	53,755	74,575	90,206	106,358	111,362	120,240	121,485	↑	325,161	378,030	363,118
当座預金貸越	49,304	49,814	64,135	80,706	75,579	91,183	104,567	130,685	↑	212,339	217,016	205,342
割引手形	7,597	9,000	5,000	5,800	5,907	4,464	15,380	36,813	↑	39,967	20,550	
当所代金取立手形				23	1,222	30		47	手形貸付	88,094	135,692	156,569
荷為替手形	3,015	4,338	3,386	2,607	5,608	4,271	7,240	7,087	↑	26,996	41,611	15,134
預け金	9,993			4,000	14,500	14,500	17,500	11,500	↑	40,000	13,000	13,100
公債（社債）	8,463	9,757	9,436	9,071	9,591	11,260	18,267	20,494	↑	60,282	50,203	50,692
他店株式	2,525	2,500	2,500	2,500	4,235	4,235	5,132	5,495	株券	57,208	24,958	63,788
他店へ貸	10,188	14,646	10,053	1,617	2,864	5,359	6,969	6,320	↑	10,850	8,703	7,587
払込未済資本金	27,500	22,500	10,000		37,500	37,500	37,500	30,000	↑	37,500	37,500	37,500
営業用不動産・什器	402	355	355	415	415	415	8,427	8,427	↑	9,765	10,665	10,995
所有不動産									↑	4,839	12,937	15,300
金銀有高	8,982	16,301	11,033	8,532	11,277	7,417	9,371	7,646	↑	13,635	20,824	32,413
合計	160,746	182,966	190,473	205,477	275,058	291,996	350,640	385,950		926,637	971,689	971,537
負債の部												
資本金	100,000	100,000	100,000	100,000	150,000	150,000	150,000	150,000	↑	300,000	300,000	300,000
積立金	2,700	6,300	9,800	13,100	17,000	23,250	29,500	42,000	↑	16,400	21,000	32,900
公的預金	5,000	5,000	5,000	5,000	5,350	5,350	5,350	6,097	↑	44,467	91,988	91,650
定期預金	16,247	40,187	35,086	26,815	20,790	19,222	35,376	60,269	↑	114,593	147,261	181,334
当座預金	12,132	9,202	7,883	12,481	20,369	19,366	35,377	26,836	↑	99,407	51,107	41,079
小口当座預金	4,186	5,784	5,812	7,882	7,427	8,609	13,308	16,253	特別当座預金	158,260	173,835	157,694
特別預金	4,536	1,283	114	1,373	10,321	12,330	732	215	借入有価証券	44,240	利子税	228
貯蓄預金	1,698	4,771	10,009	14,795	19,284	24,635	27,238	42,887	未払利息	7,098	6,400	8,454
約定預金			50	71	45				未経過割引料	823	832	968
他所代金取立手形				121	15		200	3,000	第二種過所得税	563	310	572
未払送金手形	451	825	116	31		500	424	1,425	未払配当金	34	152	
借入金							12,500	5,000	↑	78,000	112,138	100,000
他店より借	7,709	1,637	9,835	16,557	12,841	18,314	25,676	17,644	↑	39,850	43,471	40,502
当期純益金	6,087	6,535	6,768	7,250	11,615	10,389	14,958	14,324	↑	22,902	23,196	16,155
合計（年率）	160,746	182,966	190,473	205,477	275,058	291,996	350,640	385,950		926,637	971,689	971,537
配当率（年率）	10%	10%	10%	10%	10%	10%	10%	10%		9%	8%	8%

（出所）各年度『営業報告書（上北銀行）』より作成。
（注）公債欄は、1923～26年は社債も含む。積立金欄の1923～26年は法定準備金・退職給与基金を含む。項目欄の→は左の項目に同じことを示す。

表9-6　上北銀行主要株主・役員の推移　　単位：株

1898年上半期		1901年下半期		1907年下半期		1923年下半期		1926年下半期	
株主	株数	株主	株数	株主	株数	株主	株数	株主	株数
野村治三郎	630	野村銀行	630	野村銀行	810	野村銀行	1,130	野村銀行	1,130
野村勘左衛門	150	野坂勘左衛門	150	野辺地町	220	伊藤福平	450	伊藤福平	490
野村新八郎	120	野村新八郎	120	伊藤福平	200	中村久治	420	中村久治	420
盛田喜平治	100	小原平右衛門	120	小原平右衛門	180	小原平右衛門	360	小原平右衛門	360
野辺地町長	100	盛田喜平治	100	杉山久之丞	180	盛田喜平治	300	盛田喜平治	300
伊藤福平	80	野辺地町	100	野村新八郎	160	杉山久之丞	230	杉山久之丞	230
山本勇吉	80	伊藤福平	80	野坂勘左衛門	150	松本彦蔵	220	野辺地町	200
杉山久之丞	80	杉山久之丞	80	盛田喜平治	150	野辺地町	200	松本彦蔵	190
中村久治	60	中村久治	60	中村久治	100	盛田庄兵衛	180	盛田庄兵衛	180
米澤與助	60	米澤與助	60	盛田庄兵衛	90	階上銀行	170	階上銀行	170
濱中幾治郎	60	濱中幾治郎	50	松本彦蔵	90	野坂勘左衛門	150	野坂勘左衛門	150
盛田庄兵衛	60	盛田庄兵衛	60	濱中幾治郎	60	野坂元太郎	140	野坂元太郎	140
松本彦蔵	60	松本彦蔵	60	中村久治	50	野村治三郎	120	野村治三郎	120
勤有株式会社	50	勤有株式会社	50	勤有株式会社	50	濱中幾治郎	120	濱中幾治郎	120
小原平右衛門	40	山根吉三郎	40	安田又之丞	50	米澤與助	100	米澤與助	100
山根吉三郎	40	米澤治郎吉	30	山根吉三郎	40	野坂トミ	100	野坂トミ	100
米澤治郎吉	30	伊藤萬之助	30	濱中源七	40	伊藤吉五郎	100	伊藤吉五郎	100
伊藤萬之助	30	石田善兵衛	20	米澤治郎吉	30	楠美栄吉	100	楠美栄吉	100
石田善兵衛	20	野坂常吉	20	伊藤萬之助	30	野村新八郎	80	野村新八郎	80
野坂常吉	20	野坂康三	20	石田善兵衛	30	山根吉三郎	80	山根吉三郎	80
野坂康三	20	濱中源七	20	野坂常吉	30	濱中源七	80	濱中源七	80
濱中源七	20	吉田林治	20	野坂康三	30	杉山福一郎	80	杉山福一郎	80
吉田林治	20	瀬川金之丞	20	濱中末次郎	30	駒井長太郎	70	駒井長太郎	70
瀬川金之丞	20	角鹿吉兵衛	20			安田又之丞	60	安田又之丞	70
角鹿吉兵衛	20					石田善兵衛	60	石田善兵衛	60
						野坂輿治兵衛	60	野坂輿治兵衛	60
								吉田林治	60
その他とも計	2,000	その他とも計	2,000	その他とも計	3,000	その他とも計	6,000	その他とも計	6,000
役員									
野村新八郎	頭取	野村新八郎	頭取	野村新八郎	頭取	野村治三郎	頭取	野村治三郎	頭取
盛田喜平治	取締役	盛田喜平治	取締役	盛田喜平治	取締役	盛田喜平治	取締役	盛田喜平治	取締役
野坂勘左衛門	取締役	野坂勘左衛門	取締役	野坂勘左衛門	取締役	伊藤福平	取締役	伊藤福平	取締役
伊藤福平	監査役	伊藤福平	監査役	伊藤福平	監査役	杉山久之丞	取締役	杉山久之丞	取締役
山本勇吉	監査役	盛田庄兵衛	監査役	盛田庄兵衛	監査役	中村久治	監査役	中村久治	監査役
						濱中幾治郎	監査役	濱中幾治郎	監査役

(出所)表9-5と同じ。
(注)1898年上半期と1901年下半期は20株以上、07年下半期は30株以上、23年下半期と26年下半期は60株以上所有者を示した。

　（後に野村銀行）が一貫して最大株主であり、野村銀行と野村治三郎家の合計所有株は、設立当初は30％以上を占め、増資をするにつれて野村銀行と野村治三郎家の株式占有比率は低下したものの、1920年代でも20％以上を占めた。そして、設立当初は野村新八郎が頭取になったが、1908年から盛田喜平治が頭取となり、14（大正3）年以降は野村治三郎が頭取を務め続けた（野辺地町史編さん刊行委員会編［1997］237-238頁）。

　とは言え、上北銀行は野村治三郎家以外にも、野坂勘左衛門家、野村新八郎

家、盛田喜平治家、伊藤福平家、杉山久之丞家、中村久治家などが有力株主になり、これらの有力株主が、取締役・監査役の役員を務めていた。表9－1から判るように、これらの諸家はいずれも上北郡の有力商工業者であり、上北郡の有力者を網羅した株主構成となっていた。なお、上北銀行の有価証券所有額は1920年代にかなり増大したが、全体として有価証券のなかでは公債所有が中心であったものの、20年代前半は日本銀行・横浜正金銀行など政府系銀行株をかなり所有していた。それを同行は1920年代半ばには手放して、代わりに七戸水電や野辺地電気などの地元電力会社株を所有するようになった。その結果、1920年代の有価証券所有額の内訳は、公債と株式が同程度となった[9]。

そして上北銀行のコルレス網が設立時から1900年代にかけて判明するので、それを表9－7にまとめた。上北銀行のコルレス網は、北海道・東北の銀行と結んでおり、そのなかでも盛岡銀行と小樽銀行とは、両行の支店とも広くコルレス網を結んでおり、上北銀行の取引の拠点が盛岡地域と小樽地域にあったことが窺われる。北海道・東北地域以外では、東京の安田銀行や三井銀行とコルレス契約を結び、三井銀行とは東京の本店や深川支店のみでなく大阪支店・神戸支店ともコルレス契約を結んでいたが、後に、三井銀行とのコルレス契約は大阪支店のみとなったので、上北銀行の中央市場向けの拠点としては、東京よりも畿内を重視していたと考えられる。大阪府貝塚の貝塚銀行と1899年以降コルレス契約を結んだように、大阪府の銀行本支店および、青森や小樽の銀行本支店とのコルレス網は地元産および北海道産魚肥流通に関わるものと思われる[10]。また、北海道諸都市や盛岡の銀行本支店とのコルレス網は、上北銀行設立に協力した醤油味噌醸造家の販売先や、呉服太物商の仕入先が、北海道諸都市や盛岡にあったためと考えられるが[11]、南東北・北関東の銀行とコルレス網を結んだ背景は現時点で不明である。

上北銀行の対応した資金需要を表9－8から判断すると、北海道漁夫雇入、

---

9) 1920年代の『営業報告書（上北銀行）』より。
10) 例えば、貝塚銀行頭取の廣瀬惣太郎家は、大阪府貝塚の肥料商で、野村治三郎家と北海道産魚肥を継続的に取引していた（中西［2006a］）。
11) 野辺地町の野坂常吉家の1888年の醤油販売量は、青森県内が約192石、県外が約224石で、同家の89年の県外醤油販売量約256石は、全て北海道函館・福山港向けであった（明治22年「御用留」、明治23年「願届諸用留」（いずれも野坂常吉家文書J268ハ・J273ハ、野辺地町立歴史民俗資料館蔵））。

442　第Ⅲ部　関東・東北地域の会社設立と地方資産家

表 9 – 7　上北銀行コルレス先銀行の推移

1898年上半期		1899年下半期		1903年下半期		1907年下半期	
銀行	本支店・出張所名	銀行	店名	銀行	店名	銀行	店名
安田銀行（東京）	本店	↑		↑		↑	
三井銀行（東京）	本店，深川，大阪，神戸	↑		↑		↑	
蟹江銀行（蟹江）	本店	↑		↑			
宇都宮銀行（宇都宮）	本店	↑		↑			
第百七銀行（福島）	本店	↑		↑			
第八十八銀行（水沢）	本店	↑		↑			
木沢銀行（水沢）	本店，岩谷堂，黒沢尻	↑		↑			
盛岡銀行（盛岡）	花巻，郡山，久慈，福岡	↑		↑		本店，盛岡支店	
第九十銀行（盛岡）	本店	↑		↑			
階上銀行（八戸）	本店	↑		↑			
八戸商業銀行（八戸）	本店	↑		↑		↑	本店，青森，八戸
第五十九銀行（弘前）	本店，青森，田名部	↑		第五十九銀行に合併	本店，三本木		七戸，田名部
青森銀行（青森）	本店	↑					
弘前銀行（弘前）	本店，青森，大館	↑		↑	本店，青森		
藤崎銀行（青森県藤崎）	本店	↑					
百三十三銀行（函館）	本店，東京，小樽	↑					
函館銀行（函館）	本店	↑					
松前銀行（北海道福山）	本店	↑					
忠田銀行（小樽）	本店，札幌，余市，岩内，室蘭	↑		北海道商業銀行に改称		↑	本店，江差，余市
小樽銀行（小樽）	本店，古平，増毛	↑				北海道銀行（小樽）	岩内，古平，磯谷
							札幌，岩見沢，旭川
							増毛，稚内，室蘭
		貝塚銀行（宇都宮）	本店				
		下野銀行（花巻）	本店				
		花巻銀行（花巻）	本店				
		三戸商業銀行（三戸）	本店				
		青森商業銀行（青森）	本店				
		寿都銀行（寿都）	本店				
				千代田銀行（東京）	本店		
				鹿沼商業銀行（鹿沼）	本店		
				白石商業銀行（白石）	本店		
				山形商業銀行（山形）	本店	白石銀行（白石）	本店
						岩手銀行（盛岡）	本店
						下北貯蓄銀行（田名部）	本店
						北海道貯蓄銀行	福山支店
コルレス店数	42				48		49		59

（出所）表 9 – 5 と同じ。

（注）銀行名の後ろの（　）内は本店所在地。→はコルレス契約が継続していることを示す。松前銀行は1905年に北海道銀行（以上，吉田 [2010] 178–179頁）。青森銀行は，1900年に第五十九銀行へ合併。忠田銀行は1906年に小樽銀行に合併して北海道銀行に改称，1900年に札幌貯蓄銀行へ合併。忠田銀行は1900年に北海道商業銀行に改称，北海道商業銀行は1905年に北海道銀行へ合併（青森市役所編 [1982] 第 4 巻，産業編上，344頁）。1907年時点では第五十九銀行は青森市に 2 つ支店を設けていた。

表9－8　上北銀行営業概況

年・期	内容
1898・上	前年地方の凶歉不漁は延びて本期の経済に一大恐慌を来し、米価の暴騰は地方の資金を挙げて米穀と化し去り
1898・下	地方及北海道の不漁なりしと米価著しく暴落して農家の購買力減少（中略）、十一月初旬に至り地方各製造業者原料購入の時機と北海道漁夫雇入の時機と需用交々相接せるを以て同下旬以後に至り俄然金融の急忙を告くるに至れり
1899・下	各地方より穀肥の購買力を高めしを以て需用頻繁を来たし殊に十月以後は製造家の原料及び各地への輸出貨物一時に相嵩み為めに資金の需用多々益々急劇にして時に或は資金欠乏の処なきやを感じたり
1900・上	地方の習慣として前期に継ぎ多少繁忙の傾きありしも爾来旧正月に入りしより一時に預り金のみ相増し最も緩慢を極め
1900・下	東海岸の漁獲并秋収良好なるより商状稍々活気を呈せる
1901・下	北海道漁夫雇入期節と相湊合し繁に加ふるに繁を以てせり、殊に肥料米豆等一般の気構は尚価格の低落を気構ひ
1902・上	通常上半季は下半季に比し譲る時期なる（中略）、本行の成績は（中略）第一期以来徐行的に発達しつつある
1902・下	殊に南部三郡の内に於て本郡其最なるもの東海の漁業亦皆無にして牛馬の市上見るべきものなく（中略）、輸入米穀ありて以来需要俄に増加し尚北海道漁夫雇入資金の需用等一時に嵩まり日々頻繁を加ふ一時或は資金の欠乏を訴ふる
1903・下	本期間に於る金融の景況は前期に引続き農商漁業の沈静と共に著しき需用なく
1905・上	地方は例年上半季に於て緩慢なる常態なれば初季以来三四月迄は金融極めて閑散に苦みたり（中略）、後期に入らんとするの際稍々需用の繁頻ある
1905・下	特有の物産なければ常に秋収及漁獲の如何に依りて業務の繁閑を示しつつ（中略）、期末に至り北海漁夫雇入等の為め一時活発なる取引ありたるも然も特に警戒の必要なく
1906・上	地方に於て臨時事件公債の募集あり、其払込の進行と共に後期に入らんとするの際稍々需用繁頻の状あり
1907・上	当期の始より漸次不況に陥り（中略）、地方は元来他府県の如く敢て突飛の需用なきため強て急劇の取付等あるにあらざれば
1907・下	本年気候の適順は農産の豊収を見、又畜産の価格前半に倍蓰するものあるを以て農家の経済ために余裕あるへきを想ふ
1923・下	地方特産たる海産物の減収薪炭木材の不活発は延いて一般金融梗塞の度を高め前途暗雲に
1925・上	地方の特産たる味噌醤油の如きも其取引の減少諸工業の中止等容易に回復の曙光を認むる能はず為めに資金の異動も緩慢なりしが、五月に入り沿海漁業即ち鰯の豊漁は期末に至るも止まず、魚粕魚油の出荷為めに続出し加之、養蚕亦豊作の見掴付きたる為めにや物資の集散相当活気を呈し従て資金の運転繁忙を極めつつ当期を経過せり
1926・下	沿海は春季よりの不況続きにして且地方特産たる木材薪炭繭等の如き悲惨の低落を示し、殆と生産不可能となり（中略）、初夏の候沿海帆立貝の漁獲は短時間なるに不拘、数十万円の額に達せしより幾分活気を呈せるも唯一時の喜びに過ぎずして再び不況の情勢を辿れり

(出所)表9－5と同じ。
(注)原文の送り仮名はカタカナであったが、平仮名に直し、適宜読点を付した。

大豆（醬油味噌醸造の原料）買付、鰯漁業、養蚕業などで、資金需要に大きな波があったことが窺われる。その点で上北銀行は、安定した利息収入を得るのがなかなか難しく、手形決済（割引）形態での金融はあまり根付かず、当座貸越の形態をとるかもしくは、証書貸付と手形貸付の形態での融資が中心となった。ただし、コルレス網は北海道・東北地域に比較的広範囲に展開しており、商業決済の基盤は持っていたため、港町の銀行として当座貸越や手形貸付形態での商人への融資や網元への漁夫募集資金融通で地域経済に貢献したと言える。

3　野村治三郎家の金融業

（1）野村銀行の経営展開

　野村両家は、上北銀行に出資するのみでなく、自家の資産をもとに合資会社野村銀行を1899（明治32）年に設立した[12]。資本金は10万円で、頭取は野村常太郎（後の8代治三郎）がなり、出資割合は、治三郎家が82,000円、新八郎家が7,500円、野村保太郎家が7,500円、中市家（8代治三郎の母の実家）が3,000円であった。治三郎家と保太郎家が無限責任社員、新八郎家と中市家が有限責任社員で、1920（大正9）年に3代野村新八郎が死去すると、その子野村亀太郎が持ち分を引き継ぎ、24年に亀太郎は8代治三郎の息子の市三郎に持ち分を譲渡した。野村治三郎家が資本金の大部分を出資して頭取も兼ねる点で、野村治三郎家の家業銀行であった。なお大阪にも野村銀行が存在したため、大阪の野村銀行から商号変更の要求を受けて、1926（昭和元）年に野村銀行は立五一銀行と名称を変更した[13]。「立五（鼓）一」は野村治三郎家の屋印であり、1916年に治三郎家は不動産運用のために立五一合名会社を設立した（後述）。

　野村銀行の経営内容を、表9－9の貸借対照表から確認すると、上北銀行と異なり、増資は全く行わず資本金10万円のままであったが、1910年代は、積立金・定期預金額が順調に増大しており、当期純益金も安定して計上していた。ただし、貸付は専ら証券貸で手形割引はほとんど行わず、約束手形割引も実態

---

12)　以下の記述は、「野村銀行営業報告綴」（野村家文書 E180ネ、野辺地町立歴史民俗資料館蔵）を参照。
13)　同上を参照。

第9章　青森県銀行資産家と地域金融市場　445

表9-9　野村銀行貸借対照表・金利

貸借対照表の単位：円

項目＼年・期	1913・下	1914・下	1915・下	1916・下	1917・下	1918・下	1919・下	1920・下	1921・下	1922・下	1923・下	1924・下	1925・下	1927・上
資産の部														
貸付金（証券）	204,936	205,794	226,116	253,585	302,297	352,265	365,706	359,619	334,814[1]	513,245[1]	339,363	458,488	576,581[1]	398,311
手形貸付	40,074	43,649	41,882	37,150	30,095	84,900	119,075	168,426			93,110	81,140		74,810
当座預金貸越	19,330	23,885	43,940	29,744	30,095	29,640	52,473	58,430			59,711	56,067		44,008
手形割引			9,200											
預け金	4,700	4,700	12,400	37,875	23,700	56,700	11,874	32,123		12,028	105			
公債	14,012	14,012	14,012		7,262	91	0	900	12,645	12,806	12,806	12,806		
社債・金融債	5,000	5,000	5,000	1,000		2,000		1,000	4,000	2,000	2,000	2,000		
株式	52,258	52,258	52,594	48,503	49,903	51,303	48,138	52,880	70,845	95,020	92,645	94,145	99,121[2]	99,121[2]
貸付有価証券				18,012	15,650	20,912	28,080	27,149						
営業用什器	248	248	248	248	248	248	248	248	248	248	248		248	248
抵当有流込物件	3,746	3,746	3,746		7,321	雑勘定	45,821	43,266	45,266		49,476	46,389	44,710	44,710
所有不動産				7,321		7,321	15,942	19,552	11,858		14,534	9,000	8,222	6,906
金銀有高	4,720	7,455	8,852	11,488	12,777	14,531								
合計	349,023	360,745	408,788	454,125	512,701	621,910	687,356	763,593	727,805	692,471	664,035	760,397	728,882	668,114
負債の部														
資本金	100,000	100,000	100,000	100,000	100,000	100,000	100,000	100,000	100,000	100,000	100,000	100,000	100,000	100,000
積立金	114,000	100,000C	126,000	134,000	141,000	147,500	154,500	162,500	170,500	178,500	186,500	194,500	202,000	208,500
定期預金	49,276	52,30*	86,735	117,354	184,455	272,825	290,346	271,256	215,921	137,436	150,080	177,401	314,338[3]	219,555[3]
当座預金	63,904	66,82*	70,436	59,547	45,233	58,617	74,392	130,794	162,850	201,990	144,014	144,388		
公的預金				22,075	21,788	19,955	39,676	36,459	12,613	9,787	28,504	33,605		
借入金								32,000	32,000	32,000	22,000	76,000	77,000	115,000
未経過割引料				376	478	1,391	2,414	1,681			648		2,633	1,005
前期繰越	15,284	16,1□1	15,888	16,909	12,838	13,983	17,281	18,485	所得税	518	263		178	51
当期純益金	6,558	5,477	9,730	3,820	6,910	7,639	8,747	10,332	23,173	23,966	23,957	24,427	25,273	(23,981)
配当率									8,000	8,184	8,068	8,707	7,461	
合計	349,023	360,7-5	408,788	454,125	512,701	621,910	687,356	763,593	727,805	692,471	664,035	760,397	728,882	668,114
配当率（年率）	6％	6％	9％	7％	6％	7％	8％	8％	8％	8％	7％	7％	7％	

金利	年月	1914・4	1915・5	1916年		1919年		1922年	1923年	1924年	
貸付金（年利）	最高	16.4％	16.4％	16.4％	（不動産担保貸付）	定期預金	18.2％		8.5％	8.0％	
	最低	9.1％	10.9％	10.9％	（不動産担保貸付）	（年利）	8.8％	7.5％	7.0％	7.0％	
	平均	12.5％	13.1％	12.0％	（不動産担保貸付）		12.2％		7.7％	7.7％	
通常貸付	最高	4銭	3.8銭	4銭					4銭	4銭	
	最低	2銭	2.5銭	2.5銭					3.2銭	3銭	
	平均	2.8銭	2.97銭	2.76銭					3.8銭	3.7銭	
当座預金（日歩）	最高								2.2銭		
	最低							1.5銭	1銭	1.5銭	
	平均								1.5銭	1.5銭	

（出所）「野村銀行営業報告書」（野村家文書 E180ホ）より作成。
（注各年の下半期末の貸借勘定を示した。1927年のみは上半期末を示した。貸付金欄は1920年下半期から証券貸付。1927年上半期は、表で示した項目のほかに、負債の部で資本金利子税20円が計上された。前期繰越は当期純損益と合計。有価証券価額は、1920年度までは払込額で、21年度からは時価で計上された。1921年以降は判明した数値のみを示した。野村銀行は1926年から立石され、商号と名称変更。金利は当局の調査への野村銀行の回答より。）
1）証券貸付・手形貸付・当座預金貸越・貸越額の合計。2）公債・社債・金融債・株式所有額の合計。3）定期預金・公的預金の合計。

は証券貸と同じであるため、1916年から手形貸付と項目名が転換した。この手形貸付額が1910年代後半に急増し、証券貸の増大とも合わせ、10年代後半の野村銀行の貸付額は、預金額の伸び以上に増大し、貸付額が預金額を上回る状況が、10年代から20年代にかけて続いた。そのため、野村銀行は1920年から借入金を行い始め、特に24年から借入金額が急増した。有価証券所有は、1910年代の好況期に横ばいで、むしろ20年代初頭に急増した。また、貸付有価証券が存在することから、1910年代後半の株式好況の時期は、優良株を他者に貸して利ざやを得ようとしたことが判る。

なお、抵当流れ込み物件の項目は、1916年以降はなくなるが、所有不動産の項目が同年から登場するので、抵当流れ込み物件の多くは土地であり、それを所有不動産として計上するようになったと考えられる。1919年に所有不動産の額が急増したが、その増加分は453町歩の山林であった[14]。1923年1月の青森県当局の調査に対し、野村銀行は、主な営業範囲は野辺地町・甲地村・天間林村であり、主な取引相手の職業は農業であると回答している。野辺地町・甲地村・天間林村はいずれも野村治三郎家がかなりの土地を所有した町村で、前述のように甲地村では治三郎家は広大な山林・原野を所有して牧畜を行っていた。おそらく野村銀行は、野辺地町・天間林村では農家に対して耕地担保の貸付を行い、甲地村では酪農家に対して山林担保の貸付を行っていたと推定できる。野村銀行所有株式の中心は上北銀行株であり、前節で示したように、野村銀行が上北銀行株を所有する形で、野村家は上北銀行を間接的に支配した。一方、公債など資産価値のある有価証券は貸し出して賃貸料を取得し、1921年には、日本銀行株・青森電灯株・階上銀行株なども貸し出された。また、証書貸付の証書1枚当たりの貸付金額は1,000円未満に対し、手形貸付の手形1枚当たりの貸付金額は2,000円以上であったので、比較的大口の貸付は約束手形で、比較的小口の貸付を証書貸付で行ったと言える。

貸付金利と預金金利の動向を表9-9下段から見ると、1910年代の定額貸付金利の高低差はかなり大きかった。1910年代後半は、証書貸付・手形貸付ともに急増していた時期であり（表9-9上段）、野村銀行は貸付先に応じてかなり

---

14) 以下の記述は、前掲「[野村銀行営業報告綴]」を参照。

貸付金利を変えることによって、高リスク・高リターンの貸付と低リスク・低リターンの貸付を組み合わせて、貸付額を増大させた。その後、1920年代になると通常貸付金利の高低差は10年代と比べてかなり縮まっており、平均金利も上昇していたので、貸付の内容としては、高リスク・高リターンの貸付に次第に集中していったと考えられる。その一方、預金金利については高低差があまりなく、特に定期預金先からは同じような条件で預金を集めていた。

　また、野村銀行は1920年代前半に有価証券所有銘柄の中心であった上北銀行株の時価評価額の低さに直面した。表9－10を見よう。1920年恐慌で上北銀行の経営内容が次第に悪化しており、それが時価に反映していたと思われるが、27年の金融恐慌で、上北銀行が弘前市に本拠を置く第五十九銀行に合併されることで（野辺地町史編さん刊行委員会編［1997］239頁）、ようやく旧上北銀行株の時価が払込額を上回り、額面の評価額は切り下げられたと考えられるものの、時価評価額は安定した。それに対し、払込額よりも時価評価額がかなり上回ったのが、日本銀行株や横浜正金銀行株などの政府系銀行株であった。階上銀行株・青森銀行株も払込額を時価が上回ったが、両行ともに1927年の金融恐慌で打撃を受け、階上銀行は八戸銀行に合併されたものの時価評価額は払込額を下回り、青森銀行も時価評価額が急減して払込額を下回った。その後野村銀行（立五一銀行）は、1929年からの昭和恐慌のなかで、時価評価額の高かった日本銀行株や横浜正金銀行株を売却することで損失を補塡した。

　こうした野村銀行の経営動向は、前述の家業会社の立五一合名の経営動向にも大きく影響を受けていた。立五一合名の貸借対照表を表9－11から確認すると、資本金は当初から少なく、不動産資産運用を最初から借入金に依存して行っていたことが判る。つまり、1910年代後半に銀行から次々とお金を借りて土地を購入し、その土地経営を行うことが立五　合名の経営の方向性で、もともと野村家が所有していた土地を保全するための資産保全会社ではなかった。そしてこの銀行借入金の中心が、野村銀行と青森県農工銀行からの借入金であった。表9－12を見よう。立五一合名が支払った利息の内訳を示したものであるが、1917年末時点では、青森県農工銀行から45,000円、野村銀行から21,000円の借入金があったことが推測できる。おそらく青森県農工銀行からの45,000円の借入金は1919年末までそのまま据え置かれて、20年にさらに追加借

表9－10　野村銀行有価証券投資の動向

単位：円

銘柄＼年・期		1921・下	1922・下	1923・下	1924・下	1925・上	1927・下	1928・下	1929・下
特別五分利公債	払込	10,450	10,450	10,450	10,450	10,450	10,450	8,350	2,250
	時価	9,405	9,405	9,405	9,405	9,405	9,405	8,300	2,237
甲号五分利公債	払込	3,500	3,500	3,500	3,500	3,500	3,500	2,500	2,500
	時価	3,150	3,150	3,150	3,150	3,150	3,150	2,350	2,350
帝国五分利公債	払込	100	300	300	300	300	300	300	300
	時価	90	251	251	251	251	251	276	276
青森県農工銀行債[6％]	払込	4,000	2,000	2,000	2,000	2,000	2,000	2,000	2,000
	時価	4,000	2,000	2,000	2,000	2,000	2,000	2,000	2,000
上北銀行株式→第五十九銀行株	払込	50,250	54,875	52,250	52,250	52,250	56,500	42,000	42,000
	時価	41,850	46,975	44,350	44,350	44,350	59,900	44,520	44,520
	配当	9％	9％	9％	9％	9％	8％	10％	10％
青森電灯株式	払込	16,830	7,500	7,500	7,500	5,000			
	時価	18,455	8,580	8,580	8,580	5,720			
	配当	11％	13％	12％	13％	13％			
階上銀行株式→八戸銀行株	払込	5,375	3,000	3,000	3,000	3,000	3,000	3,000	3,000
	時価	6,235	3,600	3,600	3,600	3,600	3,600	1,800	1,800
	配当	12％	12％	12％	10％	10％	8.5％	6％	5％
八戸商業銀行株式	払込	3,000	日ノ出セメント株式		2,500	2,500			
	時価	3,600			1,500	1,500			
	配当	12％			5％	無配			
青森銀行株式	払込	875	875	1,125	1,125	1,125	1,375	1,375	1,375
	時価	1,390	1,390	1,640	1,640	1,640	1,890	1,000	1,000
	配当	10％	10％	10％	8％	8％	8％	6％	6％
日本銀行株式	払込		6,000	6,000	6,000	6,000	6,000	6,000	
	時価		25,800	25,800	25,800	25,800	25,800	19,290	
	配当		12％	12％	12％	12％	10％	10％	
横浜正金銀行株式	払込		5,000	5,000	5,000	5,000	5,000	5,000	2,000
	時価		8,675	8,675	8,675	8,675	8,675	10,500	4,200
	配当		12％	12％	12％	12％	10％	10％	10％

(出所)表9－9と同じ。
(注)上北銀行は、1927年に第五十九銀行に併合されたので、1927年欄からは第五十九銀行株式として。階上銀行は、1927年に八戸銀行と合併したので、1928年欄は八戸銀行株式として。配当欄は、それぞれ年率の配当率を示した。野村銀行は1926年に名称変更して立五一銀行となる。青森県農工銀行債は年利6％。

入が行われたが、返済が滞ったと見られ、22年からは延滞利息が掛けられた。青森県農工銀行からの追加融資が難しくなるなかで、野村銀行は積極的に立五一合名に融資しており、立五一合名は、1918年末時点で5万円、20年末時点で65,000円の野村銀行からの借入金残額があった。

ただし、野村銀行も65,000円以上の融資は難しく、21年末・22年末・23年末いずれの時点でも融資残額は65,000円であった。1922年から青森県農工銀行か

第9章　青森県銀行資産家と地域金融市場　449

表9−11　立五一合名会社貸借対照表

単位：円

年月	1916・12	1917・12	1918・12	1919・12	1920・12	1921・12	1922・12	1923・12
資産								
土地建物	18,572	69,497	98,136	114,141	130,245	132,085	134,404	108,598
諸税	954	1,877	1,029	1,626	2,067	1,630	1,895	1,379
金銀有高	2,415	1,442	5,052	1,447	2,394	1,030	3,206	1,193
創業費	59	59			持越米売損	486		
利息		1,388	6,638	8,495	11,524	11,950	11,867	7,133
雑費		474		497	105		11	218
雑給・諸費			767	47	1,360		290	83
前期繰越		1,263				1,193		
合計	22,000	76,000	111,622	126,253	147,694	148,433	151,673	118,603
負債								
資本金	10,000	10,000	10,000	10,000	10,000	10,000	10,000	10,000
借入金	12,000	66,000	98,500	110,000	128,961	127,844	126,400	102,000
積立金			1,000	2,000	5,000	5,000	5,000	5,000
小作物品売代			1,175	2,923	1,770	5,170	8,351	
小作・賃貸料				4	561	419	32	
前期繰越			947	1,326	1,402		1,890	1,603
合計	22,000	76,000	111,622	126,253	147,694	148,433	151,673	118,603

（出所）大正5年「貸借対照表（立五一合名会社）」（野村家文書E175ネ）より作成。
（注）各年の12月末の数値を示した。1922年12月の小作物品売代は持越売買も含む。

らの借入金に延滞利息が掛けられたため、立五一合名は日本勧業銀行からの融資と不動産の売却で青森県農工銀行からの借入金を返済したと考えられる。表9−11では1923年に借入金額が24,400円分減少し、それとともに、土地建物資産額も減少した。こうして1922年をピークとして立五一合名の不動産資産運用も縮小に向かったと推測できる。なお、1924年時点の大土地所有規模調査では、野村治三郎家の耕地所有規模合計約483町歩のうち、約110町歩は立五一合名会社所有分とされている（渋谷編［1995b］194頁）。表9−12の出所資料では、立五一合名の所有した土地の地租支払いが計上されているので、その場所を見ると西平内村が最も多く、続いて中平内村・東平内村の順であった。表9−4では野村治三郎家の西平内村の土地所有規模はそれほど多くないので、立五一合名は野村銀行からの融資で、主に西平内村を中心として東津軽郡の耕地を買い進めたと言えよう。

　以上より、野村銀行（立五一銀行）の経営をまとめると、野村銀行では立五一合名など不動産関係への融資が中心であったと考えられ、第一次世界大戦期は定期預金が順調に増大して借入金なしの銀行経営ができたものの、1920年代

表9－12　立五一合名会社利息支払いの動向

金額の単位：円

年月日	金額	内容	銀行名
1917・6・23	16	上野申分引受	青森県農工銀行
1917・6・30	459	12,000円分利息	野村銀行
1917・6・30	103	3,000円分利息	野村銀行
1917・12・30	18	45,000円分利息	青森県農工銀行
1917・12・30	16	上野申分引受	青森県農工銀行
1917・12・31	549	12,000円分利息	野村銀行
1917・12・31	137	3,000円分利息	野村銀行
1917・12・31	90	6,000円分利息	野村銀行
1918・3・31	2,216	未払土地利子賠償	竹内民蔵分
1918・3・31	979	未払土地利子賠償	竹内与右衛門分
17年度計	4,583		
1918・6・18	1,695	年賦据置利息上半期分	青森県農工銀行
1918・6・30	683	12,000円分利息上半期	野村銀行
1918・6・30	276	6,000円分利息上半期	野村銀行
1918・11・18	1,688	年賦据置利息下半期分	青森県農工銀行
1918・11・18	16	上野申分引受	青森県農工銀行
1918・12・31	1,585	約手3口、35,000円分	野村銀行
1918・12・31	137	3,000円分利息	野村銀行
1918・12・31	549	12,000円分利息	野村銀行
18年度計	6,638		
1919・6・13	1,688	借入金据置利子	青森県農工銀行
1919・12・15	1,688	借入金据置利子	青森県農工銀行
1919・12・31	1,095	借入金利子12,000円分	野村銀行
1919・12・31	238	借入金利子3,000円分	野村銀行
1919・12・31	548	借入金利子6,000円分	野村銀行
1919・12・31	2,464	借入金利子27,000円分	野村銀行
1919・12・31	183	借入金利子2,000円分	野村銀行
1919・12・31	320	借入金利子3,500円分	野村銀行
1919・12・31	153	借入金利子2,000円分	野村銀行
1919・12・31	120	借入金利子4,500円分	野村銀行
19年度計	8,495		
1920・6・28	1,703	年賦利息	青森県農工銀行
1920・6・28	235	年賦利息	青森県農工銀行
1920・6・30	659	借入金利子12,000円分	野村銀行
1920・6・30	165	借入金利子3,000円分	野村銀行
1920・6・30	329	借入金利子6,000円分	野村銀行
1920・6・30	1,482	借入金利子27,000円分	野村銀行
1920・6・30	110	借入金利子2,000円分	野村銀行
1920・6・30	193	借入金利子3,500円分	野村銀行
1920・6・30	110	借入金利子2,000円分	野村銀行
1920・6・30	247	借入金利子4,500円分	野村銀行
1920・6・30	262	借入金利子5,000円分	野村銀行
1920・12・31	659	借入金利子12,000円分	野村銀行
1920・12・31	165	借入金利子3,000円分	野村銀行
1920・12・31	329	借入金利子6,000円分	野村銀行
1920・12・31	1,482	借入金利子27,000円分	野村銀行
1920・12・31	110	借入金利子2,000円分	野村銀行
1920・12・31	193	借入金利子3,500円分	野村銀行
1920・12・31	110	借入金利子2,000円分	野村銀行
1920・12・31	247	借入金利子4,500円分	野村銀行
1920・12・31	290	借入金利子5,000円分	野村銀行
1920・12・31	1,688	年賦金利息45,000円分	青森県農工銀行
1920・12・31	960	据置利子	青森県農工銀行
20年度計	11,524		
1921・6・18	1,649	借入金利子40,000円分	青森県農工銀行
1921・6・18	760	借入金利子20,000円分	青森県農工銀行
1921・6・28	1,358	借入金利子25,000円分	野村銀行
1921・6・28	1,358	借入金利子25,000円分	野村銀行
1921・6・28	164	借入金利子3,000円分	野村銀行
1921・6・28	655	借入金利子12,000円分	野村銀行
1921・12・21	760	借入金利子20,000円分	青森県農工銀行
1921・12・21	1,649	借入金利子40,000円分	青森県農工銀行
1921・12・21	659	借入金利子12,000円分	野村銀行
1921・12・21	165	借入金利子3,000円分	野村銀行
1921・12・21	1,388	借入金利子25,000円分	野村銀行
1921・12・21	1,388	借入金利子25,000円分	野村銀行
21年度計	11,950		
1922・5・27	25	解除賠償分	青森県農工銀行
1922・6・30	164	借入金利子3,000円分	野村銀行
1922・6・30	655	借入金利子12,000円分	野村銀行
1922・6・30	1,358	手形借入25,000円分	野村銀行
1922・6・30	1,358	手形借入25,000円分	野村銀行
1922・6・30	1,607	下半期分利息	青森県農工銀行
1922・6・30	16	延滞利息	青森県農工銀行
1922・6・30	760	利息（謙三分）	青森県農工銀行
1922・6・30	6	延滞利息（謙三分）	青森県農工銀行
1922・12・31	760	年賦金利息（謙三分）	青森県農工銀行
1922・12・31	1,575	年賦利息	青森県農工銀行
1922・12・31	659	借入金利子12,000円分	野村銀行
1922・12・31	165	借入金利子3,000円分	野村銀行
1922・12・31	1,380	手形借入25,000円分	野村銀行
1922・12・31	1,380	手形借入25,000円分	野村銀行
1923・3・20	570	償還（利息）、4,823円分	日本勧業銀行
1923・3・20	25	延滞利息、589円分	日本勧業銀行
1923・3・20	283	元金20,000円分中市分	日本勧業銀行
22年度計	12,745		
1923・6・22	164	借入金3,000円分	野村銀行
1923・6・22	655	借入金12,000円分	野村銀行
1923・6・22	1,358	手形借入25,000円分	野村銀行
1923・6・22	1,358	手形借入25,000円分	野村銀行
1923・12・31	1,388	手形借入25,000円分	野村銀行
1923・12・31	1,388	手形借入25,000円分	野村銀行
1923・12・31	659	借入金12,000円分	野村銀行
1923・12・31	165	借入金3,000円分	野村銀行
23年度計	7,133		

(出所)大正5年「損益勘定元帳（立五一合名会社）」(野村家文書E174ネ) より作成。

は預金が減少し、それを補うために借入金を増やしたが、27年の金融恐慌で預金量が急減し、同時に所有株式のキャピタルロスも生じたため、それを日本銀行株や横浜正金銀行株などの優良株の売却で補填した。しかし昭和恐慌下で経営は好転せず、1931年に廃業した[15]。

（2）個人金融業の展開

　野村治三郎家は銀行業へ展開したが、その一方で、地域の有力金主として野村銀行設立以前から、手広く個人金融業を営んでいた。表9－13を見よう。1891（明治24）年末時点の野村治三郎家の資産の内訳を見ると、資産合計約46万円のうち、約17万円は多様な相手への貸金残額であった。その貸付先は、大福帳の項目として、町方・海辺・岡通・諸国に大きく分けられ、町方は野辺地町内、海辺は下北半島から青森までの海岸沿い、岡通が五戸・八戸から盛岡・鹿角郡までの内陸方面、諸国が青森港の廻船問屋伊東善五郎および畿内の取引相手を範囲としていた。伊東善五郎は青森港に居住したが、野村治三郎家の近世来の遠隔地取引と深く関わっており[16]、そのため諸国に分類されたと思われる。前述のように、野村治三郎家は、近世期は畿内の問屋に古着・繰綿などの買入資金を預けておき、野辺地に積み戻る古着・繰綿などの仕入を畿内の問屋に依頼していたが、近代に入り、地元産や北海道産の魚肥を畿内へ販売することが中心となると、畿内の問屋への預け金がなくなり、廻船経営からの収益は、地元周辺の取引相手への貸付金の原資に向けられるようになった。その融資額は、表9－13から判るように比較的大口であり、青森から盛岡・鹿角郡そして畿内までの広範囲にわたっていた。また前述のように野村治三郎家は1880年代に土地取得を進め、所有地価も91年時点で約10万円に上っていた。そして、比較的早くから日本銀行株や横浜正金銀行株など東京・横浜の政府系銀行株を所有していた。なお、函館銀行・第百十九国立銀行への預金は見られたものの株

---

15)　後藤［1991］105頁を参照。また、野村銀行の経営悪化とともに野村治三郎家の所得もかなり減少したと考えられ、同家の所得税額は、1927年頃が2,701円、29年頃が998円、31年頃が149円と急減した（渋谷編［1995b］98・127頁）。
16)　伊東善五郎は、近世期は瀧屋善五郎として青森湊における野村家廻船の主要取引相手であった（中西［2009］177・180頁）。

表9−13　1891年末野村家大福帳主要項目一覧

単位：円

分類	項目	備考	金額	分類	項目	備考	金額
①町方利足貸付口	吉田七三郎		12,807	④諸国	伊東善五郎	青森	9,461
	西村金七郎		1,950		船橋清左衛門	京都	5,706
	野坂常吉	野辺地	1,841		河内与三兵衛	大阪	1,000
	野坂與治兵衛	野辺地	1,800		上方通附込計		1,010
	その他とも計		29,146	⑤親族	野村正三		50,039
②海辺利足貸付口	辻武八郎	田名部	6,388		分家(新八郎家)		10,225
	爺(竹内)	小湊	3,650		市四郎		△71
	工藤庄兵衛	小樽	2,400		治三郎家質店		△1,599
	畠山六兵衛		2,300	⑥地券口	五戸通他		19,203
	上田幸兵衛	青森	2,160		青森通		16,526
	山本源六		2,100		阿部豊作買		15,834
	杉山才吉	田名部	2,025		大直買		14,861
	野口成元	元青森在	1,961		上北郡藤崎村他		10,372
	飯塚丈助		1,100		小湊道		8,586
	三井銀行	当座	△2,000		三戸通		6,284
	その他とも計		34,295		その他とも計		100,019
③岡通利足貸付口	藤善	五戸	11,300	⑦公債	整理公債		32,068
	山田改一	七戸	10,734		鉄道公債		9,005
	三浦重吉	五戸	7,430		その他とも計		43,815
	佐々木卯太郎	盛岡	6,400	⑧銀行・株券	日本銀行	100株	23,762
	三浦安兵衛	五戸	6,158		函館銀行	預金	11,000
	盛喜		5,650		第百十九国立銀行	預金	10,000
	中村正三	八戸	3,200		横浜正金銀行	50株	6,156
	花田栄治郎	鹿角	2,500		大阪鉄道	100株	5,000
	苫米地金治郎	相坂	2,430		日本郵船	70株	3,822
	松尾藤平	三戸	2,270		東京木綿紡績	70株	3,501
	盛庄		2,179		第五十国立銀行	110株	2,540
	阿部豊作	八戸	2,168		第九十国立銀行	100株	2,515
	田村伊助		2,046		階上銀行	43株	2,150
	菊万	五戸	1,800		北海道セメント	150株	1,200
	矢幅三治郎	三戸	1,800		その他とも計		68,131
	尾形	田子	1,445	⑨その他	牛馬口		4,392
	山本吉五郎	大藤瀬	1,000		無尽口		3,428
	山内光武	八戸	1,000		税金口		860
	今野専左衛門		1,000		印紙切手手数料		106
	その他とも計		93,445		総計		461,538

(出所)明治25年「大福帳」(野村家文書E283ネ)より作成。
(注)野村家が滞貸として処理した分は除く。無印は野村家の貸で、△印は野村家の借。金額が1,000円以上の項目を示した。分類は史料上の分類を活かしつつ、類似のものを集めて集計した。総計欄は中西[2009]187頁の大福帳勘定計より。備考欄は居住地や内容を記した。第百十九国立銀行は東京、第五十国立銀行は八戸、第九十国立銀行は盛岡に本店あり(由井・浅野編[1988〜89]第1巻)。山田改一は、海辺利足貸付口でも挙げられたが、岡通利足貸付口で統合処理がされたため合わせて示した。なお、出所資料では集計値に符丁が使われた箇所があったが、前後関係より計算して数値に直した。備考欄の居住地は、渋谷編[1995b]を参照。

式は所有しておらず、株式所有額そのものは、日本銀行株を除けばそれほど多くなく、銘柄も地元ではなく東京・横浜の銀行・会社が中心であった。

続いて、野村銀行設立後の1919（大正8）年末時点の野村治三郎家の資産内容を表9-14から検討する。野村銀行設立後も、町方・海辺・岡通・諸国への個人的な融資は続けられ、1891年時点と1919年時点で比較的同じ人物に継続的に融資されていた。例えば、町方では、1891年時点で12,800円の貸付残額があった吉田七三郎へは1919年時点で貸付残額は少なかったが、西村金七郎や野坂與治兵衛への貸付は、1891年時点よりも1919年時点の方が増え、特に野坂與治兵衛への貸付額は1919年末時点では約2万円に上った。野坂與治兵衛は野辺地町で有力な醬油醸造家で、表9-1にある野坂醬油製造合資を設立した[17]。海辺でも、1891年時点の有力貸付先の田名部の辻武八郎や杉山才吉、小湊の竹内家や、居住地は不明だが畠山六兵衛などへの貸付残額は、1919年時点でも残され、岡通でも、五戸の藤善、おそらく七戸の盛田喜平治（盛喜）と山田改一、相坂の苫米地金次郎などへの貸付残額が、19年時点も残されていた。

ただし、貸付先が最も変化したのが諸国への貸付である。1919年時点では野村治三郎家は廻船経営から撤退しており、遠隔地取引を行っていなかったため、19年時点の諸国に見られる貸付先は商売の取引先ではなく、1891年時点と質的に大きく異なった。この点は後ほど詳しく触れる。また1919年末時点では、野村治三郎家は青森の銀行と日本勧業銀行からの合計約28万円に上る多額の借入金を行っていた。そして有価証券所有では、野村銀行への出資が多かったものの、日本銀行・横浜正金銀行・日本勧業銀行など政府系銀行への株式投資も合計すると1919年末時点で約11万円とかなり多かった。もっとも銀行株以外は、野辺地電気株・七戸水電株・大湊興業株など地元の会社株が多く、青森県東部で設立された諸会社にバランスよく出資していた。

野村治三郎家は、1919年末時点で多額の銀行借入金があったが、どのように銀行を使い分けていたかを同時点について表9-15で検討する。治三郎家は、同時点で野辺地周辺の銀行として、盛岡銀行野辺地支店・上北銀行・野村銀行・下北貯蓄銀行と取引し、青森の銀行として第五十九銀行青森支店・安田銀

---

17) 1912年の「商工興信録」（北海道奥羽地方）によると、1897年設立の醬油製造合資会社（野辺地町）の代表社員が野坂與治兵衛であった（渋谷編［1995a］127頁）。

表9-14 1919年末野村家大福帳主要項目一覧

単位：円

分類	項目	備考	金額	分類	項目	備考	金額
①御町口	野坂與治兵衛	野辺地	19,550	⑥地所部	青森方面		不明
	浜方仕込金		11,926		小湊方面		不明
	西村金七郎		2,280		藤島方面		不明
	野坂勘左衛門	野辺地	2,000		五戸方面		不明
	松本彦次郎		1,753		耕地整理	野辺地	不明
	飯田甘五郎ほか	野辺地	1,400	⑦畜産部			不明
	野坂・成田		1,350	⑧公債	五分利公債		20,644
	横浜長次郎	横浜	1,000		その他		8,878
②海辺通	竹内与右衛門	小湊	13,851	⑨銀行	安田銀行	青森支店	△169,000
	辻武八郎	田名部	6,393		日本勧業銀行		△50,293
	山田改一		5,697		青森県農工銀行		△42,610
	畠山・小平		4,700		上北銀行		△15,100
	伊東末治		4,478		第五十九銀行	青森支店	△15,000
	杉山才吉	田名部	3,980		下北貯蓄銀行		△7,000
	菊地喜一		2,500	⑩株式	野村銀行合資		100,000
	堺伊惣治		2,310		日本銀行	240株	51,000
	平松与一郎		2,000		日本勧業銀行	212株	32,200
	野口成元		1,961		横浜正金銀行	400株	26,153
	北山一郎		1,800		野辺地電気	333株	15,904
	川口栄之進		1,583		青森県農工銀行	763株	15,285
	山本源吾		1,393		七戸水電	410株	11,645
	飯塚重吉		1,228		上北銀行	120株	6,500
③岡通	藤善	五戸	7,656		大湊興業	500株	6,250
	山田改一	七戸	7,556		十和田軌道	106株	3,053
	盛喜		2,450		日の出セメント	200株	2,500
	三浦道太郎	五戸	2,090		東北名石	100株	2,500
	藤留（藤田留吉）		2,050		渡辺硝子	200株	2,500
	苫米地金次郎	相坂	1,360		陸奥電力	160株	2,000
	三浦・藤田		1,320		浅野セメント	8株	1,300
④諸国	立花商之助		42,935		五戸銀行	100株	1,250
	相立製作所		25,000		集盛貯蓄銀行	100株	1,250
	坂巻正太郎		18,576	⑪その他	無尽口		不明
	亘理胤正	東京	2,000		町税		13,872
⑤親族	野村正三（新一）		47,541		国税		6,077
	分家（新八郎家）		30,242		県税		4,486
	家族口		20,082				
	市三郎口		2,044				

（出所）大正9年「大福帳」（野村家文書 E382ね）より作成。
（注）無印は野村家の貸で△印は野村家の借。金額が1,000円以上の項目を示した。分類は、史料上の分類を活かしつつ、類似のものを集めて集計した。備考欄は、居住地や内容を記した。税金は1919～20年にかけて支払った金額。表の株式のうち表9-2で示した上北郡の銀行・諸会社以外の青森県の銀行・諸会社を示すと、青森県農工銀行は青森市、東北名石・五戸銀行は三戸郡、大湊興業は下北郡、集盛貯蓄銀行は西津軽郡であった（大正9年度『日本全国諸会社役員録』商業興信所、青森県の部）。

行青森支店・青森県農工銀行・青森銀行と取引し、そして政府系銀行の日本勧業銀行と取引した。野辺地周辺の銀行とは手形借入の形態が多く、盛岡銀行野辺地支店からの手形借入は借換が続けられ、全額が次年度へ繰り越された。上北銀行とは、短期的な資金需要に対応して、数千円規模で借入と返済を繰り返しており、次年度繰越額はそれほど多くなかった。野村銀行からはまとまった額を一度に借りたものの、返済は期限通りに行って次年度繰越はそれほど多くなかった。一方、下北貯蓄銀行からは、1919年9月に手形借入金が延滞し、20年2月に10年年賦の証書借入となった。野辺地の銀行からの借入は無担保がほとんどであったと思われるが、青森の銀行からの借入は、第五十九銀行・安田銀行からの借入で株式担保が設定され、日本勧業銀行からの借入では土地が担保に設定された。

担保になった株式銘柄は、第五十九銀行は青森県弘前市に本店を置く地方銀行であったため、青森県農工銀行株や七戸水電株など青森県の会社株が担保の対象となったが、全国的都市銀行の安田銀行の場合は[18]、日本銀行株・横浜正金銀行株・日本勧業銀行株のような政府系銀行株が担保の対象となっており、野村治三郎家が政府系銀行株を所有した背景に、安田銀行からの借入金の担保になる意味もあったと考えられる。第五十九銀行青森支店とは、1919年11月と20年3月に為替手形で受けた融資が20年6月に借換となり、結局大部分が次年度繰越となった。安田銀行青森支店に対しても、1918・19年の第一次世界大戦末期・戦後直後のブーム期に約束手形により多額の融資を受け、それが20年まで借換で継続し、20年末には約19万円の借入残額となった。青森県農工銀行との取引は、年賦金の形での借入で、1919年6月と20年6月にかなりの年賦金借入をして21年度に継続された。そして日本勧業銀行との取引は、1915年6月に土地を担保に入れて日本勧業銀行から借りた8万円の年賦金借入が、少しずつ返済されながらも20年末時点ではまだ約43,000円残っていた。全体として、第一次世界大戦期の好況に乗じて銀行からの借入金をもとに積極的に資産運用を図ろうとした治三郎家であったが、1920年恐慌で銀行借入金の返済が滞りぎみになった。その場合、上北銀行とは日常的な決済勘定が中心であり、それ以外

---

18) 安田銀行の地方展開は、株式会社安田銀行六十周年記念事業委員会［1940］を参照。

表9-15 1920年野村治三郎家の銀行との貸借勘定一覧

年月日	金額	内容	処理
①盛岡銀行野辺地支店			
1920・6・16	3,000	手形借入	同年8月21日借換
1920・6・26	7,000	手形借入	同年8月21日借換
1920・6・29	3,000	手形借入	同年8月21日借換
1920・7・13	5,000	手形借入	同年8月21日借換
1920・8・21	20,000	手形借入	同年10月8日借換
1920・9・3	10,000	手形借入	同年10月8日借換
1920・9・6	1,200	手形借入	
1920・10・8	30,000	手形借入	
次年度繰越	31,200		
②上北銀行			
1919・10・29	8,000	借入	20年1月21日返済
1919・12・21	2,100	借入	20年1月20日返済
1919・12・21	5,000	借入	20年3月30日返済
1920・1・21	500	借入	20年1月27日返済
1920・1・27	5,000	借入	20年3月30日返済
1920・2・3	1,250	借入	20年2月12日返済
1920・2・12	5,000	借入	20年6月16日返済
1920・2・21	2,500	弘前為替	20年2月27日・3月1日返済
1920・3・5～9	2,500	借入	20年3月15日返済
1920・5・1～20	2,700	借入	20年6月16日返済
1920・5・21	5,875	手形借入	20年6月30日返済
1920・5・21	5,875	借入	20年7月20日返済
1920・5・24～6・1	3,655	借入	20年6月16日返済
1920・6・19	2,000	借入	20年6月20日返済
1920・7・19～8・1	6,150	借入	20年10月9日返済
1920・7・31～8・3	△3,680	渡す	
1920・7・23～9・28	2,500	借入	20年10月9日返済
1920・10・14	1,500	借入	20年10月24日返済
1920・11・5～29	2,169	借入	20年11月29日返済
1920・11・11	200	借入	
1920・11・16	300	借入	20年12月8日返済
1920・12・7～18	1,280	借入	20年12月18日返済
1920・12・20～27	300	借入	20年12月31日返済
次年度繰越	200		
③野村銀行			
1920・10・12	10,000	手形借入	20年12月6日返済
1920・10・17	20,000	手形借入	21年1月15日返済
1920・10・18	10,000	手形借入	20年12月6日返済
1920・12・8	10,000	手形借入	20年12月18日返済
次年度繰越	20,000		
④下北貯蓄銀行			
1919・9・14	7,000	手形借入	延滞、借換
1920・2・9	25,000	証書借	日歩3銭、10年賦
次年度繰越	25,000		

(出所)表9-14と同じ。
(注)無印は野村家の銀行からの借り、△印は野村家の銀行への返済。

第 9 章　青森県銀行資産家と地域金融市場　457

金額の単位：円

年月日	金額	内容	担保・備考	処理
⑤第五十九銀行青森支店				
1919・11・20	15,000	為替手形	青森県農工銀行株 七戸水電株	20年6月28日借換
1920・3・2	5,000	為替手形		20年6月28日借換
1920・6・28	18,000	手形借入		
次年度繰越	18,000			
⑥安田銀行青森支店				
1918・12・28	33,000	約手借	日本勧業銀行株 横浜正金銀行株	19年12月31日借換
1919・9・4	26,000	約手借	横浜正金銀行株	19年12月31日借換
1919・10・11	64,000	約手借	日本勧業銀行株 日本銀行株	19年12月31日借換
1919・11・2	16,000	為替手形	横浜正金銀行株	19年12月31日借換
1919・11・18	30,000	為替手形	日本銀行株	19年12月31日借換
1919・12・31	97,000	手形借入	日本勧業銀行株 横浜正金銀行株 日本銀行株	期日20年1月27日
1919・12・31	72,000	借入	横浜正金銀行株 日本銀行株	期日20年2月26日
1920・1・15	20,000	借入		
1920・7・28	2,200	手形借入		
次年度繰越	191,200			
⑦青森県農工銀行				
1913・6・11	不明	年賦借入	角鹿他四郎分	20年末までに2,069円返済
1913・7・6	8,000	年賦借入	藤田留吉分	20年末までに4,826円返済
1919・6・6	40,000	年賦借入	角太郎分	20年末までに4,340円返済
1920・5・8	△3		出張費用	
1920・6・28	27,000	年賦借入	留吉分	
1920・6・28	△201		借入所得税・諸経費	
1920・12・31	△894		据置利子	
次年度繰越	64,736			
⑧青森銀行				
1920・9・22	3,000	借入	20年12月21日借換	
次年度繰越	3,000			
⑨日本勧業銀行				
1915・6・16	80,000	年賦借入	田1,133筆、宅地11筆	19年末までに29,707円返済
1920・6・2	△3,652	年賦返済		
1920・6・7	△10			抵当権一部解除費
1920・12・31	△3,652	年賦返済		
次年度繰越	42,989			

表 9 － 16　野村治三郎家野村銀行設立後の新規個人金融事例　　金額の単位：円

貸付先	年月日	金額	その後の経緯
①海辺通			
小池清成	1911年	500	年賦返済（1911・12年は50円ずつ、13年より100円ずつ）、20年5月20日完済
飯塚重吉	1910・8・27	880	土地抵当、22ケ年賦（40円ずつ）、19年末時点1,228円残貸
清水良正	1906・5・10	100	6円ずつ月賦、1909年病気に付50円追加貸、19年末時点550円残貸
梅原稔	1913・9・29	200	歯科医、機械買入に付、年賦返済定、19年末時点170円残貸
木立彦世	1915・7・30	35	
田中与太郎	1917・8・30	250	証書貸
北山一郎	1912・1・26	500	証書貸、1,300円追加貸、20年6月28日2,007円貸五十九銀行支店払
小泉辰之助	1917・10・4	50	病気に付貸付、400円追加貸、19年末時点450円残貸
七尾忠次郎	1917・5・17		横浜正金銀行株28個貸
川口栄之進	1917・9・29	200	定期的に追加貸、19年末時点1,583円残貸
苫米地元次郎	1914年	500	山林買受代金未払分
竹内与右衛門	1917・12・27	1,500	茂浦山買受代金分、19年5,000円貸、田沢山買受分、19年末時点13,851円残貸
辻村義雄	1917・6・29	100	
藤徳次郎	1914・4・22	40	
②岡通			
柏崎葉政	1914・3・30	73	宅地抵当、5ケ年賦
松尾内郎	1912・10・10	330	16ケ年賦（1912年30円、13年より20円ずつ）、19年末時点280円残貸
江渡種助	1904・5・23	100	200円追加貸、19年末時点300円残貸
国分清之助	1909年	80	8ケ年賦、19年末時点50円残貸
苫米地金次郎	1905・6	4,000	土地抵当、20ケ年賦、19年末時点1,360円残貸
三浦道太郎	1914～16年	2,090	
小笠原耕一	1912・9	300	証書貸、900円追加貸、20年末時点1,200円残貸
岩波立行	1914・6・4	40	証書貸
北村要	1914・12・20	25	公債利子立替
三浦三義人	1915・10・3	75	土地建物代へ
荒木地宿精	1913・12・3	18	14年9月22日30円貸、19年末時点48円残貸
巴源次郎	1917・12・6	50	病気療治用、19年末時点50円残貸
三浦・藤田	1916～17	1,128	1918年7月4日借地料として192円貸（三本木村）
藤田留吉	1901・10・4	1,000	十和田借地権譲受約料金1ケ年150円ずつ、19年末時点2,050円残貸
花田栄太郎	1906～08	170	12年花輪宅地建物代金3,000円立替、19年末時点920円残貸
③上方通			
竹田忠作（大阪）	1901・12・9	2	株券用差引尻、19年末時点2円残貸
島谷幡山	1906・9・23	250	19年末時点230円残貸
福澤桃介	1907・10・30	11	本籍登録料組合払立替、19年末時点11円残貸
小林晴太郎	1909年	100	19年末時点100円残貸
後藤省吾	1912・5・25	50	本間彫刻料之内、19年末時点70円残貸
三浦善次郎（東京）	1915・4・15	500	19年末時点501円残貸
箕田定吉	1917・6・12	110	フラストレート種付料・小岩井行飼養料運賃等、19年末時点110円残貸
亘理胤正（東京）	1917・8・29	2,000	約手貸、期日同年12月31日、19年末時点2,000円残貸
小栗徳次郎	1918・8・30	310	月賦定、19年末時点310円残貸
立花商之助	1918・7・29	5,000	窯業借り、追加貸、19年末時点42,935円残貸
相立製作所	1918・19年	25,000	出資金
岡常次	1920・12・27	200	
尾崎窯業会社	1920・7・21	1,000	7,000円追加貸、20年末時点8,000円残貸
渡邉遙一	1920・7・25	100	700円追加貸、20年末時点800円残貸
高橋是物	1920・9・28	350	20年末時点643円残貸
渡邉	1920・9・2	10,000	窯業資金用として為替手形40,000円渡し、20年末時点20,000円残貸

(出所) 表9－14と同じ。
(注) 大正9年「大福帳」に記載された貸付事例のうち、野村銀行の設立後にも野村家が銀行ではなく新規に個人で貸している事例を示した。

の地元銀行とはまとまった金額の手形借入を行うとともに、青森の銀行からも株式を担保として多額の借入を行っていた。

本節の最後に、野村治三郎家が個人的に融資した内容について、表9-16から検討する。治三郎家は1899年に野村銀行を設立して以降も、野村銀行を通してではなく、新規に治三郎家として個人的に融資を行っていた。その内容は、年賦貸形式が多く、その返済計画はさまざまであった。例えば、海辺通方面では、歯科医の梅原稔へ医療機器を購入する資金を年賦貸で融通し、竹内与右衛門には、山林の購入資金を貸し付けた。清水良正や小泉辰之助のように病気のためにお金を借りたものもおり、年賦金の返済期間も22ケ年賦という長期の場合もあった。岡通方面では、宅地や建物を担保とする貸付が見られ、巴源次郎のように病気治療用としてお金を借りたものもいた。年賦期間も、5ケ年のものから20ケ年のものまで多様で、貸付金額も少額の貸付から数千円までさまざまであった。そして遠隔地への貸付も行われており、上方通本面では、箕田定吉のように牧畜業者への融資、立花商之助や渡邉や尾崎窯業会社のように窯業への融資、そして相立製作所への出資金も挙げられた。ただし窯業への融資は、その額が膨らみ、立花商之助への貸金は、1918年7月の5,000円から、19年末時点では42,935円となっており、尾崎窯業会社への融資も20年7月に1,000円で始まったものが、20年末時点で8,000円の残貸となり、渡邊への融資も20年9月に1万円で始まったものが、20年末時点で2万円の残貸となった。このように、野村治三郎家は、銀行設立後も銀行を通さずに、それぞれの事情に応じて、さまざまな返済期間の年賦金貸付を家として行っていた。

おわりに

近代前期の上北郡では、野村家・野坂家などの船主が廻船業で得た収益をもとに、広範囲に個人貸をしていたが、銀行制度の定着とともに、遠隔地取引では銀行を介した手形決済が普及し、それに対応するために、上北郡の有力商工業者が総力を挙げて1896（明治29）年に上北銀行を設立し、北海道・東北地域を中心にコルレス網を形成した。しかし、上北郡の有力商工業者がみな株主として出資したため、預金はあまり集まらず、上北銀行は貯蓄部を作ったものの、

預金総額は全体として資本金額を下回った。そのため、貸出資金の確保には増資が一番確実であり、上北銀行は当初の10万円の資本金が全て払い込まれるとすぐに増資をして、株主らに追加出資を求めた。靎見誠良は貸出原資として自己資本（株式払込金）を重視した銀行を合本銀行と位置付け、自己資本分を貸付運用資金源に組み入れることで、第二次世界大戦前の日本の銀行の「オーバーローン」イメージを払拭することを試みたが（靎見［2018a、2018b］）、上北銀行も創業期は預金が不足して、自己資本が主要な貸出原資であった。

　預金不足の状況では、上北銀行の主要業務は、季節的な資金需要に対応するための短期金融に止まったと思われ、長期金融の担い手を別に作る必要が残された。とは言え上北郡では、会社設立はほとんど進まず、長期金融を必要としたのは、不動産売買など農業関連部門であったと思われる。青森県農工銀行はそのような役割を果たすべく1898年に設立され、野村治三郎も取締役（後に頭取）としてその経営に参画したが（由井・浅野編［1988～89］第4～16巻）、青森市に本店が置かれ、上北郡には支店が開設されなかったため、上北郡で農業・不動産金融に対応する銀行が求められた。上北郡では、野村治三郎家が圧倒的資産力を持っており、他の有力商工業者の資金は上北銀行にかなり集約されたため、野村治三郎家とその一族が単独で合資会社野村銀行を設立した。

　野村銀行の抵当流込物件は全て不動産であったので、野村銀行は基本的に土地抵当金融を行っていたと考えられる。ただし野村銀行設立後も、これまでのように土地を担保に入れずに、年賦金で長期にわたり返済するタイプの金融を望む相手に対しては、おそらく信用評価をした上で野村家はこれまでと同様に、個人金融を継続した。こうしたタイプの金融は銀行では扱いにくかったが、地域社会の有力金主として、個別の多様な資金需要にも対応することが期待されたと思われる。もっともその件数は、銀行設立以前よりはかなり少なくなり、資金需要のあり方に応じて、上北銀行・野村銀行・野村家が棲み分けて地域金融を行うに至ったと考えられる。例えば、野辺地の土木請負業者で上北銀行の株主でもあった濱中源七（清蔵）家は（表9－1・6を参照）、上北銀行・野村銀行・勤有社のいずれも利用したが、1904年時点では上北銀行への預金額が不足していたため、取引決済には主に野村銀行を利用し、野村銀行に当座勘定を持ち、上北銀行へは専ら貯蓄部を通じて貯金していた。その後、上北銀行の預

金額が充実したと思われる1912（大正元）年時点では、上北銀行に当座勘定を設けて取引決済は主に上北銀行を利用するようになり、まとまった金額を約束手形で借りる際に野村銀行を利用した。またそれ以外に、1912年時点でも野村治三郎家や野村新八郎家から「一寸借り」として数日間程度の短期で数十円〜100円程度の借入も行っていた[19]。このことは、政府系銀行―都市銀行―地方銀行の資金の流れから構築された重層的な金融構造とは異なる論理で、地域金融市場が存在していたことを示唆する。その意味で、地域金融市場の分析は、株式会社銀行に加え、合資・合名銀行や金融類似会社そして個人金貸業も含めて総合的に検討することが重要であろう。

その後、1916年に野村家は土地運用会社として立五一合名を設立すると、野村銀行からの借入金をもとに積極的に土地投資を進める。家業銀行と家業会社を組み合わせて、野村家は家産の増殖を図ろうとした。このように地元での会社設立がほとんど進まなかった上北郡では、野村家の資産運用は主に土地に向けられたと考えられるが、1920年代の米価低落は野村家の土地投資に大きな打撃になったと思われ、立五一合名の土地運用も23年には縮小へ向かった。代わりに有価証券投資として、野村家は地元で設立された銀行・電力株を買い進めたものの、1927（昭和2）年の金融恐慌の打撃が大きく、上北銀行は第五十九銀行に合併され、野村銀行も昭和恐慌期の農村への打撃のうちに廃業へと追い込まれた。こうして、1920年代まで複層的な金融機関の関係性のなかで資金循環が行われてきた地域金融市場も、金融恐慌後の銀行合併の流れのなかで、大筋では一元的な資金循環へと収斂されることとなったと推測される。

野村家と同様に、北海道産魚肥の遠隔地間取引で資産蓄積した廻船業者が設立した家業銀行として、福井県敦賀の大和田銀行があり、大和田銀行は福井県の輸出絹織物業への金融を積極的に行って経営を拡大したが（石井［1974］）、野村銀行は野村家の不動産事業のための銀行に止まった。上北郡の養蚕・製糸業がうまく定着しなかったことや、野辺地の醸造業が他産地との競争で次第に販路を狭められたことなど地域経済の展開の違いがその背景にあったと考えら

19）明治37年「金銭出入帳」、明治44年「金銭出入帳」（いずれも濱中清蔵家文書 N016ネ、野辺地町立歴史民俗資料館蔵）。重層的金融構造については、伊牟田［2002］を参照。

れ[20]）、家業銀行が地域金融市場に果たした役割にも地域差があった。

[20] 例えば、野辺地町では野村治三郎家が養蚕事業に乗り出し、1902年に野辺地蚕糸所が開設されたが、その技術が一般農家に普及せず、20年代半ばをピークに養蚕戸数が減少し、30年代には数戸になってしまった（野辺地町史編さん刊行委員会編［1997］463-488頁）。また、前述の野坂常吉家の醬油の販路も、1900年には県内が約600石に対して県外は約57石にすぎず、同家の醬油仕込石数も10年代に入ると200石台～300石台に縮小した（明治34年度以降「諸用留」・明治42年「諸用留」（いずれも野坂常吉家文書J304ハ・J355ハ、野辺地町立歴史民俗資料館蔵））。

終章

総括と展望

1　近代日本の資本市場と金融

　本書では、近代日本資本主義において資産家が果たした役割を、家業の展開（事業家的要素）、会社設立（企業家的要素）、および有価証券投資（投資家的要素）の諸側面から検討した。そして、こうした資産家の事業家・企業家・投資家としての活動を金融機関の融資や有価証券収入が支え、全体として成立期日本の資本主義は、数がある程度限られた有力資産家が出資と経営の両面で重要かつ比重としても大きな役割を果たした点で、「資産家資本主義」と言える性格を持っていたことを実証的に解明してきた。総括に際し、まず資産家の事業家・企業家・投資家としての活動における資本市場と金融市場の関連について本書から得られた知見を全体としてまとめる。

　資産家の事業家活動を本書では、家業の会社化の視点で捉えたが、その場合は限定された一族株主のオーナー会社となり、外部資本市場とのつながりは弱いので、会社の規模拡大のためには金融市場からの資金調達が重要となる。銀行との距離の取り方がポイントとなり、その資産家の家業に金融業が含まれていた場合は、家業銀行を自ら設立して、事業への融資を行わせることとなる。第1章での逸身銀行と創業期の尼崎紡績、第9章の野村銀行と立五一合名の関係がそれにあたるが、銀行本体に社会的資金を入れずに合資・合名銀行のままで維持しようとすると、払込資本金額が低位に止まり続けるため、破綻リスクが大きくなる。融資する事業（家業）規模と家業銀行形態のバランスをとることが必要である。その点で、逸身家の場合は、尼崎紡績の規模に比して逸身銀行の資本金規模が小さすぎてアンバランスになったことが逸身銀行破綻の背景にあった。同じことは、第4章で触れた小栗銀行と小栗冨治郎の事業について

も言えるが、第6章の小栗三郎家の場合は、商業利潤の内部蓄積によって自己金融化することで家業会社を設立した後も、銀行からの融資にそれほど頼ることなく事業を拡大し得た。それは第8章の高梨家の場合も同様で、銀行からの融資を税金支払月などの一時的な資金需要に対応するために止め、銀行借入金が累積する状況にならずに、家業の会社化に成功した。

　資産家の企業家活動を本書では、家業と異なる新分野での株式会社設立の視点で捉えたが、その場合は、自らも設立会社への出資をするとともに多くの出資者を得ることが重要になる。賛同する出資者を得るためには、企業家自身の信用力が重要であり、官職や学歴など社会的地位も武器になるが、自らが資本金のある程度の部分を出資しているという経済力が設立会社の信用力を高めることになろう。その点では、企業家と言えども徒手空拳ではなく、ある程度の資産家であることが必要である。本書では、第1章で取り上げた尼崎紡績や第6章で取り上げた知多紡績などに資産家の企業家活動を見出せるが、両社の設立発起人はいずれも近世来の資産家で、設立会社の株式もある程度引き受けた。もっともこうした設立発起人には、新分野での経営の知識に乏しい面があり、専門経営者に経営を移譲していく可能性が高い。特に、経営の拡大局面で、銀行からの借入金に依存した場合、銀行の影響力が強まり、尼崎紡績と摂津紡績の合同を銀行経営者が主導する側面も見られた（本書第3章）。

　資産家の投資家活動を本書では、純粋に収益を得るための投資と家業に関連する会社への投資の2つの側面から捉えた。例えば、第3章の廣海家の紡績会社や大日本麦酒会社への投資は、家業の肥料商業とは関連なく、肥料商業の収益の不安定性を補うための収益源という位置付けであった。一方、第2章の永田家の鉄道会社や電力会社への投資は、家業の製材業と関連する分野で、インフラ整備の面では地域貢献の側面もあった。ただし、廣海家も永田家も株式投資が巨額に上るがゆえに銀行借入金をその原資にしており、取得した株式は銀行の担保に入れた。つまり、株式処分の権利を間接的に金融機関が握ったことになり、資本市場と金融市場が密接に組み合わさって企業統治が行われた。実態としては、廣海家は貝塚銀行頭取、永田家は吉野銀行頭取であり、金融機関そのものが資産家の企業家・投資家活動に支えられており、その意味で、近代日本の資本市場と金融市場は、人的にも資金面でも複雑に絡み合って全体とし

て資本主義社会の「資本」部分を形成していた。

　本書のもう1つの特徴は、裾野の広い地方資産家の存在に着目するとともに、地方資産家の事業家的・企業家的・投資家的諸活動を、業種別・地域別に比較しつつ検討したことである。その場合、資産家の家業の展開が、その家の企業家・投資家としての活動に大きな影響を与えていたと考え、資産家の家業に応じて、銀行資産家・林業資産家・商業資産家・醸造資産家・土地資産家・華族資産家などと位置付け、第1・9章では銀行資産家、第2章では林業資産家、第3・4・5・6・7章では商業資産家（肥料商・材木商・醬油問屋）、第6・8章では醸造資産家（醬油醸造業）を取り上げた。なお、第6章で取り上げた小栗三郎家は家業が肥料商と醬油醸造業の2本立てになっており、商業資産家と醸造資産家の両面を持ち、第7章で取り上げた髙梨仁三郎店は、千葉県野田の醬油醸造家髙梨兵左衛門家の東京支店であった点で、醸造資産家である髙梨本家の影響を強く受けていた。

　銀行資産家の家業の展開の特徴は、もともと銀行設立以前から金貸（両替）業務を行っており、家業の業務形態を維持しつつ会社形態への転換を図り、合資・合名銀行を設立した。ただし、合資・合名銀行では、資金貸付規模の拡大に限界があり、預金者の信用判断にも影響を及ぼすため、株式会社形態で多数の出資者を集める資本金規模の大きい銀行の設立が望まれる。ところが資金需要の大きかった大阪では、両替商系譜の合資・合名銀行が比較的多く設立され、彼らが会社設立ブーム期に資本市場への資金供給を求められた。そのなかで、第1章で取り上げた逸身家は自ら尼崎紡績に出資するとともに、逸身銀行も尼崎紡績への融資を積極的に進めて、こうした動きに対応するが、合資会社形態では自己資本の充実に限界があり、逸身銀行は1901（明治34）年恐慌で破綻する。とは言え、逸身家や逸身銀行が創業期の尼崎紡績を支えて軌道に乗せた点は評価でき、1つの家が直接金融と間接金融の両面で会社設立とその定着に寄与した点が銀行資産家の特徴であった。

　もっとも、大阪に比べて資金需要が少なく、むしろ中規模・小規模の多彩な資金需要が見られた青森県野辺地では事情が異なる。第9章で取り上げた野村家は、もともと行っていた金貸業をもとに合資銀行を設立したが、その後も個人金融業を継続し、地元に設立された株式会社形態の銀行へも最大の株主とし

て出資し、頭取に就任した。野辺地は醬油醸造産地であったが資金需要は多彩であり、それは日本最大の醬油醸造産地であった千葉県野田でも同様であった。そのため、野田商誘銀行は醬油醸造家への設備投資資金よりは、むしろ税金支払いや原料購入資金のための融資を行い、地元農村の穀物商・肥料商への融資も行った。本書では、産地において主に生産者に対して融資を行った銀行を産地銀行と位置付けたが、これまで産業金融で重視されてきた原料・機械購入資金への融資のみでなく、産地銀行は納税資金や生活資金など多彩な資金需要に対応しており、「地域金融」の枠組みで産地銀行を位置付けたい。

　とは言え、産地銀行の活動がその産地の構造を大きく転換させた例もあり、第2章で取り上げた奈良県吉野郡の吉野銀行の活動は、吉野林業家の分解（成長と没落）を促した。吉野銀行は、頭取に就任した永田藤平家を初めとして吉野林業地帯の林業資産家が出資と経営の両面を担っており、同地域の産業の大部分が林業であったため、その融資先のかなりの比重を林業家が占めた。前述の千葉県野田も産業の大部分が醬油醸造業であり、有力醬油醸造家が出資と経営を担った点で、吉野銀行と野田商誘銀行には共通性があったが、野田商誘銀行設立時点で、千葉県野田の醬油醸造家はある程度規模が大きいものに限られていた一方で、吉野銀行設立時点で、吉野林業地帯では中規模な林業家が多数存在していた。そのため、山林を担保に多数の中規模林業家に融資した吉野銀行が、1900年代前半の大阪市場での材木価格の下落により吉野林業家が打撃を受けた際に、担保となった山林を売却して貸付金を回収したり、貸付先を大規模林業家に絞ることで、中規模林業家で林業経営から撤退するものが多く見られ、一部の大規模林業家に山林所有が集中するようになった。

　吉野銀行は、大規模林業家の造林・製材事業に対応するため、合併を通して銀行の経営規模を拡大するが、1920年代以降に安価な外国材が輸入され、吉野林業の経営拡大は頭打ちとなる。その結果、吉野郡の巨大林業資産家は、事業の新たな展開を電源開発に求め、電力会社の設立に向かった。そして、吉野銀行は林業資産家へ有価証券投資資金を積極的に融資するに至った。千葉県野田でも、野田の有力醬油醸造家が大合同して野田醬油株式会社を設立し、個別の醬油醸造経営から離れると、彼らの資産運用の中心が有価証券投資となり、野田商誘銀行も旧醬油醸造家へ有価証券投資資金を積極的に融資するに至る。こ

のように、吉野銀行や野田商誘銀行などの産地銀行は、1920年代以降は産地資産家に配当で有価証券投資資金を供給するとともに、融資でも積極的に有価証券投資資金を供給するようになり、資本市場と金融の関連が深まった。

　一方、商業資産家の場合は、家業である商業の営業状況によって、資本市場を通した資産運用への傾斜度にかなりの差が見られた。第3章で取り上げた廣海家の場合は、家業の肥料商業収支がかなり不安定であったため、別の収益源として、収益性を強く意識した有価証券投資が早くから進められた。その一方、第5章で取り上げた高松家の場合は、家業の肥料商業の規模がかなり大きく、肥料の輸送ルートである水運を重視した事業活動を行っており、会社設立への関与は消極的で有価証券投資もそれほど積極的ではなかった。もっとも、肥料商業収益のみで収入を安定させるのは高松家でも難しく、それを補うための耕地経営や貸家経営へ積極的に展開した。

　第4章では材木商の鈴木家を取り上げたが、同家は材木商であるとともに、名古屋という大都市の資産家として、多数の会社設立に関わる機会があり、創業期に経営参加した会社は多かったものの、長期間経営に関与した会社は、主に家業の木材業に関連した会社であった。そのため、株式所有の銘柄は多かったが、増資に応じつつ長期にわたり株式を所有し続けた銘柄はやはり主に木材業関連会社であった。その点では、前述の高松家と同様に、家業志向性は強く、こうした名古屋の商業資産家の家業志向性の強さが、名古屋における合資・合名会社数の多さや株式会社でも中規模会社が多いことにつながった。

　評価が難しいのは、商業資産家としての性格と醸造資産家としての性格の両面を持っていた小栗三郎家と、野田の大規模醬油醸造家であり、かつ東京に支店を設けて商業資産家としての性格も持った髙梨兵左衛門家で、この両家については節を改めてまとめたい。

　また本書では、第Ⅰ部・第Ⅱ部・第Ⅲ部で分析対象地域を大きく区別し、特に、三大都市圏である大阪地域・名古屋地域・東京地域の地域差が現れるように構成した。これら3地域の会社設立の特徴を簡単にまとめると、大阪地域では、1880年代後半から90年代の会社設立ブーム期に綿紡績会社を中心として機械制大工業の大規模製造株式会社が定着したが、その背景には、第1章で取り上げた逸身家などの近世来の商業資産家や近代期に大阪に進出した新興の商業

資産家の積極的な出資と経営参加、および逸身銀行のようにそれらに積極的に融資する銀行の役割が重要であった。第3章で取り上げた廣海家など大阪周辺の地方資産家は、こうした動きに20世紀初頭までは慎重に対応していたと思われるが、機械制大工業の製造会社が大阪周辺でも設立され、それが定着するとそこへの出資を積極的に行うようになり、第一次世界大戦期を契機とする都市化に伴って大阪周辺地域の電源開発が進展すると、その動きに第2章で取り上げた永田家など奈良県の地方資産家も積極的に対応した。その結果、大阪地域では、民間主導で巨大製造会社が早期に定着した。

名古屋地域でも、奥田正香などは大阪と同様に、機械制大工業の製造会社を定着すべく努力を重ねたが、名古屋の資産家の家業志向性が強く、家業を会社化する形で多くの中規模会社が設立され、大会社としては、生活・産業基盤となるインフラ会社や銀行が残ることになった。特に名古屋の肥料商は大阪の肥料商と異なり、金澤仁兵衛・田中市兵衛など大阪の肥料商が積極的に綿紡績会社の設立に参画したのに対し（中西［2009］終章）、綿紡績会社を含め近代企業の設立にはほとんど参画せず、肥料商業の拡大と宅地・倉庫などの資産運用に力を尽くした（本書第5章）。その背景には、明治期日本の肥料市場における大阪の地位低下と名古屋地域の地位上昇があったと考えられる（中西［1998］）。名古屋周辺の資産家は、こうした動きにパラレルに対応し、名古屋で機械制大工業の綿紡績会社が設立された時期には、それに対抗する綿紡績会社を設立したものの、それらが他府県の紡績会社に合併されると、家業志向性を強めて名古屋と同様に、家業を会社化する形で多くの中規模会社が設立された。こうした動きが相まって、愛知県では中規模会社による工業化が進展した。

東京地域では、政府系の巨大株式会社や政府御用商人が官業払下げなどを基盤に設立した巨大合資・合名会社が存在する一方で、官業払下げなどによらない民間主導による機械制大工業の製造会社の設立は、大阪地域より遅れた。東京周辺の千葉県野田の醬油醸造家らが1880年代に新たな取引ルート開拓のための会社を東京に設立したが、それが失敗に終わって以降の野田の醬油醸造家は、家業の醬油醸造業の大規模化・近代化に専念し、有価証券投資はあまり行わなかった（本書第8章）。こうした東京周辺の有力資産家の志向性もあり、1890年代の東京での会社設立ブームは遅れたが、19世紀末にようやく、綿紡績会社や

人造肥料会社などで巨大製造会社が設立され、第一次世界大戦期には、東京周辺の有力資産家が東京へ進出して積極的に会社設立を行い始め、東京で急激な会社設立ブームが生じた。そこで設立された会社には、地縁・血縁などを紐帯とする中規模会社も多く、東京では多様な形態の会社が多数混在するに至った（本書第7章）。その一方、資本市場における首都東京としての求心力はかなり強く、青森県野辺地の野村家の有価証券所有では、地元株と並んで東京・横浜の政府系銀行や巨大会社の株も所有された（本書第9章）。

全体として、会社設立から見た産業化の流れとして近代日本では、政府との距離の近い巨大資産家による封鎖所有形態の大規模合資・合名会社による第一の方向、社会的資金を糾合して大規模株式会社を設立する第二の方向、そして家業の会社化を中心とする中規模合資・合名会社を設立する第三の方向が見られたと考えられる。大阪およびその周辺地域が第二の方向、名古屋およびその周辺地域が第三の方向を代表し、東京地域では当初は第一の方向を中心とした東京都心と、家業重視の東京周辺地域が、資本市場でうまく結合できなかったのが、第一次世界大戦期に遅れて東京都心で見られた第二の方向と東京周辺地域の家業の会社化が対応して、東京とその周辺地域が資本市場で結び付き、会社設立による産業化が大阪およびその周辺地域を上回って進展したと言える。

2　資産家資本主義と地方事業家

前述のような、名古屋周辺地域と東京周辺地域の産業化の特徴を、それぞれ端的に示す小栗三郎家と髙梨兵左衛門家の事業展開を、本節では地方事業家の視点からまとめる。近代日本における地方資産家の研究は、当初は大都市中心の財閥研究を相対化させる目的で「地方」に存在する大資産家とその企業グループを「地方財閥」として捉える視点で進められてきたが（森川［1985］、渋谷・加藤・岡田編［1989］）、それらは財閥史研究の一環であり、地域経済そのものへの関心は少なかった。それに対して、大都市中心の産業革命研究に対する批判から、地方で広範に進んだ会社設立ブーム（企業勃興）の視点から日本資本主義の定着を見る観点が提示され、その分析枠組みが谷本雅之と阿部武司によって示された（谷本・阿部［1995］）。そこでは、企業勃興への関与のあ

方によって地方資産家が類型化され、出資リスクを引き受けるとともに企業経営にも積極的に関与する「地方企業家的資産家」と出資リスクも引き受けるが企業経営にはあまり関与しない「地方名望家的資産家」の役割が重視された。企業経営に関与しないのに出資リスクを引き受ける動機について谷本は、地域社会間の競争や地域利害が主に経済面で発現するようになった時代の名望獲得のあり方にあったとした（谷本 [2003]）。

　谷本と阿部によって提示された枠組みをベースに、その後地方資産家研究が進み、本書第3章でも取り上げた大阪府貝塚の廣海家の共同研究では（石井・中西編 [2006]）、中村尚史と花井俊介が廣海家の有価証券投資を詳細に検討し、同家がかなり早くから株式投資を積極的に進め、配当収入・役員報酬を原資とする株式投資が1890年代後半から行われていたこと、有価証券投資の際にリスク評価を的確に行い、経済的合理性に基づく投資行動をとっていたことを強調した（中村 [2006]、花井 [2006]）。そして中村は、地方資産家の投資行動は、立ち上げた地方企業がその後の地域経済に与えた影響を含めて評価する必要があり、名望獲得を目指して経済的合理性を無視した投資行動をとった地方名望家的資産家よりも、リスク評価を的確に行い、投資先を選別して投資した地方資産家の方が、地域経済の持続的な発展のためには重要であったとした（中村 [2010] 325-326頁）。

　こうして地方資産家研究は、もともと経営史研究で重視されてきた「地方企業家的資産家」に加えて、谷本が「地方名望家的資産家」の役割を強調し、さらに中村が「投資家的資産家」の役割を強調することで、議論の枠組みが豊かになった。ただし、これらの地方資産家研究で取り上げられた会社設立は、地方企業とは言え、比較的多数が出資することで社会的資金を動員して設立される株式会社であり、近代日本で数の上で株式会社を上回るほど設立された合資・合名会社の位置付けは不明確であった（本書表Ⅱ-序-4）。

　その点に関連して、本書第6章でも取り上げた愛知県半田の小栗三郎家の共同研究で（中西・井奥編著 [2015]）、小栗家の有価証券投資を分析した花井俊介は、小栗家が地元企業への投資において、事業自体の魅力や地域利害を重視し、そのためリスク管理が甘く損をすることがあったが、それを克服するために公社債投資も行い、その収益で株式投資のリスクヘッジをするというリスク

管理システムを構築したこと、小栗家のような地方資産家の存在は、事業内容の面でもリスク受容の面でも地域の産業化に多様な可能性を与え、地域の産業化に大きな貢献をし得ることを示した（花井［2015］）。小栗家の地域志向性に加えて、同書で小栗家の家憲を分析した伊藤敏雄は、小栗家にある仏教思想に裏付けられた家業維持と地域貢献の両立という信条が、当主家族と店員が一体となって継承されたことを示し、それを受けて二谷智子は、同書で小栗家が家業維持のために禁欲的な消費行動をとりつつ、積立を積極的に行い、地域貢献のために寄付も積極的に行ったことを示した（伊藤［2015］、二谷［2015］）。つまり同書では、小栗家の行動の背後にある宗教基盤が明確に位置付けられるとともに、その地域志向性・家業志向性が強調され、同書終章は、小栗家のように家業志向性と地域志向性の両立を図る存在として「地方事業家」概念を提示し、「地方事業家」を、「社会的資金を集めて新たな企業を興す「企業家」ではなく、また自家の収益性を考えてより有利な投資機会に投資していく「投資資産家」でもなく、家業継承と地域貢献の両方を担う歴史的存在」とした（中西・井奥編著［2015］484頁）。

　同書によって、地域貢献としての新規企業の設立と自らの家業の継承・発展の両立を目指す新たな地方資産家のタイプが提示され、家業の継承・発展の際に、小栗家は家業の会社化を進めており、地方の会社設立のなかで、新規分野の企業の登場のみでなく、既存の家業の拡大の過程で家業の会社化を進めることで、合資・合名会社を中心とする別タイプの会社設立ブームが地域社会で生じていたことも同書は強調した（中西［2015］）。さらに本書第8章でも取り上げた千葉県野田の髙梨家の共同研究では（公益財団法人髙梨本家監修［2016］）、髙梨家の家訓の精神性のなかに、家業維持と地域貢献の両立が示されており（石井［2016］）、野田醤油株式会社設立が野田醤油醸造家の家業の継承・発展の延長線上にあることから、同書終章で中西聡は髙梨家を「地方事業家的資産家」と位置付けた（中西［2016d］）。

　本書では、上記の3事例（廣海家・小栗家・髙梨家）のいずれにも触れており、それらの共通点と相違点を地域・業種・経営志向性の3つの側面から考察し、「地方事業家的資産家」の概念を深めたい。「地域」では、髙梨家は大都市東京近郊に所在しており、髙梨家は近世期から江戸（東京）に出店を設け、醤油出

荷先も江戸（東京）が中心であり、東京（江戸）とのつながりは極めて密接であった（本書第7章）。それに対し、小栗三郎家も大都市名古屋近郊に所在していたが、醬油出荷先の中心は名古屋ではなく、東海地域から関東周辺・関西周辺へ広がっており、名古屋の会社への投資もほとんどなく名古屋とのつながりは弱かった（花井［2015］、井奥［2015］）。その点で、髙梨家と小栗三郎家の地域志向性の範囲は異なり、髙梨家の場合は、東京（江戸）も含めた「東京・野田」地域であったが、小栗三郎家の場合は、知多郡、特に半田地域であった（本書第6章）。前述の廣海家の場合も、廣海家は大都市大阪近郊に所在し、商売の肥料の代表的な仕入先が大阪・兵庫であり、株式投資先として大阪圏の会社の比重が高く（本書第3章）、貝塚から大阪・兵庫に至る大阪湾岸地域を廣海家の経済活動での「地域」と想定できるので（石井・中西編［2006］）、東京と大阪は周辺地域の求心力が強かったのに対し、名古屋はそこまでではなかった。ただし、髙梨家を取り巻く関東地域が面的な広がりを持って近代を通して展開していたのではなく、近代的交通網の整備や輸入原料の調達などにより、線として東京とのつながりを強める傾向にあり、東京への製品出荷比率も高かった（前田［2016］、井奥［2016］）。地域的自立性を保ち、商品市場でも金融市場でも東京・名古屋・大阪（神戸）を使い分けることができた愛知県知多郡の地方資産家とは、髙梨家や廣海家の地域志向性の質は異なった。

「地域」を分析対象とする場合、「地域」の範囲を明確にする必要があるが、髙梨家が寄付などで貢献した地域は、上花輪を含む野田地域にほぼ限定されていたが（髙梨［2016］、石井［2016］）、会社への出資では、野田醬油会社設立後は、野田醬油会社と野田商誘銀行以外に東京の大規模製粉会社・紡績会社にも出資しており（本書第8章）、東京と野田を含めた「地域」が想定し得る。そして、醬油原料調達・製品販売面では東京とともに北関東地域も重要であり（前田［2016］、井奥［2016］）、髙梨家にとっての「地域」は、「野田地域」「野田・東京地域」「関東地域」と波状的に存在していた。

本書で取り上げた資本市場では、髙梨家は、東京での株式投資において、収益目的に大規模近代企業への株式投資を行う一方で、縁故や同業者の会社への株式投資も見られた（本書第8章）。その場合、東京での醬油問屋が特定の地域にまとまって所在しており、そこには関東の醬油醸造産地と東京の醬油問屋所

在地を結ぶ「結節地域」が存在していたと見られる。その地域志向性のなかで、髙梨家は自らの家業関係者の東京での会社にも出資をしたと言え、大規模近代企業への出資で見ても、髙梨家の東京出店と同じ東京小網町に所在した醬油問屋の濱口吉右衛門が会長を務める富士瓦斯紡績や、髙梨家の主要原料調達先の岩崎清七が社長を務める日本製粉に多額の出資をした。そうすると、醬油醸造業という業種が髙梨家の経営展開に付与した影響を考察する必要がある。

　近代日本における産業革命の中心となった綿紡績業の定着に商人の果たした役割の重要性が指摘されているが（石井［1999］第11章）、商家は商品の売買で収益を上げるため、新商品の登場でこれまで扱っていた商品が売れなくなることに、生産者以上に敏感に反応し、それへの対応を模索する。そして、従来の取扱品に固執せずに利益の上がる商品を新規に扱うことにあまりこだわりはない。それゆえ、新規事業の立ち上げの支援に積極的に関わったのであろう。むろん、その際、出資企業がうまく軌道に乗るかどうかのリスク評価は行ったと思われ、前述の廣海家の場合も、地元岸和田紡績会社の設立発起人になったものの（阿部［1988］141頁、中村［2006］、花井［2006］）、その役員にはならずに、岸和田紡績が軌道に乗るまでは出資額も低めに押さえて、紡績会社の過当競争を岸和田紡績がうまく乗り切って主要な紡績会社に成長してから、同家は多額の追加出資を行い、その有力株主となった（本書第3章）。商家としての新事業への積極性と、廣海家の経営志向性の特徴であるリスク管理がうまく折り合ったと言える。小栗三郎家の場合は、日本を代表する有力肥料商になるとともに有力な醬油醸造家ともなり、商家的性格と生産者的性格の両方を持った（中西・井奥編著［2015］）。そして明治期の会社設立ブームの際に、小栗三郎家は商家としての新事業への積極性を見せて、地元知多紡績会社と丸三麦酒会社の設立発起人になり、知多紡績会社の取締役になって企業経営に参画する。ところが、廣海家に比べてリスク管理が甘かった小栗三郎家は、知多紡績・丸三麦酒が他府県の巨大資本に合併もしくは買収されたことで、紡績会社への経営参加は続かず、丸三麦酒会社への投資では損失を計上した。その後の小栗家は、生産者的性格を強め、醬油醸造工場の規模拡大に努め、肥料商としても大豆粕製造工場を自ら設立して肥料製造へと展開する。生産者としての家業意識に立ち戻り、新事業への展開は極力避けて家業の拡大に力を入れた。

こうした廣海家や小栗三郎家の事例と比べると、髙梨家は、野田地域の醬油醸造の草分けとして醬油醸造を家業とする意識が極めて強く、新事業への展開はほとんど見られなかった。もちろん、東京では1900年代後半から綿紡績会社・製粉会社など新事業の会社へ投資したものの、すでに大企業として経営が安定した後の会社への投資であり、出資リスクは少なかったと思われる（本書第8章）。むろん、会社側から見れば、商家のみでなく多様な地方の大資産家の出資を受けることは経営のさらなる安定につながるため、髙梨家の近代企業への投資は広い意味で近代産業の定着を支えたことになるが、髙梨家は新事業への経営参加の意思はほとんどなく、経営の関心は専ら家業の醬油醸造業に向けられた。そのことが、髙梨家の有価証券投資が、東京においても会社設立ブームよりかなり遅れて、1900年代後半以降になった大きな要因であった。

ただし、醬油醸造家が全て新事業への関心が少なかったわけではない。そこには各家の経営志向性があり、地域・業種に加えて、各家の経営志向性も地方資産家の経営展開の差異の大きな要因となる。例えば、野田と比較される関東の有力醬油醸造産地であった千葉県銚子の濱口儀兵衛家では（谷本［1990］）、1890年代後半から儀兵衛が積極的に地方産業・地方企業への出資を行って多角化を進めたものの、醬油醸造業以外の諸活動の収益が思うように上がらず、儀兵衛家は醬油醸造経営が好調であったにもかかわらず、それ以外の事業の負債整理のために家業の醬油醸造部門を一時的に手放した。愛知県半田でも、小栗三郎家は、知多紡績会社に経営参加したが事業活動は半田地域に止まり、これに対して同じ半田の醬油醸造家の小栗冨治郎家は名古屋に小栗銀行を設立して、名古屋で積極的に事業を展開するなど、同じ醬油醸造家でもその経営志向性はかなり異なった（本書第4・6章）。

しかし、名古屋へ進出した小栗冨治郎家は、小栗銀行が1907（明治40）年恐慌で破綻したため没落し、結果的に愛知県半田では、事業活動を半田地域に止めた小栗三郎家や中埜又左衛門家が、その後同地域の醸造業を主導するに至った。前述の濱口儀兵衛家の事例も合わせて考えると、醸造業は事業の維持・成長に多額の営業資金と設備投資資金が必要なため、醸造業に専念した家の方が、経営展開は順調にいったように思われる。その意味で、髙梨家の経営志向性は、醬油醸造経営とうまく適合して、その家業の成長を支えたと言える。

これまでの地方資産家研究で、「企業家的資産家」「名望家的資産家」「投資家的資産家」「事業家的資産家」と4つのタイプが提示されてきたと言えるが、同じ「事業家的資産家」でも、企業勃興期の小栗三郎家、1910年代以降の小栗三郎家、そして髙梨家はそれぞれ家業志向性の強さは共通していたものの、地域志向性の現れ方に相違があった。企業勃興期の小栗三郎家は家業の継続と知多紡績など新分野への投資の両方を行う姿勢を示し、花井が指摘したように、家業からの安定した収益がある分、リスクを負っても新分野への投資を積極的に行えるため、会社設立面での貢献が大きかった（花井［2015］）。一方、家業に回帰した1910年代以降の小栗三郎家は、地域貢献は知多鉄道誘致や上水道整備などインフラ部門に限定され、地元会社への経営参加や出資はかなり見られたもののその業種は運輸部門に止まった。それに対して髙梨家は、家業意識が極めて強く、経営面では醬油醸造業に専念しつつ、地域貢献として野田地域社会への寄付活動を行い、東京では確実な配当の見込める優良な大企業に出資する一方で、地縁や業種つながりのある中小会社に出資することで地域志向性を示した。そのため野田では綿紡績会社など産業革命の中心となる新事業は立ち上がらなかったものの、醬油醸造業との関連で、野田人車鉄道や野田商誘銀行が設立され、野田醬油醸造組合が野田病院を設立するなど、野田の人々の生活環境は大きく改善された（市山編［2003］）。いずれにしても、小栗三郎家・髙梨家ともに、知多紡績の工場が三重紡績への合併後も半田に残ったことや、両家の自家工場を拡張したこともあり、地域社会に対して、雇用機会の創出とインフラ整備の面で大きな役割を果たした。

　このように家業意識の強さと地域志向性から地方事業家を捉えるとすると、本書第2章で取り上げた永田家、本書第4章で取り上げた鈴木家など林業関連の事業家にもその傾向が強く見られる。永田家・鈴木家はいずれも家業の維持・発展を強く志向するとともに、銀行・電力・ガス会社など地元でのインフラ会社へ集中的に出資しており、地方事業家の地域志向性の現れとしての地元インフラ会社への出資という側面を見出せる。その一方、本書第5章の高松家は、地元インフラ会社への出資ではなく、自ら行政に働きかけることで会社形態によらないインフラ整備を進めた。前述の貝塚の廣海家の場合も、貝塚は肥料流通の結節点であり、後背地農村の人々から見ると廣海家には何よりも肥料

商を続けることを期待していたと思われる。それゆえ、廣海家は収益が極めて不安定であるにもかかわらず、肥料商業は第二次世界大戦期まで継続した。

　その意味で廣海家にも家業意識の強さと地域志向性はあったと考えられ、収益の不安定性を補うために廣海家は別の収益源として有価証券投資を早くから行ったと見られる。それゆえ有価証券投資を収益源にするために、廣海家はリスク管理をしっかり行ったとも言える。このように地方事業家は、序章で述べたソーシャル・キャピタル（社会関係資本）を高める方向で地域志向性を発揮したが、その方向性は多様であり、それによってイメージが異なる。しかしそのなかでもある程度の同じ傾向は見出せ、本書で取り上げた事例に即せば、家業を会社化するとともに地元インフラ会社に積極的に出資するなど、会社設立を積極的に進めて家業維持と地域社会への貢献を両立する方向性（永田藤兵衛家・鈴木摠兵衛家・小栗三郎家）と、家業の継続が地域社会にとっての貢献との認識から、会社設立にはそれほど関与せずに、家業の継続と地域社会への寄付・税金支払い・行政への働きかけなどを中心に地域貢献を果たす方向性（廣海惣太郎家・高松定一家・髙梨兵左衛門家）が挙げられる。

3　地方資産家と地域の工業化

　本書を終えるにあたり、前節でまとめた地方資産家の4つのタイプを、これまでの研究を含めて敷衍しておきたい。その際、前節の最後に指摘した地域志向性の多面性（会社設立による方向性と会社設立によらない方向性）に留意する。本書で検討した家も含め、これまでに事例研究が行われた地方資産家のなかで、資産額・所得内訳・株式所有銘柄・会社役員などが比較的長期に判明する家を45家取り上げて、それらを表終-1・2にまとめた。1924（大正13）年時点の所得税多額納入者の所得内訳が北陸・近畿地方で判明するため（渋谷編[1991b・1995a]）、その地域の地方資産家を重点的に取り上げており、やや地域的な偏りがある。表終-1の所得内訳を見ると、1920年代になると多くの地方資産家の所得の中心が配当収入になっており、地方資産家の株式投資の普及が読み取れるが、個人差があったことにも留意したい。例えば、東北地方では依然として土地資産家の所得の中心は土地所得であり、山形県の秋野家は、1928

(昭和3) 年時点でも配当所得は、不動産所得の約10分の1にすぎなかった。そして、青森県の盛田家、秋田市の本間家のようにもともと商業・酒造業のような家業を持って土地資産家になった家は、1928年時点でも家業の商工業からの所得がかなりあり、所得全体に占める配当所得の比重はいずれも約15%にすぎなかった。醸造家が家業からの所得がかなりあったのは他の地域でも見られ、前述の小栗三郎家は1924年時点では、まだ家業の会社化を果たす前であったために、収入のなかで商工業からの収入が過半を占め、同じ愛知県半田の中埜又左衛門家も家業の酢醸造業を会社化する前の1917年時点では、醸造業からの収入が収入全体の7割近くを占めた。髙梨家の収入内訳は不明であるが、野田醬油会社が設立されるまでは同家の有価証券投資額はそれほど多くないため、醸造業からの収入が大半を占めたと考えられる。

また、海運業者・廻船問屋出自の地方資産家は全体として家業から撤退して配当収入に依存するようになった家が多いが、家業を継続したり、家業を会社化したものも存在する。例えば、富山県の森正太郎と石川の久保彦助はいずれも北前船主として買積経営を家業としていたが(中西 [2009])、森家は北洋漁業へ進出して、1924年時点でも所得の過半を漁業所得が占めた。久保家は函館と大阪に店を開き、海産物商として展開して1924年時点でも所得のかなりの部分を商工業所得が占めた。また北前船主として最も資産規模が大きくなった富山県の馬場家も1924年時点で、配当収入が圧倒的比重を占めたが、商工業所得もまだそれなりに上げており、家業から完全に撤退したわけではなかった。

それに対して、石川県の廣海二三郎家・大家七平家と福井県の右近権左衛門家は、商工業所得は1924年時点でかなり少なく、家業から撤退したかに見える。ただし、これら3家はいずれも、表終-2を見ると家業の海運業を会社化しており、それなりの報酬(役員賞与)を受け取った。表終-3を見よう。廣海二三郎家は、1930年前後に約1,060万円の評価額の株式と約410万円の評価額の公社債を所有した。表終-1で資産家番付による1920年代末〜30年代初頭の同家の資産見積額は約1,200万〜1,300万円なので、廣海二三郎家の所有資産のほとんどが有価証券であったことが予想できるが、その株式所有の銘柄には、大日本紡績・日本毛織など家業とは無関係の繊維産業への出資も多かったものの、家業を会社化した廣海商事の株式所有額も約120万円を占め、特に社債では、

表終-1　近代日本主要地方資産家の資産額・土地所有・所得（収入）内訳

氏名	居住地（府県・市町村）	業種	資産額（万円）				土地所有（山林除く）	
			1902年	1916年	1928年	1933年	1898年頃	1924年頃
野村治三郎	青森・野辺地	土地・酒造	[60]	[100]	[100][23]		71,344円	483町歩
盛田喜平治	青森・七戸	呉服商・酒造		[70]	[130]		32,718円	641町歩
本間金之助	秋田・秋田	小間物商		[80]	[300]	[550]	39,161円	334町歩[15]
秋野茂右衛門→光廣	山形・加茂	土地	[100]	[150]	[1,000]	[500]	331町歩[3]	368町歩
風間幸右衛門	山形・鶴岡	土地	78	[300]	[2,000]	[800]	40,031円	487町歩[15]
市島徳次郎→徳厚	新潟・中浦	土地		[400]	[1,000]	[1,000]	1,466町歩[7]	1,402町歩
二宮孝順	新潟・聖籠	土地		[300]	[300]	[500]	760町歩	842町歩[16]
中野貫一→忠太郎	新潟・金津	石油精製		[400]	[10,000]	[8,000]	56町歩[6]	512町歩[21]
濱口吉右衛門	東京・東京	醬油問屋	[100]	[500]		[550]		
濱口儀兵衛	千葉・銚子	醬油醸造	46		[700]	[600]	13,752円	
髙梨兵左衛門	千葉・野田	醬油醸造		[100]	[600]	[500]	50町歩[1]	
奥山源蔵	山梨・春日居		20[8]	44	84[20]	[60]	22,002円	46町歩[19]
鈴木摠兵衛	愛知・名古屋	材木商	[29][6]	[150]	[590]	[300]		
高松定一	愛知・名古屋	肥料商	[22][9]	[100]	[330]	[250]	33町歩[6]	
小栗三郎	愛知・半田	肥料商・醬油	24	50	[200]	[300]	29町歩[4]	36町歩[17]
中埜又左衛門	愛知・半田	酢醸造	[80]	116[16]	[540]	[450]		117町歩[21]
馬場道久→正治	富山・東岩瀬	海運	[200]	[500]	[2,000]	[2,000]	48,536円	207町歩
森正太郎	富山・東岩瀬	海運・漁業			[70][22]		11,652円	
菅野伝右衛門	富山・高岡	廻船問屋	[50]		[105][22]		13,000円	168町歩
藤井能三	富山・伏木	廻船問屋	5[4]				13町歩[4]	
宮林彦九郎	富山・新湊	海運・土地		37[20]	[25][22]		43町歩[7]	46町歩[20]
熊田源太郎	石川・湊	海運			[30][22]		37,022円	55,000円[16]
久保彦助	石川・橋立	海運		[100]	[70]			
酒谷長一郎→長作	石川・橋立	海運	39[5]	128	[260][25]			
廣海二三郎	石川・瀬越	海運	[500]	[1,000]	[1,300]	[1,200]	10,604円	
大家七平	石川・瀬越	海運	[800]	[750]	[500]	[500]	96町歩[2]	49町歩[22]
森田三郎右衛門	福井・三国	廻船問屋	[50]	[80]	[200]	[300]	23,336円	65町歩
右近権左衛門	福井・河野			[500]	[1,000]	[1,000]	36,305円[6]	
大和田荘七	福井・敦賀	廻船問屋		[125]	[200]	[500]	24,190円	71町歩
阿部市太郎	滋賀・能登川	麻布商	[32][6]	[200]	[400]	[500]	36,027円[6]	
外村市郎兵衛	滋賀・南五個荘	呉服太物商		[100]	[170]	[170]	25,937円[6]	
猪田岩蔵	滋賀・北五個荘	土地			[200]	[230]	26,745円	109町歩[17]
山中兵右衛門（安太郎）	滋賀・日野	醬油醸造	25	55[14]	[200]	[250]		34町歩[13]
藤野四郎兵衛→隆三	滋賀・日枝	漁業	[80]	[200]	[150]	[100]	94,610円[6]	70町歩[18]
小林吟右衛門	滋賀・小田苅	呉服太物商	[100]	[200]	[300]	[300]	47町歩[6]	
西川甚五郎	滋賀・八幡	蚊帳蒲団商		[200]	[500]	[600]		
田中市兵衛→市蔵	大阪・大阪	肥料商	[67][6]	[380]	[500]	[500]	106,565円[6]	
武田長兵衛	大阪・大阪	薬種商		[250]	[700]	[800]	90,729円[6]	
福本元之助→養之助	大阪・大阪	両替商		[100]	[400]	[350][26]		
廣海惣太郎	大阪・貝塚	肥料商		[35]	[160]	[200]	11,480円	14町歩[18]
永田藤兵衛	奈良・下市	林業		[100]	[700]	[300]		
瀧田清兵衛	兵庫・豊岡	廻船問屋		[70]	[80]	[70]	27,799円	63町歩
服部和一郎	岡山・牛窓	土地	29	107	268	340	140町歩	180町歩[12]
溝手保一	岡山・早島	土地		[100]	[250]	[200]	115町歩[4]	248町歩[14]
大原孝四郎→孫三郎	岡山・倉敷	土地	[90]	[350]	[1,000]	[1,000]	228,000円[3]	525町歩

(出所)渋谷編［1984］第4巻、渋谷編［1985］第1巻、渋谷編［1991b・1995a・1991c］、石井［2018］附録、中西［2009］表序-12、中西［2016a］、大石編著［1985a］、森元［2007］、永野・中村・西田・松元［1972］、中西・井奥編著［2015］、石井・中西［2006］、農政調査会［1961］、谷本・阿部［1995］、林編［1990］、明治12年「地価合計帳」・明治21年「所得金高届」・昭和3～5年「元帳」（= 高梨本家文書、上花輪歴史館蔵）、近江商人郷土館・丁吟史研究会編［1984］、武田二百年史編纂委員会編［1983］、西川400年社史編纂委員会編［1966］、明治42年～大正10年度「総勘定元帳」（永田家文書、永田家蔵、奈良県立図書情報館寄託）、伊藤［1981］、東京大学社会科学研究所［1970］、西村［1988］、伊藤［1977］、森［2005］補論、松元編［2010］、渋谷・長谷部［2000］、佐々木［1961］、牧野［1989］、中西［2017a、2018］より作成。

(注)資産額・所得内訳・長期間の有価証券投資などが判明する近代日本の地方資産家（華族・巨大財閥家族は除く）を45軒選び、

終章 総括と展望 479

19世紀末所得（収入）内訳（円）					1924年所得（収入）内訳（円）						
総計	内土地	内貸金	内商工業	内配当	総計	内田畑	内貸家	内商工業	内配当	内報酬	内貸金
					82,003[24]	40,393	3,618	22,889	11,938	110	
10,599[28]	5,345	2,645	2,609		108,210[24]	70,697	2,469	14,000	15,915	4,920	
97年 19,102	17,749	455		897	106,070[24]	94,818	423		10,619		210
94年 17,019	9,707	6,226		1,085	198,510[24]	107,518	1,621	1,117	85,261	2,268	925
93年 59,350	57,374	461		70	410,081	328,203	2,157	1,023[30]	69,757		3,187
98年 28,670	14,077	1,391		13,201	168,740[27]	45,012			121,653		2,076
07年 3,444	899	2,437			227,799[11]	15,701	14,692	117,604[31]	68,395		7,391
94年 12,075	2,006	5,958	4,111		83,898[8]	2,090		73,457	8,351		
91年 7,304	1,210		6,094		189,561[24]	1,304	16,032	3,597	127,500	8,700	32,428
04年 17,404	8,714	6,046		2,643	65,415[20]	21,472			41,004		2,938
07年 [58,813]	9,028	15,104	20,794	12,141	[92,387]	10,150	29,818	△8,152	52,136		8,375
96年 9,296	4,744	1,052	3,500								
86年 3,874	495	800	2,517		217,005	9,794	2,166	124,724	45,242		37,221
03年 83,258	11,662	4,803	56,934	9,859	174,248[15]	1,481		115,892	58,426		△1,550
					434,953	40,414	4,015	29,653	360,781		
					34,422	9,151	941	17,250[30]	5,380	1,700	
					52,718	17,216	2,011	3,046	17,252	11,345	1,846
96年 431											
88年 560	560				6,416[10]	5,065			972		
04年 6,875	5,715	920	240		22,839[18]	17,179	322	4,263	105	968	
97年 2,899	14	53	871	1,962	50,340	182	5,471	23,980	14,353	3,650	2,704
88年 [9,480]		7,689	1,791		102,854	721			59,604		61,197[32]
90年 13,445			12,081[29]		265,611	3,534	39,641	5,205	189,295	27,001	934
97年 26,534	189	903	21,100	3,509	91,317	16,873	48,754		22,687	2,342	661
					98,314	13,496	6,995	6,734	65,867	5,137	
					171,399	30,270	48,766	2,000	80,558	9,630	25
					99,423	10,903	4,316	12,709	63,528	3,017[33]	4,950
					63,771	1,931	17,301		14,576	29,717	246
					220,617	896	4	141,113	78,604		
97年 11,916	9,307	333		1,927	40,120	18,127	294		21,214	200	285
98年 3,493	1,500	587		1,406	85,003	2,962	1,303	66,214	13,416	200	908
					102,120	13,522	72,330		16,268		
					85,870	4,755	8,393		66,558	4,670	1,494
					396,998	355	4,139	303,205	80,839	8,360	100
					105,227	218	26,449		56,010	22,550	
					269,095	213	15,979	168,150	77,383	5,050	
					73,692	488	9,291		12,103	51,810	
96年 7,669	1,212		377	4,878	56,020	2,642	1,833	1,618	42,061	6,531	1,335[33]
					44,259	692	1,906	1,189	40,472		
					50,752	9,520	8,976	3,937	34,043	070	
95年 16,999	8,887	5,597		2,516	137,300	27,900			73,500		24,700
02年 26,851	20,992			5,174	144,393	67,976			69,595		
05年 101,468	51,633			49,834							

この表で資産額・所得内訳を、次表で主要株式所有と会社役員を示した。所得内訳欄の△印は支払い。資産額欄の [ ] 内は資産家番付などの活字資料による数値。土地所有は、地価もしくは面積で示し、面積は町歩未満を四捨五入して町歩でした。貸家所得は宅地所得を、配当所得は公社債利子所得を含む。氏名欄の→は代替わりを示す。所得欄の19世紀末欄は、年代を付記し（02～07年のみ1902～07年、それ以外は19世紀）、所得内訳欄は合計欄の年度の内訳。また所得欄の [ ] 内は粗収入。
1) 1879年。2) 1882年。3) 1890年。4) 1896年。5) 1900年。6) 1901年。7) 1902年。8) 1904年。9) 1905年。10) 1907年。11) 1911年。12) 1912年。13) 1914年。14) 1915年。15) 1917年。16) 1918年。17) 1919年。18) 1920年。19) 1921年。20) 1922年。21) 1923年。22) 1925年。23) 1926年。24) 1928年。25) 1929年。26) 1930年。27) 1932年。28) 1888～92年の平均。29) うち5,278円帆船収入、6,803円汽船収入。30) 水産業。31) 鉱業。32) 預金利子。33) 山林収入。

表終-2 近代日本主要地方資産家の株式所有と会社役員

氏名	1880年代~90年代 株式所有主要銘柄	1880年代~90年代 主要会社役員	氏名	1880年代~90年代 株式所有主要銘柄	1880年代~90年代 主要会社役員
野村治三郎	日本郵船、函館銀行	[伊東商会]	酒谷長一郎→長作	両前汽船、函館銀行、百三十銀行	
盛田喜平治	上北銀行	上北銀行	廣瀬三郎	日本海上保険	[日本海上保険]
本間金之助	秋田銀行、第四十八銀行、秋田県農工銀行	秋田馬車鉄道	大家七平	日本海上保険	日本海上保険、大阪瓦斯
秋田茂右衛門→光廣	鶴岡銀行	鶴岡銀行	森田三郎右衛門		森田銀行、[三国貯金銀行]
風間幸右衛門	日本鉄道、第六十七国立銀行、北海道炭礦鉄道、横浜正金銀行、庄内弘三重		右近權左衛門	第四十三国立銀行、日本海上保険	[第四十三国立銀行、大阪商業銀行]、日本海上保険
市島徳次郎→徳厚	第一銀行、新潟銀行、日本鉄道	北越鉄道、日本勧業銀行	大和田荘七		[大和銀行]、大阪銀行
三宮孝順		北越銀行、新潟銀行、日本鉄道	阿部市太郎	第一国立銀行、金巾製織、大阪紡織、阿部製紙所合資	金巾製織、大阪紡織、起業銀行
中野貫一→忠太郎		[扶桑同盟、[後谷石油、宝田石油、[扶桑二十坂石油、越後石油、長岡鉄道、中越石油、土ヶ谷石油	外村市郎兵衛		
濱口吉右衛門		鐘淵紡織	猪谷岩蔵	近江鉄道、日野製紙所合資、西陣燃糸	近江鉄道、日野絹布製織
濱口儀兵衛	日本鉄道、有田鉄道銀行		山本兵右衛門(安太郎)	日野銀行、京都平安銀行、日野絹糸	日野銀行、日野絹布製織
高梨兵左衛門	興商銀行、第十国立銀行		藤野四郎兵衛→隆三		
奥山清蔵→兼作	第四十六国立銀行、明治銀行	[尾州林木]、[名古屋生命保険]	小林市右衛門	日本銀行、三重紡織、八幡製糸	小名木川綿布、東京銀行、近江鉄道
鈴木総兵衛		堀川銀行、堀川貯蓄銀行	西川甚五郎	八幡製糸、第四十三国立銀行、大阪商船	八幡銀行、[八幡製糸]
高松定一			田中市兵衛→市蔵	第四十三国立銀行、南海鉄道	[第四十三国立銀行]、日本海保険、[日本稽花]、[浪華製油、[神戸紡織、[大阪商業合資、[大阪製鐵、[大阪醸器合資、湊川改修
小栗三郎	知多紡織、知多共同合資		武田長兵衛		大阪薬品試験
中埜又左衛門	丸三支店、知多紡織	丸三支店	福本元之助→養之助	尼崎紡織、逸身銀行、貯金銀行	尼崎紡織、[大阪瓦斯]、逸身銀行、[大阪米菓]、[関西コーク]、[堺煉瓦]
馬場道久→正治	高岡共立銀行、[越中商船]	[高岡共立銀行]、[越中商船]	廣物惣太郎	南海鉄道、岸和田銀行、貝塚銀行	貝塚紡織、[大阪製氷]、岸和田銀行
森正太郎	[第四十七銀行]	[第四十七銀行]	水田藤兵衛	吉野銀行、吉野材木銀行、南和鉄道	吉野銀行、貯金銀行
菅野伝右衛門	[高岡紡織]、高岡銀行、中越鉄道、[高岡貯金銀行]		瀧田清兵衛	第四十三国立銀行、[北陸通船]	新栄銀行、豊岡町金銀行、山陰物産
藤井能三	第十二国立銀行、北陸通船	第十二国立銀行、[北陸通船]	服部郁一郎	山陰鉄道、第二十一国立銀行	
宮林多九郎	第十二国立銀行、北陸通船	第十二国立銀行、金沢為替会社	濱子保太郎		[中備銀行]
熊田源太郎		[済海社]	大原孝四郎→一三郎	倉敷紡織、倉敷銀行	倉敷紡織、[倉敷銀行]
久保存助	第八十四国立銀行、山陽鉄道				

終章　総括と展望

氏名	1900年代〜10年代 株式所有主要銘柄	主要会社役員
野村治三郎	野村銀行、日本銀行、梅浜正金銀行	[野村銀行]、[上北銀行]、野辺地電気
盛田善平治	上北銀行、七戸水電	上北銀行、[七戸水電]、七戸商品
木間金之助	弘四十八銀行、秋田銀行、木ün銀行	[弘四十八銀行]、秋田銀行、東京生命保険
秋間幸右衛門→光廣	南羽茂右衛門、第三銀行、台湾銀行、東京瓦斯、鳳間織物	[鳳間織物]、[羽前織物]、羽越林業
鳳間幸右衛門	村上銀行、第三銀行、台湾銀行、羽前織物	六十七銀行
市島徳次郎→徳野	日本勧業銀行、新潟銀行、新潟水電	新潟銀行、新潟水電
三俣孝順	第一銀行、新潟銀行	
中野貫一→忠太郎	中央石油、新津運輸会社、中野興業、新潟水力電気、新潟瓦斯工所	[中央石油]、[新津運輸]、[中野興業]、[大和石油]、[中野興業]、沼垂銀行、新潟貯蓄銀行、新潟鉱物、豊曜石油、新津石油
濱口吉右衛門	富士瓦斯紡織、豊国銀行、九州水電	富士瓦斯紡織、[豊国銀行]、[濱口合名]
濱口儀兵衛	武総銀行、紀州鉄道	武総銀行
高梨兵左衛門	富士瓦斯紡織、諏訪紡織、日本醤油、野田商誘銀行、野田人車鉄道、成田鉄道	野田商誘銀行
奥山源蔵→憲作	第十銀行、有信銀行、甲州電力	
鈴木惣兵衛	愛知物計製造、名古屋瓦斯、名古屋倉庫	[愛知物計製造]、[名古屋製酢]
高松定一	三重紡織、共同銀行、半田倉庫	堀川貯蓄銀行
小栗三郎	中埜酢店合資、中埜農業合名、中京商店、東京生菓子合名、北海道汽船、京浜電気鉄道	[共同銀行]、半田倉庫
中埜又左衛門	高岡銀行、北海道農工銀行、富山県農工銀行、富山電気	[中埜酢店合資]、中埜農業合名、中埜商業合名、[中埜銘酒合資]、[越中商船]、[馬場合資]、能登汽船、[北陸人造肥料]
馬場道久→正治	大日本製糖	高岡四十七銀行、[北陸七銀行]、富山県農工銀行
森正太郎		[高岡紡織]、[高岡電気]、[高岡合資]、[高岡合資]、高岡鉄工所、高岡合資、高岡貯金銀行、大東セメント、越中金庫、北陸土木、温泉電軌、高岡打綿
菅野伝右衛門		[高岡紡織]、[高岡電気]、[高岡合資]、[高岡合資]、高岡鉄工所、高岡打綿
藤井能三	岩瀬銀行、高岡銀行、高岡電灯	[伏木製氷]、富山県銀行
宮林熊九郎	中埜酢店合資、中京商店、中埜銀行、加賀貯金銀行	石川県農工銀行、能登貯銀行、温泉電軌、加賀貯金銀行
熊田源太郎		
久保彦助	神戸海上運送火災保険、グリーセリン、豊国銀行	大和寺川水電

氏名	1900年代〜10年代 株式所有主要銘柄	主要会社役員
酒谷兵一郎→長作	伊予鉄道、大和寺川水電、大阪電灯	廣海商事、三十四銀行、摂陽紡織
廣海二三郎	摂陽紡織、大阪南船、川崎造船所	共同火災保険
大家七平	大阪商船合名、大型寺川水電	大家商船合資、大型寺川水電
森田三郎右衛門	第一銀行、横浜正金銀行、東洋拓植	[森田合資]、[森田信保険]
右近権左衛門	日本海上保険、浪速銀行、百三十銀行	右近商事、[日本海上保険]、[大阪商業銀行]、日本興業
大和田荘七	東洋拓殖、日本郵船	大和田銀行、[大阪興業]、敦賀貯蓄
阿部市太郎	東洋紡織、近江銀行、南満洲鉄道	[金巾製織]、阿部製鋏所合資、近江麻糸紡織、近江帆布、山陽紡織、京都信託、江商
外村市兵衛		
猪田岩次	東京海上、日本勧業銀行、南満洲鉄道	
山中兵右衛門(安太郎)	日野五影、京都不安紡織、日野製糸	[日野銀行]
藤野四郎兵衛→隆三	大阪紡織、大阪合同紡織	
小林吟右衛門	三重紡織、日本鉄道、近江鉄道	近江銀行、東京銀行
西川甚五郎	富士紡織	
田中兵右衛門	八幡製鉄、八幡製糸、近江帆布	[八幡銀行]、[八幡鉄織]、日本帆布
広海兵右衛門	南海鉄道、大阪商船、神戸桟橋、日本郵船	南海鉄道、[南海汽船]、日本大災保険、摂津銀行、日本貯金銀行
武田長兵衛	大日本製糖、三夫、住友銀行	大阪セメント、摂津製油、武田合名
福本元之助→寛之助	尼崎紡織、東洋拓殖	大阪窯業、堺煉瓦、尼崎紡織、廣業合資、共立合資
廣海惣太郎	南海鉄道、尼崎紡織	大日本製薬、日本絹糸、木阪酒造
永田清兵衛	吉野林木銀行、尼崎紡織、大阪鉄業、大和電気	[貝塚紡織]、岸野木銀行、[吉野木銀行]、[湖川電気]、大和電気
瀧井清兵衛		[吉野木銀行]、[吉野楠木]、大和電気
服部能一郎	服部合資、倉敷紡織、京都電気鉄道、字治川電気、倉敷電灯	[吉野楠木]、豊岡電気
濱子保太郎	倉敷紡織、川崎造船所、倉敷電灯	服部合資
大原孝四郎→孫三郎	倉敷紡織、倉敷銀行、倉敷電気、山陽銀行	中備銀行、倉敷電灯、早島紡織、備作電気
		[倉敷紡績]、[倉敷電気]、倉敷銀行、備作電気、早島紡織
		日向土地、備作電気、早島紡織

表終－2　続き

氏名	1920年代～30年代 株式所有主要銘柄	主要会社役員	氏名	1920年代～30年代 株式所有主要銘柄	主要会社役員
野村治三郎	野村銀行、上北銀行、七戸水電	上北銀行、上北電気、七戸水電	酒谷長一郎→辰作	酒谷商店合資、伊予鉄道電気、京都電灯	廣海海事、三十四銀行
盛田昌平治	上北銀行、七戸水電		廣海二三郎	共同火災保険、三十四銀行	廣海海事、三十四銀行、大日本火災海上再保険
木岡金之助	青森県農工銀行、東奥製糸		森七平	京阪電鉄、大阪商事、大寧寺川水電	共同火災保険、大家商事、大寧寺川水電
秋田茂左衛門→光廣	第四十八銀行、秋田信託、由利銀行	日本勧業銀行、東京瓦斯、台湾銀行、鳳凰製氷、明治製糖	森田三郎右衛門	南満洲鉄道、大横浜正金銀行	森田三郎右衛門、横浜正金銀行、吉野鉄道
鳳岡幸右衛門	鶴岡水力電気、明治製糖		台田権左衛門	台湾銀行、[洞海物産]	台湾商事、[日本信託]、[日海興業]、大和田銀行、[大和田海運]
市島徳次郎→徳厚	日本勧業銀行、第四銀行、新潟水電		大和田荘七	庄内鉄道銀行、六十七銀行、羽前織糸	帝国美育、日本火災保険、[大和田海運]、大和田銀行、[大和田海運]
三宅平順	第一銀行、日本勧業銀行、東京瓦斯		阿部市太郎	第四銀行	敦賀築港会社
中野賢一→忠太郎	鮎満興業、信越電力				[阿部商店]（文一）、[大阪商店]、[大阪商店]、[外付商事]、山陰線銀、近江銀行
濱口吉右衛門	[中野興業]、[新津運輸会所]、油井石油、阿野川港湾会議、新潟鉄道、新潟興業電気器械		外村市郎兵衛	東洋紡績、正金銀行、岸和田紡績	大阪電燈、[又一]、[江西]、[近江銀行]、山陰線銀、近江銀行
濱口儀兵衛	南満洲鉄道、豊国醸造、三菱鉱業	[マッチ商]、東洋精糖	猪田白蔵	阪神急行電鉄、大同電燈、神戸銀行	外村市郎商店、滋賀銀行
高梨兵左衛門	野田醤油、千代松、鐘渕紡績、富士王斯紡績、総武鉄道、南満洲鉄道	野田醤油、台湾清水商店、小野鉄道株式会社	山中兵右衛門（安太郎）	宇治川電気、大同電燈、京阪電鉄、南満洲鉄道	山中兵右衛門商店、正貨物勘
奥山源蔵→秉作	第十銀行、台湾銀行、甲府電力		藤野惣右衛門→一衛三	第百銀行、日本鉄道汽船、北海道拓殖、近江鉄道	[丁野商店]、小林商会
鈴木徳兵衛	愛知新紡績、京阪電気鉄道、加福工地	愛知新紡績、京阪電気鉄道、[大日本紡績]	西川甚五郎	第百銀行、八幡製糸、近江鉄道	八幡製糸、滋賀合同銀行殖成、吉野鉄道
高松定一	知多鉄道、東洋紡績、萬三商店	知多鉄道、[共同運輸]、知多鉄道	田中彦市蔵	桃岡製絲、神戸川線、三十四銀行、近江鉄道	近江銀行、近江銀行、[関西商店]
小三三郎	萬三商店	萬三商店、[中埜金庫]、半田倉庫	武田兵衛	毛斯輪紡績、正金銀行、大阪合同紡績	毛斯輪紡績、京阪電気
中埜又左衛門	中埜半酢、中埜業合名、中埜銀行、京阪電鉄	中埜半酢、[中埜業合名]、半田倉庫	福本元之助→養之助	日本製糸、東洋紡績、久原商業	日本製糸、[福本会社]、日東産業
馬場道太→正治	京阪電鉄、富士紡績、南満洲鉄道、大日本勧業銀行	第四十銀行、信託信託、北陸合同、[全島鉄道電気株]、[大日川電気]、富山県電気、[金山合同会社]、[金山合同会社]電力株	廣海藤太郎	大日本紡績、岸和田紡績	廣海本社、日本紀和銀索、岸和田紡績
森正太郎	日本勧業銀行	高岡打線、[金沢電気]、越中合営、高岡温泉、[高岡通化学板]、[高岡銅板]、[高岡商事]	永田藤兵衛	貝塚紡績	貝塚紡績、[湖川電気]、藤井酒造
菅野伝右衛門		高川合資、[共同運輸]、越中合運、[富山食料]、[北陸銀行]、北一、[高岡電気]、[高岡商事]	滝川清兵衛	宇治川電気、大日本紡績、大阪商船、丸紅商店	吉野川鉄道、日本毛糸、吉野木、藤井酒造
藤井龍三 宮彦九郎	高岡銀行、新湊銀行、日本化学工業	高岡銀行、新湊銀行、越中製紙、越中製糸、大糸電気	服部一郎 濱三保太郎	東洋紡績、日本郵船、大阪商船、倉敷造紙所、石川鉄道	吉野鉄道、[日野製絲]、豊国電気、浜松銀行
熊田源太郎	大日本紡績、日本勧業銀行	[熊田商事]、[加賀合資]、越中運送、加賀製絲、[加賀商事]、[西出商事]、[温泉合資]、ナポ自動車運送	大原孝四郎→孫三郎	倉敷紡績、京阪電気鉄道、三井信託	[服部商店]、豊国電気、[朝日新]、[第一合同銀行]、[倉敷紡績]、[倉敷紡績]、[倉敷住宅]、[倉敷絹織]、[岡山染織整理]、近江電気商事、京阪電気鉄道
久保彦助	豊国銀行	[大一久保商店]、[全金合会資会]、八十四銀行、大日本汽船			

(出所) 表終－1と同じ。および、由井・浅野編『日本財閥経営史員録』[1988-89]、商業信用名[1985]、後藤解題[1989]。
(注) 株式所有主要銘柄は、大正・昭和戦前期の『日本全国諸会社役員録』所有銘柄者を記のすべて主要なものを選んだ。主要会社役員は取締役以上の役員を務めた会社のなかから主要なものを役員歴が明記。[ ] 内は、商業信用名、頭取、社長、専務取締役などを務めた場合。東京海上保険は東京海上保険。

表終-3 1930年前後廣海二三郎家有価証券所有一覧

銘柄	所在地	旧株数	新株数	評価額	役員
大日本紡績	尼崎	18,300		2,104,500	監査役
廣海商事	大阪	60,050		1,201,000	社長
日本毛織	神戸	8,000	6,450	1,196,050	
共同火災保険	大阪	29,785		1,012,690	取締役
日本窒素肥料	大阪	4,310	5,980	875,730	
樺太工業	泊(樺太)	8,480	4,380	571,520	
三重合同電気	津	9,090	910	559,990	
北海道電灯	東京	6,310	2,000	481,700	
富士製紙	東京	2,400	5,800	458,800	
黒部川電力	富山	5,790	3,290	358,720	
三十四銀行	大阪	3,000	3,000	315,000	取締役
日本絹織	大阪	3,870		170,280	
大阪鉄道	富田林	2,640		147,840	
日本銀行	東京		310	135,780	
日本産業	東京		4,480	112,000	
東京電灯	東京	2,000		104,000	
戸畑鋳物	東京	1,000	2,500	100,500	
大阪株式取引所	大阪		1,000	84,000	
杉村倉庫	大阪	2,736		62,928	
共同信託	大阪	3,780		56,700	
天満織物	大阪	1,230		54,120	
大日本火災海上再保険	大阪	2,350		54,050	取締役
大阪商事	大阪	1,200	1,100	49,800	
北樺太石油	東京	1,000		49,000	
阪神急行電鉄	池田	500		48,000	
南海鉄道	大阪		1,100	44,500	
日本鋼管	東京	1,171	300	38,004	
大阪商船	大阪	800	100	35,600	
日本無線電信	東京	750		27,000	
京阪電気鉄道	牧方		500	19,000	
大阪毎日新聞	大阪	88		18,480	
土佐セメント	高知		1,350	17,550	
日本相互貯蓄銀行	大阪	500		10,000	
石崎	大阪		500	10,000	
堂島ビルヂング	大阪	500		7,500	
鴻池信託	大阪	500		6,500	
朝鮮電気(興業)	平壌	50	50	2,500	
昭和火災保険	東京	500		500	
尼崎炭礦		200		0	
株式合計				10,601,832	
公債				12,588	
勧業債券				9,800	
廣海商事社債	大阪			4,000,000	
大阪商船社債	大阪			75,000	
三重合同電気社債	津			39,200	
公社債合計				4,136,588	
総計				14,738,420	

(出所)[相続財産目録](廣海二三郎家文書、慶應義塾大学三田メディアセンター蔵)。
(注)1929年に5代二三郎が亡くなった後の相続に際の調査から、1930年前後の状況を示すと推定した。単位は、株数は株、評価額は円。役員欄は、5代二三郎が健在であった1926年時点を示した(大正15年版『日本全国諸会社役員録』商業興信所)。

廣海商事社債を400万円所有していた。廣海二三郎家は、有価証券所有総額約1,470万円のうち、約35％は家業会社の廣海商事の株式・社債であり、金融資産家になった後も家業志向性は強かった。1931年の『日本全国諸会社役員録』（商業興信所）によると、同年の廣海商事の資本金額（払込済）は500万円で社長は廣海二三郎であった。廣海二三郎家は同社株の24％を所有し、さらに資本金額の80％にあたる額の資金を社債を購入することで提供したことになる。

　地方資産家の家業志向性の強さは、表終－1の滋賀県の事例からも判る。例えば、滋賀県南五個荘の呉服太物商外村市郎兵衛は、1924年時点で配当所得もかなりあったものの、所得の大部分は家業の商業所得が占めており、滋賀県日野の醬油醸造家山中兵右衛門も、24年時点の所得の大部分が家業の醸造部門からであった。地方資産家の家業志向性の強さは、醸造家など生産者的性格の強かった家に共通して見られたが、商家のなかでも生産者的性格の強い家ほど強く見られる傾向があった。例えば、滋賀県八幡の西川甚五郎家は、近江商人とは言え自ら蚊帳・蒲団を製造してそれを販売しており（西川400年社史編纂委員会編［1966］）、1924年時点で家業の商工業からの所得が配当所得をはるかに上回り、大阪の薬種商武田長兵衛家も、製薬業へ大規模に展開して家業志向性が強く（武田二百年史編纂委員会編［1983］）、24年時点でも商工業からの所得が配当所得をかなり上回った。

　その一方、生産者的性格の弱い商業資産家は、新事業へ積極的に展開し、表終－1に見られる滋賀県能登川の麻布商阿部市太郎家、大阪の肥料商田中市兵衛家、大阪の両替商を出自とする福本元之助はいずれも、多くの新事業を立ち上げてその経営者となった。そのため、所得の内訳で配当所得のみでなく会社役員報酬が相当額を占めた。つまり、生産者的性格の弱かった商業資産家が「企業家的資産家」を輩出したと言える。そして西日本の土地資産家は、東北地方の土地資産家と異なり、1924年時点では配当所得が土地所得と同等かそれを上回っており、有価証券投資の担い手に成長した。ただし、彼らの役員報酬は少なく、企業経営にあまり関与しない点で、「投資家的資産家」として行動していたと考えられる。表終－2で、滋賀県北五個荘の猪田岩蔵家、岡山県牛窓の服部和一郎家、岡山県早島の溝手保太郎家を見ると、有価証券投資を行った銘柄の中心が、優良企業で安定した配当収入が見込める銘柄であったが、会

社役員にはほとんどならず、「企業家的資産家」が設立した新事業の会社を、地方の「投資家的資産家」および「企業家的資産家」と血縁・地縁関係にある資産家の出資が支える構造となっていた。

例えば、福本元之助ら大阪・尼崎の両替商が中心となって設立された尼崎紡績会社では、福本は設立されてまもなく尼崎紡績の社長になると、実家の両替商逸身家が設立した逸身銀行からの融資をもとに積極的に尼崎紡績の経営を拡大し、逸身家からも多額の出資を仰いだ（本書第1章）。逸身銀行は、1901（明治34）年の恐慌で破綻したため、福本はいったん尼崎紡績を退いたが、数年後に従業員として復帰し、後に取締役になると、自らの妻の実家の奈良県下市の永田藤兵衛からも尼崎紡績への出資を仰ぎ、さらに第一次世界大戦期には、福本の妻の姉妹の嫁ぎ先であった大阪府貝塚の廣海惣太郎家からも多額の出資を仰いで、尼崎紡績を日本有数の紡績会社に成長させた（本書第2・3章）。ここには、企業家としての福本元之助の活動を、姻戚関係にあった永田藤兵衛家と廣海惣太郎家が出資面で支えるという資産家の広域なネットワークを読み取ることができる。

事業家的資産家の世界では、広域な資産家ネットワークよりもむしろ同族間の資本を集中して家業を会社化したり、地域的にまとまって同業者が資本を集中して家業を会社化する方向が見られた。近代日本は「投資家社会」と近年は位置付けられているが（寺西［2011］第3−6章）、地方資産家の出資による企業社会には、「企業家的資産家」が立ち上げた新規事業会社を、そのリスクを見極めつつ投資する「投資家的資産家」や、その「企業家的資産家」と血縁・地縁関係などにある「事業家的資産家」が、継続して出資面で支える大規模株式会社の世界と、「事業家的資産家」が同族間や同業者間でまとまって中規模な会社を立ち上げ、家業の近代化・機械化を進める家業・同業者会社の世界があったと考えられる。野田醬油会社は、その後者の代表例であり、その成果を最も顕著に発揮して他と隔絶した日本最大の醬油醸造メーカーに成長した（キッコーマン株式会社編［2000］）。

では、谷本が強調した「名望家的資産家」はこうした企業社会にどのような役割を果たしたのであろうか。「名望家的資産家」は、自家の収益よりも地域利害を優先させて、リスク管理が甘いところがあり、その多くは資産家として

は衰退する傾向にあり、近代期を通して有力資産家であった家を主に取り上げた表終－1にはほとんど見られない。ただしそのなかで富山県伏木の藤井能三家には名望家的側面があり、藤井家とともに地域経済の振興を明治前期に担った富山県新湊の宮林彦九郎家も同様の側面が強かった。すなわち藤井能三と宮林彦九郎らは、旧金沢藩領で最初に設立された会社である金沢為替会社や第十二国立銀行への出資と経営参加を求められ、家産の多くを家業以外の部面に向けることを余儀なくされた。それに加えて、彼らは地域貢献として地域社会への多額の寄付を要請されてそれらに応えており、行政が及ばないところで彼らの資金提供が地域社会秩序を支えていた。ただし、金沢為替会社は松方デフレのなかで経営が悪化して破綻する。その重役であった藤井能三と宮林彦九郎らは、自らの家産を提供して金沢為替会社の負債を肩代わりした。そのため、藤井家はその資産をほとんど失い、宮林家も1880年代に所有していた100町歩の土地の半分以上を失った（中西［2009］第6章）。彼らは、自らの資産を提供して地域社会の安定化を図ったと言える。また、兵庫県安木の北前船主であった宮下仙五郎家も、「金融の業は個人の営む所にあらず」との考えにより、地元で美含銀行を設立する際に自己の所有する貸金債権を全て銀行に提供した（津川［1998］第8章）。その銀行では、設立時こそ宮下仙五郎は頭取を務めたものの、翌年には頭取を退いており、まもなく役員からも退いた。宮下仙五郎には銀行経営の意思はほとんどなく、藤井能三ほど明白ではないにしても、仙五郎も自家の収益よりも地域社会の利害を優先させたと考えられる。

　本書第8章で触れた野田地域も、もしそこが大藩の城下町で、明治初年に会社設立が構想されたならば、髙梨家と茂木一族は、名望家としてそこへの出資と経営参加が要請されたと思われるが、野田の醤油産地としての比重が極めて高く、醤油生産を拡大して地域社会に雇用を創出したり、多額の税金を納めたり寄付をすることで地域社会のインフラ整備を進めることがむしろ地域社会から期待されたと考えられる。実際、野田町では小学校・鉄道・病院・公園など多くの公共公益施設が、醸造家の寄付によって建設された（中野［2009］第1章）。それゆえ、野田の醤油醸造家は、新事業の会社・銀行設立ではなく、家業の醸造経営の拡大と地域社会への寄付を通して地域貢献を果たせたと言える。その意味で、野田の醤油醸造家は家業志向性と地域志向性を両立し得た。

その点から見て、地方資産家と地域社会の関係を会社設立の視点から捉えるのみでは不十分である。地域社会への寄付や税金を通した貢献は言うまでもなく、インフラ整備でも、会社を設立しなくてもそれは可能であり、例えば名古屋の堀川沿いに立地した米穀肥料商らは、鉄道会社・紡績会社の設立には関心が低く、名古屋の主要銀行・主要紡績会社の設立メンバーにほとんど顔を見せないが、堀川河口の名古屋港の築港運動を熱心に行い、その代表格の肥料商高松定一家は、その貢献が認められて当主が名古屋商業会議所で次第に地位を向上させて、1940年に名古屋商工会議所の会頭となった（本書第5章）。富山県高岡の旧特権商人であった岡本清右衛門家も、近代期に高岡地域の会社・銀行設立にほとんど関与しなかったが、近世来の商人間の継続的取引関係を活かして遠隔地間取引の送金為替業務を行うなど、会社・銀行設立とは別の方法で地域社会への貢献を果たした（二谷［2003］）。その意味で、地方資産家と地域社会の関係はより多面的に捉える必要がある。

　それを踏まえて、表終-1・2で取り上げた45家の経営志向性を、地域志向・家業志向・新分野志向・高収益志向の4側面から評価する。表終-4を見よう。その右側にタイプとして、「単拠点事業家・投資家・単拠点企業家・名望家・多拠点事業家・多拠点企業家」の6種類に分類した。地方資産家の投資性向による分類は、株式投資の中央株・地方株への投資比率や、特定の企業への投資集中度などを指標として、前述の谷本雅之・阿部武司が行ったが、同論文でも分類の評価が揺れており[1]、特定の指標で類型の線引きをすることは困難である。そこでここでは各家の経営展開についての先行研究の評価をもとに判断した。拠点性は、出身地域のみに本拠を置き続けたものを単拠点、出身地域以外も合わせて複数の拠点を置いたものを多拠点と位置付けた。この点は、各家の地域志向の強弱とも関連する。ただし投資家の場合は、多かれ少なかれ、地元株と中央株の両方を組み合わせて所有することが多く、拠点性による線引きは難しく、また名望家は、もともと地域社会と密接に結び付いた概念であるため、投資家と名望家は、単拠点か多拠点かは区別していない[2]。地域志向の強弱は、地域社会の利害をどの程度優先するか、家業志向の強弱は家業維持・成長をどの程度優先するか、新分野志向はリスクを負っても新分野へ進出する志向の強弱を意味する。また高収益志向はややあいまいな概念であり、どの経

表終-4 近代日本主要地方資産家の経営展開

氏名	家業	地域志向	家業志向	新分野志向	高収益志向	タイプ
野村治三郎	銀行	○	◎	△	○	単拠点事業家
盛田喜平治	醸造	◎	◎	△	△	単拠点事業家
本間金之助	商業・土地	◎	○	△	○	単拠点事業家
秋野茂右衛門	土地	◎	○	△	○	投資家
風間幸右衛門	土地	◎	○	○	○	単拠点事業家
市島徳次郎	土地	○	○	△	○	投資家
二宮孝順	土地	○	○	○	○	投資家
中野貫一	土地・鉱業	○	◎	◎	○	単拠点企業家
濱口吉右衛門	商業	◎	◎	○	△	単拠点事業家
濱口儀兵衛	醸造	◎	◎	△	△	単拠点事業家
髙梨兵左衛門	醸造	◎	◎	△	○	単拠点事業家
奥山源蔵	土地	○	○	△	○	投資家
鈴木摠兵衛	商業・林業	○	◎	○	○	単拠点事業家
高松定一	商業	○	◎	○	○	単拠点事業家
小栗三郎	商業・醸造	○	◎	○	○	単拠点事業家
中埜又左衛門	醸造	○	◎	○	○	単拠点事業家
馬場道久	海運	◎	◎	△	○	単拠点事業家
森正太郎	漁業	○	◎	○	◎	単拠点事業家
菅野伝右衛門	商業	◎	△	◎	○	単拠点企業家
藤井能三	商業	◎	△	○	△	名望家
宮林彦九郎	海運	◎	△	○	○	名望家
熊田源太郎	海運	○	○	○	◎	多拠点事業家
久保彦助	海運	△	○	○	◎	多拠点事業家
酒谷長一郎	海運	△	○→△	△	◎	投資家
廣海二三郎	海運	○	○	○	◎	多拠点事業家
大家七平	海運	△	○	○	◎	多拠点事業家
森田三郎右衛門	銀行	◎	◎	△	○	単拠点事業家
右近権左衛門	海運	△	○	○	◎	多拠点事業家
大和田荘七	銀行・鉱業	○	◎	○	◎	多拠点事業家
阿部市太郎	商業	○	○	◎	◎	多拠点企業家
外村市郎兵衛	商業	○	○	○	○	多拠点事業家
猪田岩蔵	土地	○	○	○	○	投資家
山中兵右衛門	醸造	△	◎	○	○	多拠点事業家
藤野四郎兵衛	漁業	△	○→△	△	◎	投資家
小林吟右衛門	商業	○	◎	○	○	多拠点事業家
西川甚五郎	商業	△	◎	○	○	多拠点事業家
田中市兵衛	商業	○	△	◎	○	多拠点企業家
武田長兵衛	商業	○	◎	△	○	多拠点事業家
福本元之助	銀行	○	△	◎	◎	多拠点企業家
廣海惣太郎	商業	○	○	○	◎	投資家
永田藤兵衛	林業	◎	○	○	○	単拠点事業家
瀧田清兵衛	商業	◎	◎	○	△	単拠点事業家
服部和一郎	土地	○	○	○	○	投資家
溝手保太郎	土地	○	○	○	○	投資家
大原孫三郎	商業・土地	○	○	◎	○	単拠点企業家

(出所)表終-1・2の出所資料をもとに筆者が判断して作成。
(注)各欄の◎は強い、○は普通、△は弱いことを示す。家業志向欄は、比較的早く家業を廃業したものを△としたが、酒谷家と藤野家は1910年代に家業を廃業したので、→で示した。高収益志向が強いことは、家業意識や地域社会よりも自家の収益を優先する傾向があることを表す。

営体でも収益が上がればそれに越したことはないので、ここでは、家業意識や地域社会の利害よりも自家の収益を優先する傾向の強弱を意味する。

　このなかで、経営志向性が比較的明確なのが企業家と投資家で、企業家は、家業志向が比較的弱く、新分野志向が強い資産家となり、そして家業志向が弱く、収益志向が強いのが投資家となろう。もっともこれらの分類は相対評価であり、強弱の度合いが各家で異なる上に、同じ家でも当主交代などで、経営志向性が異なる場合もある。中間領域に位置するのが事業家であり、家業維持の傾向が共通して見られるものの、家業に専念する専業タイプもあれば、家業を核としつつ多角化する兼業タイプも見られる。特に、各地に拠点を設けて家業を広く展開した多拠点事業家に兼業タイプが多く見られることとなった。

　それに対して、野田の醬油醸造家は大消費地の東京に隣接し、製品販売・輸入原料調達・有価証券投資などをいずれも東京を中心として行うことが可能な

---

1) 谷本・阿部［1995］では、地方名望家的資産家として、山梨県の奥山源蔵家、新潟県の内藤久寛家、茨城県の関口八兵衛家が挙げられ、岡山県の服部平五郎家（後に和一郎家）がレントナー的資産家に近い地方名望家的資産家とされた。ただし、奥山家・服部家の地域社会への名望家的な貢献行動はそこで提示された参照文献（奥山家は永原・中村・西田・松元［1972］、服部家は大石編［1985a］）ではあまり明確でなく、また同論文で名望家的要素も持っていたとされる千葉県の濱口儀兵衛家や岡山県の大原孝四郎家も、経済行動としては、地方企業家的行動をとっており、同論文でも地方企業家的資産家に位置付けられた。沢井・谷本［2016］第3章（谷本執筆）でも、「新しい知識・機会」で事業活動を行うのが企業家、「地域社会」との関わりで社会的な活動を行うのが名望家とすれば、企業家・名望家の双方の要素が含まれる場合もあり、その2つが分離する場合には、企業家的資産家・名望家的資産家の2類型が顕在化することになるとしている（234頁）。その意味では、特定の指標で線引きをするよりも、実際にそれらの家がとった行動様式から資産家の経営志向性を判断した方がよいと考えられ、後掲の表終-4では、奥山家と服部家は投資家的資産家と位置付け、濱口家と大原家は企業家的資産家と位置付けた。内藤家と関口家については、所得内訳や長期的な有価証券投資動向が不明のため、表終-4に入れていないが、1890年代までは名望家的な政治行動をとっており（谷本・阿部［1995］）、名望家的資産家と位置付けてよいと思う。ただし、両家ともにその後20世紀に入ると、事業に力を入れるようになることを考えると、名望家的資産家は、1870年代～90年代に近世来の社会秩序を国家に代位して維持するために活動した歴史的存在と位置付けた方がよいであろう。本文で述べた宮林家・藤井家・宮下家もその意味で、名望家的資産家と位置付けている。なお、近代日本における地方資産家の名望家的役割を強調した研究として白鳥［2004］がある。
2) ただし、多拠点のメリットとして、地域間の異なる情報が容易に取得できたことがあり、投資家的資産家のなかでも、函館・石川県・大阪に拠点を持っていた石川県橋立の酒谷長一郎家は、函館・石川県・大阪の銀行の地域間預金金利格差を活かして、資産運用を主に銀行定期預金で行っていた。その点では、投資家的資産家においても、多拠点か単拠点かが大きな影響を与えた側面もある（中西［2009］第2章）。

ため、野田醬油会社設立までは、東京・野田を含めた地域志向が強いまま展開することができた。しかし、他とは隔絶した醸造規模を持つ野田醬油会社設立後は、東京以外に広く市場を求める必要が生じて多拠点事業家として展開するに至ったと言える。このように単拠点事業家から多拠点事業家への展開も、地方資産家による家業会社の世界の成長のあかしと言える。これまでの企業勃興論で主に取り上げられた紡績会社・鉄道会社・銀行などが、企業合同によって次第に独占的大企業となり、専門経営者の登用などで経営者と出資者の分離が進むなかで、家業発展型の中規模会社では、出資者が経営者でもある家業会社が根強く継続された[3]。

　第二次世界大戦の敗戦により、日本ではアメリカの占領政策のもとで、経営者と出資者の両面で独占的大企業は断絶するに至ったが、中規模家業会社は独占的大企業にならなかったがゆえに、経営者と出資者が継続して第二次世界大戦後も家業経営を維持し得た[4]。実際、表終－1で挙げた地方資産家の多くが、第二次世界大戦後も家業会社の経営者やそれなりの資産家として継続している。むろん第二次世界大戦後のインフレにより、有価証券資産が目減りした上に、高額の財産税・相続税が課せられたために実質資産をかなり失ったことは事実であろうが[5]、家業を会社化し、その株式を所有し続けることで会社の所有権を維持できた。例えば萬三商店小栗家の場合[6]、1948年1月に額面66,950円分の公債を財産税として物納しているが、そのうち額面37,000円分は1942〜43年に購入した大東亜戦争特別国庫債券であり、額面14,900円分は、38〜41年に購

---

[3] 表終－2に挙げた諸会社のなかで、野村銀行、風間銀行、中野興業、ヤマサ醬油、野田醬油、材摠木材、萬三商店、中埜酢店、馬場商事、熊田商事、千代盛商会、廣海商事、大家商事、森田銀行、右近商事、大和田銀行、大和田炭鉱、阿部市商店、外村市商店、山中兵右衛門商店、丁吟商店、近江蚊帳、近江屋商会、武田長兵衛商店、新栄銀行、服部合資などはいずれも家業会社・家業銀行と言える。

[4] 表終－1で挙げた資産家のうち、風間家、中野家、濱口儀兵衛家、髙梨家、鈴木家、小栗家、中埜家、馬場家、廣海二三郎家、大家家、右近家、阿部家、外村家、山中家、小林家、西川家、武田家は、いずれも第二次世界大戦前に家業を会社化してその家業会社が第二次世界大戦まで継続して事業展開し、高松家・永田家は第二次世界大戦後の復興期に家業会社を設立した（表終－1の出所資料を参照）。

[5] 第二次世界大戦後の税制は佐藤・宮島［1990］を、戦後改革全般は原［2007］を参照。

[6] 以下の記述は、大正9年3月改訂「公債株券帳」・昭和19年6月改訂「国債株券帳」（小栗家文書1019-16・17、小栗家蔵）を参照。

入した支那事変国庫債券であった。戦争中に購入した国債を戦後の財産税に物納として充当することで、財産税の支払いの際に所有株式を売却せずに済んでおり、戦後も萬三商店の株式をそのまま所有し続けた。また土地についても第二次世界大戦後の農地改革で、宅地や山林が対象外とされたために、所有宅地・山林を手元に残すことができた。実際、表終−１を見ても、そこに挙げた地方資産家の多くが少なくない貸家収入を得ており、彼らの所有する土地を宅地化していたことが推測できる[7]。

こうして維持した資産をもとに、事業家的資産家は家業会社の追加出資に応じながら、高度経済成長期に形成された六大企業集団の株式持ち合いによる法人資本主義とは異なる別の世界を作っていたと考えられる[8]。もちろん、資産家資本主義の世界は、第二次世界大戦前のままでの継続は難しく、資産家の多くが、農地改革や財産税の徴収である程度資産を失ったため、戦後の再建の過程で銀行の支援を仰ぎ、銀行の監視を受けるようになった家業会社も多かったと思われるが、会社の所有権は、創業者一族が保持し続けた。

その再建が果たされた後の高度経済成長期の日本資本主義は、法人資本主義の顔と、中規模家業会社が成長した戦後型資産家資本主義の顔の両方を見せていたと言える。野田醬油会社も、第二次世界大戦後にキッコーマンと社名を改め、世界に進出して国際的大企業となった（キッコーマン株式会社編［2000］）。このように、地方事業家の家業会社として戦前期に設立され、戦後まで継続して国際的企業となった会社は、愛知県の豊田家によるトヨタ自動車や中埜家によるミツカンなど多数存在している（トヨタ自動車株式会社編［2013］、ミツカングループ本社編［2004］）。髙梨家を含む野田醬油産地の事例も、戦前から戦後に連続する家業会社による日本経済発展の側面を示しており、その点で家業会社による工業化も、地域の工業化の重要な方向性を示していると言えよう。

---

[7] 橘川・粕谷編［2007］第３章（沼尻晃伸・加瀬和俊・植田欣次執筆）では、土地所有家による所有地の宅地化が1930年代に進展したことが明らかにされた。

[8] 法人資本主義については奥村［2005］を、六大企業集団の株式持ち合いについては橋本・武田・法政大学産業情報センター編［1992］などを参照。

あとがき

　私はこれまで、近代日本の人々の経済活動の歴史的展開を明らかにする研究を、経済活動の成果が交換される「市場」、その交換の際の主な担い手となる「商人」、それらの展開をサービスの面で支える「交通」と「金融」、そしてその財・サービスの最終的な「消費」の5つを柱として進めてきた。そのなかで、「市場」(『近世・近代日本の市場構造』東京大学出版会、1998年)・「商人」(『海の富豪の資本主義』名古屋大学出版会、2009年)・「交通」(『旅文化と物流』日本経済評論社、2016年)・「消費」(『近代日本の消費と生活世界』(二谷智子との共著)吉川弘文館、2018年)についてはそれぞれ著書にしており、本書は残る「金融」を分析対象とした。特に、『近代日本の消費と生活世界』と本書は、家計のなかでの消費と投資の関連性の点で互いに深く関係している。そしてこれらの諸研究全体を通して、近代日本における財の循環と資金の循環の社会的関係を実証的に解明することを目指している。

　ひるがえって現代日本では、地方の村落部が停滞しているように感じるが、その背景に財と資金がうまく循環していないことがあると思われる。こうした財と資金は、地域間でも所得階層間でも偏在しているが、それらをうまくコーディネートして循環させることで、市場経済を拡大させつつ地域社会を活性化させられないかという点に、現在の私の関心がある。近代初頭の日本では、官営工場を設立したり、商人に御用を請け負わせることで、政府が財や資金の循環をコーディネートしようとした。しかし財政難のため政府はその役割を民間有力層に委ねることになり、近代日本では、地方に比較的広く分布した資産家層がその主な担い手となった。それゆえ、本書が素材とする金融や資本市場を論ずる場合も、その実態の解明には、地方資産家層の分析が不可欠であった。そして地方資産家の金融活動や有価証券投資を研究する上で、15年以上も前から会員として参加させていただいている地方金融史研究会が、議論の場として

とても重要であった。また、日本銀行金融研究所金融史担当主催セミナーでも、株式担保金融や地方資産家の有価証券投資をテーマとして2回報告させていただき、金融研究者の皆様から貴重な知見を得た。

　なお、本書で主に取り上げた逸身家・永田家・廣海家・鈴木家・高松家・小栗家・髙梨家・野村家のうち、逸身家（逸身喜一郎・吉田伸之編『両替商　銭屋佐兵衛』（全2巻）東京大学出版会、2014年）・廣海家（石井寛治・中西聡編『産業化と商家経営』名古屋大学出版会、2006年）・小栗家（中西聡・井奥成彦編著『近代日本の地方事業家』日本経済評論社、2015年）・髙梨家（公益財団法人髙梨本家監修・井奥成彦・中西聡編著『醬油醸造業と地域の工業化』慶應義塾大学出版会、2016年）については、共同研究成果が発表されており、それらの史料群の調査を始めた経緯は、上記の共著書の序やあとがきを参照していただきたい。

　また、永田家は逸身家と廣海家と姻戚関係にあり、逸身家文書の共同研究が完成に近づいたころに、永田家文書が奈良県立図書情報館に保管されていることを知った中西らが、同館を訪ねてそれらを閲覧させていただいた。さらに奈良県立図書情報館の紹介で、永田家の皆様にお目にかかることができ、永田家文書の研究射程がかなり広がった。現在も、数名の研究者とともに永田家文書の共同研究を進めている。鈴木家（材摠店）と高松家（師定商店）はいずれも名古屋の有力商人で、高松家の史料は私が名古屋大学に勤務していた時期に巡り合い、鈴木家の史料および愛知県庁文書は愛知県史編纂事業に私が関わるなかで閲覧させていただいた。そのため鈴木家（材摠店）の研究成果は『愛知県史研究』に掲載していただき、本書では、同家（材摠店）の分析結果を『愛知県史研究』掲載論文から引用した。そして廣海家の主な取引相手であった船持商人の野村家の史料群が、青森県野辺地に残されていることを、廣海家文書の共同研究を進めるなかで知り、野村家や野辺地町立歴史民俗資料館を訪れて、野村家文書を閲覧させていただいた。

　これまで閲覧させていただいた私家文書には、上記の諸研究で取り上げることができなかったものも多数存在している。本書により、当初に私が考えた研究計画は一段落となるが、それらの私家文書も利用しつつ、新たな研究計画のもとに今後も実証研究を進めていきたい。その方向として現時点で以下の3つを考えている。第一は、地方資産家の事例研究を上積みし、地域間・業種間な

どの比較の精度を高めることである。地域的には、本州の日本海沿岸地域の北前船主系資産家を取り上げた『海の富豪の資本主義』と本書で、本州のかなりの部分はカバーできたものの、北海道・四国・九州の分析が手薄であり、地域間の比較が本州内に止まっている。さらに業種的にも、北前船主も含めて商家の事例研究をこれまで進めてきた上に、本書で林業資産家や醸造資産家の事例研究を加えたが、林業資産家や醸造資産家を多地域で取り上げることで、そのなかでの地域比較も進めたい。前述の北前船主の研究では海の豊かさが近代日本の産業化に果たした役割を描いたが、海の豊かさに加えて山や里の豊かさも近世から近代への日本では引きつがれており、その視点も重要である。第二は、本書が成立過程を論じた「資産家資本主義」の第二次世界大戦後の展開を検討することである。戦前と戦後を通した視点で検討する場合、本書終章で述べた家業会社の連続性に加え、宅地や山林が戦後の農地改革の対象外とされ、戦前の資産家の宅地・山林資産がある程度そのまま戦後に残された点に留意したい。本書で検討した各家の多くが戦後も事業を継続し得た理由の1つに、戦前来からの宅地や山林などの資産を維持できたことがあったと考えられ、その点を明らかにするため、戦後まで家業を経営した複数の家の史料をすでに収集している。第三は、地方資産家層の研究そのものを相対化させるために、所得階層のより低い家の事例研究を進めて、階層間の差異を明らかにすることである。それを、第二次世界大戦前後を含めて分析することで、第二次世界大戦後の変化が社会に与えた影響を考察したい。それゆえ、これからも史料所蔵者の皆様と史料所蔵機関のご理解を得ることに努めつつ、研究に精進していきたい。

　逸身家・永田家・廣海家・鈴木家・高松家・小栗家・髙梨家・野村家・阿部家・棚橋家・宮林家の皆様、および大阪歴史博物館・奈良県立図書情報館・貝塚市教育委員会・材惣木材株式会社・名古屋市市政資料館・名古屋市博物館・愛知県史編さん委員会・師定株式会社・上花輪歴史館・野辺地町立歴史民俗資料館・東近江市能登川博物館・滋賀大学経済学部附属史料館・岐阜県歴史資料館・加賀市教育委員会・蔵六園・大阪商業大学商業史博物館・ユニチカ記念館・国文学研究資料館・愛知県公文書館・三井文庫・国立公文書館・三菱史料館・慶應義塾大学三田メディアセンターからは、本書執筆のために多大なご助力を得た。心より感謝申し上げたい。また、石井寛治氏をはじめ地方金融史研

究会の皆様、鎮目雅人氏（現早稲田大学）をはじめ日本銀行金融研究所の皆様、逸身喜一郎氏・吉田伸之氏をはじめ逸身家文書研究会の皆様、井奥成彦氏をはじめ廣海家・小栗家・髙梨家の共同研究のメンバーの皆様、渡邉恵一氏をはじめ永田家の共同研究のメンバーの皆様にも深く感謝申し上げる。

　本書は独立行政法人日本学術振興会平成30年度科学研究費助成事業（研究成果公開促進費「学術図書」、課題番号18HP5158）の交付を受けて刊行される。日本学術振興会に謝意を表するとともに、出版事業が厳しいなかで、本書のような実証的な専門書の刊行を引き受けて下さった慶應義塾大学出版会および直接編集を担当していただいた村山夏子氏に心より御礼を申し上げたい。

　そして、長年にわたり私の研究生活を支えてくれた妻（二谷智子）と二人の子どもたちに、心より感謝して本書を捧げる。

　　2018年11月

中西　聡

初出等一覧　497

[初出一覧]（各部序はいずれも新稿）
序章　中西聡「地方資産家の投資行動からみた近代日本」（『三田学会雑誌』第108巻第4号、2016年1月）を加筆・修正
第1章　中西聡「逸身銀行の設立・展開とその破綻」（逸身喜一郎・吉田伸之編『両替商銭屋佐兵衛2　逸身家文書研究』東京大学出版会、2014年10月、第7章）を加筆・修正
第2章　中西聡「近代吉野林業地帯と産地銀行」（『地方金融史研究』第48号、2017年5月）を加筆・修正
第3章　中西聡「両大戦間期日本における地方資産家の銀行借入と株式投資」（『地方金融史研究』第39号、2008年5月）を加筆・修正
第4章　新稿
第5章　前半は、中西聡「川筋肥料商と名古屋経済」（『中区制施行100周年記念名古屋市中区誌』中区制施行100周年記念事業実行委員会、2010年12月）を加筆・修正、後半は新稿
第6章　中西聡「半田・亀崎地域の「企業勃興」と有力事業家」（中西聡・井奥成彦編著『近代日本の地方事業家』日本経済評論社、2015年11月、第10章）を大幅に改稿
第7章　中西聡「近代期の髙梨（近江屋）仁三郎店と東京醤油市場」（公益財団法人髙梨本家監修・井奥成彦・中西聡編著『醬油醸造業と地域の工業化』慶應義塾大学出版会、2016年6月、第9章）を大幅に改稿
第8章　中西聡「近代髙梨家の資産運用と野田地域の工業化」（同上第12章）を加筆・修正
第9章　中西聡「地方資産家の銀行経営と地域金融市場」（『三田学会雑誌』第109巻第4号、2017年1月）を加筆・修正
終章　中西聡「地方資産家としての髙梨兵左衛門」「地方資産家と地域の工業化」（前掲『醬油醸造業と地域の工業化』終章第2・3節）を大幅に改稿

[著者が研究代表者として受けた研究助成一覧]（本書の内容に関連するもの）
・2001年度全国銀行学術研究振興財団研究助成「戦前期日本における地方資産家の銀行への預金行動の研究」（個人）
・平成15年度日東学術振興財団研究助成「戦前期日本における産業化と地方資産家の投資行動」（個人）
・平成17年度（～平成20年度）名古屋大学高等研究院研究プロジェクト「20世紀日本の生活様式と社会環境に関する学際的研究」（共同）
・平成18～21年度日本学術振興会科学研究費補助金基盤研究（B）「近現代日本の生活様式と社会環境からみた都市と農村の比較研究」（共同）
・2010・2011年度サントリー文化財団「人文科学、社会科学に関する研究助成」「20世紀日本における産業化と生活環境に関する学際的研究」（共同）
・平成23～26年度日本学術振興会科学研究費補助金基盤研究（B）「近現代日本における都市・農村複合型産業化と生活環境に関する総合的研究」（共同）
・平成26～28年度慶應義塾学事振興資金による研究補助「近代日本における資産家資本主義

の生成と地域社会」(個人)
・平成29〜32年度(予定)日本学術振興会科学研究費補助金基盤研究(B)「大正・昭和期における住宅関連産業の展開と「暮らし」の変容に関する総合的研究」(共同)

[著者が研究分担者として受けた研究助成一覧](本書の内容に関連するもの)
・平成7・8年度文部省科学研究費補助金基盤研究(A)(1)「商人の活動からみた全国市場と域内市場―天保期から第二次大戦期―」(研究代表者:石井寛治)
・平成21年度福武学術文化振興財団歴史学助成「関東の名望家と醬油醸造業―野田・髙梨家文書の研究―」(研究代表者:井奥成彦)
・平成29〜32年度(予定)日本学術振興会科学研究費補助金基盤研究(B)「醸造業による農村工業化と和食文化の形成に関する地域比較研究」(研究代表者:井奥成彦)

参照文献一覧

Gersick, K.E., J.A. Davis, M.M. Hampton, and I. Lansberg［1997］*Generation to Generation: Life Cycles of the Family Business*. Harvard Business School Press（ジョン・A・デーヴィス／ケリン・E・ガーシック／マリオン・マッラカム・ハンプトン／アイヴァン・ランズバーグ（岡田康司監訳、犬飼みずほ訳）『オーナー経営の存続と継承』流通科学大学出版、1999年）

Kenyon-Rouvinez, D. and J.L. Ward［2005］*Family Business Key Issues*. Palgrave Macmillan

Lin, Nan［2001］*Social Capital: A Theory of Social Structure and Action*. Cambridge University Press（ナン・リン（筒井淳也・石田光規・桜井政成・三輪哲・土岐智賀子訳）『ソーシャル・キャピタル—社会構造と行為の理論』ミネルヴァ書房、2008年）

Miller, D. and I.Le Breton-Miller［2005］*Managing For The Long Run*. Harvard Business School Press（ダニー・ミラー／イザベル・ル・ブレトン＝ミラー（斉藤裕一訳）『同族経営はなぜ強いのか？』ランダムハウス講談社、2005年）

Putnam, R.D.［1993］*Making Democracy Work: Civic Traditions in Modern Italy*. Princeton University Press（ロバート・D・パットナム（河田潤一訳）『哲学する民主主義—伝統と改革の市民的構造』NTT出版、2001年）

愛知県史編さん委員会編［2017］『愛知県史』通史編6、近代1、愛知県
愛知県知多郡半田町編［1926］『半田町史』愛知県知多郡半田町
愛知県半田市［1971］『半田市誌』愛知県半田市
愛知県肥料商誌編集委員会編［1989］『愛知県肥料商誌』全国肥料商連合会愛知県部会・愛知県肥料卸商業協同組合
青木美智男編［2009］『決定版　番付集成』柏書房
青森市役所編［1982］『青森市史』第4巻、産業編上、国書刊行会
浅井良夫［1975］「戦前期日本における都市銀行と地方金融」（『金融経済』第154号）
麻島昭一［2001］『本邦信託会社の史的研究』日本経済評論社
阿部武司［1988］「明治期における地方企業家」（『大阪大学経済学』第38巻第1・2号）
阿部武司［1989］『日本における産地綿織物業の展開』東京大学出版会
安良城盛昭［1990］『天皇制と地主制』（上下）塙書房
井奥成彦［2006］『19世紀日本の商品生産と流通—農業・農産加工業の発展と地域市場』日本経済評論社
井奥成彦［2015］「近代期の醤油醸造経営」（中西・井奥編著［2015］）
井奥成彦［2016］「髙梨家醤油の地方販売の展開」（公益財団法人髙梨本家監修［2016］）

池上和夫［1989］「酒造財閥」（渋谷・加藤・岡田編［1989］）
石井寛治［1974］「福井・石川絹織物業と金融」（山口編著［1974］）
石井寛治［1991］『日本経済史［第2版］』東京大学出版会
石井寛治［1999］『近代日本金融史序説』東京大学出版会
石井寛治・中西聡編［2006］『産業化と商家経営――米穀肥料商廣海家の近世・近代』名古屋大学出版会
石井寛治［2006a］「戦前日本の株式投資とその資金源泉」（『金融研究（日本銀行金融研究所）』第25巻1号）
石井寛治［2006b］「近代の金融システムと廣海家」（石井・中西編［2006］）
石井寛治［2007］『経済発展と両替商金融』有斐閣
石井寛治［2010］「両替商系銀行における破綻モデル」（粕谷・伊藤・齋藤編［2010］）
石井寛治［2015a］『資本主義日本の歴史構造』東京大学出版会
石井寛治［2015b］「金融システムの近代化と萬三商店」（中西・井奥編［2015］）
石井寛治［2018］『資本主義日本の地域構造』東京大学出版会
石井寿美世［2016］「髙梨家の経営理念」（公益財団法人髙梨本家監修［2016］）
石井里枝［2013］『戦前期日本の地方企業――地域における産業化と近代経営』日本経済評論社
泉英二［1986年度］「近世吉野地方における山元材木商人の活動」（『徳川林政史研究所紀要』）
市川大祐［2015］「明治後期・大正期の肥料商業・肥料製造業」（中西・井奥編著［2015］）
市山盛雄編［2003］『野田醬油株式会社二十年史』（社史で見る日本のモノづくり、第3巻）ゆまに書房
逸身喜一郎［2014］「四代佐兵衛評伝」（逸身喜一郎・吉田伸之編『両替商銭屋佐兵衛1　四代佐兵衛評伝』東京大学出版会）
逸身喜一郎・吉田伸之編［2014］『両替商銭屋佐兵衛2　逸身家文書研究』東京大学出版会
伊藤和美［1977］「商業・貸付資本の地主的展開」（『農業経済研究』第48巻第4号）
伊藤武夫［1981］「地方財閥中野家と中野興業株式会社」（『地方金融史研究』第12号）
伊藤敏雄［2006］「産地直接買付における情報伝達と輸送」（石井・中西編［2006］）
伊藤敏雄［2015］「近代における店則・家憲と店員の活動」（中西・井奥編著［2015］）
伊藤正直・鷲見誠良・浅井良夫編著［2000］『金融危機と革新――歴史から現代へ』日本経済評論社
稲葉陽二［2011］『ソーシャル・キャピタル入門――孤立から絆へ』（中公新書）中央公論新社
井上幸次郎編［1941］『大日本紡績株式会社五十年記要』大日本紡績株式会社
今尾恵介監修［2008～09］『日本鉄道旅行地図帳』全12号、新潮社
伊牟田敏充［1976］『明治期株式会社分析序説』法政大学出版局
伊牟田敏充［1987］「華族資産と投資行動」（『地方金融史研究』第18号）
伊牟田敏充［1989］「華族大資産家」（渋谷・加藤・岡田編［1989］）
伊牟田敏充［2002］『昭和金融恐慌の構造』経済産業調査会
岩崎清七史編纂委員会編［2010］『不撓不屈――岩崎清七の生きざまが今に伝えること』岩崎

清七商店
植田欣次［2011］『日本不動産金融史―都市農工銀行の歴史的意義』学術出版会
上野山学［2002］「明治期における地方名望家の役割と経営」（『経済学論叢（同志社大学）』第53巻第4号）
臼井勝美・高村直助・鳥海靖・由井正臣編［2001］『日本近現代人名辞典』吉川弘文館
内田義彦［1994］『新版　経済学の生誕』未來社、初版1953年
愛媛県史編さん委員会編［1986］『愛媛県史』社会経済3　商工、愛媛県
老川慶喜・渡邉恵一編［1998］『近代日本物流史資料』第11巻（名古屋1）、東京堂出版
近江商人郷土館・丁吟史研究会編［1984］『変革期の商人資本』吉川弘文館
大石嘉一郎編著［1985a］『近代日本における地主経営の展開―岡山県牛窓町西服部家の研究』御茶の水書房
大石嘉一郎編［1985b］『日本帝国主義史1　第一次大戦期』東京大学出版会
大蔵省編［1937］『明治大正財政史』第6・7巻、財政経済学会
大島朋剛［2010］「灘酒造家による事業の多角化と資産管理」（『企業家研究』第7号）
太田健一［1981］『日本地主制成立過程の研究』福武書店
大瀧真俊［2013］『軍馬と農民』（プリミエ・コレクション39）京都大学学術出版会
大塚松蔭［1929］『名古屋肥料雑穀問屋組合沿革史』前編、名古屋肥料雑穀問屋組合事務所
大津寄勝典［2004］『大原孫三郎の経営展開と社会貢献』日本図書センター
大豆生田稔［1993］『近代日本の食糧政策―対外依存米穀供給構造の変容』ミネルヴァ書房
大淀町史編集委員会編［1973］『大淀町史』大淀町役場
岡崎哲二・浜尾泰・星岳雄［2005］「戦前日本における資本市場の生成と発展」（『経済研究（一橋大学経済研究所）』第56巻第1号）
岡崎哲二［2006］「戦前日本における企業金融・企業統治の進化」（『金融研究（日本銀行金融研究所）』第25巻1号）
岡田和喜［1989］「金融（銀行）財閥」（渋谷・加藤・岡田編［1989］）
岡本幸雄［2007］「明治期渡辺家の企業者活動」（迎由理男・永江眞夫編『近代福岡博多の企業者活動』九州大学出版会）
奥村昭博［2016］「ファミリービジネスの理論」（ファミリービジネス学会編・奥村昭博・加護野忠男編著『日本のファミリービジネス―その永続性を探る』中央経済社）
奥村宏［2005］『最新版　法人資本主義の構造』（岩波現代文庫）岩波書店
笠井恭悦［1964］『林野制度の発展と山村経済』御茶の水書房
粕谷誠・武田晴人［1990］「両大戦間の同族持株会社」（『経済学論集』第56巻第1号）
粕谷誠［2000］「金融制度の形成と銀行条例・貯蓄銀行条例」（伊藤・靍見・浅井編著［2000］）
粕谷誠［2002］『豪商の明治―三井家の家業再編過程の分析』名古屋大学出版会
粕谷誠・伊藤正直・齋藤憲編［2010］『金融ビジネスモデルの変遷』日本経済評論社
片岡豊［1983］「明治中期の投資行動」（『社会経済史学』第49巻第3号）
片岡豊［2006］『鉄道企業と証券市場』日本経済評論社

勝部真人［1980］「確立・興隆期における＜近畿型＞地主制の諸特質」（『史学研究』第149号）

勝部真人［2002］『明治農政と技術革新』吉川弘文館

加藤衛拡・成田雅美・脇野博［2006］「林業史」（林業経済学会編『林業経済研究の論点―50年の歩みから』日本林業調査会）

加藤隆［1989］「醸造（醤油）財閥」（渋谷・加藤・岡田編［1989］）

「角川日本地名大辞典」編纂委員会編［1985］『角川日本地名大辞典』2青森県、角川書店

「角川日本地名大辞典」編纂委員会編［1991］『角川日本地名大辞典』27大阪府、角川書店

金森久雄・荒憲治郎・森口親司編［2013］『有斐閣経済辞典（第5版）』有斐閣

鐘紡株式会社社史編纂室編［1988］『鐘紡百年史』鐘紡株式会社

株式会社小網［1983］『小網のあゆみ50年』株式会社小網

株式会社三和銀行史編纂室［1974］『三和銀行の歴史』株式会社三和銀行史編纂室

株式会社安田銀行六十周年記念事業委員会［1940］『安田銀行六十年誌』株式会社安田銀行、復刻版ゆまに書房（社史で見る日本経済史、第14巻）1998年

関西地方電気事業百年史編纂委員会編［1987］『関西地方電気事業百年史』日本経営史研究所

神原周平編［1935］『日本貿易精覧』東洋経済新報社

岸和田市史編さん委員会編［2005］『岸和田市史』第4巻近代編、岸和田市

北澤満［2015］「三菱合資会社石炭販売代理店に関する一考察」（『三菱史料館論集』第16号）

橘川武郎［2002］「財閥のコンツェルン化とインフラストラクチャー機能」（石井寛治・原朗・武田晴人編『日本経済史3 両大戦間期』東京大学出版会）

橘川武郎・粕谷誠編［2007］『日本不動産業史―産業形成からポストバブル期まで』名古屋大学出版会

キッコーマン株式会社編［2000］『キッコーマン株式会社八十年史』キッコーマン株式会社

絹川太一［1939］『本邦綿糸紡績史』第4巻、日本綿業倶楽部

岐阜県歴史資料館編［1991］『岐阜県所在史料目録　第27集　棚橋健二家文書目録（3）』岐阜県歴史資料館

京都大学人文科学研究所林業問題研究会［1956］『林業地帯』高陽書院

経営史学会編［2015］『経営史学の50年』日本経済評論社

公益財団法人髙梨本家監修、井奥成彦・中西聡編著［2016］『醤油醸造業と地域の工業化―髙梨兵左衛門家の研究』慶應義塾大学出版会

後藤新一［1991］『銀行合同の実証的研究』日本経済評論社

後藤靖解題［1989］『銀行会社要録』全9巻、柏書房

小林和子［2012］『日本証券史論―戦前期市場制度の形成と発展』日本経済評論社

小林延人［2014］「幕末維新期における銭佐の経営」（逸身・吉田編［2014］）

小林延人［2015］『明治維新期の貨幣経済』東京大学出版会

小林裕［1981］『林業生産技術の展開―その近代化100年の実証的研究』日本林業調査会

三枝一雄［1992］『明治商法の成立と変遷』三省堂

材摠300年史編纂委員会編［1991］『材摠300年史』材摠木材株式会社
齋藤康彦［2002］『転換期の在来産業と地方財閥』岩田書院
齋藤康彦［2009］『地方財閥の近代―甲州財閥の興亡』岩田書院
坂井好郎［1978］『日本地主制史研究序説』御茶の水書房
桜井英治・中西聡編［2002］『新体系日本史12 流通経済史』山川出版社
佐々木誠治［1961］『日本海運業の近代化―社外船発達史』海文堂
佐藤進・宮島洋［1990］『戦後税制史（第二増補版）』税務経理協会
沢井実・谷本雅之［2016］『日本経済史―近世から現代まで』有斐閣
塩川藤吉編［1928］『大株五十年史』大阪株式取引所
塩澤君夫［1985］「寄生地主制の編成替え」（塩澤・近藤編著［1985］）
塩澤君夫・近藤哲生編著［1985］『織物業の発展と寄生地主制』御茶の水書房
篠田壽夫［1990］「江戸廻り経済圏とヤマサ醤油」（林編［1990］）
渋谷隆一編［1984］『明治期日本全国資産家・地主資料集成』全5巻、柏書房
渋谷隆一編［1985］『大正・昭和日本全国資産家・地主資料集成』全7巻、柏書房
渋谷隆一編［1988～98］『都道府県別資産家地主総覧』各道府県別編成、日本図書センター
渋谷隆一編［1988］『都道府県別資産家地主総覧』東京編3、日本図書センター
渋谷隆一・加藤隆・岡田和喜編［1989］『地方財閥の展開と銀行』日本評論社
渋谷隆一編［1991a］『都道府県別資産家地主総覧』奈良編、日本図書センター
渋谷隆一編［1991b］『都道府県別資産家地主総覧』近畿編、日本図書センター
渋谷隆一編［1991c］『都道府県別資産家地主総覧』大阪編1、日本図書センター
渋谷隆一編［1995a］『都道府県別資産家地主総覧』東北編、日本図書センター
渋谷隆一編［1995b］『都道府県別資産家地主総覧』青森編、日本図書センター
渋谷隆一編［1997］『都道府県別資産家地主総覧』愛知編1～3、日本図書センター
渋谷隆一・森武麿・長谷部弘［2000］『資本主義の発展と地方財閥』現代史料出版
澁谷隆一［2000］『高利貸金融の展開構造』日本図書センター
清水洋二・伊藤正直［1985］「西服部家地主経営の展開」（大石編著［1985a］）
下谷政弘［1998］『松下グループの歴史と構造』有斐閣
下市町史編纂委員会編［1958］『大和下市史』下市町教育委員会
下市町史編集委員会編［1973］『大和下市史』続編、下市町教育委員会
社史編纂委員会編［1966］『ニチボー75年史』ニチボー株式会社
商品流通史研究会編［1978～79］『近代日本商品流通史資料』全13巻、日本経済評論社
白鳥圭志［2004］「明治後期から第一次世界大戦期における地方資産家の事業展開」（『経営史学』第39巻第1号）
城山三郎（杉浦英一）［1994］『創意に生きる―中京財界史』（文春文庫）、文藝春秋
新修大阪市史編纂委員会編［1991］『新修大阪市史』第5巻、大阪市
新修名古屋市史編集委員会編［1999］『新修名古屋市史』第4巻、名古屋市
新修名古屋市史編集委員会編［2000］『新修名古屋市史』第5巻、名古屋市
杉山和雄［1970］「紡績会社の手形発行と市中銀行」（山口編著［1970］）

鈴木恒夫・小早川洋一・和田一夫［2009］『企業家ネットワークの形成と展開―データベースからみた近代日本の地域経済』名古屋大学出版会
須永重光編［1966］『近代日本の地主と農民』御茶の水書房
関口かをり［2001］「岩崎家の資産形成と奥帳場」（『三菱史料館論集』第2号）
大同電力株式会社［1999］『大同電力株式会社沿革史』（社史で見る日本経済史、第22巻）ゆまに書房
ダイヤモンド社編［1934］『銀行会社年鑑』（昭和9年版）ダイヤモンド社
高嶋雅明［2004］『企業勃興と地域経済』清文堂出版
髙梨節子［2016］「髙梨兵左衛門家の歴史」（公益財団法人髙梨本家監修［2016］）
高村直助［1970］「尼崎紡績会社」（山口編著［1970］）
高村直助［1971］『日本紡績業史序説』上下巻、塙書房
武内甲子雄編［1956］『財界家系図』人事興信所
武田二百年史編纂委員会編［1983］『武田二百年史』本編、武田薬品工業株式会社
武田晴人［1985］「資本蓄積（3）財閥」（大石編［1985b］）
武田晴人［1986］「大正九年版『全国株主要覧』の第一次集計結果（1・2）」（『経済学論集（東京大学）』第51巻第4号、第52巻第3号）
田中淳夫［2012］『森と近代日本を動かした男―山林王・土倉庄三郎の生涯』洋泉社
田中則雄［1990］「明治期、野田の醤油と東京醤油会社の『醤油輸出意見書』について」（野田市史編さん委員会編『野田市史研究』創刊号）
谷彌兵衛［2008］『近世吉野林業史』思文閣出版
谷本雅之［1990］「銚子醤油醸造業の経営動向」（林編［1990］）
谷本雅之・阿部武司［1995］「企業勃興と近代経営・在来経営」（宮本又郎・阿部武司編『日本経営史2　経営革新と工業化』岩波書店）
谷本雅之［1998］『日本における在来的経済発展と織物業―市場形成と家族経済』名古屋大学出版会
谷本雅之［2002］「在来的発展の制度的基盤」（社会経済史学会編『社会経済史学の課題と展望』有斐閣）
谷本雅之［2003］「動機としての『地域社会』」（篠塚信義・石坂昭雄・高橋秀行編『地域工業化の比較史的研究』北海道大学図書刊行会）
谷本雅之［2005］「銚子の醤油醸造業」（林・天野編［2005］）
地図資料編纂会編［1986］『明治大正日本都市地図集成』柏書房
千田稔［1987］「華族資本としての侯爵細川家の成立・展開」（『土地制度史学』第116号）
朝鮮銀行史研究会編［1987］『朝鮮銀行史』東洋経済新報社
津川正幸［1998］『近世日本海運の諸問題』関西大学出版部
土屋喬雄［1968］「醬油醸造業と銀行」（『地方金融史研究』第1号）
筒井正夫［2010］「明治期日野における企業活動と山中家の投資」（松元編［2010］）
筒井正夫［2016］『巨大企業と地域社会―富士紡績会社と静岡県小山町』日本経済評論社
都築晶［2011］「地方資産家における資産管理」（『経営史学』第46巻第1号）

靎見誠良［1981］「第一次大戦期金利協定と都市金融市場（上）」（『金融経済（金融経済研究所）』第188号）

靎見誠良［1989］「証券財閥」（渋谷・加藤・岡田編［1989］）

靎見誠良［2000］「戦前期における金融危機とインターバンク市場の変貌」（伊藤・靎見・浅井編著［2000］）

靎見誠良［2002］「近代の貨幣・信用」（桜井・中西編［2002］）

靎見誠良［2016］「リレーションシップ・バンキングからトランザクション・バンキングへ」（『地方金融史研究』第47号）

靎見誠良［2018a］「戦前の銀行はオーバーローンだったか」（『経営志林（法政大学）』第85巻第4号）

靎見誠良［2018b］「明治中期における普通銀行の経営行動」（『地方金融史研究』第49号）

寺尾美保［1994］「島津家と第十五国立銀行休業問題に関する一考察」（『尚古集成館紀要』第7号）

寺尾美保［2015］「明治十年代・二十年代に於ける島津家の会計管理」（『尚古集成館紀要』第14号）

寺西重郎［2006］「戦前日本の金融システムは銀行中心であったか」（『金融研究（日本銀行金融研究所）』第25巻第1号）

寺西重郎［2011］『戦前期日本の金融システム』岩波書店

天川村史編集委員会編［1981］『天川村史』天川村役場

東京大学社会科学研究所［1970］『倉敷紡績の資本蓄積と大原家の土地所有』東京大学社会科学研究所

東武鉄道社史編纂室編［1998］『東武鉄道百年史』東武鉄道株式会社

土倉祥子［1966］『評伝土倉庄三郎』朝日テレビニュース社出版局

トヨタ自動車株式会社編［2013］『トヨタ自動車75年史』トヨタ自動車株式会社

ナイカイ塩業株式会社社史編纂委員会編［1987］『備前児島野崎家の研究』山陽新聞社

永江為政編著［1973］『商業資料（復刻版）』新和出版社

中澤米太郎［1977］『泉州繁栄記―銀行編』（私家版）

中西聡［1998］『近世・近代日本の市場構造―「松前鯡」肥料取引の研究』東京大学出版会

中西聡［2002a］「近世・近代の商人」（桜井・中西編［2002］）

中西聡［2002b］「近代の商品市場」（桜井・中西編［2002］）

中西聡［2006a］「商業経営と不動産経営」（石井・中西編［2006］）

中西聡［2006b］「日本海沿岸地域の企業勃興」（原直史・大橋康二編『日本海域歴史大系』第5巻近世篇Ⅱ、清文堂出版）

中西聡・花井俊介［2006］「収益基盤の転換と多様化」（石井・中西編［2006］）

中西聡［2009］『海の富豪の資本主義―北前船と日本の産業化』名古屋大学出版会

中西聡［2010］「川筋肥料商と名古屋経済」（『中区制施行100周年記念　名古屋市中区誌』中区制施行100周年記念事業実行委員会）

中西聡［2012］「両大戦間期日本における百貨店の経営展開」（『経営史学』第47巻第3号）

中西聡［2015］「半田・亀崎地域の『企業勃興』と有力事業家」(中西・井奥編著［2015］)
中西聡・井奥成彦編著［2015］『近代日本の地方事業家』日本経済評論社
中西聡［2016a］「地方資産家の投資行動からみた近代日本」(『三田学会雑誌』第108巻第4号)
中西聡［2016b］『旅文化と物流―近代日本の輸送体系と空間認識』日本経済評論社
中西聡［2016c］「近代髙梨家の資産運用と野田地域の工業化」(公益財団法人髙梨本家監修［2016］)
中西聡［2016d］「地方資産家としての髙梨兵左衛門家」(公益財団法人髙梨本家監修［2016］)
中西聡［2017a］「近代吉野林業地帯と産地銀行」(『地方金融史研究』第48号)
中西聡［2017b］「地方資産家の銀行経営と地域金融市場」(『三田学会雑誌』第109巻第4号)
中西聡［2017c］「尼崎紡績第3代社長・福本元之助」(井奥成彦編著『時代を超えた経営者たち』日本経済評論社)
中西聡［2017d］「近代名古屋における会社設立と有力資産家」(『愛知県史研究』第21号)
中西聡［2018］「知多郡資産家の名古屋進出と近代名古屋経済界」(『愛知県史研究』第22号)
中西聡・二谷智子［2018］『近代日本の消費と生活世界』吉川弘文館
中野茂夫［2009］『企業城下町の都市計画―野田・倉敷・日立の企業戦略』筑波大学出版会
永原慶二・中村政則・西田美昭・松元宏［1972］『日本地主制の構成と段階』東京大学出版会
中村隆英・尾高煌之助編［1989］『日本経済史6　二重構造』岩波書店
中村尚史［2001］「明治期三菱の有価証券投資」(『三菱史料館論集』第2号)
中村尚史［2006］「明治期の有価証券投資」(石井・中西編［2006］)
中村尚史［2010］『地方からの産業革命―日本における企業勃興の原動力』名古屋大学出版会
中村尚史［2015］「知多鉄道の設立と知多商業会議所」(中西・井奥編著［2015］)
中村政則［1972a］「水田地帯における地主経営の構造」(永原・中村・西田・松元［1972］)
中村政則［1972b］「養蚕製糸地帯における地主経営の構造」(永原・中村・西田・松元［1972］)
中村政則［1979］『近代日本地主制史研究』東京大学出版会
中村政則［1985］「有価証券投資の展開」(大石編著［1985a］)
名古屋商業会議所編［1911］『名古屋商工案内』名古屋商業会議所
名古屋商工会議所編［1941］『名古屋商工会議所五十年史』名古屋商工会議所
名古屋鉄道(株)広報宣伝部編［1994］『名古屋鉄道百年史』名古屋鉄道株式会社
波形昭一［1985］『日本植民地金融政策史の研究』早稲田大学出版部
南都銀行行史編纂室編［1985］『南都銀行五十年史』株式会社南都銀行
西川善介［1959～61］「林業経済史論（1～8）」(『林業経済』第133・134・137・138・148・149・151・152号)
西川400年社史編纂委員会編［1966］『西川400年史』西川400年社史編纂委員会
西田美昭［1985］「日本地主制における西服部家の位置」(大石編著［1985a］)

西向宏介［2006］「近世後期の手形流通と両替商」（石井・中西編［2006］）
西村はつ［1988］「中埜酢店の経営」（『地方金融史研究』第19号）
西村はつ［1989］「醸造（酢）財閥」（渋谷・加藤・岡田編［1989］）
西村はつ［2002］「中京金融界の動揺と明治銀行」（『地方金融史研究』第33号）
西村はつ［2004］「神野・富田（紅葉屋財閥）の企業者活動と系列金融機関の機能」（『地方金融史研究』第35号）
日経金融新聞編・地方金融史研究会著［2003］『日本地方金融史』日本経済新聞社
日本銀行調査局編［1957］『日本金融史資料』明治大正編、第6巻、大蔵省印刷局
日本経営史研究所編［2015］『国分三百年史』国分株式会社
日本社史全集刊行会編［1977］『日本社史全集―富士紡績五十年史』常盤書院
日本図書センター［1987］『大正人名辞典』上下巻、日本図書センター
日本図書センター［1988］『明治人名辞典』Ⅱ、上下巻、日本図書センター
日本図書センター［1989］『大正人名辞典』Ⅱ、上下巻、日本図書センター
日本福祉大学知多半島総合研究所・博物館「酢の里」編［1998］『中埜家文書にみる酢造りの歴史と文化』全5巻、中央公論社
丹羽邦男［1962］『明治維新の土地変革』御茶の水書房
農政調査会［1961］『千町歩地主市島家の構造』農政調査会
野田市史編さん委員会編［2012］『野田市史』資料編近現代1、野田市
野田醬油株式会社社史編纂室編［1955］『野田醬油株式会社三十五年史』野田醬油株式会社
野田醬油株式会社調査課編［1955］『野田醬油経済史料集成』野田醬油株式会社
野田正穂［1980］『日本証券市場成立史』有斐閣
野田正穂・原田勝正・青木栄一編［1980～81］『明治期鉄道史資料』第Ⅰ期、日本経済評論社
野田正穂・原田勝正・青木栄一編［1984］『大正期鉄道史資料』第Ⅰ期第1集、日本経済評論社
野田正穂・原田勝正・青木栄一・老川慶喜編［1992］『大正期鉄道史資料』第Ⅱ期、日本経済評論社
野辺地町史編さん刊行委員会編［1997］『野辺地町史』通説編第2巻、野辺地町
野村勇編著［1966］『資本主義的林業経営の成立過程―吉野林業の展開と現状』日本林業調査会
野村勉四郎［1997］『回想八十六年―私の歩んだ道』（私家版）
橋口勝利［2004］「近代知多地方の企業勃興と資産家活動」（『経済科学通信』第106号）
橋口勝利［2009］「近代津島地域における企業勃興と資産家活動」（『政策創造研究』第2号）
橋口勝利［2014］「近代中京圏における紡績業の事業展開と合併」（『経済論集（関西大学）』第64巻第1号）
橋口勝利［2016］「東洋紡の成立」（『経済論集（関西大学）』第66巻第1号）
橋口勝利［2017］『近代日本の地域工業化と下請制』京都大学学術出版会
橋本寿朗・武田晴人・法政大学産業情報センター編［1992］『日本経済の発展と企業集団』

東京大学出版会
花井俊介［1990］「三蔵協定前後期のヤマサ醬油」（林編［1990］）
花井俊介［1999］「転換期の在来産業経営」（林・天野編［1999］）
花井俊介［2005］「野田の醬油醸造業」（林・天野編［2005］）
花井俊介［2006］「大正・昭和戦前期の有価証券投資」（石井・中西編［2006］）
花井俊介［2015］「有価証券投資とリスク管理」（中西・井奥編著［2015］）
花井俊介［2016］「明治後期・大正初期における醬油生産の構造」（公益財団法人髙梨本家監
　　　修［2016］）
浜田徳太郎編［1936］『大日本麦酒株式会社三十年史』大日本麦酒株式会社
早川大介［2015］「明治・大正期の愛知県における貯蓄銀行の展開と再編」（『愛知県史研
　　　究』第19号）
林建久・山崎広明・柴垣和夫［1973］『講座帝国主義の研究6　日本資本主義』青木書店
林董一［1966］『名古屋商人史』中部経済新聞社
林董一［1994］『近世名古屋商人の研究』名古屋大学出版会
林英夫・芳賀登編［1973］『番付集成（上）』柏書房
林玲子［1974］「書上商店」（山口編著［1974］）
林玲子［1990］「銚子醬油醸造業の開始と展開」（林編［1990］）
林玲子編［1990］『醬油醸造業史の研究』吉川弘文館
林玲子・天野雅敏編［1999］『東と西の醬油史』吉川弘文館
林玲子・天野雅敏編［2005］『日本の味　醬油の歴史』（歴史文化ライブラリー187）吉川弘
　　　文館
原朗［2007］「被占領下の戦後変革」（石井寛治・原朗・武田晴人編『日本経済史4　戦時・
　　　戦後期』東京大学出版会）
半田市誌編さん委員会編［1989］『新修半田市誌』本文篇上・中巻、愛知県半田市
半田市誌編さん委員会編［1997a］『半田市誌』地区誌篇亀崎地区、愛知県半田市
半田市誌編さん委員会編［1997b］『半田市誌』資料編Ⅵ近現代1、愛知県半田市
半田商工会議所編［1994］『半田商工会議所創立100周年記念誌』半田商工会議所
半田良一［1967］「林業経営と林業構造」（『林業経済』第224号、後に森編［1983］に所収）
平賀義典編［1928］『東京株式取引所五十年史』東京株式取引所
平山勉［2009］「満鉄の増資と株主の変動」（『歴史と経済』第202号）
ファミリービジネス白書企画編集委員会編［2016］（後藤俊夫監修）『ファミリービジネス白
　　　書　2015年版—100年経営をめざして』同友館
福岡克也［1973］『林業金融の展開過程』日本林業調査会
福本和夫［1955］『新・旧山林大地主の実態』東洋経済新報社
不二出版［1992］『大阪銀行通信録（復刻版）』不二出版
藤田貞一郎［1980］「大正期における寺田財閥の成長と限界」（『経営史学』第15巻第2号）
藤田佳久［1982］「吉野林業史における「借地林業」の再検討について」（『徳川林政史研究
　　　所研究紀要』昭和56年度）

藤田佳久［1998］『吉野林業地帯』古今書院
藤原五三雄［1999］「産業革命期の東京醬油問屋組合」（林・天野編［1999］）
二谷智子［2003］「商人ネットワークと地域社会」（武田晴人編『地域の社会経済史—産業化と地域社会のダイナミズム』有斐閣）
二谷智子［2015］「家業の継承と地域社会への貢献」（中西・井奥編著［2015］）
北水協会編［1935］『北海道漁業志稿』国書刊行会、復刻版1977年
星野妙子・末廣昭編［2006］『ファミリービジネスのトップマネジメント—アジアとラテンアメリカにおける企業経営』岩波書店
星野誉夫［1970〜72］「日本鉄道会社と第十五国立銀行」（1〜3）（『武蔵大学論集』第17巻第2〜6号、第19巻第1号、第19巻第5・6号）
本城正徳［2002］「近世の商品市場」（桜井・中西編［2002］）
前田廉孝［2016］「近代における原料調達」（公益財団法人髙梨本家監修［2016］）
曲田浩和［2015］「尾州材木株式会社の史料について」（『愛知県史研究』第19号）
牧野隆信［1989］『北前船の研究』法政大学出版局
松村隆［1996］「工業化と都市木材業の経営」（『経営史学』第31巻第2号）
松村隆［1998］「明治期名古屋木材業と組合活動」（『大阪学院大学国際学論集』第9巻第1号）
松元宏編［2010］『近江日野商人の研究—山中兵右衛門家の経営と事業』日本経済評論社
三浦壮［2015a］「近代日本における地方資産家の企業家活動と工業化投資」（『社会経済史学』第81巻第3号）
三浦壮［2015b］「明治期における華族資本の形成と工業化投資」（『歴史と経済』第226号）
三浦壮［2017］「日露戦後から昭和恐慌期における華族資本の形成と資産蓄積の経路に関する考察」（『歴史と経済』第237号）
三木理史［2009］『局地鉄道』（塙選書108）塙書房
三科仁伸［2018］「戦前期における地方資産家の企業経営と有価証券投資」（『社会経済史学』第83巻第4号）
三田商業研究会編［1909］『慶應義塾出身名流列伝』実業之世界社
三井銀行八十年史編纂委員会編［1957］『三井銀行八十年史』三井銀行
ミツカングループ創業200周年記念誌編纂委員会編［2004］『MATAZAEMON 七人の又左衛門 新訂版』ミツカングループ本社
三菱銀行史編纂委員会編［1954］『三菱銀行史』株式会社三菱銀行
宮島英昭［1992］「財閥解体」（橋本寿朗・武田晴人・法政大学産業情報センター編［1992］）
村上はつ［1970］「三重紡績会社」（山口編著［1970］）
村上はつ［1976］「知多郡・亀崎銀行の経営分析」（『地方金融史研究』第7号）
村上はつ［1978］「名古屋金融市場の成立と発展」（『地方金融史研究』第9号）
村上（西村）はつ［1985］「中埜財閥の形成」（『地方金融史研究』第16号）
室田武・三俣学［2004］『入会林野とコモンズ—持続可能な共有の森』日本評論社
木材研究資料室［1988］『長谷川木材百年史—美濃国・下麻生綱場からのあゆみ』木材研究

資料室
本村希代［2005］「明治期における近江商人の企業家活動」（『企業家研究』第 2 号）
森厳夫編［1983］『林業経済論』（昭和後期農業問題論集23）農山漁村文化協会
森武麿［2005］『戦間期の日本農村社会』日本経済評論社
森川英正［1985］『地方財閥』日本経済新聞社
守田志郎［1963］『地主経済と地方資本』御茶の水書房
森田貴子［2004］「華族資本の形成と家政改革」（高村直助編『明治前期の日本経済』日本経済評論社）
森元辰昭［2007］『近代日本における地主・農民経営』御茶の水書房
守屋荒美雄［1920］『帝国地図』帝国書院、復刻版2017年
師定肥物問屋類聚百二十五年史刊行会編［1991］『師定肥物問屋類聚百二十五年史』前編、師定株式会社
安田良兼［1997］『秋川下市』（私家版）
山一証券株式会社調査部編［1932］『株式社債年鑑』（昭和 7 年版）山一証券株式会社
山一証券株式会社調査部編［1933］『株式社債年鑑』（昭和 9 年版）山一証券株式会社
山一証券株式会社調査部編［1937］『株式社債年鑑』（昭和13年版）山一証券株式会社
山口明日香［2015］『森林資源の環境経済史―近代日本の産業化と木材』慶應義塾大学出版会
山口和雄編著［1970］『日本産業金融史研究』紡績金融篇、東京大学出版会
山口和雄編著［1974］『日本産業金融史研究』織物金融篇、東京大学出版会
山崎広明［2015］『豊田家紡織事業の経営史』文眞堂
由井常彦・浅野俊光編［1988～89］『日本全国諸会社役員録』全16巻、柏書房
横澤利昌編著［2012］『老舗企業の研究［改訂新版］』生産性出版
横山錦柵編［1987］『東京商人録（復刻版）』湖北社
吉田賢一［2010］『北海道金融史研究―戦前における銀行合同の分析』学術出版会
吉村清尚［1921］『最新肥料学講義』弘道館
「萬朝報」刊行会編［1991～93］『萬朝報』日本図書センター
脇野博［2006］『日本林業技術史の研究』清文堂出版

[図表一覧]

地図1　20世紀初頭の大阪湾岸地域地図　　vii
地図2　1910年代の奈良県地図　　viii
地図3　1896年頃の名古屋市街・熱田地図　　ix
地図4　1920年頃の愛知県西部地図　　x
地図5　1916年頃の千葉県北部地図　　xi
地図6　1915年頃の青森県東部地図　　xii

序章
表序−1　資産家有価証券投資事例一覧　　8-9
表序−2　島津忠重家配当収入・株式所有数の動向　　13
表序−3　吉川経健家有価証券投資の動向　　14-15
表序−4　阿部市太郎家有価証券投資の動向　　18-19
表序−5　白木海蔵家有価証券投資の動向　　20
表序−6　風間幸右衛門家有価証券投資の動向　　22-23
表序−7　伊東要蔵家有価証券投資の動向　　26-27
表序−8　棚橋五郎家有価証券投資の動向　　28-29
表序−9　服部和一郎家有価証券投資の動向（その1）　　30
表序−10　辰馬吉左衛門家有価証券投資の動向　　34
表序−11　服部和一郎家有価証券投資の動向（その2）　　38
表序−12　宮林彦九郎家有価証券投資の動向　　40-41
表序−13　水谷卓爾家有価証券配当・利子収入の動向　　42
表序−14　前田利為家所有主要株式の動向　　44
表序−15　酒谷長一郎家有価証券投資の動向　　48

第1部序
表Ⅰ−序−1　主要道府県農工業生産額・工業会社数の推移　　68
表Ⅰ−序−2　大阪府と全国の会社数と資本金額の推移　　69
表Ⅰ−序−3　大阪府の主要会社一覧　　72-75

第1章
表1−1　最幕末・維新期銭屋佐兵衛店勘定　　79
表1−2　最幕末・維新期銭屋佐一郎店勘定　　80
表1−3　近代前期逸身佐兵衛店勘定　　82
表1−4　1880〜93年逸身銀行勘定　　84

表1－5　逸身佐兵衛家不動産収支の動向　84-85
表1－6　逸身佐兵衛家公債所有額の動向　86
表1－7　廣海家の逸身佐一郎店（逸身銀行）口座より引き渡し額相手先別一覧　87
表1－8　逸身家・福本元之助会社役員の推移　90
表1－9　逸身銀行預金額・貸付金額・手形割引額の動向　91
表1－10　1893～1900年逸身銀行勘定　92
表1－11　1899年逸身銀行コルレス先銀行一覧　94-95
表1－12　永田家と逸身銀行の取引（1894～97年）　96-97
表1－13　大阪市本店両替商系銀行の動向　98
表1－14　逸身銀行・貯金銀行貸借対照表　100
表1－15　逸身家関連会社と破綻前後の逸身銀行・貯金銀行をめぐる動き　101-102

第2章

表2－1　近代期奈良県の銀行一覧　116
表2－2　吉野銀行役員・支店の推移　117
表2－3　吉野銀行貸借対照表　120-121
表2－4　吉野銀行主要勘定　122
表2－5　奈良県主要資産家一覧　126-127
表2－6　吉野林業地帯西部有力資産家一覧　128-129
表2－7　永田藤兵衛家会社役員の推移　132
表2－8　永田藤兵衛家有価証券投資の動向　132-133
表2－9　吉野銀行本店主要貸付金内容一覧　140-141
表2－10　1907～10年永田家山林買入動向　142-143
表2－11　吉野銀行五條支店主要貸付金内容一覧　146-147
表2－12　吉野銀行野原支店主要貸付金内容一覧　148-149
表2－13　吉野銀行野原支店当座貸越残額一覧　150
表2－14　吉野銀行国樔支店主要貸付金内容一覧　152-153

第3章

表3－1　廣海家銀行定期借入金の動向（1893～1903年）　160-161
表3－2　廣海家銀行定期借入金の動向（1905～13年）　164-165
表3－3　廣海家銀行定期借入金の動向（1915～17年）　166-167
表3－4　廣海家株式投資の動向　168-169
表3－5　廣海家有価証券関係主要支出の動向　171-172
表3－6　廣海家銀行定期借入金の動向（1919～26年）　174-176
表3－7　廣海家銀行定期借入金の動向（1927～34年）　178-180
表3－8　廣海家銀行定期借入金残額の動向　182-183
表3－9　廣海家銀行定期借入金における銀行貸付年利の比較　184-185

表3－10　三十四銀行主要勘定　　187
表3－11　尼崎（大日本）紡績株式会社主要勘定　　190
表3－12　廣海家所有主要株式の配当率（年率）　　192
表3－13　廣海家銀行定期借入金担保株式の動向　　194-195
表3－14　東京株式取引所株価と廣海家所有株評価額（1株当たり）　　196
表3－15　三十四銀行からの借入金と担保　　199
表3－16　貝塚銀行主要勘定　　203

第Ⅱ部序

表Ⅱ－序－1　1887・97・1907・17・27年愛知県主要農工業生産物生産高　　210
表Ⅱ－序－2　愛知県諸会社種類別の推移　　212
表Ⅱ－序－3　愛知県の主要会社一覧　　214-215
表Ⅱ－序－4　近代日本の会社数の推移　　217

第4章

表4－1　資産家番付から見た近代名古屋市有力資産家資産額一覧　　220-221
表4－2　材摠店有価証券投資の動向（その1、1885～1906年）　　222-223
表4－3　鈴木摠兵衛家会社役員の推移（愛知県の諸会社）　　226-227
表4－4　材摠店有価証券投資の動向（その2、1907～29年）　　230-231
表4－5　1919年時点名古屋有力資産家所有株式一覧　　234-235
表4－6　奥田正香会社役員の推移　　237
表4－7　神野金之助家会社役員の推移（愛知県の諸会社）　　242-243
表4－8　富田重助家会社役員の推移（愛知県の諸会社）　　244-245
表4－9　神富殖産株式会社有価証券投資の動向　　246-247
表4－10　伊藤次郎左衛門家会社役員の推移（愛知県の諸会社）　　248-249
表4－11　岡谷惣助家会社役員の推移（愛知県の諸会社）　　248-249
表4－12　伊藤次郎左衛門家有価証券投資の動向　　250-251
表4－13　瀧兵右衛門家会社役員の推移（愛知県の諸会社）　　252-253
表4－14　瀧定助家会社役員の推移（愛知県の諸会社）　　254-255
表4－15　服部小十郎家・長谷川糺七家会社役員の推移（愛知県の諸会社）　　256-257
表4－16　小栗冨治郎家会社役員の推移（愛知県の諸会社）　　262
表4－17　小栗銀行貸借対照表　　262-263

第5章

表5－1　名古屋地域港湾輸移出入額の動向　　270
表5－2　1921年名古屋市肥料集散状況　　271
表5－3　名古屋市堀川筋肥料商の動向　　275
表5－4　肥料主要移入府県における営業税額から見た近代日本主要肥料商一覧　　277

表 5 - 5 　師定商店売上額・営業税額・所得税額の動向　278
表 5 - 6 　1910年頃の師定商店北海道産物購入先一覧　279
表 5 - 7 　名古屋有力肥料商会社役員の推移（愛知県の諸会社）　283
表 5 - 8 　名古屋商業会議所役員一覧　286-287
表 5 - 9 　井口半兵衛家会社役員の推移　291

第 6 章

表 6 - 1 　知多郡有力資産家一覧　300-301
表 6 - 2 　1895年時点知多郡主要会社一覧　302
表 6 - 3 　1903年時点知多郡主要会社一覧　303
表 6 - 4 　小栗三郎家有価証券投資の動向　306-307
表 6 - 5 　小栗三郎家年度末銀行借入残額の動向（借入銀行先別）　309
表 6 - 6 　1896年小栗三郎家銀行借入金一覧　310
表 6 - 7 　1905年小栗三郎家銀行借入金一覧　312
表 6 - 8 　1890年代〜1930年代小栗三郎家推定純資産の動向　313
表 6 - 9 　小栗三郎家「日誌」に見る知多紡績・丸三麦酒の創立　315-316
表 6 - 10　小栗三郎家会社役員の推移　318
表 6 - 11　半田・亀崎地域主要資産家納税額・所有地価額・資産額・所得額　319
表 6 - 12　中埜又左衛門家有価証券投資の動向　322-323
表 6 - 13　1913年時点知多郡主要会社一覧　326
表 6 - 14　『日本全国諸会社役員録』記載愛知県銀行・諸会社数の推移　327
表 6 - 15　1921年時点知多郡主要会社一覧　328

第Ⅲ部序

表Ⅲ - 序 - 1 　東京府・東北 6 県・全国の会社数と資本金額の推移　332
表Ⅲ - 序 - 2 　東京府の主要会社一覧　334-337
表Ⅲ - 序 - 3 　岩崎家・三菱合資会社有価証券投資の動向　340-341
表Ⅲ - 序 - 4 　1920年代大阪・東北地域・北陸地域有力資産家所得内訳　342
表Ⅲ - 序 - 5 　1916年時点関東・東北地域有力民間資産家一覧（旧華族などは除く）
　　　　　　　343-344

第 7 章

表 7 - 1 　営業税額から見た近代期東京市内有力醬油商一覧　351
表 7 - 2 　髙梨仁三郎店卸の動向（その 1 、1875〜85年度）　353
表 7 - 3 　髙梨仁三郎店卸の動向（その 2 、1893〜1904年度）　354
表 7 - 4 　幕末維新期髙梨仁三郎店醬油販売引受先別一覧　356-357
表 7 - 5 　明治期髙梨仁三郎店醬油販売引受先別一覧　358-359
表 7 - 6 　1878〜84年髙梨仁三郎店醬油販売引受先別一覧　362-363

表7－7	髙梨仁三郎店醬油売掛金残額相手先別一覧　364
表7－8	近代期髙梨本店東京醬油積送樽数の動向　366
表7－9	1893年髙梨東京勘定方主要金銭出入一覧　368
表7－10	1903年髙梨東京勘定方主要金銭出入一覧　369
表7－11	1913年髙梨東京勘定方主要金銭出入一覧　370
表7－12	髙梨東京勘定方の銀行・奥勘定送金関係金銭出入一覧　372
表7－13	濱口吉右衛門・吉兵衛・磔之助家会社役員の推移（東京府の諸会社）　382-383
表7－14	岩崎清七家会社役員の推移（東京府の諸会社）　386-387

第8章

表8－1	髙梨兵左衛門会社役員の推移　395
表8－2	髙梨本店有価証券売買収支の動向　397
表8－3	髙梨東京勘定方有価証券売買収支の動向　398-399
表8－4	髙梨本店有価証券配当・利子収入の動向　402-403
表8－5	髙梨東京勘定方有価証券配当・利子収入の動向　404-405
表8－6	髙梨兵左衛門家有価証券買入・払込の動向（1928～39年度）　407
表8－7	髙梨兵左衛門家株式配当収入の動向（1928～39年度）　408-409
表8－8	東葛飾郡株式会社一覧　411
表8－9	野田商誘銀行主要勘定・損益・利益処分の動向　414
表8－10	野田商誘銀行営業概況　416
表8－11	野田商誘銀行有価証券投資の動向　417
表8－12	1899・1903年髙梨兵左衛門家奥勘定金銭出入の動向　420
表8－13	1909・14年髙梨兵左衛門家奥勘定金銭出入の動向　422
表8－14	1921・27年髙梨本店と奥勘定との主要金銭出入一覧　424

第9章

表9－1	野辺地町・七戸町主要商工業者一覧　431
表9－2	上北郡銀行・諸会社一覧　433
表9－3	野村治三郎家大福帳の動向（1878～1900年）　436
表9－4	1900年代前半野村治三郎家土地所有状況　437
表9－5	上北銀行貸借対照表　439
表9－6	上北銀行主要株主・役員の推移　440
表9－7	上北銀行コルレス先銀行の推移　442
表9－8	上北銀行営業概況　443
表9－9	野村銀行貸借対照表・金利　445
表9－10	野村銀行有価証券投資の動向　448
表9－11	立五一合名会社貸借対照表　449
表9－12	立五一合名会社利息支払いの動向　450

表9-13　1891年末野村家大福帳主要項目一覧　452
表9-14　1919年末野村家大福帳主要項目一覧　454
表9-15　1920年野村治三郎家の銀行との貸借勘定一覧　456-457
表9-16　野村治三郎家野村銀行設立後の新規個人金融事例　458

終章
表終-1　近代日本主要地方資産家の資産額・土地所有・所得（収入）内訳　478-479
表終-2　近代日本主要地方資産家の株式所有と会社役員　480-482
表終-3　1930年前後廣海二三郎家有価証券所有一覧　483
表終-4　近代日本主要地方資産家の経営展開　488

索　引

（1）本文・注より人名・家名・事項・会社名を挙げ、関連項目は主項目に続けて示した。会社名索引では、株式会社はその部分を省略し、合資・合名・相互・個人会社はその種別を付記した。家名の後ろの（　）内は屋号を示し、当主名が複数登場する場合は（　）内で追記した。
（2）項目の後ろの［　］内は、家業および居所・所在地（会社の場合は本社・本店所在地のみ）を示す。居所・所在地は、道府県庁所在地はそのまま示し、それ以外の日本本国内の地名は道府県名を付記した。→はその移動状況を示し、会社の本社・本店所在地は、近代期の『日本全国諸会社役員録』などを参照した（凡例を参照）。

〈人名・家名・事項索引〉

ア行

愛知県時計製造同業組合［名古屋］　232
秋野家［土地資産家、山形県鶴岡］　58, 476
浅井藤次郎［醤油醸造、東京］　374, 376
浅野家［財閥家族、東京］　331
阿部一族［滋賀県能登川・大阪］
　　市太郎家［布商］　16, 35, 57, 339, 484
　　市郎兵衛家［布商］　16
　　彦太郎家［米穀肥料商］　16
　　房次郎家　16, 70
阿部武司　469, 487
阿部平助［綿ネル製造、愛媛県今治］　93
アムステルダム万国博覧会　378
井口半兵衛家［肥料商、愛知県亀崎］　228-229, 268, 276, 285, 289-295, 299, 304, 317-325
池田家［旧岡山藩主、岡山］　11, 56
伊坂重兵衛［醤油問屋、東京］　374, 376
石井寛治　2, 55, 77-78, 108-110, 157-158, 205
石川宇右衛門［醤油醸造、千葉県松伏］　376
石原繁二［千葉県野田］　413
泉英二　113
市島家［土地資産家、新潟県天王］　58
一府六県醤油醸造家東京醤油問屋組合連合会　349, 352
逸身（錢屋）家［両替商、大阪］　第1章, 64, 115, 151, 463, 465, 467, 485
　　4代佐兵衛　77
　　5代佐兵衛（佐九郎）　77-78, 89
　　6代佐兵衛　89, 106
　　2代佐一郎　78, 81, 89, 91, 95, 97, 99, 106-107, 125, 134-135, 139
　　豊之輔　91, 107, 131, 139, 155

満壽（マス）　135
福本元之助　78, 81, 88-89, 91, 95, 105-110, 115, 125, 131, 135-136, 139, 155, 189-191, 485
溝口丈助　78
溝口安造（蔵）　81, 89
高木嘉兵衛　78, 81, 89
荘保弥太郎　89
伊藤次郎左衛門家［呉服商、名古屋］　17, 35, 54, 57, 219-221, 225, 239, 244-252, 260, 265-267, 282, 295
鬼頭幸七［名古屋］　247
伊藤清七［肥料商、名古屋］　276, 282
伊東（瀧屋）善五郎［廻船問屋、青森］　451
伊藤忠左衛門（由太郎）家［土地資産家、名古屋］　246-247, 267
伊藤傳七［酒造、三重県四郷］　236-237
伊藤敏雄　471
伊藤福平家［醤油醸造、青森県野辺地］　432, 441
伊東孫左衛門［酒造、愛知県亀崎］　299, 318
伊東要藏家［土地資産家、静岡県中川］　24, 37, 52
犬飼家［林業家、奈良県坂合部］　130
伊能茂左衛門［醤油醸造、千葉県佐原］　380
猪田岩蔵家［土地資産家、滋賀県北五個荘］　57-59, 484
伊牟田敏充　206
色川三郎兵衛［醤油醸造、茨城県土浦］　380
色川誠一　374, 380
岩崎家［三菱財閥家族、東京］　6, 61, 66, 331, 338

517

岩崎重次郎家［醤油醸造、千葉県銚子］ 348,
　　380, 389
　　支店［醤油問屋、東京］ 374
岩崎（銭屋）清七家［醤油醸造・穀物商、群馬県
　　藤岡・東京］ 360, 385-388, 401, 404, 418,
　　473
ウィーン万国博覧会 378
上田利太郎 144
上西源一郎［酒造、奈良県国樔］ 149, 151
右近権左衛門家［北前船主、福井県河野］ 477
内田道之輔［奈良県国樔］ 149
梅田善一 144
梅原逸太郎［醤油醸造、神奈川県秦野］ 344
梅原稔［青森県］ 459
営業の自由 348
永田家（廣瀬屋）［林業、奈良県下市］ 第2章,
　　65, 97, 108, 191, 206-207, 464-468, 475-476,
　　485
　　11代藤兵衛 124
　　12代藤平 78, 89, 91, 93, 95, 105-107, 115,
　　　　124-125, 131, 134, 138, 151, 155
　　13代藤兵衛（泰蔵） 107, 115, 119, 124-125,
　　　　131, 134-135, 138, 144
　　14代藤兵衛（富之助） 134-135
　　郁三 135
　　千代 135
　　永田神童子山製材部 134, 136, 144, 154
オーバーローン 460
近江屋（関）徳蔵［醤油商、東京］ 361
近江屋仁兵衛［醤油醸造、千葉］ 354-355
太田亀次郎［醤油商、東京］ 361
大原孫三郎（孝四郎）家［商業、岡山県倉敷］
　　25, 487
大家七平家［北前船主、石川県瀬越］ 477
岡崎哲二 157-158, 207
岡田小三郎［東京］ 416
岡田善五郎［醤油問屋、東京］ 374-376
岡田良右衛門家［麻紙商、名古屋］ 267
岡橋治助［木綿商、大阪］ 70
岡橋清左衛門家［土地資産家、奈良県真菅］
　　113, 130
岡本甕治 145
岡本清右衛門家［綿・肥料商、富山県高岡］
　　487
岡本忠蔵［肥料商、北海道函館］ 280
岡本徳永（徳潤）家［林業、奈良県白銀］ 130,
　　138, 145
岡谷惣助家［金物商、名古屋］ 219, 225, 239,
　　245-252, 265-267, 282, 288, 295-296
奥田正香［味噌醤油醸造、名古屋］ 221-241,
　　250-256, 264-268, 293-295, 325, 468
　　正吉［綿糸商、名古屋］ 238
奥山源蔵家［土地資産家、山梨県春日居］ 36,
　　39, 489
小栗（萬屋）三郎家［醤油醸造・肥料商、愛知県半
　　田］ 第6章, 20, 33, 50-51, 59-64, 290-292,
　　393, 464-477, 490
　　11代三郎 314, 316, 329-330
　　四郎 51, 330
　　三郎治 316
　　清 329-330
　　萬三商店 33, 276, 309, 311, 324, 329
小栗冨治郎家［酒造・醤油醸造、愛知県半田］
　　35, 225, 228, 240, 260-265, 268, 289-293,
　　298-299, 304, 314-325, 329-330, 463, 474
小栗平蔵［酒造、愛知県半田］ 314, 316

カ行

買積 46
書上文左衛門家［買継問屋、群馬県桐生］ 17,
　　20
家業会社 4, 65, 447, 461, 464, 484, 490-491
家業銀行 4, 64, 76, 444, 461-463, 490
家業志向性 426, 467-468, 471, 475-476, 484-489
笠井恭悦 113
風間幸右衛門家［土地資産家、山形県鶴岡］
　　21, 24, 36, 52, 58, 64, 345
鹿島清廣［酒問屋、東京］ 344
鹿嶋千代［清酒商、東京］ 344
春日井丈右衛門［呉服商、名古屋］ 267, 293
華族資産家 6-7, 12, 32, 43, 54-56, 60-61, 465
片岡直輝［大阪］ 71
片岡直温［大阪］ 71
加藤八郎右衛門［醤油醸造、横浜］ 344
加藤彦兵衛［紙商、名古屋］ 267, 293
上遠野富之助［名古屋］ 267
金澤仁兵衛［肥料商、大阪］ 70, 468
株式担保金融 2, 157, 207
株式取引所 10
　　場外市場 10
株式持合 66, 491
株仲間解散令 347

索引 519

神野金之助家［土地資産家、名古屋］　53, 58, 221, 225, 238-244, 252, 260, 265-267
河合鉄二［東京］　413
川上家［両替商、大阪］　81
官業払下げ　468
間接金融　2, 157-158, 205-206, 465
関東醬油荷物問屋仲間　347
関東大震災　51
企業家的資産家　475, 484-485
企業統治　207, 464
企業勃興　16, 20, 61, 71, 88, 98, 211, 236, 299, 329, 380, 469, 475, 490
菊池恭三［大阪］　187, 189
北田準次［奈良県野原］　145
北前船主　39, 86
北村宗四郎家［酒造・林業、奈良県上市］　145, 151
北村（木屋）又左衛門家［林業、奈良県上市］　113, 124-125, 130
　　北村製材所　137
吉川家［旧岩国藩主、山口県岩国］　12, 32, 54, 56
木原忠兵衛［両替商、大阪］　109
銀行資産家　7, 63-64, 465
銀行条例　89, 98
金銭信託　45, 49
銀目廃止　77, 79
金融恐慌　55, 64, 451
金融資産家　6-7, 33, 35, 45-46, 51-52, 54, 58-60, 63, 484
金禄公債　11, 16, 60
九鬼紋七［肥料商、三重県四日市］　236-238
窪尾智照（智導）家［林業、奈良県大塔］　138
久保彦助［北前船主、石川県橋立］　477
熊田喜平治家［肥料商、名古屋］　282-285, 288-289
栗山家［林業、奈良県五條］　125, 130
軽便鉄道法　154
結節地域　473
小泉辰之助［青森県］　459
小出庄兵衛［呉服商、名古屋］　293
「工業特化型」産業化　67
高収益志向　487, 489
興信所　280, 290-293, 320
鴻池家［両替商、大阪］　64
合本銀行　460

國分勘兵衛［醸造問屋、東京］　374-378, 389
国立銀行条例　11, 81
小西伝治［奈良県］　138
小西又助［大阪］　107, 139
小早川洋一　219
小山健三［大阪］　71, 186-189
コルレス網　87, 93, 107-109, 125, 261, 264, 441, 444, 459
近藤友右衛門［綿糸商、名古屋］　225, 265, 267
近藤利兵衛［洋酒商、東京］　344

サ行

財産税　490-491
材摠 ⇒ 鈴木摠兵衛家の項目を参照
斎藤家［貸金業、宮城県前谷地］　345
齋藤恒三［名古屋］　236-237
財閥解体　66
阪本仙次［林業、奈良県龍門］　115, 130
酒谷長一郎家［北前船主、石川県橋立］　46-50, 206, 489
桜井良之助家［土地資産家、宮城県登米］　43
笹田傳左衛門家［酢醸造、名古屋］　352
澤井駒太郎［米穀商、奈良県上市］　151
三蔵協定　350, 391
産地銀行　156, 427, 466-467
志方勢七［肥料商、大阪］　70
信貴孫次郎［両替商、大阪府貝塚］　201
事業家的資産家　475, 485, 491
資産家資本主義　3-4, 60, 66, 463, 491
老舗企業　5
篠原七郎　374
渋澤栄一［東京］　229, 236-239
島田芳太郎　144
島津家［旧鹿児島藩主、鹿児島］　12, 32, 55-56
島本芳之助　145
清水製材部［大阪］　144
清水良正［青森県］　459
地元株　10, 39-43, 56, 193, 196, 204-205, 487
重層的金融構造　206
集落有林野統一整備事業　139
商業資産家　6-7, 31-32, 35-36, 45, 56-57, 61, 63-65, 465, 467
醸造資産家　6-7, 32, 35, 45, 50, 59-60, 62-65, 406, 465, 467
正野玄三家［売薬製造、滋賀県日野］　16
商法　89, 98, 410

昭和恐慌　　55-60, 63-64, 201, 204, 213, 242, 406, 451, 461
白石半助［古道具商、名古屋］　　224
白木海蔵家［木綿問屋、愛知県奥］　　16-17, 31
新分野志向　　487-489
杉浦甲子郎［東京］　　413
杉山久之丞家［醤油醸造、青森県野辺地］　　432, 441
杉山才吉［青森県田名部］　　453
鈴木廣太郎［肥料商、名古屋］　　276, 281
鈴木庄蔵［肥料商、名古屋］　　276
鈴木（材木屋）摠兵衛家［材木商、名古屋］
　　第4章, 65, 112, 282, 467, 475-476
　8代摠兵衛　　221, 225, 233, 238, 258-259, 267, 295
　9代摠兵衛（鈴四郎）　　233
　材摠店　　223
鈴木忠右衛門［醤油問屋、東京］　　374, 376
鈴木千代吉［東京］　　280
鈴木恒夫　　219
住友吉左衛門家［財閥家族、大阪］　　105
西南戦争　　12
関口八兵衛家［醤油醸造、茨城県江戸崎］　　489
関戸守彦家［銀行業、名古屋］　　221, 246-247, 260, 267
ソーシャル・キャピタル　　5, 476

タ行

大衆資本主義　　3
大名貸　　77, 79, 108
高崎長平［醤油問屋、東京］　　374, 376
高崎徳之助［醸造問屋、東京］　　352
髙梨一族［千葉県野田・東京］　　第7・8章
　兵左衛門家［醤油醸造、千葉県野田］　　33-35, 51, 60, 64-65, 345, 348, 384-391, 418, 464-477, 491
　　仁三郎店（近江屋）［醤油問屋、東京］
　　　349-371, 374-376, 384, 389-391, 396-398, 404-405, 409, 418-425, 465
　孝右衛門家［醤油醸造、千葉県野田］　　377
高原佐太郎（徳次郎）家［醤油問屋、東京］　　374, 376
高松（師崎屋）定一家［肥料商、名古屋］　　第5章, 64, 267, 276, 281, 289, 467, 475-476, 487
　2代定一　　285, 295
　3代定一　　288, 296

師定商店　　274, 278-281, 284, 293
瀧定助家［呉服商、名古屋］　　219, 227, 253-257, 265-267, 285, 293-295
瀧兵右衛門家［呉服商、名古屋］　　219, 225-229, 238, 253-257, 265-267, 282-285, 293
　信四郎（後に兵右衛門）　　255, 267
竹内家［青森県小湊］　　453
竹内与右衛門［青森県］　　459
竹尾治右衛門［呉服商、大阪］　　70, 189
武田長兵衛［薬種商、大阪］　　484
竹中源助［綿糸商、和歌山］　　93, 109
武山勘七［太物商、名古屋］　　267
田崎家［醤油醸造、茨城県真壁］　　394
立花商之助　　459
辰馬吉左衛門家［酒造、兵庫県灘］　　33, 59
田中浅右衛門（知興）家［醤油問屋、東京］　　374, 376
田中市兵衛家［肥料商、大阪］　　21, 468, 484
田中喜兵衛［醤油醸造、千葉県市川］　　374
田中玄蕃家［醤油醸造、千葉県銚子］　　348, 389
田中佳蔵　　380
棚橋五郎家［土地資産家、岐阜県楡俣］　　24-25, 37, 52
谷本雅之　　393, 469, 487
谷弥兵衛　　114
地域金融　　466
地域志向性　　427, 471-476, 486-489
知多商業会議所［愛知県半田→亀崎→半田］　　290, 320
秩禄処分　　11, 60
千葉県営軽便鉄道　　410, 426
地方企業家（的資産家）　　470
地方財閥　　469
地方事業家（的資産家）　　297, 471
地方名望家（的資産家）　　470
中央株　　10, 31, 37-43, 54-56, 61-62, 170-173, 193-196, 204-205, 399, 487-489
直接金融　　157-158, 205-206, 465
貯蓄銀行条例　　89
辻武八郎［青森県田名部］　　453
津積恒三郎［奈良県五條］　　144
土田家［土地資産家、秋田県館合］　　58
露見誠良　　78, 460
鉄道国有化　　32, 43, 338
寺西重郎　　1-2, 6, 55-56, 64, 157
土居通夫［大阪］　　71

索引　521

土井靖夫　130
東京醬油問屋組合［東京］　348, 350, 376, 380, 389
投資家社会　1, 64, 485
投資家の資産家　470, 475, 484-485
東松松兵衛家［土地資産家、名古屋］　282
遠山市郎兵衛［醬油問屋、東京］　374, 376
徳川家達家［徳川宗家、東京］　56
徳川義親家［旧尾張藩主、名古屋］　17, 267
土倉庄三郎［林業、奈良県川上］　125
土地資産家　6-7, 31, 36-39, 43-45, 51-52, 57-59, 61-65, 435, 465, 476
外村市郎兵衛［呉服商、滋賀県南五個荘］　484
苫米地金次郎［青森県相坂］　453
富田重助家［洋物商、名古屋］　53, 58, 239-244, 267, 282
巴源次郎［青森県］　459
トモエ肥料　281
外山豊次郎［醬油商、東京］　361
豊田家［織機製造、名古屋］　66, 491

ナ行

内藤久寛［土地資産家、新潟県石地］　489
中井新右門［酒問屋、東京］　344
中井半三郎［醸造問屋、東京］　352, 365, 374, 376
長阪重孝［愛知県半田］　228
中澤熊五郎［醬油問屋、東京］　374, 376
中澤米太郎　202
中條瀬兵衛［醬油問屋、東京］　374-378
中埜一族［愛知県半田］
　又左衛門家［酢醸造］　35, 59, 64, 298, 302-304, 317-321, 474-477, 491
　半六家［土地資産家］　260, 317
　半左衛門家［土地資産家］　321
　純平家　321
　半助家　321
　良吉家　321
中野長兵衛［醸造問屋、東京］　352, 374, 376-377, 413
中野利右衛門［林業、奈良県吐田郷］　124
中野利兵衛［林業、奈良県吐田郷］　124
中野林業部［奈良県吐田郷］　130
中橋徳五郎［大阪］　71
中村久治［醬油醸造、青森県野辺地］　441
中村尚史　338, 470

中村與右衛門家［味噌醬油醸造、名古屋］　267
中山三郎　374
名古屋商業（商工）会議所［名古屋］　224-225, 233-236, 250, 285-289, 295, 487
名古屋商品取引所［名古屋］　282, 285, 288
名古屋肥料米穀問屋組合［名古屋］　273-276, 285, 289
名古屋米商会所［名古屋］　236
滑川光亨［醬油問屋、東京］　374
成瀬長左衛門［醬油問屋、東京］　374, 376
新美昇平［肥料商、愛知県亀崎］　299, 318
西川甚五郎家［蚊帳・蒲団製造、滋賀県八幡］　484
西川善介　112
西川寅太郎　139
西野常太郎［大阪府麻生郷］　203
西村金七郎［青森県野辺地］　453
西村家［林業、奈良県下北山］　125
西村甚右衛門［醬油醸造、千葉県成田］　374, 380
二宮家［土地資産家、新潟県聖籠］　58
日本材木連合会　259
根津家［土地資産家、山梨県平等］　58, 304
「農工連関型」産業化　67
農地改革　65, 491
野坂勘左衛門家［北前船主、青森県野辺地］　432, 440, 459
　常吉家［醬油醸造、青森県野辺地］　432, 441, 462
野坂與治兵衛家［醬油醸造、青森県野辺地］　432, 453
野崎武吉郎家［塩業、岡山県味野］　28
野尻理右衛門家［肥料商、名古屋］　276, 281-284
野田吉兵衛［呉服商、大阪］　70
野田醬油醸造組合［千葉県野田］　349, 385, 410, 427, 475
野田病院［千葉県野田］　410, 427, 475
野辺地産馬組合［青森県野辺地］　438
野村勇　113
野村一族［青森県野辺地］　第9章
　治三郎家［北前船主、野辺地］　64, 342, 345, 429-430, 465, 469
　6代治三郎　432
　8代治三郎（常太郎）　432, 444
　正三店［函館］　435
　新八郎家［醬油醸造、青森県野辺地］

430-435, 440, 444, 461
　保太郎家　　444
　中市家　　444

ハ行

榛原（増田）嘉助［醬油問屋、東京］　374-378
橋本三九郎　　380
端山忠左衛門［愛知県武豊］　314, 316
長谷川斜七家［材木商、名古屋］　257-259
畠山六兵衛［青森県］　453
パットナム（Putnam, R.D.）　5
服部源助［海産物商、北海道小樽］　280
服部小十郎家［材木商、名古屋］　224-229, 257-259
服部兵助家［肥料商、名古屋］　274, 276, 282, 285, 288-289
服部和一郎（平五郎）家［土地資産家、岡山県牛窓］　25, 37-39, 51-52, 57-58, 63, 484
花井俊介　　50-51, 200, 204, 305, 394, 470, 475
花井八郎左衛門（畠三郎）家［名古屋］　247
馬場家［北前船主、富山県東岩瀬］　477
濱口一族［千葉県銚子・東京］
　吉右衛門家［醬油問屋、東京］　24, 344, 374-376, 380-385, 388-391, 401, 473
　吉兵衛家［醬油醸造、千葉県銚子］　348, 381-384, 416
　儀兵衛家［醬油醸造、千葉県銚子］　60, 348, 380-381, 389-394, 400, 427, 474, 489
　碌之助［東京］　384
濱中源七（源蔵）家［土木請負、青森県野辺地］　460
半田良一　　112
百貨店　　17
平池昇一［土地資産家、大阪府友呂岐］　78, 89, 91, 105, 108
平井太郎［林業、奈良県馬見］　130
平野平兵衛［大阪］　70
蛭子井正信　　130
廣海二三郎［北前船主、石川県瀬越・大阪］　189, 477, 484
廣岡家（加島屋）［両替商、大阪］　64, 108
　信五郎　　109
広瀬和育家［土地資産家、山梨県藤田］　24, 39
廣海惣太郎家［肥料商、大阪府貝塚］　第3章, 21, 29, 31, 45-46, 56-57, 64, 83, 86-87, 107-108, 136, 151, 154-155, 298, 441, 464, 467-468, 470,
472-476
3代惣太郎　159, 201
4代惣太郎　91, 125, 139, 159, 191, 201-202
北海道直買　162-163
ファミリービジネス　4-5, 330
深井吉兵衛［醬油醸造、千葉県銚子］　389
福澤桃介　216
福智久継　144
福西保憲　145
福本和夫　113
福本元之助　⇒　逸身一族の項目を参照
藤田能三［廻船問屋、富山県伏木］　486
藤岡長二郎家［林業、奈良県北宇智］　130, 144
藤田佳久　114
二谷智子　471
船津家［商業、奈良県小川］　145
法人資本主義　3, 66, 491
ポートフォリオ選択　45-55
北洋漁業　47
星島謹一郎家［土地資産家、岡山県藤戸］　25
細川家［旧熊本藩主、熊本］　56
堀切紋次郎家［醬油・味醂醸造、千葉県流山］　374, 395
堀尾勝四郎［生魚商、名古屋］　224
本咲利一郎［両替商、兵庫県尼崎→京都］　191
本間家［土地資産家、山形県酒田］　21, 345, 477

マ行

前田家［旧金沢藩主、金沢］　39, 55
前田弥重郎［奈良県野原］　145
増田亀吉　130
増田壽平［醬油問屋、東京］　374
松岡勝次　130
松尾四郎　139
松方デフレ　16, 21-24, 36, 71, 81, 86, 486
松下幸之助［大阪］　66
松住壽一郎［醬油問屋、東京］　376
松村隆　111, 151, 219
松本重太郎［洋反物商、大阪］　70, 99
萬三商店　⇒　小栗三郎家の項目を参照
水谷卓蔵家［土地資産家、岐阜県福束］　41, 52-53, 58-59
溝手保太郎家［土地資産家、岡山県早島］　63, 484
三井家［財閥家族、東京］　6, 61, 66, 331, 380

宮下仙五郎家［北前船主、兵庫県安木］　486
宮地茂助［履物商、名古屋］　224
宮林彦九郎家［北前船主、富山県新湊］　39-41, 58, 486
三輪嘉兵衛家［肥料商、名古屋］　273-276, 282-285, 289
三輪喜兵衛［呉服商、名古屋］　325
村上商店（笹田傳左衛門）［醸造問屋、東京］　352
村瀬庫次［名古屋］　288
明治農法　36, 62
名望家的資産家　475, 485-487
毛利家［旧萩藩主、山口県多々良］　54
茂木一族［千葉県野田］
　七左衛門家［醤油醸造］　374, 388-389, 413
　佐平治家［醤油醸造］　33, 344, 348, 374, 377-380, 388-390
　七郎右衛門家（柏屋）［醤油醸造］　33, 344, 348, 352, 360-361, 376-380, 388-390, 413
　房五郎家［醤油醸造］　355, 360-361, 388-389, 413
　啓三郎家［醤油醸造］　384, 416
　勇右衛門家［醤油醸造］　389
　利平家［醤油醸造］　389
　忠太郎［東京］　375
モニタリング　66, 207
森正太郎［北前船主、富山県東岩瀬］　477
盛田喜平治家［呉服商、青森県七戸］　432, 434, 438, 440-441, 453, 477
盛田久左衛門家［酒造・醤油醸造、愛知県小鈴谷］　302

森田家［北前船主、福井県三国］　64
森谷庄一郎［酒造、奈良県国栖］　149, 151
森元英太郎・依輔　145
森本善七［小間物商、名古屋］　265-267, 293
森六郎支店［醤油醸造・肥料商、東京］　374-376
師崎屋長兵衛［肥料商、名古屋］　278
師定　⇒　高松定一家の項目を参照

ヤ・ラ・ワ行

安田家［林業、奈良県下市］　97
安田家［財閥家族、東京］　331
山下平兵衛［醤油醸造、千葉県野田］　355, 361, 413
山田改一［青森県七戸］　453
山中兵右衛門［醤油醸造、滋賀県日野］　484
山本吉兵衛［醤油問屋、東京］　374-376
山本謙三郎　374
横井善三郎［愛知県西批把島］　224
吉田三郎兵衛　380
吉田七三郎［青森県野辺地］　453
吉野林業　112-114, 123, 130, 148, 466
両替商系銀行　76-78, 97-99, 109, 465
林業金融　111-112, 115
林業資産家　63-65, 111, 465
臨時国庫証券　49
和田一夫　219
和田豊治［東京］　24, 381
渡辺家［土地資産家、新潟県関谷］　58
渡辺家［土地資産家、山形県大石田］　58
渡辺与三郎家［呉服商、福岡］　21

〈会社名索引〉

ア行

愛知織物合資［名古屋］　253-256
愛知銀行［名古屋］　17, 216, 233, 250-254, 259, 265, 308, 311, 324
愛知材木［名古屋］　224-225, 258-259
愛知実業銀行［名古屋］　284
愛知製油［名古屋］　284, 288-289
愛知製綿［名古屋］　288
愛知セメント［名古屋］　258-259
愛知電気鉄道［名古屋］　259
愛知時計製造（合資→株式）（愛知時計電機）［名古屋］　232-233, 289
愛知挽木［名古屋］　232
愛知燐寸［名古屋］　225, 259
愛知木材［名古屋］　259
愛北物産合資［名古屋］　288-289
青森銀行［青森］　446-447, 455
青森県農工銀行［青森］　447-449, 455, 460
浅野セメント（合資→株式）［東京］　333
朝日木管［名古屋］　258
安治川土地［大阪］　59
阿部市商店［大阪］　35, 71
阿部製紙所合資［大阪］　16
尼崎銀行［兵庫県尼崎］　188
尼崎紡績→大日本紡績［兵庫県尼崎］　39, 46, 56, 71, 88-95, 105-110, 125, 136-137, 155, 170, 173, 177, 181, 188-193, 196-201, 204-207, 463-465, 477, 485
有松物産［愛知県有松］　326
井口商会合資［名古屋→愛知県亀崎］　229, 319, 321
井口商会合名［愛知県亀崎］　292-293
和泉（貯蓄）銀行［大阪府岸和田］　202
和泉紡績［大阪府北掃守］　56, 71, 204
一宮瓦斯［愛知県一宮］　232
一宮銀行［愛知県一宮］　17
一宮紡績（後に日本紡績に合併）［愛知県一宮］　213, 267-268
逸身銀行合資［大阪］　64, 76-110, 125, 131, 188, 463, 465, 468, 485
伊藤銀行［名古屋］　17, 251-252, 299
伊東合資［愛知県亀崎］　325
いとう呉服店→松坂屋［名古屋］　35, 54, 216, 244, 250-252, 268
伊藤産業合名［名古屋］　216
伊藤三綿合資［名古屋］　17, 35, 251-252
伊藤殖産合名［名古屋］　216
伊東倉庫合名［愛知県亀崎］　299
伊藤忠商事［大阪］　71
伊藤貯蓄銀行［名古屋］　251-252
猪苗代水力電気［東京］　338
井上銀行合資［大阪］　98
今治銀行［愛媛県今治］　93
伊予鉄道（電気）［松山］　49
伊予紡績［愛媛県今治］　16
磐城セメント［東京］　388
岩国電気→中外電気［山口県岩国］　54
岩国電気軌道［山口県岩国］　32, 54
岩崎醬油［群馬県藤岡］　385, 416, 418
岩崎清七商店［東京］　385, 388
岩脇銀行［富山県新湊］　40
宇治川電気［大阪］　39, 52, 137, 155-156, 207
牛窓銀行［岡山県牛窓］　39
羽前織物［山形県鶴岡］　36
畝傍銀行［奈良県今井］　119
永楽合資［東京］　388
越中製軸［富山県新湊］　41
近江麻糸紡織［大津］　16
近江信託［大津］　58
大垣共立銀行［岐阜県大垣］　25, 43, 189
大垣貯蓄銀行［岐阜県大垣］　25
大倉組合名［東京］　333
大阪アルカリ［大阪］　280
大阪化学肥料［大阪］　43, 53
大阪瓦斯［大阪］　71
大阪株式取引所［大阪］　37, 193
大阪為替（通商司）［大阪］　81
大阪機械製作［大阪］　57

索引 525

大阪共立銀行［大阪］　70
大阪鉱業［大阪→奈良県下市］　106-107, 131, 134, 136, 154-155
大阪合同紡績［大阪］　71
大阪商船［大阪］　21, 37, 39, 71, 170
大阪人造肥料［大阪］　280
大阪貯蓄銀行［大阪］　104
大阪鉄工所［大阪］　70
大阪鉄道［大阪］　70
大阪電灯［大阪］　49, 71
大阪物産［大阪］　89
大阪米穀［大阪］　89
大阪紡績（後に東洋紡績）［大阪］　16, 70, 71, 88
大阪綿糸合資［大阪］　88, 89
大阪硫酸［大阪］　280
王子製紙［東京］　51, 60, 333, 338, 405, 409, 415
大宝農林部合資［名古屋］　216
大湊興業［青森県大湊］　453
大和田銀行（個人）［福井県敦賀］　461
岡田商店合資［東京］　416, 418
岡谷合資［名古屋］　216, 250
岡山紡績［岡山］　25
岡谷保全（準合名）［名古屋］　216
沖電気［東京］　56
小栗銀行合名［名古屋］　35, 228, 240, 260-265, 293, 298, 304, 317, 321-323, 463, 474
小栗合資［名古屋］　228, 260
小栗貯蓄銀行［名古屋］　264
尾崎窯業　459
小瀬川水力電気［東京］　54
小名木川綿布［東京］　380
小樽銀行［北海道小樽］　441
小樽木材［北海道小樽］　401
小野田セメント［山口県須恵］　54
尾張製粉［愛知県清州］　282
尾張時計［名古屋］　284
尾張紡績（後に三重紡績に合併）［名古屋］　213, 225, 229, 236-241, 254-256, 265-268, 293

カ行

貝塚織物［大阪府貝塚］　46, 56, 167, 170
貝塚銀行［大阪府貝塚］　21, 46, 56, 91, 107, 125, 159-206, 441, 464
貝塚紡織［大阪府貝塚］　204-205
貝塚煉瓦［大阪府貝塚］　167

海陸物産［東京］　384
風間銀行［山形県鶴岡］　36, 52, 64
加島銀行合資［大阪］　64, 70, 98, 109
春日井産業合名［名古屋］　216
片倉製糸［東京］　338
金巾製織［大阪］　16
金沢為替→北陸銀行［金沢］　39, 486
河南鉄道［大阪府富田林］　71
鐘淵紡績［東京］　21, 37, 39, 51, 60, 333, 338, 380-381, 384, 401, 406, 415
加福土地［名古屋］　233
釜石［山梨県藤田］　24
上北銀行［青森県野辺地］　432, 434-435, 438-461
神富殖産［名古屋］　53-54, 216, 241-244
神野新田土地［名古屋］　58, 244
神野同族［名古屋］　241
神野富田殖産合名［名古屋］　239, 241
亀崎銀行［愛知県亀崎］　216, 228-229, 260, 268, 290, 293, 299, 308-311, 319-321, 325
亀崎倉庫［愛知県亀崎］　290
亀崎建物［愛知県亀崎］　290
亀崎紡績［愛知県亀崎］　290
川上銀行（個人）［大阪］　81, 89
川崎（第百）銀行［東京］　367, 371, 410, 421, 423
川崎信託銀行［京都］　406
川崎造船所［神戸］　12, 43, 55, 170, 204, 252
河内銀行［大阪府牧方］　91
関西コーク［大阪］　106
関西鉄道［三重県四日市］　32, 43, 240
菊井紡績［名古屋］　216
義済堂［山口県岩国］　54
岸本汽船［大阪］　71
汽車製造［名古屋］　55
岸和田銀行［大阪府岸和田］　21, 162, 202
岸和田紡績［大阪府岸和田］　21, 31, 46, 56, 61, 70-71, 163, 170, 173, 191-193, 196-200, 204, 473
岸和田煉瓦（綿業）［大阪府岸和田］　21, 46, 56, 167, 170, 204
木曽（川）電気製鉄［名古屋］　173
北一［富山県高岡］　41
北支那開発［東京］　58, 244
北浜銀行［大阪］　99
亀甲富醬油［愛知県半田］　35, 304, 321

キッコーマン ⇒ 野田醤油の項目を参照
衣浦貯金銀行［愛知県亀崎］　290
木原銀行（個人）［大阪］　109, 188
九州水力電気［東京］　52
九州鉄道［福岡県門司］　12, 24, 32, 240
共同運輸［東京］　416
共同合資→共同運輸（株）［愛知県半田］
　　51, 59, 314, 317
京都瓦斯［京都］　229, 232
京都電灯［京都］　49
共立絹糸紡績［岡山県門田］　240
共立合資［大阪］　89, 106
麒麟麦酒［東京］　60, 338, 409
錦華紡績［金沢］　55
金城銀行［名古屋］　288-289
金城貯蔵銀行［名古屋］　289
勤有［青森県野辺地］　434, 460
久原鉱業［東京］　252
倉敷紡績［岡山県倉敷］　25
京成電気軌道［東京］　233
京津電気軌道［京都］　233
京阪電気鉄道［大阪府牧方］　39, 233
京浜電力［東京］　52
京釜鉄道［東京］　333, 400
小網商店合資［東京］　60, 350, 352, 391, 409
江商［大阪］　57
鴻池銀行（合名→株式）［大阪］　64, 98-99,
　　187
鴻池合名［大阪］　71
甲府電力［甲府］　36, 39
五十二銀行［松山］　93

サ行

材摠（製作）合資［名古屋］　233
堺銀行［大阪府堺］　71
堺紡績［大阪府堺］　61
堺煉瓦［大阪府堺］　106
阪本林業［奈良県龍門］　137
佐倉淡貝商会［東京］　384
薩摩興業［鹿児島］　56
参宮鉄道［三重県宇治山田］　240
三十五銀行［静岡］　24
三十四銀行［大阪］　59, 71, 76, 99, 137, 155, 167,
　　173, 177, 181, 186-193, 196-201, 205-208
三本木開墾［青森県三本木］　434
三明［名古屋］　289

山陽鉄道［神戸］　25, 28, 32, 43, 240
三和銀行［大阪］　187
七十九銀行［大阪］　99
七十七銀行［仙台］　43
七戸水電［青森県七戸］　432, 434, 441, 453, 455
芝浦製作所［東京］　54
下北貯蓄銀行［青森県田名部］　453, 455
上海取引所［東京］　233
上海紡績［東京］　381
商業銀行［名古屋］　240
上毛モスリン［群馬県館林］　371, 404, 425
新舞子土地［愛知県旭］　325
新湊銀行［富山県新湊］　41
鈴木商店［神戸］　36
住友銀行（個人→株式）［大阪］　99, 105,
　　162-163, 167, 173, 181, 186, 197, 200, 203-206
住友金属工業［大阪］　57
住友合資［大阪］　71
住友信託［大阪］　406
住友肥料製造所［愛媛県新居浜］　280
関戸銀行［名古屋］　250
関戸殖産（準合名）［名古屋］　216
摂津紡績（後に大日本紡績）［大阪］　16, 107,
　　136, 155, 170, 189, 204, 464
千秋社［千葉県野田］　406, 425
仙台瓦斯［仙台］　232
仙北鉄道［仙台］　43
総武鉄道［東京］　12, 32
総武鉄道（新）⇒ 北総鉄道の項目を参照

タ行

第一（国立）銀行［東京］　16, 20, 52, 56, 187-188,
　　240, 308-311, 320, 333, 410
第一生命保険（相互）［東京］　384
第一相互貯蓄銀行［東京］　384
第九国立銀行［熊本］　12
第五国立銀行［大阪］　12
第五十一国立銀行（五十一銀行）［大阪府岸和田］
　　21, 70-71, 162, 181, 186, 197, 202
第五十九銀行［青森県弘前］　447, 453, 455, 461
第三（国立）銀行［東京］　24, 52, 188
第三十二国立銀行 ⇒ 浪速銀行の項目を参照
第四十国立銀行［群馬県館林］　20
第四十二国立銀行［大阪］　21
第四十六国立銀行［岐阜県多治見→名古屋］
　　223-224

索引　527

第十一国立銀行（後に愛知銀行）［名古屋］　17, 246, 251
第十（国立）銀行［甲府］　24, 36, 39
第十五国立銀行（十五銀行）［東京］　11, 43, 55, 60, 333
第十三国立銀行［大阪］　81
第十二国立銀行（十二銀行）［金沢→富山］　39, 49, 486
大正興業［東京］　401
大聖寺川水電［石川県大聖寺］　49
大正水力電気（後に宇治川電気に合併）［神戸］　136-137
大同電力［東京］　43, 49, 53, 177
台南製糖［満洲→東京］　388
第二十二国立銀行（二十二銀行）［岡山］　25, 28, 39
大日本人造肥料［東京］　37, 43, 333
大日本製糖［東京］　338
大日本特許肥料［東京］　280
大日本麦酒［東京］　46, 56, 173, 177, 188, 201, 205, 330, 333, 338, 371, 415, 464
大日本紡績 ⇒ 尼崎紡績の項目を参照
第百三十四国立銀行（後に愛知銀行）［名古屋］　246, 308-311
第百三十六国立銀行［愛知県半田→大阪］　299
第百十九国立銀行［東京］　451
第百二十三国立銀行［富山］　39
第六十七国立銀行［山形県鶴岡］　24
第六十八国立銀行（六十八銀行）［奈良県郡山］　115, 119, 123
台湾銀行［台北］　24-25, 36-37, 52, 56, 193
台湾製糖［興隆］　32, 43, 54, 57
高岡化学工業［富山県高岡］　41
高岡銀行［富山県高岡］　40-41
瀧定合名［名古屋］　216, 268
瀧兵商店［名古屋］　216, 256, 268
宅合名［大阪府堺］　144
竹内商店（合名→株式）［愛知県成岩］　326
辰馬汽船（合資→株式）［兵庫県西宮］　33
辰馬商会合資［大連］　33
辰馬本家酒造［兵庫県西宮］　33, 66
谷村銀行［個人］［大阪］　81
玉川電気鉄道［東京］　52
知多瓦斯（知多電気）［愛知県半田］　50, 268, 305, 325
知多航業［愛知県坂井］　240

知多織布合資［愛知県西浦］　326
知多鉄道［名古屋］　50-51, 59, 305, 308, 317, 330
知多紡績（後に三重紡績に合併）［愛知県半田］　20, 31-32, 50, 61, 213, 229, 260, 267-268, 290, 299-308, 314, 317, 324-330, 464, 473-475
中央炭礦［名古屋］　239, 258
中国合同電気［岡山］　52
朝鮮銀行［京城］　37, 46, 52, 56, 170, 193, 196-201, 204
朝鮮醬油→日本醬油［仁川］　33, 396
朝鮮殖産銀行［京城］　50, 52
貯金銀行［大阪］　89, 91, 99, 104-106, 130
千代田火災保険［東京］　43
津島紡績（後に三重紡績に合併）［愛知県津島］　17, 31, 61, 213, 229, 267-268
鶴岡銀行［山形県鶴岡］　52
鶴岡水力電気［山形県鶴岡］　52
帝国海上（運送火災）保険［東京］　55, 320
帝国鉱泉［東京］　384
帝国商業銀行［大阪］　99, 188
帝国製糖［台中］　32
帝国製粉（後に日本製粉に合併）［東京府砂］　385
帝国製麻［東京］　338
帝国撚糸［名古屋］　254-257
鉄道車輌製造所［名古屋］　240-241, 254-255
寺田銀行［大阪府岸和田］　202
電気化学工業［東京］　43, 53
天満紡績［大阪］　88
東海材木［名古屋］　224, 258-259
東海製肥合資［名古屋］　284
東海石炭商会合資［愛知県半田］　260
東海倉庫→東陽倉庫［名古屋］　227-229, 255-256, 266, 285, 293-294, 318-319
東海紡績［名古屋］　289
東京石川島造船所［東京］　43, 53
東京菓子［東京］　384
東京瓦斯［東京］　338, 388
東京株式取引所［東京］　37, 371
東京護謨工業［東京］　384
東京醬油［東京］　348-352, 360, 371-380, 389-391
東京人造肥料 ⇒ 大日本人造肥料の項目を参照
東京電気［東京］　43, 54
東京電灯［東京］　24, 32, 40, 43, 51, 54, 338, 405,

415
東京紡績［東京］　107, 189, 388
東京湾埋立［東京］　56
東浜植林［東京］　384
東武鉄道［東京］　54
東邦瓦斯［名古屋］　58, 244
東邦電力［名古屋］　50-52, 59
東陽館［名古屋］　284
東洋汽船［東京］　40, 338
東洋拓殖［東京］　37, 50
東洋紡績 ⇒ 三重紡績の項目を参照
常滑製陶［愛知県常滑］　326
利根運河［千葉県新川］　410
豊川鉄道［愛知県花田］　258
豊国銀行［東京］　24, 37, 52, 381, 384
豊田式織機［名古屋］　252
トヨタ自動車工業［愛知県挙母］　66, 491
豊田自動織機製作所［名古屋］　66
豊田紡織［名古屋］　66, 216, 268
豊橋瓦斯［愛知県豊橋］　232
洞川電気索道［奈良県下市］　134-136, 154

ナ行

内外綿［大阪］　17
中七木綿（合資→株式）［愛知県岡田］　326
中支那振興［上海］　58
中埜銀行（合名→株式）［愛知県半田］　35, 59, 64, 304, 311, 321, 324-326
中埜酒店（合資→株式）［愛知県半田］　35, 298, 304, 321, 325-326
中埜産業合名［愛知県半田］　35, 321
中埜酢店（合資→株式）（ミツカン）［愛知県半田］　35, 321, 330, 491
中埜貯蓄銀行［愛知県半田］　321
中山協和銀行［千葉県葛飾］　410
流山銀行［千葉県流山］　410
名古屋㯷扱所［名古屋］　258
名古屋瓦斯［名古屋］　43, 229, 232, 238-241, 259
名古屋株式取引所［名古屋］　43, 224-225, 233, 236, 239, 241, 258
名古屋絹織物合資［名古屋］　254
名古屋銀行［名古屋］　216, 227, 254-257, 259, 265, 282, 289, 293, 308
名古屋劇場［名古屋］　284
名古屋建築組（名古屋建築合資）［名古屋］　224,
258
名古屋材木［名古屋］　224, 258-259
名古屋蚕糸綿布取引所［名古屋］　254-255
名古屋織布［名古屋］　239
名古屋製織合資［名古屋］　254
名古屋生命保険［名古屋］　225, 228-229, 236, 240, 261-266, 290, 293, 318
名古屋鮮魚市場［名古屋］　259
名古屋倉庫→東陽倉庫［名古屋］　225, 227, 232, 236, 241, 255, 266, 284-285, 293
名古屋貯蓄銀行［名古屋］　254-255
名古屋（電気）鉄道［名古屋］　43, 53-54, 240-243, 258
名古屋電灯［名古屋］　216, 239, 258, 338
名古屋電力（後に名古屋電灯に合併）［名古屋］　232, 238-239, 258
名古屋艀（船）［名古屋］　274, 282-285, 288
名古屋紡績（後に三重紡績に合併）［名古屋］　17, 213, 225, 229, 237, 247, 251, 267-268
名古屋枕木合資［名古屋］　232, 258-259
名古屋木材［名古屋］　232-233, 258-259
浪速銀行［大阪］　12, 98-99
浪華紡績［大阪］　21, 88
奈良信託［奈良］　134, 137
成田鉄道［千葉］　33, 400
南海鉄道［大阪］　21, 25, 40, 57, 162-163, 167, 170, 193, 196, 200
難波銀行［大阪］　99
南洋貿易→南洋殖産［東京］　388
南和鉄道［奈良県御所］　145
日英水電［東京］　32
日米信託→千代田信託［東京］　388
日清製粉［東京］　51, 60, 371, 388, 406, 416
日清生命保険［東京］　37
日清紡績［東京］　385, 388, 401, 406, 415
日本海陸保険［大阪］　71
日本勧業銀行［東京］　25, 37, 55, 163, 189, 204, 240, 449, 453, 455
日本共同銀行［大阪］　186
日本銀行［東京］　16-17, 24-25, 37, 55, 78, 99, 104, 251, 331-333, 338, 441, 446-447, 451-455
日本毛織［神戸］　477
日本工業　401
日本興業銀行［東京］　25, 50, 163, 204, 415
日本車輌製造［名古屋］　226-227, 236, 256, 258, 266

日本醬油 ⇒ 朝鮮醬油の項目を参照
日本精製糖［東京］　37
日本製壜［東京］　384
日本製粉［東京］　51, 371, 385, 388, 404, 473
日本製麻［東京］　333
日本生命保険［大阪］　56, 177
日本染料製造［大阪］　57
日本曹達［東京］　57
日本窒素肥料［大阪］　57, 59, 177, 252, 338
日本中立銀行［大阪］　186, 188
日本鉄道［東京］　11, 21, 24, 32, 60, 240, 333, 400, 435
日本電力［大阪］　52
日本陶器［名古屋］　268
日本麦酒 ⇒ 大日本麦酒の項目を参照
日本紡績［大阪］　43, 188-189, 268
日本豆粕製造合名［名古屋］　276, 284
日本味噌（製造）［東京］　388
日本無線電信［東京］　54, 58, 244
日本綿花［大阪］　21, 104
日本郵船［東京］　28, 37, 39, 43, 173, 238, 240, 279, 285, 333, 338, 415
日本坩堝［東京］　388
日本レイヨン［京都府宇治］　58
野坂醬油製造合資［青森県野辺地］　434, 453
野田運輸［千葉県野田］　412
野田醬油（キッコーマン）［千葉県野田］　33, 51, 66, 349-350, 367, 371, 385, 391, 395, 398, 401, 406, 410-413, 418-428, 466-467, 472, 477, 485, 490-491
野田商誘銀行［千葉県野田］　33, 35, 51, 367, 371, 394-395, 399-401, 404-406, 409-428, 466, 472, 475
野田人車鉄道［千葉県野田］　33, 394-395, 400-401, 426, 475
野田電気［千葉県野田］　33, 398, 410
野辺地電気［青森県野辺地］　434, 441, 453
野村銀行（立五一銀行）合資［青森県野辺地］　64, 432, 434-435, 438-463

ハ行

博多絹綿紡績［福岡］　21
函館銀行［北海道函館］　451
函館水電［北海道函館］　49
階上銀行（後に八戸銀行に合併）［青森県階上］　446-447
服部商店［名古屋］　216
羽二重合資［山形県鶴岡］　36
濱口合名［千葉県銚子→東京］　381, 384, 394
浜松委託［静岡県浜松］　24
浜松瓦斯［静岡県浜松］　37, 52
浜松商業銀行［静岡県浜松］　52
浜松信用銀行［静岡県浜松］　24
浜松鉄道［静岡県浜松］　37, 52
浜松電灯［静岡県浜松］　37
阪堺鉄道［大阪］　21
阪神電気鉄道［兵庫県尼崎］　58, 59
半田銀行［愛知県半田］　299
半田倉庫（合資→株式）［愛知県半田］　59, 314, 317
半田臨港線［愛知県半田］　50-51, 59, 305
阪南銀行［大阪府岸和田］　202
東山農事［東京］　338
ヒゲタ醬油［千葉県銚子］　350
尾三市場倉庫［名古屋］　259
尾三農工銀行［名古屋］　53, 216, 242, 320
菱文織物［愛知県成岩］　326
尾州銀行［大阪］　17, 31
尾州材木［名古屋］　224, 258-259
尾州織染［愛知県奥］　17, 32
備前紡績［岡山県石井］　25
百三十銀行［大阪］　99, 104, 119
百十三銀行［北海道函館］　47
百二十一銀行［大阪］　186
平野紡績［大阪］　16
廣海商事［大阪］　477, 484
富貴織布［愛知県富貴］　326
武総銀行［東京］　381, 400
福井銀行［福井］　64
福壽火災保険［名古屋］　256, 258
福壽生命保険［名古屋］　53-54, 228, 240-243, 256, 266
福本（合名→株式）［大阪］　107
藤本酒造［奈良県下市］　134, 137
富士銀行［山梨県鰍沢］　24
富士製紙［東京］　333, 338, 415
富士（瓦斯）紡績［東京］　24, 37, 51-52, 333, 338, 380-381, 384-385, 401, 416, 473
船橋商業銀行［千葉県船橋］　410
芳摩酒造　401
北総鉄道→総武鉄道［船橋→野田］　395, 406, 412

北陸信託［富山県高岡］　41
北陸通船［富山県］　39
北海道製糖［北海道帯広］　43
北海道炭礦鉄道（汽船）［札幌→室蘭→東京］　24, 32, 338
ほまれ味噌［奉天］　396
堀川銀行［名古屋］　274, 282, 289
堀川貯蓄銀行［名古屋］　274, 282

マ行

松坂屋 ⇒ いとう呉服店の項目を参照
松下電器製作所→松下電器産業［大阪］　66
松戸農商銀行［千葉県松戸］　410
丸三麦酒→日本第一麦酒［愛知県半田→東京］　20, 35, 50, 213, 218, 299, 302-305, 308, 314, 317, 321, 325-329, 400-401, 473
丸中酒造合資［愛知県半田］　35, 321
萬歳醸造［愛知県西枇杷島］　259
萬三商店［愛知県半田］　33, 50, 63, 66, 304, 330
満洲重工業［満洲国新京］　57
満洲製粉［東京］　388
万上味淋［千葉県流山］　395
三重人造肥料［三重県四日市］　280
三重紡績→東洋紡績［三重県四日市→大阪］　17, 31-32, 51, 57, 71, 173, 229, 232, 236-240, 251-252, 256, 266-268, 293, 303, 317, 324, 330, 475
美含銀行［兵庫県香住］　486
三井銀行［東京］　89, 188, 206, 298-299, 308-311, 324, 333, 441
三井鉱山［東京］　107, 134, 155
三井合名［東京］　338
三井物産［東京］　89, 238, 331
ミツカン ⇒ 中埜酢店の項目を参照
三菱銀行［東京］　163, 173, 181, 186, 197, 200-201, 205, 338, 410
三菱合資［東京］　333, 338
三菱重工業［東京］　57
三菱商事［東京］　331
三菱信託［東京］　406
三菱製紙［兵庫県高砂→東京］　338
三菱電機［東京］　57

南満洲鉄道［大連］　37, 137
美濃実業銀行［岐阜県大垣］　25
美濃商業銀行［岐阜県大垣］　25
村上銀行［新潟県村上］　52
明治銀行［名古屋］　53-54, 58, 216, 225, 227, 233, 239-244, 258-259, 265
明治製糖［東京］　36
明治土地建物［名古屋］　239
明治紡績［大阪］　71
茂木無煙炭礦　53
盛岡銀行［盛岡］　441, 453, 455
森田銀行［個人］［福井県三国］　64
盛田合資［愛知県小鈴谷］　325

ヤ・ラ・ワ行

八木銀行［奈良県八木］　115
安田銀行［合資→株式］［東京］　47, 49, 55, 206, 333, 441, 453, 455
山口銀行［個人→株式］［大阪］　98-99, 155, 187
ヤマサ醤油［千葉県銚子］　66, 350, 380-381, 393-394
大和銀行［大阪］　93, 95, 97, 119
大和電気（後に宇治川電気に合併）［奈良県五條→大淀］　136-137, 139, 151
山中銀行［個人］［奈良県郡山］　119, 123
有信銀行［甲府］　36, 39
輸出国産［東京］　384, 388, 416
横浜正金銀行［横浜］　12, 24-25, 37, 40, 43, 54-55, 294, 320, 441, 447, 451-455
吉野小川銀行［奈良県小川］　119, 145
吉野楠木［奈良県下市］　134, 154
吉野銀行［奈良県下市］　65, 91, 93, 97, 107, 115-156, 464, 466-467
吉野材木銀行［奈良県上市］　118-119, 131, 134, 136, 151
吉野（軽便）鉄道［奈良県大淀］　131, 134-135, 137
吉野鉄道（旧）［奈良県御所］　131, 154
立五一合名［青森県野辺地］　444, 447-449, 461, 463
和歌山銀行［和歌山］　93, 109

著者紹介

中西　聡（なかにし・さとる）
　　1962年　愛知県生まれ
　　1993年　東京大学大学院経済学研究科第2種博士課程単位取得退学
　　博士（経済学）、東京大学社会科学研究所助手、北海道大学経済学部助教授、
　　名古屋大学経済学部助教授、名古屋大学大学院経済学研究科教授などを経て
　　現在　慶應義塾大学経済学部教授
　　主要著作：『近世・近代日本の市場構造』東京大学出版会、1998年
　　　　　　　『海の富豪の資本主義』名古屋大学出版会、2009年
　　　　　　　『旅文化と物流』日本経済評論社、2016年
　　　　　　　『北前船の近代史（改訂増補版）』交通研究協会発行、成山堂書店発売、2017年
　　　　　　　『近代日本の消費と生活世界』（二谷智子との共著）吉川弘文館、2018年
　　　　　　　『新体系日本史12　流通経済史』（共編）山川出版社、2002年
　　　　　　　『商品流通の近代史』（共編著）日本経済評論社、2003年
　　　　　　　『産業化と商家経営』（共編）名古屋大学出版会、2006年
　　　　　　　『世界経済の歴史』（共編）名古屋大学出版会、2010年
　　　　　　　『日本経済の歴史』（編）名古屋大学出版会、2013年
　　　　　　　『近代日本の地方事業家』（共編著）日本経済評論社、2015年
　　　　　　　『醬油醸造業と地域の工業化』（共編著）慶應義塾大学出版会、2016年
　　　　　　　『経済社会の歴史』（編）名古屋大学出版会、2017年

資産家資本主義の生成
　——近代日本の資本市場と金融

2019年1月30日　初版第1刷発行

著　者————中西　聡
発行者————古屋正博
発行所————慶應義塾大学出版会株式会社
　　　　　　　〒108-8346　東京都港区三田2-19-30
　　　　　　　TEL〔編集部〕03-3451-0931
　　　　　　　　　〔営業部〕03-3451-3584〈ご注文〉
　　　　　　　　　〔　〃　〕03-3451-6926
　　　　　　　FAX〔営業部〕03-3451-3122
　　　　　　　振替00190-8-155497
　　　　　　　http://www.keio-up.co.jp/
装　丁————鈴木　衛
印刷・製本——藤原印刷株式会社
カバー印刷——株式会社太平印刷社

Ⓒ2019　Satoru Nakanishi
Printed in Japan　ISBN 978-4-7664-2576-5

慶應義塾大学出版会

醤油醸造業と地域の工業化
―― 髙梨兵左衛門家の研究

公益財団法人髙梨本家（上花輪歴史館）監修／井奥成彦・中西聡編著　日本最大の醤油産地 野田の最有力醸造家に関する初の総合研究。一業専心的な醤油醸造家・資産家として髙梨家が果たした地域社会への貢献、地域の工業化や関東市場との関わりを、3万点に及ぶ史料から明らかにする。　◎6,800円

森林資源の環境経済史
―― 近代日本の産業化と木材

山口明日香著　日本の近代化における産業・情報インフラの整備に投入された木材資源に着目することで、日本の森林資源と産業化との関係性を明らかにし、持続可能な経済社会のあり方を歴史から問い直す。環境経済史の新たな地平を拓く野心的研究！
◎4,500円

総合研究　現代日本経済分析 第Ⅱ期
歴史としての大衆消費社会
―― 高度成長とは何だったのか？

寺西重郎著　日本伝統の資本主義が育んだ文化と精神を再評価し、1000年の歴史のなかで戦後70年の意味を問い直した野心的著作。高度成長の「呪縛」を乗り越え、日本再構築に向けた針路を示す。　◎4,500円

日本経済史 1600―2015
―― 歴史に読む現代

浜野潔・井奥成彦・中村宗悦・岸田真・永江雅和・牛島利明著
近世の経済学的遺産が近代的工業化に果たした役割を重視しながら近世から現代までを鳥瞰する、日本経済史の好評テキストの改訂版。各章末尾に新たな視点でのトピックを追加したほか、アベノミクス等の経済動向についても増補・改稿。
◎2,800円

表示価格は刊行時の本体価格（税別）です。